U0889526

中国的内战

1945—1949年的政治斗争

[美] 胡素珊 著
SUZANNE PEPPER

启蒙编译所 译

精装珍藏版
（第2版）

当代中国出版社
Contemporary China Publishing House

Civil War in China: The Political Struggle 1945-1949 by Suzanne Pepper
Copyright: © 1999 Rowman & Littlefield Publishers, Inc.
This edition is published by agreement with the Rowman & Littlefield Publishing Group Inc., through the Chinese Connection Agency, a division of Beijing XinGuangCanLan ShuKan Distribution Company Ltd., a.k.a Sino-Star.
Simplified Chinese edition copyright: © 2022 Contemporary China Publishing House
All rights reserved.

© 2022 中文简体字版由罗曼 & 利特尔菲尔德出版公司通过北京新光灿烂书刊发行有限公司授权当代中国出版社独家出版发行。未经版权所有者书面同意，不得以任何手段复制本书任何部分。

版权合同登记号　图字：01-2022-2141

图书在版编目(CIP)数据

中国的内战：1945-1949 年的政治斗争：精装珍藏版 / (美) 胡素珊 (Suzanne Pepper) 著；启蒙编译所译. -- 2 版. -- 北京：当代中国出版社，2022.11（2024.11 重印）
书名原文：Civil War in China：The Political Struggle 1945—1949
ISBN 978-7-5154-1195-8

Ⅰ. ①中…　Ⅱ. ①胡… ②启…　Ⅲ. ①第三次国内革命战争—研究　Ⅳ. ① K266.07

中国版本图书馆 CIP 数据核字(2022)第 121350 号

出 版 人　蔡继辉
责任编辑　隋　丹
责任校对　贾云华
印刷监制　刘艳平
装帧设计　马　帅　鲁　娟
出版发行　当代中国出版社
地　　址　北京市地安门西大街旌勇里 8 号
网　　址　http://www.ddzg.net
邮政编码　100009
编 辑 部　(010)66572131
市 场 部　(010)66572281　66572157
印　　刷　北京润田金辉印刷有限公司
开　　本　787 毫米 × 1092 毫米　1/16
印　　张　41 印张　546 千字
版　　次　2022 年 11 月第 2 版
印　　次　2024 年 11 月第 3 次印刷
定　　价　188.00 元

版权所有，翻版必究；如有印装质量问题，请拨打（010）66572159 联系出版部调换。

目　录

第二部分　共产党的胜利

推荐序

雷 颐

1945年8月10日，经过八年艰苦卓绝的浴血抗战，日本终于无条件投降。消息传来，普天同庆。这是百余年来，中华民族在大规模反侵略战争中第一次取得彻底胜利，而且，在抗战期间，以英美废除对华不平等条约为先导，百余年来列强强加在中国身上的不平等条约已基本废除，租界已经收回，领事裁判权被废除，被日本强占半个世纪的台湾、澎湖列岛即将回到祖国的怀抱，中国在联合国任常任理事国，百年积弱的中国一跃成为“五强”之一……这一切，不能不令人欣喜万分，也不能不使国民政府、国民党的威望突然高涨，达到多年未有的高度。抗战胜利，确使国民党得到一笔巨大的政治财富或曰政治资本。然而，就在短短几年内，国民党这笔巨大的政治财富或政治资本却丧失殆尽，在最后的国共大决战中惨败而逃。

为何最终如此结局？政治家有不同的思考与解释，历史学家当然有更多、更不同、更深刻的思考、研究与解释，有关论文、专著指不胜屈。美国学者胡素珊（Suzanne Pepper）的《中国的内战：1945—1949年的政治斗争》即其中最重要一本专著。

这部五十多万字、厚五百多页[①]关于“中国的内战”的专著，却几乎未提战争、军事。显然，作者认为在1945—1949年决定中国命运的内战中，战争、军事并非决定性作用，所以本书的副标题是“1945—1949年的政治斗争”。然而，所谓“政治斗争”，作者对国共两党的谋略、策略也惜墨如金。通读全书，作者的“政治斗争”指的是国共两党对城市与乡村的经济政策，对贫苦农民、地主、工人、资本家、学生、知识分子等社会各阶层的政策。这些政策，可以称之为“社会政策”。然而在国共两党的“政权攻防战”中，彼此不同的各项经济、社会政策，就是广义的“政治”，也是最根本的、最终决定鹿死谁手的“政治斗争”。

本书英文首版于1978年，20年后，本书于1999年再版。在长长的再版前言中，胡素珊对相关研究在美国的发展、自己的研究范式和学术思想的变化都有详细梳理。1945—1949年的中国内战的结局，在美国曾经引起“为什么我们失去中国”的讨论，检讨美国政府在此期间的所作所为。但美国学界不久就开始反思这种研究套路：中国本来就不是美国的，美国如何“失去”中国？他们认为，这段历史，是中国自己的历史，应从中国内在因素寻找国民党失败、共产党胜利的历史答案。在这个背景中，尤其是以农民为主、以农村为根据地、最终“以农村包围城市”的中国共产党取得最后胜利的背景，使有关研究都聚焦于中国的农村、农民。有的学者提出了“农民民族主义”新概念，认为通过领导华北、华东的抗日活动，共产党得到了人民广泛的支持。而且，中共不再是苏共的“复制品”，成为一支带有鲜明中国民族主义特色的本土政治力量。这种观点认为，动员农民要从利益入手，中共取胜的根本原因在于在农村实行“土改”，使农民得到实惠，广大农民为了保卫自己的利益，支持共产党，“土改”是农村最

① 为了更加便于阅读，本次再版，我们对版式设计做了调整，成书页数改为六百多页。——编者

大的动员力量。然后，进一步动员农民的有效方法是告诉农民，他们的不幸是由帝国主义的侵略造成的，“反帝”，即民族主义，是中共动员农民并最终取胜的最重要原因。

对此，胡素珊不表赞同，认为共产党的取胜同“农民民族主义”没有任何关系。她举例说，“土改”固然重要，但中国许多地方土地兼并并不严重，农民本来大都是土地所有者，从“地主”“富农”手中分得的土地其实有限。然而，她认为值得思考、研究的是，在土地占有多寡差别并不十分大的许多地方，“土改”依然非常激烈，对占地比其他农民多不了多少的地主和富农的批斗、镇压依然严酷。之所以如此，是因为共产党找到了“通过阶级斗争发动群众”的秘诀，甚至在地主并不成为一个问题的地区也是如此。因为“在这一过程中，中国共产党不但找到了破坏农村经济和政治权力系统的方法，还发现了如何动员农民支持建设一个新系统的途径”。“从这个意义上说，土地革命的主要作用是推翻现有的农村上层集团，无论是不是由地主组成。‘土改’摧毁了统治阶级政治和经济上的控制权，是创造新秩序不可或缺的一步。”而中共在抗日战争中壮大了的武装力量，保证了“土改”的进行和“土改”成果不被破坏。

相对于农村“土改”的“过激”，中共的城市政策显得温和得多。对城市中的“富人”——民族资本家、大小工商业者，不仅不剥夺其财产，还允许其发展。一些城市工人涨工资的要求过高过快，也并未总是得到新政权的支持。由于多数干部来自农村，一些城市出现的把农村对待地主、富农的方法带进城市对待资本家的现象，也迅速被制止。当然，私人经济活动，尤其是大城市的私人经济活动，新政权采取了种种办法将其渐渐置于自己的掌控之下。对共产党城市政策的细致研究，是本书亮点之一。因为几十年来，国内对以土地政策为核心的中共农村政策研究相当丰富，而对城市研究相对薄弱得多。本书对以往研究注意不多的张家口市做了非常深入细致的研究，认为“张家口实验”是中共城市政策、管理城市的重要“实验”，通过“张家口实验”，共产党初步取得了管理城市的经验。“张家口实验”与东北一些城市的经验，是1945—1946年中共城市政策起源最重要的组成部分。

胡素珊强调，中国如此之大、社会如此复杂，很难有单一的原因，所以“中国的内战”最终结局是前述“政治斗争”的结果。即国共两党对城市与乡村的经济政策，对贫苦农民、地主、工人、资本家、学生、知识分子等社会各阶层的政策综合作用的结果。因此，她设定的目标是对国共两党的政治或表现进行比较，她关注的重点在于双方政策的实施，以及这些政策对一般民众的影响。

作者认为，从“政治斗争”的角度看，中国这一次“内战”从1945年日本投降起实际就已开始。日本的失败，使国民党突然面对一笔巨大的财富。胜利者的接收，成为贪官污吏的“劫收”。金子、房子、票子、车子、女子（汉奸的妻妾）是“接收大员”巧取豪夺的对象，被人戏称为“五子登科”。“想中央，盼中央，中央来了更遭殃。”这句民谣，直观生动地说明了民心向背的瞬息之变。国民党一位负责接收的要员也不能不承认此点，向蒋介石进言：“像这样下去，我们虽已收复国土，但我们将丧失人心！”有人意识到，这样的接收使政府“基础动摇，在一片胜利声中早已埋下了一颗失败的定时炸弹”。当时即有舆论称这种“光复”是“胜利的灾难”。既无党内民主更无党外力量的制约，突然面对巨大财富，国民党就无可避免地更加腐败，加速其走向失败的步伐。在“劫收”中民心尽失的国民党，在随后的“大决战”中注定要“在劫难逃”。国民党在抗战胜利后得到的那笔堪称丰厚、至为珍贵的政治资本，就这样被它突然得到的物质财富所吞噬。政治财富与物质财富不是相得益彰，而是后者吞噬前者，真是历史的吊诡。

由“接收”开始，本书对国民党的各项政策也做了详细的研究。总体说来，国民党的各项政策是错误的、失败的。从政治学的角度看：“政治被定义为政府和被统治者互动和交流的过程。更准确地说，政治是那些掌握公共权力的人和受到这种权力管理的个体、集团、部门、阶级之间的互动和交换。政治资源相当于交换的介质，政府和被管理者为了达到各自的目的，彼此之间会经常进行这种资源的交换。”胡素珊的研究表明：“国共两党争夺权力过程中一个关键因素是从现有的政权手中收回资源。很明显，如果现政权有弱点可利用，这一目标实现起来将更加容易。现政权与不同社会群体之间的关系越脆弱，‘造反者’就越有可能利用民众的不满并最终赢得他们的支持。”在1945—1949年这一轮“政治资源交换”的国共博弈中，共产党终成最大的赢家。

2013年8月30日

再版前言

历史写作不仅与它试图描述的过去紧密相关，同时也会受到历史现状的深刻影响，没有什么比一本旧历史著作的新版本能更好地证实这样一个观点了。自《中国的内战》于1978年首次出版后，已经有几代政治人物和学者离我们而去了。如果将20世纪后期的中国作为研究背景，那么在这本专著再版之前，我们有必要确定中国内战最初发生的时间、地点，以及那个年代中国社会的整体环境。对于某些特定年龄的读者而言，这种重述所起的作用仅仅是帮助他们重温过去的历史，因此似乎是显得有些多余了。然而，历史的描述并不总是只限于时间一个维度。本书的1997年中文版就向人们提供了一种不同的视角，也就是说，时间的间隔并不是历史著作要跨越的唯一障碍。

事实上，我们有必要对初次阅读本书的中国读者做一些基本介绍。我们有理由相信，人们看待历史的方式以及对历史的兴趣已经有了很大的改变，这也是我们再版本书的主要理由。毛泽东于1976年去世之后，中国发生了许多变化。政府开放了国家档案，并且重新放宽了——尽管不是完全取消——诸多历史著作的出版限制。正是由于这种开放，学者们得以接触到有关新中国的大量原始或二手资料，从而对中国近现代史的诸多阶段进行了更深入的研究，其中就包括发生于20世纪40年代在国民党政府和共产党之间进行的内战。[①] 新中国翻译并出版了许多非中国学者有关中国的著作，这是新时代一个显著的特色。有了这些翻译作品，中国学生事实上能读到许多北美和欧洲大学为自己的学生提供的有关近代中国的图书。国内外的几代中国读者由此同时读到了对他们亲身经历过的历史的片段描述。可以肯定，这些历史片段的作者将为即将阅读他们作品的新读者提供一种完全不同的历史观。中国读者以这些外国作者未曾想到的方式充分利用了他们的作品，这是对作者们最好的回报。我们将在下面详述这种利用的成果。

我对1945—1949年中国内战的研究始于1969年，那一年我正在加利福尼亚大学伯克利分校攻读政治学博士，中国内战是我博士论文的一部分。而真正完成这篇论文是3年以后的事情。为达到出版的要求，我在1973年和1975年对文章进行了修改。“筹备出版”的过程持续了3年。直到1978年，它的第一版才正式面世，并于1980年推出了平装本。这部著作引起了人们的争议，一些人喜欢它，另一些人则认为它没什么价值。事实上，人们的评论在一定程度上也反映了我自己的看法，虽然我和他们有不同的理由。我感到不满意是由于最终的作品并不符合我最初的期望。题材和资料的缺乏、出版日期的推延、无法得出满意的结论，似乎让这本书永远不可能完成。但在某种程度上，这本书仍然是成功的。因为对读者而言，它涉及的题材和提出的问题本身是具有吸引力的。具有讽刺意味的是，为期10年的写作过程让这些问题显得更加普遍和重要了。10年的创作时间在现在看来或许不算什么，但在1969—1980年那个思想急遽变化的年代，这一时间跨度足以断送任何一本书的前程。

问题：美国之亚洲，中国之内战

在我研究中国内战的过程中发生了这样的情况，在1969年对我

① 见书后参考文献中的中文著作部分。

而言十分关键的问题到1980年已经不成其为问题了。到1980年，许多人已经读过了我的书，人们的观念也发生了极大的转变。1969年，在学习中国革命史的学生中间，最时髦的话题是越南和詹隼（Chalmers Johnson），而且这两个话题被紧密地联系在了一起。詹隼当时担任博士论文评审委员会的主席，他自己有关农民民族主义的论文受到了极大的关注，并引起了不少争议。[1] 如果将背景换成其他的任何时代或政治学科，这样的议题本不会造成如此大的影响。那时，越南战争已经成为人们日常生活的一个焦点，没有哪一个政治系的学生会不讨论与越南直接相关的话题。美国在后殖民地区的外交政策，是否应该参与他国的内战，这些战争的性质，特别是共产主义的挑战，与此相关的所有话题都引起了人们广泛而热烈的讨论。

然而，如果人们寻根究底，就会发现这些问题都不可避免地最终归结到一个最初的激烈争论上，即对1949年中国“沦陷”于共产主义，美国究竟负有怎样的责任？这场争论的结论是：美国当时决定不直接干预1945—1949年中国内战的许多考虑是站不住脚的。其结果是华盛顿决心在朝鲜给予共产主义坚决的回击，并在越南延续了这一强硬立场。

尽管美国政府做出了这样明确的决定，20世纪60年代后期仍是一个过渡时期，上述问题重新引起人们的关注并被广泛讨论。随着两极时代的终结，20世纪50年代冷战时期流行的强硬的反共思潮以及产生这种思潮的认识根源已经不再被人们视作是绝对正确的了。冷战的结束几乎和它的到来一样突然。为了对过去历史进行新的总结，全美国范围内又展开了另一轮激烈的争论。和中国发生的情况几乎完全一样，越南共产党最终取得了胜利。美国试图在自己和对手之间建立一种既共存又遏制的新平衡关系。农民民族主义展现出极大的丰富性

① 见詹隼：《农民民族主义和共产党政权：中国革命的开始（1937—1945）》，斯坦福：斯坦福大学出版社，1962年。

和旺盛的生命力，有力地回击了那些认为它即将灭亡的预言。农民民族主义将学术目标和政治内涵结合在一起，这使它具有双重的意义。由于这种双重性质，在人们试图达成新的政策共识的过程中，詹隼既被视为冷战后第一批研究中国问题学者中的自由主义先驱，也被认为是20世纪60年代这一过渡时期保守主义的代表。

最近，贺康玲（Kathleen Hartford）和戈迪温（Steve Goldstein）对西方学者关于1949年前中国共产党人革命历史的观点进行了总结。除了一点以外，我赞成这两位学者的几乎所有结论。詹隼和他最初的批评者之间的分歧肯定不会“比事实更加明显”。[①]只是在进行了多年的后续研究，并消除了这一领域的大部分分歧见后，人们才得出了这一结论。詹隼最开始受到的反对并不算激烈，学术上的分歧是随着政治含义的增强而变得日益真切的。

20世纪50年代，人们写了许多关于1949年共产主义在中国取得胜利的文章，但詹隼1962年发表的论文与之前文章的主题有着明显的区别。此前的文章谈论的主要是阴谋论、美国的责任、苏联的责任、共产党作为一种组织武器的特性、精英决定论，以及最高层做出的决策。詹隼在第二次世界大战、战后占领日本的重要意义、整个亚洲蓬勃发展的反殖民民族主义运动等问题上的见解并不新鲜。詹隼的创新在于他将这一系列问题与中国共产主义的胜利紧密地结合到了一起。更不同寻常的是，詹隼试图将这些问题置于中国农村的背景下来加以理解，他创造了“农民民族主义”这个新词。詹隼认为，1937—1945年，中国共产党通过领导华北和华东地区的抗日活动，赢得了人民广泛的支持，这是共产党人最终能够取胜的根本原因。在抗战过程中，中国共产党建立了由党领导的地方根据地。中国共产党不再是苏联共产党的一个“复制品”，而且成为一支带有鲜明中国民族主

① 见贺康玲、戈迪温所作《星星之火：中国的农村革命》中的“概述：中国共产主义革命的观察”一节。

义特色的、合法的、本土的政治力量。

詹隼的观点反映了美国学者对近代中国历史研究的主要变化趋势。然而，詹隼遭受的绝大部分批评并不是来自于他正在取代的保守主义的右翼学者，而是来自于快速崛起的左翼学者。詹隼始终支持中国共产党的民族主义和抗日战争，他将旨在实现阶级调和的统一战线政策视作共产主义成功的主要原因，他鼓吹共产党领导下的民众运动。他的这些观点都成为人们批评的目标。詹隼嘲笑“庸俗马克思主义者”将研究重心放在社会经济改革上——无论是极端的还是其他形式的改革。詹隼坚持他的右派观点，并将他的理论应用到越南和其他民族解放战争中，他为此遭受到更加激烈的批评。他在 1973 年的《人民战争分析》一书中写道：“就革命策略而言，只有和民族解放的努力结合到一起时，共产主义才可能获得成功……”“为了充分动员农民，让他们支持游击战，必须采取土地改革这样的措施满足农民的切身利益。但动员农民唯一真正有效的方法是告诉他们，他们的不幸是由帝国主义的掠夺——通常的表现形式是外国武装侵略——造成的。”[①]

詹隼的观点引发了人们持续而激烈的争论。詹隼开创了一个新的西方中国历史学派，这一学派将地区性根据地作为研究重点，力图从社会经济的角度对共产主义在中国取得的成功进行合理的解释。[②] 当然，到 1969 年，几乎所有人都掌握了游击战争的基本原则。因此，在写

① 詹隼：《人民战争分析》，伯克利：加利福尼亚大学出版社，1973 年，第 10、15—16 页。

② 除了前面提到的贺康玲和戈迪温的总结，还可以参考韦思谛（Stephen Averill）：《共产党领导的革命运动》，载于《台湾中华民国史学研究》，第 18 卷，1992 年 11 月，第 1 期，第 225—255 页。第一部对“农民民族主义”提出异议的著作是马克·塞尔登（Mark Selden）的《革命中的中国：延安道路》（剑桥：哈佛大学出版社，1971 年）。詹隼和塞尔登随后逐条回应了针对他们的批评，但是他们只做了很小的让步，因此他们原来的观点基本是没有改变的。见詹隼：《回顾农民民族主义：一本著作的传记》，载于《中国季刊》，1977 年 12 月，第 72 期，第 766—785 页；以及马克·塞尔登：《结语》，载于《中国革命：回顾延安之路》，纽约州阿蒙克市：夏普出版社（M. E. Sharpe），1995 年，第 222—258 页。

作本书之前，我意识到必须仔细分析詹隼理论的矛盾之处并找到对抗权威观点的有效策略。在这种情况下，研究者会很自然地想到，在詹隼引用了大量资料、论证严密的理论中也会不可避免地存在疏漏。詹隼驳回了我最初的两个论文选题（第一个选题是“延安遗产”，第二个是“文化教育的革命性改革”），此后我们选定了“1945—1949 年中国的内战”。我选择该题目的理由是，这一时期正好与 1937—1945 年错开，可以避免与他的文章在内容上产生直接的冲突，而这两个时期又足够接近，可以让我提出与他的观点相对、他必须认真考虑的论点。

不幸的是，不到几个月，我细心设计的策略便遭遇了重大挫折。最初，我的计划看上去十分完美。准备阶段的阅读都指向同一个方向。从 1945—1949 年，中国共产党的军队已经从一支游击性部队转变成能适应运动战、大规模传统战争的武装力量，并在战场上取得了决定性的胜利。但关于这场内战的当代论述几乎是相同的，无论是中国共产党的朋友还是敌人、外国观察家、中国内战的参与者、前军事人员或民间评论者，都一致将中国共产党的获胜归功于基本的“政治”原因。许多人甚至声称，中国共产党的胜利主要是在政治上，而非军事上的。不仅如此，这些当代的评论者还认为，国民党腐败无能、经济管理不善造成的政治上的失败与共产党的胜利具有同等的决定意义。在共产主义获胜的众多政治原因中，最重要的一条据说是中国共产党的土地革命政策，这一政策看上去充分体现了农民民族主义。

研究进展到下一阶段，几乎所有主要的第一手资料给人的感觉都是相似的。薛君度（Hsueh Chun-tu）对斯坦福大学胡佛图书馆有关中国土地改革的著作进行了整理并专门撰写了书目介绍。但他表达的仍是这一领域中的传统观点。在介绍的开始，薛君度用一种十分有把握的语气写道：“在解放区内推行土地改革是中国共产党能够取得军事胜利的最重要因素之一。在反对国民党的斗争中，土地改革赢得了广大农民的积极支持。《中国土地法大纲》的颁布明确规定了中国共产党的农业政策。”[①]

但是，我接触的资料并不足以充分证明共产党的胜利和土地改革之间有这种直接的因果关系，研究很快就陷于了停顿，似乎进入了死胡同。我有选择性地阅读了许多可以找到的有关1945—1949年中国内战的文献，但这样的阅读甚至不足以让我就这一题目完成一篇质量尚可、篇幅短小的论文，更不用说写出一篇揭示出军事胜利背后的社会经济根源的精彩文章了。只是在很久之后，当本书在进行出版前的校订时，我才终于意识到，几乎所有人在最初都掉进了同一个陷阱，人们都把“土地改革”选做研究对象，从字面意思来理解它，并接受了官方的说法，即这一改革是从1947年开始的。尽管我们并没有掌握多少具体的资料，用于揭示共产党的政治胜利和军事胜利之间的必然关系及其根本原因，但官方的划分方法似乎已经成为人们关于国共实力消长的传统看法中的一个组成部分。

这样，人们便得出了一种折中的结论。人们理所当然地认为，中国共产党成功所必需的条件在1945年之前都已经具备了。在随后的1945—1949年中，共产党只是将军事和政治上的优势转化为最终的胜利，但这种优势只是一种附加的成果，共产党最终夺取政权所需要的革命根据地以及其他重要基础并不是这一时期完成的。我在研究中还进一步剔除了外国政策的因素，许多美国人认为，美国的对华政策对中国内战有着决定性影响。最明显的例子是，20世纪60年代的老一代的保守主义者愤怒地声称，是美国政府的无能让我们失去了中国。但新的观点认为，是否“失去”中国，并不是由我们决定的。因此，我将注意力集中在中国自身的原则上。需要提及的是，我的分析很少涉及军事。之所以这样，有几个原因，其中最现实的原因是有必要限制本书的长度，我本人缺乏军事上的专业知识和兴趣，而且读者

① 薛君度：《中国共产主义运动（1937—1949）：关于胡佛研究所中文藏书中相关文献选编与注释》，斯坦福：胡佛研究所，1962年。见《书目丛刊》，第11期，第226页。

已能找到大量已有的或者即将推出的、从一般军事角度描写中国内战的著作。[①]

在划定了这样的“界线”之后，我不敢有把握地说自己能够对中国共产党的成功给出一个明确或理论上的解释。我并不打算写一部有关 1945—1949 年中国内战的政治历史著作。我的目标较为有限，仅限于对国共两党的政治表现进行比较，希望能为人们以后的研究和著述打下一个基础。我关注的重点在于双方政策的实施，以及这些政策对一般民众的影响。我并没有对共产党的兴起和国民党的衰落进行更深层次的探讨，一个原因是考虑到人们对这一主题的种种争论，给它设立一个边界似乎是很有必要的，另一个原因是我不想被卷入“共产党必然会获胜”这个更具争议性的问题的争论中。但我最终目标的确是通过分析和对比国共两党政治成功和失败的本质，建立一个可以让我们对 1945—1949 年这段时期留下的悬而未决的问题进行评估的标准。

当前的展望：中国的政治，西方的趋势

自从《中国的内战》在 1978 年出版之后，最惊人的事情是，对这一段历史，当代中国的兴趣与西方学术界有了极大的差异。由于种种原因，西方对中国的关注转移到了其他方向，而 1945—1949 年的这段历史尚未得到充分研究。出于其他一些原因，相比之下，中国的研究兴趣在不断增强，并出版了数量惊人的有关这段历史的著作。《中国的内战》中文译本不过是方兴未艾的研究趋势中同类著作中的一本而已。具有讽刺意味的是，当西方学者还在为寻找这段历史的切入主题和灵感来源而烦恼时，大量的中文著作已经为人们提供了丰富的原始和二手材料，这些材料足以支持人们对这一时期的许多专项历史进行研究。

① 莱昂内尔·马克斯·查辛：《共产主义征服中国：1945—1949 年的内战史》（蒂马斯·奥萨托和路易斯·格拉斯译），剑桥：哈佛大学出版社，1965 年；威廉·威特森、黄震夏：《中国高层指挥：共产党军事政治史（1927—1971）》，纽约：普雷格出版社（Praeger），1973 年。

中国内战的研究和西方兴趣的转移

如果读者阅读了《中国的内战》最初在西方的版本，将发现这一版本体现了西方学术界的普遍兴趣，即共产主义在中国是如何取得政权的。然而，在20世纪80年代，人们对共产主义可能造成的威胁不再那么敏感了，《中国的内战》将关注的重点转到了新的方面。在新的版本中，中国内战不再被视作中国向共产主义过渡的一个关键性时期，它本身不再重要了，而是作为20世纪中国超越传统的新政治秩序的一个具有示范意义的早期阶段。

关于中国共产主义在1949年之前的成功，人们有很大的争议，为了还原《中国的内战》在这一争议中最初的位置，本书被分成大致相等的两个部分。第一部分讲述国民党的衰败，第二部分则叙述共产党的兴起。第一部分关注的重点是城市问题以及市民生活：腐败、通货膨胀、学生和知识分子。第二部分的重点是农村土地改革。土地改革从一开始就吸引了人们最多的关注，对中国共产党的胜利是否应归因于农民民族主义，还是另有原因，人们仍在进行激烈的争论。

事实上，土地改革，或者说推行对农民土地、财产和政治权力的激进的再分配措施，要远远早于1947年。如果我一开始就了解这一点，我或许能够更早地将注意力集中在一个目标上。直到1974年，我关于土地改革的博士论文仍然有许多不合逻辑之处，其中的矛盾太多，以至于无法发表。一开始对我的研究造成阻碍的问题仍然没有得到解决。我查阅了许多1947年实施土地改革的文件，这些资料并不足以证明土地改革已将农民动员起来，让他们积极支持共产党的战争，尽管这一印象与所有传统观点和共产党官方的说法相反。首先，土地改革怎样动员和发动十分重要的华北地区的农民？由于这一地区地租普遍保持在较低的水平，而且存在大量拥有自有土地的小自耕农，土地改革实际已经完成了。其次，詹隼认为，共产党是在放弃他们20世纪30年代的激进的、容易造成分裂的土地改革方案之后才获得了农民广泛的支持。如果这一观点是正确的，共产党的领导人为什么会在全面内战的关键时期重新采用这种冒险的做法？

最终，我又花了一年时间才解开这些矛盾，并且能够回答有关这段历史的主流研究中绝大部分问题了，论文的篇幅也由此增加了将近100页。新的研究显示，共产党的取胜几乎与农民民族主义本身没有任何关系。但这一研究也指出，如果农民能获得一定程度的安全保障，激进的社会经济改革并不会妨碍1945年日本投降前后共产党对农民的广泛而成功的动员。给予本地农民一定程度的保障是共产党获胜必不可少的条件。但是，到1947年，一个更大的变化是，共产党已经拥有了足够强大的力量，能够让它在农村大范围地重新施行激烈的经济和政治改革了。

我还比较了20世纪80年代几乎所有关于地区革命根据地的研究[①]，其方式是通过研究当时的各项条令仔细分析这些根据地制度的实际建立过程。几乎所有的研究都否认共产主义在中国的成功是由某种单一原因造成的，无论这种原因是意识形态、组织运动、外国干预、人民贫困，还是其他方面的。所有人都否认共产党的成功是因为这些因素不可避免地集中到一起，并由此产生了一种无法阻止的化学反应。这些研究强调，中国内战不取决于某种绝对和确定的因素，它是由相对性、人类的创造性，特别是由战略过程和灵活性决定的。长久以来，上述因素被视作外国学说在中国农村扎根的必要条件（即使不是充分条件）。中国共产党由此获得了能应对农村地区各种复杂环境和国内外险恶对手的必要的适应能力。在建设农村根据地的过程中，革命力量逐渐发展壮大，最终得以重新夺取城市并赢得最后的胜利。

如果革命可以是被人为“制造”出来的，那么它也可以是被解构的。随着研究的不断深入，人们认识上的分歧在逐渐减少。毫无疑问，这种认识上的趋同既与1976年之后中国的变化密切相关，也得益于新

① 20世纪90年代中期仍有有关这一课题的新著作。例如，托尼·塞奇（Tony Saich）和方德万（Hans van de Ven）编辑的《中国共产主义革命的新视角》（纽约州阿蒙克市：夏普出版社，1995年）中的第二部分“地区差异”。

的研究成果。1976年后，中国舍弃了毛泽东的许多革命理念，例如他的建立在阶级划分概念之上的社会目标和农村理想。附着在这些观点上的绝对正确的光环消散了。同样消失的还有人们对毛泽东思想遗产注定会实现的坚定信念。追根溯源，毛泽东思想来自于我们曾十分仔细地分析过的中国农村。人们不再热衷于探求共产主义为什么能在中国农村取得成功了，大部分西方研究者将他们的兴趣转移到了其他方向。

与此同时，毛泽东的去世给中国带来的一个最直接变化是中国重新“回归”城市。城市青年从他们下放的农村回到了城里；知识分子不再受到排挤，开始重新为社会主义建设贡献力量；人们不再被贴上阶级成分的标签；发展的优先次序得到了重新调整。读者可以根据这些趋势，并结合中国正在发展的新的政治秩序，重新评估相关章节中的内容。人们对农村革命的兴趣开始减退，他们的注意力逐渐转到城市问题和城市居民身上。20世纪80年代，人们越来越多地听到中国知识分子发出的异议，读者由此开始关注早期持批评意见的中国知识分子。这批早期的持异见者力图在日益腐败、行将崩溃的国民党和他们尚不了解的共产党之间保持公开言论的独立性。这些早期的独立知识分子对我们了解中国内战的历史仍能提供巨大的帮助。

然而，关于中国内战这段历史的研究，出现了一种新的趋势，似乎所有人都愿意走更多的弯路。当然，说“所有人”都在走弯路是一种夸张。事实上，人们对中国的对外政策、中美关系，以及冷战外交策略的强调就像一根连续的线条，一直没有中断。从20世纪40年代到后冷战时代，上述问题一直是我们关注的焦点。[①] 但是，决定中国共产党夺取政权关键阶段的重要事件却被人们忽略了。西方学者似乎在

① 修订后的相关英文资料的参考书目包括一些20世纪40年代的著作。柯伟林（William Kirby）在《台湾中华民国史研究》（第18卷，第1期，1992年11月），提出了精辟的见解。除了新中国的资料，这一领域的研究还受益于包括俄罗斯和东欧在内的苏联阵营国家新公开的档案。见马克·克莱默的新参考书目：《莫斯科档案研究：进步和错误》，载于《国际冷战史汇编》，沃德罗·威尔森国际学术中心，华盛顿特区，1993年秋，第1、18—38页。

尽力绕开这些重要事件，他们好像是想要避开军事和政治话题，这些议题似乎已经被它们自身背负的重量压垮了。

于是，似乎可以确定的是，在过去的20年里，只出版了一部关于上述议题的新的著作——约瑟芬·伊克（Joseph Yick）的《中国的城市革命》。[①] 另一本或许也能归于此类的著作与国共两党的冲突没有直接关联，它主要是介绍1947年2月28日在台湾发生的反对国民党的暴动。[②] 史蒂文·莱文（Steven Levine）的《胜利的铁砧》是1978年之后出版的唯一一部完全从政治的角度描述20世纪40年代后期中国内战的著作。实际上，莱文在该书出版前10年就开始研究这一课题，而他产生这一想法的时间还要更早。[③] 易劳逸（Lloyd Eastman）的《毁灭的种子》也对政治问题进行了一定程度的探讨，这本书在时间上跨越了作为抗日战争和内战分界的1945年。还有一本从军事角度介绍中国内战的普及性著作，该书的时间也不完全限于1945—1949年。[④] 此外，如果以1945年为界，分别以这一点之前和之后的中国内战作为研究对象的文章和著作的数量是大致相当的。

正是这一时期的大规模战争和政治上与此相呼应的斗争造成了中国20世纪历史上一次最为巨大的变化，而关于这段历史的著作居然如此之少，实在是令人惊讶。然而，造成这一学术空白的并不是什么新的原因，人们很容易找到它。对于过去的几代人来说，他们彼此间尖锐对立的观点极大地阻碍了任何从军事层面研究这段历史的努力。意识形态、组织和战争都是“保守的”主题，寻找中国共产主义的起

① 约瑟芬·伊克：《中国的城市革命：国共争夺平津的斗争（1945—1949）》，纽约州阿蒙克市：夏普出版社，1995年。

② 赖泽涵、马若孟、魏萼：《悲剧性的开始：台湾“二二八事变”》，斯坦福：斯坦福大学出版社，1991年。

③ 史蒂文·莱文：《胜利的铁砧：1945—1948年共产党在满洲的革命》，纽约：哥伦比亚大学出版社，1987年。

④ 易劳逸：《毁灭的种子：1937—1949年战争和革命中的民族主义中国》，斯坦福：斯坦福大学出版社，1983年；胡顿（E. R. Hooton）：《最伟大的动荡：1936—1949年的中国内战》，伦敦：Brassey’s出版社，1991年。

源实际是在大胆地挑战我们保守的前辈学者。我们想在别处寻找共产党最终获胜的解释，让人吃惊的是，我们的确在其他地方找到了解释——这些“地方”包括，社会历史、经济学（马克思主义的或其他形式的经济学）、生态人类学，以及革命运动发展的一般政治进程。

然而，几乎所有人的研究仍被同一个目标所驱动，即共产主义怎样以及为什么能在1949年的中国取得胜利。人们与传统的保守主义观点的彻底决裂以及克服对共产主义的恐惧并不是发生在自由左翼思想活跃的20世纪60年代和70年代，而是在稍迟一些时候。在某种意义上，手段已经变成了目的，对这段历史的研究也变得比最初设立的目标更有意义了。这一变化是在20世纪80年代逐步完成的，后毛泽东时代中国自身的变革造成的累积影响也巩固了这一变化。[①] 随后，所有潜在的支持和挑战都随着1991年国际共产主义运动的失败而消失了，在全世界范围内突然爆发的大规模的政治调整让人们彻底忽略了共产主义为何能在中国成功这个古老的问题。到20世纪90年代中期，一些引领潮流的美国大学出版机构已经将这一变化列入它们准备出版的“后现代”、非政治化的出版物的名单之中了。但到这时，在争取有限的科研经费、出版社的青睐以及学术界的兴趣上，有关中国共产主义一般起源的问题，尤其是中国内战研究的问题，已经迅速地变得毫无竞争力了。

中国的内战和中国正在变化的政治秩序

幸运的是，所有的终点都是一个新的开始。不是在西方学术界，而是在中国本身的环境中——既包括中华人民共和国，也包括作为它的对手的、退到台湾的国民党当局——中国内战的研究正在经历新生。中国内战研究新的发展、新的出版物，以及新公布的档案材料，

① 白吉尔（Marie-Claire Bergere）在《中华民国的民间社会和城市变迁》中考察了中国民主革命后的社会和文化历史。见《中国季刊》，1997年6月，第150期，第309—328页。

为我们揭示出导致这一历史时期早期研究空白的另一个原因。共产党虽然在内战中取胜，但并未从此结束战争，从某种意义来说，战争延续至今。这使资料缺乏的状态更加严重了。因此，研究这段历史的学者不可避免地将越来越多的时间花费在搜寻资料上。很自然的，如果想要写作这样一个时期的政治和军事历史，研究者必须能够接触到战争双方（实际上是各方）可以对比的材料，但到目前为止，这仍然是一个难以实现的目标。中国国民党被击败了，但并没有投降，带着所有的秘密退到了台湾，中国共产党则在大陆建立了统治。无论在大陆还是台湾，相关资料的管理和这段历史的解释仍是由官方垄断的。

因此，虽然我们的兴趣没有将我们引向其他方向，但由于缺乏必要的手段以及越来越多地使用方法论，使得我们无法以更“保守”的方式进行研究。即使在资料相对充裕的今天，仍然存在类似的情况。正如我在书目文章中说过的，今天，人们对社会历史学和经济学的学术偏好既可以说是一种偶然，也可以说是在这些领域进行研究的门槛较低所造成的必然。相比之下，与军事和政治有关的历史材料则受到了最严格的控制，人们很难接触到它们。而对于中国内战的研究而言，军事和政治领域恰恰是最为重要的。

由于一直以来材料的缺乏，现在仍没有一部明确的用英文写作的介绍中国内战的军事史。事实上，也没有一部用英文写作的有关1937—1945年中日战争的历史，以及用英文描述的、将中国与第二次世界大战的其他地区区分开来的专门历史。[①] 由于我们接受了一个早先的传统观点，即政治拥有比战争更高的重要性，我们的问题和答案主要局限在政治领域，这样，在我们完成模式化的问答之前，几乎所有人都失去了兴趣。我们仍然没能对战争双方、他们的政策，以及他

① 见熊玠（James Hsiung）对这一研究空白的评论。熊玠将这一空白归咎于中国共产党和国民党之间持续的敌意、官方的保密，以及对研究资料的封锁。见熊玠和史蒂文·莱文编辑的《中国苦涩的胜利：1937—1945年的抗日战争》，纽约州阿蒙克市：夏普出版社，1992年。

们设立的政府机构进行明确的政治描述。由于有这么多基础工作尚未完成，因此有关这段历史的老的争论既未结束，也没有继续发展，而是处于一种“尚无定论”的悬而未决状态，也就毫不奇怪了。

这样的问题被人忽略自然导致了许多奇怪的结果。例如，由于缺乏中国官方的权威记录，日本可以继续从自己的角度对中日战争进行修正主义的解释，并将这一复杂的历史遗产留给后人评判。农民民族主义这一设想可能是好的，但已经被推翻了。如果不能对中国共产党在日本占领期间的军事成长做出必要的战略评估，我们将无法理解毛泽东为什么多次说他要“感谢”日本，也无法调和过去的学者关于毛的这一观点的争论。毛泽东通常承认日本人为中国共产党夺取政权创造了必要的条件，正是日本的压迫教会了中国人民怎样革命，并逼迫人民起来战斗。[①] 同样未达成一致的还有关于下面看法的争论，有观点认为，国民党早年进行的国家建设是卓有成效的，只是在 1937 年至 1949 年之间，才有明显的证据显示国民党开始经历持续的衰退，国民党自己的领导人也曾多次承认这一结论。

这些观点留下了许多空白和并未完全解答的问题，为我们指出了未来研究可能选择的方向。这些观点还有助于我们了解“东方与西方”或中国与西方关于中国近代历史看法的差异，以及中西方的交流互动是如何对新的研究造成影响的。目前，西方学者似乎刚刚从他们早期观点的束缚中挣脱出来。似乎只有研究对外政策的历史学家才对中国内战保有持续的兴趣。其他的学者则开辟了许多新的研究方向，

① 参见毛泽东 1957 年 2 月 27 日《关于正确处理人民内部矛盾的问题》的讲话，引自罗德里克・麦克法夸尔（Roderick MacFarquhar）、齐慕实（Timothy Cheek）、吴元黎（Eugene Wu）编辑的《毛主席的秘密讲话》，第 182 页。埃德加・斯诺（Edgar Snow）指出，毛泽东在 1936 年就做过类似的预言（斯诺:《大河彼岸：今日的红色中国》，纽约：兰登书屋，1962 年，第 41 页）。在那之后，毛泽东在 1965 年和 1970 年会见斯诺时说过，日本让中国人民学到了宝贵的革命经验（埃德加・斯诺:《漫长的革命》，纽约：Vintage 出版社，1973 年，第 173、198—199 页）。又见毛泽东 1964 年 7 月 10 日:《接见日本社会党人士的谈话》，见《毛泽东思想万岁》，1969 年，第 533 页。

包括对战争、政府机构、政党，尤其是社会和文化主题的研究。这些研究偶尔会显示出一定的偏向性，让人回想起以往的争论。但几乎所有新研究都集中在中国近几十年的发展上，依照目前的进展，如果只靠西方学者自己的努力，恐怕几代人以后他们才会重新关注1945—1949年的中国内战。[①]

但随着西方和中国学术界的交流日益频繁，甚至是不可避免，西方研究者可以得到的帮助大大地增加了。几乎所有中国学者都认为国共两党的敌对和冲突在政治上具有十分重要的意义，此前西方对1949年以前的中国历史的研究也是因为同样的观点。在今天的人们看来，共产主义已经结束了，共产主义带来的所有挑战，包括中国内战，都是另一个时代的事情。中国共产党正试图实现自身的转型并对这一过程进行有效地控制，正如国民党在台湾所做的那样。目前的中国正处于一个特殊历史周期的最后阶段，挑战是真实存在并正在持续的。同样重要的是，国共之间的争斗已经又一次成为一种政治生活的常态，双方“配合默契”，如同1945年的情况一样——尽管现在的环境更加复杂，双方的位置也发生了倒转。

50年之前，在进行革命的过程中，共产党人已经发展出远远优于作为执政党的国民党的政治和军事技能。今天，中国共产党在国内的工作可能仍然是出色的，但由于苏联的解体以及由此引起的众多共产主义国家的垮台，世界力量的平衡已经不可逆转地向相反的方向转移了。20世纪的中国人——无论他们拥有怎样的政治信仰——或许比任何其他国家的人都更能敏锐地察觉到这一“世界趋势”，因为整整一个世纪，中国都在以一种自觉、辩证的方式应对世界潮流。经过了过去20多年的经济改革和政治宽松，中国共产党自我调整的步伐越迈越大。现在的问题已经不再是中国是否会顺应世界潮流，选择正

① 两篇介绍1949年之前的中国的代表性作品（不包括1945—1949年这一时期）是“重新评估中华民国”专号（《中国季刊》，第150期，1997年6月）以及熊玠和莱文的《中国苦涩的胜利》。

确的发展方向，而是中国为自己设立的具体目标是什么，以及它要用多长时间实现这一目标。

这些问题引发了许多讨论，例如，在香港1997年回归中国之前，由于这些问题，人们对香港的未来提出了许多疑问，最后由邓小平本人明确了中国的立场。邓小平提出了“一个国家，两种制度”的指导政策。邓重视资本主义经济的发展，为民选政府的建立制定了一个长期而缓慢的进度表。①

为了结束国共两党的历史争端，北京对台湾做了类似的承诺。然而，台湾的步伐要快得多，它已经在20世纪70年代完成了从国民党统治的一党制专制政权向民主政治的转型。苏联解体之后，许多共产主义国家消失了，中国共产党显然决心避免类似的命运。在字面和比喻意义上，中国的“内战”状态仍在持续，中国大陆会“坚守原则”，偶尔发出战争警告，但总的来说，这场冲突已经完全回到了政治领域。这场冲突的意义现在显得更加突出了。结束国共两党敌对状态的谈判久拖不决，双方迟迟难以达成彼此都能接受的条款。谈判本身就像一场有关中国正在变化的政治秩序的辩论。

由于谈判事关重大，双方都坚持自己的传统观点，并尽量利用过去和现在成功的例子。如今人们可以接触到关于中国内战的大量新的研究材料，一部分是因为随着政治自由化的进程，保密的要求在不断降低，一部分要归功于国共双方正在激烈争夺这段历史和未来的解释权，由此解禁了不少资料。这也从一个侧面说明了外国学者想要直接获得党和军队的原始记录有多么困难。很自然地，为了突出自己的优势和掩盖自己的弱点，国共双方都力图“控制”各自的历史。因此，

① 见邓小平的《会见香港特别行政区基本法起草委员会委员时的谈话》（1987年4月16日），以及邓小平《论香港问题》中的《要吸收国际经验》（1988年6月3日），香港：三联书店，1993年，第30—37、38—39页（参见人民出版社1995年版《邓小平文选》第三卷，第215页）。关于这场重大政治改革以及香港在其中地位的初步分析，见胡素珊的《香港参加全国人民代表大会：对“一国两制”的首次考验》，载于《当代中国》，1999年3月。

国民党的材料主要关注1945年以前，甚至更早以前的事情，即国民党政权最初成立时期发生的事情。在国民党的历史论述中，最为重要的部分是政治制度的建设和国民党在外交关系上取得的胜利——正是外交上的成功为中国在国际社会中赢得了大国的地位。国民党的记录还强调了1949年之前和1949年之后的连续性，以及他们在台湾取得的成功。

相比之下，中国共产党的历史将关注的重点放在他们夺取政权的光荣而伟大的历程上。在共产党的历史中，具体战役和政治都占有很大的篇幅。但共产党自己讲述的政治很少涉及大规模的阶级斗争和土地改革——正是这种阶级斗争和土地改革预示了1949年之后中国社会的巨变。相反，现在中国共产党希望人们记住，是其提出了和解性的统一战线策略、忠诚的共产党人在国民党控制的城市里从事危险的地下工作，以及如何通过谈判让国民党军队不战而降。作为传奇，这些事迹在无以计数的战争故事书和老兵的回忆录里被人们反复传颂着。其中的政治含义是十分明显的，提醒人们共产党过去曾取得的最重大的胜利，从而巩固当前遭到削弱的权威。中国共产党特别强调了被自己击败的对手，同时提醒人们自己过去付出的努力。毫无疑问，共产党希望在自己的领导下，国共两党最终能再次联合起来。

双方通过以上的方式重新回顾中国近代历史，不仅是出于自身的需要，也是有选择性地为当前的政治目的服务。然而，如今的政治格局已经大不相同了。的确，中国共产党与中国国民党仍是主要的竞争对手，现在的问题仍然是旧有的共产主义对新的经济和政治管理模式的挑战，以及这种挑战造成的根本性的差异。而且，双方对过去50年成功、失败和对抗的不同记录更将这些差异扩大了很多倍。此外，两个主要竞争对手对有关他们自己历史的最权威的文件和资料有着绝对的控制权。然而，考虑到50年来的变化，以及公共领域的记录越来越多地开放，人们的研究具有了更多的可能性。事实上，这些公共领域的记录所能发挥的作用要远远超出官方原有的想象。

我们前面提到的描述1947年2月28日台湾事件的新书就是这种超越严酷的高压政策下的历史学范畴的明显例子。长期以来被禁止讨论的政治事件终于合法地出现在历史叙述中，而且很快成为当前政治议程的一个组成部分。同样，国民党的腐败和它在20世纪40年代后期糟糕的经济管理并不是没有意义的，当代中国可以从中得到许多经验教训。1949年以前自由知识分子为争取独立的政治评论权而进行的斗争也具有同样的意义。我们还注意到，新旧时期学生运动的许多诉求都是相同的，例如反对战争、日本侵略、贫困等等。共产党和国民党都注重历史先例，强调连续性，希望留下自己的历史遗产。实际上，这只是古代中国政治中一种常用的方式而已，国共双方为了争夺对未来中国的影响重新使用了这一方法。

中国和西方学者对过去中国政治历史的兴趣可能仍会存在差异，西方的研究可能会继续避开中国内战这一时期，尤其是避免做出任何结论。根据新的资料写成的一两本新书还不足以证明出现了新的趋势。然而，新的研究，加上其他近期和目前关于1949年之前，国民党执政早期的政府、政治、战争的研究显示，堆积如山的新材料下蕴含着丰富的可能性。要想实现这些可能性，我们必须超越传统的思维模式，这种可能性还意味着，那些曾被我们忽略的问题最终能得到多种形式的解答。

我始终认为，终有一天，会有其他人重新关注这些问题，并继续前人未完的研究。基于这一考虑，《中国的内战》的再版并没有做任何改动，内容与最初的版本完全相同。我选择性地调整了本书的参考书目，为的是让人们知道，新的资料足以支持他们对这一时期的历史进行更深入的研究。本书完成的时间几乎跨越了两代人，在此过程中，我得到了许多学术机构和个人的帮助，由于篇幅所限，这里我无法一一列举他们的名字。我要特别感谢那些一直以来关心我和我的著作的人，正是因为他们，本书才得以完成并面世；同样是因为他们，我现在才可能推出这本书的再版。在这里，我还要感谢罗曼和利特菲尔德出版社（Rowman & Littlefield）的工作人员，特别是苏珊·麦克伊查恩（Susan McEachern），他们对本书的再版给予了巨大帮助。我要向负责本书印制工作的卡伦·约翰逊（Karen Johnson）表示感谢。对复旦大学的金光耀（Jin Guangyao），我要致以更大的谢意。以金为代表的年轻一代的中国学者们以客观的立场搜集了大量近代中国的资料。金教授带领他的翻译团队完成了本书1997年中文版的翻译。在修订书目的介绍中，我还要感谢在我查询新的资料时，所有为我提供意见和建议的新老朋友们。

让我心情沉痛的是，由于我研究中国内战的时间超过了30年，许多以不同的方式对本书的完成做出贡献的人已经无法亲眼看到这次再版了，这里我要向他们致以最诚挚的感谢。就在不久前的1999年2月和3月，谢伟思（John Service）和鲍大可（Doak Barnett）分别去世，他们的离世让我回想起了许多曾给予我帮助的人们。虽然他们自己可能并没有意识到，但他们分别在不同时期给予了我精神上宝贵的支持。更重要的是，他们自身的经历就相当于一堂现实的政治教学课，让我们这一代人清楚地了解到当我们继续1949年以前的前辈学者的研究时，将要克服多大的困难。鲍大可教授的《共产党接管前夕的中国》是少数几本从亲历者的角度描述20世纪40年代中国历史的著作之一，但这本书一直被锁在抽屉和文件柜里，将近20年都没能出版。书中收录了许多亲历这段历史的记者、外交官以及其他当事人的报告，在20世纪50年代，这本书争议性太大，以至于无法出版。如今，这些资料已经在我们的历史记录中重新找回了属于自己的位置。

当时还是一名研究生的谢伟思在20世纪60年代突然崭露头角，他的研究让人们能够更直接地了解1949年之前的中国。我们常说，开除谢伟思是美国国务院的损失，却是加州大学伯克利分校的一件幸事。谢伟思的故事具有很强的代表性，充分显示了共产主义在中国的胜利付出的代价。此后许多年，美国政治家们都在为此而相互指责。第二次世界大战期间，年轻的谢伟思曾在美国驻中国办事处任职。像许多同时代的外国人一样，谢伟思就中国两个主要竞争者的优势和弱点做了详细报告。由于这些报告，谢伟思成了第一个被美国国务院开除的被认为是“中国通”的美国雇员，此后他一直进行着最顽强的努力，想要洗刷自己“不忠”的名声。最终，美国最高法院做出了有利于谢伟思的裁决，他得以重新进入政府部门。但在1956年和1962年期间，谢伟思被下放到美国驻英国一个无足轻重的领事职位上。离开政府后，谢伟思来到伯克利进修。他是班上的第一名，几乎每门功课都是“A”，顺利地拿到了硕士学位。毕业后，谢伟思在加利福尼亚大学的中国研究所工作了几年。他的生活十分充实，一直担任名誉顾问，为几届研究生提供了指导。无论我们之间的分歧有多大，我们对前辈学者都怀有相同的珍贵记忆和尊敬。鲍大可和谢伟思过去的工作不仅仅让我们想到他们的贡献和成就，也是一座跨越时空的“中转站”，后来者正是以此为基础，才得以继续推进前辈学者的研究。

第一部分

国民党统治的最后岁月

第一章 CHAPTER 01

引 言

在外界眼中，1945—1949 年中国的内战使亚洲最大的国家从世界的一个力量集团转移到另一个集团。1949 年 10 月 1 日中华人民共和国的宣告成立引发了美国政坛持续四分之一个世纪的激烈争论和相互指责。受到中国共产党胜利的刺激，美国决定阻止共产主义在亚洲的扩张。这一决定将美国直接卷入了朝鲜和越南的战争。

在回顾这些事件时，西方学者将注意力主要集中在中国共产党与国民党之间的军事冲突以及美国试图控制和影响国共冲突的努力上。西方历史学家考虑的是西方读者的兴趣和关切。在美国——1949 年之后，大部分有关中国的著作都是美国学者完成的——国民党的失败被迅速解读为一种政治损失，共产党则被视作一个不合法的执政党。共产党的胜利也被视作是美国的一次失败。在讨论“失去中国”这一问题时，人们不是在追究责任，就是在推卸责任。由此引发的一系列学术研究、政府出版物、政党争论都是以这一关切为基础的。对于英语读者而言，1945—1949 年的中国内战历史[①]在本质上仍然是有关战争胜负、美国提供或拒绝援助以及分

① 中国历史学家把 1945—1949 年称作“解放战争时期”或“第三次国内革命战争时期”。第一次和第二次国内革命战争时期分别是 1924—1927 年和 1927—1937 年。

析那些政策决策者动机的记录。

但对我们而言，这一记录是否是政治利益和意识形态偏见（由于麦卡锡时代的恐怖政策，这一偏见大大地加强了）的结果并不重要。几个当时的美国记者和其他亲历者的描述为我们提供了一个更广阔的视角，本书可被视作这种描述的延续。[①] 我试图扩大 1945—1949 年这段时期历史记录的范畴，为此本书花许多篇幅介绍了当时的政治情况，因为在我看来，军事斗争归根结底是由政治决定的。

在许多方面，本书都只进行了初步的讨论，并且显示出了偏向性。在很大程度上，这是一篇对于许多仍然没有得到充分研究的议题和问题的介绍。我可以得到的原始材料并不充裕。文献方面的缺口是巨大的，在一些情况下，这种缺陷甚至是无法填补的。但本书并不是传统意义上的政治历史。它并不是关于政治人物、政治事件、政治思想或者政治组织沿革的记录。本书关注的主要是国共两党在争夺政治权力过程中的政策以及具体做法。更具体地说，本书对国共两党各自和他们想要统治的社会的关系进行了比较性的分析。

中国的内战是为了争夺国家权力而进行的一场军事斗争。战争是另一种形式的政治，政治舞台一定能为我们提供关于这场冲突本质和结果的线索。战争的政治背景不仅定义了战争双方的身份，还定义了他们斗争的原因、他们承诺的性质以及他们可以利用的资源。从研究的角度而言，政治被定义为政府和被统治者互动和交流的过程。更准确地说，政治是那些掌握公共权力的人和受到这种权力管理的个体、集团、部门、阶级之间的互动和交换。政治资源相当于交换的介质，政府和被管理者为了达到各自的目的，彼此之间会经常进行这种资源

---

① 其中最有名的作品有：鲍大可的《共产党接管前夕的中国》、杰克·贝尔登（Jack Belden）的《中国震撼世界》、德克·博迪（Derk Bodde）的《北京日记：革命的一年（1948—1949）》、韩丁（William Hinton）的《翻身：中国一个村庄的革命纪实》以及约翰·F. 梅尔比（John F. Melby）的《天命：中国内战录（1945—1949）》。详细书目可参阅本书最后的参考文献。

的交换。

虽然不同的社会群体可能脱离它所处的政权而生存，相反的情况却显然不能成立：政权是由社会群体组成的，不可能孤立于社会群体而存在。就政权与不同群体交换关系的性质而言，它们是各不相同的。但这一定义假定，投身于政治的个人和党派如果不进行这种交换，将无法掌握或保留权力。只有建立联盟，采取一定的政策，实施计划，才能获得权力。

国共两党争夺权力过程中的一个关键因素是从现有的政权手中收回资源。很明显，如果现政权有弱点可利用，这一目标实现起来将更加容易。现政权与不同的社会群体之间的关系越脆弱，“造反者”就越有可能利用民众的不满并最终赢得他们的支持。当然，政府与民众之间的关系也可以通过另一些方式得到加强，例如制定政策、做出承诺，等等。“支持”和“反对”一样，有多种不同的有形或无形的表现形式。政治资源也有许多种，例如在国民党和共产党的斗争中，维持军队必不可少的是粮食和兵员。中国民众和两个竞争对手之间各种资源的交换以及导致这种交换的条件，就是我们关注的主要问题。

一些政治学者已经接受了这样一种概念，即政治是一种互动和交换的过程[①]，但在其他学术领域，这一概念并不流行。因此，在研究革命变化中我们不熟悉的政治系统时，采用这种概念或许对我们是有帮助的。在一种我们十分熟悉的文化中，例如我们自己的文化中，当然没有必要向人们解释这些基本的政治概念。没有哪一个美国记者或政治分析家会在不考虑可能影响美国南部、中西部农业区、黑人、普通工人、白领工人等社会组成的情况下，贸然预测总统的选举结果。对美国人而言，这些社会群体和美国政府之间存在着再明显不过的交换关系。

① 见沃伦·F. 伊尔奇曼（Warren F. Ilchman）和诺曼·托马斯·乌普霍夫（Norman Thomas Uphoff）的《变化中的政治经济》以及他们引用的资料。

然而，在研究不同形式和风格的政治时，我们不一定要使用同样的假定。特别当政治竞争者是一个共产主义政党，并试图用暴力推翻现有政权时，我们尤其应避免拘泥于上述概念。的确，如果有人试图对任何社会的这样一段历史进行政治分析，无异于将自己置于人们批评和质疑的“风暴眼”中。我们似乎不应将政治合法性看作一种固有的组织和“程序”模式的结果，并把它当作一种为人们普遍接受的政治行为的准则。这些模式和准则不仅被质疑，而且受到了有力的挑战。在这里，更重要的问题无疑是这种挑战本身的性质以及让这种挑战变成可能的条件。这些条件的形成可以追溯到过去。但是在当前，政治竞争者一定会采取组织和程序的方法，充分利用这些条件。

但这种方法也不足以应付来自于斯大林模式的组织和控制——西方学术界中有关共产党领导的革命运动的另一个常见的主题——的挑战。这一假设为人们的分析带来许多困难，其中最明显的一个例子包含在人们对“南越民族解放阵线”[①]的研究中。这本著作描述了在1954—1963年，吴庭艳政权是怎样招致南越社会几乎所有人的痛恨以及当吴的威信丧失殆尽后，这个政权是如何垮台的。作者按照时间次序记录了吴庭艳政权逐步失去各社会团体支持的过程，并得出结论：“你可以亲眼看到整个社会结构是如何从最薄弱的地方开始撕裂的。”[②]然而这本书余下的部分在描述“民族解放阵线”这一时期形成的组织技巧时，对吴政权所处的社会环境——有一章专门介绍这部分内容——并没有给予应有的重视。作者认为只有真正对社会不满的人才能建立真正的革命组织，并这样写道：“‘民族解放阵线’正好相反。它刚形成时就已经成熟了，它需要补充的只是细节。它的政策并不真

① 道格拉斯·派克（Douglas Pike）：《越南共产党：南越民族解放阵线的组织和技巧》，剑桥：麻省理工学院出版社，1966年。

② 同上，第73页。

正代表不满的群众，更像是事后想起而临时添加的应急产品。”①

这种“对社会不满的人才能建立真正的革命组织”的论断产生了超越学术讨论范畴的影响。它让人们重新关注美国没能阻止共产主义在中国胜利的原因。就更大范围而言，人们不仅利用这一观点证明美国应该参加越战，并且试图用这一观点来解释美国在越南的失败。尽管如此，现在看来，军事干预的政治局限性是显而易见的。因此，人们想要更深入地研究政治组织和政治议题之间的关系以及政治竞争者和民众之间的关系的动机也是十分明显的。

一位学者在详述马基雅维利对于想要获得和保住权力的有野心的统治者提出建议时写道：

> 首先，新的统治者必须为国家提供更多的安全保障，他本人能够取代旧的统治者就充分地说明了这一点的重要性。他必须采取比前任政府更有力和有效的措施，从而让民众感到更安全。被取代的前政权很少能够做到这些。……在这种情况下，民意的指向很容易发生改变。对原来政府的忠诚瓦解了，……民众开始寻找能为他们提供更多的安全、和平以及更好的法律的新的权威。②

这一研究试图确定国民党或国家主义政党在执政的末期是否真的，或在多大程度上“缺乏权威”。与此相对的，该研究的第二个目标是确定共产党在夺取政治权力后，在多大程度上赢得了民众的支持和忠诚。中国共产党的统治是否真正被人们拥戴，或者他们只是国民党犯下的错误和日本人暴行的受益者。

① 道格拉斯·派克（Douglas Pike）：《越南共产党：南越民族解放阵线的组织和技巧》，剑桥：麻省理工学院出版社，1966 年，第 76 页。

② 查尔斯·W. 亨德尔（Charles W. Hendel）：《有关权威本质的探讨》，见卡尔·J. 弗里德里希（Carl J. Friedrich）编：《权威》，剑桥：哈佛大学出版社，1958 年，第 10—11 页。

第二章 CHAPTER 02

内战的开始：接管日占区

第二次世界大战和日本的入侵对中国共产党和国民党的政治命运产生了不同的影响。首先，日本的入侵在中国激起了强烈的民族主义反应，这种反应使蒋介石和中国共产党能够在统一的抗日运动中联合起来，成为统一的抗日运动的领袖。在当时的中国，只有蒋介石具有足够的声望来领导抗日战争。[①] 无论在朋友还是在敌人眼中，蒋和他领导的政府都被视作是中国抵抗侵略者的民族决心的真正象征。

蒋介石想要保持这一形象，面对日本人的强大攻势，蒋和他的政府被迫从华北和沿海地区撤退到中国西南部。汪精卫领导的伪政府接管了国民党撤退后的大片地区。与此同时，以延安为根据地的中国共产党充分利用了日本对中国北部的入侵。共产党之所以能在日本的军事压力下发展壮大，是因为从 1927 年他们的农村根据地被摧毁后，他们就一直被迫进行游击战争和农民革命，并取得了丰富的经验。日本人进入中国北部后，共产党立即运用这些经验在日本军事前线的后方组织抵抗运动。结果，在第二次世界大战期间，共产党逐渐发展为中国最具活力的政治势力。到 1945 年 4 月，

① 詹姆斯・M. 伯特伦（James M. Bertram）在他的《中国的危机：西安兵变真相》中提出了这一观点。

共产党已经控制了包括大约9500万人口的广大地区了。

与此相对，国民党政府却没能有效利用日本入侵为他们提供的同样机会。在国际上，国民政府或许被视作“自由中国”的唯一代表，但在国内，到1945年，国民党在政治力量和民众的支持上几乎没有得到增强。的确，国民党政府在日本占领区也曾发展过游击队和地下运动，但这些尝试从未演变成广泛的抗日运动。在撤退到重庆的岁月里，国民党并没有完成什么建设性的工作。国民党政治体系中固有的弱点反而更加严重了。1944年中期，一位驻中国的美国外交官员认为，国民党要比之前10年的任何时候都更加虚弱。他写道：“委员长正在失去中国民众的支持。在对日战争的头两年里，这个因外敌入侵团结起来的国家出现了一股人们未曾料到的新力量。国民党内部的虚弱越来越明显了，联合的抗日阵线正在瓦解。”[①] 普遍的不满、政治反对派、管理混乱以及政府和军队中前所未有的贪污腐败，这种种迹象都预示着国民党的最终垮台。

然而，1945年8月，日本的战败为国民党提供了最后一次机会，至少有些评论家是这样认为的。国民政府突然发现，它能够在包含这个国家四分之三人口的地区——包括“自由中国”在内——重新建立统治了。《大公报》认为这是千载难逢的机会，敦促国民政府充分利用日本的投降，在人民心中重新树立自己的统治合法性和道德正当性。《大公报》提出警告：“无论如何，我们都不应该让光复区的人民丧失对政府的信心。”[②]

30年后的今天，当那一代的中国人回想起中国内战或者当他们的孩子回忆父辈关于那个年代的记忆时，他们几乎无一例外地认为，正是1945年秋冬之际国民党对日本占领区的接收让普通城市居民对国民党统治不再抱有任何幻想。中文里的“接收”是一个中性词语，

① 谢伟思：《中国白皮书》，第567页。

② 重庆《大公报》，1945年9月27日。《大公报》是当时中国最有名的报纸，与国民党“政学系”有密切联系。

相当于收到或收取。然而，当公众亲身体验到国民党接收人员的种种劣行之后，这个词逐渐成为掠夺、公开抢劫或盘剥穷人这类词语的代名词。[①]

城市地区最深切地感受到恢复时期的种种变化，城市居民对国民党信心的削弱是最为明显的。大量国民政府官员被派到各个城市接管敌方政治和行政机构以及敌方资产。这些官员的贪婪在他们接管的城市里找到了最好的机会，他们实施的“恢复”政策对经济生产造成了最大的破坏。因此，正是在城市里，人们清醒地意识到了他们糟糕的处境，不仅因为官员们明目张胆的腐败和这种腐败的规模，还因为城市的媒体并没有完全受到官方控制。

日本投降后的几个月里，政府的公共形象发生了变化，这一点十分关键。国民党政府回到了沿海地区，它本身并没有发生变化。那些清楚国民党缺陷的人预料到国民党一旦返回敌占区可能出现的问题，并就此向它提出了警告。[②]但直到战后的接管期之前，人们还没有普遍认识到国民党缺陷的严重性。当人民发现，八年以来一直象征着民族生存意志的政府原来是这样的无能和腐败，他们的失望情绪就更大了。人们突然发现，他们无法用国民党战争时期建立的声望来衡量它战后的行为了。

如果国民党政府能在随后的几个月采取行动，改正恢复时期犯下的错误，公众的记忆和这些错误做法的政治意义本来会迅速淡化的。不幸的是，对国民党来说，在接管期间引起人们如此广泛批评和抗议的大部分问题都未能得到圆满的解决。因此，在中国内战

---

① 这些句子经常见诸报纸和媒体。例如钱邦楷：《东北严重性怎样促成的？》，载于《青岛日报》，1948 年 2 月 19 日（1948 年 3 月 27 日转载在《观察》上，第 16 页）；另见特别通讯：《重庆政闻》，载于《观察》，1946 年 11 月 21 日，第 16 页。

② 例如，1945 年 8 月 18 日，曾在伦敦经济学院学习并在西南联大担任教授的亲国民党的经济学家伍启元在《世界日报》上发表长篇评论，表达了这一观点。1945 年 8 月 17 日的《大公报》上也有类似的文章。

中，这件事的政治重要性在于，它是城市公共舆论开始背离国民党的第一个转折点。同时，接管时期标志着政府抗战无能的最终发展形式。

公众的批评和争论主要集中在四个问题上。第一个问题是政府在解除日本人武装上的迟缓以及明显不愿惩治汉奸。第二个问题，也是最为人们痛恨的，是重庆派出接管日伪资产和机构的官员的贪污受贿行为。第三个问题是恢复时期经济和金融管理的混乱。最后一个更为微妙，但同样重要的问题是，接收官员对没有跟随国民党撤退到内地，而是继续生活在日占区的一般民众采取了居高临下的态度——至少在这些民众眼里是这样。

战胜者与战败者

无论出于怎样的道德理由，抗战胜利后，公众普遍要求国民党政府取消那些曾与日本支持的伪政权积极合作过的中国人的政治和军事权力，并给予他们应有的惩罚。政府之所以迟迟不愿采取行动，主要是因为在日本投降后，它要依靠日本人和汉奸（人们这样称呼那些与日本合作的中国人）来维持日占区的“法律和秩序”。当时政府主要担心的并不是市民动乱，而是中国共产党构成的更具体的威胁。政府缺乏充足的运输工具将足够数量的国民党军队、维持和平的机关和行政人员立刻送到日本人占领的广阔地区里。国民党很快发现自己正和共产党进行一场抢先接管长江以北日占区的竞争。国民政府的总部设在中国西南，在这一竞争中处于明显的不利地位，因为共产党早已经控制了华北的大部分农村地区。

不仅如此，有人指责政府对日本最后的投降几乎毫无准备，也没有为此制定相应的计划。还有传言说，国民党在内部的军事建设上也存在着派系之争，蒋介石不信任那些没有向他个人效忠的指挥官。因此，在日本投降后的关键几周里，蒋介石无法有效地调动他的军队，从而获取最大的优势。无论如何，蒋介石在这一时期的主要目标是重建和加强自己的力量，尽可能摧毁他的政治对手在各地的基地。除了共产党，蒋的对手还包括云南省的龙云和东北的张氏家族。因此，蒋介石愿意与任何能够帮助他实现这一目标的人结盟，只要他们不对他的权力构成直接的威胁。例如，在东北，国民党政府被迫与前伪政府成员合作，因为他们几乎是蒋唯一可以依靠的、既不支持共产党也不支持旧军阀张作霖的儿子张学良的政治势力。[①]

8 月 23 日，国民党与日本人公开“合作”。中国陆军总司令何应钦将军向日本中国派遣军总司令冈村宁次大将发布命令，命令规定，日本军队必须有效地防守住他们原先占领的地区，保持交通线的通畅，等待国民党军队前来接收。日本人还要负责收回那些最近被“非正规部队”（即共产党）夺取的地区。根据这一命令，日本军队和伪军采取了一系列针对共产党的军事行动。

尽管蒋介石于 1945 年 8 月 11 日下达了命令，要求共产党军队在收到进一步指令之前，必须停留在他们现在所处的位置上，但共产党坚称，他们有权接受敌军的投降。根据 8 月 10 日和 11 日延安发出的指令，为了迫使日本人投降，共产党军队对日本人控制的关键据点和重要交通线发起了大规模的总攻。当何应钦将军在 8 月 23 日向冈村宁次下达命令时，共产党正在从日本人手中接管张家口市。从 8 月下旬到 9 月底，共产党军队和日军以及伪军之间的战斗，据报道超过了 100 次。日军和伪军成功地从共产党手中收回了安徽、河南、河北、江苏、山西、山东以及绥远的 20 余个城镇。[②] 按照何应钦的说法，到

① 蒋介石在云南与当地军阀的权力斗争见第三章中“‘一二·一’运动”一节，东北的政治局势将在第五章和第六章有专门的描述。

② 重庆《新华日报》，1945 年 9 月 17 日和 20 日，10 月 5 日、6 日和 22 日。

11月底，仍有10万日军驻守在山西、察哈尔、河北这3个省。[①]

如果政府对尽快在光复地区重塑自身威信的政治重要性有更清醒的认识，采取这种利用敌人的军队的方式引起的争议或许会少一些。相反，国民党政府毫无必要地把权力交给声名狼藉的"汉奸政权"，从而损害了自身的声望和地位。其结果是，很长一段时间里，在国民党政府的授权下，日伪仍是他们所在地区的实际管理者。《大公报》认为国民党最高当局要为此负责，并有些尖刻地将这种代管称为"先签署投降协定，再接管政府"。[②]

共产党的媒体充分利用这一情况，它们特别提出质疑：在光复地区，为什么仍然由伪政府官员，而不是国民党政府官员发布公告？为什么在伪政府中身居高位的叛国者被国民党授予同样的官职？《新华日报》质问道：为什么像伪上海市市长周佛海这样的汉奸以及南京的伪军总司令可以发布本来应该由重庆发布的命令？[③]

第一批抵达南京——汪精卫傀儡政权的"首都"——的报社记者发现一个奇怪的现象，除了能在街上看到少数几个中国士兵以及偶尔有美国运输机到来，"没有任何迹象表明南京已经解放了……，冈村宁次仍然在外交部大楼里办公。日本宪兵还驻留在前司法院的楼房里。到处都有日本哨兵站岗，他们受命维持和平和保护日侨……"[④]另一个记者在一个星期后报道了类似的情况。他还写道，直到9月4日，南京的报纸仍要接受日本特工的检查。城市的所有地方都能看到

① 重庆《时事新报》，1945年11月30日。1947年1月，仍然有8万名日军留在中国东北，与共产党军队作战（梅尔比：《天命》，第183页）。在阎锡山的要求下，直到1949年，还有一部分日军留在山西与共产党军队作战。1949年4月，太原被共产党攻克时，指挥山西的国民党军队的原日军军官今村保作没有投降，而是选择了自杀。见唐纳德·G. 基林（Donald G. Gillin）：《山西军阀阎锡山（1911—1949年）》，第286—288页；约翰·亨特·博伊尔（John Hunter Boyle）：《中日战争时期的通敌内幕》，第329—331页。

② 重庆《大公报》，1945年9月9日。

③ 重庆《新华日报》，1945年8月25日和10月3日。

④ 重庆《大公报》，8月30日的报道，1945年9月9日。

傀儡政权贴出的海报和标语，其中最常见的是“和平救国”的口号。[①] 据报道，其他城市也有类似的情况。

此外，重庆的报纸很快开始报道前傀儡政府官员能够十分容易地重新变成国民党党员。许多伪政权官员只要在办公室外挂一块新的招牌，就可以完成这一转变了。民众要求对前傀儡政府官员进行某种形式的惩罚或道德制裁，禁止他们担任公职。政府在官方声明中对此表示支持，但实际的做法却大相径庭。有报道称，前傀儡政府中的一些高官被允许逃往日本，许多职位较低的官员则忙着和驻南京的国军先遣司令部里的国民党特派员——国民党政府还都的第一批官方代表——拉关系。《大公报》在 9 月 9 日写道：“在中国，不管发生什么，总是有同一批职业官僚。他们互相勾结，形成了一个利益团体，几乎没有人能够分化他们。虽然在日本投降前，南京傀儡报纸的编辑们还在卖力地鼓吹‘大东亚共荣圈’和‘和平救国’的政策，但现在，这些敏感的报业人士正忙着更换外套，他们和重庆的报纸互相呼应，唱起了同一个调子。”

在这些事件中，引起公众最尖锐批评的是对周佛海的处置。在战争结束时，周佛海的职位是“上海市市长”，同时“兼汪精卫政府”的财政部部长，还是伪行政院的前副院长。在汪精卫 1944 年死后，周是傀儡政府中权力最大的人。日本投降后，周立刻宣布组成一支特别行动部队，维持上海的公众秩序，以此表明他对国民党和国家的忠诚。一名记者这样评论这一事件：“当普通民众看到以前欺负和压迫他们的人还和从前一样，仍然执掌大权时，他们只会感到愤怒。”[②]

到 9 月底，情况已经变得极为严重了。媒体一致要求惩处汉奸。有人提出，这是对整个国家品格的一次重大考验。批评者质疑道，如果这些汉奸可以免于惩罚，一旦国家发生了另一次危机，人们为什么

① 重庆《世界日报》，1945 年 9 月 9 日。

② 重庆《大公晚报》，1945 年 9 月 12 日。

还要忠诚于现在的政府呢？[①]面对群众愤怒的呼声，政府被迫做出了回应，行政院起草了一系列惩处汉奸的法令。这些法令由国民参政会的驻会委员会进行了修订，随后在国民参政会获得了通过。法令公布的时间是9月下旬，此后依据该法令逮捕了几个汉奸，马上有人声称这一法令的公布及其执行已经“完全消除”人们对政府不愿惩治汉奸和叛国者的疑虑。[②]

一些更加细心的人则对这一法令提出了许多批评。该法令的第四项条款引起了人们最大的质疑。这一条款规定：如果伪政府官员帮助过抗战，或者在任职期间做过有益于人民的事，可以提出上诉，请求宽大处理。还不到一个星期，即使那些最初为这一法令叫好的人也承认，一些名声最坏的汉奸——几个月以前他们还是日本人忠实的代言人——突然之间变成了爱国者。他们声称自己一直采取“地下活动”的方式来帮助抗日运动。在向国民党当局付出一笔可观的金钱后，他们的说法往往可以得到证实。公众感到愤怒的是，越来越多的伪政府官员声称自己有过这种隐秘的爱国举动，并为国民党政府所承认。

该法令另一个引起争议的漏洞是，1945年8月10日之前投降的伪政府人员可以得到特别对待。批评者指出，没有人会一直等到8月10日才知道日本将会输掉战争。最后，人们批评该法令只是针对傀儡政府的高级官员，甚至放弃了对那些低层官员进行道德制裁。要知道，执行日本人的具体命令，对人民犯下罪行的正是这些基层官员。在这一时期，尽管国民政府逮捕了包括周佛海在内的汪精卫政权的几个重要人物，但它并没有采取系统的努力，建立一个没有偏向性的专

① 重庆《时事新报》，1945年9月19日；上海《文汇报》，1945年9月29日；重庆《大公报》，1945年10月3日。

② 上海《前线日报》，1945年9月29日；上海《立报》和上海《联合日报》，1945年10月2日。

门法庭或官方机构，处理人们针对叛国者提出的所有指控。[①]

11 月下旬的一份报告指出，虽然在上海、南京、广州，许多名声最坏的汉奸最终被捕，但在北方，没有通敌者被关进监狱。[②] 在北方只有少数几个人被逮捕，更多从前替日伪政府工作的人被国民党委以同样重要的职务。例如，1934—1941 年担任福建省省长的陈仪被人指控曾和日本人合作过，战争结束后，陈仪并未接受任何处罚，而是被任命为台湾省省长。[③] 日本投降整整两年之后，奉天（沈阳）一家非共产党报纸表达了这样的疑问：政府为什么还不采取行动惩处原伪满洲国政府的官员，反而让他们在国民党控制的东北地区担任重要的政治和行政职务？[④]

或许最让人反感的是政府重新任用伪军中的高级军事人员，他们曾帮助日本人直接和自己同胞打过仗。[⑤] 原伪军头目中代表性的人物是李守信，他曾担任伪蒙疆联合自治政府的蒙古军总司令。一份非共产党报纸指出，甚至在 1937 年的卢沟桥事变——这一事件标志中国抗

① 上海《前线日报》，1945 年 10 月 4 日；上海《中美日报》和《文汇报》，1945 年 9 月 29 日。1945 年 10 月 3 日，周佛海被收监关押，随后被转移到重庆，处于软禁之中。1946 年，在对他的审讯中，周佛海像其他许多人一样声称自己在战争期间一直与重庆政府的代表，特别是政府特务部门的头领戴笠将军，有秘密联系。周声称自己从 1941 年开始与戴笠接触，并于 1945 年 8 月 14 日接受重庆政府命令，负责指挥上海的特别行动小组，抵御住了共产党的攻击——日本投降时有传闻共产党正准备进攻上海。直到日本投降一个多月之后，国民党军队才抵达上海，在此期间，周负责维持上海的治安。但 1946 年 3 月 17 日，戴笠在一次飞机失事中身亡，周佛海的话变得无从查证。周被特别法庭判处死刑，随后蒋介石将死刑改为终身监禁。周 1948 年死于监狱。真正被国民党政府处死的汉奸包括陈公博、梁鸿志、王揖唐、梅思平、林柏生、褚民谊。见北平《新生报》，1946 年 7 月 21 日；北平《世界日报》，1947 年 1 月 29 日；博伊尔：《中日战争时期的通敌内幕》，第 332—333 页。

② 上海《大公报》，1945 年 11 月 28 日；北平《世界日报》，1946 年 4 月 24 日。

③ 针对陈仪的指控引自博伊尔的《中日战争时期的通敌内幕》，第 334 页。王克敏于 1945 年 11 月死于上海监狱，见《中日战争时期的通敌内幕》，第 333 页。

④ 沈阳《东北前锋日报》，1947 年 9 月 20 日。

⑤ 北平《世界日报》，1946 年 4 月 24 日。

日战争的正式开始——之前，李就投靠了日本人，他是第一批背叛国家、替日本人打仗的中国将领。[①] 抗战胜利后，国民党政府任命李为他统率的第 10 路军的总司令。另一个伪军将领门致中被政府任命为第 9 路军总司令。另一个例子是李先良，李先良曾是青岛地区皇协军的一名军官。日本投降不久后，他被任命为青岛市市长。

另一个伪军将领是赵保原，1937 年以前，赵就是伪满洲国军队的一名军官。卢沟桥事变之后，日本将他调到山东。赵保原参加了日本对共产党游击队和支持他们的农民的“扫荡”行动。1944 年，日本任命他为胶东半岛反共军的司令。日本投降后，赵保原逃往青岛。但不久之后，他回到了战场，被国民党重新任命为一支中国军队的师长。1946 年 6 月，赵在青岛附近被共产党军队的一次伏击打死。另一个据称参加了声名狼藉的日军“扫荡”的伪军将领是王继美，1946 年 1 月，他被收编为国民党部队。同年 6 月，他被共产党俘虏，以战犯的身份被审判和处刑。

姜鹏飞曾在大连和沈阳替日本人工作，他在河北东部帮助日本人组织伪军，并被送到日本进行进一步军事学习。战争结束后，他被国民党政府任命为同样驻守在河北东部的新 27 军的指挥官。1946 年 3 月，苏联军队即将撤离中国，姜鹏飞和他的部队被空运往东北的长春，负责接管这一地区。他的任务是整编伪满洲国的军队以及在东北共产党控制的地区组织暴动。1946 年 9 月 10 日，他在哈尔滨和李明信、崔大刚一起被处决，罪名是阴谋举行武装起义，企图重新夺回中国共产党占领的城市。据说在战争期间，李明信是日本人的特工，战后成为国民党中央执行委员会下属的敌后战区工作委员会的一名军事专员。崔大刚曾多次变节投敌，既替日本人工作，也为国民党提供情报，在哈尔滨策划这次没有成功的阴谋期间，他的身份是国民党第 6 军的一名军官。在共产党占领的另一个城市张家口，人们发现了类似

① 北平《益世报》，1946 年 9 月 21 日。

的阴谋，这一次被处死的反革命分子是刘建勋。刘曾在天津替日本人组建过一支特务分队，日本投降后，国民党马上将刘招入了自己的秘密警察队伍。①

根据何应钦将军的描述，日本指挥官冈村宁次在 1945 年 11 月底，正在进行“联络工作”。②南京的一家报纸指出，当冈村宁次在 1947 年 2 月返回日本时，政府显然并不认为众多中国人的死是他的责任。“我们不知道”，社论最后说，“政府是否会为冈村大将的离去举行一次盛大的欢送会。”③

但是很显然，并不只是国民党才在战后利用敌人的力量。周佛海在接受审判时声称，共产党的代理人曾提出让他直接指挥一支共产党军队，但他拒绝了这一提议。当然，这一声明的内容很难得到证实。郝鹏举的例子则更加真实。他曾在汪精卫政府中担任过伪军指挥官。1945 年以后，他投降了共产党，被任命为华中民主联军司令。在 1946 年底，国民党军队对解放区的攻势达到高潮时，郝又改变了主意，率领自己的部队投向了政府，他的叛变严重损害了共产党在苏北的地位。尽管如此，在战后与日本人和汉奸合作的问题上，共产党受到的指责要比国民党政府少得多，因为政府方面有太多得到确认的实例了。其结果是，在这一问题上，政府承担了公众大部分的不满情绪。

无论政府认为在与共产党人的冲突中，日本人和伪政府人员的帮助有多么必要，这种帮助以及政府获取这种帮助时对公众感受的忽视都带来了沉重的代价。北平（1949 年 9 月，共产党将这个城市的正式名称重新恢复为北京）一家报纸的一篇评论反映了大多数人的看法：“我们无法掩饰对这样一个严重问题的轻蔑和愤怒。”这篇社论认

---

① 重庆《新华日报》，1945 年 9 月 17 日和 27 日、10 月 3 日和 25 日、11 月 7 日；延安新华社，1946 年 6 月 14 日和 20 日、9 月 15 日和 28 日。

② 重庆《时事新报》，1945 年 11 月 30 日。

③ 南京《新民报》，1947 年 2 月 21 日。

为，数千名伪军对击败共产党起不到任何决定性作用。使用他们反而是对国家纪律和道德的一个重大打击。[①]针对这一问题，一家重庆报纸做出了类似的评论：

> 让更多人感到失望的是惩处汉奸的问题。的确，到目前为止，已经逮捕了一批汉奸，但平津地区的全部汉奸和叛国者几乎都没有受到惩处。大部分伪军都在“改编”后“恢复正常”，伪政府中的大部分人员也仍然担任原来的职务。南京和上海的许多叛国者脱下了原来的制服，很快就在其他政府机关找到了新的职位。要知道，这些叛徒一直受到人们强烈的憎恨。现在，胜利终于到来了，政府却没有马上给予他们应有的惩罚。人们怎么能相信这个社会有公正可言呢？[②]

腐败

国民党政府没能采取令人信服的措施，公正地惩处战争时期的叛国者。同样，在处理敌人的资产上，它也显得不够公平合理。重庆派遣的接收官员以权谋私成为光复时期的一个鲜明特点。根据一般的说法，接收官员最关心的是五件事：金子、车子、房子、日本女子、面子。[③]9月27日，《大公报》这样评论官员的腐败：“在南京和上海，政府只用了短短二十来天就失去了民心。”

---

① 北平《世界日报》，1947年1月29日。

② 重庆《新民报》，1945年11月5日。

③ 王健民：《中国共产党史稿》第三编，第544页。金子、车子、房子、日本女子、面子，这五个词的结尾“子”都是双关语，在中文中有“儿子”的意思，但在此处只充当普通的名词后缀。在接收期间，这五样东西被普遍称为“五子登科”，这个词的意思是“五个儿子都通过了皇家考试”。人们用这样一个繁荣的家庭来比喻在接收时期大发横财的政府官员。对这一现象的小说化描述见张恨水的小说《五子登科》。

简单地说，接收（光复）是指代表国民党政府的文职和军事官员接管和控制原日占区傀儡政府的所有政治、行政和军事机关以及日伪的所有资产——无论是公家还是私人的——的过程。在处理工厂、办公室、仓库和住房等资产时，接收人员应将这些资产先封存起来，然后进行调查。如果某项资产是日本人从原来的主人那里非法夺取的，则应将它退还给原主，如果是无主的资产，则按照正式的程序确定新的所有人。在以这种方式处置之前，依据官方的规定，接收的工厂应该停止生产，接收的仓库中的存货是不允许搬动的，接收的房屋里的住户必须搬走。

但在这样的时期，由于几乎没有制度上的保障，这些规定的有效执行在很大程度上取决于接收官员的操守。腐败之门对所有的接收官员都是敞开的，没有任何总体规划或统一的政策规定哪些资产是可以没收的，又该由哪些官员来执行。相反，在 8 月和 9 月，不同的军事和政府部门发出了一连串混乱的规定和命令。

手续：官方命令和行政机构

8 月 28 日，国民党政府的行政院颁布了一条命令，宣布在日伪政府登记的所有地契都是无效的。[①]然而，几乎一个月过去了，当局还没有公布如何清算接收的日伪政府土地的具体规定。同时，大批代表不同军事、政治、行政机构的官员从重庆蜂拥而至。这些官员最先聚集在南京和上海，然后分散到北部和南部的城镇。任何东西，只要被认为是“敌人的资产”，都会成为第一个声称拥有所有权的人的财产。一份 9 月 7 日的报告描述了这种“接收”是如何在上海进行的。当时日军和伪军驻扎在市区和郊区，维护当地的治安和秩序。然而，任何武装人员都可以戴上上海军管会的臂章，声称自己在执行公务。他们

① 上海《青年日报》，1945 年 9 月 22 日。

以搜捕叛徒和汉奸为借口，强占房屋，随意逮捕，征用汽车，甚至查封整个工厂。[①]

或许是意识到了这种混乱，中国军队的指挥部在9月14日颁布了一项命令：禁止转移或破坏日军的一切家具、设备、机器、文件以及记录。所有最初属于中国或盟国、战争期间被日本人夺走的资产将被移交给国军当局。所有日本的商社、工厂、银行都要将它们有关资产、负债、位置的详细资料整理出来，送交中国军队。[②]

在上海，从9月19日开始对民间资产进行“官方”接收。依照总司令的命令，经济部开始接管日本人在上海的纺织厂。[③]到9月20日，财政部已经拟订了清算民间金融和商业机构资产的一系列条例草案。所有在伪政府注册的商业和金融机构都将被清算资产，它们的股东需要承担无限责任。南京—上海地区金融机构的清算由财政部的特别代表监督。这些特别代表立即宣布，五家主要的日本金融机构将由中国银行家接管。[④]

在接下来的四个月里，中央和地方官员颁布了一系列临时性规定，但这些规定无论在设计上还是在实行中都存在很多缺陷。9月21日，第三集团军（负责上海地区的防卫）的总部召开了一次由地方军政人员以及国民党党务官员共同参加的会议。会议决定：“所有的个人或机关都必须严格依照法定程序来实施逮捕或查封资产，为了确保人民的合法权利，任何被发现违反这一规定的人，战区司令部都将严惩不贷。”会议还决定成立一个由地方军人、行政人员和接收官员组成的联合工作组，以协调具体的接收事务。还成立一个负责接管投

① 重庆《大公晚报》，1945年9月12日。

② 上海《青年日报》，1945年9月17日。

③ 上海《前线日报》，1945年9月20日。

④ 上海《前线日报》和《光华日报》，1945年9月21日。台湾银行由中国农业银行接管，横滨货币银行由中国银行接管，住友银行由中国交通银行接管，三井银行和三菱银行由中国中央信托局接管。

降日军、日伪机关的“敌伪机关及资产接收委员会”。[①] 在9月的最后一周，该委员会接收了上海的大量机构和资产，包括83家医院、93家制药公司、药房和乳制品厂、18个文化企业、44个电机公司、7家广播电台、95家化工厂、上海公交公司、中央华盐公司及其旗下的仓库、所得税处及其下属机构、赋税司及其下属机构以及黄浦港务局的许多码头。[②]

然而，敌伪机关及资产接收委员会并没有一直负责上海所有的接收行动。在10月10日（国民政府的国庆日），上海市市长宣布成立两个新机构，以处理在将敌伪非法取得和占有的资产归还给它们原来所有者的过程中产生的纠纷。这两个新机构分别是“不动产处理委员会”和“敌伪侵占平民工商企业处置委员会”。此外，10月10日，据《中央日报》报道，南京--上海地区经济部下属的战时生产局的特别代表已经在前几天接收了超过500家工厂。战时生产局派遣了超过1000人去执行这一任务。到11月，有至少10个不同的机构在接收敌人的资产。这些机构包括第三集团军、中国海军总司令部、国防部驻沪办事处、经济部驻沪特派员办事处、粮食部特派员驻沪办事处、上海市政府以及交通部。[③]

为了显示政府正在协调各部门的工作，行政院临时办公厅于10月12日颁布了一项命令，要求所有的中央党政军机构以及地方党政单位在10月15日下午6时之前提交一份报告，这份报告必须详细说明各单位在10月12日之前接收的所有敌伪机构、工厂、仓库、建筑物、房产、汽车、货车、货船以及其他资产。[④] 10月20日，又成立了一个“全国敌伪机关及资产接收委员会”。该委员会的主席是行政院副院长和经济部长翁文灏博士。该委员会的成员包括经济部、交通

① 上海《中美日报》，1945年9月22日；上海《中央日报》，1945年10月4日。
② 上海《真言报》，1945年10月3日。
③ 上海《时事新报》，1945年10月11日；上海《真言报》，1945年11月14日。
④ 上海《中央日报》，1945年10月13日。

部、农业部选派的官员以及从地方金融和实业界中选出的专家。[①]

10 月下旬，上海地区组建了另外两个监督接收工作的机构。它们分别是“敌伪资产监管委员会”和“敌伪资产处置局”，它们都隶属于翁博士的“全国敌伪机关及资产接收委员会”。[②] 与此同时，政府还要求战时海关总署驻沪办事处调查、接收、守护所有上海敌伪仓库中的货物。根据这一指令，海关人员经常要重新“夺回”这些仓库，因为它们中的大部分之前已经被代表各军事单位和政府部门的官员接收了。在 11 月中旬，超过 200 名海关人员被派出执行这一任务。到 1946 年 1 月的第一个星期，这些派出人员接收了大约 500 个仓库。[③]

除了以上机构，上海还成立了监察院驻江苏省特派员办事处，该办事处的主要职能是调查所有上报的腐败案件。该办事处会依据调查做出处罚的建议，并将调查结果写成报告，呈交中央政府。[④] 随后，12 月 10 日，中央政府在东南地区的两名特别代表抵达了上海，调查接收工作在民众中引起的普遍不满。[⑤] 最终，在 12 月底，几个城市设立了“委员长信箱”，这样蒋介石就能够亲自看到每一封举报贪污官员的匿名信件，也能够清楚地了解民众的怨气了。[⑥]

现实

上述政府行政机构，特别是上海地区行政单位的混乱状况，只是

① 上海《中央日报》，1945 年 10 月 20 日。
② 上海《联合日报》，1945 年 10 月 30 日。
③ 上海《真言报》，1945 年 11 月 14 日；上海《前线日报》，1945 年 11 月 27 日；上海《新闻报》，1946 年 1 月 7 日。
④ 上海《神州日报》，1945 年 11 月 29 日和 12 月 5 日；上海《前线日报》，1945 年 12 月 5 日。
⑤ 上海《新闻报》，1945 年 12 月 13 日；上海《中美日报》，1945 年 12 月 27 日。
⑥ 上海《真言报》，1945 年 12 月 22 日。

对实际接收过程中“不规则行为”的一种粗略反映。[①] 10 月 26 日，蒋介石给新任上海市市长钱大钧发了一封电报，以下是该电报的部分内容：

> 余经可靠渠道获悉，京沪平津地区军政及党务人员一直生活奢靡，沉溺嫖赌，并假借党政军机关名义，强占巨宅大院，充作公署，他们无恶不作，不择手段，及至敲诈勒索。传闻的沪、平情状最烈。余不知此等官员自觉其行止否。汝有何相关见闻？于光复地区腐化至此等程度而无丝毫自重，在当地民众而言，无异耻辱，亦是对我捐躯疆场英烈之不敬。余闻此情，为之痛心疾首，亦感愧赧。……汝悉电即可着令所部严禁嫖赌，并关闭一切假借各机关名义设立之公署。一切敲诈勒索或非法侵占民宅案件，盖须一则由市府当局严办，二则俱报本人。不得有任何徇私袒护罪犯情况发生。[②]

然而，无论是中央还是地方当局，都没有采取协调一致的措施来执行蒋介石的命令。不管怎样，在 11 月初，当蒋发布这些命令时，大部分伤害已经造成了。《新民报》指出，公众感激总统对政府官员的警告。但该报接着猜测：几句公正的话就能赢得民众如此的感激，如果委员长的命令能得到有效执行，光复区人民会给予他怎样坚定的支持啊。“不幸的是”，文章总结道，“委员长下属的所作所为极大地损害了他本人的努力。整个国家的事务不能依靠委员长一个人的善意解决。”[③]

---

① 对这些劣行最详细的描述或许是葛超智（George H. Kerr）在《被出卖的台湾》的第五章和第六章中对台湾接收情况的描写。

② 重庆《新民报》，1945 年 11 月 2 日。

③ 重庆《新民报》，1945 年 11 月 7 日。

上海—南京地区

尽管中央政府多次发出了遏制腐败的命令和警告，但大部分负责执行命令的地方官员仍然是阳奉阴违，我行我素。例如，许多接收官员随身带有大量的政府货币（法币），他们知道中央政府无法立刻为光复地区提供所需数量的法币，为了充分利用这一情况，他们有意推迟了法币和伪币之间的兑换。胜利日之后，伪币的价值迅速下降，但仍作为法定货币在市面上流通了几个月。这一期间，接收官员的商业活动对价格的上涨起到了推动作用。在伪币贬值的过程中，许多人陷入了经济困境，他们不得不贱卖自己的房屋、土地和其他资产。购房者通常是内地来的带有大量法币的政府接收官员。对这种行为最温和的一种评论是："一定有许多追求暴利的奸商混进了接收官员的队伍。"①

到9月下旬，已经有大量这样的批评见诸媒体。中央政府下令，重庆各政府机构派出的接收人员不得携带大笔的法币。命令还禁止上海—南京地区的接收人员从事商业活动、以强行制定的价格购买黄金或以政府机构的名义购买房产。

即使这样，情况也没有好转。到10月底，在上海，"重庆人"已经成为贪污者的同义语。因为，新接收官员抵达上海做的第一件事就是把日伪人员的财产据为己有。国防部的接收官员和经济部的接收官员为争夺4家面粉厂进行了激烈的争吵——并不是要将它们归还给原来的中国所有者，而是打算将它们变成自己的财产。②另一个著名的例子是中央宪兵大队的第23团，表面上看，这是一支由高中学生和大学毕业生组成的精锐部队。这支部队于1945年8月下旬抵达上海，是最早进驻上海的军事单位之一。这支部队的成员犯下了许多劣行：

---

① 重庆《青年日报》，1945年9月23日。

② 上海《大公报》，1945年11月26日。

以搜捕叛徒为名非法逮捕平民、强占私有房屋和车辆、没收大批必需品。在经警告无效后，淞沪警备司令部于10月12日发布命令，逮捕了这个团的指挥官，并对该团的劣行展开正式调查。[①]

虽然对第23团的惩罚是向正确方向迈出了一步，但个别措施并不足以消除所有混乱，扭转整个局势。接收人员的贪污腐化最糟糕的结果是对经济造成了严重损害。工厂设备被拆除了，仓库里的大量商品和原材料要么被卖掉，要么为了未来更大的利润而被囤积起来。《大公报》认为最初接管了许多工厂和仓库的军事单位要为上海的经济混乱负主要责任。军队经常拒绝把他们接收的资产上交给“合法的当局”。由于军队拒绝发放工厂仓库里的原材料或归还运输工具，工厂无法恢复生产。当电话局的工人进行通信维护时，他们发现，许多电话机和其他设备已被转移，并安装到了军官的办公室里。同样，铁路工人发现他们无法进行必要的维修，因为大量的材料和设备被军队拿走了。[②]

在上海海关11月开始清查工作之前，许多违规行为都没有被正式“发现”。监察院江苏特派员的一份报告披露了接收过程中的一些不法行为。该特派员承认，海关工作人员在进行调查时遇到了许多困难。例如，在将仓库上交给海关人员时，一些政府部门并没有呈交市郊的仓库的名单。海关刚展开调查不到几天，就有两个仓库被神秘地烧毁了。一些官员和政府机构干脆拒绝将他们接收的仓库移交给海关调查员，甚至不允许海关人员检查它们。有这样一个例子，调查人员在检查一个仓库时，突然开来了几辆来历不明的卡车。一些人将仓库货物搬上卡车，然后开车扬长而去，整个过程是当着调查员的面进

① 上海《大晚报》，1945年10月2日；上海《联合日报》《前线日报》《立报》，1945年10月14日。在这一时期，由于进驻上海—南京地区的大量非正规武装引发了严重的社会骚乱，第三集团军总司令汤恩伯将军下令将这些武装整编成一支专门的卫戍部队。新整编部队的资金和军饷由政府承担，他们被明令禁止像以前那样向民众强征供给。

② 上海《大公报》，1945年11月26日。

行的。[①]

一些报纸试图更详细地报道特派员报告中提到的案例。上海《大晚报》报道，11 月 7 日晚上，一个仓库的 30 桶油突然消失了。11 月 11 日晚上，一伙武装人员闯进了另一个仓库，搬走了里面的货物。然而，政府拒绝披露有关这些案件任何更详细的情况。被神秘烧毁的两个仓库分别是 11 月 20 日烧掉的上海火车北站的第二仓库和 11 月 26 日烧掉的九龙路的坂田仓库。据推测，有人为了销毁仓库遭到盗窃的证据而有意放火，但两起火灾发生后，地方当局都没有进行调查。[②]

根据市民提供的情报，敌伪资产监督委员会在成立后的第一个月，即 10 月 29 日至 11 月底，仅在上海地区就处理了超过 500 件试图隐瞒敌人资产的案件。这些案件中涉及的资产包括 400 万吨铜和铁、500 多台机器、80 卷新闻用纸、5 家工厂以及大量布匹、大米、面粉和白酒。

闸北警察局的案子是这一时期曝光的另一个案件，该局的局长串通其他警察，从一个封存的仓库盗窃了 50 袋糖。另一个案子是以前隶属日本海军军械局的培林上海冷藏厂案件。抗战胜利日后，中国海军接收了这个储藏有大量鱼和肉类的冷藏厂。11 月下旬，有人发现接管的海军军官动用了部分库存，供应自己的部队以及战俘。不仅如此，他们还以 5600 万法币的价格将剩余库存卖给了通顺码头。[③]

敌伪资产处置局成立两个月后，上海的一家报纸承认，该局的确已经责成海关检查和接收敌人的仓库。该报也指出，现在市面上已经有腌鱼和棉布在公开出售，行政院院长宋子文一直在询问处置局的工作。但直到现在，人们还很少知道处置局和海关调查员的工作的具体进展。该报评论道，处置局现在是时候提交一份说明他们接管的 500

① 上海《神州日报》，1945 年 11 月 29 日；上海《大公报》，1945 年 12 月 4 日。
② 上海《大晚报》，1945 年 12 月 5 日。
③ 上海《大公报》，1945 年 12 月 3 日、4 日；上海《立报》，1945 年 11 月 29 日。

间仓库库存情况的详细报告了。鉴于维持人民生活和城市工业生产所必需的物资短缺，公开这些信息是非常重要的。许多个月之后，市民终于知道一些库存商品到哪里去了。上海市政府的官员被指控非法出售价值40亿法币敌伪商品。人们先是得知了一起较小的案件，有市政府官员被指非法出售了130辆汽车。此后，市政府的一个前雇员透露了上述数额惊人的倒卖敌伪资产的信息。[①]

据报道，苏州的商业机构必须向接收政府支付1000万伪币，才允许重新开业。许多小城镇被勒令每月向驻扎在附近的亲政府的非正规军缴纳大笔"赞助金"。[②]政府官员亲自到附近的农村地区寻找平民房屋，并以种种借口非法占有它们。官员经常强迫当地商人降低商品价格，然后卖给他们。[③]

从1945年8月至1946年3月，先后有四批接收官员被派往徐州。而在此之后，对敌伪资产的接收仍然没有结束。第一批接收官员是第十战区先遣指挥部派遣的；第二批是国民党市党部的官员；第三批是国防部的官员；第四批则是粮食和经济部的官员。这些官员收缴了包括大米、面粉、香烟和其他生活必需品在内的大量物资。在许多情况下，由于机器被拆走以及原材料的损失，工厂无法恢复生产。[④]

湖南车辆案件

由于上海—南京地区是最早被中央政府人员接管的地区，人们有理由期待那里发生的不法行为不会在其他地方重现。但让人们失望的是，情况并非如此。在1946年4月中旬的一次新闻发布会上，湖南公路局的负责官员介绍了有关接收该省敌伪车辆的腐败情况。大部分

① 上海《新闻报》，1946年1月7日；上海《文汇报》，1946年9月3日。
② 重庆《大公报》，1945年11月1日。
③ 上海《新闻报》，1945年12月13日。
④ 上海《文汇报》，1946年3月18日。

的敌伪车辆最初由交通部监管的机构——战时运输管理局驻湘办公室负责接收。运输委员会获得了大约3500辆汽车。其中的1000辆被移交给了湖南公路局。

根据湖南公路局的报告，该局的接收工作分三个阶段完成。第一个阶段从1945年11月3日至12月上旬。在这一时期，公路局从陆军第四供应服务站手中接收50辆卡车，但实际只接收了这些车辆中的80%，另外20%神秘地失踪了。第二个阶段是从1945年12月中旬至1946年1月，公路局从湖南战争运输委员会办公室接收250辆汽车。公路局指出，它们实际只收到了大约一半的车辆。最后一个阶段是从1946年1月至4月中旬，公路局从战争运输委员会那里接收另外700辆汽车，但这些车辆一定是经过了“精心挑选”，因为它们无论如何看上去都“不像是汽车”了。公路局接收的车中没有一辆是可以上路的。为了最大限度地利用这批“资产”，公路局不得不将这些旧车拆开，把能用的零件卖给湖南的各家汽车修理店和五金店。同时，湖南公路局总共只有60—70辆汽车维持全省的交通运输。

在这些消息披露后的第二天，战时运输管理局驻湘办事处意识到公路局的报告损害了自己的声誉，单独召开了自己的新闻发布会。运输委员会的代表声称该委员会从敌伪那里接收的3438辆汽车，包括1000辆转交给公路局的汽车，从一开始就不是完好无损的。[①] 与此同时，政府正面临着严重的通讯困难。这些问题通常被归咎于原材料和其他商品的短缺以及军队糟糕的后勤。显然，这些困难并不都是由人们通常说的“军事情况”造成的。

东北地区

考虑到东北地区具有的重要战略意义以及政府迅速恶化的军事形

① 上海《新闻报》，1946年4月29日。

势，接收人员在东北地区的所作所为造成的后果就更加严重了。1946年初，民盟机关报《民主报》引述了东北一位资深的政治人物宁孟岩的观点，宁孟岩认为，接收官员忽视当地居民感受和需求是政府在东北地区举步维艰的根本原因。[①]日本投降几乎两年之后，国民党在奉天（沈阳）的报纸才开始讨论中央政府为什么会失去民心，并对政府派往东北地区的接收官员的"奇特行为"感到遗憾。这份报纸呼吁政府立刻撤职查处所有仍然占据要职的腐败官员。[②]

尽管苏联搬走了东北的大部分工业设备，但仍有许多机器留了下来。《大公报》报道，抚顺煤矿80%的机器没有被损坏，鞍山昭和钢铁厂剩下的机器能每月生产2部火车头和100根铁轨。炼钢设备也是完好的。锦西地区的工业设备被保留下来。辽阳纺织厂的一部分机器仍然是可以使用的。虽然大部分火力发电机被苏联人运走了，但水力发电机保留了下来。因此，苏联人撤走后，东北地区的工业生产能力仍是相当可观的。[③]苏联军队刚一离开，国民党官员就立刻声称他们拥有这些"赃物"的所有权。[④]《和平日报》沈阳版在报道当局对敌伪工业资产的处理时指出："一些取得工厂所有权的人并没有让工厂重新开始生产，而是拆除厂里的机器设备，把它们当废铁卖掉。"[⑤]

东北地区的接收和其他地方一样，日本人和伪满洲国政府的资产会被第一个看到该资产的接收官员据为已有。重庆一家报纸的记者描述了1946年3月23日他在沈阳看到的情景：

> 接收情况十分混乱……一则有争抢工业设备的情形，二则抢占公共建筑和房产。眼下政府人员正在争夺家具。过去几个月来

① 重庆《民主报》，1946年2月17日。
② 沈阳《东北前锋日报》，1947年7月31日和8月23日。
③ 上海《大公报》，1946年5月3日。苏联从中国东北撤出，见《中国白皮书》，第596—604页。
④ 高超：《泪眼看东北》（奉天快讯），载《观察》，1948年2月28日，第17页。
⑤ 沈阳《和平日报》，1947年9月4日。

一直空无一人的楼房已被某大员派人把守起来。某军官已接收了数千栋房屋。国民党的一个事业单位——中国文化署——已派员到此，正忙于接收日本印刷所和书店。某政府部门代表方才抵达，但大失所望，只因可接收之物已所剩无几。然而一些部门索性将其他政府部门的封条撕掉，代之以自己的封条。此事令当地人民不胜惊讶，“中央政府的人”比其他人“没啥好的”。①

另一位当时在沈阳目睹这一切的记者这样评论贪污可能导致的后果：“我担心，我们不仅将失去东北，还将失去民心。”②

一年之后，沈阳出版的官方《中央日报》承认，只有一小部分接收工作的完成是令人满意的。例如沈阳一个区的接收情况。这个区的几乎所有的房屋都是日本资产，于是中国政府顺理成章地接收了这个区的房屋。但在等待处理期间，这些房屋并没有被置于政府的监管之下，而是很快成为少数几个人的私有财产。到 1947 年 9 月，一些“新主人”已经开始出租这些房屋，收取租金了。③

“打苍蝇”

国民参政会于 1946 年 3 月 29 日召开了一次会议，强烈批评政府迟迟不采取行动惩治腐败的接收官员，指责政府有意包庇这些官员。参政会的成员一个接一个地批评本省糟糕的接收情况。广东省代表韩汉藩说，海南的接收工作完全是一片混乱。空军官员占据了许多农场，海军则得到了国营招商局。一群军官占领了所有加油站，另一群军官夺走了所有汽车。结果“有汽油的人没有汽车，有车的人没有油”。广东省的另一名代表张良修在报告中说，政府将“大批诈骗犯”

① 重庆《国民公报》，1946 年 3 月 25 日。

② 上海《新闻报》，1946 年 4 月 4 日；上海《大公报》，1946 年 5 月 27 日。

③ 沈阳《中央日报》，1947 年 9 月 13 日。

派到了广东，他举了四个实例证实自己的指控：（1）广东省省长和新一军指挥官同意将接收的一部分日本人房屋划归给参政会，但在参政会接管这些房屋之前，军队搬走了里面所有的家具。（2）陆军后勤部的船运监理会强占了所有可以使用的船只。（3）军事人员拆除并搬走了中山大学和其他学校的所有的水电设备。（4）曾在日占区开展地下活动的国民党特工现在开始接受汉奸的贿赂，帮他们掩盖战争时期犯下的罪行。

另一个代表王立哉指控山东的接收人员伪造敌伪资产的清单，许多官员通过出售隐瞒下来的敌伪资产发了横财。湖北省代表刘叔模揭露了汉口的政府官员是怎样以权谋私，把接收资产据为己有的。会议提议由中央政府成立一个调查委员会，对日本敌伪资产的接收和处理情况再进行一次审查。[①]

这一提议促使中央政府成立了几个“接收行动调查小组”。这些调查小组在这一年的夏天开展工作。调查小组被授权调查任何受到指控的接收官员及其渎职行为，确定具体案件中的相关责任，并提出处罚建议。可以想象，调查的结果只是让政府的声望受到进一步的打击。河北、察哈尔、热河、绥远地区、湖南、湖北、江西，当然还有上海地区的调查组查出了许多新的渎职案件。虽然公众对这类报道早就习以为常了，但一些几乎达到夸张程度的重大贪污案件仍然引发了不小的轰动。其中一个案件的嫌疑人是海军驻北平办事处主任刘乃沂，经查实，他送给自己 3 个情人超过 100 盎司黄金、1 万美元、15 斤珍珠以及 150 件名贵的皮草。另一个著名的案件涉及经济部派驻上海的特派员张兹闿，据说张收受了 1000 盎司黄金的贿赂，作为交换，他掩饰了某个匿名的政府官员对一家纺织厂的非法接收。[②]

① 重庆《国民公报》，1946 年 3 月 30 日。

② 从 1946 年 8 月到 9 月，上海媒体报道和披露了大量这样的腐败行为。例如，8 月 28 日的《和平日报》；8 月 30 日的《申报》；9 月 4 日的《大公报》；9 月 28 日的《文汇报》。

调查人员还发现，日本人移交给中国官员的所有资产一开始都附有详细的清单，日本人保有这些清单的副本。由于大部分接收官员拒绝提交原始清单，日本人将五大箱的清单副本交给蒋介石以帮助调查。[①]

尽管证据确凿，政府又一次没有采取果断的行动。调查组没有权力强制实施他们的惩罚建议。调查完成之后，这些案件通常只是简单地转交给地方当局，再由地方当局提出起诉。一些地方官员甚至禁止新闻媒体公布调查组发现的证据。大多数情况下，渎职官员只需接受公众舆论这一非正式法庭发出的道德谴责，但对贪污者而言，良心是不值一钱的。民众对调查本身进行了公开的讽刺。一个记者在上海的一份新杂志《观察》上写道，腐败的组织是很难清理自身的。他提出警告，如果调查人员仅满足于拍打苍蝇，政府在未来必将面临更严峻的局面。[②]

左翼《文汇报》的批评更加直接，但它指出，如果政府进行一次真正彻底的调查并纠正以前的所有错误，仍可能重新赢得人民的信任。[③]然而，三个星期之后，政府宣布调查任务已经完成，调查组可以撤销了。《大公报》的评论认为，调查组的工作对恢复公众的信心几乎毫无帮助。“从整个接收过程以及随后的调查中，我们可以清楚地看到，一个由官僚统治的国家是无法制止腐败的”，该报社论写道，“如果我们仍然想要廉政的政府，我们应该发展人民的力量……并让人民将他们的力量运用在政治上。”[④]

因此，可以这样总结，政府的声望在战后的接收时期遭受了最严重的损害。

---

① 上海《申报》，1946 年 9 月 18 日。

② 天津记者：《贪污太多，团员太少；大海捞针，无从捉摸》，载于《观察》，1946 年 9 月 28 日，第 28 页。在用使用“打苍蝇”这个词时，记者想到的很可能是老式的马尾掸子，这种工具只能暂时驱散苍蝇，很少能打死它们。

③ 上海《文汇报》，1946 年 9 月 4 日。

④ 上海《大公报》，1946 年 9 月 25 日。

经　济

损害公众对政府信心的第三个原因是糟糕的经济表现。在胜利后的头几个月里，政府没能推出并实施人民需要的有效的经济和金融措施。正如许多作者指出的，这些措施包括稳定物价、抑制投机、防止经济在由战时转变到和平时期而引起混乱。接收官员的行为使人们严重怀疑政府是否真像它自称的那样正直公正和关心人民的利益。政府在经济领域的表现使得人们怀疑它是否在政治上也同样无能。公众将政府的公正和能力这两个问题紧密地联系了起来。无论怎么看，政府无法消除战争结束引起的经济混乱都是因为它未能有效地监管接收官员的行为。

西南地区的问题

由于战争结束，内地的战时工业变得无利可图，遭受了沉重的打击。人们原以为政府会将接收的敌伪企业补偿给经营这些战时工业的工厂主和商人。如果是这样，日本占领区的工业基地就能够吸纳已经十分萧条的内地地区的管理和生产资源；政府也能够给予追随自己来到西南内地的工业界人士相应的奖励，作为对他们忠诚的回报。但与此相反，政府只是纵容官员、奸商和官僚资本家大肆侵占日占区的工业资产，完全忘记了原先支持自己的民族资本家。

这场争论的焦点人物是那些在日本人入侵后，将企业留在上海和其他地方，跟随政府来到内地的中小工业家。在整个战争期间，他们用自己所能得到的最少的资源发展起了战时的工业基地，为政府控制的地区提供支持。他们的企业受限于原材料和资金的缺乏、劣质的装备和技术、生产能力不足和运输困难等许多因素。由于许多企业家在履行人们通常所说的爱国责任时，已经蒙受了巨大的经济损失，因此他们期望——政府的确也曾答应过他们——一旦战争结束后，政府能以某种形式的补偿回报他们的忠诚。

日本投降后，政府的所作所为很快让人们怀疑它是否忘记了中小企业在战争期间提供的政治和经济上的帮助。在重庆，有流言声称，某些身居高位的官员对战争期间日占区的工业所遭受的困难表示了极大的关注。战时首都的工业领袖们感到事情似乎出了差错，他们发布了一份公开声明，要求将所有敌伪工厂移交给那些跟随政府来到西南地区的企业家。他们还要求政府让他们参与敌伪工厂最初的接收和此后的管理。[①]

对于西南地区的许多中小工业来说，能否获得日伪资产很快就成了一个事关生存的问题。到9月中旬，西南地区的工业经济已经濒临崩溃。经济恶化的迹象十分明显：需求下降、商品价格大幅下跌、流动资金短缺、工厂倒闭、破产的案件大量增加。日本投降后不到一个月，重庆的金价就从每盎司20万元（法币）下跌到4.8万元，羊毛的价格从每担11万元下降到3万元，桐油的价格从每桶7万元下降到1.7万元。其他商品的价格也有类似的下降。[②]商品价格的大幅下跌对投机者和合法的企业家造成了同样严重的打击，因为投资黄金和大宗商品是人们抵御战时通货膨胀风险的最常见的手段。

但是，尽管商品价格大幅下降，仍很少有人购买。西南地区的许多工厂是为了满足战时的需要而建立的，这些工厂的生存几乎完全依靠战争生产委员会的订单。在8月中旬，当订单减少或取消后，这些工厂不得不停止生产。到9月中旬，西南地区一家战时主要的钢铁厂关停了大部分设备。国营的重庆钢铁厂在9月底几乎完全停工。与此同时，有报道称四川纱厂由于缺少原棉而被迫停产。虽然湖北和陕西的棉花获得了丰收，但由于运输条件的糟糕，新的棉花无法抵达四

① 重庆《商务日报》，1945年8月18日。

② 重庆《新华日报》，1945年9月13日。

川。据估计，在光复地区，有10万担敌伪棉花封存在仓库里，因为没能及时转移，这些棉花全被冻坏了。即使这些棉花以后被运往内地，它们也无法使用了。[①] 和其他商业企业一样，重庆大部分小型的烟草厂也被迫关闭了。

根据中华工业联合会云南分会1945年11月的统计数据，昆明市77个工业企业中的37个已经关闭，没有关闭的企业也缩小了生产规模。到1946年2月，据估计昆明有90%的工业企业完全停产。[②]

由于国民党政府没有承认中小企业家的“爱国贡献”并给予他们应有的回报，共产党看到了获取政治资本的大好机会。共产党立刻发布了一项声明，支持重庆工业界的诉求，并要求救济失业工人。[③] 政府的确宣布了一项50亿美元贷款的工业救助计划，但这个数字甚至不能满足重庆附近的工业和矿业的需求。

仓促成立的“四川工业复兴协会”向中央政府提交了一份请愿书，要求政府立刻向全省的农业、工业、商业、矿业以及金融业企业提供切实有效的援助。[④] 人们普遍认为，即使政府满足了这些要求，也不过是一种权宜之计，因为政府不可能无限期地支持西南地区缺乏竞争力的企业，应该寻求一种更根本的解决办法。

考虑到这一点，西南地区的各个企业协会强烈呼吁，政府不应将接收的敌伪工厂和矿场收归国有，而应将这些厂矿转交给那些在抗战期间跟随政府迁移到内地的企业。9月19日，中华工业协会的理事长吴蕴初先生从重庆抵达上海，“协助政府收回战争期间被日本人和伪政府侵占的原属中国人的工厂”。[⑤]

尽管有这些努力，敌占区工厂原主人要求归还自己资产的诉求和

---

① 重庆《新民报》，1945年9月22日。
② 《中国每周评论》，1946年2月16日，第201—202页。
③ 重庆《新华日报》，1945年9月11日、13日、14日。
④ 重庆《新民报》，1945年9月18日。
⑤ 上海《光华日报》，1945年9月20日。

内地企业家要求优惠待遇的呼吁还是经常被政府忽视。在这一问题的处理上，政府再次言行不一，政府一再声称，它将优先考虑这两个群体的诉求，但实际上没有采取任何有效的行动。根据官方的政策声明，国有敌伪国有资产的处置将遵循国民党第六次代表大会通过的《工业建设纲领实施原则案》中的原则。根据该纲领，大型的重工业和公用事业被划归为国有企业。小型企业和轻工业可以交由民营企业家管理和经营。在所有权得到确认并由经济部特派员批准后，被日本人强行侵占的私人企业将归还给原来的所有者。在处理私有日伪企业时，接收者按先后次序被分成以下几类：（1）在战争期间随政府迁移到内地并为抗战做出过真正贡献的工厂或企业家。（2）没有迁移到内地，但在工厂被敌人侵占后也没有和敌人合作的企业家。（3）拥有必要的资金和经验的新的工厂主或企业家。[①]

这一官方声明发表5天后，重庆一家商会报纸报道，到目前为止，上海超过40家工厂已经被经济部的特派员张兹闿接收了。在得到经济部进一步指示之前，这些被接收的工厂被要求停止生产。经济部驻上海办事处在任何时候都没有说要与西南地区企业的技术或管理人员“合作”。[②]

中华工业协会于10月25日召开了一次会议，协会执行委员会理事长讨论了上海地区的敌伪工厂的接收情况。会议报告称，其中一些工厂仍掌握在伪政府官员手中。[③]到11月下旬，全国工业协会和转移到四川的全国工业联盟向行政院提交了一份“最后的”请愿书，要求将没收的敌伪工厂交给那些真正为抗战做出过贡献的人。经济部的相关官员和上海地区敌伪资产监督委员会也收到了同样的请愿。工业协会之所以还在进行最后的努力，是因为它受到了这样一条消息的刺激，48处最新接收的日伪资产即将被拍卖——这显然违反了政府规定的

① 重庆《中央日报》，1945年10月9日。
② 重庆《商务日报》，1945年10月14日。
③ 重庆《大公报》，1945年10月25日。

接收次序。[①]

在 1946 年 1 月召开的政治协商会议上，代表重庆中小企业的“重庆中小工厂联合会”能做的只是提交一份书面抗议，再次描述西南地区企业面临的困境，并批评政府要为此承担责任。该联合协会指出，政府曾要求西南地区的中小工业停业转移，但在随后的转移中，并没有为这些企业提供过渡时期的资助，帮助它们渡过难关。不仅如此，政府本身开始涉足并垄断轻工业，尤其是纺织业，这完全背离了政府之前宣布的政策。最后，政府对美国和巴西开放了鞋类、棉花、纺织设备的进口市场，国内同类产品的制造商因此而大量破产。[②]

终于，到 4 月，所有期待政府援助的幻想都破灭了。政府宣布，除了直接由政府机构管理的工厂，其他所有日伪工厂都将卖给出价最高的人。尽管这些工厂以相对较低的价格出售，大部分购买者仍是留在占领区的人或通过暴利致富的人，因为从内地回到沿海地区的企业家几乎都已经破产了。[③]

光复地区

由于前日本占领区在战争期间受到的实际破坏相对较小，因此日占区，也就是光复地区，在战后原本可以不受影响地继续工业生产，从而抵消内地经济萧条造成的不利影响。但实际上，由于接收官员的渎职腐败，不仅内地经济萧条，光复地区的经济也经历了几个月的停滞。

经济停滞

1945 年 9 月下旬，代表政府的《中央日报》报道，光复地区的经

① 上海《大公报》，1945 年 11 月 30 日。
② 重庆《新华日报》，1946 年 1 月 22 日。
③ 上海《文汇报》，1946 年 4 月 22 日。

济混乱与战争胜利和接收人员的到来毫无关系。这种混乱“完全”是由日本统治的“余毒”造成的。该报继续评论道，“他们（工人）目前的处境十分艰难，因此一些单纯的人对胜利的意义产生了怀疑。”[①]一个到中国东北和华东考察、并在11月初返回重庆的苏联人声称，上海90%的工厂都关闭了。[②]一家天津本地的报纸报道，该市90%的工厂已经停产了。[③]

社会部社会救济司拟订了一个为失业和低薪工人提供基本生活补助的救济计划。但失业工人太多，政府无法保证每个人都领到补助金。据估计，到9月底，仅在上海地区就有20万至50万人失业。政府的接收一下子成了引发工人骚乱的温床。在遭受了多年——包括战前和战争期间——的压迫后，工人突然挣脱了政府的控制。失业工人要求领取救济金和遣散费，帮助他们度过这一似乎是无限长的困难时期。抗议和示威越演越烈。那些没有失业的工人则强烈要求增加工资，因为他们拿到手的伪币正在快速贬值。

9月27日，淞沪警备司令部宣布所有煽动罢工和劳资纠纷的人都将受到严厉惩罚。工人被要求遵循法定程序寻求救济。[④]但罢工和示威游行仍然在持续。最终，到11月中旬，上海宣布了戒严令，所有的罢工都被禁止了。当时，上海6家主要百货公司、上海电车公司、法国电车公司、邮局、上海电力公司的员工都在举行罢工，要求提高工资。

然而，一年后，经济部宣布，从日伪那里接收的大约2411家工厂中，只有852家恢复了生产。[⑤]官方媒体并没有再次声称，这种状况是日本统治的余毒造成的，而是将原因归结到军事局势引起的

① 上海《中央日报》，1945年9月27日。
② 重庆《新民报》，1945年11月9日。
③ 天津《民国日报》，1945年11月18日。
④ 上海《青年日报》，1945年9月28日。
⑤ 上海《和平日报》，1946年11月13日。

原材料短缺和运输困难以及廉价外国商品进口对国内商品生产的冲击上。

但是其他媒体并不这么认为。他们指出，日伪企业新的所有者很少为了扩大生产而投资。许多人在1946年4月之前的上海拍卖中买到了50至60家工厂，他们所做的只是拆下并卖掉工厂的机器。[①] 正如前文介绍的，这类事情在其他地方也经常发生，进一步加重了接收官员的腐败造成的经济混乱。投机者则利用混乱的局面，抢购商品，囤积居奇。1945年9月和10月，大量日伪资产被当作商品，进入了市场。主要的经济罪犯据说是当地的商人，他们试图和最早到来的接收官员一起抬高手里商品的价格。

尽管如此，工业生产的停滞并不是想赚取暴利的投机者引起的。他们只是经济混乱的表象，而非原因。光复地区的市场恶化到了这样的程度，出售工厂的机器要比生产商品更有利可图。到1946年中，经济情况已经相当糟糕了。导致经济恶化的原因有很多，我们将在第四章具体讨论这些原因。但是，在战争结束的初期，造成光复地区经济停滞的主要原因是政府的接收政策，这一政策要求关闭所有日伪工业企业，并禁止调用日伪仓库中的所有原材料、食品和其他商品。这样，在经历了战后初期的价格下降之后，伴随着各种商品的大幅减产，物价开始飞涨，黑市活动日益猖獗。从9月9日到10月19日，有记录的商品价格上涨了100%到200%。[②]

汇率

政府在前日占区的不同货币区确定法币和伪币的官方汇率时显得

① 上海《文汇报》，1946年4月22日。
② 上海《前线日报》，1945年10月19日。

过于迟缓。[1]政府用了六个星期才在华中地区公布法币对伪币的官方汇率，在华北花了三个月，在东北的时间更长。《大公报》报道，投机者带着大量法币来到货币市场混乱的光复地区，光复地区的汇率差异极大，甚至在一个货币区，汇率都会有所不同。例如，9月14日，汉口法币和伪币的汇率是1：40，上海是1：150，南京则是1：200。[2]到9月26日，上海的汇率已经上涨到1：250。汇率的上涨使商业资产和个人储蓄的价值急遽地减少。南京和上海的商人认为这是“内地的资本入侵”。作为回应，商人们提高了商品价格，希望直接涨价至少能部分抵消伪币贬值给他们带来的损失。

面对混乱的市场，还有一些人干脆自己也进行投机。11月上旬，据说“大部分”官员和商人的资本都被用来投机。当时，天津伪币与美元的汇率是700：1，上海的汇率则达到了1500：1。据说投机者频繁地在这两个城市间往返，在天津购买美元，然后在上海卖出。[3]

一直到9月27日，政府才公布浙江—江苏地区法币对伪币（中央储备银行货币）的官方汇率。政府强行将这一汇率定为明显过低的1：200，引起了人们广泛的批评。在北方，政府直到11月21日才公布法币对中央储备银行货币的汇率。这一汇率被定为与黑市汇率相近的1：5，反映了中央储备银行货币的实际价值。[4]

另一方面，上海地区的经济形势变得更糟了。《大公报》指出，目前的汇率相当于直接没收人民的财产，让江苏和浙江的所有中产阶级破产。该报认为，在不到3个月的时间里，国民党政府的政策和行

① 抗战期间，日占区不同地区的日伪政府分别发行了各自的伪币。“满洲国”从1931年开始使用日伪货币；内蒙古于1937年使用自己的伪币；1938年3月，华北开始使用联邦储备银行的货币；华南日占区在1940年发行了自己的货币；在华东地区，1941年开始使用中央储备银行的货币。见杨格（Arthur N. Young）：《中国的战时财政与通货膨胀（1937—1945）》，第156页。

② 重庆《大公报》，1945年9月14日。

③ 重庆《新民报》，1945年11月9日。

④ 天津《民国日报》，1945年11月22日；天津《大公报》，1945年12月21日；北平《华北日报》，1946年1月7日。

为将国家最富庶的地区推到了经济崩溃的边缘。[①]

在10月10日（国庆日）这一天，零售商宣布商品价格全面上涨并缩减了营业时间。同一天，上海市市长发布了两条公告：禁止商品价格进一步上涨以及要求当地工厂恢复生产。但这两条公告收效甚微。许多商店不愿按政府规定的价格出售商品，干脆停止了营业。10月17日，上海各大百货商店都减少了营业时间：商店中午12点开张，下午2点关门。上海商会正式要求市政府允许大范围上调物价，以弥补过低的汇率对他们造成的损失。有些商人甚至质疑，价格的上涨是否足以弥补他们遭受的损失。到10月19日，他们的要求终于得到了响应。[②]价格开始继续上涨，民众的生活“一天比一天糟”。[③]唯一受益的似乎只是那些接收官员和少数有政治背景的企业家。他们不仅在接收过程中获益，接收时期以后政府对经济越来越多的直接参与也让他们捞到了大量好处。[④]

一家天津的报纸将内地来的接收人员和其他官员称作“新权贵”。他们只关心金价、服饰、房子、汽车，瞧不起所有留在日占区的居民。该社论指出，最开始，天津民众感到问心有愧，后悔没有跟随中央政府一起撤到内地。但在目睹了接收官员造成的混乱之后，人们不再有任何内疚感了。[⑤]

---

① 重庆《大公报》，1945年10月24日。

② 上海《立报》，1945年10月20日。

③ 上海《中美日报》，1945年12月27日。

④ 从20世纪30年代早期，行政院的国家资源委员会就开始管理几个关键的重工业部门。在接收时期，经济事务部开始直接管控生产。这种控制妨碍了轻工业的发展。私营企业主提出抗议，认为政府干预导致了不公正的竞争，我们已经在前文中举过这种例子了。不仅如此，政府成立了监管各行业的特别监督委员会，该委员会直接干预了许多工厂的具体生产，例如棉纺厂、毛纺厂、丝织厂、亚麻纺织厂、化工厂、造纸厂、食品厂。现在还无法确定，这种干预是没有公开宣布的既定政府政策，或者单纯是接收过程中无意产生的后果。见上海《和平日报》，1946年11月13日；上海《文汇报》，1946年1月21日、24日。关于官僚资本主义更多的细节可参见第四章。

⑤ 天津《益世报》，1945年12月26日。

在台湾和东北，接收官员傲慢的态度尤为明显。这两个地区都被日本统治了多年，至少在台湾，当地居民已经十分适应外来者的统治。[①]台湾民众根据他们最初所受的对待做出了相应的反应。新台湾省长陈仪领导下的接收人员和当地居民之间的敌意最终导致了1947年2月的暴动。[②]

在东北，一家沈阳的报纸表达了人们对新政府的普遍不满，该报指出，一些“短视的人”错误地把东北视作一个“特殊”地区。但当前大部分东北居民实际是山东人和河北人。他们讲汉语，保留着中国的传统习俗，并且热爱中国。他们被日本人压迫了14年。但日本人走后，新来的统治者仍然带有强烈的优越感，认为自己高人一等。该报总结道，这些新来者并不比当地人高贵，他们只是一群自私的政治投机者。[③]

在其他光复地区，这种优越感尤其明显地体现在政府的教育“复员”政策中。“复员”政策在光复地区激起的反对可被视作未来四年政府与整个学生群体相互敌视的前兆。日本投降后，在要求惩治所有汉奸的同时，民众还普遍要求惩处“教育界的叛徒”，特别是那些身居要职的伪政府教育官员。在战争期间，中国最知名的大学选择跟随政府迁徙到内地。这些学校的师生所遭受的困难是众所周知的。因此，存在一种普遍的情绪，政府应给予这些学校适当的帮助，并采取相应的措施，处罚留在相对舒适和安全的占领地区的机构。[④]

因此，在光复地区，政府教育政策的主要目的是帮助该地区师生

① 聂绍（音）在《台湾之音》半月刊（1945年8月1日）发表了一篇名为《台湾人民的忠诚和地区主义》的文章，准确地预测到了战后台湾将会发生的问题。

② 葛超智在他的《被出卖的台湾》中详细描述了台湾暴动以及台湾人对第一批抵达的内地接收官员的讽刺，见第73—74页、第104—105页。

③ 沈阳《东北前锋日报》，1947年7月29日。

④ 下面一段话是这种情绪更强烈的表达：“政府应采取紧急措施，改造在敌占区尤其台湾和东北被灌输‘奴隶思想’之青年……曾帮助日本人执行奴化教育方针之光复地区学校教员应与卖国贼同等对待和惩处，青年则应获得重受教育之机会。”

在政治上的“复员”。几乎没有人对这一目标提出异议。但在当时的环境下，政府并不具备成功实施这一计划所必需的敏锐性。共产党在重庆的《新华日报》发表了一篇颇有见地的文章，提醒政府注意“全国教育善后复员会议”制定的针对日占区学生的再教育计划可能引起新的问题。作者写道：“我们一定不要让他们觉得遭受了区别对待。我们应尽可能让他们接受与其他孩子相同的教育，使他们逐步回归正常的生活。”但该作者最后要求政府“严惩那些曾与日伪合作的人”，唯有这样，教育界才不会产生一种错误印象，即政府不会惩处那些真正的叛徒，政府此前对其他行业人员的处理一直给人这样的印象。[①]

善后委员会是否记住了这些原则我们不得而知。但很明显，教育部负责实施“复员”政策的官员并没有采纳它们。10月，教育部宣布在光复地区的主要城市建立临时的再教育中心。大学生将在此接受再教育，重新认识“国家重建”的需要，熟悉国民党政府的意识形态。再教育课程包括孙中山的理论、蒋介石的公开讲话、中国历史和地理、时事以及军事训练。一些学生进入了这些在各城市被称为临时（或过渡）大学的再教育中心学习。其他学生则根据教育部的指令，在原来的大学学习三民主义、时事等课程。

依据要求，中小学也必须教授类似的课程。教育部会对学生的再教育情况进行专门检查。学生只有在再教育课程的考试中取得及格分数，才能继续上学。那些在日军占领期间已经毕业的大学生和中学生必须参加笔试形式的三民主义考试，通过考试之后，他们的文凭才会被承认。同样，教师也要参加专业能力以及对国民党忠诚度的测试。

人们争论的不仅仅是再教育计划本身，而是政府使那些接受再教育的人蒙上了污名，让他们感到耻辱。在宣布这一计划时，教育部声称，所有曾在日占区学校上过课的学生都受到了敌人宣传的腐蚀，只有当这些学生接受了再教育，思想得到净化之后，他们才可以继续下

① 重庆《新华日报》，1945年9月22日。

一步的学业。

政府对教育部的做法表示支持，政府官员将那些被强迫“清洗思想污点”的青年称作“伪政权学生”。[①] 一次，一个“伪大学毕业生”代表团找到委员长北平行辕的秘书长，对政府规定的强制性考试表示抗议。这位官员告诉学生，他们有两重不幸。首先，在日本占领时期，他们留在了北平。其次，他们家境贫穷，上不起北平三所私立大学。[②] 由于日占区的私立学校相比于公立学校具有更大程度的独立性，较少受伪政府的干预，因此私立学校学生并不需要接受那么严格的再教育培训。

政府的“再教育”政策激起学生们强烈的不满和反对。学生家长、教育工作者和市民精英都表达了他们的愤慨。其中包括燕京大学的校长、美国传教士兼教育家司徒雷登（他随后被任命为美国驻华大使）。司徒雷登公开表示，如果说伪政府学校对学生有什么影响的话，唯一的影响就是在那里上学的学生变得更加抗日。他还指出，政府这么做是自绝于年轻人，把他们中的许多人推到共产党那一边。[③]

南京、上海、北平、天津和其他地方的学生举行了集会和游行，来表达不满。最早的示威游行是由前面提到的北平“伪大学”毕业生发起的。这些学生是北京大学和北京师范大学校友联合会的成员，他们发表了一项声明，要求当局“合理对待”光复地区的学生。校友联合会就这一问题与当局进行了交涉，并组织了一次学生会议，参加者主要是刚毕业的大学生。北平当局最终同意修改一系列规定，取消了原来的笔试考试，但学生仍要完成一篇有关三民主义的阅读报告以及不少于两万字的本专业论文。北平的大学生接受了新规定。但那些毕业的学生则无法接受，声称他们仍在为不应由他们负责的事蒙受耻

① 上海《中美日报》，1945年11月20日。
② 《北平纪事》，1946年1月29日，第2页。
③ 《中国每周评论》，1945年11月24日，第83页。

辱。他们成立了一个协会，并创办杂志，公开地表达自己的不满。[①]

12 月下旬，青岛一所学校的教师被当局枪杀，情况变得更糟糕了。事情是这样的，警察向一群此前在伪政府注册的中小学教师和学生开枪，造成了这一惨剧。这些教师和学生当时正在张贴告示，向人们解释他们为什么反对政府强制性的考试措施。枪击事件后，青岛的所有学生都开始罢课，他们得到了青岛市民和其他城市的大力支持。[②]

12 月 31 日，天津的几千名中学生在市教育局进行了两个小时的示威，抗议当局的甄审活动。政府最终在六个方面做出了让步，其中包括政府不再对天津的学生和教师进行特别考核。[③]同样，在上海，学生和教师日益强烈的不满也迫使当地的教育部门向教育部请示，要求适当地放宽“再教育”计划。一家上海当地报纸指出，当局至少应该不再使用“甄审”这个词。这个词的废除将极大地减少光复地区学生和教师对政府的不满和怨恨。

尽管如此，在第二年夏天，中央政府仍然要求光复地区的各省对日据期间登记在册的所有中学毕业生进行考核，重新确认他们的学位资格。然而，此时许多地方的考核只是一种形式。例如，在河北，这种考核只要求学生提交一篇三民主义的书面报告、毕业证和本人最近的照片。那些报告和记录被认为合格的学生可以拿到正式的文凭，没有合格的学生将接受再教育。如果学生拒绝参加考核，他的中学毕业证书将不被承认。[④]

青岛的枪击事件发生后不久，天津的一家报纸对这些措施引起的愤怒进行了总结。抗战胜利后，光复地区的民众开始感到，和撤到内地的人相比，自己被政府视作了二等公民。从内地返回的第一批接收

① 《北平纪事》，1946 年 1 月 29 日，第 2 页；北平《新闻评论周刊》，1946 年 2 月 16 日。

② 上海《大公报》，1946 年 1 月 3 日。

③ 《中国每周评论》，1946 年 1 月 12 日。

④ 北平《世界日报》，1946 年 6 月 27 日。

官员的做法加深了这种感觉。接收官员似乎有一种天生的优越感，但这些有权势者的行为并没有显示出他们在任何方面比当地人优秀。然而，正是这样一些人，可以对本地教师和学生进行随意的裁决，并在他们的履历上加上将伴随他们整个职业生涯的污点。在这种情况下，知识分子很自然会表示强烈的抗议。一家报纸评论道："鉴于青岛事件的教训以及光复地区人民的心理，我们希望政府不要只想着审查教师和学生，而要多考虑考虑官员的腐败和其他更重要的事情。"①

在随后的四年中，对中央政府及其内战政策反对最激烈的并不是北部地区的学生，这或许并不是一种巧合，因为北方最主要的教育机构都跟随政府迁移到了内地。对政府最为不满的是南京—上海地区的学生，政府的"复员"计划让这两个地区的大部分学生觉得受到了歧视。

通过以上的描述，我们了解了 1946 年之后中央政府在光复地区的做法。在光复时期，这个国家主要城市中心的几乎所有群体都感到强烈的不满，政府的政策和官员们的行为对此负有直接责任。受益者似乎只是接收官员、投机者、奸商以及拥有政治关系的企业家。光复地区的工业停产和内地的经济萧条造成大面积的失业。成千上万的工人得不到足够的救济度过长达数月的失业期。物价上涨减少了工薪阶层的收入。政府确定的伪币对法币的汇率过低，致使伪币大幅贬值，苏浙地区的中小企业家和商人由此蒙受了巨大的损失。许多内地的企业家因为得不到预期的补偿而被迫破产。学生们因为歧视的再教育政策而敌视政府。最糟糕的是，国家经济和政府的公共形象因为接收官员的腐败而受到严重损害。

在一些行业里，"无能"和"腐败"已经成为人们用来描述国民党当局糟糕表现的最常用的词语。在光复期间，国民党政府的表现让华东、华北以及东北的原日占城市的民众对这些词的含义有了更深刻

① 天津《青年日报》，1945 年 12 月 28 日。

的认识。负责执行接收的行政结构本身是混乱的，它无法保证接收的顺利进行。由于缺乏足够制度性的约束，这一机构中的工作人员不应为接收的混乱承担主要责任。接收政策要么是本身的设计就存在问题，要么是执行时出现了差错。

政府为纠正错误做了一些努力，并要求官员提高道德水平，但收效甚微，反而突显出政府的许诺与官员们实际表现之间的巨大反差。但政府的尝试的确达到了一个目的，在人们眼中，中央政府和蒋介石个人或许并不对官员们的腐败负直接责任。公众似乎无法相信，委员长本人不是一心为国家着想的。因此，受到谴责的总是那些“附属”或下层官员。这或许能够解释为什么尽管人们对政府在光复时期的表现感到普遍失望，但国民党的统治并没有受到真正严峻的挑战。政府为这一时期的表现付出了重大代价，它在人民中间的声望大大降低了，但很少有人因此想要推翻这个政府。

共产党的出版物严厉批判国民党政府的腐败无能，并对所有遭受不公正待遇、感到不满的社会群体表示同情和支持。尽管如此，共产党这一时期在城市的宣传产生的影响仍是相对有限的。很少有人认为共产党能对政府构成真正的挑战，或认为它有可能取代目前的政府。但可以肯定的是，人民不相信政府有能力解决国家当前的问题，这种怀疑催生出一种普遍的无助感。一个作家提出疑问：“我们可以向谁抱怨呢？我们还没有一个能反映民意的机构。”[①]

民众最普遍的要求仅仅是希望政府进行改革。一家民盟报纸的评论代表了当时大部分人的态度：

> 国民政府在民众中声誉明显下降，令人悲叹。何至如此？回答下列问题便可使之迎刃而解，缘何扰乱民生之政府官员……未受惩办？何以物价扶摇直上而无任何平抑举措？为何公民自由屡

① 上海《时事新报》，1946年1月19日。

遭践踏？恕吾辈坦直言之，毁政府之社会威望者乃政府之官员也。故解铃还须系铃人。[①]

不幸的是，政府始终没有恢复自己的声望。光复时期引发人们广泛批评的大多数问题从未得到真正令人满意的解决。日本投降后的混乱和管理不善曾被视作暂时的“插曲”而被人们忽视，但随着时间的推移，人们逐渐意识到，正是在这一时期，中国国民党的统治开始失去城市居民的支持。

① 重庆《民主报》，1946年4月2日。

第三章 CHAPTER 03

学生的反战运动

学生的抗议在 1945 年到 1949 年成为国民党政府屡禁不止的棘手问题之一。学生运动本质上是反战运动，但由于将大众的注意力集中在国共冲突上，因此它本身成为内战政治中的一个议题。学生加入了一系列零散的抗议、罢课和暴力事件中，有的针对政治问题，有的针对学术和学校相关问题。除了这些或多或少孤立的抗议外，四次大型的示威——或者被称为学潮，激起了全国范围的关注和反响。1945 年昆明“一二·一”运动是学潮中规模最小的。一年之后，1946 年 12 月底和 1947 年初，抗议美军在华暴行的示威风波再起。在 1947 年 5 月和 6 月，反饥饿反内战运动横扫国统区各大城市的高校和中学。最后一次大的学潮是 1948 年 4 月到 6 月之间的反压迫反饥饿运动，它与抗议美国扶植日本的运动合而为一。

虽然地域差异注定示威所抨击的当地事件和个人不同，学生在各地抗议的主旨是相同的。学生的首要要求是马上结束内战，要求美国停止对国民政府参与内战的支援以及将公共支出从军事转移到民众需求上。

国民政府拒绝接受对于其内战政策的公然反对，谴责学生抗议运动是共产党指使的。随着国民政府和共产党之间的冲突升级到全面战争，政府当局越来越严酷地镇压学生。另外，国民政府还尝试着将学生运动引导到其他渠道上去。但是，如一位前国民党青年工人在25年前所说，这是一个不可能的任务——国民政府已经引起学生反感。

有报道提及来自同伴的压力，提及不过问政治的学生以及对国民党尚抱同情的学生依旧参加学潮以免受到同伴的指责。也有一些学校的校园没有被反政府的学生示威者控制是因为国民党三民主义青年团在掌权。但这些学校不是一线城市中拥有最精英学生的一流学校。那些亦步亦趋参加学潮的，对国民党尚抱同情的学生并不能对学潮施加多少影响力。这些学生通过要求国民党“要获得我们的支持，先做一些合理的改变”来讥讽国民党青年骨干。大批学生对政府以及其战争政策感到强烈不满，因而运动不可能偏离现有路线。①

政府对学生态度强硬的根源是因为学生愿意承认中国共产党为联合政府中的合法实体。这种意愿反映在学生要求立刻停止无法实现军事胜利的战争上。这种意愿也不仅仅通过暗示表达出来。学生公开表示了他们对建立联合政府的期待。他们这样做等于说排除了唯一替代解决方案，即分而治之的可能性。国民党领袖们致力于歼灭共产党，因此认为任何接受共产党加入联合政府的意愿是直接的挑衅。当共产党自己亦提到他们的政治目标是建立统一战线和联合政府时，国民党愈发恼怒。

在学生方面，他们并不想推翻国民党，只是想限制它的权力——或者重新定义它的权力范围。就像我们在下面将要看到的，他们中的

① 在学生运动最风生水起的学校，不仅当局安插耳目和特务，而且由同情政府的学生（特别是三青团员）组织和领导学生运动，竞选学生职务以及诸如此类。在大多数学校，所有学生参加的学生自治联合会干部的定期选举引起了广泛兴趣。另外一个知情者回忆了亲政府学生在他所在的中学（地处福建）的尴尬境地。最有才华以及最踊跃的学生领袖都是对政府和战争不满的，几乎总是能在竞选时获得大多数学生的支持。右翼分子绝少取得学生会的控制权（1969年春夏进行的采访）。中国的中学相当于美国的高级中学，但是大多是六年制，前三年为初中，后三年为高中。

大多数似乎并不青睐由共产党来统治国家的想法。但是他们对国民党政府的麻木不仁与营私腐败心怀不满。他们经过推理得出结论，用一场内战来保存这样一个党派继续当权，代价太过高昂。

然而，在国家一步步走近内战的过程中，学生对政府的反对在开始时并不鲜明。相反，这种反对在示威的过程中以及政府对示威的反应中渐渐明显。很多中外观察家评论，国民政府的粗暴手段将自己推到了学生的对立面，甚至把很多学生送到了共产党的阵营。学生反政府的政治暗示直到学生示威者和当局互动的过程中才显露无遗。最初公开学生主张的举动，由于政府迟迟不答复，也由于蓄意的设计，发展成了挑战国民党政府当局的运动。或许这也是为什么直到1947年5月毛泽东才提到学生运动成了内战的“第二战线”①——它至此才获得如是面目。

这些示威并不是筹划周密的、为了取得特殊政治目的的民众抗议活动。在某些情况下，学生确实设法达成某特定的目标，比如为政府官员暴力下的受害者索要赔偿或取消某条地方法令。但是由于学生手中的政治资源很匮乏，很难将他们的基本要求付诸实现。学生自身仿佛并没有觉察到这一点。相反，他们一厢情愿地认为如果民意被充分调动起来，政府将多多少少被胁迫着接受他们的要求。

为了达到这个目的，学生们着重于宣传和抗议示威。学生在记者招待会上和街头巷尾公开他们的要求。他们散发传单和单页报纸，张贴告示、漫画、标语和壁报。他们举行讲座，演戏，开展览。抗议的形式包括会议、游行、公开请愿和罢课。当学生无视政府命令进行学生运动时，这些努力发展成为蓄意的对抗行为。有的时候，学生们故

---

① 毛泽东：《蒋介石政府已处在全民的包围中》，《毛泽东选集》第四卷，第135页。——原注

可参见人民出版社1991年版《毛泽东选集》第四卷，第1224—1225页。以下涉及《毛泽东选集》的内容均用括号标示人民出版社1991年版相应页码。——编者

意招引警察逮捕他们或者故意刺激警方采取暴力，以此来损害政府或者其地方代表人在公众心中的威信。但是，除了少数极个别案例，学生从来不配备武装，也不参加破坏活动。

“一二·一”运动[①]

1945年12月1日，卢汉被任命为云南省的新一届主席——虽然一段时间之内他没有正式从代理主席李宗黄手中接管公务。卢汉被指派到这个位子上，属于中央政府政策的一部分，意在将西南省份归于其直接控制之下。这也是接下来政府更大战略的一部分，该战略企图消灭所有半自治区域权力中心，在日本投降后巩固地位。

到国民党时期的龙云为止，云南有长时间的自治传统。龙云自从20世纪20年代末就掌管云南。然而他在第二次世界大战时期与中央政府结盟，他的亲戚卢汉率领的滇军与国民党军队并肩对日作战。在战争到达尾声的时候，中央政府马上派遣卢汉率部到印度支那接受日军投降。同时在昆明这边，政府的第五军在司令杜聿明的指挥下在10月3日和4日包围了省城，命令主席龙云投降。在稍作抵抗后，云南处在中央政府的直接管辖下。国民党省党部主任李宗黄被指派为代主席，直到卢汉能够担当起他的新岗位。

同样在1945年10月，毛泽东在与蒋介石在重庆进行了43天的谈判后回到了首府延安。大的原则已经取得双方的同意，但是细节有待进一步探讨。注意到广泛的反内战情绪，双方的代表继续谈判。但是双方军队的战争行为在继续。在这紧张的局势下，反战情绪开始滋

① 这节对“一二·一运动”的描写参考了以下著作：胡麟：《一二·一的回忆》，第1—70页；王念昆：《学生运动史要讲话》，第64—73页；《青年生活》，第1卷第1期，1948年12月；杨叶编：《中国学生运动的故事》，第23—33页；阿喆：《中国现代学生运动简史》，第108—123页；罗伯特·佩恩（Robert Payne）：《觉醒的中国》，第200—260页；延安《解放日报》，1945年11月、12月、1946年1月。

长。在11月中旬，反内战联合会在重庆成立，它发出通告，呼吁工人、学生、商人和政府职员继续罢工、罢课、罢市，以表达他们对“山雨欲来风满楼”的战事的反对。

起始事件

尽管有许多现实的顾虑，学生的反内战运动还是在1945年11月25日傍晚拉开序幕。来自昆明几所学校的学生聚集在一起，抗议政府和共产党武力冲突的继续。在昆明，类似的聚会不是第一次。学生已经在一个讨论胜利与和平问题的聚会上表达了对内战的反对，当时正值重庆谈判进行时期。那次聚会在西南联大校园举行。那里的学生首先加入抗议原属情理之中——抗议战事对他们“和平和正常生活”的希望带来的新威胁。这些学生中，很多都是从日占区逃出，在西南部度过战争岁月。他们和他们的老师曾经受过的苦难在他们的记忆中依旧历历如新，他们非常渴盼能够回到北方。① 民主同盟是由几个小反对党派结成的联盟，参与了反内战联合会的建立，在逃亡到昆明的学者和知识分子中也有很多坚定的支持者。②

虽然和平谈判仍在进行中，重庆的官方消息攻击新的反战努力为共产党所煽动，是野心勃勃的政治家和不辨事理的理想主义者之作。③

---

① 西南联大是三所北方大学战时的联合体。这三所大学是北京大学、清华大学、南开大学。它们迁至西南来逃避日本的侵占。西南联大通常被简称为“联大”。

② 民盟建立于1941年，重组于1944年，由下列团体在第二次世界大战末期组成：中国青年党、第三党、国家社会党（在1946年重组为民主社会党）、救国会、中华职业教育社、由梁漱溟创建的乡村建设协会以及很多无党派人士。这些不同的集团都对国民党颇有微词，期待改良，虽然是温和的、非革命的改良。民盟建立联合政府和停止内战的要求激怒了政府，后者最终在1947年10月以“串通共产党”的名义解散了民盟。见钱端升：《中国的政府与政治》，第350—362页；范力沛（Lyman Van Slyke）：《敌人与朋友：中国共产党历史上的统一战线》，第171—181页。

③ 重庆《和平日报》，1945年11月12日。

与这些报道矛头一致的是，在移除龙云后彻底掌权的昆明当地国民党和军事首领，试图阻止学生继续举行新的会议。新会议预定在 11 月 25 日在云南大学校园举行，并明确对外宣传是一场反战的会议。大学校长感到了压力，拒绝会议在校内举行。在 24 日，当权人士禁止所有的未经当地安全官员首肯的聚会。学生不顾这一命令，称其为对他们公民自由权的侵害。他们在城墙之外的西南联大校园的图书馆前面举行会议。到 7 点钟，几千名学生聚集在一起，听四名著名教授关于反内战以及建立允许所有政治党派参与的联合政府的演讲。[①] 他们的演讲不完全按照原计划进行。

第一位演讲者开始做演讲不久，大学围墙外就听到了枪声。因为开始没有人意识到为什么会放枪，会议继续进行。然后电路被切断，麦克风没有了声音。枪声渐渐移近，直到最后大家意识到：枪弹在坐在地上的听众的头顶上掠过。场地外有扩音器命令会议解散。与会人员无视了这个命令，会议继续。剩下的发言人试图把声音盖过阵阵枪声。会议又一次受到打扰是一个王姓男子带领三四十个人，挤进了会场。当他大声喊出政府立场的时候，枪声停止了——他说中国现有状况不是内战，而是“共匪”煽动叛乱，政府在尽最大可能镇压这场叛乱。据学生说，王姓男子后来被验明了身份，他是军统云南省分局的

① 在会议上发言的教授为钱端升，他是曾就读于哈佛大学的政治学教授，有国民党背景（有人说他是一个国民党党员，而又有一些人说他只是在政府担任了低级别职位），尽管如此，他经常批评政府；当时加入国家社会党的社会学家费孝通，以及潘大逵。第四位教授的身份不确定。胡麟提到他的时候说是直言不讳的左派吴晗。但是佩恩（《觉醒的中国》，第 203 页）认为第四位教授是更为保守的经济学家伍启元——就像钱一样，虽然自己是国民党的一分子，却经常批评该党。1945 年 11 月 29 日的《新华日报》在一篇从昆明通过航空信发来的长篇报告中，同样认为第四位演讲者是伍启元。据说他演讲的内容是《关于财经形势与内战的关系》，他说中国已经无法承担打一场内战了，因为国家的财政和经济结构将被毁坏，中国将失去成为现代工业化国家的机会。

官员。[①]

在教授尽最大努力做完演讲后，学生决定致信蒋介石和毛泽东，请求他们和平地解决争端。然后会议结束。但是当学生们开始陆续离开时，他们发现回城的路被刚刚开火的、跟随王姓男子的士兵封锁了。第二天，昆明报纸刊登了国民党中央通讯社发来的快报，报道前一天晚上郊区发生匪警。

行动和回应：学生和当局

读完官方新闻叙述后，联大和云南大学学生自治协会干部碰头决定进行三天的罢课来抗议当局的“法西斯行为”。其他学校马上回应，并派遣代表参加新成立的昆明学生罢课委员会的会议。

当天傍晚，委员会决定印刷罢课公告，由成队的学生走出校门到市区进行分发。他们忙碌了大半夜，试图在每家每户都留下传单，以

① 实际上有两个特务组织。二者虽然以各自的前身为基础，但都正式成立于1938年。关于神秘的王姓男子属于哪个组织，没有确切的信息来源。其中一个是军事委员会调查统计局（简称“军统”），另外一个是国民党中央执行委员会调查统计局（简称“中统”）。这两个组织都拥有覆盖全国的、广泛的、互相竞争的情报收集网络，但是最终都对蒋介石负责。他们各自的工作范畴没有精确定义，有的时候发生重合。至少在理论上，前者专注于军事而后者专注于国民党党内和党外的民事管理，包括经济、劳工、教育和文化事务。

“军统”由黄埔派系掌控，更具体地说是由臭名昭著的戴笠将军掌管。戴笠从1938年起直到1946年在飞机事故中丧生一直掌管军统。由右翼“CC系”陈立夫、陈果夫兄弟掌控的国民党组织部则掌管着另一个局。像大多数此类的组织一样，这些部门并不只限于消极的情报搜集。在第二次世界大战期间，两个局都在日占区从事地下间谍活动。身处国民党中国的外国观察者提及整个特工体系为“蒋氏的盖世太保”。这反映了两个部门最被人熟知的和最令人闻风丧胆的任务，即搜查、刺探、恐吓国统区共产党嫌疑犯和国内批评家以及尽可能钳制其言论。军统局在戴笠去世后进行了一些改组。但是合并两个机构的命令却得不到执行，似乎是由于掌管它们的两个派系间嫉妒争斗所致。陈少校在他的《金陵残照记》第五卷《黑网录》中描述了整个特务网的细节。更多关于国民党派系的内容，见文后参考文献中关于《大公报》历史的说明。

便让城里的人知道究竟发生了什么，为什么学生要奋起罢课。

11月27日，昆明几乎所有高校和中学约30多所超过3万名学生拒绝上课。第二天，罢课委员会再次开会。他们达成共识："一一·二五"事件不是一起孤立的事件，而是总体政治形势的反映。会议起草了四点要求，决定通过无限期的罢课来实现它们。这四点要求为：（1）停止内战；（2）实现集会、结社、言论和出版的民主与自由；（3）建立联合政府；（4）外国势力不得插手内战。

同时，云南省当局也在寻求平息学生罢课的途径。他们号召在中学和高校内建立反罢课委员会。省教育部部长召集中学和高校校长举行会议。在会议中，云南大学校长据说在发言中表示，如果士兵在学生集会时不开枪会比较好。新来到昆明的第五军军长邱清泉的回答广为流传："你的学生有演讲的自由，我的士兵有开火的自由。"但是李宗黄保证发表支持国民自由的声明。

11月30日，学生走出校门来到昆明的街道，以小分队的形式宣传他们的四项新要求。他们到处受到便衣警察和警方的阻挠。在一次紧急会议上，学生认定情况过于危险，第二天他们将不走出校园。在12月1日早上10点钟之后，一大群陌生人拥进云南大学的正门，他们有的穿着军服，有的则是小工或普通民众打扮。学生快速集合，用石块投掷闯入者，命令他们撤出。这些人随即转赴西南联大，途中经过云南大学附属中学时击毁门窗。一队人马攻击宿舍，另一队强闯入联大师范学院。当暴徒冲进食堂时，学院的学生正在开始吃午餐。一场混战开始了，附近昆华工学院的学生闻讯跑来助阵。捣乱分子最终被赶出了正门。作为回应，这次他们将一枚手榴弹越墙扔入。一位学生被击中，其他学生往后撤退。暴徒再次拥入正门，并扔出第二枚手榴弹。许多学生受伤。一位女生冲上前帮忙的时候，身上被刀子捅了数次。

在寝室，学生被告知袭击正在进行，于是他们尽可能做好准备。一位中学音乐教师刚刚走出大学理发室，这时一枚手榴弹落在他跟前。他捡起手榴弹，显然准备扔回去，结果手榴弹在脱手前爆炸。在联大工学院，仪器被捣毁，一名教授遭到殴打。云南大学医学院的学生赶来救助伤员，但是入侵者堵住了去医院的路并袭击了一名送往医院的担架上的学生。闹事者直到下午 5 点后方撤离。包括那名女生在内的三名学生和音乐老师生命垂危。在手榴弹袭击中，一位男生失去了一条腿，至少十名其他学生受了重伤。

直到几个星期后，昆明的学府才重归平静。在这期间，死者被追认为烈士。他们的同班同学把大学图书馆清理出来一部分放置装殓的棺木。悬挂挽联，烧香供奉。棺木在图书馆停放了三个半月，学生们在这期间为能够获得在城市街道列队出殡的许可奔走。在这三个半月中，昆明接近一半的市民前来吊唁，有的出于同情，有的则出于好奇。

在事件发生的几天内，昆明当局宣布两位复员士兵已被逮捕、审判和定罪。两人被立刻枪决。重庆和昆明的官员随后声称这两个人被共产党收买，在学生中制造事端，又提及昆明学生的反战运动系共产党煽动。[①] 与重庆国防部有关联的某消息方称共产党“用金钱和地位贿赂歹徒，受雇者潜入神圣的学府，暗藏武器，屠杀手无寸铁的青年，酿成惨剧”。[②]

学生们不领情，认为审判和枪决（前者秘密进行）只不过是自我洗脱。有一种盛行的说法是，这两个人只是随便从当地监狱提出的犯人。学生普遍认为国民党云南省主席李宗黄和云南省警备总司令关麟徵对这起暴力事件负有责任。[③] 因为多年前的一起事件，学生对李宗黄特别持敌对心理。作为一名年轻的国民党官员，他据说在昆明教育改革运动期间对一位学生梁元斌的死负有责任。

---

① 重庆《中央日报》，1945 年 12 月 6 日。

② 重庆《和平日报》，1945 年 12 月 5 日。

③ 佩恩：《觉醒的中国》，第 221—222 页；梁漱溟和周新民同样提到李和关当时掌管省内事务，见《李闻案调查报告书》，第 8 页。

12月5日，昆明学生罢课委员会拟定了十一条要求作为复课的条件，这十一条要求可按基本目标分为三类。这三个目标为：立即结束内战；对“一二·一”惨案的彻底调查；惩办罪犯，包括罢黜和审判惨案的涉嫌组织者，即李宗黄和关麟徵。在这三个主要标题下的细节要求包括：成立联合政府；保护公民自由；杜绝随意的逮捕；撤回中央通讯社侮辱联大，称教授和学生为共产党员的表述；抚恤伤亡者。①

12月8日，蒋介石发表声明，敦促学生结束罢课。在联大，学生直到12月26日才重新上课，依旧坚持认为他们的要求没有被满足。同时，随着事件始末的被知悉，全国掀起了声援的浪潮。到了1946年3月，学生被允许列队出殡的时候，全国的各城市和城镇为音乐教师和三名学生举行了追悼会。②

结局

如果11月25日集会真的是延安发出的指令，旨在挑起事端，损伤国民党的威信，那么这个计划彻底地成功了。极有可能学生中的亲共分子试图借助会议联络情绪，一致反对迫在眉睫的战争。当时，延安在言论上非常鲜明地支持国统区的反战运动。也极有可能亲共学生

① 根据1945年12月9日重庆《新华时报》刊登的12月6日从昆明航寄的通讯。
② 遇害学生纪念委员会编：《“一二·一”民主运动纪念集》。

在重庆，所有反对党的代表参加了悼念仪式，包括：代表共产党的董必武，代表民盟的梁漱溟，代表第三党的章伯钧，代表救国会的沈钧儒。其他参与者包括郭沫若、罗隆基、柳亚子、张东荪、章乃器以及李公朴（第二年夏天在昆明被刺）。

“一二·一”事件同时激起了广泛的媒体评论。1945年12月7日和12日延安《解放日报》；1945年12月10日的上海《大公报》。以及下列重庆报纸：12月4日的《新民报》和《时事新报》，12月6日的《商务时报》，12月7日的《大公报》。这些媒体都同情学生，谴责当地军政当局对暴力事件负有责任。《益世报》是一个例外（1945年12月4日，重庆），它谴责学生“在居心叵测者的煽动下”选择了错误的道路。

利用了局势——由于当局不妥协以及11月25日会议初始混乱造成的局势。[①] 但是“12月1日的凶手系共产党雇佣”的论调反而软化了对共产党应负责任的指责。没有人相信这一论调，甚至没有人试图将11月25日的开火归咎于共产党。此外，一个事实压过了事件后期陆陆续续传出的所有闲言碎语：反战情绪是真诚的，并且在昆明流亡学生和学者中广泛传播。不需要什么努力，就能让几千名学生和学者在11月25日集会上共聚一堂。

共产党给出强有力的观点——许多非共产党党内人士也同意这个观点——他们写道：“我们不相信几个政治鼓动者就能够煽动超过一万的学生和教授采取一致的行动。假如他们这么容易受骗，为什么反战的广泛呼声没有被安插在每个校园内的特别行动人员遏制？”[②] 学生和教授们支持抗议，希望能在政府和共产党的谈判期间，为社会上日益高涨的企盼和平解决的呼声增加一份力量。学生的抗议究竟有没有起到这样的效果不得而知。但是谈判中做出的1946年1月13日停火协定的确在一定程度上反映了民意对国民党和共产党争端的抵触。

至于学生的第二个要求，只有部分实现。12月1日的受害者得到了一定的补偿，但是学生依旧相信，对这起暴力事件负有责任的凶手依旧逍遥法外。李宗黄主席和关麟徵总司令很快离开了昆明。因为负责云南公共秩序的警备总司令关麟徵公开承认对事件负总责。但是密谋的细节，包括谁在策划和执行，则永远是个谜。李与关的离去也并没有使得昆明对于政府的反战批评者来说更为安全了。第二年夏

① 警备总司令关麟徵在接受罗伯特·佩恩的采访时坚称联大有共产党势力，但是无法提供确切的信息（《觉醒的中国》，第214页）。《观察》上的一篇文章在一年后同样断言联大当时有共产党，但是给不出数字或身份详情。见《西南联大任务完成，化整为零》，载于1946年10月5日《观察》第17页。1973年，在香港的一名左翼知情人声称联大的自治联合会的学生干部中有亲共学生。关于延安的声援，见1945年11月24日、29日、30日的《解放日报》，均为头版。1945年12月12日，第4版。

② 重庆《新华日报》，1945年12月5日。

天，闻一多和李公朴——两人都是民盟的积极支持者，在城市的道路上被“不明身份者”刺杀。

尽管如此，昆明学生的反战抗议作为第一次重要的学生反内战宣言，确实得到了全国的认可，获得了全国的知名度。学生没有预料到，他们的努力会激起当地当权者的如此反应。但是当局的反应直接造成运动的发展，并赋予它更深的政治含义。

由于中央政府当时正在削弱当地军阀以确立对云南的控制，“一二·一”事件同时也成为内战岁月中央政府必须承担最终责任的首桩事件。一位得以从彼时彼地的现场抽离的历史学家也许会有这样的想法：1945 年 12 月，中央政府尚不能掌控其名下治理云南的人员。可是当时人们的普遍思路不是这样的。更普遍的观点是国民党当地代理人和支持者最终被委以全权按他们原先的惯例行事。[①] 随着类似事件在全国继续发生，情况变得很明显：中央政府无能力，甚至无意愿控制其地方代表的行动。政府最后给予地方代表明确及具体的权力：用这种方式对付学生反对者。

抗议在华美军暴行运动[②]

到 1946 年底，中央政府迁回南京，并致力于对共产党首次的大举进攻。在日本投降后，美国军队依旧驻扎中国，协助政府重新占领

① 比如，梁漱溟和周新民在他们对李公朴和闻一多被刺的报告上，认为在龙云统治下“各种密探”还有些顾忌，而从中央政府接管以来，他们变得肆无忌惮。龙主席并不喜欢中央政府，对中央政府的批评者很宽容。

② 该章节参照了华北学生运动小史编辑委员会所编的《华北学生运动小史》，第 12—32 页；《1948 年手册》，第 57—58 页；胡恩泽编：《回忆第三次国内革命战争时期的上海学生运动》，第 16—19 页；瑟斯顿·格里格斯（Thurston Griggs）：《在华美国人：中国人的一些看法》，第 7—14 页；美国国务院编：《美国的外交关系》（1947 年，远东中国卷），第 1—6 页。延安《解放日报》，延安电台广播（收入《参考消息》）；以及一般中文报刊（收入国统区各大城市的《中国新闻评论》）。

华北和东北的军事重地。美军还帮助遣送在华日本部队及人员回国，并作为马歇尔使团调停努力的一部分，帮助监督政府军和共军 1946 年 1 月 13 日的停战协定。到 1946 年底，停战协定已经废止，不具有任何意义，但是依然有大约 1.2 万名美国士兵滞留在中国。[①]

贯穿整个 1946 年，美国人的行为屡屡成为新闻和评论的主题。原本在政治上有分歧的《和平日报》和左翼《文汇报》都报道了数起违规驾驶、抢劫、酗酒、强暴甚至谋杀的事例。中方屡屡向美国军队首领投诉，尽管案件被调查，罪犯被惩处，但是这些事件仍在继续。

1946 年秋，中央政府宣布共产党是这些事件的幕后指使者。随着国民党对解放区发动攻击，马歇尔使团调停失败，延安对美国人的态度越来越激愤，要求剩余美军撤离中国。

国民党政府更倾向于对美军的所作所为淡化处理而不是杜绝，以免冒险开罪于它头号的资助及支持者。美国与政府的这层关系是导致所有反对内战的人们对驻华美国人持愤慨态度的深层原因。美国人并不像 1946 年马歇尔使团极尽渲染的那样，扮演着公正的调停者。他们事实上在不同实质方面，都在协助发生冲突的两党中的一方。

政府与共产党在原日占区进行着抢占重要据点的竞赛，得到了美国人的帮助。美国人用空运以及别的手段，输送了将近 50 万的国民党军队。5 万海军陆战队为政府占领了北平、天津、青岛及其近郊。到 1945 年末，美国人为政府 39 个师配备了成套装备。美国为联合国善后救济总署中国援助项目输入了 50 亿美元，这笔款项的绝大部分送到了国统区。1946 年 6 月，美国签署了一份租借法案信贷协议，增加对中国的贷款，用以购买民用设备和供给。1946 年 8 月，国民党在华中对共产党发动战争后，美国又签署了一项协定，批准将价值 90 亿美元战争剩余物资以赊账的方式卖给国民党政府，只索要 17.5

① 谢伟思：《中国白皮书》第 2 卷，第 694 页。该数字为 1945 年底数据，较峰值已有减少。

亿美元。这些物资包括小型轮船、车辆、建筑材料、空军供给和设备以及通信设备。[①]

在那些反战人士眼中，美国是唯恐天下不乱。当共产党称这样的帮助和支持只会坚定蒋介石打内战的决心时——当然是从他们自己的角度出发，反战人士赞同共产党的说法。美国军队的纪律问题更加严重。

工商界人士的不满也使得这个时候反美气氛愈演愈烈。1946 年 11 月 4 日，中美政府签署了一份《友好通商航海条约》。非官方的媒体不约而同地批评这份条约，认为一个经济上落后的国家将如此广泛的商业利益给予一个强大如美国的伙伴，这一行为很愚蠢。[②] 甚至在签署条约前，全中国的商人就已经在抱怨美国商品的不正当竞争。当然，也有足够的国内因素造成工商业的混乱无序。然而，美国商品是有目共睹的直接受益者。它们激发中国商人发起“国货运动”。该运动在 1946 年底获得了官方认可。

开始事件

正是在这样的背景下，1946 年圣诞前夜，两名美国海军陆战队队员在北平强暴了一位中国女子。路人听到了她的喊叫并且似乎目睹了至少部分的情形。警察当场逮捕了其中一名男子，将那名女子沈崇带到警察局。沈崇在警察局供述她被强暴。第二天，有的北平报纸发表了来自亚光新闻社关于该事件的短小报道。那天晚些时候，警察局发出了一份简短声明。除了沈崇不是通常会与美国士兵在这种事件中有纠葛的女孩外，这一事件与 1946 年发生的大多数其他事件相比似乎没什么特别之处。沈崇是一名北京大学学生。至少五家北平报纸在

① 谢伟思：《中国白皮书》第 1 卷，第 225—229、311—312、354 页；同时见美国国务院编：《美国的外交关系》（1945 年，远东中国卷），第 527—721 页。

② 上海《文汇报》和《新闻报》，1946 年 11 月 5 日；上海《大公报》，1946 年 11 月 6 日；南京《新民报》，1946 年 11 月 5 日；南京《中国日报》，11 月 6 日。

12 月 26 日版报道了此事。

官员与学生的反应

12 月 27 日，从来都急于对此类事件轻描淡写的中央通讯社发表文章指出，女孩身边学生一口咬定的说法为蓄意扭曲事实。新闻报道称她“似乎”出身良好，20 岁，是北平一所中学的学生，受到美国人威胁的时候是晚上 10 点 30 分，她独自走在街上。这篇辩护达到了预料的效果。关于此事件的美国领事报道称，“良好家庭出身”的中国女孩未经陪同去看“夜场电影”实在不合常理：沈崇在受到强暴的时候正从电影院回来。

学生方面称她确实出身于良好家庭。北大学生的出身大都不差。她的祖父曾经是某省总督，她的父亲是南京交通部的一名官员。她不是 20 岁而是 19 岁，当年 1 月来到北平，被北京大学预科（先修班）录取。她去看电影，约晚上 8 点 30 分离开电影院时不但被威胁而且被强暴。在北大，张贴于民主墙上的愤怒评论开始增加。民主墙类似于中央布告栏，在这个校园内指定的地方，各种新闻、心情和意见都能自由发表。

北大最近才刚完成了从战时昆明校园到北平的搬迁，学生团体的选举还没有举行。有人说这是由于大学“反动”训导长陈雪屏的故意阻挠，他与国民党右翼“CC 系”的关系众所周知。尽管缺乏学生团体干部来领导组织活动以响应该事件，北大还是行动起来了。12 月 27 日下午，历史学会召开了北大各系和各学会代表参加的会议。这次的会议提供了在北平举行抗议的领导班子。12 月 30 日被定为举行抗议罢课的日子，抗议美国士兵暴行的北京大学学生预备委员会成立了。学生的初步要求为:（1）涉及案件的美国人由中美联合法庭审理；（2）美国军事首领发布公开道歉，保证类似事件不再发生；（3）所有的美军立刻从中国撤离。

当权者在平息这个问题上显得很笨拙。北大的训导长发表声明，怀疑沈崇本校学生的身份。谣言开始流传，说她其实是一名共产党特工，是八路军的成员，有意引诱海军陆战队来制造事端。还有其他传闻，说她是一个拉客妓女，她之前已经与两人相熟，在袭击发生之前，她已经与他们相处了整整三个小时，诸如此类云云。

北京大学校长胡适采取了相对平和的说法：该事件是法律问题，不应该成为反美游行和罢课的理由。北平市市长何思源则像此时期几位对学生抗议运动抱有些许同情的政府官员一样，两头不讨好。开始，他致信美国海军总部抗议两个美国人合谋强暴。然后他拜访了美国领事馆，表达了他对规模渐大的公众抗议的抱歉。最后，他宣布医学检查关于沈小姐是否被强暴的判定并没有明确的结论。学生认为以上言论又是官方想蒙混过关。

同时，北平其他学校的学生也开始像北大的学生那样做出回应。12月26日，在清华大学的食堂墙壁上出现了一则抗议通告。第二天傍晚，在社科课程讲座之后的讨论时段，讨论转到眼下正在发生的话题上。学生决定发动请愿，要求学生自治联合会采取行动。到了28日中午，学生团体超过三分之一的人在请愿书上签字。当天傍晚，会议投票支持北大学生的要求并在30日罢课。几乎所有的教职工都支持学生的行动。

燕京大学，作为一所美国资助的机构，它的声援迟迟才来到。但是29日学生自治委员会召开会议，同意支持北大学生的主要要求。一些清华的学生参加了燕京大学这次的会议，经过大量劝说，会议决定燕京大学也加入第二天的联合抗议。12月30日，来自8所高校的5000名学生举行游行。[①]他们行进在城市的几条街道上，但是抗议活动

① 从下面总数字中可以看出活跃在本次和以后的示威活动中的学生所占比率。在1947—1948年，北平有153472名学生，18332名为高校学生，39524为中学学生。国立北京大学有3537名学生（1948年1月12日，上海《申报》）。全国最大的学校是位于南京的国立中央大学，在1946年末有4500名学生。1946年下半年教育部数据显示：全国182所高校共有学生80646人，教师18094人。中学总计3745所，学生1163116人，教师90635人（1946年11月13日，上海《申报》）。

基本局限于高喊反美口号。虽然美国海军兵营的墙头架上了机关枪，游行直到结束，没有发生什么紧急事件。

运动的扩大

与“一二·一”运动不同，抗美示威不局限于一个城市。1月1日和3日，在天津，几千学生游行，向市政府递上请愿书。在上海，1月1日举行了大型抗议示威。上海市市长吴国桢召见国立交通大学校长到市长办公室“谈一谈”。校长并不接受规劝，重申了他对学生反美示威的支持。早些时候，他还宣布他个人将参加1月1日的游行。作为一名校长，此举在以往还没有先例。

上海法科大学校长同样支持学生，称他们的抗议代表了所有中国公众的意见。浙江大学的学生不但抗议美国军队的行径，而且要求结束内战——表示如果不是内战，美国人将没有理由留在中国。在南京，高校学生举行了三天的罢课。美国大使接见了一个学生代表团，表示了他们对该事件的遗憾。到1月底，与事件始发地远隔千里的广东、昆明和台北等二十多个城市的学生组织了示威游行、集会和罢课。

同样，与“一二·一”运动不同，当局总体上不使用暴力来镇压学生运动。也许官方如此克制的一个原因是抗议的反美主题博得了广泛同情。上海11家市民团体，包括商业和妇女联合会，在12月30日发表了共同的声明，要求美军撤出中国。中国妇女联谊会南京分会发电报给北大，表示对学生抗议运动的支持。

在重庆，商会在一次会议上表达了对事件的愤怒，要求工商界声援学生要求美国士兵彻底撤出中国的要求。假如此要求可以实现，会议推断，内战将加快结束——美国的介入只能延长内战。另外，这将减少三分之一进入中国市场的美国商品数量。到1月17日，其中一位海军陆战队员受军事法庭审判的那天，甚至官方和国民党报纸也谨慎小心地要求惩处被告。

公众抗议在几个星期之后平息下来，但是全国范围内的学生还在继续组织联络。12 月 31 日，上海 17 所学校组成上海学生抗议美军暴行联合会。相似的全市范围内的联合会也在北平和天津出现，1 月 28 日，这些联合会合并成一个总会。总会的要求明显比最初北大学生会议在 12 月 27 日采用的要求涉及更广泛，包括：中央政府采取独立外交政策，立刻停止内战，成立联合政府。平津、南京和杭州的抗议联合会代表在 2 月赴上海计划组成全国组织。该组织于 3 月 8 日在上海成立。

结果

反美运动的最初目标实现得很有限。中美联合法庭审判的设想落了空。其中一位美国海军陆战队员、下士威廉·皮尔森被军事法庭审判，被裁定有罪，判处十年监禁。然而五个月之后，该案件被美国海军当局在华盛顿复审，推翻了原先的定罪，理由是对于强暴的指控难以证实。复审还指出当初做出判决时，全中国学生要求定罪的示威制造出一种氛围，使得被告不可能受到公允的判决。

至于更广泛的目标——责令所有美国军队从中国撤出以及停止内战，就像“一二·一”运动提出的富有雄心抱负的目标一样，超出了学生能力范围。1947 年 1 月 29 日，美国宣布决定放弃它作为政府和共产党之间调停者的角色，涉及调停的美国人员将尽早撤离。但是在 1946 年 12 月 18 日，美国已经在国内宣布了继续在中国减少驻军的计划。[①] 因此在马歇尔使团正式中止的过程中，学生在加快其终结上究竟起了多大作用还存有疑问。然而还有下列美国军事机构依旧留在中国：青岛海军的分遣队和同样在青岛的美国海军训练团以及南京的军

① 《杜鲁门总统关于美国对华政策的声明》，《中国白皮书》，第 2 卷，第 694 页。

事顾问团。[①]

但是从更广义重要性的角度看，这次运动的确提供了一个机会公开的、在全国范围内表达反美和反政府的情绪。这些情绪已经在风行的论调下酝酿了几个月。一个相对来说不那么重大的事件，围绕其进行的学生抗议在短短几天之内成为表达普遍不满的载体。在此过程中，反美示威动员了足够强大的群众基础来支持全国学生运动新成立的组织。

如上所说，协调一致的学生运动最初在市内的学校间发展，然后扩张为跨市运动，最后尝试在全国范围内展开。这是抗日战争开始以来第一次全国性的、独立于政府和国民党之外的学生运动。几个月后下一轮学生示威期间成立的全国学联，其雏形即始于本次运动。因此，北平强暴事件为全国性学生运动提供了契机，明确及正式地标志着国民党对学生阶层控制的终结。

反饥饿反内战运动[②]

学生运动在 2 月和 3 月暂时平息，但在 4 月和 5 月又继续进行，焦点直接集中在生计艰难和内战问题上。这次的运动没有单独地引发事件，而是从几个来源——包括刚刚结束的反美示威积累的势头中，汲取力量。

1947 年的上半年在很多方面都标志着一个转折点。美国的调停

① 邹谠：《美国在中国的失败（1941—1950 年）》，第 444 页；埃德蒙·克拉伯：《二十世纪中国》，第 279 页。

② 陈雷编著：《向炮口要饭吃》，第 1—134 页；华北学生运动小史编辑委员会编：《华北学生运动小史》，第 33—89 页；《1948 年手册》，第 58—61 页；胡恩泽编：《回忆第三次国内革命战争时期的上海学生运动》，第 21—41 页；王念昆：《学生运动史要讲话》，第 82—86 页；美国国务院编：《美国的外交关系》（1947 年），第 131—190 页。涉及的时期亦见：上海《观察》、香港《时代批评》以及《中国新闻评论》各种报道所覆盖的国统区城市的报刊。

努力在1月的正式退出象征着通过谈判和平解决的希望最终破灭。政府和共产党军队正公开地进行全面战争。这意味着“二战”之后企盼经济恢复的梦想化为泡影。2月，政府宣布了一项紧急经济改良计划，冻结了决定工资涨跌的生活费用指数。基本商品的价格被设以上限，但是价格在继续上涨。从2月到4月底，各类物价指数上涨了50%到100%。5月5日到10日五天内，商品价格的总指数上涨了15%。米市陷入混乱：上海大米价格在5月4日到8日之间上涨了20%。由于运输困难，政府征收军粮和紧急经济改良计划造成的混乱，充足的大米无法从生产区运抵城市。在改革措施执行最为有力的地区——中央政府的权威最稳固的长江沿线城市，缺粮情况最为严重。在许多城市，米店关门，还发生了抢米事件。工人加大对政府施压的力度，要求解冻生活费用指数。①

经济一片混乱，学术界不可能不受到影响。有的学生不得不因为无法筹够学费放弃学业，还有的学生缺乏充足的食品和衣物。有数篇文章报道了营养不良、小米和包心菜聊以果腹、学生没有足够体能参加体育馆锻炼的消息。通胀使得教授的薪水缩减至“二战”前的小部分。有几位教授甚至自杀，据说是因为穷困逼迫。对中学和大学毕业生来说，失业成了一个大问题。“毕业即失业”的说法在学生圈中成了流行语。在这种情况下，学生和老师都认为内战是国家经济困境和他们自身贫困的主要原因。他们——以及许多其他人士——强烈反对拨给教育的经费在国家预算中所占比率过少，只有差不多4%，而相比之下军事支出却占压倒性比率。②

与八年抗战时的态度不同，知识界如今拒绝忍气吞声地接受内战招致的个人牺牲。这就是1947年5月学生示威爆发时的大环境。示

① 《文汇报》，上海，1947年4月29日和30日，《大公报》，上海，1947年4月29日和5月14日。关于紧急经济改革项目，见第四章。

② 可以参考1947年全国预算宣布后不久《大公报》的社论：上海《大公报》，1946年12月24日。

威开始于南京—上海区域的国立学校[①]，要求为“解决教育危机”。在北平和天津，主要口号为“反饥饿，反内战”。

初始发展

具有讽刺意味的是，据称国民党右翼“CC系”策动了这次学潮。美国大使馆的报道引用了“有资格的观察员”和中国政府官员的说法作为这则消息的来源。这些消息在细节上稍有出入，但是消息提供者都同意学生运动和抗议很快争取到了相当多的“公众支持”，而“CC系”恰恰失去了对“公众支持”的控制。左翼分子掌握了主动权。“CC系”领袖、前教育部长陈立夫依旧在相当程度上控制着教育事务，他与他的继任者朱家骅关系不和。教育部出台了一系列影响到国立学校的决定，像早该预料到的那样，这些决定激起了学生的敌对反应。除了这些众所周知的信息以外，很不幸，该外交报告对“CC系”所负责任的确切性质语焉不详，对“有共产党参与其中”的论断也不置可否。然而所有消息都同意的一点是广泛支持与“左翼”目标的趋同。这一组合将“扰乱”转变成了那个时期规模最大的学生反战抗议。抗议按如下的步骤发展。

4月26日，南京国立中央大学的教授向教育部请愿：要求将现在占全国预算4.5%的教育拨款增至15%。另外，他们还要求：（1）增加教职员工的基本工资；（2）将薪水与生活费用指数的上涨相挂钩；（3）政府给予学校外汇兑换额度，以便他们能购买急需的国外书籍和日用物资；（4）国民党资助的运动和组织，如三民主义青年

① 在中国，大约2/3的学院和大学是国立的。根据一份1947年的报告，有公立高校122所（中央办的有72所，省办的有50所）以及私立高校58所（天津《大公报》，1947年7月10日）。

团，[1]其经费不得计入全国教育经费。几天之后，青岛的山东大学、开封的河南大学、沈阳的东北大学的教授们都罢课抗议教育支出的短缺，要求重新调整工资。

当教授们没有收到实质性的回应时，学生开始接手这个问题。5月13日，中央大学的学生举行了各系代表会议，决定不但支持教授的要求，而且提出他们自己的一项要求。他们要求提高每月的食物津贴。公立学校对学生食物津贴的发放开始于第二次世界大战时期，那时候逃亡到西南的学生与家庭消息隔绝，私人的资助中断。中央大学的学生要求每月津贴升至每人10万新法币。他们指出从1946年12月到1947年5月，南京的物价已经上涨了4倍，所以他们的食物津贴应该是12月时发放的2.4万新法币的4倍。而事实上，他们只收到6万新法币或更少。医学院的学生起草了一份详尽的报告，证明了以南京目前的物价水平，每月6万元新法币的食物津贴只能获得每日1859卡路里的伙食，而人体每日的必需卡路里是2584。然而，学生的要求被拒绝。教育部要求他们安静地投入学习。

同时，其他事件的压力也在积聚。比如，教育部发布了一条即刻生效的新命令，要求全国所有应届中学毕业生参加统一终考。南京和上海的中学生发起了抗议活动，并立即得到了其他城市的支持。

上海法科大学的学生在5月4日因为张贴通告和标语与警察产生了冲突。在接下来的厮打中，有两名学生和一名警察受伤。于是全体学生罢课。市长吴国桢同意承担受伤学生的医疗费，但是拒绝在调查结束前采取措施惩办警方。学生不满意这一解决方法，随即动员上海地区的34所高校和中学，获得他们的支持，并于5月9日再次将他

① 三民主义青年团，通常简称为“三青团”，作为国民党的青年组织成立于1938年。初衷是招募年轻人入党，领导权却仍握在老一代手中。青年团的具体任务是在学校内宣传国民党的政策，力图控制学生组织，这让国内的年轻知识分子不满，继而反对该组织。“三青团”于1947年9月反饥饿反内战运动结束后的一段时间内被国民党合并，不再以正式自治的组织形式存在。见钱端升：《中国的政府与政治》，第126—128页。

们的要求呈至市长办公室。

在这一阶段两起最戏剧化的事件是杭州英士大学以及国立上海交通大学征用了火车，试图将他们自己运送到南京以向政府请愿。交通大学是内战时期活动在学生运动前沿的一所技术和工程学校，它的问题涉及教育部下令废除航海与船舶工程系。学生认为这是南京的反动分子试图肢解他们的学校。

教育部拒绝了要求撤回命令的请愿。在首都参加了请愿的学生代表带回未来将有更多科系被削减的传闻。交大学生计划一起去南京，发誓只要学校的威胁不解除就不返回上海。5 月 13 日早晨，2800 名交大学生几乎倾校出动，携带着铺盖和 20 天的口粮聚集在上海北站。铁路官员不允许他们使用客车，但是几个大四学生搜索了调度场，发现了一台他们可以开动的老式火车头。他们把几节运货车厢连在火车头上，学生爬上车，火车开往南京。与此同时，沿线第二站的一部分铁轨被拆除，以阻止火车行进。学生没被吓倒，连夜修理铁轨。武装护卫站在旁边，但是并没有干涉。最后，大约在早上 7 点 30 分，市长吴国桢通过扩音器宣布教育部长朱家骅已经在晚上从南京启程，同意接受学生的要求。这是少数的几次学生赢得干净利落的胜利之一。

政府与学生的行动与反应

接下来的一星期，许多学院和大学举行一系列连续的罢课和示威。这些罢课和示威围绕着种种议题，有的问题事关大局，有的问题仅局限于个别学校。在北京，清华大学的学生举行了为期三天的罢课。罢课开始于 5 月 17 日，抗议内战和政府对师生生活状况漠不关心。北大和很多其他大学紧随其后，举行自己学校的罢课。学生走向街头，公布抗议与罢课的原因。5 月 18 日，成群的学生在市中心进行宣传活动的时候被青年军208师士兵袭击并殴打。[①] 8名学生受伤。在当晚的一次紧急会议上，来自11所学校的学生聚集一堂，计划新一轮的抗议活动回应此事件。

会议计划在5月20日举行一场大游行，当天还将有许多游行在各城市举行。此外，来自天津和唐山的学生代表在5月18日左右在北京碰头，组成华北学生反饥饿反内战联合会。

政府做出反应，想要阻止计划中的5月20日示威。5月18日，行政院在南京召开会议，公布《维护社会秩序临时办法》（以下简称《临时办法》）。该办法禁止十人以上的罢课、游行和请愿。当地执法当局被授权使用一切必要的手段执法。第二天，7000学生手持破饭碗在上海的街头行进。当天傍晚，该市警备总司令从南京返回，对新闻界宣布，只要暂行办法在有效期中，就不会再有示威活动。他说，该指示来自于蒋介石本人。根据美国大使馆消息，蒋介石告知一批大学相关人士他已经发出了禁止示威的命令，并准备用任何必要的手段将其执行。他还告诉这批人士，共产党领导了学生的抗议。这意味着最初在1945年11月和12月被昆明当地代表采用的手段现在被中央政府官方批准。

北平当局在开始时很克制，不使用武装来镇压学生运动。5月18日青年军的袭击是极少见的例外。这显示了北平当权者内部，北平和中央政府之间，对于如何更好地对付学生存在着分歧。北平对《临时办法》发布的反应进一步证明了这一点。在发布的第二天，北大校长胡适在采访中表示，《临时办法》很明显是针对南京和上海学生请愿的强硬行为的。当然，他继续说道，政府没有对北平学生简单的宣传活动耿耿于怀。天津《大公报》表示："由于公告内容与现实难以调和，蒋总统的公告将当地当权者置于困难的地位。"李宗仁将军——蒋介

① 组建青年军的计划公布于1944年，它由9个精锐师组成，成员均是大学和中学的学生和毕业生志愿者。该军队在第二次世界大战结束后的几个月成立。中国的学生不必服兵役，所以有必要使之成为一支志愿军队。

石的北平行辕主任，召集100多位教授以及大学的行政人员，开会探讨形势。会议一致同情学生。

李宗仁将军决定对5月20日的游行采取不干涉政策。所有当天在街头的士兵和警察均不持有武装。他们遵从命令靠后站立，听任学生领袖指挥几千名学生游行，但是不明身份的便衣袭击了学生，在某路段从建筑的顶端向他们投掷石块。在其他地方，一名学生被严重打伤，当一天结束的时候，几位学生被报“失踪”。

然而，李宗仁将军继续对学生采取宽容的态度。5月21日，一支代表团拜访了他的办公室，主要要求惩办最近暴力行为的责任人。根据报社的记载，李宗仁将军对学生的所有要求，包括保证以后不发生类似事件都予以同意。许多学生相信李宗仁是有诚信的，但是看起来李宗仁对其名下所管辖的警察和军事机构没有完全的控制力。[①] 在接下来的一个星期，虽然有之前的担保，暴力事件依旧继续发生，局势恶化。最后在5月27日，北平行辕宣称《临时办法》从今起将在北平全面实行，计划在6月2日举行的总罢课将被相应处理。

在学术界，当政府的立场强硬起来后，对学生的支持开始增长。5月28日，一份由585名平津地区大学和学院教授和员工签字的、正式支持学生抗议运动的声明公开发表。声明还要求立即结束内战，建立联合政府。但是学生和教授同意不再举行公开示威，因为在街头，学生的安全得不到保证。6月2日，在北大校园举行的一次会议中，校长胡适称赞学生的适可而止，并表达了不相信他们像中央政府指控的那样，是被共产党操纵的。然而在校园之外，铁丝网被拉起，站立的士兵手上持有刺刀步枪。

① 很多年以后，李宗仁称这是事实，他在北平只是一个傀儡。当他在1945年秋接任北平行辕主任一职时，李宗仁发现自己没有办法对从重庆飞来的接收人员行使管理权。特别是对戴笠的秘密机构，李宗仁心存芥蒂，认为戴对多起非法拘捕和虐杀几名师范大学学生负有责任。据李说，戴只听命于蒋介石，北京的秘密警察头目马汉三，按戴的个人指令进行工作。见李宗仁口述、唐德刚撰写：《李宗仁回忆录》，第43章，第1—5页、第18—23页。

同时，在执法当局处于大总统眼皮底下的南京，不存在《临时办法》的宽容执行问题。那里的学生拒绝在《临时办法》宣布后取消游行。他们继续制订计划，准备发动来自南京—上海—苏州—杭州协会的国立学校请愿团上街游行，以解决教育上的危机。他们的要求与原先中央大学教授在4月提出的要求大体相似。

当游行队伍准备在5月20日早晨出发的时候，他们发现道路被士兵和警察封锁。只有三所大学的学生能够走出校园，他们按原计划开始了游行。当他们沿着主要游行路线在珠江路尽头转弯时，他们又发现400名警察封锁了路口。游行领袖要求获准继续通行。被拒绝后，他们决定“为了保障人民请愿和游行的正当权利”突破警察的防线。警察奉命驱散人群，他们拿出警棍、皮带和消防水龙头来对付学生。50人受伤，数人被捕。但是，在混乱中还是有很多人冲破了封锁带。大约中午时分，他们到达了国府路，机枪手和骑警已经聚集在那里。学生最终在这里停下来，站立着与士兵和警察对峙了六个小时，其中有段时间在大风雨中度过。学生领袖暂时放弃了他们原先的要求，提出关于刚才发生事件的新要求。作为疏散的条件，学生要求释放刚才被捕的全部学生，警备司令部负责伤者的医疗费用，骑警撤离。这些要求最后被接受，学生回到校园宣告胜利。

学潮再次横扫了全国的大学、学院和中学。但是这次，《临时办法》使得学潮与同样兴师动众的警察活动两相碰撞，从而激化了抗议水平。罢课、游行和宣传队伍口径一致：抗议内战、压迫和警察的暴行。

5月23日和27日。南京。正式请愿被呈至政府，要求更多的教育经费，废除《临时办法》，解禁三家由于反政府立场于5月24日被停办的报纸。5月22日，湖南大学的学生举行了反内战游行。两天之后，浙江大学学生游行抗议南京事件，广东国立中山大学发动了三天的罢课，整个昆明市的学生开始了五天的罢课。在上海，37所学校组成了“五二〇惨案”的后援委员会，发动了罢课。超过70所学校响应了号召。除了释放在南京被捕的学生，政府对学生的主要要求置之不理。同时，学生们将6月2日定为反内战日，并为又一系列的全国示威拟订方案。当局方面则着手阻止他们。

在5月20日之后的两个星期，报纸充斥着包括殴打、擅自逮捕和劫持学生的事件报道，施暴者为包括警察、青年军、卫戍部队和便衣的各执法机构。几个城市，包括沈阳、天津、开封、福州和重庆，宣布戒严令。除了三所上海被禁的报纸，天津临时实行新闻审查。[①] 学生领袖，特别是学生自治联合会干部成了政府反击的主要对象，很多被便衣劫持后失踪。学生领袖、积极分子和疑似"共党分子"都上了黑名单。这些学生，不是在校园外被抓，就是在对学校宿舍的夜袭中被搜捕。士兵和警察包围和封锁了有问题的学校后，安插在学校中的学生告密者和特务引领突击队搜遍房间和床铺。

这类事件中最声名狼藉的一宗发生在武汉大学，在那里学生反抗者并不特别活跃。6月1日早晨，几名学生和至少五位教授被叫醒，带往等候在外的警车。整个校园在这个过程中清醒过来，一大批学生包围了一辆警车，阻止它的离去。警察数次开火，原意在人群的头顶

① 报社密集报道了学生运动以及政府为让学生噤声而采取的措施。其中最持久的关注来自天津版的《大公报》。与上海的姐妹版不同，它明确支持1947年5月的学生示威。实行新闻审查前，报纸发表了不少于14篇支持学生的社论、3篇专稿、数篇关于外地学运发展电讯和北方学运新进展的全面报道。报纸的主编、负责上海版的王芸生，此时正在华北旅行。5月15日、16日和17日，他在北大、清华和燕京大学做演讲。他在天津也做了至少六场演讲（还有两场在天津《大公报》编辑人员内部会议中所做的演讲）。在南京大学，他敦促学生将他们的运动扩展到工商界中去。在一位持同情态度的观察者看来，报纸的直率立场和王芸生的态度对知识分子阶层有相当影响，并对1947年5月平津地区学生示威的高潮有一定推动作用。见王水：《北方学运的源源本本》，1947年6月21日《观察》，第20页。

然而，在上海，人们感到了王芸生的不在场。他的朋友——《观察》的编辑储安平教授严肃地责备《大公报》上海版没有积极支持学生。他的意思是，如果不是王离城外出，撰写社论一事不落入保守人士之手，该报就不会犯下这样的错误了。见他的《论文汇·新民·联合晚报被封及大公报在这次学潮中所表现的态度》，1947年5月31日，《观察》，第5—7页。

对空鸣枪，火力却击中了寝室。三名学生中弹身亡——有两名站在寝室的台阶上，还有一名从窗口向外张望。还有五位受重伤。对死伤者的检查表明他们的伤口系达姆弹所致，而达姆弹在国际法律中是被禁止使用的。该事件激起的怒火促使蒋介石发出谴责声明。他宣称在这起事故中，遇难学生不是共产党分子。武汉卫戍司令部警探队的头目最终被认定其对下属管束不力负有责任。他被从岗位上撤职，不久后他的尸体在长江被发现，据说是自杀。

在重庆发生了一起相似的事件，也是发生在 6 月 1 日早些时候，近 200 名学生、记者和报纸编辑被作为疑似共产党员遭到逮捕。在此过程中，2 名学生被枪杀。在福州，30 多名学生在 5 月 31 日晚被逮捕。同样，在中山大学，数名教授和学生被拘留。在上海，上海法科大学、暨南大学、复旦大学、上海商科大学、上海医科大学和交通大学的宿舍受到袭击。在大同大学校园，便衣警察打断了会议，对学生团体干部多人进行殴打后逮捕了他们。

另外，宣传队的成员被逮捕，其中包括一些来自中学的学生。宣传队事实上是主动招致逮捕，因为他们经常在校园外举行活动，因而等于是故意违反《临时办法》。有一次，当交大学生得知他们的一支宣传队被逮捕时，他们往同一地点又派遣了另一支队伍，继续第一支队伍的工作。学生推断这将提供又一个机会“让更多的乡亲亲眼见到统治者的残暴”。就像预想的那样，警察同样逮捕了第二支队伍。成员们不畏强暴，在警察局内依旧斗争到底。[①]

镇压立刻达到了目的。6 月 2 日反内战日那天，街上基本没有活动。但是数起逮捕事件以及伴随其间的暴力远远没有将学生吓倒，而是进一步激发了他们的斗志。他们对政府法令和当地官员命令的藐视和违抗表示出学生和政府间的针锋相对。正是基于此，让毛泽东在 5 月 30 日写道：对国民党斗争“现在又出现了第二条战线”。

① 陈雷编著：《向炮口要饭吃》，第 25—26 页。

尾声

五月事件的余波在1947年夏天依旧在继续。北平和上海的学生领袖快速行动，充分利用已经在学生中形成的势头，目标是将各专门的抗议联合会改组成更长期的组织。在平津地区，反饥饿反内战联合会在6月初被重组为华北学生联合会。6月14日，代表们来到上海与其他学生领袖一起筹建全国学联。建立全中国学生联合会的决定据说在6月15日左右的会议上做出。建立日期后来被定为6月19日。[①]在同一天，南京社会部和教育部命令联合会解散，理由是它没有在两个部内注册登记。学生不顾命令，在7月宣告联合会正式成立。政府随后宣布联合会为共产党外围组织。联合会随即转入地下，此后一直存在着，直到1949年3月在共产党的支持下在北平重新建立。[②]

7月，被捕学生家长上海同盟成立。仍有50名于5月被捕的上海学生没有受到正式的指控却被羁押在狱中。家长们呈递了抗辩书，请求上海高级法院发出“人身保护令”。警备司令指责家长们的要求不合理，因为学生是根据戒严令被捕的。1945年11月，为应对工业从战争时期恢复至和平时期期间发生的工人动乱，当局宣布了戒严令。自宣布以来，戒严令就从来没有正式解除过。很多学生在校园内被逮捕，或是在城市街头被绑架，并不是根据《维护社会秩序临时办法》被定罪，因为《临时办法》只处理公共示威。

家长重申了他们的要求并向警备司令发出一份愤怒的驳斥，对他使用戒严令的合法性提出异议。渐渐地，学生被释放。到了8月中

① 美国驻北平领事馆，1949年2月3日陕北新华广播电台。

② 尽管政府发出命令，责成其立即解散，该联合会依旧试图公开活动。当年夏天几个城市进行的声援学生运动就是以该联合会的名义组织的。而且，在北平，运动的名誉顾问是北大、清华和燕京大学的校长。虽然市府官员宣布运动为非法，他们并没有采取一致的行动来阻止声援运动。在北平筹到的约5亿新法币被分发给约1500名穷困学生。虽然与华北学生联合会有频繁联系的学生不断受到警察骚扰，联合会并没有遭到禁止。

旬，除了5名学生外，其他人都回到了家长身边。虽然学生没有被正式指控，家长们必须签署声明，承认他们的孩子犯有扰乱治安罪，并保证他们将来在思想上和行动上不再在士兵和警察包围和封锁了有问题的学校时犯类似的错误。

在昆明，学生家长联合会在11月底仍在谈判，希望释放被捕学生和老师，宽大处理已列入黑名单但暂未被捕者。昆明只有约30名青年因为抗议活动入狱。但是省主席卢汉发布了很多“亲共分子”的名字，称这些人仍旧潜伏在学校中。

同时，对学生的惩罚措施也加大了力度。整个夏天，陆续释放了5月里被捕学生。在这段时间内，黑名单也在拟定中，当局试图逮捕“真正”的、据说是操纵学生抗议的共党分子。而这，变得越来越难。学生抱成团保护彼此。有时候，他们帮助黑名单上的学生逃脱或作为整体与袭击队对峙以阻止他们的搜查。交大的学生有一次就是这样反应的。那天晚上，警察在宿舍区聚集。他们掌握的黑名单上有16个名字。寝室中的所有人都被学校的紧急铃声叫醒。这是所有学校下令立即集合常用的办法。约2000名学生冲到外面，紧紧挽住手臂站立，与警察对峙，齐唱《团结就是力量》。这是一首中国学生最常唱的，根据《共和国战歌》曲调填词的歌。16名学生至少暂时被赦免。

在另一次行动中，很多上海学生收到了信件，信件以市政府的指示告诫他们，所有曾被逮捕或名字曾出现在黑名单上但躲过一时的大学生将不允许再继续留在校园内。7月中旬，超过80名大同大学的学生和31名附属中学学生被开除。其他学校，包括交通大学、暨南大学和复旦大学也采取了类似的措施。到夏末，光是上海就有差不多500名学生被开除。据报道，南京、广州、昆明和北平的大学、学院和中学也开除了部分学生。又一次地，愤怒的家长们奋起保护他们的孩子。大部分牵涉其中的学生具有很高的学术能力，而且是各自学校学生协会的积极分子。

惩罚措施同时也被用在教职员工身上。就像前面所说的那样，他们大多对学生的反战抗议予以支持。7月初，教育部长将重聘教职员工一事告知了各学院和大学校长。国立学校的教职员工每一年任命一次。在暨南大学，有30位教授及助教随后被解聘。官方声明称他们无法与学校“密切合作”。约30名复旦和20名交大的教师也被开除。这种处理办法被纷纷采纳。有的个案提及了对学术能力的质疑，但是总体来说，解聘的主要原因是要除掉“阻碍稳定的一切因素”。引号中的表述是中山大学校长被问及学校解聘若干教职员工时给出的原因。

招生是政府希望用以控制学生的另一条途径。国立学校一年级新生数被控制在最低水平，而有的学校过半的新生席位为新退伍的青年军预留。为了让青年军在复员后更好地适应平民生活，政府将他们送进夏令营。他们在夏令营中的训练课程包括对最近“五月学潮”的检查以及回到校园后工作方法的简要介绍，为的是使他们能够抵消学生运动中占优势的反政府路线。根据一则报道，这次的行动由新成立的国民党青年部和政府的学生运动领导委员会联合监督管理。①

最后，在8月下旬，教育部开始制定计划削弱学生自治联合会的权力和自主程度。12月8日，该计划正式宣布，教育部发出管理自治联合会的修订条例。新条例将自治联合会置于各学院或是大学的校长或训导长的管理下，禁止曾因违反学校规章制度被处分或被留校察看的学生在自治联合会中任职，并严格限制活动范围。修订条例又另外引发了一长串学生和当地学校当局之间的争端。②

① 青年部的建立是为了在1947年9月——三民主义青年团重组并与国民党合并后，协调青年工作。这很明显是为了使得国民党的青年工作在1947年5月——此时示威和对青年团的批评正在兴头上——之后，更加有效地展开和减少对立面。

② 张东荪：《开除·解聘·保送》，载于《时代批评》，1947年10月16日，第31页；文琪：《张东荪讲“南行见闻”》，《时代批评》，1947年9月16日，第23—24页；郝稼：《中大学生自治运动的新阶段》，1948年5月1日《观察》，第16—17页。

结果

结束内战的要求当然不可能有什么突破性进展。7月，政府下达了全国战争总动员。教授的薪水在8月上调，但是就像先前的工资调整一样，薪水的上调并跟不上生活开支的上涨。9月1日，在给校长胡适的一封信中，北京大学的教授请求发放能够维系生计的薪水，他们写道："最近的工资调整简直是开玩笑。"至于学生的津贴，国家经济部发布了一份新规则，彻底取消国立学校的津贴制度，只发放数量有限的政府奖学金，奖学金获得者的比率被设定在新生数的1/10。除了这个打击外，很多私立学校的学费上调，使得很多学生无法在秋季返回学校。

然而，就像前两次运动一样，反饥饿反内战运动并不是因为实现了所提出的要求而变得具有重要意义。它的重要性在于它对学生运动的进一步发展和使得学术界逐渐与国民党政府分道扬镳做出了贡献。全国学联的组建完成了以几个月前的反美示威作为起点的程序。学生与政府的疏远最明显的表现是：他们反复拒绝遵守中央政府的命令。最典型的例子是学生对《维护社会秩序临时办法》的故意忽视。

在1945年"一二·一"运动中，罗伯特·佩恩动情地写到学生们执拗的决定：无视当地禁令为死去学生公开列队送葬。他将这解释为生者自己都没觉察出来的求死愿望，自私地想随他们的同学而去，成为烈士。没有人能用这种说法来解释学生在1947年5月的违抗。在南京街头，学生故意引发警察暴力，在上海他们主动邀捕，以便更多人能够"亲眼看见统治者的残暴"。也许向往成为烈士的心情依旧存在，但是现在被自觉的政治动机支持着。学生的抗议运动已经发展成了一种打击政府威信的手段。在这一点上，他们是成功的。①

① 在三篇尖锐的社论中，《观察》编辑储安平宣布了对学生的声援，心痛他们遭到的暴力，谴责引起示威的政府。1947年5月24日，《观察》，第3—4页；5月31日，第3—4页、第5—7页。

根据一份在学运中做出的自我评价，反饥饿反内战抗议使得学生团体在全国范围内的组织和联合成为了可能。这样，学生运动就能够克服它们的暂时性、分散性和地域限制了。这次的抗议同时吸引了更多的教授站到学生的一边，因为它是第一次把内战和与广大人口息息相关的问题联系在一起的运动。这有助于扩大反内战运动的支持基础以及进而扩大对政府不满的基础。该报告总结道，这次的运动让更多人清醒地认识到，向国民党政府要求和平是徒劳的。①

反迫害反饥饿运动，以及抗议美国扶植日本的运动②

共产党开始取得胜利之前的最后一系列全国性学生示威发生在1948年4月、5月和6月。反迫害反饥饿运动本质上是前一年反饥饿反内战运动的延伸。对美国对日政策的抗议示威归根结底来源于一种恐惧，即这一政策将使得美国或日本方面直接出面干涉，从而延长中国内战。

在上一年中，学校颇不平静。但是抗议和示威总的来说局限于单

① 华北学生运动小史编辑委员会编：《华北学生运动小史》，第69—74页。这份有趣但有些散乱的评论发表于1948年，包含了一篇对北方运动不足之处的长篇评论，并提出这些不足之处的很多地方都已改正。书中指出：会议过分繁多，拖沓，冗长。领袖与普通学生联系不足，以致很多人都不知道发生了什么。比如很多人不知道反饥饿反内战联合会和中华全国学生联合会的分别。5月18日北平街头宣传活动准备不足，以至于一支宣传队被青年军袭击后，其他队没有被通知到，所以没有避开同一区域。还有，北平和南京的学生对士兵和警察的态度是错误的。他们的宣传充斥着“学生气”，不停地强调战争使得老百姓吃不到白米，因为大米都用来养兵了。这激怒了士兵和警察，引发了不必要的暴力。报道告诫，正确的态度应该是学生不要与这些应征入伍、为谋生而工作的人产生争执。真正的斗争对象是统治者。

② 这篇对反美示威和在此之前的反迫害反饥饿运动的概述依据：章回编：《上海近百年革命史话》，第201—208页；胡恩泽编：《回忆第三次国内革命战争时期的上海学生运动》，第41—56页；《1949年手册》第112—118页；阿喆：《中国现代学生运动简史》，第158—173页；《中国白皮书》，第1卷，第276—277页、第387—390页和第2卷第869—871页、第901—919页；同时期的《观察》。

个学校。有的事件的确引起了广泛关注，但是这些事件在目标和学生活跃度上相对有限。比如，引发抗议的事件有：1947 年 10 月下旬，国立浙江大学学生自治协会主席于子三在狱中（据说是）自杀；香港九龙旧城居民与警察对峙；1948 年 1 月，上海同济大学开除 7 名学生，原因是他们违反了学校在学生选举方面的校规。

反迫害反饥饿抗议

学生和老师继续抗议经济困境和内战。1948 年 2 月，约有一万人加入了新成立的上海学生自卫者联合会，提出了一系列要求，包括：提高教师工资，增加教育的公共财政支持，保护入学权（因为很多学生因为经济困难不得不中断学习）。

学生领袖继续被严厉地对待。在 2 月上旬，北平有 6 名大学生被指控为共产党地下特务并被逮捕。学生、教授以及大学官员站出来保护他们。被捕的学生有 4 名被指控创办了社会主义青年团，该联盟据说是亲共组织。另一位学生的遭遇引起了最深刻的同情。他的名字叫邓特，从青年军 208 师退伍后在北大学习。他被指控遵照华北学生联合会的指示为共产党工作。他的具体罪名为发表一份墙报。他按照大学的规定在训导长办公室注册了这份墙报，但是政治高层认为墙报对政府的攻击太过激烈。北大校长胡适和训导长贺麟都为这些学生，特别是邓特辩护。学校最终保释了邓特。在医院的病床上，年轻人描述了他怎样被殴打，怎样忍受了当时最常使用的酷刑：灌水和老虎凳。[①]

"反迫害，反饥饿"的新标语出现了。北平、天津、南京和上海

① 《北平学生又被捕》，《观察》，1948 年 2 月 28 日，第 1、18 页。灌水包括将水管强制插入罪犯的喉咙，等到肚子变得膨胀后，有人在上面踩，直到水从身体两头流出来为止。老虎凳审问是指受害人坐在一张凳子上，腿放在另一张凳子上。重物随后被放在膝盖上直到关节向后弯曲。中国警方据说从日本人那里学到了这些方法（根据提供消息者的说法）。

的学生试图组织一场联合自卫运动。在4月初，北平研究所的讲师、助教和员工开始罢工。紧随其后的，是来自平津7所主要大学（北京大学、清华大学、燕京大学、师范大学、中法大学、南开大学和北洋大学）的学生举行的联合反迫害反饥饿罢课。

在4月份，抗议升级。在全国各城市，学生们罢课，发起抗议。这些城市除了刚才提到的四个城市外，还包括杭州、武汉、重庆、南昌、兰州、沈阳、广州、长沙和福州。随着“多事之五月”临近，新一波的学生运动开始了。这就是反迫害反饥饿运动。然而，它很快被一场全国性的反美运动所盖过。

美国、日本和冷战

政府迫害、生计艰难和内战是1948年学术界最为关心的事，与此有关的是日本复兴的问题。随着美国重振日本经济及防务能力的计划为国人所知，担心开始滋长。1947年5月，副国务卿迪安·艾奇逊表示出了重建日本和德国经济的意图，这与前不久的战后占领政策背道而驰。这样做的起因是冷战的发展和美国想要在欧洲和亚洲建立强有力的反共前线。苏联正在巩固对东欧的控制。美国回报以援助希腊和土耳其的杜鲁门主义以及支持西欧的马歇尔计划。战后世界分裂成两个阵营。在中国，双方已经投入了战争，而美国的盟友并没有取胜。

《大公报》主编王芸生在1947年到日本游览了两个星期后，首先发出警报。在日本，他获知日本海军基地以及飞机场被重修而不是被拆除，美国正在训练日本飞行员，武器和重工业正在恢复。所有这一切，他宣称，是出于对共产主义和苏联的防卫。从美国支持的反共产主义武装力量已经将日本军队包括在内可以看出，中国很明显地脱不了干系。[①]他写道，假如美国和苏联之间爆发任何事件，“美国军舰就会运送‘关东军’再次登陆我东北之地，一面对我国作战，一面以中国的名义直接承担‘防范共产主义’和‘遏制中共’的任务。”[②]反对美国对日本新政策的内核，正是出于这种恐惧。

对日本的仇恨如此深重，因此抗议拨动了所有人的心弦，远远超出了学生阶层的范畴。因此当1948年1月，美国向远东委员会和中国外交部呈递了一份关于它的对日计划的备忘录时，中国的反应是一致的怀疑。只有官方的《中央日报》似乎同意认可该计划。1月26日和28日，《大公报》的两篇社论激烈地批评了该计划。其他与国民党政学系[③]有关联的刊物的反映也是如此。3月9日，《新闻报》表示：对苏联采取小心地防范是一回事，为了这个目的扶植日本又是另外一回事。同样在3月9日，《立报》表示：“我们应该对美国报感激之情，因为它援助了中国。但是除了对她真诚的感激，我们决不能忘记反对美国现行的扶植日本的政策。”三个主要的恐惧充斥着整篇社论：第一，日本军事能力一旦恢复，将出现新一轮侵略的危险。第二，工业化的日本对东亚经济施加控制的威胁。第三，在苏联和美国如果发生战争，日本将成为美国基地，中国则将成为战场。

上面提到的社论活动是与1948年上半年杜鲁门政府、美国军部以及麦克阿瑟将军在东京占领军司令部的宣传活动同步的。麦克阿瑟总部起草了一份计划，估计让日本经济四年内达到自给自足水平需要10亿美元。作为分期付款的第一期，该计划要求美国国会同意在以1948年7月1日开始的财政年度拨款1.8亿美元作为经济复兴基金。同时公布的还有陆军部的建议：日本只需要拆除“重要”的军事工业。一开始预定移至亚洲邻国作为赔偿的“次要”国防工业，将在日本保

① 见第014页注①。

② 王芸生：《麦克阿瑟手上的一颗石子》，《国讯周刊》（由职业教育社的领导人黄炎培出版）第433号；1947年10月16日上海《大公报》转载。

③ 该集团更多信息以及其与大公报的联系，见书后关于征引文献的说明。

持不动，作为和平用途。

3 月 20 日，一支以纽约银行家珀西·约翰斯顿以及美国陆军副部长威廉·德雷珀为首的委员会到达东京，作为到日本和韩国进行紧凑的实地调查任务的第一站。该团体 4 月 7 日回到美国，其成员立即宣布了结论，并在 4 月反复重申该结论。他们的调查证明麦克阿瑟以及陆军部的意见是正确的，复兴日本经济必须成为美国占领的首要目标，这需要大规模的经济援助。美国政府在 5 月 19 日公布了委员会的报告。总统杜鲁门把用于恢复日本经济的 1 亿美元纳入 1948—1949 年度财政预算中。

美国在日本占领政策的改变成为中国报界广泛议论的话题。5 月份，中国校园内，反饥饿和压迫的口号几乎全部让位给了抗议美国对日政策的新口号。这场新的风暴让美国大使馆摸不到头脑，美国大使馆得出结论：抗议实际上是对美国资助国民党政府的“进一步的”攻击。4 月 2 日，美国国会通过了 1948 年《援华法案》，在 1948—1949 财政年度内，授权拨出 3.38 亿美元进行对华经济援助，再拨出 1.25 亿作为对中国政府的特别补助金。现在，美国人清楚地意识到，所有反对内战的人谴责这样的资助。这样的资助被认为企图支持一意孤行的蒋介石，延长他与共产党的战争。

但是如果说学生并没有完全了解是什么引发了以上的企图，到了 1948 年，老一辈知识分子却已全然明了：美国支持蒋，并且无论他的统治多么乏力都将继续这样做，只因为蒋是反共的。但是单单经济援助无法让他取得对其主要敌人的胜利：只有积极的美国干预才能做到这一点。当各地的人们都在推测发生第三次世界大战的可能性的时候，国民党坚定分子很清楚地看到了这一点，中国的知识分子也是如此。如此被美国人自己大张旗鼓地宣传的美国对日新政策，被认为是在日益发展的冷战的背景下对中国最终和平的更大威胁，排在美国增加对国民党经济援助之先。从事后看来，如果美国和共产主义势力的战争爆发，日本将成为美国的基地，而中国将成为战场——这样的担心在两年之后几近成为现实，只不过中国战士战斗在朝鲜而不是在中国的土壤上。

学生与当局的行动和反应

记者和学者讨论这些问题，学生对此做出反应。演讲、讨论会、街头宣传、墙报以及诸如此类以往的活动又开展起来。5 月 4 日，来自 120 所上海大学和中学的代表在交通大学校园聚集，成立上海学生“反对美国扶植日本，挽救民族危机联合会”。其他城市的学生很快加入到抗议活动中来。5 月 30 日，北平建立起相似的华北学生反美扶日联合会。

学术界的心情可从一份民意调查中窥见一斑。该调查由上海圣约翰大学学生自治联合会学术研究部在 5 月 18 日和 19 日发起。940 位学生和教职员工给出了回复。占绝对多数的被调查者同意日本法西斯已经死灰复燃，这将导致另一场日军侵华战争。在被问及学生和知识分子能对现有该局势做些什么的时候，大部分人的回答是动员中国民意反对美国对日政策，要求中国政府采取强有力行动。

复旦大学法学院也发起了一次相似的调查。有 1613 人参加了调查，调查的结果很相似。特别让学生愤慨的是，一些报道称：海南岛的铁矿石正出口至日本；前侵华日军总司令冈村宁次，被指派为开采广东和海南岛的经济资源顾问。

在北平，清华大学的学生指定 5 月 23 日开始的一周为“反对美帝扶日周”。6 月 1 日，上海高校的 338 名校长和教授签署了一份致美国总统杜鲁门和国务卿马歇尔的电报，抗议美国对日政策。两天后，一份相对温和的刊载于官方《中央日报》的社论要求公众对“名为学生，实为共产党军事间谍”者煽动的反美运动与一些工商界和教育界对美国对日政策发自内心的怀疑加以区分。后者被要求将一些问题留给专家，包括：工业发展到何种水平日本的军事能力将得以恢复，何种水平为维持日本人民生计所必须，等等。不管怎么说，报纸劝诫，反美运动必须停止。

同时，在华美国人开始发表一些无益于平息事态的言论。在5月25日、26日和27日，美资的《大美晚报》发表了一系列的文章谴责圣约翰大学的反美运动。报纸提醒学生，他们的大学是由美国基金资助的，如果不是美国攻打日本的军事努力，学生不会像现在这样在上海享受着自由。美国驻沪总领事约翰·M.卡博特表达了相似的观点。在5月30日的美国阵亡将士追思仪式上，卡博特提到圣约翰学生运动的发言被援引："很多（美国）人将不愉快地反驳：正是因为美国人的慈善——他们把自己微薄的所得贡献给知识和思考力，学生才得以接受教育，而因美国农民的劳动和美国纳税人的慷慨才得以为生的学生不应该传播对美国的诽谤。"

这以及美国大使的一篇声明同样招致了中国报纸的尖锐反驳。6月4日，大使司徒雷登警告学生在美国正准备对中国政府实施新的大规模援助项目时，反美运动将造成严重的后果。对于引起抗议的问题，他声称："我倒要看一看，谁能拿出点滴证据证明日本军事力量的任何组成部分正在恢复之中，证明美国方面除了确保它永远不会东山再起之外还有任何别的意图。"

考虑到学生对美国援助国民党政府的情绪，这样的威胁有点过了。有的人试图这样解释：大使司徒雷登作为美国政府的代表被迫做出以上的声明。他们相信，如果他依旧是燕京大学校长——一个直到1946年被任命为美国大使，他担任了25年的岗位——司徒雷登博士将不会发出如此不恰当的言论。作为回应，来自北平高校的437名教授称司徒雷登博士为他们的前任同事，提出证据证明美国确实在恢复日本的军事能力，重建日本，而没有以历史为鉴。历史的教训是中国将再次可能成为受害者。[①]

① 上海《新民晚报》，1948年6月13日。

一开始，教育部次长表达了公众对司徒雷登大使声明的赞同。但是立法院院长孙科颇有微词地做出批评，说用威胁的语气对中国人民说话是错误的，因为这将“产生敌对而不是化解问题”。公众总体的批评增多。最后连《中央日报》也在6月18日在社论中表达了希望，希望美国注意它对日本的扶植政策。

在这次反美运动中，早先学生标志性的大规模示威、抗议和游行变少了。学生转而集中于教育性的活动，比如街头宣传队、记者招待会、散发抗议书以及校园集会、罢课、漫画展，及诸如此类的活动。一场原定于6月5日上海举行的大型游行，由于严格的安全措施而受阻。设法绕过学校周围警卫线的学生来到原定举行游行的外滩公园附近时，发现自己被数百警察、骑警以及装甲车包围。6月9日北平，警察向游行学生开火，还用警棍和石块袭击他们。在昆明，6月17日，在游行过程中发生了逮捕事件。学生对此的抗议一直延续到7月中旬。

尾声

政府在日本复兴问题上对公众意见的表面顺从，并没有减轻它对学生的不信任。8月18日，中央新闻社发表了题为《共党特务煽动无辜学生制造学生动乱之无可辩驳的证据》的文章，该文章被上海几乎所有的中文报纸登载。该文章指出过去几乎所有的“学潮”都是由共产党特务组织和领导的。紧急经济改革项目——政府通过重振经济来重拾公众信心的最后努力——在第二天启动。同样在8月19日，政府宣布特别罪犯法庭将处理所谓的政治犯。法庭立即开始发布逮捕令，逮捕被怀疑煽动最近几次抗议活动的学生。读者甚众的周刊——《观察》的主编储安平，指责当局巧妙地安排了行动时间，将惩治学生与打击不法商人和奸商的经济改革措施安排在同时，试图通过大快人心的后一举动，来争取人们对前一举动的赞同。

一开始有流言说，将被逮捕或被传讯的名单包括300名上海学生、300名南京学生、248名北平学生以及其他城市各几十人，包括武汉、广州、杭州、重庆、成都和青岛。共产党刊物后来称，1948年秋，光是从上海地区逃亡到解放区的学生就有几百名。以上说法的准确性无从考证，但是实际被捕和被传讯的学生数远比开始所称的要少。[①] 到9月末，上海被捕学生数为80—90人，南京180人，北平100人，昆明80人。其他城市的数目不能确定。

调查审讯期限延长了。在上海，在逮捕学生两个月后，正式指控却迟迟未提出。10月16日，被捕学生家长举行记者招待会，要求采取行动尽快结案。两天之后，40名学生被无罪释放，26名其他学生被正式起诉。在被起诉的学生中，不同报道称其中10名被判两年或以下的短期徒刑。剩下的依旧因为没有充足的证据证明他们是共党特务而被无罪释放。另外，大约20名学生无法被正式起诉，因为调查者认为他们的罪行“不那么严重”。但是当局认为这些学生应该在少年感化院待上一段时间。不幸的是，上海没有这样的机构，所以学生被羁押在监狱里。1949年1月，司法部命令特别法庭解散，所有未被判刑的政治犯均予以释放。

结果

学生抗议很显然没有对美国复兴日本经济的计划起到什么作用，

① 在内战时期，有一些报道提到富同情心的朋友和教授帮助黑名单上的学生躲避警察的搜捕。一部分这样的学生的确逃到了共产党一边。事实上，几乎每个人都认识那么一个或几个人，为了防止被国民党警方逮捕逃到了共区。传教士教育家赖朴吾（Ralph Lapwood）讲了一个典型的故事。1948年夏，他回到燕京大学。8月份，警察加紧了对学生的监视，据泄露的风声说有38名燕京学生的名字在黑名单上。大学的代理校长将警察挡在寝室之外，38名学生得以逃脱。据作者个人所知道的，他的朋友刘适，一位名列黑名单的学生领袖及基督徒，在校园藏身3天后，逃进了附近的共区［赖朴吾（Ralph Lapwood）、齐兰畦（Nancy）:《亲历中国革命》，第37—38页］。

但是运动的确使得中国公众的注意力集中在了日本的复兴上。虽然中央政府没有采取实质的行动抚慰人们的恐惧，它的确最终顺应了在这个问题上的民意。这表现在 6 月 18 日的社论和诸如此类上，还包括了前行政院院长张群在夏末对东京进行的非常公开化的访问。张群回到中国后宣布了他的发现：美国已经解除了日本的武装，军国主义已经被根除，云云。批评者依旧没有信服。

另外，前一年做出的用一切必要的手段平息学生运动的决定照行不误，相应地，政府的威信继续下滑。在报界，政府的智慧被尖锐地怀疑。同样被严重怀疑的还有"所有学生抗议是由共产党特务组织和领导的"这一指控。此时对政府的普遍批评在于它的策略只能把学生推得更远，让许多本来不会这样做的人转向了共产党。

学生运动以及内战政治

在调查学生运动的发展时，焦点往往集中在学生自身以及他们的目的、组织、活动和取得的成就上。这些特点在一系列与国民党当权者的对抗中结合在一起。它们的作用不但让学生阶层更加坚定地反对政府，也使得政府在其他阶层人群眼中失去威信。剩下来要讨论的是学生与内战另一半——中国共产党的关系。为此，下面将探讨三个问题：（1）共产党对国统区学生运动的看法；（2）共产党对运动的影响；（3）学生对两个对抗政党的比较倾向。

共产党对国统区学生运动的看法

与政府的不肯让步相比，中国共产党对学生运动的态度是实用主义和灵活性的楷模。事实上，共产党对学生示威也存有保留。一份毛泽东写于 1939 年的声明经常在内战期间被引用，它很典型地说明了共产党对学生和对整个知识分子阶层的态度。毛是这样描述的：他们

“往往带有主观主义和个人主义倾向，他们的思想往往是空虚的，他们的行动往往是动摇的。”[①]但是他依旧承认他们能为革命做出重要贡献。因此共产党人对学生运动予以公开或秘密的鼓励，将其作为动员民意反对政府的一条途径。

双方继续依靠武力，将它作为捍卫各自利益最有效的途径，然而似乎只有共产党才意识到支持普遍反战情绪可获得的政治资本。毛在“一二·一”运动发生之际写道：“援助国民党区域正在发展的民主运动（以昆明罢课为标志），使反动派陷于孤立，使我党获得广大的同盟者，扩大在我党影响下的民族民主统一战线。”[②]毛并不避讳他支持和平运动的声明中包含着政治目的。然而，这种支持政策代表了民主和集中这对孪生原则的应用——在中国共产党政治思想和行动中，民主集中制占据了很重要的地位。结果是出台的政策迎合——而不是嘲讽了——普遍的对和平的要求。

但是共产党对知识分子的保留态度依旧存在，甚至当它鼓励学生进行抗议运动时也是如此。在一篇赞扬昆明和其他地区学生反战抗争的文章里，一名《解放日报》的记者就学生未来的工作给出了一些建议。由于担心他们低估工人和农民的重要性，他强调了工农对抗日战争的重要贡献，指出他们组成了抗战和创建根据地的最重要的力量，并表示了他的希望：“你们将与当地的工人、农民和士兵联合起来，要消除你们在他们面前的优越感。”[③]

一年之后，在评论北大学生被强暴后的全国反美示威时，《解放

① 毛泽东：《中国革命和中国共产党》，《毛泽东选集》第二卷，第 322 页（第 642 页）。

② 毛泽东：《一九四六年解放区工作的方针》，《毛泽东选集》第四卷，第 78 页（第 1174 页）。“民主运动”这个词被共产党用来指代发生在国统区的所有民众抗议活动。它包括了学生和其他人的反内战示威及对国民党统治之其他方面的抗议。比如，在 1945 年下半年，重庆、成都和昆明发生一系列事件，涉及学生抗议政治当权者及学校当局的学术政策。延安将其总结为“在国民党压迫下的学生民主运动”。见延安《解放日报》，1945 年 11 月 24 日，第 3 页。

③ 延安《解放日报》，1945 年 12 月 12 日，第 4 页。

日报》对学生的努力不吝赞扬之词。但是依旧不乏警惕和劝告："你们应该珍惜这次斗争的经验，加强你们的团结，更加坚信和平、独立和未来民主斗争，并且发扬你们的英勇精神。"①

简单说来，共产党在内战期间政治上的指导纲领为"中国新民主主义的革命要胜利，没有一个包括全民族绝大多数人口的最广泛的统一战线，是不可能的"。②尽管学生运动有种种不足，毛认为它是建立这样的统一战线的先锋。1947 年 5 月 30 日，在为新华通讯社撰写的社论中，他宣称："一切社会同情都在学生方面，蒋介石及其走狗完全陷于孤立"，"学生运动的高涨，不可避免地要促进整个人民运动的高涨。过去五四运动时期和'一二·九'运动时期的历史经验，已经表明了这一点。"共产党于是尝试在可能的场合对学生和其他人群的抗议予以支持，并试图影响这些运动的方向，同时对政府的窘境加以利用。③

共产党和其他因素对学生运动的影响

然而，怎样理解国民党的具体指控：学生抗议运动是由活动在学生中间的中共地下党特务和间谍发起的呢？④共产党在当时自然没有表态，但是在后来他们也宣称共产党和其地下骨干领导和组织了 1945—1949 年国统区的学生运动。⑤但是有关以上领导活动的确凿细节却依旧很缺乏。

一位当年的北京大学学生在数年后回忆：在共产党占领北平后不

① 延安《解放日报》，1947 年 1 月 9 日，第 1 页。

② 毛泽东：《目前形势和我们的任务》，《毛泽东选集》第四卷，第 170 页（第 1257 页）。

③ 共产党对学生和知识分子的更深一层讨论，见第六章和第九章。

④ 台湾官方和非官方的场合仍然继续坚持该指控。见"司法行政部调查署"编：《共匪学运工作的剖析》；王健民：《中国共产党史稿》第三编，第 552—558 页。

⑤ 王念昆：《学生运动史要讲话》；胡恩泽编：《回忆第三次国内革命战争时期的上海学生运动》。

久，该校大约有50名地下工作者公布了身份。一名女性回忆：当时在学校的学生自治联合会与她一起担任干部的几位学生在解放后都亮出了共产党干部身份。一名男子后来称：他在上海读大学期间已是共产党员和地下工作者。在另一个案例中，两名浙江大学地理系应届毕业生在1948年加入了福建省一所中学的教师队伍。此后不久，他们组织了一个学习小组、一个民族舞小组和一个歌唱小组。至少有很多较年轻的学生，甚至不明白当时教授让他们学唱的一些歌曲中已表现出明显的亲共迹象。①

1951年6月29日的《解放日报》刊登的文章简述了交通大学内的共产党政治小组的历史。该支部20年代成立，1933年被捣毁，1937年重建。1945年8月，它仅有12名成员，但是它以此为基础发展起来。该政治小组在1947年8月反饥饿反内战运动后期改组成总支部。② 文章称党支部不但在学校内组织了社会、学术和福利活动，而且在幕后策划了内战时期交大学生参加的几乎所有抗议活动。

文章还暗示该组织控制了交大学生自治联合会。有具体事例为证：学生团体干部李俊良在1948年抗议美国扶植日本运动期间加入了共产党。1949年初，共产党解放了北平和天津，交大的党组织经历了相当快的扩张，为上海的解放做准备。1949年4月，400名交大学生加入共产党领导的新民主主义青年团。国民党在上海的最后行动之一是处决

---

① 一名学生一直以来不明就里，直到两年之后约20名学生在台北的台湾大学因为唱了这些歌曲中的其中一首《歌唱春天的到来》而被逮捕，才恍然大悟。“春天的到来”这一概念长时间以来被用作象征一个新社会和一个新中国的到来。但是在这首歌中，共产党用它来象征他们自己的胜利。（这些回忆来自1969年春季和夏季的访问）

② 根据1945年中国共产党党章，任何具有50名或以上党员的村子以及任何具有100名或以上党员的工厂、机关及学校应建立党总支。然而这并不意味着交大有100名共产党员，因为党章记载的党组织规则在地下党组织的案例中可以被变通执行。见1945年中国共产党党章第50条和第54条。党章的英文翻译见唐盛镐（Peter S.H.Tang）的《今日的共产主义中国：年表和文献补遗》，纽约：普雷格出版社（Praeger），1958年。

了穆汉祥和史霄雯，前者是交大党总支委员，后者是学生自治联合会干部和新民主主义青年团员。他们在4月26日晚间校园遭到突击搜查时与大约40名同学一起被捕，这时距离共产党军队进城只有一个月。[①]

最后，如果说1947年6月在上海成立的中华全国学联刚建立时还没有与共产党建立密切关系的话，此后不久，它就与共产党过从甚密了。该联合会在成立后不久就被迫转入地下，但是后来有人说它的总部一直在上海。该总部在1948年底迁到了解放区，它的负责人在12月中旬到达石家庄。迁移的直接原因是为了筹备3月在北平召开的第14届中华全国学生代表大会以及正式重建中华全国学生联合会。同时，上海留下一个办事处，以便“促进国统区的学生运动”。[②]上海解放后的24小时内，上海学联浮出水面，并在上海的北部和中部开展工作。联合会的一名发言人告诉《大公报》的记者，上海300所大学、学院和中学中，大约80所与联合会有“经常的联系”——他没说时间有多长，但是剩下的学校依然“相对落后”。联合会的任务就是尽快地与他们都建立联系。[③]

不管这些回忆和述说多么简略，而且多从自己的利益出发，它们还是指出了在国统区学生中间确实存在着地下党组织。它的成员数目随着共产党胜算的概率逐渐扩大而迅速增长。但是由于缺乏更实质的信息，不可能做出任何对这些骨干总数的统计。他们的任务并不轻松。就像前面所说，政府在学校里也有学生作为耳目。由于他们提供的信息，大多数主要城市继续发生着逮捕学生积极分子的事件。被逮

---

① 出自华东人民出版社编辑重印的一篇文章《在斗争里壮大》，第86—100页。据报道，在美国的中国学生中，共产党活动有相似的模式。比如，一位作家能够在威斯康星大学150名中国学生中说出两名共产党员的名字。［罗伯特·洛（Robert Loh）口述，汉弗莱·埃文斯（Humphrey Evans）整理：《逃离红色中国》，第35页］

② 美国驻北平领事馆译陕北新华广播电台讯，1949年2月3日。

③ 上海《大公报》，1949年5月28日；1949年5月29日北平普通话广播（《每日报道》，5月31日）。

捕和被劫持的学生很多都从此杳无音讯。一旦确认共产党特务身份属实，惩罚办法将是处以极刑。用刑逼供是得到交代和信息的常用方法。根据一名消息提供者的说法，地下工作如此危险，以至于地下工作者只能集中精力搜集信息，进行社会活动和偷偷撰写小册子评论时事，比较抛头露面的真正领导工作是由其他学生完成的。因此，我们不禁怀疑，内战期间学生中的地下共产党骨干数目应该相对较少，他们对自己的行动顾忌也比较多。

这让我们想到了更重要的问题：对于抗议运动本身，共产党员施加了何种影响？昆明学生罢课委员会中的学生党员很可能对"一二·一"运动施加了相当的影响。同样，北大或清华的历史学社的共产党员可能影响了强暴事件后北平反美抗议的发展。后两次抗议运动涉及较广，影响较大，所以很难找出在什么时间点上共产党骨干可能会"领导和组织"学生。自然，共产党可能在组建全国性学生组织中扮演了重要角色。

但是学生的普遍反应是如此直接和自发——这甚至在前两场抗议中已得到充分体现——使得对"共产党煽动"的指控几乎失去了意义。这样的指控暗示了如果不是地下共产党员煽动者的出现，学生抗议运动将不会像现实中那样发展起来。但是考虑到运动中大量非共产党员的学生领袖以及广泛的支持——这样的支持是四场主要抗议得以开展的基石——就不可能得出这样的结论。该指控还暗示了更多的学生被误导用示威来反对政府和内战。但是学生很清楚他们在做什么，并且承认他们不介意共产党的很多主张与他们的主张不谋而合。[①]

1948 年 2 月 5 日，美国大使司徒雷登向美国国务卿评论了国民党政府发出的谴责，该谴责称最近一系列的国内动乱系共产党"精心策划"的。在报告中，司徒雷登称"共产党参与其中的问题"基本是纯理论上的。共产党当然对利用学生感兴趣，但是在每个案例中，动乱的原因都是出于对政府的不满。这些不满源于它自身管理上的无能

① 佩恩：《觉醒的中国》，第 222 页。

以及它无法采取有效措施安抚不满情绪。[1]

非官方的中方消息源在研究中国共产党涉入学生运动问题时无一例外得出了与司徒雷登大使相似的结论。以下文字都写于 1948 年 4 月到 9 月。

一篇较为保守的评论出现在 5 月 27 日的《立报》上。考虑到处理目前学生动乱的政府要员自己在过去也参加过学生运动，人们不禁对他们没有更具同情心地看待学生运动感到奇怪。大部分学生“纯洁而热烈”，参加反政府活动只是因为他们对政治形势不满。社论指出学校中无疑存在着共产党特务。社论接着严厉谴责政府也安插了自己的“职业学生”。“为什么不把他们都清除出去？”社论提议，“此外再增加政府对教育的支出，采用进步的教育政策，杜绝官僚和政治家管教育的现象”。

4 月 15 日，上海《大公报》表达了相似的看法，但是更倾向于将学生问题看成是政治大局的反映。既然政府已下定决心镇压共产党叛乱，它就不可能让中国共产党在学校中太过嚣张地开展活动。但是在处理学生动乱上，政府应该先试图了解它的真实性质而不是错误地将一切都归咎于共产党。7 月 16 日，同样是这份报纸，一份措辞更严厉的社论宣称：“任何想要用暴力对付青年的人都不大懂得他们的心理，同样他也不懂得什么是教育。将所有的青年学生都看作是（共产党）匪徒将迫使他们加入对立的阵营。”

独立的北京杂志《新路》以及上海杂志《中建评论》都表述了与上文相同的观点。前者提出既然青年学生容易过分激动，如果有外力试图让他们偏离原先的道路，他们只会更坚持初衷。既然政府官员那么腐败，年轻知识分子愤起抗议也属情理之中。然而，这不意味着大批的学生为共产党工作。[2]《中建评论》称，政府用专横手段对付学生是共产党求之不得的，因为这为他们提供了吸收新成员的最佳机会。[3]

---

① 谢伟思：《中国白皮书》，第 2 卷，第 842 页。

② 北平《新路》，1948 年 8 月 28 日。

③ 上海《中建评论》，1948 年 9 月 5 日。

最后，《观察》的赵超构提出，敌对双方往往在战时将秘密特工渗透至对方的阵营，因此共产党特务利用时局加剧学生的骚动也是完全有可能的。但是，认为共产党独立创造和控制了令政府如此提心吊胆的“学潮”是不合理的。假如确有共产党的加入，他们将跟随学生，而不是领导他们。提到8月18日中央通讯社文章宣称“每场学生骚动都是由共产党特务领导的”，赵强调，人们想知道在政治和学术领导人都无法驾驭学生的时候，在艰难条件下工作的敌方特务，怎么可能对学生施加如此巨大的领导作用。[①]

从这些观点中得出的一点共识是：共产党骨干不像一些宣传中所说的那样对学生抗议运动负有责任。几条有据可查的间接证据也证实了该结论。比如，1947年5月和1948年夏末，政府最终释放了绝大多数在上海被捕的被怀疑为共产党特务的学生活跃分子。但凡有任何证据，政府肯定会起诉他们，或者将他们按所控告的罪名定罪。我们只能认为要么在学生运动达到最高点时上海学校的共产党特务寥寥无几，要么大多数特务以众多学生活跃分子作掩护，藏得很深。

这并不说明共产党对学生运动没有影响，只是他们的主要影响在一个不同的层面。不幸的是，又一次地，仅有间接证据作为佐证。其中对三名年轻人的审讯就提供了这样的一个证据。这三名年轻人被控告受共产党指使在浙江大学阴谋煽动学生骚动。1947年10月25日晚，国立浙江大学学生自治联合会主席于子三被捕。同时被捕的还有一名同窗和两个最近从大学毕业的朋友。

对他们的正式指控是：通过耕种一个商业桃园在经济上资助共产党叛乱以及通过密谋控制学生自治联合会来煽动大学内的学生示威。该事件转而引起轰动是因为于在狱中被审问时（据说是）自杀。[②] 其他

① 《观察》，1948年9月4日，第3页；教授张志让在1948年9月18日《观察》第3页表达了相似的观点。

② 案件关于该情节的背景在萧扬的《浙大学生被捕惨死案》中有描述。《观察》，1947年11月8日，第16页。

三人被确认罪名成立，各被判处七年监禁。在定罪后，这些年轻人被官方称为有罪的“共匪”。

被控告资助共产党的学生很少受到公审，但是这一次却设置了公审环节，报界相当详细报道了审判程序。证明被告人有罪的最重要的证据之一是死去学生按了手印但没有签字的供认书以及其中一位被告人一份相似的未签字的承认控告的声明。法庭被告知他当时拒绝签字。在庭前证词中，三个被告否认了所有他们在共产党指使下行动的控告。

根据他们的证词和辩方律师的陈述，这几个年轻人都是新潮社的成员。新潮社与共产党的一个社团重名，但与它没有任何关系。该社团于 1945 年在浙江大学成立，到 1947 年 11 月成员数有 17 人，所有人都是农学院农艺系的学生。17 个成员中的 13 位最近毕业，住在 7 所不同的城市和台湾。不过，该社团每一位成员被要求将每月收入的 5% 贡献出来，作为运作桃园的基金。学生们尝试培养一些新栽种的、三到四年内不会结果的桃树。社团还发行一份只包含农业文章的墙报，该墙报在大学已注册。

学生与共产党唯一实质的联系是他们被捕时搜出的书和小册子。他们承认小册子在社团成员中流通。成员们被要求学习完书目列举的阅读材料后写报告。有的书目以及学生拥有的资料是共产党出版的。被告强调所有的资料来自政府认同的合法书店，有的书购自重庆。指控称被告采用共产党人的学习方法，也就是读完相关资料后写报告。被告在为自己辩护时回答，没有人看过这些报告，社团的学习事实上基于一篇题为《学习哲学的问题》的文章。该文章发表于一份与共产党无关的学术杂志上。①

假定学生的陈述可以姑且信之，该案件也许提供了一幅比法庭裁定更真实的画面，显示了共产党对学生影响的性质。似乎很有可能年

① “于子三案”受到广泛的报纸报道。这段的描述依据：上海《大公报》，1947 年 11 月 2 日；上海《中央日报》，11 月 21 日；上海《新闻报》，11 月 20 日；上海《新闻报》，1948 年 1 月 8 日。

轻人出于对共产党的阅读材料感兴趣，而不是因为在共产党的领导下密谋任何行动而受到惩罚。根据一位浙江大学前学生的回忆，20世纪30年代该校确实存在着一个共产党政治小组，这样的组织在1947年同样也应该存在。另外，地下共产党员确实试图在学生中传播阅读资料。但是于子三案出示的证据中，没有一个显示被告实际上是秘密特务。加诸他们的宣判也不支持这点：考虑到正式控告的严重性，这些年轻人本来应该被判死刑——而不用大费周章地公审。当局将该案例公开似乎是想起到杀一儆百的作用。但此举看上去不像是要“彻底切断浙江大学农学系与共产党之间的一切秘密联系”。

然而，证据的确显示学生对共产党这个（执政党）备选项非常感兴趣，以至于明明知道被发现后果不妙——当时人人都知道这点——还在继续学习相关知识。国民党领导不信任学生运动有一定道理，但是错在原因。学生抗议活动与延安广播或共产党报纸口径常常一致，很显然更多的是因为共产党出于政治敏感表达了对学生反政府反内战活动的支持，而不是共产党影响了这些运动。另外，内战本身使得学生阶层内部对国共冲突的升级和共产党反对者的性质产生了好奇，信息的匮乏更增长了这种好奇。然而就是在这些较为公开的互动层面：对公认问题的共同关注，对（执政党）备选项共产党的好奇——共产党也许在此时对学生施加了最大的影响。国民党领导坚持声称——并且显然相信——一个小而具有战略意义的共产党骨干小组对学生的抗议负有责任，因此他们从来不严肃地试图解释为什么如此多的学生参加了抗议。假如政府这样做了的话，它将能理解为什么它的青年工作者无法获得大众追随，无法让大众拥护战争和国民党。学生的不满特别聚焦在几个方面，抗议之激烈似乎都应该事出有因。

学生阶层的高度政治性植根于中国学生的近期经验，除此以外，还源于学者不仅精于学，而且专于仕的传统角色。学生很明显相信他们能动员起民意，然后凭借这种方法给政府施压，使后者回应他们的要求。他们的观点与上溯至1919年“五四运动”及之前的20世纪学生行动主义传统完全一致。

此外，较近一些的抗日战争经验为学生扮演反战抗议者这一新角色做了准备。当来自北大、清华、南开和其他学校的学生踏上了艰苦的去西南的旅程，他们是作为一群抗日爱国战争的先驱在跋涉。[①] 他们离开了家，离开了在中国顶尖教育机构井然有序的安全生活，忍受了这种背井离乡和颠沛不定的流亡生活——包括食物、住房、教育设备的短缺以及教学质量的下降——他们真切地感受到了长期战争的艰苦。评论到学生怎样受到抗日战争的历练时，《京师日报》主编余才友写道："昨天的学生主张'民主'，主张'科学'，反'帝'，反'封建'，这理想到今天还没有改变……不过，今天的学生的理想是通过了社会的磨炼的，他们的热情是通过了社会的冷压的。所以，今天的学生的言行是更结实，更坚定了。"[②]

但是，内战期间学生运动最激进的势力不在平津地区——那里主要的学术机构已经随着政府迁到了西南部，而是在大量学校和学生原地不动的上海和南京。日本的占领为这些学生提供了一组不同的经历：学校中国民党影响的中断，国民党恢复管理以来的秩序混乱以及幻想破灭、政府从战时转到和平时期教育新政策的不公正。鉴于学生行动主义的传统，反战和与国民党政府敌对这两个互补的主题势必在内战时期主宰着学生抗议。

到了 1947 年，围绕着具体问题：内战带来的生计艰难和政府采用压制措施对付抗议运动，这两个主题合而为一。具体问题之二随着教育系统由国家资助和之后政府对学术生活多方面的干涉而变本加厉。因为这些问题直接触及了学生的生活，使得年轻人倾向于接受并践行前辈知识分子的智慧论述——后者估量了国民党统治的性质以及

① 关于这段时期见易社强（John Israel）：《中国学生的民族主义（1927—1937）》，第五章和第六章。

② 余才友：《谈今天的学生》，《观察》，1948 年 4 月 24 日，第 17 页。

全民族为维护它的统治所必须支付的代价。[①]

1947年春，作为政府注定要失败的改革措施的结果，南京—上海地区的经济困境到达了顶峰。[②]然而，学生的经济困难不仅包括了通货膨胀和经济失策造成的直接损失，还涉及毕业后越来越少的工作机会。在第二次世界大战以前，合格的文科学生——中国大学产出最多的人才——可以期望有相当稳定的职业，比如教师或者官吏。到了战争末期，在1947年毫无疑问情况在持续恶化，这类工作的薪水已经降至糊口水平了。更重要的是，在生活成本攀升和共产党控制领域逐渐扩大的双重打击之下，可供职位的数目本身也在减少。

1947年7月，据估计北平当年的大学毕业生将有三分之二找不到工作——虽然工科学生比文科或法科学生状况要好一些。一年之后，交通大学800名工程技术类毕业生中，只有少数人仍对找到工作抱有希望。以前，国家资源委员会吸收了很多交大毕业生。随着共产党控制了东北和华北的大部分区域，委员会在1948年夏几乎没什么工作缺口。[③]直接由战争造成的生计艰难就这样变成了个人问题，这让贯穿于学生抗战运动始终的“反饥饿”主题具备了现实性。战争产生的经济动荡必定对学生的反战抗议有很大的助推力。[④]

然而同样重要的，是政府试图控制学生所采用的方法。我们已经追溯了这些方法造成的学生的逐渐疏离。“学生被共产党操控”的设想以及在此基础上拟定的政策，明显地与现实有出入，由此制造出来

① 这些论点出现在该时期自由主义的报纸和期刊上。老一代人对国民党统治，包括对政府干涉学术事务的评价，在后面第五章有论述。

② 虽然日本占领和1947年春经济崩溃也许对我们讨论的时期内学生运动的发展可能有影响，但是他们不能充分解释上海青年相对更激进的原因。这一现象也存在于1949年之后党内知识分子中间。对上海知识分子来说，他们所处的环境中一定有更深层次的原因在起作用，可能与上海是全国主要的工业中心有关，但是真实原因有待更细致的分析。

③ 上海《申报》，1947年7月19日；上海《大公报》，1948年6月15日。

④ 关于本问题的敏感回答见费孝通《没有安排好的道路》，《观察》，1947年5月3日，第6—7页；同时见天津《大公报》，1947年7月10日。

的问题令政府左支右绌。在这方面最事关重要的不是为了躲避逮捕而逃到共产党辖区的人，因为他们的人数相对较少。更重要的是政府把所有学生活跃分子都无差别地当成共产党嫌疑犯，因而引起了广泛的不满。就像我们过后会见到的，这不一定会使得学生在总体上亲共，但是它激化了他们对政府的反对。

总的来说，学生分辨不出他们中间的共产党特务，因为特务不敢表现得太出格，至多像一般学生活跃分子那样。但是不论是谁，都因为反映了学生阶层的普遍情绪，而一律被威胁、殴打和逮捕。政府喊“狼来了”次数太多被学生不齿，后者不时帮助黑名单上的学生领袖逃逸而不过问他们究竟是不是共党分子。这没什么好奇怪的。因此政府在与学生打交道时犯下的致命错误之一是相信只要把他们当中的共产党煽动者除去，学生的抗议运动就能得到平息。①

政府“平息”学生骚动的努力的失败是因为它拒不承认关于学生抗议运动的一些事实：学生抗议运动是自发的；让学生变得激进的是内战本身和政府的压制对策；在运动中最活跃的学生，与国民党的青年工作者不一样，是真正的学生领袖（他们的表率作用体现在行动主义和智能方面），代表了普遍的对战争的厌恶和对国民党的不满。

学生的政治态度

虽然学生和政府之间的鸿沟加深，除了一些表面的现象，学生并没有显示出对哪一个政党更为青睐。比如，从学生运动的措辞中就看不出学生对中国共产党的态度。这个被禁话题文献资料的缺少是可以理解的。但是如果要试图估计共产党事实上在学生中拥有多少支持以

① 鲍大可对陈立夫做的采访透露了逮捕学生的原因。后者是国民党组织部部长和实力雄厚的“CC 系”领袖。显然，政府领导不仅授权他们震慑学生，而且真的相信，如果“真正”的共产党能被逮捕，运动就在掌控中了。（《共产党接管前夕的中国》，第 50 页）

及学生与政府的对抗多大程度上反映了他们政治上改投共产党的意愿，这个问题就变得至为重要。毛泽东毕竟在1947年5月示威的几个月后提到中国共产党已经“在国民党统治区，在国民党控制的大城市，也得到了广大人民群众的拥护”[①]。这是相当准确的评价抑或毛不以为意地用了一点修辞？各类报告各执一词，表明这个问题甚至对当时的外国观察者来说也是一个难题。[②]

然而，1948年进行的两次的学生民意调查，呈现了惊人相似的结论。这两份调查中，一份于12月13日上海大学完成，参加调查的有约1000名学生和教师。没有材料表明这些受调查者是如何选出来的以及进行调查的是些什么人。调查结果发表在一份国民党报纸《东南日报》上。对于国共争端的问题，大家的反应是：15.9%的人赞成把反共战争进行到底，72%的人赞成成立联合政府，8.4%的人认为中国应该分治，3.7%赞成共产党一党专政。[③]

另一个更加系统的、对在美中国留学生实行的民意调查，显示了相似的结果。该调查由北美中国学生基督教联合会发起，在1948年3月和4月进行。调查者向当时在美国不同大学的中国学生发出了2300份问卷，收回问卷714份。在寄回问卷的学生中，48%在1947年秋或以后来到美国，33%在1944—1947年抵美。他们对问卷中8个问题中的5个的回答如下所示：[④]

---

① 毛泽东：《目前形势和我们的任务》，《毛泽东选集》第四卷，第170页（第1256页）。

② 一位北京大学学生在1948年3月告诉鲍大可：在北大，至少50%的学生同情共产党，认为它比国民党好。但是在前不久，大使司徒雷登告诉鲍大可，70%—95%的学生反对中国的共产主义——虽然他承认反对政府的学生的比率也在这个水平上（《共产党接管前夕的中国》，第46—47页）。迪尔曼·德丁（Tillman Durdin）在1948年中估计有70%的北平大学生“支持”中国共产党，但是在前一年这个数字大约为50%（1948年6月20日《纽约时报》）。

③ 上海《东南日报》，1948年12月24日。

④ 调查结果转载于1948年7月17日《观察》，第8—9页。

问题1：你认为中国的土地制度应该做何改变？

	参与调查者的百分比（%）
没有回答	2.4
耕作者所有	33.0
成立合作农场	46.5
成立集体农场	9.8
没有变化	6.6
其他	2.1

问题2：什么是实现中国工业化的最佳途径？

	参与调查者的百分比（%）
没有回答	1.4
轻重工业以及公用事业国有化	6.8
重工业和公用事业国有化	51.5
轻重工业以及公用事业的私有化	4.9
公私合营轻重工业和公用事业	10.8
公私合营重工业和公用事业	14.2
合作制，重工业和公用事业国有化	0.9
合作制	9.5

问题3：我认为中国的和平必须经什么方法获得：

	参与调查者的百分比（%）
没有答案	1.8
国民政府应该剿灭共产党	18.0
建立包括共产党、民盟、其他政党和无党派人士在内的联合政府	51.1
采用联邦制	17.9
将国家分割成独立的区域	3.2

共产党一党专政	2.7
让联合国仲裁	1.1
其他	4.2

问题 4：中国自由派当前应该怎样做？

	参与调查者的百分比（%）
没有答案	3.9
以个人身份加入国民政府	15.3
以个人身份同共产党合作	3.0
建立一个新政党与政府合作	19.5
成立一个新政党与共产党合作	4.4
成立一个新政党采取独立的政治路线	39.7
不采取政治行动	9.9
其他	4.5

问题 5：你认为最近中国举行的选举和宪法的颁布表示国家真正向民主政府方向前进吗？

	参与调查者的百分比（%）
没有答案	1.7
是	18.9
不是	49.0
未必	31.0

虽然这两个调查是在不同条件下完成的，结果却惊人地相似。看好在中国成立共产党政府的学生比率在上海的调查中占 3.7%，在美国的调查中占 2.7%。政治立场的另一个极端，支持政府剿共战争的分别占到 15.9% 和 18%。在上海的调查中 72% 的学生支持联合政府，比美国调查的 51.1% 略高。该差距可以部分地这样解释：后一个调查

给了不向任何一党靠拢的人们更多样的选项。

这些调查结果与内战期间学生运动的主题不谋而合。对内战的反对以积极的形式出现——希望国民党和共产党走到一起，建立联合政府。学生的要求是不经过战场上的军事比拼就可以结束战争。这个要求所带来的政治后果，按照他们的理解，显然是他们愿意接受的。所以毛声称共产党已经在政府控制的城市赢得了群众的支持时，他在一定程度上——至少在学生阶层这一块——是正确的。然而，这样的支持是以有保留的形式出现的：少于五分之一的人赞成剿灭共产党，但是更少的人赞成由共产党一党专政。共产党对学生潜在的保留似乎是有道理的，因为学生对他们的支持也是有保留的。

另一方面，以上的这些微妙之处是政府领导人无法认识或不愿接受的。他们的想法有一点是基本正确的——学生总体上来说在意识形态上还没有受共产党信条掌控。他们的失误更直接地源自他们拒绝承认大众普遍要求和平和政治改革这一现实。不能把这一失败归咎于举止过激或目光短浅的属下。官方对学生抗议的处理办法，从形式上到内容上，都应该由南京的中央政府和蒋介石本人负责。

政府在处理学生运动上的不妥协还表明一种更为广泛的战略，这一战略似乎在把国民党的公众支持减到最小，而此时用毛的话说，共产党正在不遗余力地建立“由绝大多数人口组成的最广泛的统一战线”。由于奉行“全有或全无”做法，政府拒绝了剩余的一点支持，即：学生和其他人士也愿意支持国民党作为联合政府的候选成员。另一方面，共产党并不要求忠贞不贰的支持，因而得以利用人们对他们的好感。统一战线的政策收到了很好的效果，而此时，国民党正在挥霍属于他们的那份公众支持。

第四章 CHAPTER 04

经济管理不善造成的政治损失

在内战期间，通货膨胀成了城市经济生活的主要特征。通货膨胀的影响是如此强烈和普遍，每一个城市居民都能在日常生活中深切地感受到这种影响。国民党的执政能力由此受到公众的强烈质疑，通货膨胀起到的作用要比其他任何因素都大。

在抗日战争期间，就已经出现了通货膨胀的苗头，当时政府与沿海城市的联系被切断了，失去了主要的经济来源。政府税收不足以支持战争的进行，政府开始通过大量印发钞票来弥补赤字。

政府采取了征收实物土地税、以低于市场价格强制收购粮食、强行向农民借粮等措施，但这些办法都不足以解决财政的收支矛盾。从 1942 年到 1944 年，不包括银行贷款的政府收入只相当于政府全部支出的 2/5 到 1/2，其中大部分是军事支出。1945 年，政府收入仅相当于支出的 1/3。1938 年之后，财政赤字几乎完全是由货币的增发弥补的。因此，从 1937 年到 1945 年 8 月 1 日，物价的平均水平上涨了超过 2000 倍。[①]

① 杨格：《中国的战时财政与通货膨胀（1937—1945）》，第 20—21、29—30、33、64、162、299 页。根据一项估计，军事开支占到 1941—1948 年中央政府总支出的 60% [张嘉璈：《通货膨胀的恶性循环：中国的经验（1939—1950）》，第 155 页]。想了解 1945 年前的国防开支情况，见杨格著《中国的战时财政与通货膨胀（1937—1945）》第 16 页以及周舜莘的《中国的通货膨胀（1937—1949）》第 70 页。

因此，增发货币以及由此造成的通货膨胀的经济模式早在内战开始之前就已经存在了。1946 年到 1948 年之间，尽管政府采取了许多措施，财政收支的差距一直没有得到弥补。同时，政府滥印钞票的做法不出所料走进了死胡同。

国民党政府为自己的经济政策付出了惨重代价，而最初看来，这一政策似乎是解决其财务问题最方便的办法。人们普遍认为，通货膨胀至少让国民党政府失去了城市里靠工资生活的中产阶级的支持，物价飞涨和货币贬值对他们造成的影响是最为严重的。一些经济学家研究了这一时期的通货膨胀，但他们既没有深入地分析其政治影响，也没有给出详细而明确的结论。他们只是指出，通货膨胀让中产阶级破产，国民党因此失去了他们的支持并最终倒台。①

实际上，领取薪水的中产阶级只是城市中的一小部分人，他们主要是大学教授、中小学教师、军官、文职政府职员。但这一部分人——除知识分子之外——是最不可能采取任何实际的政治手段表达对国民党的不满的。而知识分子作为一个整体，的确是国统区反内战运动的主体，该运动的一个主要议题就是经济问题。

尽管如此，正如我们将在第五章中提到的，知识分子与政府的疏离以及他们反对政府和共产党作战是基于诸多考虑，并不仅仅因为通胀造成了他们自身的贫困。不仅如此，可以肯定的是，在国民党在战场上被击败之前，知识界事实上一直是支持国民党的。一般的军官和公务员也是如此。因此，想要确定通货膨胀和政府失去中产阶级支持之间完全无关或具有直接联系都是十分困难的。

然而，如果对“支持”这个词进行更具体的说明，我们将能更清

① 张嘉璈：《通货膨胀的恶性循环》，第 66 页。用周舜莘的话来说，“经济负担的分配不公导致公务员队伍中普遍的贪污受贿和腐败，这无疑是国民党政府倒台的一个重要因素”［《中国的通货膨胀（1937—1949）》，第 258 页］。阿瑟·杨说得婉转些，“通货膨胀改变了中国知识分子，让他们转投共产主义”［《中国的战时财政与通货膨胀（1937—1945）》，第 323 页］。

楚地了解政府的损失。政府的损失包括，公务员日益严重的腐败和无能以及由此引起的市民对政府的普遍不满。工人、资本家、普通民众一再嘲笑政府的权威，拒绝服从政府的命令，不愿配合政府的改革措施。即使政府表明某些措施对于对抗共产党是十分必要的，民众也没有改变不合作的态度。持续的通货膨胀使公众不再相信政府有能力扭转恶化的经济形势，正是这种怀疑使国民党无法得到民众的配合。

工人运动的复兴

人们很容易把工人的骚动和通货膨胀造成的压力直接联系起来。尽管还可能有什么其他的因素，我们似乎可以得出这样的结论，无论在第二次世界大战之前还是之后，通货膨胀至少是政府无法控制工人的原因之一。可以肯定的是，日益恶化的经济形势引发了工人不断的"反抗"，工人也由此找到了一个可以让他们发动一场不受政府控制的运动的理由。

背景

国民党在 1927 年取得了政权，它迅速采取了一系列行动，取得了对工人运动的控制。在 20 世纪 20 年代，共产党在组织工人运动方面发挥了主要作用，这一时期的工人运动得到了迅速发展。[①] 到 1927 年，在中国的工业中心已经有 300 万被组织起来的工人。因为害怕共产党的力量，蒋介石破坏了国共合作，并开始消除共产党在工人运动中的影响。

国民党在 1927 年春天第一次公开地镇压工会。[②] 此后，为了巩固自己的胜利，国民党对所有的工会活动进行官方资助和监管。所有工会

① 谢诺（Jean Chesneaux）:《中国工人运动（1919—1927）》。

② 关于 1927 年的事件，见伊罗生（Harold R.Isaacs）:《中国革命的悲剧》；谢诺：《中国工人运动（1919—1927）》，第 14 章。

都由忠实于国民党的人而非工人管理。工会实际变成了“政府资助”的机构。1929年10月，政府出台了一部《工会法》，把所有工会活动都置于政府的监管之下。[①] 在工会和工厂内部，国民党的工会组织者往往会与工厂管理层合作，发展出多种分化和控制工人的方法。在一家工厂或一个行业中，可能会根据工人区域或职业的不同成立几个不同的工会。一般采取的措施有：在一家企业中，体力劳动的工人与非体力劳动的工人不能加入同一个工会，工人有时会被人为地划分为不同的工资等级，等等。这些措施加剧了工会组织之间的利益冲突，使工人们更容易相互争斗，而不是反抗政府。

破坏罢工是另一种有效的方法。例如，上海的帮会头目杜月笙和他的门生陆京士将手下流氓组成所谓的“工会”，让他们顶替罢工工人的工作，从而破坏罢工。当其他手段无效时，政府就直接动用武力镇压罢工。[②]

通过这些方法以及20世纪30年代的经济大萧条，国民党政府成功地控制了绝大多数有组织的工人。共产党控制的中华全国总工会被取缔并转移到了地下。全国总工会一直坚持到1931年，共产党直到这一年才放弃了他们在国民党统治的城市保持独立工会组织的尝试。[③] 1927年之后，仍然不断有零星的罢工和劳资纠纷发生，一名观察家预测道：“一旦有机会，中国工人将证明他们仍能迅速有效地把自

① 方福安对该法律进行了翻译，见他的《中国劳工：中国劳工条件与劳工运动的经济统计调查》，第161—170页。

② 上海，劳动出版社：《大革命以来上海工人阶级为争取统一团结而斗争中的某些情况》（以下称《大革命以来……》），第15—18页。破坏罢工是杜月笙讨好国民党领袖的效劳方式之一。作为黑社会秘密组织青帮的头目，他在1927年帮助蒋介石控制了上海的局势。杜与国民党政府保持了多年的关系，他开始成为上海最有影响力的人之一。拥有了新地位后，杜月笙竭力树立正面形象。因此，他创办了恒社，他的手下都作为他的学生加入。见汪一驹（Y. C. Wang）：《杜月笙政治生涯初稿》，载《亚洲研究》杂志，第26卷第3期，1967年5月，第440页。

③ 拉铁摩尔（Eleanor H. Lattimore）：《远东的工会》，第16页；尼姆·威尔斯[Nym Wales，海伦·斯诺（Helem Foster）的笔名]：《中国劳工运动》，第178页。

己组织起来。”[1]

日本在1937年至1938年占领了中国的主要工业中心，这破坏了政府和工人的“特殊”关系。退到战时首都重庆的国民党政府还能通过特务机关头子戴笠和杜月笙与日占区的工人组织保持某种地下联系，但国民党控制工人的网络已被有效地打破了。此外，战争向共产党提供了一个大好机会，使它得以重建或加强与日占区许多重要企业的地下联系。共产党在江苏南部和北部以及浙江东部进行游击战争的同时，在上海的工厂发展起自己的地下组织。不仅如此，它还在华北和香港的工厂建立了类似的组织。[2]

与此同时，国民党政府设法在内地维持它对工人的控制，并要求他们为抗战付出最大的努力。中国劳动协会——它更多地像一个服务机构，而不是工会联盟——成立于1935年。日本入侵后，该协会跟随政府一起迁移到西南地区。1940年，该协会和所有的劳工事务都划归社会部管理。1943年，政府出台了新的《国家工会法》，再次强调了社会部对所有工会的控制。直到1946年，中国劳动协会仍然是官方的全国性工人组织并且是得到国际劳工组织承认的中国工人的代表机构。中国共产党控制地区工会的总人数据估计在60万到100万之间，这些工会在名义上也从属于中国劳动协会，这是抗战期间国共统一阵线的结果。

恢复时期：强硬方法的失败

日本投降后，政府重新接管了沿海城市，开始重新建立自己的工

① 尼姆·威尔斯：《中国劳工运动》，第67页。

② 在城市里的中国共产党地下成员和农村的游击队员之间建立联系后，彼此之间开始有来有往。上海工人与新四军和苏南抗日义勇军并肩作战。类似的，据说香港和北平的工人加入了附近地区的共产党游击队。见下一节关于“共产党的地下活动”的内容。又见《大革命以来……》第31—32页和尼姆·威尔斯《中国劳工运动》第86—89页。

人组织。但是，国民党的工人干部还没来得及完成自己的任务，工人已经对国民党接收官员的种种劣行——我在第二章详细描述过当时的情况——做出了强烈反应。从1945年末到1946年初，数千名工人参加了罢工和示威活动，要求政府发放足够的遣散费或进行工资调整。大多数罢工和停工都违反了官方制定的工会程序。官方程序规定，工人在举行任何形式的罢工之前，必须先告知政府己方的诉求，并请求调解或仲裁。[①]

有两重原因直接导致了劳动纠纷的迅速增加。正如前面提到的，1945年8月日本投降之后，失业人数猛然增加了。随后的物价飞涨更加剧了失业给人们带来的伤害。日本投降后，无论在内地还是沿海地区，商品价格在一个短时期内经历了大幅下跌。在重庆，从8月到10月，批发价格指数从179500（1937年的指数是100）下降到118417。在上海，按照以法币对伪币的官方汇率兑换的中国政府货币计算，批发价格指数从8月的43200下降到9月的34508。但到了11月，价格开始再次向上攀升，物价上涨在上海尤其迅速，在内地相对较慢。到12月，上海批发价格指数已经上涨到88544。[②]上涨的趋势还在继续，看不到尽头，工人们做出了相应的回应。在日本人入侵之前的1936年，全国有记录的罢工和劳动纠纷只有278起。1946年，仅上海一地的罢工和劳动纠纷就达到了1716起。[③]

最开始，政府采取了强硬的措施。所有工厂，无论是公有还是私人的，都拒绝了工人调整工资的要求。上海市市长宣布，如果工人的

---

① 上海《大公报》，1946年1月26日；上海《中美日报》和上海《申报》，1946年1月27日。

② 张嘉璈：《通货膨胀的恶性循环：中国的经验（1939—1950）》，第69页。

③ 《中国周报：每月报道》，1947年1月，第13页；上海《大公报》，1947年2月26日。上海的工人是最不服管束的，它的独立程度似乎直接随着它的规模变化而变化。1948年4月，国家经济调查委员会和社会事务部的数据显示，上海有7738家工厂，占中国总数的55%。天津有1211家工厂（8.6%），台湾985家（7%），南京888家（6.3%）。该调查显示上海有367433名产业工人，全国总数为682399名（南京《中央日报》，1948年4月27日）。

要求超出了当局的承受能力，就应当拒绝这些要求。他还威胁道，一旦工人的罢工违反“合法程序”，政府将使用武力。同时，政府开始重新采用曾在20年代和30年代使用过的破坏罢工的办法（政府不久后就将这些办法用到了镇压学生运动上）。在当地警察和其他执法人员的配合下，暴力团伙对工人进行了有组织的袭击。官员们声称，是共产党唆使工人们提出不合理的要求，共产党应为劳工骚乱负责。

一个典型的例子是上海电力公司的工人1946年1月举行的罢工，这表示此时工人与国民党当局的关系已经极为恶劣了。电力公司解雇了一批积极活动的工人代表，1月23日，电力公司的三个主要部门大约3000名工人举行了罢工，抗议工厂的这次解雇。罢工持续了9天，并扩展到上海几家最大的工厂和百货公司。1月31日，大批便衣警察和安全部队来到沪东工厂的大门——罢工开始后，工人们就占据了工厂。一群妇女开始在门外大喊，要她们的丈夫回家过农历新年。大门打开后，警察冲了进去，他们见人就打，许多工人被打伤了，剩下的工人被赶出了工厂。工人被迫同意接受调解，但他们切断了电力供应。这样，工人代表不得不和市政府社会局的调解员在烛光下进行谈判。

但工人们毫不畏惧，其他工人组织了一次支持电力公司罢工的抗议。2月4日，来自于上海40家工会——它们主要属于纺织业、机器制造业和其他5个公共事业单位约100名的代表聚在一起，对上海电力公司的工人表示声援。第二天，政府资助的上海总工会在自己的办公室召开了类似的集合。来自超过70个不同企业和行业的200多名工会代表参加了这次会议。会议表示完全支持上海电力公司工人。上海总工会主席周学湘宣布，上海电力公司工人的斗争为所有工人树立了一个榜样。他希望上海其他工会能支持电力公司的工人，帮助他们取得斗争的胜利。[①]

---

① 钟洛：《在斗争里壮大：记二十五年来的中共上海电力公司支部》，《解放日报》，1951年6月30日（收入刘长胜等编《中国共产党与上海工人》，第30—34页）；上海《文汇报》，1946年2月5日和6日。

胡萝卜加大棒政策的失败

很明显，政府在1946年初采取的强硬措施无法控制工人的骚乱，尤其能说明这一点的是，由政府资助的工会领袖的讲话越来越像真正的工人代表，而不是他们本应为之服务的政治当局的代表。于是，政府在1946年4月制定了新政策，这一新政策一直延续到内战结束。与对学生毫不妥协的态度不同，政府现在对工人采取了一种更灵活的姿态。在削弱和压制工人运动的同时，政府也试图通过承认工人主要要求的合理性来安抚工人。新政策规定，工人每月的工资将按照战前（1936年）的水平乘以当前的生活费指数来计算。不仅如此，新规定的基本工资要高于“二战”前大部分工人的工资待遇。非熟练工人的基本工资相当于1936年熟练工人的薪资水平。熟练工人的工资得到了相应的提高。

新规定的推出旨在让社会部能重新有效地控制工人。4月24日，行政院颁布了一项命令，要求所有劳资纠纷都必须提交政府仲裁。在进行此类仲裁之前，所有的工人罢工和管理人员停工都是被禁止的。仲裁委员会由9—15名成员组成，委员大部分是政府代表。政府宣称，许多经济诉求合理的劳动纠纷会被共产党的鼓动者所利用，因此这些举措是必要的。亲政府的报纸对这一观点进行了大力宣传。不仅如此，社会部部长亲自到上海宣传政府的新劳工政策。[①]新任上海市市长吴国桢宣布，新的市政府将采取措施，尽快解决劳动纠纷，但罢工工人和工人领袖将受到惩罚。

中国工会的解散

政府试图重新取得对工人的控制，这一计划中一个重要目标是破

① 上海《侨声报》，1946年5月31日；上海《申报》，1946年6月1日。

坏中国工会日益增长的独立性。政府逐步实施了一系列针对中国工会的行动，这些行动的最终目的一开始并不明显。这类行动与政府镇压学生反战运动的方式十分相似：首先，地方官员会公然违反中央政府的政策对中国工会采取严厉措施；然后，中央会在某个适当的时候采取和地方当局相同的立场，并接受地方当局的处理结果。

1946 年 8 月 6 日，大约 200 名武装警察和重庆总工会成员闯入并占领重庆中国工会的办公室及其三个附属机构——工人福利俱乐部、工人医院、工人文化宫。超过 20 名工会员工被逮捕。

政府在第二天召开了新闻发布会，重庆总工会的发言人指控中国劳动协会的官员腐败、管理不善、煽动工人罢工以及从事政治活动。但发言人拒绝公布与这些指控相关的证据。该发言人还声称，重庆总工会是代表重庆 300 万工人的合法组织，因此它有权接管中国劳动协会的办公室和下属机构。他声称接管行动得到了重庆市政府的批准，并以重庆总劳动协会的名义要求民众取消他们所在地的中国劳动协会办事处。[①] 这个月的晚些时候，河南省政府下令中国劳动协会开封办事处停止一切活动，将办公室、工人医院、职工食堂都转交给当地总工会。

随后，蒋介石在自己牯岭的避暑别墅会见了中国劳动协会的领导人朱学范和上海市政府社会局局长吴开先。朱学范于 9 月 12 日返回上海，他宣布事情已经得到了解决，蒋主席已下令恢复中国劳动协会重庆办事处及其下属机构，被捕的劳动协会成员可以交保释放。第二天，19 名被捕的工会成员获释，其他人仍然没有被释放。然而，到 9 月下旬，南京的社会部向省政府社会厅下达了以下命令：

> 中国劳动协会、中国劳工促进会、中国福利会、劳工问题研究会以及其他团体均为工人组织。其宗旨或在促进工人福利，或

---

① 重庆中央通讯社，1946 年 8 月 7 日。

在研究劳工问题。然据报近期彼等团体一直从事违反政府命令和规定之活动，组织工人，煽动罢工。本部要求，任何业已向有关地方当局登记之工人团体……均应严格遵守政府法令，不得从事组织工人之活动，不得在工人中间进行宣传。有关当局应严密监视此等组织之举动，以防阻碍各地工会之发展。①

事情显然并没有得到解决。中央政府现在宣布重庆和开封地方当局对工会的取缔是合法的。中国劳动协会进行了“重组”，随后朱学范和劳动协会的秘书长被迫递交了辞呈。11 月 10 日，朱飞往香港，随后又飞到巴黎，参加了世界工会联合会执行委员会会议。在香港期间，一辆汽车撞向他乘坐的人力车，他因此而严重受伤。普遍传言，这次“意外”是国民党特务在这个英国的殖民地针对朱进行的一次未遂暗杀。朱从欧洲返回后，并没有回到上海，而是去了共产党统治的地区。政府在 1947 年 3 月宣布，在全国和各省建立总工会的筹备工作都已经完成了。此后，全国总工会将取代中国劳动协会，代表中国工人参加有关的国际会议。② 到这年夏末，政府宣布，江苏、浙江、广东、湖北各省的总工会正式成立。③

直到今天，人们仍然无法清楚地解释中国劳动协会为什么被解散。据称，这一事件在当时引起了各个方面“极大的震惊”，因为朱学范本身是国民党党员，并且一贯支持政府的劳工政策。④ 朱学范曾是青帮的成员和杜月笙的“门生”。20 世纪 20 年代，朱还是上海邮局的一名普通职员。在朱进入邮局工作后不久，他开始与他的朋友、上海邮政工会的一位组织者陆京士一起工作。在成为杜月笙的“门生”后，朱的地位迅速上升，并在 1928 年被任命为国民党资助的上海市

① 上海《大公报》，1946 年 9 月 28 日。

② 上海《东南日报》，1947 年 3 月 17 日。之前只在县市一级设立工会。

③ 上海《立报》，1947 年 9 月 27 日。

④ 上海《时代日报》，1946 年 8 月 10 日。

总工会的主席。

事实上，朱学范和国民党政府的关系至迟在1944年春已经产生了裂痕。当时，中国工人福利委员会在重庆成立。政府为新机构的董事会指派了一批官员、社会工作者、劳工领袖，朱学范并不在最初任命的委员之中。1945年5月1日，政府召开了工人福利委员会的成立会议，大约2000名工人举行了抗议示威，反对这一协会的成立。社会部约见了朱学范，并提醒他中国劳动协会必须服从社会部的指令。随后，政府要求朱在一封“悔过书”上签名，但被他拒绝了。[①]

这样一来，就突然出现了两个任务相同、都由政府资助的独立的劳工组织，这一结果显然是由于朱和中国劳动协会日益增长的独立性引起的。整件事背后的细节一直没有公开。但事后看来，朱学范似乎已经站到了他最初极力反对并试图压制的立场上。当朱听到工人们要求增加工资和更好的工作环境后，他开始更多地代表工人利益与政府交涉，而不是相反。当时的一个观察员认为，朱的这一转变是由国内外经济和政治的双重压力造成的。一方面，国际社会批评中国劳动协会是一个完全由政府控制的组织，并不能真正代表中国工人，这让他感到苦恼。[②]另一方面——这里或许有追求个人权力的因素——他自己也想成为一个真正的工人领袖，想在1943年后国民党统治区恶化的经济环境中发挥更重要的作用。[③]

不管具体理由是什么，朱很快就开始以自由主义的立场公开谈论一些问题并且批评政府的做法。1945年8月初，他给重庆的《大美晚报》写了封慰问信，当时这份报纸因为批评国民党而暂时被禁。在1946年1月召开的政治协商会议上，[④]中国劳动协会拒绝和另外170

① 上海《新民晚报》，1946年9月5日。

② “二战”期间，一些美国协会因为这些理由拒绝通过美国联合援华会给中国总工会提供捐赠（拉铁摩尔：《远东的工会》，第20页）。

③ 伊斯雷尔·爱波斯坦（Israel Epstein）：《中国劳工状况》，第97—99页。

④ 关于政治协商会议，见第五章。

个国民党右翼组织一起递交请愿，反对一项自由议题。尽管如此，许多人仍认为中国劳动协会是反对该自由议题的组织之一，中国劳动协会为此专门给重庆当地报纸写了一封公开信，申明自己并没有递交反对自由议题的请愿书。

最后，在会议闭幕当天，中国劳动协会公布了自己的一系列要求，包括：实现基本人权、成立联合政府、消除引发内战的根本原因、将土地还给农民、废除限制工人权利的规定并修改《工会法》、保证工人罢工和集体谈判的权利、依据生活成本指数确定最低工资、保障工人的基本生活。①

对工人的公开支持使中国劳动协会最终明确无疑地成了工人真正的代表。中国劳动协会曾是国民党的最长期支持者之一，该组织的转变清楚地预示了战后工人运动此后的进程。我们仍然不清楚朱学范背离国民党的具体原因。②但有一点是明确的，政府试图控制整个劳工运动的努力屡次被战后糟糕的经济所拖累。政府始终没能恢复它在日本入侵之前的 10 年对工人的控制力。

政府控制工人的其他努力

用全国总工会替换中国劳动协会只是政府在这一时期为控制工人采取的几种手段之一。对政府努力更全面的了解只会显示政府的失败有多么严重。

1947 年初，上海社会局修改了规定，允许超过 100 名工人的工

① 《中国工人联合会关于中国政治局势和工人运动的紧急呼吁和最低要求》，见爱泼斯坦：《中国劳工状况》，第 104—106 页。

② 朱原来的师傅——杜月笙在同样的时间离开上海去了香港。到了 1946 年末，杜的权势有所衰减，也许部分是因为他无法控制上海工人。但是，虽然有人猜测两人命运都走下坡路，这中间有直接的关系，却没有确切证据可以证明他们的想法。杜马上又回到了上海。见《中国周报：每月报道》，1947 年 2 月 28 日，第 3 页；汪一驹：《杜月笙政治生涯初稿》，第 449—450 页。

厂组织自己的工会。这样的小工会被鼓励加入全行业工会。某个特定地区的不同行业的几个小工会组成的地区工会将被重组成工厂和行业工会。这么做的目的是破坏地区工会与工人之间的密切联系——由于这种密切联系，一家工厂的劳动纠纷往往会迅速“传播”到邻近的工厂。① 1947 年 10 月，在上海社会局的召集下，工会官员举行了一次会议，会议决定，要加快厂工会的建设，地区工会的重组将在今年年底前完成。②

到 8 月底，政府将大约 50 万上海工人重组成 453 个工会（293 个产业工会和 160 个职业工会），还有 25 个工会正在组建之中。产业工会拥有 293600 名工人，其中近一半人属于上海的 74 个纺织工会。通信和运输工人有 86200 人，他们占职业工人的一大部分；维修及建造业工人为 43125 名。③ 所有这些工会都隶属于上海总工会。天津的情况也大致相同，工会总共有 6 万名工人，工人们所在的工会都隶属于政府监督的市工人联合会。

除了官方组织的工会，政府还采取了它曾在战前使用过的组织控制方法。现在，这些方法包括：在年轻工人中建立国民党三民主义青年团的分支；将尽可能多的工人，特别是工人领袖和活动分子，吸收进各个国民党控制的团体和协会中来。在上海，陈立夫和吴开先直接领导陆京士的旧工会组织，他们以旧工会为基础成立了上海工人福利委员会，这是政府最重要的一项重组工作。另一个规模较小的政府工会是齐元普（音）和吴广元（音）成立的工人救助会。1948 年 8 月，上海制定了第二次紧急经济改革计划，政府建立了由年轻工人组成的大上海青年服务团，协助淞沪警备司令部的志愿调查大队实施改革

① 上海《大公报》，1947 年 3 月 18 日、3 月 19 日；中国劳工运动史编纂委员会编：《中国劳工运动史》（全五卷），第四卷，第 1792—1793 页。

② 上海《大公报》，1947 年 10 月 26 日。

③ 上海《大公报》，1947 年 10 月 25 日。总人数中男女比率是 3∶2。同见《中国劳工运动史》（全五卷），第四卷，第 1792 页。

计划。

在上海，工人福利委员会在政府的授意下进行了许多活动。政府在其他城市也采取了类似的策略，只是这些策略在多大程度上得到了实施还不得而知。在上海，工福会的成员被派往各区和各个工厂，劝说工人中的上层人员，诸如工头、文职人员、工会领袖、年轻的积极分子加入协会。周学湘回到卷烟厂后，立刻恢复了他原来在工人中的影响力。周恢复并发展了战前的工会组织“励社”，并在该组织的基础上创立了烟草工人福利会。通过这种方式，周将上海市各个卷烟厂工会的领导者组织在一起，一共超过了200人。这些人随后进行了更大规模的组织工作，目的是让工人加入国民党的工会组织和护工队。上海成立了许多这样的护工队，它们通常是由工人福利会的干部领导的。

上海仿照南京的中央培训机构建立了一家社工培训学校。参加培训的工人必须加入国民党。培训结束后，学员们会被任命为工福会一级、二级或三级干部。福利会会向更重要的工厂——即工人运动活跃的工厂——的工会派遣自己的“秘书”，让他们观察并报告工会领导和工人的活动。许多工厂都有工福会安插的秘密特工和调查组，他们的任务包括：收集工人中左翼分子的情报，列出“危险分子的名单”，等等。

还有许多其他的工人组织，它们都和政府保持着或多或少的联系。这些组织包括由三民主义青年团组织骁风社、军队控制的协一社、南京“某部门”控制的兴盛社以及兴中学会。其中一些是小规模、组织严密的团体，其他一些则是有大量会员的互助性质的协会。国民党在工会的组织上付出了如此大的努力，以至于在一家工人运动特别活跃的企业大隆机械厂，出现了10个不同的亲政府的社团和组织。[①]

① 陈庆榻：《英勇坚持地下斗争的上海大隆机器厂中共党支部》，载于《工人日报》，1951年6月27日。（收入刘长生等编《中国共产党与上海工人》，第77页）

然而，工会组织的庞大数量并不表示工人是支持政府的。一份解放后的资料显示，国民党的护厂护工队的名单通常是事先定好的，而不是由工人自己决定的。表示异议的工人会被当作亲共分子。工人们有时会受骗加入这类组织。发生过这样的事情：几个纺织女工以为她们要加入一个社会组织，她们缴纳了会费，但并没有仔细读她们领到的入会手册上的内容。她们后来才吃惊地发现自己加入了三民主义青年团。一些工人则在知情的情况下加入了这些组织，他们这么做是希望保住自己的工作。政府引诱工人的条件有：如果他们加入组织，将可免于入伍；一旦他们的工厂举行了罢工，他们将不会被捕；他们将成为工厂重要干部，还能携带武器。上海有 1.5 万工人加入了护厂小组，但在这些工人中，被政府视作“骨干力量”的最多只有几百人。同一份资料来源说，尽管国民党在这一时期做了种种努力，但它“从未能够真正在上海工人中间扎根并有效地控制他们”。[①]

政府努力的失败

无论这份资料在多大程度上存在偏见，事实上，它与同时期其他许多报道是相同的。[②] 政府对不同工会组织的控制程度是各不相同的。代表熟练工人的工会通常保持相当程度的独立性；代表不熟练工人和不识字工人工会的独立性则相对弱一些。邮局、交通部门以及公共事业工人组成的工会势力最大，也最有影响力。这些工会在包括政治和经济在内的几乎所有问题上都表现出自己的独立性，它们通常是劳动纠纷的发起者和主导者。1947 年 2 月的一个例子可以充分说明这

① 《大革命以来……》，第 25 页。

② 1948 年，一位上海工厂厂长表示，政府对他厂里的工会没什么影响力。一位报纸编辑更笼统地称，没有人能真正控制上海工会（鲍大可：《共产党接管前夕的中国》，第 78 页）。一则关于劳工的特别报道也持同样的观点，该报道刊于《中国周报：每月报道》，1947 年 1 月 31 日，第 12—16 页。

种独立性。当时上海社会局规定，所有的邮政职工都必须相互担保，并且报告自己同事所有“可疑”的行为。工人们一致反对这一规定。[①]在另一个例子中，上海电信部门的工人要求与邮政工人同等的薪资。1947年5月，政府拒绝了电信工人的要求，他们举行了罢工。广东、广西、杭州、西安、北平、天津的电信工人也纷纷罢工抗议，对他们上海的同事表示支持。[②]

政府采取了不同的手段控制各个工会组织，但整体而言，它对上海工人的控制是相较其他地方更为薄弱的。不仅如此，独立的工会行动、公开批评政府的劳工政策、拒绝执行政府规定、工会领袖支持普通工人的要求，已经成为一种普遍的趋势。在天津，地方当局组织召开了市工会联盟的成立会议，通过了一系列决议，对政府在许多重大问题上的政策表示反对。工会代表的选举是在天津国民党中央党部、社会局、工人联合会筹备委员会的监督下完成的。[③]但会议做出以下决议：在劳资纠纷被提交给主管当局解决之前，警察和司法当局不应介入；要求中央政府严格限制与日本的贸易（行政院已经原则上批准了与日本的贸易）；对天津社会局在解决几家酒店和餐馆的劳动纠纷上的拖延表示不满——这几家酒店和餐馆解雇了参加工会活动的工人；要求政府采取措施，惩处所有解雇合法工会组织者的雇主。[④]

的确，官方统计显示，1946年5月以后，罢工次数迅速减少了。1946年3月是工人运动的高峰期，发生了60次罢工，6月的罢工只有9次。一直到11月，罢工都维持在一个较低的水平上。人们普遍认为，之所以能有这一稳定的局面，因为政府当时将工资与上涨的生活成本挂钩。尽管罢工有所减少，但平均每月仍会发生超过100起劳

① 上海《文汇报》，1947年2月28日；上海《新民晚报》，1947年2月27日、2月28日。
② 南京《新民报》，1947年5月14日；天津《益世报》，1947年5月13日。
③ 天津《工商日报》，1947年5月12日。
④ 天津《大公报》，1947年8月30日。

动纠纷，和以前相比几乎没有变化。

大部分资料来源都倾向于接受政府的说法，即抗战时期的中国工人处于亚洲薪资最少的劳动者之列，作为一个整体，他们的境况在战争之后得到了改善。尽管工人薪资的上调在一定程度上支持了政府的这种说法，但是，也有一些评论家同意工人代表的看法，即工人的生活水平并没有实质性的改善。由于实际的生活成本通常高于官方发布的生活成本指数，工资的上调从未跟上价格上涨的速度。

1946 年 5 月 2 日，《大公报》的一名记者指出，上海的工人仍为 5 个主要问题困扰。他特别介绍了上海那些工资与生活成本指数挂钩的工人——上海主要工业企业的工人——面临的困难：（1）严重的住房短缺；（2）医疗费用超出了普通工人的承受能力；（3）教育资源的短缺和昂贵使大部分人成为文盲；（4）缺乏足够的托儿所照顾在职母亲的孩子；（5）工人们无法应付通货膨胀，因为他们的月工资不足以购买维持该月生活的所有必需品，由于货币在不停地贬值，他们也不敢存钱。

经济衰退、失业和劳工骚乱

正如许多评论家指出的，将工资与上涨的生活成本挂钩只能解决问题的表征，而非问题的根本原因。由于通货膨胀的基本问题没有解决，自动的工资调整只会拉高生产成本和商品价格，从而进一步恶化经济形势。批评者警告，在这一恶性循环中，一些企业将会倒闭，更多的工人将失去工作。①

事实上，这些批评者的预言真的发生了。日益严重的通货膨胀和大幅上升的失业率成为这一时期城市经济生活的主要特点，造成了持续的劳工骚乱。在 1946 年夏季和秋季，工人们并没有公开违抗禁止

① 想了解同年代的人对这些危险的分析，见上海《正言报》，1946 年 4 月 15 日。

罢工的命令，而是通过其他方式申诉他们的要求。工人们有意怠工。电车司机让乘客免费乘车。酒吧服务员为顾客提供免费服务。工人们发起这样的行动不仅仅是要求增加工资，还要求缩短工作时间以及发放合理的遣散费。①

这一类的要求反映了 1946 年下半年经济的不景气。大量当地商品被外国人以低价抛售，成百上千家上海生产商和商业公司宣布破产和倒闭。避免倒闭的唯一方法是减产裁员，降低成本。据估计，到 1946 年底，上海 390 万的总人口中②，失业人数达到了 25 万。③

这种经济衰退与失业率上升的恶性循环并不只发生在上海。整个国家都在经受经济衰退。据报道，在 1946 年底的广州，有五分之一的市民，即 1152408 总人口中 228038 人处于失业状态。④结果，广东社会局不得不处理越来越多的劳动纠纷。⑤在天津，20 个商店在一周内宣布破产，1946 年底，另外 250 家商店也被迫停业。在北平，根据社会局的报告，从 1946 年 1 月至 10 月，有 1600 家商店停业。同样，在汉口，据称在 1946 年有数千家商店和企业关停和倒闭，将近 10 万人失去了工作。在南京，到 1946 年底，据估计全市 65 万人中的 3/10，即 20 万人没有工作。⑥

到 12 月，上海罢工的次数再次上升，创下了日本投降后单月最高纪录。政府无力阻止工人们的罢工。罢工的直接原因似乎是上海社

① 上海《大公报》，1947 年 2 月 26 日。

② 上海《大公报》，1946 年 11 月 8 日。同样见《中国周报：每月报道》，1947 年 1 月 31 日，第 5—6 页。第二次世界大战过后不久失业率达到很高的水平，在 1946 年上半年下降后，又开始抬头。见季崇威：《上海劳工漫记》，上海《大公报》，1946 年 5 月 2 日；上海《大公报》，1948 年 2 月 20 日。

③ 南京《新民报》，1947 年 5 月 1 日。

④ 广州《华南日报》，1947 年 2 月 12 日。1946 年 11 月的数据来自广州市警察局。

⑤ 广州《前锋日报》，1946 年 11 月 16 日；广州《和平日报》，1947 年 3 月 11 日；广州《西南日报》，1947 年 7 月 10 日。

⑥ 必须强调的是：没有办法证实这些数字，他们只能被看作是大致值。他们出现在：上海《大公报》，1946 年 11 月 8 日；《中国周报：每月报道》，1947 年 1 月 31 日，第 5—6 页。

会局对工人要求工厂发放传统的年终奖金所做的裁定。社会局宣布，雇主应支付年终奖金，但那些头一年没有盈利的企业除外。毫不奇怪，企业主们充分利用了裁决中的这一漏洞，工人们做出了相应的反应。但1946年底劳工骚动的高潮不过是1947年更大规模工人运动的前奏。根据上海社会局统计，该市1947年罢工和劳动纠纷达到了创纪录的2538次。[①]

紧急改革和劳工骚乱

1946年12月和1947年1月，出现了大量有关年终奖金和工资结算的劳动纠纷。政府在2月16日宣布了紧急经济改革方案，暂时控制住了混乱的局面。所有工资都被固定在1月份的水平上，最高工资依据大米、面粉、棉纱、布、燃料、盐、糖、食用油等基本商品的价格来确定。政府还计划将基本商品直接发放到工厂，以固定价格分发给工人。此外，南京和上海的政府职员和公立学校的教师也能得到这些基本商品。如果这一方案取得成功，将被推广到其他城市。该方案禁止私人交易和囤积黄金、外汇。政府还宣布要采取措施检查资金的外流，当时资金正从中国的各主要城市流向香港。

考虑到快速上升的通货膨胀率以及造成这种上升的根本原因，这一不完整的价格控制体系的最终崩溃是可以预期的——尤其考虑到这种价格控制仅仅在大城市实施。生产成本和物价持续上涨，只有最重要的基本商品的市场价格被冻结在一定的水平。大米在粮食产区的价格很快就超过了它在城市市场中的售价。原棉价格的上涨使纺织品生产无利可图。煤炭和食用油的生产者也处于同样的困境。到4月下旬，大米短缺更加严重了。这要部分归咎于政府出于军事目的对交通工具的过多征用以及由此引起的运输困难。但城市中的短缺是最严重

① 上海《立报》，1948年1月7日。

的，在南京—上海地区，紧急措施得到了最严格的执行。暴民们抢劫的目标通常是米店、油店和棉纱店。发生骚乱的城市有：无锡、芜湖、成都、绍兴、上海、杭州、合肥、宣城、南京和苏州。

事实上，这些紧急措施只推行了大约一个月。到3月中旬，情况已经很清楚了，向全国所有的教师和公务员发放必需品的计划是无法实现的。4月初，出现了一个交易美元的黑市，不久之后，大部分基本商品都出现在黑市上了。政府发现自己无法通过“工厂分配计划”向工人发放生活必需品，于是决定发给每个工人一笔与计划发给他们的生活必需品价值相当的补助金。工人抱怨道，他们无法维持基本生活，因为他们领到的补助金只够他们购买数量有限的几种基本商品，其他商品的价格都在飞速上涨。在5月份，上海的批发价格指数上升了54%，而在改革措施强制推行之前的一个月，该指数只上升了19%。[①]

工人再次示威抗议，以捍卫自己的经济权益。政府被迫答应了他们的要求。到4月底之前，罢工、怠工以及抗议愈演愈烈。几乎在1947年春季的同一时期，爆发了大规模的学潮。不同企业的工人提出的具体要求也是各不相同的。这些要求包括调整工资、发放足够的食品补贴，等等。然而，工人们的基本目标是重新“解冻”工资，将工资和生活成本指数挂钩。在上海，工人的抗议在“五一”劳动节达到了高潮。数千名工人参加了政府主办的集会，他们大呼口号，要求解冻生活成本指数，上海市市长和上海总工会主席则试图向工人解释这样做是不可行的。[②]在随后的几天里，工人连续举行了一系列示威游行，学生们开展的反饥饿反内战运动也越来越声势浩大。

最后，在工人骚乱和大米市场崩溃的共同压力下，所有紧急改革

① 关于1947年改革，见张嘉璈：《通货膨胀的恶性循环》，第72—73、350—352页。关于抢米风潮的一些报道，见《中国新闻评论》（上海，1947年4月和5月）。

② 章回编：《上海近百年革命史话》，第194—196页。

措施都被正式取消了。由于无力完成工资补偿计划，政府宣布今后将按照每月生活成本指数的浮动来支付工人工资。原本大部分企业家都反对自动工资调整，当经济形势恶化时，他们就更是如此了。与此同时，由于政府发布的改革方案不仅没有解决任何问题，反而使当初想要挽回的形势更加恶化，人们对它的印象更糟了。

到 1947 年底，不断上涨的生产成本、实际购买力普遍下降以及由此引起的需求下降，造成了工业生产的大幅下滑。由于 1946 年严重的失业和不充分，上述问题在 1947 年变得越发严重了。根据南京公布的国家统计数据，1947 年上半年 7 个中心城市 45%的劳动纠纷是由解雇工人引发的。①

在这种情况下，工商业工人继续要求与雇主进行工资谈判的权利。雇主们则有恃无恐，并能从中获利，因为社会上有大量的失业工人以及从贫困的农村涌入城市的劳动力。不断增加的劳动力大军压低了许多种职业的工资，成为雇主用来对抗要求改善待遇的有组织的工人的砝码。②但后者拥有强大的破坏能力，因此政府不再敢像过去那样表现出明显的偏向性，只满足雇主和企业家的要求。

1947 年 7 月，中央政府颁布战争动员令后，罢工再次被禁止。但和以前一样，工人的要求和抗议并不因为该禁令的颁布而有丝毫减弱。一位亲身经历过那个年代的分析家写道，工人阶级承受的经济压

① 南京《大公报》，1947 年 8 月 30 日。同一个资料来源给出了 1947 年 1 月到 6 月间 7 个城市工潮的官方数据，它们是：上海 788 起，重庆 53 起，天津 39 起，汉口 31 起，青岛 27 起，南京 19 起，广州 8 起。

② 没有确切数字说明有多大一部分劳工的工资得到了自动调整。《中国周报》1947 年 1 月报道“大量”的工厂没有根据上升的生活成本给予他们的员工相应的工资。这些企业和作坊大多是老式的，经营食品、药品、金属、羊毛和毛毡等业务。他们除了给工人提供食宿外，几乎就不再给什么工钱了。在其他小企业，经常根据家庭或私人关系来发放工资，工资不统一。还有，在一些行业比如建筑业，承包商和工头经常支付给他们的工人最少的工资——虽然在合同谈判的时说好的工资基准比官方生活成本指数高得多。见《中国周报：每月报道》1947 年 1 月 31 日，第 15 页。

力是如此巨大，以至于市政当局警告说，再次改变自动工资调整制度在“政治上”是不可行的。[①] 于是，当局采取了伪造生活成本指数的权宜之计。工人们对此质疑，要求政府每月公开计算这一指数的方法。1948 年，随着通胀率的加速上涨，上海工人愤怒地要求每月进行两次工资调整，市政府最终同意了工人的要求。

共产党的地下活动

《中国周报》以“全新视角”对“二战”后的劳资关系进行了评论，该报认为，新的劳资关系在很大程度上源于工人一种普遍的感觉，即改善待遇是战争胜利后他们应得的回报。不仅如此，工人们现在组织更加严密，并且有“专业的工会组织者”领导他们。[②] 而且，人们普遍认为，一些新型的工人领袖实际是共产党的地下工作者，他们首要的目的不是促进工人阶级的利益，而是扰乱国民党政府的城市经济。

和镇压学生运动时采取的方法相似，当局经常以颠覆罪逮捕劳工运动的积极分子，尽管几乎没有证据可以证实这一罪名。然而，共产党后来自己透露，上海几个最活跃的工会和最大的工商业企业都设有共产党的地下党支部。这些公司和企业包括：

1. 中国上海纺织厂第十二厂。1938 年，共产党在该厂重新设立了党支部，当时成员只有 4 名。到 1945 年，成员已经发展到 20 名。这些党员一直在厂工会中积极活动，至少领导了两次工人抗议。在 1947 年 4 月的一次抗议中，2 名党员受伤，1 名党员被捕。1948 年 3

---

① 张嘉璈：《通货膨胀的恶性循环》，第 354 页。张嘉璈是银行家、经济学家，亦是张君劢（中国民主社会党的创始人）的弟弟、“政学系”成员。张嘉璈在国民党政府中担任了很多职务。在第二次世界大战前，他是铁道部部长，在战时是交通部部长，1945 年到 1947 年早期是东北经济委员会主席，在 1947 年 3 月 1 日被指派为中国中央银行总裁。他在这个岗位上呆了差不多一年，并在 1949 年 5 月离开中国。

② 《中国周报：每月报道》，1947 年 1 月 31 日，第 12 页。

月，警察逮捕并随后释放了 13 名工人积极分子，其中大部分是中共党员。[①]

2. 上海海关。1936 年 12 月，上海海关成立共产党地下党支部，最初的成员是 3 名年轻的实习生。在内战期间，海关职员举行了多次反对政府经济政策的抗议活动。这些抗议通常采取停工的形式，最终在 1948 年 11 月，工人进行了 16 天的停工。所有海关员工都参加了这次停工，要求提高补贴以弥补高涨的物价——政府第二次紧急经济改革方案（将在下面介绍）的失败造成了这次物价飞涨。共产党党支部在组织罢工的过程中十分积极。据称这次罢工对贸易活动造成了严重打击，使军用物资无法顺利地运往前线。[②] 事实上，共产党刚刚在苏北发起决定性的淮海战役，前线距离上海并不远。

3. 大隆机器厂。1944 年，该厂成立了地下党支部。1945 年 8 月，大隆机器厂被关停，党支部将工人组织起来，要求日本人给予适当的遣散费。在接收时期，当工厂被迫几个月停工时，党支部领导工人向政府争取救济金。1946 年 2 月，工厂开始恢复生产，该厂的党支部将上海西区的所有工人组织起来，成立了一个联合劳动组织。这家工厂的几个共产党员在内战期间被捕。国民党的一名劳工领袖曾说过，如果能够制服大隆机器厂的工人，政府就能控制上海西区的所有劳工骚乱。在共产党胜利之后，大隆机器厂的一名工会领袖和党员顾亮，成为上海市劳动局第一办公室主任。[③]

4. 法国电车电灯自来水公司。该公司工会是上海活动最积极的劳工组织之一。日本占领时期，该公司就成立了党支部。在 1945 年，该公司的党支部已经发展了 200 名成员和积极分子。他们开展了多项

① 葛娴：《中共上海国棉十二厂支部的光荣斗争史》，《解放日报》，1951 年 6 月 28 日。

② 陈尚：《记中共上海海关支部十五年英勇斗争的几个片段》，《解放日报》，1951 年 7 月 2 日。

③ 陈庆楣：《英勇坚持地下斗争的上海大隆机器厂中共党支部》，第 74—80 页。

工作，其中的一件事是成功地渗透进国民党在该公司建立的各个工人团体。这些积极分子中最勇敢、名气最大的是一个20多岁名叫朱俊欣的年轻人。最终，他受到了国民党警察的监视，不得不逃到解放区。1949年以后，他回到了上海，继续在工会中工作。①

5. 申新九厂。1948年1月，党支部在该厂的罢工中发挥了重要作用。这次罢工成了当时上海的头条新闻，政府使用武力对罢工进行了镇压，声称共产党要为这次骚动负责。② 7000名工人参加了罢工，他们要求纱厂按照当时其他许多企业的做法，向所有员工定量供应煤炭和大米。罢工最初并不是共产党员煽动的，但随着罢工的发展，共产党员逐渐承担起领导责任。纱厂管理层拒绝了工人最初的要求，工会领袖坚持抗争的意愿并不十分强烈。是党支部说服工人们继续罢工。党员们还组织了一支宣传队和几支工人监察队，监督设备和材料的维护情况。

2月2日，也就是罢工第四天的清晨，一支由3000名士兵和警察组成的武装部队包围了纱厂——工人们已经封锁了工厂，并修好了防御工事。警察发起了进攻，工人躲在工事后面，从屋顶上投掷石块、家具、油桶和铁棍。在某一个时刻，他们甚至用一辆工厂的卡车堵住了装甲车进出的道路。后来经过确认，在当天带领工人与警察战斗的工人领袖中，有4个是共产党员。③

6. 上海电力公司。早在1925年，该公司就成立了党小组了。据说该公司的党支部是前面描述过的1946年1月工人罢工背后的主导力量。这次罢工后，党支部发展了15个新成员。在1947年9月的富通事件后，政府试图取缔电力公司工会。警察于9月19日晚突然搜

① 《1950：人民年鉴》戊第9页；《大革命以来……》，第36页。

② 上海《和平日报》，1948年2月3日。

③ 工人和警察之间的斗争持续了几个小时。很多工人受伤，超过250名工人被捕——很多很快被释放。公众意见似乎偏向工人一边，工厂最终同意向他的职员分发米和煤。（华东人民出版社编：《在斗争里壮大》，第33—40页）

查了富通印刷厂，声称该印刷厂是中共设在上海的宣传机构。在这次搜查中，15 名店员和 6 名上海电力公司工会成员被捕，他们当时正在校对最新一期由工会文化部创办的工人杂志。[①]

4 天以后，电力公司派出工人代表与政府协商，要求释放他们的同事，与此同时，来自电力公司 3 个主要部门的将近 2000 名工人聚集在上海社会局门口抗议，并在那里停留了 8 个小时。社会局随后命令工会停止所有活动并等候重组。此外，社会局还责令电力公司解雇上海警备司令部指名的 29 个工人，他们被怀疑是共产党的地下人员。市政府和警备区随后下令逮捕这 29 个工人，“以便一劳永逸地根除麻烦”[②]。针对政府的这些做法，法国电车公司的工人举行了罢工。很快，英国电车公司、几家纺织厂和机器制造厂的工人也举行了罢工。全市民众都同情被捕的工人，209 个工会的领袖发表了一份联合声明，支持持续了数天的抗议罢工。

富通印刷厂的确是中国共产党在上海的“地下宣传机构”。[③] 富通事件后，许多工人运动积极分子从上海逃到了解放区。此外，电力公司工会的领袖和上海电力工人工会的主席王孝和被捕。随后，王被上海特别刑事法庭判处并执行死刑。[④] 根据 1949 年后的公开资料，王孝和的确是一名共产党员。[⑤]

7. 上海永安百货公司。永安百货公司是上海最大的一家百货公司，1937 年就建立了党支部。日本投降后，永安百货公司党支部与包括先施公司、大新公司、新新公司、中国国货公司在内的其他商店一起组建了三区百货业工会。工会的一项重要任务是发放针对工会成员子女的医疗贷款、紧急贷款以及教育贷款。此外，工会还建立了 6

① 上海《中央日报》，1947 年 9 月 24 日。

② 上海《大公报》，1947 年 9 月 26 日。

③ 缪雨：《上海工人运动的一座坚强堡垒：记中共法商水电公司支部的斗争史迹》，《解放日报》，1951 年 6 月 27 日。

④ 美国驻北平领事馆译 1948 年 10 月 24 日陕北新华电台电讯。

⑤ 见前引钟洛文章，第 24—40 页；柯蓝、赵自：《不死的王孝和》。

个小型图书馆、1个戏剧小组、2个乐队、1个300人的合唱团，并经常举办讲座和讨论会。到（1947年）“二九事件”发生时，该联合工会已经拥有了超过100家商店的4500名成员，“二九事件”是这一时期工人与国民党当局之间的又一次冲突的著名事件。事情的经过是这样的：一大群手持木棒和铁棍、不明身份的暴徒冲进了“爱用国货抵制美货筹备委员会”成立大会的现场，对与会者进行了野蛮殴打。该筹备委员会是中国国货公司为了纪念公司成立14周年而创立的，并得到了三区百货业工会的支持。

购买国货运动是由中央政府本身发起的。为了改善国际收支平衡状况，中央政府在1946年11月宣布了进口产品的临时限制措施。政府还增加了新的工业生产贷款，宣布了旨在鼓励出口的专门措施。为配合这一政策，中国总商会发起了购买国货运动，各省的商业协会纷纷响应。在上海，市参议会发布公开声明，敦促人民购买国货，抵制国外产品。①

1946年12月下旬和1947年1月，北平学生进行了示威游行，抗议美国海军陆战队队员强奸北大女学生沈崇。这一事件以及同时期的购买国货运动促使人们的反美情绪日益高涨。这让致力于与美国维持良好关系的国民党政府十分尴尬。与此同时，一些美国商人开始抗议国民政府的进口限制。一家亲政府的报纸报道，一些“有野心的政治家”试图把支持国货的合法活动变成反美的抵制活动。②不仅如此，据说郭沫若和经济学家马寅初在筹备委员会的第一次会议上做了发言，这两人都是知名的左派人士和国民党政权的最直率的批评者。

2月9日（星期六）早上，军警闯进了工人集会会场，袭击了与

① 上海《文汇报》，1947年，2月10日。购买国货运动得到中国产业主和商人的支持，但是在消费者中却流行不起来。在上海，出售国货的最大一个商行据说日销售额在1000万法币，而出售外国货的永安公司，日销售额是它的4倍；广州《西南日报》，1946年12月28日。

② 上海《和平日报》，1947年2月10日。

会的几百名工人。包括梁仁达在内的10人受了重伤，梁是永安百货公司皮鞋部的一名员工，不久因为颅骨损伤而死亡。人们普遍认为行凶者是秘密警察和政府雇佣的流氓打手。[①] 毫不奇怪，这一暴行只能引发新一轮的抗议浪潮。这一次，工厂管理层站在了工人一边。上海几家最大的公司的代表公开声明支持购买国货运动以及公司员工集会自由的权利。[②] 或许是考虑到梁仁达的死亡在民众中激起的普遍愤怒，政府又等了几个月才对百货公司工会采取最后行动。在9月30日，包括工会执行委员会主席陈施君在内的至少9个工会成员和领袖被捕。社会局下令工会暂停所有活动并等候重组，理由是“工会中相当一部分负责官员已经被匪党吸收并蓄意在城市中制造动乱”[③]。

后来的公开资料显示，陈施君当时三十来岁，他在中国国货公司广告部工作时就是一个共产党员了。工会中其他行动活跃的党员包括丁胜雅以及韩武成，他们是永安公司陶瓷部的职员。[④]

这一确凿的证据表明，国民党当局提出的其他许多指控其实是有根据的。另一个劳工案件是朱松茂的“悔过”，据称朱是南京—上海地区领导工人运动的共产党地下组织的一个负责人。1948年6月，朱在无锡火车站被捕。根据朱在政府主办的报纸上发表的声明，大约有800名共产党地下工作者在这一地区开展各种反政府活动。[⑤]

---

① 在上海解放后不久，三个人被指控对该事件负责：永安第一纺织厂员工毛德康，纺织厂人事科科长魏荣来，国棉十四厂工人关云康。见上海《大公报》，1949年10月20日。

② 上海《大公报》，1947年2月11日。

③ 上海《大公报》，1947年10月1日。

④ 庄晴勋：《依靠群众坚持斗争——中共永安公司支部解放前的斗争》，《解放日报》，1951年7月1日。

⑤ 上海《申报》，1948年6月15日。共产党地下组织除了在学生和劳工运动中发挥作用，据说他们还购买了紧俏商品比如汽油和煤油，运输到解放区。借助秘密的无线电发射机，国统区的地下工作者可以联系到解放区。这一信息来自1969年和1973年的访问。同样见：上海《新闻报》，1947年10月30日；上海《解放日报》，1947年11月3日；上海《申报》，1947年11月7日、1948年1月14日。

政府的另一项指控是共产党在天津地区进行地下活动。从1947年12月3日到1948年2月18日，政府在天津逮捕了83名犯罪嫌疑人。其中40人因证据不足被释放，剩下的43人被转移到天津警备司令部。这一时期，共产党天津地下工会组织的许多领导成员都被捕了，他们包括李万川和张毓川。被怀疑是天津地下组织领导人的余达生在12月逃到了解放区，但他的妻子留了下来并随后被捕。国民党政府对他们提出的指控包括：将物资运往共产党控制的地区、在天津煽动工人动乱、传播共产党的宣传品。[①]

在内战时期，共产党的地下活动使得国民党政府始终无法有效地控制劳工骚乱。事实上，在这一过程中，地下活动和学生运动起到的作用都是难以估量的。在许多次罢工和劳动纠纷中，共产党的鼓动和组织可能是决定性的。但如果我们将范围扩大到数千次以及更多参加罢工的工人，似乎并没有证据显示共产党要为所有的工人骚乱负责。当然，工人和学生一样直率简单，易于听从他人的意见，以至于常常被政府的死敌利用。工人和学生另一点相似之处是，他们要么不相信自己被利用了，要么不在乎自己是否被利用了，但他们无论如何都要表达自己的诉求。此外，政府倾向于接受工人的经济诉求，这显示即使国民党领导者也承认这些经济诉求并不是凭空捏造的，并且正是这些经济困难造成了工人的骚乱。

因此，共产党的活动只是20世纪40年代末的上海工人运动一种表面形式，而非根本原因。共产党不需要制造问题和不满，它们早就存在了，并且随处都是，任何感兴趣的人都可以利用它们。以下几种因素的共同作用导致了公众的普遍不满和易于为反政府势力利用的社会环境：（1）日本人的占领有效地切断了国民党对劳工的控制；（2）“二战”即将结束时，工人们普遍期望胜利能为他们带来经济上的好处；（3）猖獗的通货膨胀和工商业减产破坏了战后经济的发展。

① 天津《大公报》，1948年2月18日。

最终的结果是日益独立的工人以各种方式违抗政府命令，拒绝支持政府与共产党的斗争。

经济管理不善和丧失民心

在政治上同样重要的是，通货膨胀削弱了公众对国民党执政能力的信心。这反过来妨碍了政府解决通胀压力的努力。政治通缩和改革无效的情况愈加恶化，恶化的程度与工资和物价的上涨形成反比。因此，只要政府继续将增印钞票作为财政收入的主要来源，类似工资冻结、货币改革这样的措施最多只能作为暂时减轻通货膨胀危害的应急方法，无法解决根本问题。不仅如此，这些措施常常考虑不周，没有得到严格地执行。公众则对它们怀有疑虑，反应冷淡。在这种情况下，这些改革措施成了新的“负债”——不仅没有完成政府声称要达到的目标，在许多情况下甚至加剧了它们原本想要改善的情况。记者和作家们发表了大量文章，对政府在经济领域采取的“反复试验法”表示质疑，社会各界公开表示他们对政府缺乏信心。

急剧下降

1946 年，因为成本上涨而遭受最严重损失的是那些依赖国外市场和不得不与突然涌入国内市场的国外产品竞争的行业。制药、造纸、水泥、烟草这样的行业首先受到了外国产品的冲击，高度依赖海外市场的缫丝业和丝织业也遭受到沉重打击。

1946 年底，政府调整了汇率，并采取了其他措施鼓励出口和限制进口。但考虑到通货膨胀造成的整体严峻形势，这些措施起到的作用十分有限。生产商面临的困难有：由实际购买力的普遍下降引起的需求减少、劳动力成本上涨、高利率、持续上升的燃料、水电以及运输成本、不断增加的贸易和生产税。[①] 正如我们前面提到的，这些不利条件最终导致 1947 年底工业产品的普遍减产以及绝大部分城市居民实际购买力的急遽下降。丝织、橡胶、水泥、烟草业是第一批被迫减产的行业。随后是内衣、化妆品、火柴、毛纺业，最后是棉纺业本身。[②]

不幸的是，政府不得不为几乎所有这些问题和许多其他问题承担大部分责任。这是因为：首先，政府制定了以增发货币解决财政收入的基本政策。其次，政府没有采取有效的手段消除通货膨胀造成的混乱。例如，货币政策总在放宽信贷和紧缩信贷之间摇摆不定。背离市场的官方利率刺激了地下金融市场的繁荣，这些地下市场又为投机者提供了大量投机资金。政府在 1946 年向上海大米商人贷款，在一些官员的纵容下，这笔贷款被用作投机，导致大米价格的进一步上升。[③]

为了增加财政收入，政府继续实行不合理的税收制度，对普通商品以及一般的商业活动征收名目繁多的高额税费，但对那些获取暴利的投机者的个人收入则不管不问。此外，政府的外贸政策导致贸易逆差，损害了国内生产者的利益。1946 年 11 月的改革只是部分改善了这一状况。[④]

还有人批评政府在推动经济发展时，明显地偏向于官僚资本主

① 季崇威：《上海工业危机透视》，上海《大公报》，1946 年 6 月 25 日、26 日、27 日。

② 张嘉璈：《通货膨胀恶性循环》，第 353 页。

③ 大米贷款丑闻被上海新闻界广泛披露。比如：《新闻报》，1946 年 6 月 12 日；《时事新报》，6 月 14 日；《大公报》，6 月 19 日；《文汇报》，7 月 9 日。

④ 想要查看这些政策和其他政策的完整讨论，见张嘉璈《通货膨胀的恶性循环》和周舜莘《中国的通货膨胀（1937—1949）》。有的政策相对成功，比如 1946 年 3 月 8 日和 1947 年 2 月 17 日期间的政府出售黄金计划以及在一些城市分发必需商品。1947 年 7 月，配给必需商品开始于上海，在一定范围内进行。后来，政府在上海、南京、北平、天津和广州配给大米和面粉。但是这些项目涵盖的范围有限，对全局几乎没有影响。关于税制的缺陷，见周书，第 64—67 页。

义[1]——在职或刚刚退职的政府高官控制的企业——和它们的合作者。这些人享有其他普通企业没有的优势，例如，他们可以利用与政府和中央银行的关系弄到外汇，进口国外商品，等等。

很难期望公众会支持政府的改革努力，因为经验告诉他们，一旦政府推出一项措施，置身事外损失反而会较小。许多企业家变成了投机者，普通职员把积蓄换成黄金，而不是存在银行里，公众只会根据经济生活的现实做出相应的反应。因此，当政府 1947 年上半年推出债券时，许多资本家并不愿购买。在昆明，在被问到即将销售的政府新债券时，工商业和金融业人士表现得十分谨慎。基于这类债券过去带给人们的教训，他们表示，不经过“仔细考虑”就冒险购买新债券将是不明智的。[2]

到 1947 年，已经有很明显的迹象显示，公众越来越不愿将他们的储蓄存到银行里了。更安全的方法是将手里的现钱换成金银，或汇到香港。政府规定，私人银行的利率不得超过中央银行及其下属银行，这一规定遭到了人们公开的嘲笑和抵制。事实上，在几乎整个内战期间，官方利率和黑市利率之间都存在巨大的差距。在内战的绝大部分时间里，政府在遏制黑市银行或其他机构的活动上都是不成功的。

当囤积居奇比工业生产更有利可图时，资本自然流入到这个领域。大量资金用于投机并不是一个新现象，在抗日战争这已经是一个普遍问题了。内战期间，日益严重的通货膨胀加剧了人们投机的动机。通货膨胀不仅增加了生产的障碍，也为投机提供了更多的机会。当时的投机活动主要包括：购买、销售、囤积商品；投机证券市场；以黑市利率借贷。

---

① “官僚资本主义”这个词汇一般不用来指代大型国有企业比如中国纺织发展公司或国家资源委员会下属的很多公司。它专门指代使用公职和关系来壮大私有企业和谋取利益。

② 昆明《云南日报》，1947 年 4 月 9 日。

事实上，投机的机会到处都有。例如，1946年底，政府向生产企业贷款，帮助他们支付工人的年终奖金。但一些观察家坚持认为，正是这笔贷款造成了股市随后的上涨。大量的资金是经济混乱的根源。数十亿的资金处于闲置状态或者被汇往香港。据说，一些商人拥有大量资金，但他们不愿向自己的企业投资，因为生产的利润要少于投机的暴利。[①]

下面一段描述商业界活动的文字代表了当时媒体（包括国民党报纸）的普遍看法：

> 商人无法推卸对糟糕的经济形势负有的一份责任。首先，他们未能改变对经营的态度和方针……他们继续以高利率借用大量款子，用以买进商品、金条、美钞、政府债券、股票，希冀着通胀会转瞬即逝，使他们得以抛售存货，支付利息，仍可收获巨额利润。很多人赚取了颇多利润，其他人则在市场背向时纷纷破产，加剧了银行和商业的失败。[②]

会对商业造成损失的不一定会对商人造成损失。缺乏相关数据使我们不可能得出准确结论，商人和企业家——无论是作为个人还是作为一个群体——是否能从投机中获取与传统商业经营相当的利润。但通货膨胀的确为人们投机提供了更大的可能性和更强烈的刺激——哪怕将一小部分资金用于投机。因此，许多人对政府和民间要求商人“改变商业态度”的呼吁置之不理。政府没有专门指派税务官和监管人员落实这些请求，这是一个不幸的疏漏，但恰恰说明了谁是这种投机真正的获利者。

① 《中国周报：每月报道》，1947年1月31日，第6页。
② 《中国周报：每月报道》，1946年12月31日，第8页。

1948 年 8 月：最后的努力

在内战时期国民政府的所有政策和计划中，1947 年 2 月和 1948 年 8 月颁布的紧急经济改革措施是政府为稳定经济局势而采取的最具雄心和最著名的两个方案。正因为如此，当它们失败后，对政府造成的打击也是最大的。1947 年改革的主要缺陷我们之前已经提过，这里不必重复。1948 年第二次改革失败的代价更大，不仅是因为 1948 年改革的目标覆盖面更广泛，而且国民党领袖自己承认，这是他们最后一次机会。除了这次改革，政府已经没有其他可以稳定经济、恢复公众信心的手段了。[①] 然而，从一开始人们就知道，1948 年的改革不可能取得成功，因为包含了导致 1947 年改革失败的所有相同的因素。因此，新改革方案不可能重新赢得民众的信心以及成功所需要的合作。

政府在 8 月 19 日宣布了金融和经济紧急措施。政府还发行了一种新货币。新的金圆券和旧货币之间的汇率被确定为 1：3000000。新货币的发行量被限制为 20 亿金圆券。政府再次禁止罢工和示威抗议。8 月 19 日之后，没有事先得到政府批准，工资和价格不得上涨。金银以及外币——这些都已经成为抵御通胀的主要投资对象——必须上交政府，兑换成金圆券。

其他经济改革措施包括：增加商品税、上调金圆券对外币的官方汇率、信贷控制、降低利率、打击囤积居奇。政府指派了三名高官监督这一改革措施在华中、华北和华南的执行。华北的行政院副院长张励生负责监督华北。中央银行行长俞鸿钧被派往华中。广东省省长宋子文负责华南的工作。[②] 蒋介石的儿子蒋经国全权负责上海地区改革措施的实施。

① 司徒雷登：《在华五十年：司徒雷登回忆录》，第 194 页。

② 上海《和平日报》，1948 年 8 月 20 日。

改革方案才刚刚宣布，媒体就提出了质疑。当改革的具体实施办法清楚之后，质疑声就更加强烈了。招致公众批评的第一个改革措施是冻结工资和物价。批评者指出，全国不同地区的工资和价格是有所差异的，8 月 19 日的工资和价格并不一定代表全国每个地区最合理的水平。尽管政府有规定，允许在 8 月 19 日的基础上做一定程度的上调，但人们怀疑，这一规定会遭到刻意曲解，再次引发 1947 年那样的骚乱——当时的骚乱也是由冻结工资和物价造成的。[①]

立即招致公众批评的第二个措施是政府要求所有人将手中的金银以及外币兑换成金圆券，而那些拥有超过 3000 美元国外资产的人只需要登记他们的财产。拥有外国资产少于此数额的人甚至不需要向政府申报。[②] 自由主义周刊《时与文》上的一篇文章直言不讳地评论道，实际上，政府紧急经济改革的基本原则是"换汤不换药"，也就是维持现状。政府没有采取任何措施改变财富分配不均的状况。政府冻结了普通民众的工资和薪水，对流往国外的资金则置之不理。官方确定的黄金和外币（拥有黄金和外币的主要是富人）价格等于甚至高于黑市价格，但白银的官方价格（持有白银的主要是穷人）则远远低于黑市价格。不仅如此，不断上涨的商品税损害了合法的工商企业，并不可避免地将上升的成本转嫁到消费者身上——这对低收入群体来说是另一个沉重的负担。同时，富人的收入和财产仍然是免税的。[③]

最终，批评者指出，新的改革方案中没有任何可以帮助政府改善基本财政状况的东西。解决持续的通货膨胀唯一可行的办法是平衡的财政预算。如果军事和其他方面的支出继续保持现有的水平，要想实现财政平衡就必须大幅增加政府收入以及社会生产总量。如果不解决

① 上海《大公报》，1948 年 8 月 21 日；上海《新闻报》，1948 年 8 月 23 日。政府的三次冻结工资和价格的实验分别在 1938 年、1942 年和 1947 年 2 月，三次实验都没有取得成功。

② 上海《大公报》，1948 年 8 月 23 日。

③ 上海《时与文》，1948 年 8 月 27 日。

造成通货膨胀的根本原因，只是用一种货币替代另一种货币，是不可能达到稳定经济的效果的。[①]

人们很快意识到，即使不考虑改革方案本身带有何种缺陷，最糟糕的是这一方案得不到严格地执行。严格执行经济改革措施的地区只有上海。在上海，蒋经国以极大的热情认真地进行经济改革，国民党政府意识到这次改革是它最后的机会。政府希望它能扭转上海——中国的商业和金融中心——糟糕的经济状况，那么国家的其他地区的局势也会随之逐步好转。

蒋经国在上海的活动受到了最大程度的关注。他逮捕和惩罚那些最有权势的投机倒把者，被描绘成城市丛林中无所畏惧的猎手。一时之间，蒋经国的“打虎行动”赢得了上海民众的广泛支持——投机商利用通货膨胀为自己捞取好处，上海市民深受其害。超过 3000 名投机倒把者，其中包括上海最有名的商人，被送进监狱。在最后关头，政府试图证明它会将这次改革进行到底，在这次行动中，任何人都不会得到特殊照顾。然而，在一个月之内，当新改革方案的缺陷开始显现出来时，蒋经国一开始轰轰烈烈的“打虎行动”成了人们的笑柄。

到 8 月 28 日，中央银行已经发行了 3000 万金圆券，以兑换民众的金银和外币。但政府并没有制订任何措施把所有闲置资金吸引（或驱使）到生产或至少非通胀的领域中。[②] 当然，无论在什么情况下，这一点都是很难做到的。因为公众对政府的新币从来都缺乏足够的信心，持续的通货膨胀让存钱失去了意义。[③]

新改革方案在全国其他各地区未能有效地执行对上海的改革造成了更为巨大的压力。蒋经国在上海的强硬手段的确产生了立竿见影的效果。价格稳定下来并保持了大约六个星期。尽管如此，即使没有多

---

① 上海《时与文》，1948 年 8 月 27 日；上海《前线日报》，1948 年 9 月 14 日；上海《新路》，1948 年 9 月 20 日。

② 上海《金融日报》，1948 年 8 月 28 日。

③ 上海《新闻报》，1948 年 9 月 9 日。

少经济头脑的人也明白，如果全国其他地区的经济状况持续恶化，上海不可能长时间不受这些地区的影响。[①] 但很显然，这种可能性却被南京的经济规划者忽视了。在全国其他地区——这些地方改革措施并没有严格执行——商品价格仍在继续上涨。

到9月底，上海已经成了一座经济孤岛。商人们或者预期政府会取消价格控制，因此停止向上海供应商品，或者将商品卖往其他地区。运往上海的大米在城外被外地商人买走，他们愿意支付比上海市场更高的价格。粮食储备不断减少，原材料的补给日益困难，囤积货物被定为刑事犯罪。许多面粉厂被迫减少了产量。上海电力公司得到的煤炭只有每月额定量的一半左右，不得不向市政府发出紧急呼吁。

进口原材料价格的上升也引起了一些人的忧虑，由于进口成本的上升，政府为成品制定的最高限价居然低于生产成本。例如，某一等级的棉花最高限价是每锭707金圆券。但由于纱线生产商无法以限定价格购买原棉，他们每制造一锭棉纱就要亏损70金圆券。[②] 政府没有制定任何规定保证上海能够得到持续的物资供应，定量配给民众必需的商品和材料，或将生产成本和商品价格的比例维持在合理的水平。[③]

严重的问题还不止这些，10月初人们又得知了一个更糟的消息，政府又增发了2.2亿金圆券以填补财政赤字。政府在8月宣布，金圆券发行的上限是20亿，现在发行量已经达到了这一限额的50%。所有人都知道这条消息意味着什么。东北和山东日益恶化的军事局势——政府军队在9月下旬丢掉了山东省会济南——进一步动摇了民众的信心。

一件与上述问题相比似乎微不足道的事情最终打破了上海表面的平静。10月1日，财政部宣布提高包括烟草和红酒在内的7种商品的税率。上海所有的烟草商店停止了营业，要求政府允许他们的提高售价，以弥补税率增加造成的损失。政府同意了销售商的这一请求。

① 上海《大公报》，1948年9月15日。

② 上海《新闻天地》，1948年10月16日，第50期。

③ 刘涤源：《论物价的局部管制》，载于《观察》，1948年10月2日，第4—7页。

10 月 3 日，当烟草商店重新开业时，香烟的售价上涨了 100%。[①] 这样一来，没有任何人再相信政府有能力稳定物价了。上海立刻出现了抢购狂潮。为了尽量减小预期中的新货币贬值带来的损失，人们都急着将手里的现金换成商品。所有人都尽可能利用商品仍然维持限价这一段时间。由于担心亏本，店主们开始缩短营业时间，或停止销售商品。在某些情况下，他们干脆完全停业。与此同时，黑市重新繁荣起来，被称为“旅行者”的商人将大量货物运出城市。[②] 普通人用自己的资金购买商品，那些更富裕和精明的人则逃往更安全的地方，例如台湾、广东、四川、香港。[③]

蒋经国试图扭转进一步恶化的经济局势，但他已无能为力了。蒋经国领导的大上海青年服务团在 9 月中旬组织了 30—40 个“巡逻小组”，每个小组招募了数千名工人，他们的任务是协助改革措施的实施。这些工人每天在城内巡逻，调查黑市活动。当地居民一旦发现了违反紧急经济方案的行为，可以随时向这些小组汇报。上海电影公司收到了国民党中央宣传部的指令，禁止在任何影片中讽刺新货币，违反者将以破坏民众对金圆券信心的罪名接受处罚。[④]

蒋经国的监管权力扩大到了整个江苏省、浙江以及安徽。当时的评论认为，这是一个好主意，但可惜为时已晚。媒体开始公开批评蒋经国的工作。一位评论者写道：“蒋经国在上海孤立无助。他的打虎行动只是暂时缓解了普通民众压抑已久的不满情绪，并没有得到上海真正有权势阶层的支持和配合。他无法有效地开展工作，实现自己的理想。”更具体地说，蒋经国失败的根本原因在于他对工商业和金融业缺乏基本的了解。无论蒋经国的政治信誉给人留下多么深刻的印

① 上海《前线日报》，1948 年 10 月 7 日。
② 上海《大公报》和《商报》，1948 年 10 月 6 日；上海《大公报》，1948 年 10 月 7 日。
③ 上海《商报》，1948 年 10 月 15 日。
④ 上海《新民晚报》，1948 年 10 月 16 日。

象，但在前往上海之前，他并没有对要解决的经济问题做好充分准备。他没有调查城市的生产需求。10月初当企业家提交生产统计数据，向政府反映困难时，他也没有采取任何相应的行动。① 到10月底，大米、食用油、燃料这样的基本商品已经发生了严重短缺。而药品、奶粉、棺材、卫生纸和棉花已经完全从上海本地市场消失了。②

10月31日，行政院召开了一次特别会议，通过了经济改革方案的“补充措施”，事实上放弃了此前的最高限价政策。③ 11月1日，南京特别刑事法庭的庭长宣布，那些因涉嫌违反8月19日禁令而遭到拘捕的商人将免予起诉。那些已经被捕、审讯、并被判有罪的人可以交保释放。

11月6日，上海的商品价格已经涨到8月水平的10倍以上。④ 11月8日清晨，猪肉价格还是每斤6金圆券，到上午11点，已经涨到每斤12金圆券。在一天之内，餐馆将价格上调了2倍到3倍。人们在米店门口排起长队，但一粒米也买不到。上海周围的农民在上一年获得了丰收，但他们担心金圆券马上会变得一文不值，因此拒绝出售自己的大米。到11月底，政府开始明目张胆地突破自己最初宣布的20亿元上限，印发金圆券的总量已经达到了34亿元。

几乎所有人都能想象到，经济改革取得的唯一成果是政府从民众那里得到了价值1.7亿美元的金银以及外币。⑤ 然而，现在的问题是，政府究竟通过这种方式获得了民众多大比例的财产。据估计，至1948年9月底，上交给政府的金银以及外币的总额仅占民众实际持有资产的20%—30%。⑥

在上海，对政府表示最强烈愤慨的群体并不是因为经济混乱而一

① 上海《新闻天地》，1948年10月16日，第50期。
② 上海《大公报》，1948年10月28日。
③ 上海《大公报》，1948年11月1日。
④ 张嘉璈：《通货膨胀的恶性循环》，第359页。
⑤ 张嘉璈：《通货膨胀的恶性循环》，第80页。
⑥ 上海《东南日报》，1948年10月6日。

直遭受损失的“中产阶级”，而是商人和企业家。11月1日，上海商会和上海工业协会召开了一次由当地工商业负责人参加的会议。与会者纷纷谴责政府政策对工商业造成的破坏，并强烈抗议众多企业家遭受的不公正待遇和侮辱。一位发言者称政府为“庸医”，认为400万上海市民被政府当成了“实验样本”。其他人要求财政部部长辞职，并惩罚那些对改革方案负责的人。[①] 其他评论者多少显得冷静一些。一位评论者曾做出预测：“这次货币改革可能是南京国民政府为政治系的学生提供的最后一次教训了。”[②]

通货膨胀造成的危害

正如上文中提到的，我们很难确定通货膨胀和政府失去“中产”工薪阶层这一少数群体的支持之间是否存在直接的关联。但毫无疑问，至少相对于其他阶层而言，工薪阶层承担了通货膨胀造成的大部分危害。同样不容置疑的是，他们由此遭受严重的经济困难。当然，就绝对的贫困水平而言，许多低收入的工人和失业者和他们同样或更加严重。

上海主要的工薪阶层包括教授和中小学教师、军官以及政府职员。在“二战”期间，他们的生活就已经困苦不堪了，因为通胀降低，他们的实际收入只相当于战前水平的6%—12%。下降的平均水平因职业和部门的不同而有所区别，因为不同的部门提供给员工的住房、大米、燃料和其他生活必需品并不是统一的。到1945年，工薪阶层已经成了“一个新的受压迫阶层”，并且在整个内战期间，都一直

---

① 上海《大公报》和《中华时报》，1948年11月2日。

② 《金圆券下的牺牲者》，《时代批评》，1948年11月15日，第2页。

如此。[①]

政府至少可以向工人发放补助，以补偿生活成本的上涨，但政府发现，很难对自己的雇员进行同样的补偿。这些雇员包括大多数大学教授，他们与普通公务员薪金水平大致相当。[②]1946年5月，《大公报》的一名记者调查了上海主要行业的月平均工资，无论工人的不满有多么强烈，他们的薪资仍高于教师和政府雇员。当时，不同行业的收入差别较大，例如，针织业女工的月工资是5万法币，木匠为18万，机械工达到了20万，总之，上海主要行业的月平均工资大约为10万法币。[③]但到1946年2月底，上海高校教授的平均月工资大约只有5.2万至7.8万法币。[④]他们的收入甚至比不上理发师、裁缝和银行职员。1946年上半年，即便是政府银行办公室的勤杂工每月都能挣到11万法币。上海的三轮车夫每天可赚到2万法币。[⑤]

1946年12月，昆明公立中小学的教师发布了联合声明，要求政府增加工资。小学教师的月工资当时为8万法币，这样的收入据说无法维持城市里两到三口之家的基本生活。[⑥]上海大学教授协会用自怜的语气宣称："教授的薪酬甚至比不上奶牛场里清除粪便的苦力、电车售票员或者政府银行的雇工。"他们或许并没有夸大事实。[⑦]

---

① 张嘉璈：《通货膨胀的恶性循环》，第63—65页；周舜莘：《中国的通货膨胀（1937—1949）》，第244页。到1946年中期，一位昆明教授估计他的同事的真正收入比1937年的水平减少了98%。见上海《大公报》，1946年8月30日。

② 此时，中国大约有180所高等学府，其中有122所是国立学校，有大约1万名教师。国立（省立）中学也为数众多。见天津《大公报》，1947年7月10日；上海，《中美日报》，1946年2月28日。

③ 季崇威：《上海劳工漫记》，上海《大公报》，1946年5月2日；上海《大公报》，1948年2月20日（见第126页注②）。

④ 上海《中美日报》，1946年2月28日。

⑤ 上海《和平日报》，1946年5月28日；天津《大公报》，1946年4月2日。

⑥ 昆明《中央日报》，1946年12月25日。

⑦ 上海《大公报》，1946年4月10日。在1947年底，鲍大可发现上海大学教授的工资和拉黄包车的苦力生意好的时候差不多，一些机构付给专业人员工资和付给体力工人的工资差不多（《共产党接管前夕的中国》，第19页）。

在内战的大部分时间里，所有政府雇员的工资平均三个月上调一次。但这样的调整从来没有赶上过生活成本实际的上涨速度，教师和公务员仍然处于极度贫困的状态中，大多数情况下，他们的实际收入甚至不足以维持基本生活。[①] 1947 年 4 月，天津一个低层政府职员的月收入是 20 万法币，这笔钱仅能支付他的伙食费和其他生活杂费，但不包括房租。[②] 北京大学和清华大学的 10 名教授发布了一份联合声明，声称公立学校教师和公务员已经无法保持哪怕是最低生活标准了，他们的家庭每天都在饥寒中度日。教授们警告，过低和不公正的工资待遇产生了三大危害：效率降低、腐败蔓延、敷衍塞责。[③]

根据 1948 年初上海市政府的一份调查报告，在接受调查的 1942 个公务员家庭中，大约 69% 的家庭要么存在债务问题，要么处于“入不敷出”的状况。[④] 1948 年 3 月，一个公务员写信给《大公报》，讲述了自己的困难情况。作为“政府机构的一个低级职员”，他每月的薪水是 310 万法币。这笔钱无法买到他和他的父母每月的生活必需品以及支付他们居住的小屋每月 3 斗米的房租。为了保持收支平衡，一家三口人全部食物仅有大米、蔬菜以及每星期一磅猪肉。然而，在 1 月底，政府将他这个级别职员的大米配给由每月 8 斗减少到每月 3 斗。他在信中写道，人们现在甚至买不起能够维持一个月基本生活的玉米面了。“在过去 10 天里，我们能吃到的东西只有稀粥。每天 8 小时坐在办公桌边，我时常饿得头昏眼花。”[⑤]

当时有一种普遍的观点，由于经济困境导致的苦难，工薪阶层对

---

① 上海《申报》，1946 年 6 月 10 日；天津《大公报》，1947 年 10 月 17 日；天津《新星》（独立报纸），1947 年 8 月 21 日。

② 天津《商务日报》，1947 年 4 月 6 日。

③ 王遵明等：《我们对于改善公教人员待遇的意见》，《观察》，1947 年 10 月 18 日，第 3 页。

④ 上海《申报》，1948 年 3 月 16 日。

⑤ 上海《大公报》，1948 年 3 月 13 日。想了解进一步的分析，见伍启元：《公教人员的待遇怎样才能得到真正的改善？》，载于《观察》，1946 年 10 月 19 日，第 8—9 页。

社会主义至少已经毫不恐惧了。通货膨胀“吞噬”了他们所有的薪水和储蓄，他们实际上已经变成了“无产阶级”，他们已经没有任何可以失去的东西了。事实上，这种说法有些夸张，因为中国的许多知识分子一直怀有社会主义的理想（这一点我们将在后面的章节中详细地说明）。

但是，知识界的贫困的确为学生反内战运动提供了一个重要主题，经济窘迫也使得教授们广泛支持学生的反内战运动。正如我们提到过的，教授们本身显然是赞成1947年学生举行的反饥饿反内战游行的。当时他们提出了许多要求，例如削减军费、增加教育支出——包括提高他们的工资。政府通过滥印钞票维持战争，使许多民众陷于贫困，这种做法受到反战人士的严厉批评，并由此失去了知识界的支持。但与工人运动不同的是，工人运动是由通货膨胀造成的经济混乱直接引发的，知识分子不支持政府的内战政策则是出于对政府更复杂的评估——知识界认为，放弃国民党政府是为保存整个国家而不得不做出的牺牲。知识分子自身在最近遭受的贫困只是他们评估中的一个较为明显的因素。

在这一时期，政府公务员并没有积极地参加反政府的抗议活动。除了写信给报社讲述他们的困境，或订阅《观察》杂志（假使他们买得起），公务员没有采取任何政治上有影响的方式表达自己的不满。[①] 公务员和知识界一样，直到战场上的惨败最终决定国民党的命运之前，他们一直没有抛弃国民党政府。因此很难确定，他们的贫困除了导致腐败增加和工作效率降低，还对国民党政府造成其他什么不利的影响。但这些弊端造成的伤害或许已足够破坏政府在其他民众心目中的形象了。但就公务员自身而言，他们对国民党和内战的态度与知识界并没有太大的区别。

张嘉璈对当时局势的总结似乎是最精当的，他认为，公务员和教师的窘迫境况“在政治上十分危险，因为他们本身就有左翼知识分子

① 欲了解该杂志当时的流行程度，见第五章和书后关于征引文献的说明。

的倾向”。[1] 这段话的含义是，内战时期严酷的经济现实加剧了这一阶层原本就危险的政治和思想倾向。如果这一观点属实，通货膨胀对政府造成的最主要政治伤害或许并不是政府由此失去了城市中靠薪水生活的中产阶级的支持。

如果要下一个最后的结论，政府为经济管理不善付出了沉重的代价。通过印发钞票填补财政赤字只是政府诸多错误中一个最明显的例子。对政府来说，这一决定最严重的一个后果或许是，决策者由此产生了一种错觉，以为他们可以不付任何代价解决财政问题。大量印发钞票以及持续地依赖外国援助，[2] 的确帮助政府度过了抗战时期，但这些措施也极大地削弱了本国经济。在抗战时期，通胀就已经开始了，要想遏制这一趋势，政府必须彻底和全面地改变自己的经济管理方式。因此，毫不奇怪，由于缺乏进行这样的改变以及做出相关决策所必需的经验，政府在对抗共产党的战争中采取了同样的经济管理方式。最终的结果是政府既没有意愿也没有能力做加速其经济状况恶化之外的任何事情。

更具体地说，“二战”之后，中国工人突然摆脱了日本人八年以及此前十年国民党的约束，通货膨胀正好为他们反抗政府控制提供了一个现成的理由。在通货膨胀日益严重的背景下，政府无法像战前那样重新控制工人。在日本投降后的最初六个月里，政府充分认识了工

① 张嘉璈：《通货膨胀的恶性循环》，第 65 页。

② 这里的观点并不是批评国民党政府接受外国援助，而是强调政府似乎不愿意面对中国经济处境的残酷现实。这一弱点从政府依靠印钞机和依赖外国援助上就可以看出来。这两点也将政府置于尴尬的处境：在经济危机加剧的时候，没有别的生存之法，只有继续求助于华盛顿。这一弱点为社论作家提供了很好的材料。比如，《时代批评》（1948 年 1 月 15 日，第 3 页）将政府比作一个腐朽的旧家庭，不得不借钱糊口，不得不为他堕落的子孙购买鸦片。这个弱点还提供了一个鲜明的对比，对比的另一方是简朴和自力更生的共产党。欲了解美国给予国民党的救助、贷款和售贷的细节，见《中国白皮书》第 1 卷第 360—409 页，第 2 卷第 939—980 页、第 1042—1053 页。想了解对美援计划的分析，见周舜莘著《中国的通货膨胀》第 173—184 页。

人的破坏力量——在解决劳资纠纷时，工人们常常无视官方的法规和程序，并最终免于惩罚。政府被迫接受工人提出的根据生活成本的上升自动调整工资的要求。

政府的妥协不仅加速了工资—物价的上升，而且破坏了政府与工商业的长期联盟，而这一联盟此前一直是国民党权力结构的主要支柱之一。为了平息劳工骚乱，政府屡次妥协，这引起了企业家的不满，他们认为，政府的退让致使生产成本大幅上涨。高工资只是诸多问题之一。政府不能赢得内战是因为它要为几乎所有问题负责——不仅是因为通胀本身，也是因为政府没能有效地降低通胀对人民的损害。这些问题包括：购买力普遍降低导致的需求减少，不合理的商业税和生产税，最后是 1948 年 8 月灾难性的改革。上海商会和上海工业协会终于无法忍受，开始公开谴责政府的政策。

同一时期，工商业和普通民众开始用更具体的方式表示他们对政府缺乏信心。商业界和金融界拒绝购买政府发行的债券。公众不敢把钱存进银行，四处寻找其他的投资方式——这种做法是很容易理解的。私人借贷机构毫不理会政府的规定，它们的利率超过了中央银行批准的最高利率。在实施紧急经济改革的 1947 年和 1948 年，商人们拒绝向城市供应商品，因为城里的市场价格受到了政府的限制。企业家热衷于囤积居奇，因为这么做比从事正常的商业贸易和生产经营更有利可图。结果是生产下降、企业破产以及失业率的上升。

总之，政府在经济上的糟糕表现导致了以下后果：工人运动重新兴起，并且不再受政府控制；1947 年的经济衰退——失业上升的恶性循环；政府与工商界关系恶化；公务员的贪污腐化以及知识界对内战的强烈反对；由于政府没能有效减少通货膨胀的损害，国民党的执政能力受到严重质疑，这一质疑反过来又加大了政府控制通胀的难度。因此，政府的命令和改革措施得不到民众的响应，哪怕人们知道对于反抗共产党而言，这些措施是十分必要的。在政府必须得到所有人的充分合作以及最大限度的牺牲才能渡过难关时，它的权威恰恰削弱了。

第五章 CHAPTER 05

林林总总的控诉：知识分子对国民党的批评

> 在国民党的心目中，今日他们最大的敌人是共产党。然而他们很少反省，今日共产党势力之所以如此膨大，到底是谁培植出来的。我们可以一一分析。先说青年。青年本来纯洁，对于政治初无成见。只要政治清明，社会安定，一切上轨道，国家有前途，他们自然拥戴政府。但是政府种种表现，无不使人失望。……再说中年人。现政权的支持层原是城市市民、公教人员、知识分子、工商界人。现在这一批人，一股脑儿都对南京政权没有好感。国民党的霸道作风使自由思想分子深恶痛绝；抗战以来对公教人员的刻薄待遇，使公教人员对现政权赤忱全失；政府官员的贪污作弊，种种刁难，使工商界人物怒气冲天；因财政金融失策以及内战不停而造成的物价暴涨，使城市市民怨声载道。①

乔治·马歇尔将军，在美国调停国民党政府和共产党的努力失败后写下了告别声明，里面提到，只有自由派通过一定途径在政府中掌权，中国的情况才能被挽救。不管其出发点是多么的善意，该建议在政治上是错误的，因为自由主

① 储安平：《中国的政局》，《观察》，1947年3月8日，第3页。

义者团体主要由知识分子构成，他们首先是知识分子，其次才是政治家。内战期间，国民党统治下的中国，想在政治环境中存活必须要有一定的资源，他们却没有。但是在国统区，自由主义是在知识分子[①]中占主导地位的政治潮流，它所引起的对国民党政府的批评几乎与共产党对政府的抨击一样，掀起了轩然大波。

曾经有人说过：中国传统的人文主义，西方传教士教育，大部分教师和教授在欧美接受了先进的训练，所有这些使得中国知识分子接受了一种理念，这种理念实质上就是西方概念中的政治自由主义。[②]不管出于什么原因，20 世纪 40 年代末，如果说在政治领袖中仍未推而广之，知识分子中间已非常稳固地形成了一种现代自由主义风气。就是在这一思想背景下，学生反战运动能够按前文曾提及的形式发展起来。学生走上街头，自发制造声势，反对国民党政府的所作所为，而将细节上进行学术论证的任务留给了他们的师长一辈。师长们撰写了大量的社论和评论，它们显然是学生行动主义的中年版本。

在 20 世纪 40 年代末，知识分子将他们的观点发表在一些报纸和杂志上。这些报纸和杂志拥有各自的读者，也同样吸引了国民党当权者和秘密警察的注意。但是尽管受到骚扰，内战期间最为广泛阅读的自由刊物却得以完好生存下来。它们是《大公报》——这是一份日报，在上海、天津和香港都有各自的版本刊行，[③]以及《观察》——一份上海发行的周刊。很多人认为《大公报》能够免于受到政治迫害，不仅仅是因为它在全国报纸中处于领军地位，还因为它与国民党“政学

① 在这一时期，中国共产党提到知识分子的时候是指任何正在接受或已接受过中学或以上教育或同等学力的人。当引用共产党的原始资料和见解时，应该采用这一定义。在非共产党原始资料中，该称谓的含义较为狭窄。在本章绝大多数地方，“知识分子”这一称谓特指作家、记者、大学教授和教师这些直接参与国家精神生活的人。

② 费正清：《美国与中国》，第 196—200 页。

③ 在第二次世界大战以后，《大公报》的香港版直到 1948 年才复刊，从那以后，它在政治上比起其他的两个版本都要“左”一些。

系”关系密切。[①]

另一方面，《观察》成功的秘诀，自始至终是个谜。虽然不时受到右派和左派的攻击，《观察》总体来说成功地维持了它作为“不迎合任何政党，持有自由政治意见”的独立杂志的可信度。它也被认为是 20 世纪 40 年代末同类刊物中最受欢迎的。因为这些原因，还由于它是一份表达政治意见的杂志，它的大多数文章是大学教授撰写的，所以这里将《观察》作为研究内战期间国民党地区知识分子政治主张的主要信息来源。[②]

《观察》的创办人和主编是储安平，曾经在英国留学的上海复旦大学教授。杂志在 1946 年 9 月 1 日创刊，从此以后每周发行，直到 1948 年 12 月 24 日被中央政府查封，罪名是帮助共产党。在存在于世的两年零四个月间，杂志的受众稳定增长。到 1948 年末，它的发行量据称有 6 万，而它的实际读者数保守估计是这个数字的两倍。《观察》在全国发行，四个城市（北平、天津、南京和上海）占到它的总订阅量的 20%。据一名前北平居民说，杂志如此受欢迎，甚至在家附近小巷停车的一小群黄包车车夫经常在等顾客的时候也阅读该杂志。然而，有文化的黄包车车夫很大程度上是北平独有的现象。根据《观察》自己的数据，它的读者全可以分为三类：知识界，学生和老师；政府人员，包括中下级的公务员和军官；工商业和金融界。[③]

谈到这份杂志的成功，储教授骄傲地讲述：1948 年夏，参加清华、南开、北大入学考试的学生在回答一道时政题——写出对他们经常阅读的一份报纸或杂志的评论时，大多数人都以《观察》作为

---

① 见书后参考文献。

② 另一个重要的参考刊物是《时代批评》，在香港发行，主编是张学良的前秘书周鲸文。与《观察》不同，这份杂志刊登了共产党和民盟发言人的文章和声明。但是尽管周鲸文据说当时同情左派，尽管该杂志在国民党政府控制之外的英国殖民地发行，《时代批评》的社论和大多数政治评论在基调上与《观察》并没有太大的差别。

③ 见书后参考文献。

回答。[①] 到 1948 年，《观察》的军事报道——据说是国防部内部透露的消息，作为公众唯一能够得到的、准确报道正在进行中战事的消息来源而扬名。当它在 1948 年底遭禁时，少数评论者为杂志写了挽词，其中一位写道：超过 10 万的《观察》的忠实读者现在更加确信国民党没有未来。他总结道："'储安平教授时代'已不得继续存在，可以说这份杂志已经完成了它的使命……这一刻仿佛是现存秩序的最后五分钟，再多的言论已显得毫无必要。"[②]

然而在 1946 年 9 月，言谈似乎太有必要了。《观察》第一期包含了一则宗旨宣言。注意到公众的士气越来越沮丧，编辑回忆了在不久的几年前，国家是如何凝聚在一起对抗外国侵略者的。但是今天，他写道，比起关心整个国家的福祉，人们似乎更关注他们自己的利益。所以，他办刊物的宗旨，是振奋民众，"以救国家于危难之中"。[③]

这一时期，所有自由主义文章和学生示威的内核，是相信如果把异议表达地足够令人注目，政府多少会被迫对公众关于和平、经济重建和政治改革的要求做出回应。这个信念一直持续到 1948 年中期。到了那个时候，政府的不回应已经变得非常明显了，事实上过不多久它甚至是没有能力回应了。然而在那以前，学生试图通过游行、请愿和各种宣传活动积极动员民意；与此同时，老一辈知识分子着重于"公众反应和严肃讨论"。为此，《观察》致力于呈现政治观点，呈现对政府、国民党和反对党的负面评价，也呈现正面的改进意见。这些

① 储安平：《吃重·苦斗·尽心》，《观察》，1948 年 8 月 7 日，第 4 页。

② 上海《前线日报》，1948 年 12 月 28 日。

③ 储在这里提到的"危难"不可能指共产党的胜利。他在写到共产党的时候，语气从来不是这样的。另外，当时极少人相信共产党事实上能够打败政府的武装力量。在 1946 年中期，每个人最害怕的真正危难其实就是内战本身。马歇尔将军的调停努力还在继续，但是越来越明显的是和平解决的遥不可及。此时以及之后的至少一年半的时间里，在国民党控制区域，非官方圈子中的作家和记者对内战的评价似乎众口一词，都认为它是花费巨大和希望渺茫的冒险活动，可能会无限期地拖下去，因为任何一方都没有能力击败另一方。以上论述将在下面的文字中详细论述。

观点和论述基于对政治和社会的自由主义观点：该观点认为，通过自由、进步和理性促进民主的实现最能维护国家和人民的利益。

这一观点包含的理想和期望表露无遗。它们代表了那个时代自由主义价值观的基本共同特性。储安平写道：

关于民主：

我们不能同意任何代表少数人利益的集团独断国是，漠视民意。我们不能同意政府的一切设施措置都只是为了一部分少数人的权力和利益。国家政策必须容许人民讨论，政府进退必须由人民决定，而一切施政必须对人民负责。民主的政府必须以人民的最大福利为目的：保障人民的自由，增进人民的幸福。

关于自由：

我们要求自由，要求各种基本的人权。自由不是放纵，自由仍须守法。但是法律须先保障人民的自由，并使人人在法律面前一律平等。

关于进步：

我们要求民主政治，要求工业化，但要民主政治成功，工业化成功，先须大家有科学精神，现代头脑。我们要求在政治、经济、社会、教育、军事各方面的全盘现代化……唯有现代化了，才能求得更大更迅速的进步，才能与并世各国并驾齐驱，共同生存。

关于理性：

没有理性，社会不能安定，文化不能进步。现在中国到处都是凭藉冲动及强力来解决纠纷，甚至正在受着教育的青年也是动辄用武……近几十年来中国的教育在这方面完全失败。我们要求政府及社会各方面全力注意这点。只有发挥理性，社会始有是非，始有和平，始有公道。[①]

知识分子对国民党政府的批评

自由主义责任感在知识分子对国民党政府的批评中表现得淋漓尽致。自由主义者首先指责国民党背叛了选民赋予当选政党的执政权——正是它使得国民党的统治在原则上具有合法性。自由主义知识分子不一定将孙中山的三民主义纲领作为自己的政治信仰，他们也不特别重视孙的治国方略。但是碰巧地，三条原则——民族主义、民权主义和民生主义，尽管不同的人有不同的理解，还是概括了知识分子团体的三个最基本的政治关注点。

国民党官方将孙中山的方案作为其政治纲领，这其中包括了作为准备阶段的“训政”将最终通向“宪政”的概念。他们这么做是为了给自己保留一个外壳，这个外壳就是孙的声望和作为现代中国缔造者的权威。在这种情况下，蒋介石的国民党曾保证要执行这套方案，但是实际上它是不愿意这样做的。国民党从抗日战争中获得的民族主义者的信赖和累积的声望，却由于在战后无法满足大众的渴求而迅速消耗。这些渴求包括：对和平的渴求，对经济重建的渴求和对一定形式有求必应的政府的渴求。因此自由分子对政府的谴责包含两条主要罪状：一条与国民党统治的形式有关，另一条则与其统治的表现有关。

国民党统治的形式

政府存在着，不仅应该“民享”，也应该“民有”和“民治”——这个想法被一次又一次地提及。要说国民党二十年的“训政”是合理的，唯一可能的理由是像孙中山所说的那样，为“宪政”预备道路。

① 《我们的志趣和态度》，《观察》，1946 年 9 月 1 日，第 3—4 页。

而所有人的看法是一致的：国民党远未完成这个任务。1946 年 11 月 30 日和 12 月 1 日，值上海小贩暴动之际，储安平写下一些讽刺的评论以飨读者：

大商店的被打，跳舞场、电影院的被打，过路汽车的被打，都是出于一种贫者仇视富者的心理。然而凡此现象，未尝不是一种可喜的现象。就后者论，贫富阶级的悬殊本不合理，贫民阶级开始了解这是一种不合理的社会现象，并以行动表示其意志，足以说明中国社会已有进步。就前者而论，我们一向认为二十年来国民党的“训政”，无甚成绩可言，而现在一般民众居然敢公开抗议“为什么不让我们吃饭”，国民党当局亦大可引以为骄，因为“训政”的目的，乃在提高人民的政治意识，行使政权……我们竟因此不得不承认国民党训政二十年，非一无成绩可言者。[①]

南京国立中央大学教授吴世昌说得更坦率：

国民党之一党专政，无疑的是模仿苏联的。不过国民党政纲规定训政以后有宪政，不像苏联的长期一党专政，是仍以民主政体为目的，训政不过是一段过程。但不幸这段过程太长，甜头太多，竟使它还没有走到目的地，便腐化起来。[②]

宪政

自由主义知识分子以相当怀疑的眼光看待正在以代议政府的名义确立的机构和程序。这些怀疑的最初源头是政治协商会议——一次于

① 储安平：《论上海民乱》，《观察》，1946 年 12 月 14 日，第 4 页。
② 吴世昌：《论党的职业化》，《观察》，1947 年 3 月 8 日，第 10 页。

1946年1月11日到31日召开的多党会议，旨在和平解决中国共产党和国民党之间的争端。38名代表参加了会议：8名来自国民党，7名来自共产党，5名来自青年党，2名来自民盟，2名来自民主社会党，2名来自救国会，1名来自中华职业教育社，1名来自乡村建设协会，1名来自第三党，9名无党派人士。会议就国共两党间发生纷争的五个主要领域达成了协议，因而至少在理论上奠定了一个真正联合政府的基础。

协议解决了以下问题：改组国民政府；拟定结束国民党“训政”，引进“宪政”的政治纲领；修改1936年的宪法草案；规定全国制宪会议代表资格（全国制宪会议将采纳经修改的宪法）；将政府和中国共产党军队重组成统一的武装力量。

自由派人士多半对这些协议满意。但是政协并没有执行权，这就是问题的关键所在。国民党内部的右翼分子反对会议做出的很多正式决定，并成功地在3月的国民党中央执行委员会会议上修改了国民党在几个要点上的立场。两个最重要的改动是限制各省的自治权以及规定延续总统政体而不是像会议通过的那样采用内阁制。

在受到来自国民党右翼的一击后，① 会议达成的协议越来越不具效力——或多或少与1月停火协议的失效同时（当初正是因为停火协议，协议才得以达成）。除了国民党单方地修改协定，1946年出现了争论关键点，涉及：将共产党武装并入国家军队；国民党拒绝在40个席位的国民政府委员会中，给予共产党和民盟联合否决权。国民政

① 1946年2月10日重庆较场口召开了庆祝政治协商会议成功闭幕的会议，该会议遭到暴力破坏。自由派的民意认为这些右翼分子还应对该会议的被暴力破坏负有责任。很多与会者受到据说是右翼国民党分子雇佣的恶徒的身体袭击。该事件后来经常被作为一个标志，用来说明国民党在面对民众广泛要求和平解决与共产党争端时，妨碍议程的手段。欲了解关于谁对该事件负责的普遍意见，见约翰·F. 梅尔比的《天命》，第88—89页。欲了解国民党右翼的版本，见中国劳工运动史编撰委员会编辑的《中国劳工运动史》（全五卷），第四卷，第1585—1587页。

府委员会在宪政正式确立前将成为国家权力的最高机构。共产党和民盟称国民党无论在形式还是在实质上都侵犯了原先的会议协议，所以他们拒绝受协议的约束并拒绝参与协议的执行。政府随后在 1946 年 11 月 15 日继续单方面召开国家制宪会议，通过了 1936 年宪法的修正案；单方面地在 1947 年 1 月 1 日公布新宪法；单方面地在 11 月选举第一届国民大会的代表，1948 年 4 月，单方面地在国民大会的会议上选举出了国家的总统和副总统。①

对在美国学习的中国留学生进行的问卷调查（见第三章）显示了这些做法引起的负面情绪。被问及“你认为最近在中国举行的选举和宪法的公布表示国家真的向民主政府方向前进吗？”时，有接近 80% 的被调查者的回答是“不是”或“未必”。

《观察》和其他出版物的“致编辑的信”专栏反映了同样负面的态度。一名希望破灭的刚从法学院毕业的年轻律师写道：宪法的公布本来应该是令从事法律专业的人们感到高兴的一件事，但是恰恰相反，“法治”对他们来说成了嘲弄。在民国早年，司法还算是独立的——他评论道，但是在国民党的“训政”下，司法独立名存实亡。他继续援引了最近引起上海法庭注意的一个案件。在这个案件中，当地的调查办公室要求对一位被怀疑有不法行为的县长提出诉讼。这以后不久法庭收到了“上级指示”，案件被迫不了了之。作者总结道，在这样的情况下，司法独立从何谈起。②

另外一封信描述了某县在 1947 年 11 月 21 日和 23 日选出第一届国民大会代表的过程：

① 欲了解全国人民政治协商会议及它所通过决议的破产，见美国国务院编：《美国的外交关系》（1946 年，远东中国卷），第 1—723 页；张君劢：《中国的第三势力》，第 142—222 页；钱端升：《中国政府与政治》，第 317—345、375—381 页。会议决议和关于 1946 年 3 月国民党中央执行委员会会议的新闻稿见《中国白皮书》，第 2 卷，第 610—621、634—639 页。

② 未署名的信，1948 年 2 月 8 日（《观察》，1948 年 3 月 6 日，第 2 页）。

今天，全国的报纸都在报道国民大会的召开。但是我依旧记得去年宣化县选举国民大会代表是多么可笑。

国民党提的宣化县国民大会代表候选人是董秀明，另外还有一些选举的竞争者。一个寒冷多云的下午，董秀明在集市的露天剧院做了公开竞选演说。为了学到一些关于民主的知识，我冒着寒风去听讲。我到达时，除了一些店员的学徒外，所有坐在观众席里的都是附近街道过来的小贩。当我问到他们为什么来到这里，他们的回答是警察叫他们过来……然后三四个长官带过来两百多人，这些人据说刚刚进行了军事训练。直到这个时候，所有的座位才被坐满。董先生的演说非常简单，根本没有包含任何竞选纲领……董先生做完演讲后，县长王一芳接着开讲。他对观众席中的“选民”说：“我命令你们选董秀明先生。这个命令就像让你们去修筑防御设施的命令一样。任何人如有违抗，都是错误的……”在会后，保甲长们当然遵从了王县长的指示；他们挨家挨户地传话：“县长说了，不投票给董秀明的人，防御设施将来需要修理了，这些人就出去干活。”选举的结果自然是董秀明得到多数选票。

今天是国民大会盛大开幕的日子，我想董秀明先生已经稳稳地坐在代表席的位子上。名正言顺的国大代表，还有这么多内幕，无怪乎这些签署当选却未能取得当选证书的代表来到国民大会会场，吵闹着要求入席？真是个笑话。①

① 信件署名“丁可山”，1948年3月30日，宣化县（《观察》，1948年4月10日，第2页）。关于代表当选但是无法获得选举许可证指的是出现了这样的问题：国民党同意青年党和张君劢的民主社会党加入政府后，分别给予他们300个和260个席位。然而一些国民党党员未经国民党中央提名，就在本来是其他两党的选区内进行选举。民、青两党只分别赢得70和68个席位，威胁除非得到答应过的席位，否则就要离开大会。国民党因此尝试劝说那些未经国民党中央提名参加选举的代表将他们的席位让出来——但是多数人不愿意。在第一届国民大会开幕的1948年3月29日，争执吵闹依旧未得到解决。欲了解选举，见上海《再生》周刊（民社党机关出版），第194期，1947年12月14日。

第一届国民大会的会议本身激起了同样刻薄的评论。在大会召开的南京，一位《观察》读者形容场面混乱不堪，三民主义在这里成了空洞的口号。在他看来，政府最大的失败之处在于民主的毫无增长。这就是为什么共产党奋起反抗，各地的人们都呼应他们的原因。“如果现在的政府继续不理民生问题，当今的当权者继续自私自利，”他总结道，“那么这些人将从权位上摔下来，当然是他们自己的过错。”①

对于这次的国民大会，储安平写道：“混乱至此，除了笑，我无以对之。”但是他不愿将责任归于代表本身，而认为二十年的国民党“训政”才真正难辞其咎。“训政”的目标是教人们如何举行选举，但现在众所周知：国民大会代表的选举成了一场闹剧；被选举的代表质量普遍较低；在全中国的国民党统治区，不论在国民党党内还是党外，具国内威望的领导人之中，很明显地没有哪一个能与蒋介石竞争总统之位。对于所有这些缺点，储直接归咎于国民党。“非常坦率地说”，他总结道，“从国民大会前举行的选举和会上发生的事件来看，国民党过去二十年的‘训政’是一场彻头彻尾的失败。”

但是一直到很后来的 1948 年 4 月，他似乎依旧希望国民党领导人能够以过去的错误作为前车之鉴。他于是号召国民党“拿出良心来，拿出勇气来，全盘改变作风，真正替国家做点事情”。②

公民自由

也许对学术界来说，比打着代议的幌子惺惺作态更严重的是官方对公民自由的侵犯。这些自由是由宪法以及一些官方声明和公告所保证的。在实践中，它们要么被当地政府忽视，要么通过宣布戒严令或者相似的紧急公告被官方暂时中止。这些措施被特别用来让那些批评

① 南京，信件署名“许少甫”，1948 年 4 月 3 日（《观察》，1948 年 4 月 10 日，第 2 页）。

② 储安平：《国大评论》，《观察》，1948 年 4 月 24 日，第 3 页。

政府及其政策以及内战的人噤声。因为国民党统治地区的学生和知识分子依旧是最执拗和最能言善辩的批评者，所以他们自然成为政府压制政策的主要对象。几百人被监视、跟踪、威胁、骚扰和逮捕，就像关于学生的第三章中描述的那样。很多人“失踪”。监禁、刺杀和用刑成为政治生活的常态。

抗日战争时期曾经实行过官方新闻审查，而在内战期间，该办法没有被正式制度化。但是对新闻界的干涉以许多形式进行着。这些形式包括：临时审查制度；地方性的审查制度；让探讨特别话题的出版物某一期暂时停刊；情节严重者实行永久封社；实地袭击印刷厂和编辑社；逮捕和关押记者；甚至殴打报童和小贩。从政府的观点来看，这些努力基本适得其反。他们确实成功地减少了大众读者能读到的新闻和政治评论的数量和质量。但是因为批评政府的刊物是禁不完的，禁令导致刺激存留刊物发表更强烈的批评。

因此学生运动中的“反迫害”的抗议在年长一辈看来是对政府的公开和持续的谴责，谴责它对正当的法律程序，对出版和集会的自由以及对请愿和示威自由的干涉。在有些场合，批评变得很激烈——很多时候涉及政府对学生抗议者的处理，像我们已经看到的那样。还有一次是在北平，在所谓人口调查的过程中逮捕了超过2000人。绝大多数的逮捕发生在1947年2月15日到18日之间。被逮捕的包括教授、教师、医生、出版商、店员和一些学生。

第一批进行公开抗议的人群中就有13位教授，他们发表一份声明，要求保障人权。声明对政府的表里不一表示惊讶：政府可以在1月发表宪法保障公民自由并释放北平监狱里的1000名罪犯，然后在6个星期以后又展开专横的大肆逮捕。[①] 警方发表了一份声明作为回复，声称逮捕是必要的，是为了保障公共安全。警方还坚持逮捕行动遵循了法律，因为当地的保甲长之前对他们管辖区内被怀疑“触犯了

① 朱自清等：《保障人权》，《观察》，1947年3月8日，第21页。

法律”的人都提供了证据。最后警方说除了大约 40 个人以外，大多数被逮捕的人在逮捕后 24 小时之内都被保释出来了。这少部分人据称有私藏军火和谋划暴乱罪。

警方的回复远远未能平息人们的负面情绪。3 月 1 日，192 名北大、清华、中法大学、燕京大学和北师大的教职人员发表了一份《人权宣言》。教授们谴责了“北平当局的非法行为”，称逮捕是对新公布宪法的背叛，是对政府所重复宣扬的保障公民自由的背叛。[①]

1947 年 5 月，130 名华北记者协会的记者在北平集会。会议将“新闻自由”和“保障公民自由”作为口号。甚至会议的官方协调者，政府中央通讯社的一名经理，也对普遍的情绪做出了回应。在一次演讲中，他对报社办公室一再地被袭击以及如 5 月 1 日新闻人张今吾的被捕等类似事件深感遗憾。他继续说：“我们应该将我们所有的力量，集中在为自由奋斗和保障公民自由上。《华北日报》的张先生的被捕是非法行为，所有全国的报业界应该对此抗议。”[②]

记者的抗议也许对张的释放有帮助，但是不足以防止类似事件在全国的发生。在一个月内，三家上海报纸（《文汇报》《新民晚报》和《联合晚报》）因为印刷了据说企图破坏公共秩序和颠覆政府的新闻而被查封；[③] 还有一家报纸被临时停刊；天津实行了新闻审查制

① 朱自清等：《保障人权》，《观察》，1947 年 3 月 8 日，第 21 页；北平通讯员：《新五四运动之前夕》，《观察》，1947 年 3 月 15 日，第 16—17 页。

② 北平通讯员：《从美军下旗到张今吾被释》，《观察》，1947 年 5 月 24 日，第 17—18 页。张在 1947 年 5 月 1 日被捕，并被作为有“共产党员和叛徒”嫌疑的军事犯拘留，通讯记者给李宗仁将军寄了一封公开信（后者是蒋介石北平行营主任）。张于是被保释，此后再没有受到具体指控。

③ 储安平谴责查封三家报馆和镇压学生抗议者的手段。《新民晚报》，像其他“新民”系报纸一样，为一群四川企业家所有。在重庆的主管同意开除一些撰稿人员后，《新民晚报》上海晚报版被允许重新出版，这些人员被行政院新闻局指控为撰写“虚假报道”。上海《中央日报》，1947 年 7 月 30 日。

度；[1] 在重庆和成都，大约有 60 名记者被捕。报界和其他公共团体抗议和呼吁了无数次，而官员每次都回答将维护新闻界的自由，保障新闻工作者的安全。像张今吾一样，大多数被逮捕的新闻工作者很快被释放了。但是骚扰和恐吓持续着。南京《新民报》的编辑周绶章的评论作为对此的反应甚为典型：

> 打杀了学生还不算，还要把红帽子满天飞，遍地都变成“奸匪”，到处抓人，到处打人。对于一向侈谈的新闻自由，尤其摧残无遗。一下子封闭三家报馆，到处抓记者，还要逼着承认是共产党；天津甚至还要恢复新闻检查制度。我们冷静地想一想：究竟是谁没有理性？究竟是谁无法无天？用“理性”“法律”作幌子，而大做其反理性违宪法的事情，你说，这是怎么一回事？[2]

“你当真想说”，《大公报》以社论的形式质问，“这些人全部是阴谋图反的共产党分子？用这样的手段对付他们是否真有必要？逮捕通讯员，杀害学生，制造恐怖气氛，这真的是聪明的办法吗？”[3] 国立社会教育学院的教授葛思恩将一个与美国报业自由权有关的流行概念奉为典范——不管其他人的观点如何，我们应该誓死保卫他们的表达权。“压制公众意见和阻止新闻界说真话的政府”，他警告道，“是生存不下去的”。

在让政府的批评者销声匿迹的一系列行动中，最刺眼的莫过于暗杀闻一多。闻一多是昆明西南联大的著名中国文学教授。像他的同事一样，他勇于要求改革。1946 年 7 月 15 日，他从民盟记者招待会回

---

① 天津当权者施加的审查制度 1947 年 6 月 1 日施行，6 月 10 日撤销，目的在于压制新闻界对正在进行中的全国学生抗议的报道。但是从北平运来的报纸（北平没有审查制度）每天上午十点抵达天津，在主要街道大量出售（《观察》，1947 年 6 月 28 日，第 17 页）。

② 周绶章：《疯狂了的中国》，《观察》，1947 年 6 月 14 日，第 7 页。

③ 葛思恩：《新闻自由的低潮》，《观察》，1947 年 6 月 14 日，第 9 页。

家时，在教师宿舍前被枪杀。四天前，李公朴也遭不测。李公朴同样是一位深孚众望的民盟成员。李在自己昆明住处附近的一条街道上被刺身亡，当时他正与妻子从剧院回家。

暗杀在昆明的学术界中带来了一波恐惧。大约有12位教授逃到美国领事馆避难。事情最后变得如此尴尬，以至于中央政府派兵护送他们出昆明城。梁漱溟和周新民代表民盟做了大量的调查，最后得出结论：暗杀要么是云南警备司令部总部策划和实施的，要么就是总部对此全然知情，并开了绿灯。梁和周声称，也许是中级或低级官员执行了暗杀，包括广泛的初步调查和之后的遮盖工作，而他们的高级长官起了煽动的作用。[①]

学术界忘不了昆明的谋杀案。这两起谋杀案后来被经常引用，来说明在国民党统治下产生的压抑的大气候。几乎是该事件发生两年后，1948年4月，中国国民党北平市党部主任委员吴铸人发出对“三名教授”的公开警告，指控他们被中国共产党利用煽动学生。大家都知道“三名教授”指的是许德珩、樊弘、袁翰青。这三位教授上个月在北大的一次学生聚会上发言。90位来自北大、清华、燕京大学和北师大的教授立刻发表了致吴主任的公开抗议信，在信中他们写道：

> 我们更要追问，第二次闻一多事件是否已在预谋制造中？我们愿意提醒当局，闻一多教授的被害不但没有消除学人对于现状的不满，且更加深了他们的警惕与愤慨。[②]

---

① 梁漱溟、周新民：《李闻案调查报告书》。该报告提供了围绕凶杀案事件的细节复原，同样有趣的对调查本身的描述，以及昆明当局在调查过程中设置的每一个障碍。两名警备司令部总部的下级官员因为谋杀闻一多被判处死刑。警备总司令霍揆彰被免职。关于李和闻的一些传记信息见李闻二烈士纪念委员会编《人民英烈》，郭沫若撰写前言。欲知云南当时的政治形势，见第三章中“‘一二·一’运动”一节。

② 欲了解信件及90名签字教授的姓名，见《观察》，1948年5月1日，第2页。欲了解袁翰青3月份在北大学生会议上的演讲，见《知识青年的道路》，《时代批评》，1948年5月15日，第6页。

该事件同样引发了储安平的带有个人风格的表达：

> 政府什么都不管，只管它自己，一切措施都是以它自己的利害为出发点的。假如政府要修一条铁路或筑一条公路，那就因为这条铁路、公路可以给它运兵；假如政府要兴建一个广泛的电话网，那就因为这个电话网可以加强它的政治控制；假如政府在财政制度上有什么更张，那就因为这样一来政府可以多征一点税……总之，一切都为政府自身设想；凡是和这个政权没有直接利益的事，它都没有兴趣……人民没有饭吃，它管吗？它不管。人民没有衣穿，它管吗？它不管。人民没有房子住，它管吗？它不管。政府只保护富人，不保护穷人。

结尾他提出了警告：在这种环境下，如果北平高层煽动第二起闻一多事件，政府将马上看到混乱爆发。[①]

闻一多事件和对三名北平教授的警告当然是更广义问题的一部分。这个更广义问题指的是国民党总习惯将政治注入教育。与演讲、集会和出版自由受宪法保障不同，宪法甚至没有对政治干涉教育的防范措施。国民党中央执行委员会曾不止一次下决心在这一方面进行改革，但是决心从来没有被贯彻。国民党和政府不断地干扰自由主义的原则。在自由主义思想中，政府在学校系统内的干预应该维持在绝对极小值水平；学校内绝不允许党徒进行政治运动。自由主义者不反对学生自己的独立政治活动。相反地，这些活动被支持和鼓励。以下情况才将受到反对：国民党试图培养自己的活动分子在学生中工作，试图为三民主义青年团招募成员；政府对所教内容的干涉；恐吓及压制学术界内的反对者。

政府干涉成了教育系统的一部分，[②]而教育系统是如此依赖国家的

---

① 储安平:《第二个闻一多事件万万制造不得》,《观察》,1948 年 5 月 1 日，第 2 页。

② 有关国立与私立高等教育机构的比例，见第 071 页注①。

支持。教育部对学术生活的方方面面都实施了严密管制，这些管制涉及从学生团体的规章制度到国立大学行政管理上的任免等各方面。这使得教育部和大学在学术问题上不可避免地发生争执。[①] 考虑到如此多中国知识分子具有自由主义倾向，教育部的干涉还不可避免地使得学术争端与政治争端紧紧纠缠在一起。[②] 抗日战争期间，“CC 系”的陈立夫担任教育部长，曾加大力度进行这样的干涉。到了 20 世纪 40 年代晚期，“侵入”包括：由政府编写课文的政府批准版中国历史，以及宣扬国民党意识形态的公民教材。

作为六个孩子的父亲，《大公报》主编王芸生承认自己是一个忙人，从来没有闲工夫查看他子女的课本。1947 年初他看到这些课本时，他才发现他的有自由主义倾向的同事们的批评完全切中要害。他表达了自己在尴尬处境中的惊讶和沮丧。这位父亲攻击秦始皇的统治——他写道，而孩子们却被教育要歌颂这个暴君。父亲将太平天国运动写成是中国现代化的序幕，而孩子却被教育轻蔑地对待这次起义。父亲疾呼让国民党从学校撤出并结束国家的落后传统，而孩子们却在攻读除了国民党教条和对旧道德的赞美之外别无他物的课本。[③]

1946 年末，为了回应学校领导抱怨当局命令学生参加国民党活动，教育部发出声明，该声明典型地反映了政府对这类的批评的反应。教育部同意如果调查证明学校领导的抱怨有正当理由，他们将“设法予以谴责”。但是教育部不愿意干涉国民党在学校内的活动这类问题，因为这是由党自己决定的事。[④] 问题就停滞在这里了。时至 1948 年，政府和国民党反而增加了对学校的干预，徒劳地试图抑制学生的

① 这类矛盾的一个例子是教育部曾下令让上海国立同济大学法学院取消国际法和发掘课程。见上海《大公报》，1947 年 7 月 29 日。

② 国立浙江大学曾发生过这样的事例。参见《浙大文院革新运动详记》，《观察》，1948 年 6 月 12 日，第 16—17 页。另一个例子是第三章中提到的：1947 年春，教育部决定取消交通大学设置的一些科系。

③ 上海《大公报》，1947 年 1 月 28 日。

④ 上海《大公报》，1946 年 12 月 20 日。

抗议活动。结果，自由派的批评变得更加尖锐，就像下面摘自《时代批评》的评论一样：

> 最近，所有党派都知道了学校是力量的源头，于是想要控制思想，控制学校。他们想要利用学生达成他们自己的目的，所以学校成了党派的大训练营……我们于是疾呼：党派滚出学校，给学校教育的自由，给教授教育的自由，给学生学习的自由，给中国新生的自由！①

国民党统治的表现：政策和工作

知识分子对国民党政府的第二个主要控诉较之第一个主要控诉，以更严厉的措辞表达。自由主义信条认为政府存在不仅要“民有”和“民治”，也要“民享”。但是到了20世纪40年代晚期，没有什么人相信政府会去关心——更不要说用实际行动改善——人民的利益和幸福。人们在攻击政府政策和工作时，免不了提及三个互相联系的问题中的一个或几个。这三个问题是：腐败、内战和无能。

腐败

几乎无法确定这三个问题哪个占据主导地位。除了接收时期的最初几个月份官僚的腐败到达了空前的程度外，似乎比起其他两个问

① 《略谈党派退出学校》，《时代批评》，1948年6月15日，第3页。提到“党派”，作者不但指国民党，也将中国共产党包括在内。同一期报纸还报道了在1948年2月寒假，沈阳大学和中学学生青年冬令营事件。沈阳依旧处在国民党控制之下，该冬令营由军队主办。不参加的人受到威胁，称将剥夺他们的学习津贴，严重的甚至被开除。学生反对强制的军队训练和政治教化。到冬令营结束的时候，超过100名不受管制的学生被逮捕。春生：《沈阳二三事》，出处同上，第35页；高超：《沈阳冬令营的风波》，《观察》，1948年3月6日，第16页。

题，腐败引起的批评相对较少。但是人们经常发现很难区分哪个问题消除了，哪个问题又开始了。在所有公共生活层面上，它们看上去是如此紧密地在因果关系上交织在一起。政治评论家很少不提到腐败问题，但是同样很少全篇幅谈它。一位作家这样写道："我们已经听到这么多关于腐败的事，对此已经麻木，忽略了它是所有无能的源头。"① 以上言论接近了普遍的态度。

储安平在下面的文字中总结了他自己的感受，他写道：国民党政权最大的罪行也许就是它"缺少德行"，这反过来造成全社会的道德败坏。在这样的政府下，他写道，那些不道德和不守法的人日子过得滋润得多。作为结果，大多数人转向了投机，变得不可靠，并且拒绝担当起任何事。②

将所有报道和评论作为一个整体来看，出现的是一个充满腐败的官僚机构形象——腐败是指公职人员为了自己的目的和家族的私人利益任意曲解正式的法律和程序——从中央政府官员到最低的保甲长莫不如此。③ 本质上，金钱和偏袒润滑了国民党政治系统的车轮，令其运行，却也注定降低了它的运行效率。腐败的代价是使得自由分子疏远。大多数人不能或不愿在腐败游戏中争得上游，从而只能眼睁睁地看着他们的法定利益受到损害——好处全被肯花钱打通关节的人占去

---

① 杨人楩：《国民党往何处去》,《观察》，1947 年 3 月 15 日，第 6 页。杨是北大的一名教授。

② 储安平：《评蒲立特的偏私的不健康的访华报告》,《观察》，1947 年 10 月 25 日，第 5 页。

③ 关于这一现象最清晰和最据实以告的表述之一是周荣德编写的六个 20 世纪士绅家庭的片段。这些片段中普遍的腐败印象不因为文中同时提到的清官的例子而有所淡化。王主席在不同的国家机关任职，依旧两袖清风。但是他容忍了大批县、乡和保的官员的贪赃枉法，全然不顾及大众对他们的反对情绪。赵县长由于被告腐败和办事不得力被免职。告发他的人中，其中一位起主要作用，这个人也是县里最肆无忌惮的贪赃枉法者之一。当地一位不腐败的官员——乡镇头目中唯一一个"敢于冒犯当权者，为老百姓说话"者——县长在接受了一笔贿赂后，应贿赂者的要求将其撤职（周荣德：《活的历史》，见费孝通《中国士绅：城乡关系论集》，第 145—187 页）。

了。腐败使得官僚机构失去信心和希望，并减弱了它的行政效能。腐败也使得战士的士气颓靡。腐败还让国民党将珍贵的政治资本拱手相让给了共产党。共产党，就像我们在下面看到的，在保持他们自己的清誉上下了很多工夫。[①]

腐败：其后果

考虑到有人深受其害，自由主义作家特别关注了公务员渎职的后果，这与他们的人文关怀是相符的。在公务员渎职的案例中，最触目的报道几乎都出自农村地区。但是唯有在农村，农村的贫穷，政府农村政策的不力，以及内战所制造出来的新一层的困苦——唯有在这个更大的背景下，官员腐败的后果才得以完全地体现出来。

比如，《观察》驻江西南昌的通讯员写的一篇文章集中报道了该省在20世纪各种灾难造成的损失。这些灾难包括20世纪20年代的北伐，20世纪30年代的国民党围剿、洪水、干旱以及日本侵略。他估计1947年的人口比1900年左右减少了40%。在有的地区，耕地只占第二次世界大战前的70%。但是田租和政府征收的苛捐杂税却没有削减，既不考虑劳动力的减少也不考虑耕地的减少。但是不管江西条件如何恶劣，这些恶劣的条件并不能解释那里的极度贫困。他认为江西的赤贫要特别归咎于腐败的官员，或者用他自己的话说，就是当地的“吸血鬼”。[②]

几乎从每一个调查农村情况的自由主义作家的笔下都铺开了相似

① 近几年，相当多描写政治腐败的文学出炉，有一些文章说公职人员的腐败也不一定全然是坏事。中国的经验似乎不支持这一奇特的假说。欲了解有用而分析性的正反面意见总结，见J. S.耐依《腐败和政治发展：一个成本效益分析》，《美国政治科学评论》第61期（1967年6月），第417—427页。大多数的论述，在阿诺德·海登海默编写的《政治腐败：比较分析读物》中都有记载（纽约：豪特、瑞恩哈特和温斯顿出版社，1970年）。

② 王克浪：《从数字看江西》，《观察》，1947年10月18日，第17—18页。

的画面。为双重罪恶——腐败和战争所加剧的农民的贫穷，很明显是最主要的关注集中点。土地所有制问题不像农民的贫穷问题一样引来这些作家激烈的抨击。这种侧重不但显示了作家们自己的意识形态倾向以及眼下政治的当务之急，也显示了农村的实际情况。但是不管情况怎么样，“吸血鬼”是一个普遍的绰号，主要被用来称呼乡、镇、保和甲的官员，这些官员组成了行政部门的基层。

这些官员具体负责高一级政治和军队领导所指派的税的征收和人力、财力、粮食和物资的征用。其中有中央政府税收系统所征收的税款，有附近的驻扎军队的必需品供给，有县政府所需物资，还有村里民兵队伍的经费——笔者只列举了几个最普遍的方面。然而使得苛捐杂税真正成为沉重负担的，是每次征收的时候比规定的数额多收一些的习俗。这导致了从农民处收集的与政府事实上收到的物资之间存在很大差距。①

也没有任何法庭可以保证为不受保护又不识文字的农民申冤。当税负太重时，摆在农民眼前的只有三个选择。第一，他们可以选送代表向县或省的官员请愿要求减负。但是经验已经证明这条途径不总能奏效，还可能有一定的危险性。高级官员经常站到低级官员一边，而后者无论如何都有办法报复麻烦的农民。第二，农民可以拒绝耕作，后果对谁都不利。这只有农民税负过重，必须举债才能缴清税款的时候才会被付诸实施。第三，农民还可以干脆造反。造反的时候，他们把所有的怒火都发泄到当地的官员上，后者侥幸逃出，保得一命。但是暴动沸腾一会儿，等到农民的愤怒平息，马上就雨收云散了。因为农民缺少维持和联合他们力量的方法，官员不久就回到原地，报复开始了。

在内战期间国民党统治区发生的这三种选择，自由主义作家都有

① 欲了解这个问题的典型论述，见与国民党“政学系”有联系的南京《世纪评论》，1947年11月29日。

记录。他们将中央政府没能制止住基层官吏的暴行看作是冷酷无情和目光短浅。这些基层干部一举一动都假以中央政府的名义。他们的中饱私囊让已经困苦不堪的农民雪上加霜。

比如在陕南，当地官员经营“客房”，为赌徒和妓女提供场地，并收取保护费用。官员购买了武器，雇了保镖，像土匪那样采用威胁和行凶的方式向人们要钱。但是与土匪不同，中央政府授权他们以它的名义进行征用和收取税款。他们滥用这个权利为一己谋私，这被当地居民认为是他们最大的罪过。在有的地区，当地官员每个月甚至去农户家里20—30次，以种种借口让农户助捐。据那里的人说，大多数缴纳的款项落入了征收者的口袋。[①]

1945年9月，中央政府宣布正式免除原日占区土地税和其他征用一年。但是这个命令宣布不久，其他规定紧随其后，诸如授权向老百姓征收赋税以资助当地行政部门和必须出售军粮。实际上，这意味着强迫他们将米以低于市价的价格卖给政府。

有的时候农民收到的钱甚至少于他们应得的官方补偿金。中央粮食部将价格定在法币每担5500元，但是安徽省政府马上将这个数目降为法币每担4500元。报道这个故事的通讯员知道从省政府到县政府，再到镇和村里的保甲长手上，款项的辗转还要经过“很长的过程”，他想知道即使是每担4500元的价格，到农民手中的还能有多少。他提及皖北的一些地区的民愤，那里农民收到的补偿金特别少；他还指出这普遍归结于该省在执行政府粮食政策中的腐败。[②]在皖南的芜湖县，很多地区在1946年春天还未耕种。县长自己也承认从老百姓处收取的“不合理的强制捐献”以及“贪得无厌”的地主和士绅对老百姓的敲诈激化了那里的农村危机。[③]

与此时国家大多数其他地区相比，晋南的行政单位有些不同。基

① 西安《西京评报》，1945年8月31日。
② 钱孟超：《强迫征收军粮，安徽百姓最恨》，上海《申报》，1946年4月30日。
③ 上海《大公报》，1946年4月30日。

层单位是邻和闾。邻由 5 户家庭组成。5 个邻或 25 户家庭组成一个闾，几个闾构成居村。上一级是治村，也叫编村。在这一级官员包括编村长，他的 4 个助理，1 个秘书，1 个书记，1 个政卫团长，1 个纪检特派员，1 个村连长，12 个左右的村警，一些跑腿的和报信的。这些人被一个通讯记者称为吃村民肉喝村民血的“狼和虎”。

在 1946 年，这些村干部据说征收了三次土地税；征用稻谷、棉花和棉布各一次；三次为“村贷款”收费。官员登门时村民还要提供给官员一切个人所需的东西，或是官员认为他们能弄到手的东西。最近，这些东西包括鞋、绑腿、衣服、柴火、稻草、米、面粉、油、盐、酱油和醋。另外，当官员为他们提供服务时，村民还必须付给官员约定俗成的“小费”。在其他苛捐杂税不那么沉重的年份，村民似乎容忍这样的“小费”，但在 1946 年它们变得难以忍受。

在通讯记者自己家的村庄，共有 8 人在近期内曾任编村长一职。任期之前他们都很穷苦，但是离职后，以当地标准看，他们都成了富人。“为什么要到外面做事呢？”通讯记者的父亲规劝自己的儿子，“想办法当上当地政府办公室的送信员就够了。”①

同一个通讯记者写了虞乡县的一起事件，那里自耕农一起参与了一场对横征暴敛的新式抗议。他们决定将他们的土地移交给县政府管理。但是因为当地官员将这种形式看作是叛乱，这一计划流产了，前来提议移交土地的农民代表中领头的几个被关进监狱。

鄂中是又一个到处景象荒凉的地区，但当地官员还能够找到办法剥削农民以渔利。农民们回到被日军蹂躏过的村庄和田地，他们缺少钱来重建他们的房屋或购买牲畜、工具和种子。春耕时分已经到来，行政院善后救济总署湖北办事处承诺的救济却迟迟没有兑现。县和村的官吏们设法垄断了由中国农民银行汉口分行发放的农业贷款。农民经过计算，他们的收入无法补偿各式各样的苛捐杂税和当地高利贷者

① 晋南通讯员：《法外天地·人间血泪》，《观察》，1947 年 1 月 11 日，第 20—21 页。

开出的高昂利率，于是他们在1946年春任凭土地撂荒也不耕种。[①]

各地农民无一例外在相似的困境中挣扎：收成好的时候，粮商可以利用形势拼命压价；收成坏的时候，农民无法用秋收的收入填补春种的开支，他们只能求当地高利贷者发慈悲。[②]这个问题对中国农民来说由来已久，并不为20世纪所独有。国民党政府的错误在于它没有使这个问题得到改善。政府既没有对粮食市场系统做任何基本改革，也从来不执行反高利贷法案，事到临头政府至多发放救济基金和紧急贷款。但是即使是这些，似乎都很难，至少不是原封不动地到达最需要它们的农民手中。这样的条款经常被负责执行的官员篡改得面目全非。一个众所周知的例子是1946年湖南饥荒。

1946年，湖南的很多地方都报告了饥荒，湘中和湘南灾情最为严重。湘中和湘南地区前一年遭受了干旱，但干旱只是原因之一。其他原因包括：1944年和1945年日军的征粮；日本投降后政府部队的征粮；在日本投降日之后湖北省粮食短缺推高了粮食价格，湖北的买家向湖南购粮；强迫出售160万担大米作为军用；战后当地机关扩大规模，需要当地经济资助。但是人们还有其他的冤情：军队从农民那里征收军粮，却拒绝照价付款。在湖南省境内行军的部队购买粮食不仅为了自用，而且还供在别的地方出售，这样一来，使得湖南在粮食短缺的情况下，还占用了至关重要的交通运输工具。交通工具本来已经被第二章所描述的湖南汽车接收丑闻所扰乱。最后，从日本投降以来就变得明显的湖南粮食短缺问题，被忙于各种接收事务的国民党官员所忽视。[③]

中央政府撤销了从湖南新征收200万担大米的命令，另外警方努力阻止军队未经批准运送食物，这些一定程度上缓解了当地的怨声。然而这些举动的积极效应不久就被传得沸沸扬扬的新闻——救济方案

① 上海《和平日报》，1946年4月18日。
② 上海《东南日报》和《文汇报》，1946年8月24日。
③ 上海《大公报》，1946年2月26日；上海《大公报》，1946年3月8日。

中出现腐败——所抵消。救济物资包括从江西运来的应急大米，由联合国善后救济总署发放的贷款以及美国分发的免费面粉和衣物。负责分发面粉的官员经常将面粉转卖。在祁阳，他们将面粉卖给餐馆和面粉店。在醴陵县，一位救济工人在公开市场上卖掉了 70 袋面粉。在衡山，保甲长囤积了大量的面粉。在永安自治市，保甲长对人们应得的配额收取每斤 50 法币的费用。甚至有这样的案例：官员用中国面粉将美国救济面粉调包，后者的出售更有利可图。

至于应急贷款，负责人似乎更青睐他们的亲朋好友。这些官员还向一般百姓收取高昂的利率而不顾禁止私自调高利率的法令。在衡阳，当地政府收到 3000 万法币的建筑贷款，这其中有 1000 万给了承包商，2000 万失踪了。救济物资并没有用来帮助穷人，而是被富人、有影响的人、乡干部和保长垄断了。[①]

同样是在 1946 年，以上以及很多其他形式的贪污被《观察》甘肃兰州的通讯记者形诸笔端。甘肃省很多地区在前一年遭受了旱灾。官员们借此机会从中牟利：宣称需要一定数额的救济基金（而实际并不需要这么多金额），并将该基金高利率贷给农民。以上案例发生在陇西县和渭源县。另一起事件涉及敲诈公共建设工程的劳动者。劳动者从临近的几个乡征来，修缮一段公路，以三天为一个单位轮班。说好每人工钱为法币 3000 元。等到发钱的时候，一名县干部对劳动者们说，他们能领取 3000 元，而当地国民党委员会成员和县政府的各部门的领导却拿不到一分钱。于是他要求每个人缴还 1000 元给党和政府官员，结果每个人都照做了。

在通渭县，县政府领导取出 1000 万法币的公共贷款，携款消失得无影无踪。一部分这样的潜逃官员住在兰州，这一度是众所周知的，却没有人去调查。偶尔，一些村民集合在一起，进城想跟犯事者

① 译自上海《新闻报》评论，1946 年 4 月 15 日；同见上海《文汇报》，1946 年 7 月 11 日。

清算，但是总会有一个特殊的委员会紧急成立以维护官员们。当地老百姓于是知道了老话“官官相护”所言非虚，知道了所谓的民意无足轻重。他们还懂得了为什么县长的工资这么微薄却还有这么多人要费力成为县长。

然而，甘肃的农民至少有一次让官员感觉到了他们的存在，虽然最后没有改变什么。他们的抗议发生在 1943 年。一开始，这被认为是一场匪乱，但是不久，政府不得不承认是一场民变。它开始于三个县——临洮、康乐、洮沙，随后扩展到榆中、定西、渭源和会宁。混乱变得如此严重，连兰州也岌岌可危。据说反叛者的行动和口号（其中一条是“反抗饥饿的自由”）自有他们的道理。他们杀死保长、甲长和乡长，然后转而攻击县长、其他官员和到该地开采资源的外地人。但是叛乱最终被镇压，接下去的是一贯的处决和惩罚。除了杀掉了几个官员，一切又变得和以往一样了。一些官员甚至在叛乱中又捞了一把。当地老百姓害怕自己被牵涉到叛乱中，为了不被指控，对上头又不免打点一番。①

相似的农民叛乱的故事也发生在 1946 年上半年的浙北。共产党和非共产党的游击队在抗日战争期间活跃在这一区域。反叛的农民将矛头指向串通日军的乡、保和甲官吏，他们这回采取的行为模式与共产党在一些区域采用的做法相似。然而，叛乱依旧带有传统农民起义所有的特点，所以看上去似乎是老百姓被逼到承受极限之外的自发反应。② 根本问题是农村的贫困在那一年恶化：许多村庄都接近饥荒状态；为了供养返回执政的国民党，对大米、食物、钱和劳动力的征收也变本加厉起来。农民们抱怨：中国政府压在他们身上的重负和日军

① 兰州通讯员：《忧患重重的西北角》，《观察》，1946 年 12 月 21 日，第 14—16 页。

② 欲了解对 20 世纪中国农民暴动的讨论，特别是反横征暴敛的暴动，见萧公权：《中国乡村：19 世纪的帝国控制》，第 433—453 页。萧教授声称：“显然最重要、最容易引起暴动的原因是官员的横征暴敛和征税。”他写道，反横征暴敛的暴动在清朝走向衰败的 19 世纪下半叶最为频繁。

占领时他们所承受的负担没什么差别。[①]

一开始，几千男人、妇女和小孩赴浙江省的省会杭州请愿要求救济。这些人来自附近的地区（包括崇德、桐乡、桐庐、富阳、诸暨、绍兴和萧山）。省政府对此无动于衷。突然，1946 年 1 月，崇德、桐乡、德清、吴兴爆发暴乱，波及 20 个乡和镇。3 月，嘉兴县和新登县发生相似的事件。暴乱在整个 4 月一个乡一个乡地扩散开去。在每个地方，暴乱在白热化以后自动平息或被镇压。在风波平定前，乡长、保长和甲长领教了农民的怒火。

这些官员成为暴乱的主要攻击对象，不仅仅因为他们串通日本人，甚至不仅仅因为他们负责稻谷和其他税项的征集，而是因为除了这两点以外，他们的“残酷和腐败”有增无减。即使考虑到说故事时免不了的加油添醋，当地人民讲述的关于那些“无慈悲心的”人渣的故事，也不会完全是杜撰的。据一个故事说，保长宁愿看一名穷困的农民自杀——后者真的自杀了——也不愿意减轻对他征收的税赋。大量的款项（有的时候在枪口威胁下）被征收上来，却从来不做会计结算。农民们可以看到，向政府上缴的每担米，乡长和保长都要雁过拔毛。

抗议的人们总少不了对那些胆大妄为的家伙进行一顿痛打。县长和地区头领总是和乡、保的官吏一个鼻孔出气。赴杭州的请愿者队伍中包含了妇女和小孩不是偶然。男人们很不愿意离开当地的家，他们说害怕村干部会报复。所以在省政府请愿无功而返后，浙北农民自己动手解决问题——痛打他们的压迫者，放火烧他们的房子，砸烂他们的家什。当地的官员和他们的家属，就像在 1943 年的甘肃一样，如

① 根据一名吴兴县农民的账簿——1 月在吴兴有暴乱，他在 1945 年 8 月到 1946 年 8 月支付的有：购买胜利债券的钱，购买存储债券的钱，以实物偿付的县的行政税，以实物偿付的乡的行政税，当地防卫部队的米和制服费，为地区行政开支缴的米，给伤兵的米，为县警察补员缴的米，征召劳力的米，借给老百姓的来复枪要求的大米抵押，购买军火费，地区行政部门人员的差旅费，接待路过县的军队所设立的临时设备费（上海《文汇报》，1946 年 8 月 1 日）。

果能毫发无伤地逃出真是一种幸运。很多人被以最野蛮的方式杀死。[①]

腐败：原因

自由派作家普遍认为先有经济后有道德，所以腐败是由贫困决定的。但是贫困与它造成的不安全感一样，是一种相对的状态。没有人会想要绞尽脑汁计算这个问题：怎样才能保证放之四海皆“够”的数目。怀疑者不可避免地要指出：最腐败的人也是最富的人。[②]像我们看到的那样，用经济决定论将国民党的问题加以合理化为共产党所哂笑，他们是应该笑，因为他们控制领域之穷困是众所周知的，关于他们干部廉洁的故事也流传甚广。尽管自由派作家自己公开宣称信奉社会主义的理想，然而他们似乎还没有上升到这样的高度：在分析腐败的时候将它看作是一个系统的必然产物。在这个系统中，个人安全主要取决于他攫取和占有的财富——就像国民党中国和帝制时期的那样。

确实，自由派作家并不倾向于以历史的角度来看待这个问题。如果将国民党描述成一个官僚机构的继承者——这个机构在结构和风气上都包含着与生俱来的弱点——而不是这个机构的始作俑者，国民党背负的责任将会轻一些。腐败这一现象由来已久，传统腐败问题和国民党统治下的腐败系统又惊人地相似，所以以上结论是恰如其分的。在20世纪40年代，就像是19世纪（举个例子）一样，当地官员的薪水少得不合情理。同样的，对11世纪中国官员的最普遍的批评是他们的贪赃枉法，特别是在低级官员中——这是一个“很大程度可以

① 来自关于浙江农民暴动的长篇调查报告，作者唐成中，见上海《时事新报》，1946年5月1日、2日、5日。

② 上海圣约翰大学教授傅统先就是其中的一位。他将问题归于社会环境，认为解决方法在于教育。见《以教育救中国》，《观察》，1947年5月17日。

归咎为薪水过少”的现象。[①]

除了“糊口都成问题的俸禄”，萧公权教授还找出了其他的19世纪中国官僚制度固有的制度特征，这些制度特征增加了贪污的机会和动机。它们包括：给上级送礼的风俗，卖官鬻爵的行为，县长缺少岗位实务方面的训练，等等。最后的一点，以及任期的短暂性，使得对他来说有必要依靠“一群群肆无忌惮的手下”。[②]当地机关中有的是这样的手下。这些制度特征也在20世纪40年代以不同形式存在着。虽然在这两个时期中，制度特征存在的原因不一定相同，官员的反应却大同小异。

这些行为形成的风俗已很稳固，只要不太“离谱”，似乎都被普遍宽恕着。怎样算是离谱的概念当然因时因地而异。根据一般人的看法，问题离谱得不像话是在内乱或一个朝代气数已尽的时候。中国的朝代走向穷途末路时，按惯例有以下标志：财政越来越不稳定，行政无能，军事软弱。这些情况在20世纪40年代全部出现，它们助长了官员的腐败，日益增长的腐败又反过来激化了这些情况。

国民党继续沿用“在限度内容忍”的态度。[③]但是却很少有人批驳认为“贪污是程度问题而不是性质问题”的传统本身。自由主义批评者也会承认人性如此，以至于贪污的习惯一旦形成就很难破除，一旦确立就很容易失控。即使这样，也鲜有对该传统的指责。比如，两位社会学家在20世纪40年代早期写道：他们认识到了农村地区仍保留着“一个根深蒂固的传统观念”，即“做官就能发财”，现实加强了

① 柯睿格（E. A. Kracke, Jr）:《宋朝初年中国的文官制（960—1067）》，第196页。

② 萧公权:《中国乡村》，第414—415页；张仲礼:《中国绅士：关于其在19世纪中国社会中作用的研究》，第43—51页。

③ 杨懋春回忆在他的家乡——山东省的某村庄，只要佣金数额不是太多，没有人抱怨村干部为提供的服务索取“佣金”。在评论农村建设费用时，杨写道：“庄长和他的首席助理征收村庄应缴的税，同时获得他们自己的佣金。这是一个公开的秘密了。在一定限度内，村民会忍受下来，但是在剥削不能忍受的时候，他们被迫采取行动。”（杨懋春:《一个中国村庄：山东台头》，第181页）

这个观念。但是他们将问题的本质看成是封闭的乡村经济的产物。于是，他们在结尾的时候恳求发展农村工业，为寻求安全和财富的有志向的年轻人提供其他出路。[①]

在火药味更足的内战大气候中，这样的恳求转化成了谴责。批评家不愿意浪费时间通过分析将问题合理化。腐败已经发展到离谱的地步。在谁创造了腐败的条件这个问题上，他们认定国民党直接负有责任。这些谴责中，有一篇论述颇具思想性，它将经济论证与仅次于腐败的对行政机关的抱怨声激增的现象相结合；将20世纪40年代晚期的情况与20世纪30年代早期的普遍情况作了比较。他回忆道，在早些的时候，腐败和无能不常与国民党联系在一起。“不是说1931年至1937年国民党政府就没有腐败的案例了”，他写道，“而是谁会想到将之称为一个腐败的政府？……谁会否认它的行动和功绩？”同样的政府依然在掌权，同样的人占据着要位，但是比起十年前，他们似乎用一种非常不同的方式管理国家事务，人们对他们的感情也完全不同了。

首先，作者谴责了因抗日战争和之后的内战造成的贫穷。接着发生的通货膨胀使得公务员的薪水锐减，无法与战前水平相比。他们的财产就这样缩水，他们的工资不够养活全家，他们很自然地借助于贪污和腐败，贪污和腐败于是像传染病一样蔓延开来。只要条件适合，贪污和腐败的存在本身就是它们延续和发展的充分理由。

其次，作者谴责了官僚化的现象。他写道：官员的作为越小，他们就变得越怯懦，越想占住位置不放。最高官员们不仅长了岁数，还变成了官僚。他们听任中央、省、市和县一级的政府机构扩张。在所有地方，机关和行政单位都比第二次世界大战之前多。机构越多，里面领导的声音就越不统一，人员承担的责任就越小。光是机构扩张还

① 费孝通、张之毅：《乡土中国：对云南农村经济的研究》，第277—279、306—313页。

不够，还有许多新机构相继建立：新的考试系统、人事系统、会计系统、审计系统、统计系统、财政系统。除了老系统不停地修订规章制度外，每一个新系统都有一套新的法律法规。所以无怪乎普通老百姓会感到困惑，衙门的权力对他们似乎更有威胁了。老百姓越感到受到威胁，腐败官员自肥的机会就越大。

最后，环环相扣，更多的机构意味着更多的公务员。在国库状况不变的情况下，公务员越多，他们就越穷，从而创造了腐败滋生的条件。对于政治危机中的关键因素，作者总结道，政府能够而且必须负责。[①]

内战

政府倾向于把公众的注意力集中在溃败的经济原因上。这种做法是一柄“双刃剑”，它没有提升人们对政府的看法，只是把政府应负责任的方面从一处转移到了另一处。对于用通货膨胀筹资政策本身，人们倒没有不分青红皂白地特别加以谴责。通货膨胀也许是每个人贫困的直接原因，但是有很多因素助长了反战情绪，绝不是只有区区一个通货膨胀。人们或多或少达成共识：一旦下了决心要剿灭共产党，政府就别无选择要采取通过通货膨胀筹资的金融政策，即使在执行过程中很小心，负面的结果也是不可避免的。所以内战本身成为每个人关注的焦点中心，成为每个人不幸的基本原因。1947 年春学生示威

① 浩然：《论政治上的新病态》，南京《世纪评论》，第 3 卷第 14 期（《观察》转载，1948 年 4 月 10 日，第 18—19 页）。谈到官僚化的问题，人们特别要求废除冗繁的当地行政结构，要求有效率的征税系统。一名作家提议税和征用物资直接上缴给县政府，跳过乡、镇、保官员（西安《西京评报》，1945 年 8 月 31 日）。河北滦县政府秘书孙凤鸣（音），主张相同的解决方法，声称每年直接交给县库每亩 10 斤小米足够支付县里的所有税收和费用。但是他承认这样的改革说比做容易，当地官员会竭力阻止它的实施，因为改革意图消减他们的利益（上海《大公报》，1947 年 8 月 11 日）。

期间，平津地区585位教授联名公开祈求和平，部分内容摘录如下：

最近几个星期以来，商品价格持续上涨，给人们的生活造成了极大的困难。南京、上海、北平和天津都发生了骚乱，有抢米风潮，有学生罢课，工人罢工。我们——以下签名的人——致力于文化与教育工作，从没有政治野心。然而今天，我们亲眼看到了由内战而引起的怒潮和经济凋敝。法国大革命时期和俄国十月革命时期的情况也没有比这更严重。

我们清楚地知道，今天所有未解决的问题都由经济危机而生，而经济危机又由无休止的内战而起，所有的罢课罢工都是这种现状必然的后果。我们通过研究深信，中国已到了崩溃的边缘，无论是政治、军事、经济还是文化。

……如果国民党、政府以及军队当局希望挽救他们自己以及广大民众，摆在他们面前的只有一条路：立即停止内战，诚意地与共产党谈判以谋求和平并建立联合政府。①

储安平在一年之后评论新行政院院长翁文灏的内阁（成立于1948年5月）时，表达了同样的意见：

今日任何人上台，除非他有办法结束当前的内战，否则任何人都没有办法改善当前的局面。……现在一般农村之间之最大苦痛是征兵征粮，假如内战不停，征兵征粮能够停止吗？一般市民阶级最大的苦痛是币值低落，假如内战不停，币值能稳定吗？物价能不涨吗？要改善一般社会的情形，就得增加生产，大规模的着手建设，但是在这烽火遍地的局势下，谈得上建设吗？战火不

① 这份声明由144名来自清华、141位来自燕京、105位来自北大、77位来自北洋、17位来自中发、6名来自美术学院、6名来自教师培训学院的教职员工签署（上海《大公报》，1947年6月1日）。

停，政府只有头痛医头，脚痛医脚，谈不到全盘的改革。……现在一切的毛病出在内战，一切困难出在内战。①

自由主义知识分子反对内战，是因为他们考虑分析后得到答案：为了让国民党政权按现有构成而维持统治，所需付出的价格过于高昂。这个推理基于一个在1948年中期前一直被信奉的观点：因为双方都没有打败对方的实力，内战可能会无限期地继续下去。一篇陈述这个观点的文章写道，国民党自从1927年开始就试图消灭共产党，一直没成功过，现在也没有长进的迹象。国民党军队在苏北和鲁南获得胜利，甚至在1947年初占领了延安。共产党却依旧没有真正被撼动。相反，他们依靠在抗日战争中发展起来的游击战，使对方很难消灭他们。此外，国民党统治区的通货膨胀如此严重，预示着经济崩溃即将来临。

另一方面，共产党也不能轻易打败政府。这是因为共产党并不比国民党更得民心，而且经济实力较为单薄。尽管腐败和通货膨胀削弱了国民党的力量，与共产党相比，它还是被认为是强势的一方。最后，共产党无法打败国民党还因为苏联不可能像美国支持中央政府那样支持共产党，两者的支持在数额上根本无法相提并论。②

至于战争的代价，被用两种方式计算：一种是彻底扰乱城市经济的通货膨胀，一种是农村地区的愈加穷困。印钞机也许成了政府主要

① 储安平：《评翁文灏内阁》，《观察》，1948年6月5日，第3页。

② 器重：《国共应该携手合作》，《时代批评》，1947年8月1日，第23—25页；吴世昌：《从美苏说到国内》，《观察》，1947年4月5日，第4页；杨人楩：《论内战》，《观察》，1948年3月20日，第5页。很多人也许赞同吴世昌所持的观点：如果共产党军队真的能在几个月内被剿灭，每个人都能忍受困苦，支持为战争做的努力。在他看来，“如果到第二年过年的时候，他们可以看到国家统一了，重建工作开始了，征兵、征粮、各种名目繁多的税目的征收结束了，如果自由和民主触手可及了”，那么大多数人民就不会反对战争。但是很明显，所有这些不可能实现（吴世昌：《论和平问题》，《观察》，1947年6月14日，第4页）。

的收入来源，但是像已经说过的那样，政府也收地租，并以低于市场价强购粮食和以暂借的名义向农民征收粮食。这些税收以及为贴补当地政府的苛捐杂税，征兵中的腐败，纪律废弛、收入过低的军队在乡村为所欲为——造成了很多区域农民无法承受的负担。正是在这种环境下，上面谈论过的腐败行为才会达到如此规模。很多战时的苛捐杂税意味着官吏牟利的机会增加了，而通货膨胀增加了他们牟利的动机。结果是，一些批评者认为，战争事实上有悖于政府的初衷，因为它正在创造有利于中国共产党发展壮大的条件。最后，批评者谴责了战争的直接后果：越来越军事化的政府和日渐疏远的民心。

比起这些原因，政府执意要打这一场如此昂贵的战争，却拒绝进行任何改革，使得民众认为它的决定是值得的——最有力地佐证了自由派的谴责："国民党政府不是一个'民享'的政府，相反，它为了追求自己自私的目标不惜牺牲国家利益，可是连这个目标都无法手到擒来。"

战争：经济后果

通货膨胀对城市支领薪俸的中产阶级的掠夺——城市知识分子自己就属于这个人群——经常被城市知识分子指责，但它不是唯一的战争后果。[①] 当他们列举内战加诸人民的重担时，也会提到农村。很难下结论他们自己的经济困境究竟在多大程度上影响了他们对战争的感受。我们能确定的是，他们的处境不可能让他们对战争有正面的评价。但是如果他们留下的文字是他们想法的真实反映，那么战争在农村地区的代价——和通货膨胀对城市经济和中产阶级生活水平造成的大破坏一样——让他们对战争做出负面的评价。

自由派知识分子在思想上对农村地区的重视只有部分是出自人文关怀。这种重视也反映了对以下两者关系的务实评价：一是农村与政

---

① 这些掠夺在第四章"通过通货膨胀筹资的负担"一节中有论及。同样见第三章"反饥饿反内战运动"一节。

治领导者的关系；二是一场尚在有着80%农村人口的非工业化国家进行的战争。经济学家杨培新提供了对这个评价最清晰的陈述。1946年6月，政府决定在从10月份开始的下一个财政年度，对国内的大部分省及南京、上海、北平、天津、青岛五大城市重新征收、征购粮食及征借粮食。在征购和征借的粮食总量中，60%归中央，15%归省，25%归县。另外，还有固定的对“公粮”的征收，仍归地方。1946年财政年度，征用的粮食总量，包括当地公粮被规定在69971411担，大米和大麦各占一定比例。其中3000万担交给中央政府。

然而，1946年，粮食的供给系统彻底失灵。3000万担不足以满足中央政府的需要，至少还需要1500万担。杨得出结论，这是南京没有意识到战争的严重性和对手力量的结果。到了1947年3月，政府的军事发薪名单上有400多万人，每个人发放，至少在理论上，10两米一天。此外，后勤人员据估计有200万。他们和公务员的粮食所需，使得中央政府在1946年财政年度的粮食总需求量到达4500万担。

结果是，政府必须再征一次粮食，并且用外汇从国外买米。作为长期后果，米价迅速上涨，政府1947年经济紧急措施方案的不当处理更加剧了米价的上涨。因为军队大量集中在北方，所以那里对粮食的需求特别大。当地政府被迫用远低于市场价的官方规定价格购米——政府收购一向如此。比如，河北省粮食局按规定价格1300元法币从一家贸易公司购米每斤，而市场价高于每斤3000元法币。商家自然的反应就是抬高价格。在榆林镇，200家粮店在7月初停业，因为政府征用已经完全清空了它们的存货。在四川省，中央政府派人在1947年5月初征米，米价随即从每担12万法币飙升到每担40万法币。

但是军队依旧没有足够的米，农民们自己也一样。据统计，在此期间所有中央和地方的征用加起来是每个农民平均收成的30%。7月末召开会议为下一个财政年度制定粮食政策，不顾一些省长的反对，粮食税收和采购从1946—1947年的7000万担增至1947—1948年的8700万担。持反对意见的省长认为农民的负担不能再增加了，因为他们已经到达了承受的极限。确实，在一些地区，他们被迫以草根树皮为生。杨培新估计差不多有3000万人民成为失误的粮食供给系统的受害者。但是，他总结道："不是这样的粮食政策出了问题，是内战……使得政府的粮食政策成为了灾难。"[①]

为了给读者一个概念——对于一个普通村庄这些战时的负担意味着什么，《观察》在1948年5月发表了一封信，写信人是一个住在靠近上海的江苏南汇县陈桥乡的居民。乡里有15000人，耕地面积为32000亩。信里列举了14种不同的税，包括192担米作为16名军人在常规部队的军饷，10担用作他们的制服，15担用作他们的军火，126担用作乡对南汇县自卫队的捐助，还有12担用来资助乡行政机构。这些是常规的年度开支。

前一年的临时税只不过包括了22担米用作560双军靴，200担用作建造两座碉堡，20担用作乡对南汇县海防工事的捐助。525担用来支付征兵费用（在陈桥乡每个新入伍的士兵可以收到35担大米，他的家人可以收到15担大米的额外补偿），再有75担用来支付招募5名男性进入省保安部队的费用，24担用来为4名据说在战争中阵亡的当地男子家属提供抚恤金（虽然当地部队与共产党部队仅交过一次锋）；额外的30担给国家军队和当地保安部队的税，另有其他各种款项用来支付发生在征兵和国大选举中的行政费用。

另外，只要国民党部队和当地保安部队在附近，乡镇就需要供给柴火、食物、大米、卷烟和其他必需品，总计达到了1250担大米。考虑到腐败因素，这个乡的老百姓一年需要交1500担米，分摊到人头是每人10斤。作者得出结论："这个负担足以让老百姓叫苦连天。"[②]

① 杨培新：《经济总动员下的加紧征粮》，《时代批评》，1947年9月1日，第24—26页。

② 这封信署名"朱树锦"，1948年5月26日（《观察》，1948年6月5日，第2页）。另一封相似的而略微简略的信来自青岛附近即墨县第五区的一位居民（《观察》，1948年5月8日，第2页）。

以战争相关的理由，或至少以此为借口征收的赋税，它所引起的苦难被作为话题，纷纷见诸通讯报道、社论和评论。[①]一份论调稍新颖的论述来自伍启元教授。他谴责了共产党将经济战争作为他们战略的主要组成部分。共军破坏了政府的通讯和生产能力，政府军队报以同样行为。“这样一场战争的后果”，他写道，“必将是人们的贫穷和财富的浪费。不管谁赢谁输，中国经济遭受的破坏需要几年才能恢复。”[②]

战争：征兵

另一个不利于政府和内战的标志是“征兵闹剧”。《观察》甘肃通讯员所做的评论是当时见诸所有自由派出版物的关于征兵印象的集大成之作。谈到省官员在1946年收到了招募2.4万名士兵的命令，他写道：“新闻传来，老百姓感到大难临头，但是乡、保、甲的官吏四处奔走，兴高采烈。好运又一次降临在他们身上，他们现在又有机会可以再捞一票了。”[③]

作者非常详细地描述了征兵的过程，记录了一个本来用来多多少

---

① 想要了解更多的例子，见第179页注①。一名《大公报》通讯员列举了除平常的税目外，河北东部滦县的老百姓应缴的强制税目：（1）给每个地方民兵部队长官每月200斤小米，每个地方民兵部队成员每月150斤小米；（2）铁路守卫的每天食物津贴；（3）维修和修筑铁路防御工事的材料和人力；（4）军民合作所代表政府军队征收的稻草、饲料、车辆等等；（5）为当地防御部队购买和补充的武器和军火，以及当地防御工事的维修和修筑；（6）依附于一些县警察局的特别部队，它们的薪水支出和购买武器和军火的支出；（7）通常以实物偿付的所有乡和保管理的薪水支出；（8）给所有月工资固定的警察和公务员特殊的补贴支出：每人每月150—200斤小米，帮助他们在通货膨胀的重负下维持生活。（上海《大公报》，1947年8月11日）有关日军投降前的类似的税赋单子，见《一些非法勒索的实证》，西安《解放日报》，1945年8月30日。这篇文章写的是西安附近的三原县。

② 伍启元：《从经济观点论内战问题》，《观察》，1946年9月7日，第3页。伍此时是清华大学的一名教授。高超哀叹战争对中国东北工业、采矿、粮食生产的破坏，见《泪眼看东北》，《观察》，1948年2月28日，第17—18页。

③ 兰州通讯员，第14页，见第178页注①。

少平均分摊兵役负担、在实践中却事与愿违的系统。问题的根源来自于传统的对参军的抵触。那些付得起钱的人可以花钱消灾——考虑到官吏的道德水平，这个交易很容易达成，而穷人只能自求多福了。

理想状态下，征兵按下列步骤进行，这里以浙江省为例。首先，保长起草一份名单，名单上罗列了保里所有20—35岁身体健壮的男性。这份名单随后公布，名单上的人有两个星期的时间找到门路把自己的名字去除。两个星期快到时，保代表委员会成员（通常包括保甲长、小学校长、地区秘书和一些当地“士绅”）聚在一起，考虑豁免兵役的请求，决定哪些请求可以接受。然后起草修改后的预备新兵名单，每个人都有一个号码，及时登记在每块竹牌上。名字和号码从各个保送到县政府。在县城的一个会议上，重要人物如乡长和镇长会抽取竹牌。

抽签的具体方法取决于各个县应入伍的人数和保的数目。比如，如果需要700人，县一共有700个保，那么每个保将选出两个人：第一个人作为新兵，第二个人作为替补。根据一个所采用的方法，如果第一个抽取的竹牌是73号，则每个保的73号就是新兵。如果第二次抽到49号，则每个保的49号成为替补。用这种方法，满额的700人可以很快地从县政府送到最近的征兵站。

在实践中，台面上是明文规定的操作，台面下是各种未经授权的小动作。新兵的价格因地而异。在浙江的一个县，价格区间在300万到500万之间。一个人只要愿意出这个数目（该数目被几个当地官吏和这个人的顶包者瓜分），他就可以安枕无忧地让他的顶包者代他报到和被录用。这些“职业新兵”很快就不见了踪影。征兵站随后公布他们牺牲了或逃跑了。如果是逃跑了，官方会在全省范围内寻找这个人。如果找不到他，他的名字从军队名单中删除，他在保里的替补不得不上前填补他的空档。在这个人失踪和被从名册中除名之间，有相当长的一段时间。只要付给当地农民差不多50法币，这个空当就可以糊弄过去：当高级长官现身巡视的时候，这些农民就代替失踪的人唱名。[1]

对于北平征兵的报道显示了更多的不正当行为。1946年，程序被彻底抛弃。城市的征兵令在8月30日发出，第一批新兵在9月11日入伍。整个过程以名册和随机抽签为基础进行。然而，由于缺少人力、经济来源和完善的计划，征兵工作无法以官方规定的方式进行。当地官吏于是决定从城市和市郊的每个地区捉来一定数量的男子凑充人数。该计划的保密进行更增添了恐惧和混乱的气氛。但是当官吏为凑满人数在各地区奔走时，贫富之间的差距显现了出来。那些有100万元或200万元法币的人可以花钱脱身，虽然军队长官警告所有地区的官吏和保长杜绝这种事情的发生。

公众的批评声音变得如此之大，以至于市政府官员与当地国民党机构的成员碰头对一些指控展开调查。调查者后来宣称这些指控多数没有根据，批评这些指控在人民中造成了“错误的印象”。然而批评在持续着。一位市级官员承认1946年9月和10月的事件并没有提高政府在北平的声誉，他表明他和他的同事将吸取教训。[2]

但是就像第二次世界大战以来一样，正式程序依旧被违反。在1948年上半年，《观察》发表了一系列关于征兵的信件。从成都、青岛、南昌、苏州、沈阳和上海来的信件内容都大相径庭。军队经常未经允许就填补军队里的空缺。持有武器的士兵，通常由一位当地的文职官员（比如保长）陪同，后者可以挑出有适龄男子的家庭。夜很深了，他们挨家挨户地征兵。征兵队伍也会捉路上的行人。有的时候甚至官方规定免兵役的学生也被以这种方式劫持。当青岛被捉壮丁的家庭向军事领导人请愿时，领导人回答他们，不知道发生了这样的事件。一封信件总结道：当军队被允许如此行为，我们还说什么宪法保障和人权？

---

① 杭州通讯员：《浙江的征丁征税》，《观察》，1946年11月16日，第14—15页。

② 北平通讯员：《北平的征兵戏》，《观察》，1946年11月9日，第17—19页。

到处流传的故事无不说道：体格健壮的顶包者交易是多么有利可图；钞票快到手时，当地官吏是多么殷勤有加；他们怎样从村民那里征收实际上三倍于新入伍者家属能得到的粮食数量。

一封来自成都的信提到，虽然当地官吏说征兵的工作方式已经改善了，那里的男人们还是不得不被暴力捉走，因为没有人想要当兵。男人们可以出逃，等到征兵组往别处去后再回家——这是穷人逃避征兵的方法。在成都，据说周边的农民出逃，任凭他们的田地荒在那里，还有一些人依靠武力来反抗被征，另一些人甚至出卖劳力给地主以换得免于入伍。

在沈阳，同样没有人想当兵。1947 年 5 月，原定 4000 人到场的抽签征兵，在指定时间和地点却只有 82 个人露面，使得抽签无法进行。在这些人里，39 人通过了体格检查，不经抽签就成了新兵。[①]

不情愿加入部队不一定反映了对“剿共”战争的反对——虽然这显然也不表示对此的热衷。一位与皖中村民交谈过的通讯记者写道：男人们并不害怕打仗，他们的热情主要是被虐待浇熄的——被虐待是应征士兵的注定待遇。新兵和所有士兵的条件之差是出了名的。在中国的美军和中国人自己曾经在第二次世界大战期间评论过这个问题，[②]没有证据显示内战期间有很大的进步。1945 年 6 月，一家西安报纸讨论了自由中国征兵状况不理想的三个主要原因：（1）征兵过程本身不合理，太多时候钱成了唯一决定因素；（2）一旦入伍，待遇特别地恶

① 这七封信出现在《观察》1948 年 2 月 28 日、3 月 13 日、4 月 24 日、5 月 8 日和 22 日的“读者来信”版块。沈阳报纸对征兵失败的报道收录在美国国务院编：《美国的外交关系》（1947 年，远东中国卷），第 144 页。1946 年和 1947 年征兵命令执行过程中的不正当行为以及对它的反抗，被上海新闻界在 1946 年最后 3 个月和 1947 年 8 月广泛报道。

② 想要了解一些美国的观点，见芭芭拉 · W. 塔奇曼（Barbara W. Tuchman）的《史迪威与美国在中国的经验（1911—1945）》以及白修德（Theodore H. White）和贾安娜（Jacoby Annalee）的《中国暴风雨》。艾格尼丝 · 史沫特莱（Agnes Smedley）的《中国的战歌》特别关注了伤员的处理，是从正面和负面两方面来写的。

劣；（3）士兵将疏于照料自己的家庭。

1945年7月中旬，第80军5名军官因为杀害了105个新兵而被处决。这一回，报纸将很多具体指控付印：据说负责征兵的长官要求士兵支付口粮费用；长官将分配给新兵的米和煤出售，让后者挨冻受饿；富人、知识分子和年轻商人不必当兵，而穷人被强征入伍；乡、镇、保和甲官员和部队长官都从出售顶包者中获利；冬天给新兵发夏装，夏天发冬装；残酷和非人的待遇；大量士兵死于虐待，被秘密掩埋来隐瞒真相；受伤的士兵被活埋；被用来防止征兵过程中的弊端劣迹的新的审查制度被泄露。负责征兵的官员对这些指控作了公开的答复，但是却不采纳对征兵行政机构进行“彻底改革”的要求。[①]

进入内战时期，对残酷处罚以及食物、衣服和医药短缺的指控一如既往。长官将本来给士兵的米出售，借此获利。新兵在行军途中被绳子捆在一起，以各种方式限制他们的行动，来防止他们逃跑。很多报告讲述了对伤员疏于照料，经常地，医药用品很简陋或是根本没有。[②]安徽发生的一个故事中，一名男子被征入伍，但是设法逃脱了。他最终辗转回到了自己的村庄，身体虚弱，健康受损。他讲到，他和很多其他男子在酷暑中被锁在一个小房间里，不准他们洗漱，每天的伙食经常不过是几碗稀粥。晚上，男人们被用绳子绑在一起，以防止他们逃跑。[③]

在浙江，当官员接见人民代表、国民党组织的成员和县长探讨当地军事问题时，一名记者在场。每个人对调查者问的问题都挑好听话

---

① 西安《青年日报》，1945年6月11日；重庆《新民报》和《新华日报》，1945年7月11日；重庆《时事新报》和《中央日报》，1945年7月11日；重庆《中央日报》，1945年7月19日；重庆《时事新报》，1945年7月22日；重庆《时事新报》，1945年8月24日。活埋的故事经常被反复提到。欲了解目击者在1945年讲给罗伯特·佩恩听的叙述，见他的《觉醒的中国》，第103—104页。

② 比如梁实秋：《沈阳观感》，载于南京《世纪评论》，第3卷第9期，（《观察》转载于1948年3月6日，第19页）；何彭：《在内战最前线》，《观察》，1947年9月27日，第18页。

③ 特约记者：《从中国乡村看中国政治》，《观察》，1946年10月19日，第18页。

应承，只有一个老人唱反调，说了新兵受的苦。他说到他们是怎样缺衣少食，排长是怎样殴打他们，当他们在行军的时候生病时，即使死了也没人过问。这个老人后来受到了当地军官的严厉指责，被警告以后不许讲这种蠢话。[①]

战争：军队纪律

事实上，国民党军队的纪律废弛和所遭受的非人待遇一样被众所周知：两者都是士气低落的例子——士气低落损害了军队战斗力。在枪口威胁下应征入伍的穷苦农民发现自己没有选择只能当兵的时候，是否就变成了那些欺负他同类的人？——这个问题需要更多的细节研究，这里无法展开。比如说很可能，被征入伍的士兵和自愿从军者会有区别，这些人和职业士兵或雇佣兵会有区别，在自己家乡打仗的人和驻守在几百里之外的士兵会有区别。但是这样的细微区别未见诸同时代的记载。

“假如老百姓爱惜生命”，一位保定的《观察》记者写道，“他们必须拿钱。匪和兵，他们之间没有差别。自古如此，甚至在今天还是一样。”“每次队伍一回来”，他继续说道，“城市就陷入混乱。他们拿走粮食、布、牛、马和一切他们需要的东西，甚至包括人们的衣服和鞋。胆敢拒绝交出东西的人被指控与共产党勾结。当人们试图告诉士兵正确的军队纪律时，士兵的回答是，他们冒着生命危险而他们的所得却微不足道。而且，他们知道他们绝不会被谴责，因为中央政府需要他们去打共产党，严肃军纪可能会造成士兵开小差。”[②]

一份更加个人化的讲述来自一位通讯记者，他回到了阔别十八年之久、临近四平的东北家乡。他发现自己的家破败不堪。他的哥哥解释道，如果把房子修好了，附近驻守的士兵就会想要住进来。他母亲

① 杭州通讯员，第15页，见第191页注①。

② 何彭：《在内战最前线》，《观察》，1947年9月27日，第19页，见第193页注②。

说得更直接："日本人在这里的时候，我们等待蒋委员长打回来。我们绝对想不到会变成这样。日本人至少还没有冲进房子拿东西，现在情况糟多了。他们（国民党军队）随意闯进来住在你家，或者他们拿了东西就走。这房子真的不再是我们的了。他们攻击共产党，说它把所有人家都变成了共有财产，但他们每天都在做着一样的事情。"作者的家乡之旅在十天后突然中止：一队士兵一天晚上过来，想要拉他入伍，被他的母亲设法支过去了。但是由于担心他的安全，他的母亲命令他第二天离开。

同时，他和几个每天过来向家里"借"东西的士兵交谈过。"我曾在战场上打过很多年的日本人"，他告诉他们，"那个时候，虽然我们的纪律也不是非常好，也没有像现在你们看到的这么坏。我们怎么会沦落到这样的田地的？"士兵回答，在抗日战争时期，如果任何人投敌，那个人会被认为是叛徒。但是今天，没有人敢约束他们太紧，害怕他们会跑到另一边——很多人还会表扬他们是进步分子。①

战争：政治后果

一般认为战争的政治后果是人们在政治上士气低落——就像上面士兵的评论所显示的那样，以及政府中越来越严重的军事化倾向。发生在 1947 年夏的一件事说明了前者。国民党士兵问华北某村的一些农民谁更好：是国民党部队还是八路军？"你们一样好"，农民回答道，"只有我们普通老百姓不好。"② 这个故事在 1947 年夏被转载多次，并在知识分子圈子里被严肃对待。我们的农民说得多讽刺，一位社论作者悲叹，但是谁能否认农民回答中的事实呢。③

同样地，《观察》驻长春的通讯记者报道了他在周边乡村所做的

---

① 汗奇：《东北十日》，《时代批评》，1947 年 8 月 16 日，第 25—28 页。
② 何彭：《在内战最前线》，《观察》，1947 年 9 月 27 日，第 18 页，见第 193 页注②。
③《时代批评》，1947 年 6 月 16 日，第 2 页。

关于民众政治态度的非正式调查情况。他声称他所遇到的人中，没有一个承认自己担心村庄被共产党占领。“如果八路军来了，那也没什么”，一些人说。其他人回答道：“我们见了七个月的中央政府军，两个月的八路军，超过半年的大鼻子（苏联人）。谁来都一样。我们怕什么！”还有一些回答：“日子还不如在日本人手里时好过些。”真正的悲剧，作者称，这里的人们现在回忆起日本人相较国民党的种种好处，而你根本无法与他们争论。①

在知识分子看来，同样可悲的，是政治和行政事务越来越多涉及军事，这一现象在省一级最为明显。他们将这种趋势归咎于长期的战时状态，指出连美国人魏德迈将军已经注意到这一现象，并表示反对。② 对他们来说，军人出现在政府里体现了民主政治的对立面。一段描写梁华盛将军在吉林省的政治“工作方式”的文字，典型地说明了这个观点。

这位将军在1946年被任命为吉林省的代主席。人们用“小眼睛的广东人”和“精神体现在行动上”来描述他，他花费了很多时间和努力提升他的公共形象，力图呈现一种事事尽在掌握、面面俱到、精力充沛的个性。他不久宣布吉林没有财政问题，这是一个让人不解的结论，因为吉林省还有很多贫困现象。梁将军自己至少没有经济问题，因为他很快买了一辆汽车，据说还为自己建造了一个可加热的游泳池，而不顾当时吉林省煤的短缺已到了很严重的程度。

他还将之前日本所有的工厂和企业归入省政府的管理下。小生意人很快感到了这样做的后果，因为垄断使省政府能够控制很多吉林产的商品的当地市场。同时，他也没有尽心尽力地“剿共”，共产党控制了省里的大多数县。作者以妥协的基调结尾：“如果中国还没有进化到民主选举省主席的高度，那么至少我们希望中央政府不要把一个

① 长春通讯员：《零下三十度的人心》，《观察》，1947年3月1日，第18页。

② 观察记者：《魏德迈在中国所了解的、所烦恼的和可能建议的》，《观察》，1947年8月30日，第16页。

军人安置在文职的行政管理位置上。”[①]

钱端升教授用一种更注重分析的风格，描述了军事对国民党影响的历史发展。他将这种影响一直追溯到孙中山起初与北洋政府的几个军阀结盟上。严格地说来，当时是为了方便进行的联合，不久成为党内不容易被清除的一股力量。当国民党在1924年改组的时候，它试图切断自己和北洋军阀之间的联系，但是在同时，开始非常强调军事训练，并建立了黄埔军校。国民党还允许一部分老军阀进入到革命军中。北伐之后，军政时期结束。事实上，训政时期无法开始：国民党曾经为了达到革命目的与军事力量的结合，结果反而受制于它们。所以军事领袖蒋介石能够为自己争取到政治领袖的位置。

1929年的编遣会议目的是减小军队的规模；但是上层军事领袖，包括蒋介石在内，不愿意削减他们自己的军队。接着蒋开始与中国共产党打仗，使得军事控制依旧成为必须。该军事控制对最终的内战负有责任。中国共产党成功地占据了越来越多的领地与蒋介石在国民党政府中权力的扩张是相辅相成的。对蒋忠诚的黄埔军校毕业生组成了国民党内部军事派系的核心。由于接近蒋介石，又因为控制了政府的军队，他们成了国民党内部最举足轻重的人物，所以经常涉足政治。

一旦一个军事派系在政治上据主导地位——钱继续写道——它的反对党也只有依靠武力。人们的权力无法得到保障，除非也诉诸武力。行政上，文职工作开始附属于军事。而且中国的军事不尊重任何法律，对为公众谋利益的责任没有概念。钱教授宣称如果军事不从政治生活的各个层面去除，由全国文职政府统一管理，那么中国人民的得救将遥遥无期。他以上的言论表达了很多人的感受。[②]

① 长春通讯员：《梁华盛在吉林的作风》，《观察》，1946年12月7日，第16—17页。欲了解其他关于长春军事化和民主的评论，见第196页注①。

② 钱端升：《军人保护的中国政府》，《时代批评》，1948年12月15日，第21—23页。

战争：责任

共产党设法避免同国民党一起为战争负全责，虽然他们不能完全脱开干系。很多人认为共产党和国民党对战争负有相同的责任，也许共产党并不比国民党更想要和平。很多声色俱厉的评论，谴责两个党派以整个国家为代价，追求他们自己的自私目的。[①]然而，反战运动的主要攻击目标还是国民党政府。这里有几个原因。

比如就像吴世昌提到学生反战抗议者时所说，他们向政府请愿而不向共产党请愿，因为他们还没有准备投靠共产党。他们依旧把国民党政府看作中国的合法统治者，拥有实现和平和制造战争的力量。吴教授说，请愿者的首选当然是得到承认的政府而非反对党。

其次，人们倾向于相信共产党在 1946 年 1 月的政治协商会议上是有诚意的。他们和国民党的代表一起，同意做出一些妥协，以解决国共两党的分歧，避免内战。不幸的是，在协定达成的几个星期之后，国民党就单方面撕毁一些会议协定（由国民党中央执行委员会采取行动），从而严重地破坏了人们对其诚意的信任。对政府诚意的怀疑似乎被以下事件证实。1946 年 2 月 10 日，重庆较场口举行集会，庆祝政协会议的胜利闭幕，可是有人扰乱了集会。几天以后，共产党在重庆的报社受到袭击。这两个事件被普遍认为是国民党右翼分子雇用的流氓所为。[②]

也许反战情绪主要指向政府的最重要原因是人们相信中国共产党的优势都建立在国民党的弱点和不足上。自由派批评家认为，政府应对没有在当权时改正这些缺点负责。正是因为有错不改，政府不得不

① 比如：周绶章（第 166 页注②）、杨人楩（第 185 页注②）、傅统先（第 180 页注②）、吴世昌（第 185 页注②）和《时代批评》1947 年 6 月 16 日的社论，第 2—3 页。

② 常明：《泛论中间派的政治路线——对施复亮、平心两先生论争的意见》，《时代批评》，1947 年 6 月 16 日，第 33 页。关于政协会议、国民党中央执行委员会会议以及较场口事件，见第 160 页注①和第 161 页注①。关于新华日报事件，见第六章“民族主义问题”一节。

为共产党的壮大以及内战背负主要责任。这是钱端升论述国民党军国主义和共产党武装敌对之关系时的一个中心思想。该中心思想被经济学家伍启元着重强调。相比他的多数同事，伍启元更倾向于直接谴责政府的通胀政策。“如果我们想要知道内战的性质”，他写道，“我们必须来看一看过去九年政府的经济政策和措施。”他继续写道：

> 结果经历了九年的通货膨胀，物价变动，社会财富重分配和其他的重大变动，中国经济变成了一个贫富相距甚远和尖锐对立的经济。战前的中层阶级在通货膨胀和压低待遇双重压力之下，除了做了既得利益集团附庸的贪官污吏外，差不多全部沦为赤贫。占人口85%以上的农民，则在兵祸、匪祸、征粮、出丁、水旱天灾等重重压迫之下，已在饥饿线上作垂危挣扎。在这极大多数同胞无法生活的时候，通货膨胀等政策却扩大了既得利益集团的力量，增加了既得利益集团的财富……在这样的一个社会中，无论有没有共产党，哪能不发生内战？共产党力量所以膨胀，可以说是受这种经济政策之赐。
>
> 任何人站在共产党的地位，都会利用经济上贫富对立和政府偏袒富裕阶级的弱点，利用极大多数的贫穷的人，起而与政府抗争。[①]

在一篇激烈的批评中，储安平表达了相似的观点。储安平批评的是，1947年美国前外交官威廉·蒲立特访问中国，建议美国拨出更多的援助物资送给国民党政府。

> 蒲立特先生所以主张援助这个政府，就因为这个政府是反苏反共的……蒲立特先生可没有想到：共产党究竟是怎样一个情形

① 伍启元，第3—4页（第189页注②）。

之下才能膨胀到今天这个地步的？本文作者个人的看法，国民党的腐败统治是造成共产党今日这样膨大势力的一个主要原因……假如二十年来政治开明，胸度开阔，何致要把许多人迫到左派方面去，替共产党增加势力？假如二十年的统治，不是如此腐败无能，何致使许多人觉得前途茫茫、中心彷徨，转而寄托其希望于共产党？我个人很直率地说，我认为国民党的腐败统治是“共产党之母”，它制造共产党，它培养共产党。①

无能

对于国民党无能的具体指控——政治上、经济上、行政上和军事上可以写上好几册书——有人也确实成篇累牍地论述了这个问题。以下是引起持续批评的问题中的一些：政府处理学生运动，经济处置失当，对逃往交战区或共产党地区的几万难民的处理，政府在东北的完全失败。

第三章已经简要介绍了围绕“政府试图压制学生运动是否合理”所提出的问题。基本的论点是政府采用压制的方法事实上增加了学生的敌意，将他们送入了共产党阵营，可以说此举事与愿违。

政府在经济领域的过失已经在第四章中详细探讨，不需要再在这里赘述了。② 自由主义知识分子的倾向是：他们不是责备通过通货膨胀筹资的政策本身，而是责备政府坚持一条路走到黑，使得这种政策成为必要。虽然如此，该政策执行上的不妥还是招来了很多批评，包括笨拙地想要将该政策的负面效应减到最小。

---

① 储安平：《评蒲立特的偏私的不健康的访华报告》（第171页注②）。秦峰（音）也给出了相似的论点：《马上得之，马上守之，马上失之》，《时代批评》，1948年3月15日，第3—4页。

② 第四章的大部分基于自由派作家与刊物的报道。

政治无能：难民

由于害怕共产党或要避开战争的危险，人们背井离乡，这就有了难民问题。第一类更普遍一些，在这种情况下，人们在出逃时得到了撤退的政府军的帮助和鼓励。在 1947 年中，一位作家写道："很多在松花江以北共产党领地内的老百姓对共产党严格的统治感到不自在。他们向南迁徙，搬到了国民党统治的东北城市。这些难民包括了年轻人，大多数是大学和中学的学生。这些人不喜欢共产党的教育系统，想要继续他们过去的教育形式。"①

另外，小商人也从同样的地区逃出来。另外还有一则报道说，很多长春的难民是被清算的有钱地主和商人的子女，还有一些难民是因为害怕被征入共产党军队当兵而逃了出来。②地主和小自耕农组成了难民的另一个常见种类。当共产党占领了某个地区后，很多地主听到了"血泪史"，说的就是对付他们同类的手段，于是来不及验证传言是否属实就仓皇逃跑了。很自然地，这些人员构成了政治上支持国民党的一股力量，一个更精明的政权本可以很好地利用它。在利用难民的反共情绪上，零散的努力还是有的。下一个例子背后显然就有着这样的努力。1946 年 6 月，一队据称是来自苏北的难民在南京的火车站里痛殴了一支为和平请愿的代表团。③

然而，对于绝大多数难民，政府任凭他们自生自灭。很多难民迅速沦为赤贫。由于工作难找，他们带来的积蓄很快在通货膨胀中贬值。1947 年 11 月，有大约 10 万个这样的老百姓聚集在沈阳。那些集中在长春的难民很快成了"让人怜悯的难民"，吃饱饭都成问题。很多逃到长春追求"学术自由"的学生因为缺少学费或者公立学校名额已满而无法继续他们的学业。这些年轻人与他们的家庭失去了联

---

① 潘子明：《松花江畔的阴阳界》，《观察》，1947 年 7 月 26 日，第 19 页。

② 长春通讯员（第 196 页注①）。

③ 上海《时事新报》、《新闻报》、《中央日报》、《时代日报》，1946 年 6 月 24 日；上海《文汇报》、《大公报》，1946 年 6 月 25 日。

系，没有经济上的资助，成了“自由城市的自由流浪者”。结果他们中的很多人据说对国民党统治者“失去了希望”。[①]

同样，德克·博迪描写了2000名中学生难民在1948年6月从太原被空运到北平的遭遇。在北京落脚后，学生们——很多人只有十二三岁——除了每天由社会福利局配发的窝窝头，什么都得自己筹措。当地的学校领导对他们不闻不问。博迪教授提到了这些年轻人的情绪低落——他们被迫露营在公园、寺庙和城市废弃的建筑物里。他们缺少书本、应季的衣服、卫生设施和工作。除了必要时会小偷小摸或是偶尔杀一条流浪狗以改善一下贫乏的伙食，他们似乎不会主动去作奸犯科。[②]

1948年9月，美国大使馆的一名官员估计北平有2万到3万名难民学生，南京有2万名，汉口有1万名。[③]政府对这些年轻难民负有责任——这一问题引起的愤怒在当年夏天到达顶峰。情绪的大爆发由7月5日北平的一起事件引发：一支部队向一群示威的学生开火，造成14人死亡100多人受伤。示威者是被鼓励离开东北、由政府出资飞到北平的5000名学生和天津的学生中的一部分。资助他们离开是政府计划的一部分，目的是缓解东北各城市食物和生活必需品的压力，同时疏散人口，以尽可能阻止他们加入共产党（到1948年，除了几个主要城市外，共产党几乎已经控制了全东北）。

这5000个学生得到了三个月的生活津贴，随后就没人搭理他们

① 潘子明（第201页注①）。一则沈阳的新闻报道了1946年夏天该市的5000名难民学生。这些学生中的2000名要求不用参加规定的考试，秋季录取入学。学生之所以提出这样的要求，部分是因为据说大学录取办公室的人员出售考试试题。见天津《民国日报》，1946年8月16日。沈阳的10万难民在一份美国大使在1947年11月26日的报告中有提及［《美国的外交关系》（1947年），第378页］。

② 德克·博迪：《北京日记》，第31—33、65—68、74—77、100—103页。然而不是所有的在北平的学生难民处境都这么悲惨。博迪提到1948年11月，超过2000名学生从保定撤出，被安排住在北平市郊的寺庙里。他们由老师陪伴，老师给他们上课，鼓舞士气和维持纪律。

③ 梅尔比：《天命》，第281—282页。

了。在北平的学生很快沦落到游荡于街道、睡在公园和寺庙里的地步。与那些陕西的难民学生不同，来自东北的难民学生开始申诉。政府的回答是建议他们参加军事训练。学生随后组织了抗议示威，在示威的过程中，他们冲破了北平市政委员会的大门，在委员会主席的住宅前游行。在这里，示威学生被装甲车包围，被冲锋枪的火力挡住了去路。社论严厉地批评了此次事件。①

对这一事件的反应，与那些同情从苏北逃到南京—上海地区的自耕农哀叹他们不幸遭遇的评论相比，只有程度上的不同。一封写给《观察》的信中描述了一个案例，主人公是居住在南京栖霞山附近山洞里的很多难民家庭中的三家。他们唯一的生活来源是砍柴。但是新来者和当地人经常会起冲突，后者认为山岭是村子的财产。有一回，三个难民因为从村中土地拾柴火被村民痛殴。难民缺少仲裁所需的资金，所以案子被呈递到法院，但是地方法官拒绝审理该案件，因为没人出钱支付法庭费用。

当这些谈判正在进行的时候，受伤人的家属要求能够继续待在监狱里，原因是他们没有生活来源。一位住在村子里的大学生出钱为受伤人支付了医疗费用。当地法官最终宽恕了他们，告诫他们对村里人客气一些，并承诺如果他们离开该区域，案子就能了结。三个难民家庭此后不久回到了属于共区的家乡。这封信尖锐地总结道：“（难民）南下希望得到保护，但是相反他们被抛弃，被迫遭受苦楚……两党现在正在角力：一个党努力争取人民，而另一个却在抛弃人民。”②

东北的崩溃

国民党在东北的表现同样显示出其统治上的无能。共产党在日军

---

① 其中最严厉的批评来自周鲸文。周鲸文自己就来自东北，他认为该事件是国民党政府给予东北人民众多伤害的其中之一（周鲸文：《为枪杀东北流亡学生控诉南京政府》，《时代批评》，1948 年 7 月 15 日，第 1—2 页）。

② 来自栖霞山的信，1948 年 4 月 16 日（《观察》，1948 年 4 月 24 日，第 2 页）。

投降后迅速扩张它在那里的地盘，批评家愿意承认国民党统治区域的问题在一定程度上是军事形势的产物。但是，从军事到教育的几乎每个领域，政府还是因为无能和不负责任受到批评。[①]

一些批评家倾向归咎于几个地区的首要官员。同时，人们也觉察到一两个人不可能对如此全局性的崩溃负责。除此以外唯一能做的，就是谴责整个政府表现——绝大多数自由派作家就是这么做的。他们在接收的时候就开始这样做了。而政府对日本人占领了14年之久的东北地区的接收较其他地区稍晚，这是由于苏联留在东北，而政府无法迅速地把军队运送到该地区。当地居民对苏联解放者的欢迎由于后者纪律的松弛而由热转冷，这个时候，人们就苏联人迟迟不离开中国而指责中央政府。在苏联人最终在1946年春离开后，政府的接收官

① 由国民党控制的东北城市中，所有报纸都被政府、国民党或军队控制或监管。所以随着战事的进行，公众几乎无法得到独立的信息来源。但是依旧有一些作家和记者试图调查和报道东北局势的进展。文中的概述基于对以下选文的比较参考。

《观察》：

（1）沈阳通讯员，1946年11月9日，第16—17页；

（2）沈阳通讯员，1946年12月21日，第17—18页；

（3）长春通讯员（见第196页注①），1947年3月1日，第17—19页；

（4）何永佶，1947年7月12日，第4—5页；

（5）潘子明，1947年7月26日，第19—20页（见第201页注①）；

（6）高超，1948年2月28日，第17—18页（见189页注②）；

（7）梁实秋，1948年3月6日，第19页（《世纪评论》，第3卷第9期，见第193页注②）；

（8）观察通讯员，1948年3月13日，第15页；

（9）沈阳通讯员，1948年3月20日，第17—18页；

（10）钱邦楷，1948年3月27日，第16页（引自《青岛日报》，1948年2月19日）；

（11）高超，1948年4月3日，第17页；

（12）沈阳通讯员，1948年4月10日，第12页；

《时代批评》：

（13）汗奇，1947年8月16日，第25—29页（见第195页注①）；

（14）春生，1948年6月15日，第35页（见第170页注①）；

（15）周鲸文，1948年7月15日，第1页（见第203页注①）。

员随后而至。像第二章提到的，他们在东北的表现与在前沦陷区其他各地无甚区别。

然而，根据大多数批评家的观点，局势的关键在于蒋介石对东北人不信任。于是中央政府采取了曾在云南施行过的办法，以维护对该地区严密的军事控制，目的是防止“老帅”张作霖家族控制的、半自治的旧有权力基础再度抬头。被派来接收该地区的军队中，十支里有九支是由来自中国的其他地方的士兵组成的。政府没有采用日本占领前原来的划界方法，而是将原来的三个东北省份划分为九个行政区，委任外省人担任几乎所有的最高职位。[①] 在当地，入驻的国民党官员与地主和其他曾勾结日本人的汉奸结盟。他们是区域内唯一能被倚重的、既不忠诚于共产党、也不效忠当时仍有声望的“少帅”张学良的阶层。

在云南，政府的努力至少获得了暂时性的成功。在东北，维护中央控制的策略显得很笨拙。在共产党积极反对下（它还联合起了复兴的地方主义势力），政府的上述策略破产。20 世纪 30 年代，日本早早占领了该地区，而中央政府一开始对日本的侵占持默认态度，当地人的地方主义情感因此得到加强。这种情感在西安事变中被激化。日本投降后，对蒋介石政府的支持在一开始似乎是真诚的。但是随着当地人对政府接收工作和其官员行为的不满，地方主义很快再度抬头。像苏联人一样，“南方人”很快因为待得太久而不受欢迎。文官和武官的自大和贪婪，以及国民党军队松弛的纪律——这些人都是外地人——给当地人民一个印象：他们又作为被征服的民族被迫处于屈从地位。“沈阳只尊重财富和权力”，一位通讯记者写道，“还有就是军人特别有影响力。至于普通老百姓，他们一方面感到全天下都属于南

① 李宗仁表示将东北分为九个省的决定基于一个由吴鼎昌和“政学系”其他成员领导的委员会的建议。这个委员会是蒋介石委任的，以便在第二次世界大战之后政府回到该地区之前先对该地区有所研究（《李宗仁回忆录》，第 46 章，第 1 页）。在这段时间，据说指派到东北的官员中，“政学系”的成员占了大多数。

方人，另一方面感到如今的生活还不如满洲国时代。”[①]

这种不满被愤怒地表达出来，其中措辞最严厉的一篇文章，就是上面引用过的对7月5日北平学生难民事件的评论，作者周鲸文：

> 政府也许不喜欢地方势力，但不能因此而轻视地方人民。二十年来的历史告诉我，南京政府从一开始就憎恨东北的地方势力，不惜用外国人来消灭它，毫不珍惜这块土地，并把这里的人民当作了敌人。今天依然如此，东北的力量已被南京政府破坏。爱国的张学良将军已被囚禁十一年，而今，这曾被南京政府牺牲给日本人的满洲主权，又被送给了苏联……

谈到政府任用外地的行政官员，一名作者指出他不同意这是“东北问题”的起因。“我的观点与当地的乡亲们不同，”他写道，“中国人毕竟是中国人。一个好人不管他来自哪里都是好人。”[②]不幸的是，这两点在政府那里都落了空。

东北问题的前世今生都与张学良这个人物有关。少帅是1936年12月在西安扣留蒋介石的关键人物，扣留蒋的原因是蒋不情愿抗日。蒋屈从了少帅和他的军队提出的要求，但是在事变后不久蒋马上将张软禁。1947年初，张学良被送到台湾，处于更严密的禁闭之下。而当初人们普遍认为他将在第二次世界大战后被释放。[③]张的继续被禁闭，在东北激起了广泛的愤恨。这在政治上不能说没有一定意义。1948年3月，一份报道声称中央政府领袖在战后东北有两件事情出

① 见第204页注①的（1），欲了解云南的情况，见第三章中的“‘一二·一’运动”一节。

② 见第204页注①的（7），第19页。

③ 各种没有事实根据的传言在此时疯传，内容都是关于为释放张所做的谈判。其中一则有趣的传言是：蒋介石提出在1946年释放张，条件是他答应“利用他的声望使得东北能够倒向国民党一边”，少帅拒绝了他的提议。（爱泼斯坦：《未完成的中国革命》，第375页）

现重大失策。首先，他们对以下事实视而不见：张学良和他的父亲张作霖在东北历史上占有特殊位置，并因此受到尊崇。其次，他们低估了共产党在该地区 14 年的地下运动所积累起来的实力。[①]

对于第一个失策，政府坚称它的所作所为是为了国家统一，任何当地势力对某独立人物的效忠，不管这个人物是不是共产党，都不允许存在。批评家反驳，只有张学良才能动员东北人民反对共产党，中央政府肯定无法独立完成这个任务。政府军依旧纪律不佳，装备不良，无力对抗受地方势力支持正在迅速成长的共产党军队，既不被当地人民信任，也不信任他们。[②]

对于第二个失策，政府遭到批评是因为他完全信任了日本和傀儡"满洲国"政府的保证，即：他们已经歼灭了东北所有的共产党武装。这些武装在日本占领时期受到严酷的镇压。但是有几千人据说存活了下来，使他们的组织得以保全。他们因而能够最大程度地利用以下机会：有好几个月，苏联军队占领了东北大城市和交通干线，但农村兵力空虚。甚至在杜聿明将军和中国军队接管东北的时候，他们依然错误地以为当地共产党基地已被扫平。

除了这两个失策外，可能还能加上第三个：政府过高估计了自己的实力。因此政府没有采取一般的结交一方打击一方的战略，而是同

---

① 见第 204 页注①的（8），第 15 页。

② 欲了解对共产党在东北表现的一个可对照的观点，见第六章。如果政府在东北的表现能够少招致批评的话，地方主义和少帅不减当年的威信本来不会在东北政治局势中占如此重的地位。然而在政府广受批评的情况下，地方主义问题的重要性怎么往高估计都不过分。美国领事馆的官员在 1947 年的报告中反复强调地方主义——写到当地人们日益增长的反感和没有他们的支持政府就无法打败共产党，捍卫该地区。然而政府甚至摒弃了送到面前的这样的帮助。比如，一个广受支持的、由当地人组成的东北动员委员会，提议组成一支当地武装与共产党做斗争。该提议遭到拒绝。马占山将军是一名骑兵军官，在老帅和少帅手下都做过事。他同意为政府工作，并被任命东北司令部代理司令。但是上面从来没有给他分配任务，也没有让他带领军队。见美国国务院编：《美国的外交关系》（1947 年），第 141—142、144—145、152、156—157、175、210—211、232—235、292—293、307、330、398—399、404、708—709、744 页。

时对付地方主义和共产主义，因此反让它们两者结了盟。东北碰巧成为共产党获胜策略中重要的一环。上面的例子再清楚没有地说明，政府刻意对大众要求置之不理，结果吃足了苦头。

这还只是国民党自由派批评家所描述的东北崩溃的其中一个要素。他们批评军事当局错误的排兵布阵和对只言片语的情报听风就是雨。他们批评军队在几个重要据点已经不再具备任何战略价值时，还要守卫它们，使得兵力变得分散并被共军包围。“国民党为什么不集中兵力，打一场反击战？为什么它不往东北派遣更多的军队？为什么不将大众武装起来形成一支真正的军队？”这些是 1947 年到 1948 年人们所提出的问题。杜聿明将军——东北保安司令长官，被批评为无能。不停有流言传出他和熊式辉——蒋介石负责监督行政管理的东北行辕主任——关系不睦，无法很好地共事。据说军事官员和文职官员间存有龃龉，无法合作，正是反映了这样的裂痕。

1947 年 8 月，两名将军均被调离。陈诚将军被派来作为总司令使得政府在政治和军事上的努力成为一体。然而，军事情况继续恶化。陈的独断专行的工作方式以及该工作方式在下属中造成的被动局面，被批评为政府在东北的力量越来越弱的另一个潜在原因。当然，他没有做任何事情来激发当地人民的合作或信心。还有，虽然据说他自己很廉洁，他手下的官员和人员的腐败行为继续有增无减。

到了 1948 年初，根据一些报道，东北国民党控制区域的物价甚至比全国其他地方更高。价格的螺旋上升主要是由于东北的战事减少了供给。共产党破坏了铁路和电线，占领或毁坏煤矿和庄稼，到 1948 年已经控制了绝大部分东北的农村。但这还不是故事的全部。

日本投降后，政府在东北发行的是独立的货币，希望可以将该区域与全国其他区域隔绝开，使之免受日本投降后国民党金融政策引发的通货膨胀之影响。政府接着继续推行政策，这些政策恰恰使得政府本来想避免的结果成了定局。政府在 1948 年初对东北的军事和政治支出估计达到了每月 2000 亿元当地货币。当知道政治开支的很大一部分用于养活逃亡到沈阳的七个省政府的最高长官时，这个数字就变得不可接受了。他们名义上还统辖这些新成立的省，而这些省实际上却已落入共产党手中。在有的地方从 1945 年起就已经是这样了。[①]

由于东北的收入不足以支付这些支出，政府印了更多的钞票——因此完全背离了想维持一种独立货币的初衷。更有甚者，用来管制东北货币和法币汇率的条例招致了投机活动。在 1948 年 3 月，两种货币的汇率被定为 1∶10，而之前在实际操作中，汇率在 1∶11.5 到 1∶6 之间波动。这种波动，加上法币可以在东北自由流通而东北货币不允许在国家其他地方流通的规定，为那些想借此套利的人提供了诱人的、不容错过的赚取利益的机会。这些人主要是有闲钱、也有空余时间的政府官员，以及其他一些有钱人。东北和国家其他地区之间的黄金和货币交易量极大，使得法币自身的价格受到影响。政府曾一度谴责共产党在东北投机性地购入黄金，使得黄金价格上升。但是如果共产党真的从事这种经济战争，他们绝不是唯一的。批评家指出，只要国民党自己的官员还在稳坐江山地继续投机，共产党就不是中央政府在东北需要担心的唯一敌人。

经济是如此不稳定，前几天，为了阻止投机，东北货币和法币的汇率还定在 1∶10，几天后，黑市汇率报价为 1∶7，黄金和白银的价格几乎翻倍，消费者价格指数也同样攀高。在 3 月 1 日到 3 月 19 日间，黄豆、高粱、大米和面粉的价格涨了一倍还不止。正当这场特殊的危机发生之时，“仿佛火上浇油”，沈阳的中央银行宣布再次发行东北货币，钞票的面值为前所未有的 10 万元、50 万元和 100 万元。一位作家总结道：“中央政府一直在说它想在东北保护我们，但是我们

① 七个省是指辽北、松江、合江、黑龙江、嫩江、安东和兴安。1948 年 4 月，两个剩下的省：吉林和辽宁的小部分依旧由中央政府把持。还有几百名中央政府派往全东北的监管和行政人员在沈阳被供养起来，几乎什么事也不做。这些人包括金融、农业、水利、文化、教育和通讯官员。

想知道他们是否有决心和愿望这样做。”①

自由主义的理想：社会主义和民主主义

将知识分子对国民党政府的批评在这里写出来有两个目的：第一，举例说明他们对政府的态度；第二，进一步阐明（尽管是通过自由派的眼睛看到的）国民党统治的性质。接下去将正面表述这些知识分子的政治信仰。这些政治信仰正是他们在自己的圈子里辩论国家和社会的性质的时候，希望能从内战的混乱中横空出世的。然而就在这一点上，他们的论证站不住脚，存在于潜在假定中的错误完全暴露出来——这些谬误是由一个对这些自由主义知识分子来说既无法攻克又无法接受的困境造成的。

比起正面表达他们所信奉的理念，自由派知识分子当然更多地在苦口婆心批评国民党。然而这种苦口婆心与它所基于的假定是一致的，这个假定即：战争不可能以一方压倒另一方的形式结束，而政府可以被说服进行自身的改革。自由派知识分子是真正的自由主义者，也是中国知识分子精英的代表，他们似乎不愿意相信政府大可以忽略他们的批评——虽然他们的论证出于善意，不证自明。由于缺少确凿信息，以及自身倾向的原因，他们与战场隔绝开来，对正在进行的军事形势没有清晰的把握。无论如何，他们为之奋斗的目标只有从他们提出的正面解决办法这个角度来看，才能一目了然地看出是徒劳的。当他们试图将这些解决办法付诸实现时，他们措辞巧妙的批评最终退化为幼稚的泛泛之谈。

① 见第204页注①的（11），第17页。关于政府在东北的军事表现，参见莱昂内尔·马克斯·查辛：《共产主义征服中国：1945—1949年的内战史》，第57—68、76—81、114—121、131—136、165—167、187—192页；埃德蒙德·柯乐博：《二十世纪的中国》，第260—290页。

目标：总的原则

他们所主张的总的原则非常简洁明了，从而获得了广泛的支持。社会主义和民主构成了自由主义的理想。在这之外，分歧开始出现。围绕着这两个目标在中国大背景下的性质和应用似乎总是产生无休止的争论。引起争论的原因，至少是原因之一，是社会主义和民主对不同的人意味着不同的东西。

关于社会主义，储安平表示："今日中国一般人民，特别是一般知识分子，并不反对，毋宁说是很期望的。"[①] 傅斯年倾向于强调常规改革措施的必要性，这些常规改革措施包括：去除所谓"豪门"的特权，通过累进所得税系统平均税负。他直截了当地说：如果社会主义能够在中国有效地实现，他将"百分之百地赞成"。[②]

燕京大学经济系系主任郑林庄教授的见解可谓典型：

> 在资本主义的社会里，虽有经济的自由，却无经济的正义；而在社会主义的国家里，则正因为有了经济正义，才能让社会安定。所谓经济正义，实在含有两点内容：其一是工作权（即人人都有就业的权利）的保证；其二是生存权（即人人都有基本生活的权利）的保证。要达到这两个目的，必须有一个生产不断扩充而分配相当合理的社会机构。这些条件只有实行计划经济的社会里才能具备。至于资本主义的国家，除非把自由企业的原则进行变更，否则是不易实现的。……我们相信，经济正义和社会安全终是当前社会发展的主潮。同时我们更相信，凡是赶不上潮流的，终必

① 储安平，第6页，见第153页注①。

② 傅孟真：《论豪门资本之必须铲除》，《观察》，1947年3月1日，第6页。傅担任了很多职位，其中一个是中央研究院历史语言研究所的所长。他在1947年2月一连写了三篇文章指责宋子文和孔祥熙，在南京的政治圈里制造了小小的轰动，前两篇发表在南京《世纪评论》第1卷第7期和第8期上，第三篇发表在上海《大公报》。《观察》在1947年3月1日转载了这三篇文章。

将被时代所淘汰。[1]

社会主义同样被看作为经济发展提供了合理模式，是实现经济公正的一种手段。所以国立中央大学的丁骕教授尽管谴责苏联在领土和组织上的扩张，害怕中国将成为其下一个目标，但还是主张中国采用苏联模式的经济系统。他声称，这将为中国经济的发展提供最有效的组织形式。[2]

考虑到理解上的不同、信奉的理念各异，我们不能以偏概全，认为以上这些见解能够代表20世纪40年代提倡民主社会主义改革的中国自由派的共识。比如，虽然他们都提倡社会主义，是否每个人事实上想的都是“苏联模式”的计划经济就不得而知了。他们最基本的相似点和不同点在下面的内容中一目了然，这就足够证明我们的观点了。

然而，假如我们一定要在自由派反复提到的建议中找出最具代表性的改革方案的要点，将它们拼凑在一起，它也许将等同于1948年春国民大会前夕公开发表的、99名南京教授的集体要求。他们将内战归咎于国民党背离了三民主义和共产党使用武力来获得政治权力。他们严厉批评共产党因为投身于世界革命而减少了对国家的忠诚，指责政府的腐败和无能。他们要求以下措施：

政治改革

1. 承认政治和经济平等原则
2. 尊重言论自由
3. 吸纳贤能进入政府
4. 遵守法律
5. 去除冗余机构，建立健全的文职系统

① 郑林庄：《经济正义与社会安全》，《观察》，1947年3月15日，第9—10页。
② 丁骕：《苏联即将东顾》，《观察》，1948年7月3日，第7页。

6. 惩治公务员的腐败
7. 分散权力，加强区域自治

经济改革

1. 清算官僚资本，征用私有银行在海外的存款
2. 按照“耕者有其田”原则平分田地
3. 所有银行国有化
4. 所有公用事业国有化
5. 货币改革，抑制通胀
6. 改革税制，设立资本税和遗产税
7. 改善公务员和军队人员的待遇①

有诚意的辩论开始了，所提出的建议超出了上面所有人一致认可的协议的范畴，特别是讨论中包括了怎样将这些建议最好地应用于中国这样的问题。施复亮、严仁赓、张东荪和樊弘，在 1947 年底、1948 年初《观察》上的文章互动是上面所说的辩论的充分表现。

也许因为曾经是中国共产党的创始人之一，施复亮的观点似乎总是能引起反响。他认为在过去的二十年里，他都确信中国的民主革命必须借由社会主义的发展达到顶点，原因是资本主义内在的矛盾和资本主义的基础是财富分配的不平等。简而言之，资本主义与民主的基本概念是不相容的。

但是施认为，因为中国还没有取得实行社会主义的必要的物质基础，所以不可能直接从“封建”阶段，经过被破坏的阶段，跃入社会主义。他主张在过渡时期实行一套方案，他称之为“新资本主义”。新资本主义是这样一套经济方案，有着“新民主”政权，由劳动阶级领导，在推翻国民党政府以后建立起来。它需要：对土地系统的一次彻底的改革，实行“耕者有其田”；没收官僚资本，将国有部门扩大

① 南京《新民报》，1948 年 3 月 27 日。

到包括银行、重工业、主要交通事业和一些轻工业；保护国有企业和工业，对小生产者进行援助；实行先进的劳动法，保障所有人的基本生活标准；制定经济、金融和社会政策，不鼓励个人财富的过分积累，鼓励将生产企业的利润投入再生产。①

人们也许会觉得这个方案与毛泽东的《新民主主义论》中表述的方案大体上甚为相似，因此将使得施同事中的激进派满意。但是事实并非如此。比如，浙江大学教授严仁赓，在一篇文章中非常严厉地批评了施，在第二篇文章中，坚决抵制了施试图将他们之间的分歧最小化的倾向。严首先反对施允许资本家和工人之间的剥削关系继续存在以扩大生产，哪怕这种剥削关系已相当程度上柔化。严的第二条主要反对意见是施将经济系统变革的愿望寄托在“新民主政权”的未来形式上。严怀疑工人、农民、富农、小资产阶级、知识分子和民族资本家能够通力协作，为社会主义奋斗——特别是在允许富农、小资产阶级和民族资本家存在的情况下。他声称，他们也许今天被剥削着，但是他们自身都含有剥削的性质。于是他赞成直接进入社会主义，因为“我觉得或许我们能够一次同时解决生产和分配的问题”②。

施复亮与张东荪之间的相似之处更多。施复亮曾说他和与他辩论的人之间的主要差异是侧重点和解释方式的不同。这个说法在张东荪的例子中更说得过去。但是差异还是存在的。张，像施一样，将重点放在发展和增加生产上，认为这是中国必须迈开的第一步。张同样感到社会主义不是速效的解决办法，因为就社会改革一项来说，就绝不可能在一个贫穷的国家成功实现。他同样相信，在这里他与施不同，自由主义及它在经济上的对应资本主义，不管多么柔化，都不可能在

① 施复亮：《废除剥削与增加生产》，《观察》，1948年3月20日，第7—9页。施于1927年退出中国共产党。

② 严仁赓：《社会主义？“新资本主义”乎？》，《观察》，1948年6月19日，第5—8页。施复亮的回答见《新中国的经济和政治——答严仁赓先生》，《观察》，1948年7月24日，第4页。严回复的文章见《再和施复亮先生谈“新资本主义”》，《观察》，1948年8月7日，第15页。

中国这样一个落后国家保证生产的发展。

这是因为资本主义只能在这样的国家制造出新形式的不公。西方文化中的好东西一旦进入中国，它们只能增加人们的疾苦，因为在中国有特殊的利益集团，它们能够利用这些东西压迫人民。这些压迫的势力同时妨碍了生产力的发展。他们包括享有特权的官僚资本、地主、高利贷者以及落后的封建社会的遗弃者，如几乎不从事生产的、经常依靠勒索和抢劫谋生的流浪汉和游民以及佃农和雇佣劳工。

张总结道：一个“渐进的”计划经济是中国发展生产力的唯一希望。有了计划经济，所有一切，包括政治和教育，必须同样被计划。这些可以按照这样的原则进行：所有束缚生产的剥削关系必须被消灭而鼓励生产的剥削关系可以被允许在过渡时期存在。相反地，有益于生产的社会改革将被鼓励，干涉生产的将不被支持。张坚持每个国家必须在这条原则的基础上设计出自己的解决办法。然而他推荐两个明显已经被成功应用的理论样板是苏联在 20 世纪 20 年代的新经济政策（该政策使得苏联后来迈入社会主义成为可能）以及瑞典的第二次世界大战后的经济政策。[①]

比起施复亮，张东荪与北大经济学家樊弘的分歧似乎更多。樊教授在诊断中直来直去，毫不含糊，他为实现社会主义开出的方子也是一样的风格：

从经济上说……我们必须要明白，现代世界上的一切的罪恶

① 张东荪经常为《观察》和其他自由主义杂志写稿。1947 年秋民盟被解散前，他是其中一位举足轻重的成员，另外他还是燕京大学的一位教授。这里总结了他对经济改革的主张，依据的是他的以下文章：（1）《关于中国出路的看法——再答樊弘先生》，《观察》，1948 年 1 月 31 日，第 3—4 页；（2）《政治上的自由主义与文化上的自由主义》，《观察》，1948 年 2 月 28 日，第 3—5 页；（3）《经济平等与废除剥削》，《观察》，1948 年 3 月 6 日，第 3—5 页；（4）《增产与革命：写了〈民主主义与社会主义〉以后》，《中建》，第 3 卷第 4 期（《观察》转载，1948 年 8 月 7 日，第 26—27 页）。

> 都是由有产者剥削无产者阶级而来的。然则将奈之何呢？这当然要涉及政权的更迭了。
>
> 从政治上说，我以为，中国如同其他国家一样，亦只有两条路。一条是革命的路，一条是反动的路。反动的路，在把政权放在剥削阶级手中，但叫剥削阶级自动地放弃他们的政权，或自动地限制他们的剥削，予以增进人民的福利。耶稣、孔子和今日的教授者们所倡导的第三条路便是这一条路……革命的路，在把社会上被剥削的阶段联合起来，向剥削者阶层以和平的或战争的手段，夺取政权，根绝或限制剥削者的权利，予以保障被剥削者的生命、健康和自由。①

樊教授的希望是中国能够转型成为“自由社会主义国家的典范”。但是他很仔细，特别强调了“自由”这个词。就在这个时候，常有人表达对社会主义中国将变成苏联附庸的担心。很多左派，包括共产党，发现他们在这一点上很容易受到攻击，于是他们做了一些事情来否认中国和苏联之间必然有这样的关系。一般的论调是中国必须找到最适合中国特殊国情的通向社会主义的道路，改变中国的责任完全担负在中国自己身上。②

对很多这样的知识分子来说，还有一个更难的问题，这个问题

① 樊弘：《只有两条路！》，《观察》，1948 年 4 月 10 日，第 3—4 页。樊教授与张东荪的互动事实上早于这篇论述几个月，围绕着一些相关问题展开。两者的辩论在以下文章中展开：（1）张东荪：《我亦追论宪政前期文化的诊断》，《观察》，1947 年 10 月 11 日，第 3—6 页；（2）樊弘：《与梁漱溟张东荪两先生论中国的文化与政治》，《观察》，1947 年 11 月 29 日，第 5—8 页；（3）张东荪：《敬答樊弘先生》，《观察》，1947 年 12 月 13 日，第 5—6 页；（4）樊弘：《我对于中国政治问题的根本看法》，《观察》，1947 年 12 月 27 日，第 5—6 页；（5）张东荪：《关于中国出路的看法——再答樊弘先生》，《观察》，1948 年 1 月 31 日，第 3—4 页。

② 樊弘：《关于“以平等待我之民族”》，《观察》，1948 年 6 月 26 日，第 7—8 页。这是樊对于周东郊的文章《论“以平等待我的民族”兼论我们的道路》（《观察》，1948 年 5 月 22 日，第 4—6 页）的回应。

源于他们同时信奉社会主义理想和民主主义理想。孙宝毅在1947年张君劢同意让自己的民主社会党加入国民党政府后，与他断绝了关系。孙宝毅批评张君劢过分信奉英美式的政治民主。张曾经说过，事实上不可能从经济民主——他在这里把经济民主等同于苏联的经济系统——进化到西方实行的政治民主。孙这边辩论道，按照张的定义，从政治民主进化到经济民主同样不可能，因为西方的民主政党全都由资本家控制。

然而孙真正反对的，是张的“非此即彼”的处理问题的方法。我们需要投票，我们也需要饭碗，孙断言。既然英美和苏联的系统都没有同时给我们这两样，那让我们从每个系统中提取我们想要的，将其余的拒之门外。[①] 大多数自由主义者毫无疑问赞成如此概括他们的理想。但是问题依旧存在：吸取什么？拒绝什么？怎么吸取？怎么拒绝？

张东荪是少有的几个致力于直接解决这个问题内在复杂性的人之一，但是他也没有对解决的办法给出直接的回答。在强调计划经济对于发展生产的重要性时，他建议平等和自由必须受限制，只能在计划所允许的范围内存在。在一个计划的社会里，生产的所有障碍都被扫除，还需要问自由是否被限制，平等是否被损害吗？他似乎对此也不是特别关注。“至于制定计划以最大限度地保留自由和平等”，他写道，“那是计划制定者的事，这里不做细节讨论。”还有一点是他不愿意放弃的。他称之为文化的自由，或者是文化和思想的绝对自由，他将它作为进步的政治系统的保证。一旦文化自由的种子播种下去，他总结道，它就不会停止生长。这将在中国培育自由的传统。[②]

张的一些见解涉及很多通常与民主相联系的制度，这些见解与他对自由和平等原则的论述是一致的。他辩论道：英美的立宪制政府无

① 孙宝毅：《吾尤爱真理！》，《时代批评》，1947年12月16日，第10—11页。

② 张东荪：第5页，见第215页注①的（2）；张东荪，第4—6页，见第216页注①的（1）。

法在中国存活。比如不可能举行自由选举，因为会被现有的有权势的党派操纵，谋求自己的利益。他宣称中国共产党、国民党和民主同盟一起代表了国家的所有利益。因此，“当这些党派共同协商，表面上看似乎只是党派间的事，事实上它意味着真正的民主。”为此，他着力强调了两个概念——妥协和制衡，称它们是实施民主政治的前提条件。①

另外一个对这些观点中的一些所见略同的是梁漱溟。他论述道，考虑到中国的文化传统，英美式的政府无法在中国建立。他坚称竞选从根本上与人们的习俗和行为不兼容，一部民主的宪法绝不可能在中国存在。然而像张一样，梁不愿意完全放弃希望。他建议一组专家能够发明另外形式的不需要选举也不需要有西方式宪法的民主政治系统，以此符合中国的国情。②

然而大体上，将对这一主题的见解付诸笔端的大多数人并不像上面几位那样，对中国民主原则和制度的未来抱悲观看法。另一方面，也没有人愿意持“阻碍不过尔尔，没什么可怕的”这样的观点。经济学家谷春帆表达了一个相当典型的观点：虽然对中国来说，民主政治作为政府体制的一种具有缺陷，但这些缺陷是能够被克服的——虽然是逐步地克服。③

另一位作者，郭叔壬也同意这个观点。郭特别批驳了张东荪和梁漱溟的观点，提醒他们立宪民主不仅仅是一种政体形式，也是一种生活方式，不可能在一夜之间建立。他概述了美国自身在政治发展上所

① 张东荪：《追述我们努力建立“联合政府”的用意》，《观察》，1947年4月5日，第6页。

② 梁漱溟：《预告选灾·追论宪政》，《观察》，1947年9月20日，第5—10页；9月27日，第8—10页。梁的“西方民主不适用于中国”的观点，纪文勋也概述过，见《梁漱溟和中国共产主义》，《中国季刊》，第41期（1970年1月—3月），第64—82页。

③ 谷春帆：《从民主到帝国》，《观察》，1947年11月1日，第3—5页。谷是一名银行官员。

经历的困难：很多州在联邦宪法通过后还是与它有冲突；工业的发展引起了社会不公，而宪法无力于阻止这种现象；政治和行政部门经常有腐败，选举也时常被操纵。但是诊治办法逐渐才能找到，有的时候这个过程很艰难。基于美国经验，他总结道："我们不能因为有人操纵就怀疑体制本身，就放弃将它付诸实施的努力。……这个体制的理想必须成为人们生活中司空见惯的一部分，从而使这个系统成为我们文化的一部分。至于缺陷，我们可以不断地努力克服。"①

事实上，较之借鉴美国，向英国取经的倾向更明显。很多知识分子认为英国工党为中国提供了可供模仿的最佳范例。它在 1946 年的成功用事实支持了"西方式的民主和社会主义的目标是可以同时兼顾的"这个论点。"如果英国工党成功掌权"，储安平写道，"那么世界人民会很清楚实现社会主义不一定要走莫斯科的道路。工党一方面推行社会主义政治，但是同时依旧承认人们的自由意志。"②

方法：联合政府

也许樊弘对那些拥护"第三条道路"的"当代教授"的不耐烦是有道理的。这些教授认为剥削者、压迫者和国民党将会自愿改革，并放弃曾经培育他们的体制。但是如果说他们在政治上是幼稚的，这些教授在思路上是前后一致的。他们同样相信共产党会接受劝说——像储安平写的那样——"修改它的政策"并放弃在内战中的角色。③他们

① 郭叔壬：《宪政和中国文化》，《观察》，1948 年 3 月 13 日，第 6—8 页。作者写这篇文章的时候客居美国。

② 储安平，第 6 页，见第 153 页注①。

③ 很多人表达了这样的观点。经济学家伍启元写道，共产党"应该放弃他们的生死战斗，以及放弃试图以武力革命建立一个独裁政府。他们应该学习成为立宪政府中的立宪政党，愿意促进民主，并对此满意"。对于国民党，他建议它的官员们应该愿意妥协，并且"顺应国家人民以及国民党大部分自己成员的希望，立即实行民主，命令富有阶级做出一些牺牲"（《观察》，1946 年 9 月 7 日，第 4—5 页，见第 189 页注②）。

中没有人愿意论证共产党最终或长期的目标根本不是在中国实现共产主义。然而正如已经提到的，他们中的绝大部分不相信中国共产党做得成这件事。因此在两头不靠的自由派知识分子看来，双方在军事上的胶着被认为能促使双方自愿做出妥协。同样地，这种胶着似乎也为中立派政党的发展壮大并成为第三股力量，提供了一个理想的机会。

大家或多或少对在什么样的政治结构中，自由主义者最有可能成为三股力量中的一股达成共识。自由派将他们的希望寄托在1946年1月的政协会议的决议上：建立联合政府。① 王芸生这样描述政协会议的决议：

> 其中改组政府一项是要领。政治协议的政府改组，因为各党派都参加，是联合性的；用这个政府筹开国大，以制订宪法，然后实施宪政，举行民主大选，所以这个政府也是过渡性的。由政治协议的路线过渡到民主宪政的大路。②

联合政府的构想同样让那些对立宪民主在中国的可行性不太乐观的人们感兴趣。张东荪认为联合政府是最符合中国需要的政治形式：

> 我只见有些人在那里痛骂，有些人在那里祈祷，除此以外，却未见有什么好法子。其实国民党并不怕骂。同时亦决不接受祈祷。它未尝不想改，不过只是表面上想改头换面，而实质上仍要维持其特殊地位。因此我们主张要想使国民党改变其性质，必须先创造一个环境，在这个环境里四面有监督和压力，乃逼迫其不

① 一些人批评政协是因为参加会议的是各政党的代表，没有人直接代表人民。但是因为它是真正的多党会议——至少在原则上是这样——它扫除了和平建立宪政政府的所有障碍，所以大多数自由派认为政协决议是他们所认为的政治妥协的基础（见第161页注①）。

② 王芸生：《中国时局前途的三个去向》，《观察》，1946年9月1日，第5页。

得不自己改行向善。而这个……唯由联合政府才能实现。可见我们对于国民党与其说是反对它，毋宁说是想救它……无如据我们观察，要革它的命亦并不是一件容易的事……今天还没有人能革国民党的命。[①]

过程：劝说

所以用吴世昌教授的话来说，原因有许多，而道路只有一条。因此最基本的问题是如何劝导国民党和共产党尊重政协的决议，在联合政府中鼎力合作。唯一的答案是第三党或此类的集团，用概念来解释就是真正的第三方势力，它以广大人口的支持作为立身之本，支持他们的人反对战争，既不满国民党也不太信任共产党。理由是这样的：如果这群至今还没有被动员起来的多数，它们的力量能够被恰当地引导，将通过某些途径迫使两党放下武器接受联合政府。

必须承认：说比做容易。在一点上可以达成广泛的共识：民主同盟和其他各小政党，按当时的构成来说，是无法完成这一任务的。组成所谓“第三方力量”的现有政党是无法被倚重的，因为，说得客气一点，它们软弱，组织混乱和缺乏力量。没有人反对储安平提出的结论。“我们对民盟的批评，”他写道，“可以总结为两条：‘它天生的软弱及不切实际。’”民盟成员多数“是另一个时代的人”，老派学者，思想家，哲学家——他们中间没有一个是真正的政治家。他们的教育背景不同，政治观点和经历各异，唯一将他们聚拢在一起的是对国民党的反对。储得出结论：“民盟甚至都不能被批评为共产党的尾巴。”[②]

最糟的是，这些少数党派的成员，无论是否以自由派自居，都被嘲笑为机会主义者和两个主要党派的爪牙。这些人经常试图将他们的

① 张东荪，第 6 页，见第 218 页注①。

② 储安平，第 7 页（见第 153 页注①）。想要了解类似但是更详细的对于民盟的批评，见温复（音）：《小心，中国民盟》，上海《周刊》，1946 年 6 月 8 日。

政治活动说得很高尚，说是为了实现理想必须这么做。但是在他们的批评者眼中，他们似乎更迷恋于获取财富、地位和社会认可。

那么应该做些什么呢？第三方力量怎样才能成为一支强大而独立的力量，还有它应该采取什么形式？张东荪建议这样一支力量应该起到“国共之间桥梁，迫使双方步入正轨，将他们拉到一起，实现他们之间的合作”的作用。但是一位作家质疑，这样的力量来自何方——因为可以肯定的是，存在于共产党和国民党之间的力量既不强大也不独立。[①]

事实上，这个问题对自由派知识分子来说是至关重要的。在尝试回答这个问题时，它们自身理想和现状之间的矛盾充分显露出来。因为对于第三方力量怎样形成这一问题，最多的回答只是简单地说这是知识分子自己的责任和任务。周钟歧教授在谈及这一点的时候说：

> 现在留下的只有一条可走的路，让中间派来领导革命，实行新政。中间派是什么呢？它就是知识阶级和自由主义的温和分子；他们有理智，有信仰，有专长；他们懂得人民的需要，可博得他们的支持。倘使他们能够推行缓进的社会主义，领导革命，组织一个多党的联合政府，只需三十年的时间，这般人必定能安定中国，完成革命的最后一步。……现在中国也是如此，要靠知识阶级的努力。[②]

当然，不是所有人都同意这个看法。一位作家嘲笑所谓的自由分子的“天真”，说他们“自我欺骗地相信他们具有改革现状的能力”。[③]在对一则传闻——胡适正在计划组织一个政党——的讨论中，另外

① 常明，第33页（见第198页注②）。

② 周钟歧：《论革命》，《观察》，1947年1月25日，第10页。周曾经是广州岭南大学的一位教授。

③ 《何处是归程？》，《观察》，1948年7月17日，第11—12页。

一个作家很详细地表达了同样的怀疑。[①] 储安平自己对此的态度是摇摆的，他似乎想要总结两类人之间的矛盾：一类是认为知识分子能够“救中国”的多数人，另一类是认为他们救不了中国的少数人。最完整地阐述他的看法的，是发表于 1947 年 3 月的《中国的政局》：

> 在今日中国的自由分子一方面，除了民盟、民社党这些组织外，就是散布在各大学及文化界的自由思想分子了，这批自由思想分子，数量很大，质亦不弱，但是很散漫……这批人所拥有的力量，只是一种潜在的力量，而非表面的力量，只是一种道德权威的力量，而非政治权力的力量，只是一种限于思想影响和言论影响的力量，而非一种政治行动的力量。
>
> 马歇尔在中国时，曾竭力鼓励这一批真正自由思想分子组织起来；无论马歇尔如何了解中国的政治情形，马歇尔到头还是一个美国人，一个美国头脑，所以他还是隔一层的。自由思想分子不易形成一个坚强的组织有各种原因。

其中一些原因，储认为，在于中国知识分子与生俱来的特性，还有一些原因是由国民党中国的政治环境造成的。不管他们有多少优点，中国自由主义者——主要是文人——的内在缺点是他们的目光短浅和个人主义。政治需要有远见的个人，为大的方面而奋斗而不是争辩小分歧，需要关心大局的人，只要对政治有利就可以接受合作。政治需要组织和纪律；但是因为自由主义者更关心的是权利和理性，而不是权力，所以不容易在他们之中发展有组织的力量。政治同样需

---

① 这个传言曾经在胡适 1946 年从美国回来后的一段时间内流行甚广。作者特别提到民主社会党的张君劢是一个“非常有学问的博士”，但是在领导他的政党的时候却表现平平。作者评论道，政治和教育是两码事——在政治和教育上取得成功的前提条件也不一样。作者认为胡适能够提出大方向的意见，但还是怀疑当涉及维持一个政党所必需的、实质的计划时，他是否能够进行有效的领导。见《胡适的态度》，《观察》，1946 年 9 月 1 日，第 21 页。

要领导人；但是因为他们的骄傲和轻率，很难在自由分子中产生领导人。

除了这些与生俱来的缺点，储还列出了国民党二十年来的统治加诸自由派身上的三个束缚。第一是政治限制，造成这种情况的原因在于政府拒绝切实保障一些基本权利，比如出版、言论、集会自由。第二是经济限制，这是由知识分子群体的穷困造成的。知识分子仅能糊口，缺少政治活动所必要的时间、精力和资源。第三是思想限制，源于国民党二十年来对于教育的干涉。结果是，非但没有在青年中培养出国民党的忠实追随者，而且更重要的，这让他们受到的教育质量偏差。所以很多青年人没有能理性地处理他们的不满，而是被这种不满支配，盲目地转投了极端的右翼和左翼。

然后突然地，没有警告地，甚至没有解释的段落，储笔锋一转，接过了马歇尔将军没说完的话题。他继续说道：

> 自由思想分子虽然受着上述种种限制，而客观地说，这批力量目前正在日益滋长之中。但我们还不能将这种力量的滋长归之于他们的努力。而实系由于时代的使然。若从道德及思想的角度看，则今天能动摇国民党政权的不是共产党而是这一批自由思想分子，因为大家怕共产党，怕他们那一套杀人放火的暴行；无论这种畏惧是不是出于一种误会。总之大家在畏惧共产党。反过来说，今天能抗拒共产党的，也不是国民党，而是这批自由思想分子。国民党的腐化已是众目昭彰，有口皆碑，无论三民主义这块招牌如何，总之人民对国民党已难维持希望的信心。在这种两趋极端之下，只有自由主义分子出来领导，可以获得一个中庸的稳定，获得广大人民的衷心附和。我们说过，今日中国这批自由分子是很散漫的，他们的力量都是源于道德的。凡是道德的力量，常常是无形的，看不见，抓不着，但其所发生的力量，则深入而能垂久。这股力量在社会上有根，在人心里有根……

> 绝对多数的人都希望国共之外能产生一种新的力量，以稳定今日中国的政局……今日中国这批自由思想分子，大都在苦闷地忧虑着国家的前途，但他们实不该止于消极的焦愁忧虑。自由思想分子可以起来，应该起来，这不是他们高兴不高兴、愿意不愿意的问题，而是他们的一个历史上的责任问题。

这样自相矛盾的表述只可能出自绝望。做完这番分析后，储总结：这不是自由主义分子是否愿意起来反抗的问题，而是他们是否有能力这样做。一年之后，民主同盟被解散，民主社会党由于和国民党结盟而丧失了名誉，从那以后，知识分子再也没有前进过。他们依旧为国家的前途“遭受了巨大的精神痛苦”；依旧互相劝诫将负面的批评和绝望转化成积极的行动；依旧提醒他们自己：他们的责任让他们在必要的时候抛弃学术追求，以拯救国家，将它置于老百姓的管理下。[①]

在1948年4月“国民大会”期间，这样的劝诫到达了顶峰。3月26日，南京的教授将上面已经列举过的改革提议公开。同样在首都，同一时间，一个“教授国事咨询会”的筹备委员会成立，北方知识分子则组织了一个“社会学和经济学研究会”。[②]但是没有人看起来很清楚这些团体扮演的角色。它们应该代表“民意”，但是“民意”具体意味着什么，没有人能清楚地说明。

政党政治陷入如此的声名狼藉，以至于没有人甚至严肃考虑过成立一个新政党。《新民报》解释：让一些分散的自由主义者建立一个可以推翻国民党和共产党的新政党真的很难。假如这样一个政党选择在政策上向两党中任何一党妥协或让步，它就不能保持中立或独立了。停止内战所需要的力量其实落在“中国人民”身上。因此解决办

---

① 南京《新民报》，1948年4月1日。

② 南京《新民报》，1948年4月8日和11日。

法为：让自由主义者根据人民的愿望行动，与人民站在一起，寻求人民的支持，代表人们的意愿，那么自由主义者将不用再担心他们的政治影响力。[①]照这种说法，人民的意愿被定位成为一种有机力量，而自由派知识分子被寄予厚望成为它的代表。他们结构松散，不强调个人的政治影响，说不定能浮出水面，被共同意志的洪流所承载。

知识分子们的解决办法抓住了中国古代将公共事务与文人联系在一起的这一传统的尾巴，却不可救药地脱离了 1948 年中国政治的实际。已经没有时间为中国设计一套自由派民主的解决方案了。即使有时间，人们禁不住要怀疑这些知识分子是否能积极地参与其中。《观察》和该时期其他自由派出版物足以证明内战期间自由派知识分子在批评和道德劝诫上的成绩。但是，就像储安平和他的同事有时指出的，批评再尖锐，劝诫再有力，都是不够的。真正需要的是实际的解决方法，以及掌握必要资源的人来执行它们。

由于他们自身的政治信念和所处的政治环境，自由主义者无法影响国民党和共产党的斗争也就在情理中了。他们手中根本不掌握任何实力决定这场斗争的性质和意义，并由此决定这场战争结果。遵照法律和传统，这些知识分子是不用服兵役的。在个人意愿上，他们倾向于上海或北平这样与世界接轨的大城市，而不太喜欢缺少文化氛围的中国农村。不管他们有多关心和同情农民的遭遇，他们只能在纸上表达——用所谓的抽象的术语。所以，这些知识分子高谈阔论的问题，解决它们的办法应该掌握在那些不那么在意每天接触战争和乡村生活的人手里。也许知识分子最大的悲剧是——这么说恰如其分——智力上的而不是政治上的：他们无法理解他们自身游离于现实之外这个事实。

---

① 来自南京版《新民报》1948 年 4 月 11 日和 5 月 7 日的两篇社论。这份报纸由于触犯了《新闻法》第 21 条在 7 月 8 日被永久停刊。第 21 条规定，出版物不得扰乱公共秩序和损害国家利益。该报纸被控告散播共产党的宣传，损害政府威信，以及批评政府在共产党武装夺取开封后对该地狂轰滥炸。

储安平最终在 1948 年的夏天明白了这一点。他在《观察》7 月 17 日的“告别辞”中承认了失败。之所以写“告别辞”是因为有可靠消息称储的杂志将遭遇十天前《新民报》的命运。储写道：

> 最后，我们愿意坦白地说一句话，政府虽然怕我们批评，而事实上，我们现在则连批评这个政府的兴趣也没有了。即以本刊而论，近数月来，我们已很少刊载剧烈批评政府的文字，因为大家都已十分消沉，还有什么话可说？说了又有什么用处？我们替政府想想，一个政府弄到人民连批评它的兴趣也没有了，这个政府也就够悲哀的了！可怜政府连这一点自知之明也没有，还在那儿抓头挖耳，计算如何封民间的报纸刊物，真是可怜复可笑！我们愿在此告诉一切关心我们的朋友们，封也罢，不封也罢，我们早已置之度外了。假如封了，请大家也不必惋惜，在这样一个血腥遍地的时代，被牺牲的生命不知已有多少，被烧毁了的房屋财产也不知已有多少，多少人的家庭骨肉在这样一个黑暗的统治下被拆散了，多少人的理想希望在这样一个黑暗的统治下幻灭了，这小小的刊物，即使被封，在整个的国家的浩劫里，算得了什么！朋友们，我们应当挺起胸膛来，面对现实，面对迫害，奋不顾身，为国效忠，要是今天这个方式行不通，明天可以用另个方式继续努力，方式尽管不同，但我们对国家的忠贞是永远不变的。

在储教授写了他的告别社论后，《观察》又出了 21 期。杂志最终在 12 月底遭禁。但是在这几个月里，很清楚的是：在中国谈论自由主义政治的日子结束了。愤怒和迫切的语调没有了，它们曾在过去两年中让说理类的文章气势如虹。“储安平时代”真的走到了尽头。

在 12 月份杂志遭禁之前，上海报纸报道储安平和他的朋友——《大公报》的王芸生纷纷离开这座城市，去向不明。1 月份，关于他们去向的谜团被解开——共产党的广播报道了储和王以及很多其他人在解放区石家庄参加政治协商会议。在一年接近尾声的时候，大多数曾经不断高呼反对国民党政府的自由派知识分子做出了相似的决定，他们有的像储安平一样进入共产党统治的地区，有的只是准备好了给胜者的欢迎辞，等待胜利者的到来。

第二部分

共产党的胜利

第六章 CHAPTER 06

知识分子对中国共产党的评论

到20世纪40年代末，在中国，几乎所有的社会阶层都亲身经历或亲眼看到了国民党统治给人们生活造成的不利影响。公众以各种公开的形式对政府表达不满，各地频繁发生学生示威、劳资纠纷、抢米风潮、市民动乱、农民暴动，知识界不断地对政府进行严厉批判。学生、工人、商人、企业家、金融家和农民公然违反中央政府及其地方代表发出的公告和命令。自由媒体和学术界对政府进行了公开谴责。

在批评者眼中，国民党本来是可以挽救自己的命运的，但国民党的所作所为不断给人这样的印象，即它既没有意愿，也没有能力这么做。因此，当国民党执着于它认为对自己的生存最重要的目标——在军事上击败中国共产党时，所有社会群体都出于各自的理由，以自己的方式停止支持或配合国民党。

即使这样，仍然有一个重要的问题：公众不再支持和忠于国民党了，但这种支持和忠诚是否以及在多大程度上，转移到了共产党那里？只要考察城市居民的一个群体——自由知识分子，这一问题就会有一个清晰的答案。正如我们曾经提到的，学生和他们的老师更愿意把共产党当作联合政府中国民党的一个合作伙伴。自由知识分子公开表示组建两党的联合政府要好过一场旷日持久的内战。尽管如此，如果第三章中对学生的意见调查具有参考价值的话，只有一小部分人赞成由共产党单独统治国家。这一表面的矛盾背后的考虑是什么？为什么一个如此明显地对国民党政权表示失望的群体，对它的主要对手共产党也没有表现出任何热情？

在国统区，知识分子的写作和出版受到了当局的严格限制，他们无法公开和持续地讨论共产党取代国民党最终获得政权的情况。但对共产党偶尔的评估和评价，尤其是批评意见，是允许发表的。以下是国统区知识分子对中国共产党意见的汇总。我们将在后面的章节中详细介绍共产党是如何解决导致国民党失去民众支持的一系列问题的，这里的总结可以让读者对共产党的做法有一个初步了解。

知识分子对中国共产党的评论在许多方面都不同于国民党政府对共产党的评论。首先，国统区的知识分子自然更熟悉国民党政府的政策和表现，而不是共产党的政策。其次，知识分子认为政府在很大程度上要为当前的政治局势负责，政府仍然有能力进行自身的改革和结束战争，因此，他们将国民党政府作为主要批评对象，希望说服当局采取上述行动。相比之下，共产党并没有得到同等的重视，仅仅被视作一个尚不拥有任何国家权力的反对党。知识分子对共产党的这种态度可能既源于自由媒体所受的政治限制，也源于他们自身的政治偏见。不可否认，他们对共产党的许多评论是在信息不足的情况下做出的，尽管如此，这些评论仍是真诚的，并且在所有方面都是与他们意识形态的基本观点相一致的。

和对政府的态度一样，自由知识分子关于共产党的讨论集中在两个主要问题上：共产党在它控制的地区或短暂控制地区的表现以及共产党统治的方式。国民党政府的表现已经证明，它在这两方面表现都很糟糕。在自由主义者的“考评表”中，共产党只有一项是不合格的。对共产党的一些主要政策，自由主义者既有正面的评价，也有褒贬不一的不同意见。但自由主义者对共产党统治下的政治生活的看法普遍是负面的。

1947年3月，储安平简要地总结了自由知识分子的观点。储承认，他自己从来没有在共产党控制的地区生活过，许多关于共产党表现出色的消息都是曾在解放区待过的人告诉他的。他还认为，从经济方面来看，共产党没有什么值得担心的。在他看来，真正值得担心的是共产党政治行动的方法。他说道：

坦率地说，虽然中共如今大声嚷嚷着它的“民主”，但我们只想知道，就中共的基本精神而言，它是否真的不是一个反民主的政党。因为从它们的统治精神来说，共产党与法西斯并无多大区别。两者都想通过严格的组织来控制民众的意愿。在今日中国的政治斗争中，中共鼓励每一个人都站起来反对国民党的“党主”。但从中共的真正精神说来，中共倡导的也是“党主”，肯定不是“民主”。①

中国共产党的政策和表现

就中国共产党的政策及其实施情况而言，吸引最多关注和得到最正面评价的几乎都在某种程度上与战争有关。正如我们所看到的，知识界拒绝支持政府进行战争，原因之一是民众为战争承担了沉重的代价。这些代价包括：对农民横征暴敛，政府低价购粮借粮，官员投机，征兵腐败，军队纪律涣散，抢夺平民。

在自由主义者眼中，共产党在这些方面的表现并非完全无可指责。但一些自由知识分子认识到，无论人民在战争期间遭受了多么大

① 储安平：《中国的政局》，《观察》，1947年3月8日，第6页。获得共产党的消息并不是一件容易的事，但《观察》和其他自由主义刊物仍然发表了有关共产党地区的大量文章。这些报道要么是对曾在共产党地区生活过的人的采访，要么是在共产党控制地区或邻近地区待过一段时间的记者的亲身经历。这些文章可被视作关于共产党活动的官方描述的补充。

的苦难，共产党——不同于国民党政府——仍然设法在战争进行的过程中增强了它在农民中的力量。当国民党官员和他们在农村的同盟者继续利用战争为自己谋取私利时，共产党则通过战争在农村取得了更为广泛的民众支持。① 自由主义作家将共产党的成功归功于以下几点：合理的社会和经济政策；确保这些政策得以实施的相对高效的行政能力和廉洁；以及共产党军队严格的纪律。

东北地区的情况

正如第五章提到的，“二战”之后，国民党政府在东北的不足已经广为人知并被广泛讨论了。同样为人们所知但并没有被广泛讨论的是，共产党十分有效地利用了政府犯下的错误。国民党的东北收复政策的一个主要目标是强化和扩大中央政府对这一地区的控制。总而言之，为实现这一目的，国民党采取了许多措施。政府将东北三省划分为 9 个行政单位，但几乎所有的高层职位都由外省人担任。由于仍对东北军队持有怀疑，在 1946 年苏联人撤走后，政府没有让东北军队参与接收。政府在当地的同盟者包括地主和其他曾与日本人合作过的人——他们是唯一既不支持共产党、也不支持在东北仍有极高威望的少帅张学良的人。在 1946 年末或 1947 年初，在十年前的“西安事变”中被捕的张少帅被转移到一个更安全的地方——台湾。

按照批评政府的自由主义者的说法，共产党充分利用了这些措施引起的普遍不满。共产党意识到，绝不能和中央政府一样，对东北人民采取傲慢和轻视的态度，共产党尽可能地安排东北本地人担任政治和军事职务。曾由张作霖和张学良统领过的残存的老东北军中的大部分人都转投了共产党，其中包括张学良的弟弟张学思。共产党对他们表示欢迎，允许他们作为一支非共产党军事力量保持独立的身份，但

① 杨人楩：《论内战》，1948 年 3 月 20 日，第 5 页。

必须接受东北野战军司令员林彪的指挥。张学思被委以重任，他同时担任了辽宁省省长和东北行政委员会——该委员会是当时共产党控制的东北地区的最高行政机构——副主席的职务。①

在东北的共产党军队中，本地人占据了相当大的比例。到 1946 年中，被称为东北民主联军的林彪部队总人数已经达到大约 30 万人。这支部队包括三股力量。第一支是由周保中领导的东北人民自卫军。这支部队的前身是中国共产党领导的东北抗日联军，在 1938 年日本入侵东北后遭受了严重损失。从 1940 年到 1945 年，抗日联军的幸存者大部分转入了地下活动。仅有几个小分队在他们藏身的山区继续进行小规模的游击战争。还有一些人被捕入狱，一直被关押到“二战”结束。日本投降后，这支部队残余的地下人员和监狱里的幸存者重新组织起来，与苏联军队进行了合作。到 1946 年中，经过重新命名的东北人民自卫军的人数到达了 15 万左右，其主要构成是东北本地居民。

人民自治军是林彪东北部队的第二股军事力量。这支部队的前身是抗日战争期间在华北由张学思领导的老东北军。1938 年后，这支部队开始游击战，与冀中、冀南、冀鲁豫边区以及晋察冀交界处的共产党进行了合作。1945 年，当这支部队离开华北，向东北进发时，它的人数只有 3000 人左右。然而，部队回到东北后，许多以前的同志重返了队伍。到 1946 年中，据估计，这支部队的人数到达了 2.5 万人。

东北共产党军队的第三股力量是八路军，它实际上由抗战时期的八路军和新四军组成。1945 年 10 月和 11 月，这些部队——其中一些由东北将领指挥——从山东（乘坐舢板）、热河、河北、绥远（依

① 这些文章见《观察》:（1）何永佶，1947 年 7 月 12 日，第 4—5 页（见第 237 页注④）;（2）《北望满洲》，1948 年 3 月 13 日，第 15—16 页;（3）钱邦楷，1948 年 3 月 27 日，第 16 页（见第 011 页注①）;（4）高超，1948 年 4 月 3 日，第 17 页（见第 237 页注③）。

靠步行）转移到了东北。[1]

沈阳和长春记者的报道常常给人这样的感觉，即所有的军队——苏联军队、共产党军队和中央政府的军队——都是不受欢迎的。[2]然而，尽管有各种不同的报道和故事，几乎所有有关政府军和苏军的评论都是负面的，中国共产党得到的评价则要好过平均水平。例如，我在前一章曾提到过，1947年初，一名来自农村的作家在自己的老家——离四平街（四平的原名）120华里——待了10天。政府军和苏军都给当地居民留下了不好的印象。中国共产党随后在一个短时期内控制了该地区，他们的表现显然好得多。的确，他们撤退时从日本人创办的150个床位的县医院搬走了X光设备和输血设备，但他们并没有侵犯农民的个人财物。

在日本占领的整个时期，东北人并没有意识到中国有两支不同的军队。但他们很快了解了这两支军队的差别。现在他们对共产党“抱有更大的希望”。这位作家用略带讽刺的口吻描述满足这些纯朴的百

---

① 洪苏：《长春烽火》，上海《文汇报》，1946年6月11日；吕德润：《春天里的秋天》，上海《大公报》，1946年4月20日。

关于第一支部队，东北抗日联军的一些残余部队，包括周保中本人，在抗战期间被迫逃往苏联境内，直到1945年8月才和苏联军队一起回到东北。关于第二支和第三支部队，总司令朱德于1945年8月11日，下令4名中共将领带领他们的军队进入东北，配合前进中的苏联军队。这四名将领包括当时在河北和察哈尔拥有军队的非共产党张学思，以及三名共产党将领：河北、热河、辽宁交界处的李运昌；山东和河北地区的万毅；晋绥地区的吕正操。万将军和吕正操都是东北的辽宁人。见胡华等人编辑的《中国新民主主义新参考资料》，第401—402页。

东北民主联军成立于1946年1月1日，共有4个军区。这4个军区、军区指挥、政委分别是：（1）热河，辽宁（西满）：吕正操、李富春；（2）吉林—辽宁（东满）：周保中、林枫；（3）吉林—黑龙江（北满）：高岗、陈云；（4）辽东（南满）：程世才、萧华。林彪任司令员，彭真任政委。见周而复：《月亮升起来的时候》，上海《群众》，1946年7月7日，第21页。

② 参见《观察》的下列报告：沈阳记者，《沈阳晚寒》，1946年12月21日，第17—18页；长春记者，1947年3月1日，第18页（见第196页注①）；高超，1948年2月28日，第17—18页（见第189页注②）。

姓有多么容易，但他依然承认，一队暂住在自己家里的共产党士兵给自己的母亲留下了良好的印象。他们十分尊重老人，对 16 岁的孙女也很有礼貌，离开时没有拿走任何不属于他们的东西。[①]

不仅如此，关于共产党对待战俘——无论是军官、士兵，还是政府文职人员——的报道也大多是正面的。[②] 共产党的优待政策据说在劝说敌人投降上特别有效。俘虏们可以自己选择，是加入共产党军队还是回家。那些愿意回家的人在遣散之前会得到香烟和旅费。

1948 年 4 月，这名记者哀叹战争给东北人民带来的痛苦，同时指出，政府仍抱有一厢情愿的想法，认为它还可以赢得人民支持，和共产党进行最后的军事决战。他写道，之所以会有今天的局面，是因为共产党军队已经“深入到了人民中间”。[③] 尽管有成千上万的学生、公务员、商人和其他有钱人不希望在共产党的统治下生活，逃到了国民党控制的松花江以南城市，但更多的人加入了共产党。因此，一种常见的说法是，东北之所以没有发生与 1947 年 2 月的台湾暴动类似的动乱，是因为所有想反抗政府的人已经投向了共产党一边。[④] 一位作家对当时的情况做了这样的总结：

> 须知共产党之掘铁道、埋地雷、丢炸弹，并不是他带来的，而是老百姓替他办的。共产党在东北没有兵，是中央不要的兵。共产党没有枪，是中央干不好送他的枪，甚至还有偷卖给他的枪。共产党没有人才，是中央不要的弃才。[⑤]

---

① 汗奇：《东北十日》，《时代批评》，1947 年 8 月 16 日，第 25—28 页。

② 沈阳记者：《哈尔滨归来》，《观察》，1947 年 9 月 13 日，第 21—22 页；袁云岚（音）的信件，沈阳，1948 年 2 月 17 日（《观察》，1948 年 2 月 28 日，第 2 页）。

③ 高超：《法币出关与流通券币值所激起的波浪》，《观察》，1948 年 4 月 3 日，第 17 页。

④ 何永佶：《从印度分治说到中国前途》，《观察》，1947 年 7 月 12 日，第 4—5 页。有关东北难民问题，参见第五章“政治无能：难民”一节。

⑤ 钱邦楷，第 14、16 页［见第 235 页注①的（3）］。

其他地区

除了东北以外，民众还将其地方的政府军队与共产党军队进行了比较。喜欢寻根究底的记者在几乎每个战区都会遇到和东北相似的事情。《观察》发表了许多报道，赞扬共产党军队在不同地区的表现，尽管一些报道的作者并不赞同共产党在其他方面的政策。这些地区包括苏浙皖地区、长江以北的江苏泰兴县、冀中部、陕西西部、甘肃和晋南。[①]

一位记者考察了苏浙皖地区的新四军第1师和第6师的军队纪律，并做了相关报道。让他印象特别深刻的是：在部队行军时，没有任何军官会携带自己的妻子或小老婆；共产党军队不会强迫民众提供劳役；军官和士兵享受同等待遇。不仅如此，新四军总是尽可能地与民众建立友好关系。他们通常会以比现行价格略高的水平从当地市场购买物品。当地商人因此称新四军为“四大哥”。但这位记者提醒到，一旦“四大哥”在一个地方稳定地驻扎下之后，就会逐项实施自己的政策，首先登记当地的住户，然后征税，最后是招募士兵。[②]

大部分讨论过此事的作家都承认，共产党的成功靠的不仅仅是好的策略、聪明的手段和严格的部队纪律。所有人都知道，共产党控制了整个地区，而政府军想守住“点和线”——即主要城镇和交通动脉——都很困难。由于共产党“和群众打成一片”，他们能够获得战争所需的大量粮食和人力补充。[③] 同样地，自由派周刊《时与文》上的

① 下列文章见《观察》：（1）朱东润，朱是南京国立中央大学的教授，《我从泰兴来》，1946年10月5日，第8页；（2）特约记者：《亦是边区》，1946年11月9日，第19—20页；（3）江南记者：《江南情》，1946年12月28日，第15—16页；（4）何彭：《在内战最前线》，1947年9月27日，第18—19页；（5）李子静：《晋南解放区的斗争形势》，1948年3月6日，第15页；（6）西安记者：《陇东之战结束以后》，1948年6月19日，第16页；（7）兰州记者：《关于西北最近局势的报告》，1948年7月17日，第15页。

② 见上注（2）。

③ 上海《大公报》，1947年2月14日。

一篇文章描述了天津南部战区的情况。这篇文章指出，政府军只有通过武力才能从老百姓那里取得粮食。另一方面，共产党则不存在这样的困难。仅仅凭共产党征集人员手中的“一张纸条”，民众就会把所需物品运到指定的地点。[①]

“原因很简单，”另一位作家写道：

> 国民党无法改正其缺点和打败共产党，因为国民党受到了其社会和经济组织的限制。也因为共产党军队已经在解放区改变了生产关系以及社会和经济组织，共产党已经能够建立它所需要新的社会秩序。共产党能高效地征粮征兵，组织地区自卫。共产党不需要分配专门的军队防守由它控制的村庄和城镇。[②]

另一位记者写道，政府并非不知道这些情况。在与共产党军队的作战中，国民党已经了解到，政治要比军事更加重要。但国民党政府始终不愿推翻旧有的社会体系，这决定了它最终的命运。[③]

1946 年夏，一名国民党公务员在晋冀鲁豫边区的山东菏泽度过了三个月，他对共产党推翻旧社会的努力做了最积极的评价。这名公务员是因为黄河改道被派往这一地区开展救灾工作的。由于没有多少实际工作可做，他将大部分时间花在讨论政治以及寻找共产党成功的经验上。在最终离开时，他看到的许多东西给他留下了深刻的印象，例如财富的平均、共产党官员简朴的生活条件，尤其是他们的“行政工作作风”。他发出感叹：“这些共产党人和我们完全不同。”他提到了他们的真诚、执行任务时的责任感，以及他们在会议上坦率地承认错误和相互批评。他写道，他们不会像我们中间的某些人，承诺一件

① 上海《时与文》，第 2 卷，1947 年 11 月 28 日。

② 特约记者：《空心战与穿心战》，《观察》，1948 年 5 月 8 日，第 13 页。

③ 见第 238 页注①的（7）。与河南西部相似的报道见野军：《揭开豫西的内幕》，《观察》，1947 年 11 月 15 日，第 17 页。

明知做不到的事。当然，他承认，“较低级的干部难免会做出空洞和机械的回答……但有思想总比没有思想好，尽职尽责和充满自信也比疏忽大意和自我欺骗要强。”

共产党会计程序和处理公文的简单高效也给他留下了深刻印象。他写道，与“我们糟糕的、充斥着虚假报表和账目的会计制度”不同，共产党只记录实际的收入和支出。由于无须在大量无用的公文和档案上浪费时间和精力，共产党官员可以将精力集中在他们必须完成的具体工作上。

他还指出，当地人民显然十分愿意与共产党合作，他们积极参加公共工程建设，帮助军队运输补给，以及类似的事情。他遗憾自己没有能尽更大的努力找到共产党发动、组织和领导民众的方法。尽管如此，他总结到，共产党采取了一种不同寻常的做法，他们人性化地对待普通民众，耐心地向他们解释事情，然后听取他们的意见，由此最大限度地激发了他们的力量。特别让他感到吃惊的是，穷人们居然敢站在斗争大会的讲台上，公开地反对那些曾经侮辱、欺骗、压迫他们的人。他在河西亲眼看到了许多这样的斗争会，其中有几次会议批评的对象是镇上天主教堂的德国神父和修女。

根据他的观察，在镇上和周边地区，除了地主和当时已经数量很少的富农，唯一不喜欢共产党的群体是商人。共产党试图控制当地与国民党统治地区的贸易，许多商人的利益因此受到损害。对于许多非生活必需品，例如香烟、化妆品、外国进口的消费品等，共产党颁布了“进口”禁令。由于“绅士”阶层的消亡和布鞋的普及，皮鞋生意变得日益艰难了。与此同时，由于人们没有其他的地方可以花钱，餐馆的生意兴旺了。的确，一些商人和附近的国民党地区进行黑市交易。共产党试图“特别友善”地对待商人，因此通常对这种交易“睁一只眼，闭一只眼”。作为惩罚，偶尔会有一个商人被戴上写着“大坏蛋”字样的绿色的高帽子游街示众。至于农民，他们中的绝大多数似乎是全心全意支持共产党的。[1]

土地改革

在大多数情况下，人们将中国共产党对农村地区社会和经济组织的成功改变归因于土地改革。[2] 尽管对共产党采取的方法有种种疑虑，自由作家仍然认可共产党的说法，即土地改革是其在农村主要的力量来源。[3] 一名曾在共产党控制的苏北地区待过的学校老师在上海接受采访时说，他从未听共产党说过类似的话，但他可以确定，如果不是因为内战，共产党不会如此快地从抗战时期较为温和的减租政策转向土地改革——内战的爆发使共产党必须在农村进行这种改变。“一旦农民得到自己的土地之后”，这名观察员指出，“他自然会想到，保住自己土地的唯一办法是尽可能帮助共产党取得胜利。事实上，农民非常担心地主的报复，这也是他们积极加入共产党军队的一个重要原因。”[4]

《观察》的一名记者认为，共产党的土地改革的主要目标是发展其在农村的政治和军事力量。但无论共产党的目的是什么，结果是十分明显的：

> 在解放区，无论在军事用途还是在社会生活层面，土地的性质都已经发生了变化。这种变化根本上动摇了人们关于土地的传

① 江沙：《在菏泽解放区所见》，《观察》，1948 年 3 月 6 日，第 13—16、18 页；以及 3 月 13 日，第 12—13 页。

② 浦熙修：《国民党三中全会鸟瞰》，《观察》，1947 年 3 月 22 日，第 15 页；伍启元：《从经济观点论内战问题》，《观察》，1946 年 9 月 7 日，第 4 页；吴世昌：《从美苏说到国内》，《观察》，1947 年 4 月 5 日，第 4 页。

③ 见第七章。

④ 郑岳春：《苏北土地问题的三个阶段》，上海《经济周刊》，第 3 卷，1946 年 10 月 31 日。

统观念。这种变化是解放区巨大军事实力的根源。在新的社会秩序下，他们（共产党）可以轻易地得到其所需的粮食和人力资源。

这名记者总结道，如果共产党真想控制农村，土改运动无疑是使其在农村扎根并壮大力量的极为有效的手段，国民党在这方面却几乎毫无作为。[①]

尽管如此，自由知识分子内部也存在着很大的分歧，并不是所有的人都愿意承认共产党在农村的支配力量。例如，不断有知识分子呼吁政府找到一种能够解决农村问题、适合自己的方法。但政府甚至根本没有花费力气去寻找这种方法，这让他们感到绝望和痛苦。1948年2月，一名作家写道："一定会有解决问题的办法。"但他同时也承认，政府至今仍未提出一个解决农村问题的具体方案，而且，即便政府有这样一个方案，也没有力量在农村实施它。[②]

一些人批评共产党的土地划分和再分配政策从经济角度而言是有缺陷的。吴世昌认为，每个农民仅能分到两三亩土地，这还不够维持他们的基本生活。他认为，只有实现农业的工业化、机械化和集体化，农业产量和农民的生活水平才能得到提高。[③]

尽管如此，主要的问题并不是共产党在农村实施了怎样的政策，而是他们的执行政策的手段。最让自由知识分子感到困扰的不是阶级斗争运动和土改大纲本身，而是这些政策执行的方式。《大公报》的一篇社论表达了这一观点，这篇文章指出，现在全国人民都热切期盼两件事：第一，他们希望共产党信守在抗日战争期间做出的，不进行暴力的土地改革的承诺；第二，他们希望政府落实三民主义中民生主

① 《土地改革·地道战》，《观察》，1948年4月3日，第14页。

② 《从战局看政局》，《观察》，1948年2月28日，第16页。

③ 吴世昌，第5页（见第241页注②）；朱东润，见第238页注①的（1）。他不赞成像分田地那样"分店产"，将私营企业主的资产和股票分给雇员——他声称在江苏泰兴县的农村这种情况已经发生了。

义的原则，即限制私人资本和平等分配土地。[1]大量有关批斗大会、清算、殴打和处刑的骇人听闻的报道出现了，而且这些报道的范围是如此广泛，以至于它们无法被解释为是过分狂热或思想错误的当地干部的个别行为。很显然，暴力是共产党农村改革代价的一部分，这让许多人对共产党产生了畏惧心理。

但也有少数人既没有忽略这种代价，也没为此感到过于不安，我们在前文中提到的访问过河西的那名公务员就是其中之一。“至于斗争方法和处刑事件”，他写道，“不能说它们是完全正确的。但经过重新考虑后，我觉得它们是无法避免的。”在中国的社会组织中，地方官员和乡绅一直以来控制了农村的所有事务，农民处于绝对劣势的地位，从来没有人保护他们的利益。该公务员自己在解放区并没有亲眼看到处死任何人，但当地报纸在他逗留期间报告过此类事件。一名官员告诉他，那些曾经虐待和伤害过人民的地主有时会被处死。

因此，一个城市知识分子可能将这种暴力视作社会正义的一种表现形式。然而，对此更为普遍的反应是反对和恐惧。山西南部的一名《观察》的读者对共产党行为的反应更具有代表性，虽然他的看法比大多数人极端。这名读者给报社写了一封信，简要地描述了当地发生的暴行——许多地主被农民拷打和处死。他在信的结尾写道：“……先生，我要哭了，我不会描述那样生动。这篇消息请你也登载一下。我知道贵刊不是国，也不是右，为晋南人诉诉苦，我也不是国，也不是右，我这样晕头昏脑地听到见到，站在人的立场上，我要叫唤！”[2]

几个月后，《观察》发表了专题报道，更详细地描述了这封信里提到的事件。作者解释，1947 年 3 月，胡宗南将军犯了一个战略错误，他让驻扎在晋南的部队攻击延安，实际上是用山西南部 30 个富饶的县换来了陕西的 45 个贫困县。作者描述了共产党怎样在刚占领

---

① 上海《大公报》，1946 年 8 月 1 日。

② 署名“张强立”的信件，西安，1947 年 10 月 30 日，载于《观察》，1947 年 11 月 8 日，第 2 页。

的山西南部地区迅速建立起新的秩序；不久之后士兵怎样迅速地撤离；共产党怎样将粮食分发到人民手中，让乞丐消失；与阎锡山统治下的情况相比，人们的生活是怎样变得更和平和安宁的。由于大部分教师逃走了，孩子们不得不从学校出来，他们被安排从事田间劳动或其他形式的工作。

士兵撤离之后，很快成立起县、区、村级别的人民政府。干部们分散到各地进行人口调查，同时每个村子都会进驻 3—5 名政工人员。这些政工人员找出村里最穷的农民，弄清他们的姓名、职业、财产状况、家庭背景，以及所有村民的相关情况。下一步是建立农民协会，协会的骨干成员通常是村里的无产者。然后村里所有的家庭被正式划分为富农、中农和贫农三种成分，每个成分又被分为上、中、下三个等级。最后开展阶级斗争运动，农民协会将在农民干部的指导下在这一运动中发挥主导作用。

农民协会有时会一天召开几次会议，但通常农会在晚上开会。会议讨论的问题是不能公开的，会员们一般拒绝透露这些问题的性质。但根据村里的流言，干部们谈论富农是如何凶残、他们怎样残酷地剥削穷人，以及共产党来到这里的目的就是将农民从贫困中解救出来并帮助他们推翻自己的剥削者。贫农也会在会议上发言，报告谁是村里的有钱人、他们在过去的劣迹，诸如此类。最后，这些“富有的人”会在全村人参加的批斗大会上接受审判，接下来将发生最残酷的暴力行为。

富农通常是第一批遭受攻击的目标。他们的财产和房屋都会被没收，随后被分给穷人。但有时候人们被错误地划分成富农。据说一些家庭由此而陷入了赤贫。这位作者写道，他的村子里几乎没有富农，但 30 多户家庭的财产被没收了。在另一个只有 100 户人家的村子，被没收财产的家庭达到了 40 户。农会的青年成员和妇女纠察队在村口站岗，只有持有农会颁发的通行证的人员才能进出，因此许多所谓的富农甚至无法离开。而且，在许多地方，没收的土地、粮食和其他财产许多个月后仍然闲置着，没有再分配给农民。

农民协会会挑选出那些被指控曾经有过严重的虐待和剥削行为的富人，作为批斗的对象。这些人会被带到村民大会上接受批斗，常常会遭受身体上的攻击。一般的惩罚包括投掷石块、棒打、拳击、戳刺，被批斗者有时会因为伤势严重而死亡。然而，比起这些具体的暴力行为，人们肆意使用暴力的态度似乎更让作者感到困扰。甚至村里的行政官员都无法干涉村农会发起的阶级斗争运动。他写道：在共产党控制的地区，似乎没有法治，没有律师，没有法庭，总之，个人没有任何法律保障。农会的干部，而不是当地政府，掌握着决定人们生死的权力。①

苏北地区的报道也同样令人不安。由于地理位置的接近，上海—南京的知识分子可以直接从该地区逃出的数千名逃亡者那里了解当地发生的情况。如果人们多次讲述的有关苏北地区的情况是可信的话，许多自由主义者对共产党产生疑虑也不足为奇了。日本投降后不久，苏北的一些地方就开展了阶级斗争运动。曾和日本人合作过的人将在所有村民面前接受公开的惩罚。共产党还鼓励农民向拥有大量土地的地主豪绅进行“清算”，这些地主的劣迹包括：侵占农民的土地，收取过高的地租，剥削佃农和雇工，等等。

一位观察家声称他在原则上赞成这种清算运动，但他对实施过程中的一些方式提出了批评。他指出，问题在于中国社会缺乏组织。农民对“复仇有一种特有的偏爱”，一旦这样的运动开始，它很容易变得无法控制。因此，尽管共产党派来的工作小组会对阶级斗争运动进行具体指导，仍有很多人遭受了不公正的对待，并发生了许多“令人遗憾”的事件。②

1946 年 5 月 4 日，中国共产党发布了一条关键的土地改革指令（其具体内容将在下一章节分析），这显示共产党知道从解放区逃往国民党城市的数量众多的逃亡者使城市居民对自己产生了不好的印象。

① 李子静，第 15 页，见第 238 页注①的（5）。
② 见第 241 页注④。

但共产党也知道中央政府忽视了这些逃亡者。共产党试图利用政府的失误减轻人们对自己的批评。共产党为此发起了一场声势浩大的宣传活动，欢迎所有逃亡者回到解放区。

上海的一个左翼杂志发表了一篇长篇报道，对逃亡者的问题进行了分析。这篇文章承认，由于数千人逃离了苏北解放区，许多人认为这是个类似于“地狱”的地方。文章接下来将根据这些逃亡者逃亡的原因将他们分为六个不同的类型。一些人逃跑是因为他们担心自己被强征入新四军。一些中产阶级和受过教育的青年逃跑是因为他们相信共产党杀人放火、共产共妻的传言。这两类人明显是被国民党的谣言和反共宣传欺骗了。第三类逃亡者是普通的地主，他们拒绝接受共产党减租减息的政策。第四类人是剥削和压迫人民的劣绅和恶霸。第五类人是曾经和日本人合作的汉奸和傀儡。最后一类逃亡者逃跑是因为一些经验不足的当地干部错误地执行了党的政策。正是他们让人们对新四军和解放区的民主政府产生了错误印象。

这篇文章强调，共产党欢迎第一、第二、第六类逃亡者回到解放区。即使是地主，如果他们同意减租减息政策，也是受欢迎的。只有汉奸和坏分子——文章警告道——一旦回到解放区将被立即逮捕并接受惩罚。①

到 1946 年夏季和秋季，逃亡到上海的几千名中小地主由于通货膨胀和国民党其他糟糕的经济政策而变得身无分文，他们的确返回了苏北解放区。地方政府向他们发放了救济，并为他们提供了房屋和基本生活资料。一些人在自己的村子里获得了和其他村民同样多的土地。一些回来的地主甚至被允许保留原有的土地，只要他们同意减租减息政策。这一年的早些时候，从北平派出的《大公报》记者曾在华北报道过类似的故事，当地政府也用同样的方式劝说逃亡者回到解放

① 范长江：《我们与苏北难民在一起的日子》，上海《文萃》杂志，第 36 期，1946 年 6 月 27 日。

区，并在一定程度上取得了成功。解放区政府向逃跑的地主保证，如果他们遵守减租政策，他们的利益将得到保护。①

共产党的这些努力（这些努力在1948年发展为一场反“左”倾运动）的确在一定程度上减轻了知识分子对共产党执行政策的方式存有的疑虑，但并没有证据显示这种疑虑完全消失了。相反，自由知识分子对共产党的土地改革政策之所以会这样矛盾，是因为从根本上说，他们对共产党统治下的政治生活是持保留态度的。但在讨论这一话题之前，让自由知识分子感到矛盾的还有另一件事。

民族主义议题

正如在前面的章节中提到的，自由主义者有时也会主张在中国实行某种形式的社会主义，但有人从民族主义的立场对他们提出了批评。许多作家表达了这样一种担心，即一个社会主义中国可能会最终沦为苏联的附庸。另一些人没有这种担心，但他们对这一批评仍然十分敏感，常常尽力向人们解释这种担心不会成为现实。

当然，中国共产党也因为同样的理由受到批评。在这一时期，民族主义成为中央政府反共宣传的一个主要特点。反共宣传中的一项主要内容是1945—1946年苏联军队对东北的占领，他们在当地的劣行以及他们与共产党的关系。

根据1945年2月11日的《雅尔塔协定》②，苏联在1945年8月9

① 上海《大公报》，1946年3月23日。

② 在没有与中国协商的情况下，罗斯福、斯大林和丘吉尔达成一致，苏军对日开战的条件是恢复苏联在日俄战争期间损失的在东北的原有特权。这些特权包括：将旅顺港租给苏联作为海军基地；在大连商港的特殊利益；南满铁路的部分控制权。蒋介石在6月的雅尔塔会议上才被告知这一决定，他随后与苏联签署了一系列协定，并在1946年2月签署了《中苏友好同盟条约》，实际上接受了这一决定。《雅尔塔协定》的内容直到1946年2月才被公布。见罗伯特·C.诺斯（Robert C. North）：《莫斯科和中国共产党人》，第215—222页。

日对日本宣战。当日本在 8 月 14 日投降时，苏联军队已经进入了中国东北。同一天，苏联和中国政府宣布两国之间达成了友好同盟条约。据称，斯大林在谈判时向国民党政府代表宋子文保证，苏联军队会在日本投降后的三个月内撤出东北。

正如我们之前提到过的，由于苏联人占领了东北的主要城市和交通线，农村处于无人控制的状态，中国共产党处于极为有利的地位，它最大程度地利用了 1945 年 8 月中旬到 11 月中旬这段时期。在此期间，在苏联占领军的默许——即使不是积极配合——下，共产党的军队进入了东北。当然，苏联军队实际上不可能阻止共产党对东北的渗透——即使他们有这样的意愿——而且他们很明显没有这样做。不仅如此，苏联人在许多地方采取了拖延战术，极大地延缓了在美国人的帮助下，国民党向东北运输部队的进程。

如果苏联人按约定于 1945 年 11 月撤离，这意味着他们占领的地区会立刻被共产党接管。因此，国民党政府同苏联进行了谈判，最终达成协议，苏联人同意延长驻军时间，并允许美国帮助国民政府把军队运送到东北的各大城市。苏联撤军的新日期被设立为 1946 年 1 月 3 日。到 1 月 3 日，在中国政府的同意下，撤军期限第三次被推迟。直到 1946 年 5 月，苏联军队还没有完全从东北撤走。[①]

正当东北的“危机”日益恶化之时，国民党政府，或至少是政府中的一部分人，发起了一场反对所谓的苏联和中国共产党进行合作的宣传活动。苏联人受到的另一项指控是，他们将东北所有工矿企业的物资、设备、机器拆下后运回国内。这原本是从战败国那里获得战争赔偿的一种可以接受的方法，但问题在于，原日占区的所有物资设备的所有权应为中国政府所有。到 1946 年 2 月，随着《雅尔塔协定》全文的公布，以及国民政府派往东北接收抚顺煤矿的特使张莘夫被杀，民众对苏联人的不满达到了顶点。这名特使和他的随员是在苏联

① 邹谠：《美国在中国的失败（1941—1950 年）》，第 324—340 页。

军队驻扎的地区被人强行拖下火车，然后被害的。[①]

对苏联不满的并不仅仅是国民党和政府官员。公众尤其对《雅尔塔协定》的条款感到震惊，这些条款赋予了苏联许多特权，而这些特权正是"十月革命"后新生的苏联政府严厉谴责过的。除了共产党的《新华日报》(重庆)、左翼的《文汇报》(上海)和苏联支持的《时代日报》(上海)外，全国所有媒体都对美国和英国如此容易地屈服于苏联的压力，而牺牲中国的领土完整，表达了强烈的愤慨。

在重庆，14 所大学和中学的学生举行了罢课，要求政府维护中国的主权。2 月 18 日，南京国立中央大学的教授共同起草了一封致美国和英国的抗议信。2 月 19 日，南京中央临时学院的 3000 名学生发表了一份联合声明，敦促苏联军队撤出东北，并对《雅尔塔协定》表示反对。在上海，国立交通大学的所有学生团体都决定罢课来表示抗议。[②] 2 月 22 日，上海学生总会召开了一次会议，来自上海交通大学、复旦大学、圣约翰大学、东吴大学、杭州之江文理学院和其他学校的超过 200 名学生代表参加了这次会议。在这次会议上，成立了新的"上海学生保卫主权联合会"。[③]

然而，在一群游行的"学生"攻击了《新华日报》在重庆的办事处——这一行动显然是国民党的右翼分子煽动的——之后，几乎在一夜之间，学术界的反苏运动突然停止了。[④] 2 月 26 日，上海临时大学的学生团体决定取消原本计划好的罢课，理由是"这次罢课完全是由

---

① 这一事件的动机和行凶者的身份仍是一个谜。中国共产党称之为"反动派和日伪残余势力的阴谋"(《新华日报》，1946 年 2 月 27 日)。包括左派的《文汇报》在内的许多人声称，张莘夫是被苏联士兵刺死的(上海《文汇报》，1946 年 3 月 8 日)。蒋介石随后暗示，中国共产党要为这一事件负责(《苏俄在中国》，第 170 页)。

② 上海《大公报》，1946 年 2 月 22 日。

③ 上海《和平日报》，1946 年 2 月 23 日。

④ 这一消息得到了充分证实。甚至是《和平日报》都声称："这是一部分反动分子干的，他们的目的是破坏蒋总统的威信和推翻人民协商会议的决定。"见上海《和平日报》，1946 年 2 月 27 日。

一些不怀好意的挑拨者煽动的，而他们的目的是利用学生作为工具”。上海学生保卫主权联合会也采取了类似的行动，所有的罢工和游行示威被取消了。[1]

尽管如此，学术界对东北问题最初的自发反应仍然清楚地展现出，一旦人民认为国家主权遭到了侵犯，他们将产生多么强烈的反对情绪。在这种情况下，即使中国共产党也无法逃避公众的谴责。在一篇充满了激烈反苏言论的社论中，《大公报》直接对共产党表达了同样的愤怒。这篇社论提出，既然政府军队在东北遇到了如此巨大的困难和阻力，那么，我们想要知道，中国共产党军队为什么能如此容易地进入东北。[2] 自由立场的《新民报》坚持认为，政府和共产党之间的争端——共产党要求保留解放区的自治权——完全是中国的国内事务，外国无权干涉。中央政府不应以东北问题为借口，拒绝考虑政治协商会议提出的民主议题。同样，共产党也不能将它对苏联的支持归结到“为了公众的利益”这种理由上。该报总结道，无论中国共产党与苏联的政治理念有多么一致，这种一致性仍然要服从国家利益。[3]

由于不愿批评苏联，中国共产党处于明显的被动地位。作为回应，共产党进行了详细的解释，试图说明爱国主义和“盲目排外”的区别。他们将反苏运动比作由反动分子煽动和政府操纵的排外的义和团运动。共产党在重庆的党报声称，这一运动的目的并不是保护中国，而是让民众盲目地敌视其他国家。[4]

沈阳的记者向林彪的参谋长伍修权询问苏联军队从东北拆除机器设备的情况，伍的答复是他对此毫不知情。[5] 共产党还提醒他们的批评者，在日本人占领的14年间，和东北人民并肩战斗的是共产党人，

---

① 上海《立报》和《时代日报》，1946年2月27日。
② 上海《大公报》，1946年2月22日。
③ 重庆《新民报》，1946年2月22日。
④ 重庆《新华日报》，1946年2月25日。
⑤ 上海《新闻报》，1946年4月19日。

国民党军队从未在东北向敌人开过一枪。一篇报道尖锐地指出，国民党官员回来之后，他们所做的只是尽量为自己捞取好处。[①]

《大公报》在沈阳的记者证实后一则报道的真实性，但他也指出，共产党的声望因为它和苏联的关系也受到了严重损害。他写道："那些帮助外国人将物资和设备从东北运走的人给人们留下了极坏的印象。"[②]但无论人们当时的印象有多么糟糕，在苏联军队撤走之后，这一议题激起的人们对共产党的反感并没有持续多长时间。

尽管如此，私下里仍有许多批评意见，不时有人暗示中国共产党与外国势力的关系过于密切。一名"国民大会"代表的意见具有相当的代表性。这名代表指出，国民党和共产党都说要实施三民主义，但国民党只愿意实行前一半原则，共产党则愿意实行后一半原则。因此，无论在哪种情况下，人民都只能得到"民半主义"——三民主义的一半。共产党忘记了民族主义，国民党则忽略了民生主义。而两党在民主建设上都只完成了不到一半的工作。[③]

或许是因为民族主义议题在国民党的反共宣传中如此重要，有时国民党本身也会因这一问题而遭受批评，自由作家开始回避这一话题。在一些对共产党私下批评的同时，还存在另一种同样重要的观点，即中国共产党毕竟是一个中国政党，不可能真的损害中国的国家利益。因此在苏联人从东北撤走之后，自由主义者和共产党都将注意力集中到了当时人们最为关心的民主议题上。

共产党的统治方式

无论自由主义者对共产党取得的成就有怎样的看法，毫无疑问，

① 重庆《新华日报》，1946年4月4日。

② 吕德润：《春天里的秋天》，沈阳，1946年3月27日；上海《大公报》，1946年4月20日。

③ 见第238页注①的（3）。

他们是反对共产党的政治制度和管理方式的。如果说自由人士对国民党的政治独裁感到不满，共产党也没能免于批评。大部分作家同时对国共两党提出了批评，认为他们都在实行一党统治，违反了民主原则。事实上，这一批评是自由主义者如此急切地希望两党组成联合政府的一个主要原因——第二个原因或许是他们希望内战尽快结束。他们认为在这样一个联合政府中，两党才能相互制约，避免权力的滥用。只有这样，国共双方才可能从特殊的“革命型”组织转变成更符合自由原则的普通政党。因此，自由主义者希望共产党能参加联合政府，对完全由共产党主导的政府则明显地缺乏热情。

由于自由知识分子对共产党统治下的政治生活几乎都没有直接的体验，他们对共产党的具体批评明显要少于对国民党的批评。但他们并没有因此而降低反对的力度。他们反对共产党在解放区不可挑战的地位，反对共产党对个人自由，特别是对不同政治意见的限制。

前文提到的国民党公务员有过这样一段较为宽容的评论。“我觉得国民党的民主是没有实际内容的民主形式”，他写道：“共产党的民主是由党控制的民主。”他之所以这么认为，是因为：他很少看到官僚和地方恶霸；所有人都能在公开大会上发表自己的意见；以及某种程度上平等的实现。他认为，解放区的确存在某种形式的民主。然而，大部分自由主义者对共产党所实行民主的态度要严厉得多。

然而，张东荪愿意放弃很大一部分自由以及民主中的其他一些内容，他声称：“至于中国共产党，我们认为它过于强大的组织无法适应一个民主国家。”[①] 周钟歧教授指出，根据毛泽东的新民主主义理论，中国共产党主张首先实现三民主义，共产党还坚持认为，在中国实现工业化后，共产主义将是国家唯一的目标。但周教授提出质疑，人民想要的是三民主义，完全把这项工作交给共产党是不是有点冒险

① 张东荪，第7页（见第218页注①）。

了？[1]

另一位作家试图解释为什么自由主义者对共产党会如此不信任。“有人说”，他写道：“在反对封建主义时，自由主义者和共产党的目标是一致的。的确，在摧毁旧中国的问题上，今天的学生和共产党的愿望是相同的，学生有时会同情共产党。但这种同情并不等同于支持。在关于未来新中国建设的问题上，自由主义者和共产党存在很大的分歧。因为共产党更加重视群众而不是个人。”他总结道，为此共产党宣传的民主和国民党的民主受到了同样多的质疑。[2]

《时代批评》的一篇社论说得更加明确。这篇文章谴责右翼团体侵犯公民自由，同时对左派人士也提出了批评：“他们（左派人士）对任何反对国民党政府的言论或行动都表示赞赏。而共产党无论说什么和做什么都被看作是正当和合理的，持不同意见的人会遭到清算，被称为反动派、帮凶、走狗、国民党特务等等。所有持异见者都会被归类为‘共产党的批评者’。”[3]

然而，有很多人的观点并不像这篇社论这样公正和客观。当时更普遍的看法是，如果国民党在某一方面表现不好，共产党只会更糟。杨人楩教授就持有这样的观点。他认为，一旦共产党控制了国家，由于共产党本身的纪律和共产党干部的“左倾幼稚病”，人民的意志将无法自由表达。他声称，共产党在根本上是否认自由的，并且共产党对人民的干涉甚至比国民党还要严重。[4]

另一位作家断言，他们（共产党）的民主观念和我们的完全不同。

---

① 周钟歧：《论革命》，《观察》，1947 年 1 月 25 日，第 10 页。

② 余才友：《谈今天的学生》，《观察》，1948 年 4 月 24 日，第 18 页。

③ 《时代批评》，1947 年 8 月 1 日，第 1 页。

④ 杨人楩：《自由主义者往何处去》，《观察》，1947 年 5 月 10 日，第 5 页。杨教授还在下列文章中阐述了他关于中国共产党的看法：《再论内战》，《观察》，1948 年 3 月 20 日；《关于“中共往何处去”》，《观察》，1947 年 11 月 1 日。吴世昌教授在《论和平问题》中提出了几乎相同的观点，见《观察》，1947 年 6 月 14 日，第 3—6 页。

他指出，即使在解放区没有正式的新闻审查制度，共产党仍然实行了比中央政府更严格的新闻控制。[①] 南京《新民报》的编辑周绶章指责共产党领导人用铁的纪律对整个党进行控制。他进一步指出，更糟糕的是，政治领袖毛泽东已经成了文学和艺术的仲裁者。毛的《在延安文艺座谈会上的讲话》已经成了作家和艺术家的最高创作原则。周讲述了他曾听说过的一则消息，延安的一些作家曾产生过和毛不同的观点，但他们被要求按照所谓“政治正确”的原则继续自己的创作。[②]

储安平对此发表了最坦率的看法——他对所有问题都直言不讳。他指出，思想自由是民主的基础，他要求共产党在这一点上给出合理的解释。他接着说，尽管自由知识分子深受英美传统的影响，他们仍然会批评英国和美国。“但是我们从未听到共产党批评斯大林或苏联？从来没有看到过左翼的报纸批评毛泽东和延安？难道斯大林和毛泽东都是圣中之圣，竟无可以批评之处？难道莫斯科和延安都是天堂上的天堂，一切圆满得一无可以评论的地方？”他总结道：“老实说，我们现在争取自由，在国民党统治下，这个‘自由’还是一个‘多’‘少’的问题，假如共产党执政了，这个‘自由’就变成了一个‘有’‘无’的问题了。”[③]

1949 年自由主义者和共产党的联盟

那么，在 1948 年末和 1949 年，像储安平和王芸生这样终于决定前往解放区，或像张东荪这样继续在大学任职对胜利者表示欢迎的自由知识分子，究竟是怎样想的呢？这些自由主义者对共产党的疑虑由来已久，根深蒂固，他们从来没有否认这一点。大部分自由知识分子都不支持共产党领导的革命，他们也不欢迎一个由共产党控制的政

① 陈彦：《国共问题何以不能和平解决的追索》，《观察》，1947 年 8 月 9 日，第 15 页。
② 周绶章：《论“神话政治”》，《观察》，1947 年 1 月 18 日，第 5—6 页。
③ 储安平，第 6 页（见第 233 页注①）。

府。事实上，他们一直主张自由主义，极力反对一党的统治。直到所有向自由让步的希望都破灭后，他们才投向共产党。

在这种情况下，这些自由知识分子希望新政权做出怎样的妥协？他们又预期自己会面对政府怎样的妥协？他们并没有直接回答这些问题，但我们可以从他们对两件事的论述中找到答案。第一件事是他们对毛泽东新民主主义概念和共产党对新时期知识分子的政策的反应。第二件事是知识分子普遍承认，某种形式的妥协对摧毁旧社会是必需的。

新民主主义

毛泽东在内战期间发表了《新民主主义论》(1940 年 1 月)，这篇文章为共产党政策和意识形态提供了思想基础。由于抗日联合统一战线时期的宽容精神，毛泽东的著作得以公开出版，国民党统治地区的知识分子也由此了解了毛泽东关于民主的看法。知识分子还意识到，不仅他们对共产党怀有疑虑，而且共产党对他们同样有一种根深蒂固的不信任感。

理论

正如前文中提到的，毛泽东在 1939 年，发表了一篇评论知识分子的文章，在此后的 10 年里，这篇文章代表了共产党对知识分子的基本立场，并被频繁地引用和重印。在这篇文章中，毛泽东依据知识分子的家庭背景、生活水平和政治观点，将他们归类为小资产阶级。他警告说，因为小资产阶级固有的个人主义、不切实际、优柔寡断的缺点，有些知识分子会退出革命，或变得消极，甚至敌视革命。他进一步提出："知识分子的这种缺点，只有在长期的群众斗争中才能克服。"但同时他也指出，知识分子在政治上是警觉的，对中国的现状感到不满，并且时刻生活在失业的恐惧中。因此他们能发挥重要的革命先锋作用，将群众与革命的主要力量联系起来。为支持自己的观点，毛泽东列举了20世纪以来中国学生和知识分子在历次政治斗争中的积极表现。[①]

对知识分子的这种观点包含在毛泽东对新民主主义的总体概述中。毛泽东认为，共产主义是一个远期的目标，只有在摧毁旧的封建社会并一定程度地发展三民主义之后，这一目标才能最终实现。无产阶级、农民、知识分子和小资产阶级的其他成员一起构成了新的过渡社会的“基本力量”。新的政府将是一个由无产阶级领导的、所有反帝反封建阶级组成的联合政府。新社会经济政策的主要内容是发展混合经济以及土地归农民所有。这整个新系统被称为“新民主主义”。[②]

1945年4月，中国共产党召开了第七次全国代表大会，为日本的战败做好了准备。毛泽东向大会提交了《论联合政府》的政治报告，再次阐述了新民主主义的原则，并将它作为党今后计划和任务的基础。“我们共产党人从来不隐瞒自己的政治主张。”他写道，“我们的将来纲领或最高纲领，是要将中国推进到社会主义社会和共产主义社会去的，这是确定的和毫无疑义的。”但他指出，一些人对此抱有疑虑，他们担心，一旦中国共产党取得政权，会和苏联一样，立即放弃它所宣称的新民主主义主张。毛泽东试图消除这种担心，他宣布：“中国在整个新民主主义制度期间，不可能、因此就不应该是一个阶级专政和一党独占政府机构的制度。”他认为，与苏联的情况不同，新民主主义时期的国家制度适合于中国当前的历史发展阶段，“在一个长时期中”，将继续存在。[③]

① 毛泽东：《中国革命和中国共产党》，《毛泽东选集》第二卷，第320—322页（第640—642页）。

② 毛泽东：《新民主主义论》，《毛泽东选集》第二卷，第339—384页（第674—678页）。

③ 毛泽东：《论联合政府》，《毛泽东选集》第三卷，第282—285页（第1061—1062页）。

总之，共产党战后的基本政策方针是团结、民主、和平，以及建立一个由联合政府领导的新中国。毛泽东呼吁立刻结束国民党的一党统治，组建新的联合政府——一个具有统一战线性质的民主联盟，该联盟包括“一切抗日党派和无党派的代表人物”。毛要求建立一个新民主主义的中国：

> 需要大批的人民的教育家和教师，人民的科学家、工程师、技师、医生、新闻工作者、著作家、文学家、艺术家和普通文化工作者。……一切知识分子，只要是在为人民服务的工作中著有成绩的，应受到尊重，把他们看作国家和社会的宝贵的财富。……因此，今后人民的政府应有计划地从广大人民中培养各类知识分子干部，并注意团结和教育现有一切有用的知识分子。[①]

实际情况

直到今天，我们仍不清楚究竟有多少自由知识分子实际上了解新民主主义，特别是新民主主义将对他们产生的具体影响。本节将对中国共产党 1945 年至 1949 年的知识分子政策进行更系统的阐述，其依据将不仅仅限于自由主义者的论著。

1948 年 1 月，毛泽东警告党员，对知识分子的信任要保留在一定限度之内。在知识分子政策上，毛反对采取“冒险政策”。他指出，知识分子只有极少数是真正顽固的反革命分子。相反，对待知识分子，共产党“必须采取慎重态度”，要“分别情况，加以团结、教育和任用”。[②] 共产党的知识分子政策或许能够解释，为什么内战期间，

① 毛泽东：《论联合政府》，《毛泽东选集》第三卷，第 304—305 页（第 1082—1083 页）。

② 毛泽东：《关于目前党的政策中的几个重要问题》，《毛泽东选集》第四卷，第 184 页（第 1270 页）。

不仅有许多教师和学生从解放区来到国统区，也几乎有同样多的师生从国统区来到解放区。[①] 根据《观察》的一名记者从江苏南部发回的报道，共产党在这一地区最大的失误是他们对待知识分子和中产阶级的错误政策，因此“这些人纷纷逃离了新四军控制的地区”。[②] 同样，吴世昌承认，共产党对小资产阶级不信任是他反对共产党的主要原因之一。这种不信任导致共产党内的知识分子数量始终“极为有限”。[③]

然而，从国统区逃到解放区的大多数知识分子都得到了周详细心的照顾。共产党和中央政府不同，无论有多少人从他们占领的地区逃走，共产党从来没有将接待那些来到解放区的知识分子视作一种政治包袱。通过报纸社论、电台宣传，以及许多毫无疑问更加隐蔽的方法，共产党表示他们欢迎来自国统区的知识分子。不仅如此，共产党用实际行动印证了他们的承诺。来自国民党统治区的学生能在解放区免费住宿和学习，有时甚至能领到免费的衣物、毛毯和其他生活必需品。[④]

1946 年 5 月，延安电台声称，华中、华北的大学和中学虽然不是学习的理想场所，但已经有数千名学生从上海、北平、天津和其他国民党控制的城市来到了这里。据说超过 300 名学生从北平和天津来到张家口的华北联合大学。日本投降后，几百名学生离开上海，来到

① 关于从共产党控制地区逃走的学生，可参见第五章“政治无能：难民”一节。对分别从共产党地区和国民党地区逃离的学生和知识分子的数量进行比较几乎是不可能的。当时的报道似乎显示离开共产党控制地区的人更多——据报道达到了数万人，而前往解放区的知识分子根据共产党自己的报道只有数千人。本书将会引述其中一些报道。其他有关学生逃往解放区的资料，可参见第三章。但任何数字都有可能产生误导，因为逃往国民党地区的逃亡者通常集中在几个中心城市，而来到解放区的逃亡者的分布要广泛得多。不仅如此，正如在第五章中指出的，国民党城市中的许多学生并不是“自愿的”逃亡者，尤其是在内战后期。在很多情况下，政府通过强制的运输手段将大批学生撤离受到共产党威胁的地区。

② 参见第 238 页注①的（2）。

③ 吴世昌：《中国需要重建权威》，《观察》，1946 年 10 月 19 日，第 7 页。

④ 延安新华社，1946 年 1 月 29 日。

苏北的共产党学校上课。他们中的许多人是因为对中央政府对待留在日占区的所谓“傀儡学生”的歧视政策极度失望，才来到解放区。[①]到 1946 年 8 月，共产党在晋察冀边区总共建立了 14 所大学和技术学校，学生总人数达到了 6225 名，其中许多人都来自国民党统治区。[②]共产党积极鼓励国统区的教授和讲师前往解放区，并让他们在解放区的学校中担任行政和学术职务。

然而，直到 1947 年底，共产党在解放区开展一场广泛的克服“左”倾错误的运动之前，共产党试图团结和再教育知识分子的做法并没有引起人们更多的担心。1948 年 1 月，正是在这一时期反“左”倾运动的背景下，毛泽东发表了他反对对知识分子采取“冒险政策”的讲话。这场运动的目的是纠正土地改革运动以及新的城市政策中的某些问题。[③]

同样在 1948 年 1 月，任弼时发表了有关土地改革问题的讲话，在这段被人广泛引用的评论中，他还提到了知识分子问题。任的观点和毛泽东基本相同，但他还特别提到了出自地主和富农家庭的知识分子。任指出，不能仅仅因为我们要摧毁封建主义，就拒绝所有与封建制度有关联的知识分子。很多学生，包括一些出自地主和富农家庭的学生，都支持革命，而且并不反对土地改革。他们逐渐意识到，土地改革是他们想要的民主的基本要素。任继续说道，不仅如此，在三到五年内，革命将在全国范围内取得胜利，国家需要大量的医生、农学家、会计员、各方面的专家、教师，以及铁路工程师。培养这样的专业人员需要许多年，他们正是目前的解放区所急缺的。任强调使用现有人才的必要性，但同时也要在政治上对他们进行再教育，让他们更

① 延安新华社，1946 年 5 月 28 日。

② 延安新华社，1946 年 8 月 9 日。这一边境地区有包括中学和职业学校在内的 134 个教育机构，共招收了 2.6 万名学员。

③ 见第七章和第八章。

好地为人民服务。[①]

1948 年 1 月 15 日中共东北局发布的第一份针对知识分子的地区性指令明显反映了这段时期共产党对知识分子的安抚态度。和共产党其他同类型文件一样，这份指令一开始就强调，知识分子可能对中国革命做出重要贡献，尽管他们有许多固有缺点。然而，在东北知识分子的处理问题上，仍然出现了两方面的失误。一方面，没有对那些日据时期的行政机关、工厂、矿山的管理人员以及得到新的共产党政府许可、继续任职的人进行改造。另一方面，一些干部仍然坚持“贫雇农方针”。他们不仅将这一方针错误地应用到农村土地改革运动中，还将它机械地照搬到学校和机关里。在这一过程中，许多受过教育的人仅仅因为他们的家庭出身而遭到了歧视和不公正对待。[②]

为了纠正上述错误，东北局发布了七点指令。为了根除地主和富农思想、腐败以及官僚主义，中共所有单位和组织仍然会对其成员的阶级出身、思想、态度和工作作风进行调查。但“指令”规定，不应仅仅根据阶级出身而简单地判断一个人。有必要对来自地主和富农家庭的知识分子进行调查和改造，但只要他们工作称职、不反对土地改革，就应该允许他们继续工作。而且，如果地主和富农的亲属具有进步思想，并愿意接受再教育，他们有资格进入干部学校。

“指令”还规定，普通中学的学生需要参加思想改造计划，但中

① 任弼时：《土地改革中的几个问题》，收录于《知识分子与教育问题》，第 15—16 页。任所告诫的事情可以参见柯鲁克夫妇：《十里店：中国一个村庄的革命》，第 143—149 页。一个乡村教师并没有参加任何反社会活动，仅仅因为他是富农出身，就被取消了教学资格，并被迫戴上写有“头号阶级斗争对象”字样的牌子。

② 见夏征农：《知识分子出路问题》，《安东日报》，1948 年 5 月 8 日（收录于重印的新华日报资料室编《论知识分子：学史丛书》，第 36 页）。其中举的例子包括：知识分子被撤离工作岗位；知识分子必须有工会的介绍信才能担任工厂的管理和技术职位；教师被暂停授课。这篇文章总结了 1948 年 5 月初夏在山东“五四”青年会议上的讲话。一年半之后，这篇文章在全国重印发表，其中提到的问题引起了所有知识分子的关注。

学不应拒绝招收地主和富农的子女——当时，在地区党组织控制的一些学校，的确有拒绝地主和富农子女入学的情况发生。不能因为阶级出身而解雇教师，除非他们反对土地改革或进行反革命活动。同样地，除了少数反革命分子之外，所有的技术专家、工程师、医生以及其他专业人员只要承认过去的错误，都应该被允许继续原来的工作。

最后，知识分子被允许担任几乎所有县和县级以上的公共机构和政府单位的工作，但他们仍然不能进入乡村级别的政府机关和农民协会——他们暂时被这两个部门排除在外。[①]

在安东召开的“五四”青年会议上，夏征农同志试图对暂时禁止知识分子参加区和乡一级的工作进行解释，并向青年表达了歉意。他指出，土地改革运动刚好处于最关键的时期，许多知识分子的家庭曾经或现在正是斗争的对象。如果我们让他们直接参与相关的工作，许多政策或许不会得到正确实施。他继续对年轻听众说，但这并不意味着我们不需要你们。只要你们理解，个别的家庭被斗争是为了全国人民更大的利益，只要你们坚定地支持土地改革并且不反对它，党和民主政府就仍然需要你们。[②]

到 1948 年秋，共产党在军事上出人意料的迅速成功给它带来一个新的难题，即它必须补充包括军事、行政、政治、经济、文化在内的各个方面的大量基层干部。共产党对知识分子的安抚态度因此变得更加明确而坚定了。中共中央局于 1948 年 9 月 29 日颁布的有关知识分子政策的指令充分反映了这种安抚政策。指令一开始就指出，知识分子是国家的宝贵资源，但他们中的不少人对我们抱有疑虑。这部分是因为国民党的反共宣传，部分是因为我们自己过去不重视知识分子和青年工作以及我们政策上的错误造成的。为了消除知识分子的怀疑和他们的缺点，共产党制定了一个具体的教育和思想改造计划。

共产党的各级党政机关通过会议、文学活动、报纸、官方声明、通

① 中共中央东北局：《关于东北知识分子的决定》，1948 年 1 月 15 日，载于晨报出版社编《关于知识分子的改造》，第 1—2 页。

② 见第 260 页注②。

知、小册子、漫画等方式宣传党的知识分子的政策，试图打消他们的疑虑。此外，共产党还开办了针对教师和学生的各种短期课程和培训班。这类课程一般持续三到四个月，内容以时事、中国革命的问题以及共产党的基本政策为主。在进行这种培训时，当地干部要特别注意四点。第一，在各类培训班和干部学校中，不遵守纪律和散漫的态度是不允许出现的，自由主义与特殊主义也是必须避免的。第二，刚来到解放区的知识分子会在食物、衣服和学习材料上受到优待。但负责培训工作的干部必须保持朴素的生活作风，以身作则，给知识分子以良好的影响。第三，要通过自由民主的工作作风使知识分子大胆地说出他们的疑虑和担心。第四，在短期课程班中，主要依靠讨论会、辩论、墙报和各种形式的群众活动来解决知识分子的思想问题。具体来说，在新解放的地区，对待知识分子时，应避免使用“三查”“整风”“审干”等办法。[①]

指令最后总结到，由于这些学生和教师在国民党统治下生活了很长时间，在他们中不可避免会混有少数反革命分子。但一般的国民党党员和三民主义青年团成员是为了保住他们的工作和学习机会而被迫入党入团的，他们并不坚决反对革命，对待他们时，不应和非党团成员有所区别。应该允许他们参加学习，一旦他们对共产党的政策有了基本了解，他们的疑虑就会消除或至少会有所降低，应该根据他们的实际能力，把他们安排到各个机构最需要他们的岗位上。[②]

知识分子的反应

尽管对知识分子抱有疑虑，共产党显然还是为知识分子留下了位

① “三查”是指检查阶级背景、思想、工作作风。关于这一时期干部教育和非干部教育之间区别的更多信息，可见第九章的“胜利者和其他人”一节。

② 中共华中局：《争取、团结、改造、培养知识分子》，收于《关于城市问题的几个文献》，华北新华书店，第 37—39 页。第九章将会介绍 1949 年这一指令以及类似指令的实施情况。

置，没有将他们排除在新民主主义社会的生活之外。但从对他们作品的分析来看，大部分知识分子对他们将要接受的“改造和再教育”并不抱有太大的热情——无论它最初可能以多么简单和浅显的形式进行。他们对共产党新民主主义社会计划的远景不抱任何幻想。许多人甚至批评它是一个骗局，因为它只强调了新民主主义阶段，而故意对此后的情况含糊其词。“中国共产党并没有放弃马克思列宁主义”，一位作家写道，“也没有放弃任何其他主张。他们现在做的一切都只是一种策略。因此，无论共产党鼓吹怎样的民主，它永远都不会成为一个民主政党。”①人们的一致看法是，不论共产党当前的计划是什么，它的长期目标都是将中国变成一个共产主义国家。共产党之所以没有现在就那么做，是因为他们还有一些顾虑，其中的一点是时机和“客观条件”还不成熟。

张东荪希望共产党加入一个联合政府。他承认，中国共产党从未隐藏自己的马克思主义信仰，共产党也从不讳言，中国又必须进行共产主义革命。“但我自己和他们谈过”，张写道，“他们说，只有他们的儿子或孙子才能活着见到这一天。因此，共产主义革命并不是现在，而是将来的问题。”“谁又能预测，50 年或 60 年之后，革命的客观条件就一定能成熟呢？”他继续写道，“或许到那时，人们会有充足的食物，生活水平会有极大的提高，每个家庭都能自给自足。”他总结道，中国共产党正处于推行新民主主义的阶段，“他们言出必行，而新民主主义正是他们下一阶段的工作目标。”因此没有必要害怕共产党著名的“未来革命理论”。②

施复亮是另一个持有同样观点的知识分子。他认为，中国共产党此时并不打算实现共产主义，甚至社会主义，因为条件并未成熟。现在他们最想建立的是一个新民主主义国家。他特别提到了共产党对联

---

① 董秋水：《论新民主主义及其策略》，《时代批评》，1948 年 1 月 15 日，第 20 页。
② 张东荪，第 7 页（见第 218 页注①）。

合政府的支持：

> 有人说，这只是一个诡计，一旦时机合适，中共就会推行苏维埃制度，实行无产阶级专政。我不敢说他们不会，也不敢说这不可能，但“一旦时机合适”是一个客观的问题。……或许中国可以走自己的路，我们将会从新资本主义和新民主主义向社会主义和平过渡。

他总结道，无论如何，现在任何民主党派和民主人士都不需要担心共产主义的威胁。[①]

我们无从知道这种观点在当时具有多大的普遍性。或许张东荪和施复亮的话只能代表他们自己，也或许代表了更多的人。此外，还有另一种考虑使一部分知识分子愿意接受共产党提出的“无产阶级领导下”的新民主主义，尽管人们对共产党曾在解放区使用的一些方式还存在着担心。有种观点认为，为了给一个进步的新社会奠定基础，有必要至少暂时牺牲某些自由原则。

的确，为了实现社会主义和民主，一些自由主义者持有这一观点。毫不奇怪，那些钦佩共产党在某些方面表现的人也持有相同的意见。其中包括我们前文中提到的国民党公务员，他认为或许暴力是不可避免的，而且共产党已经实现了某种程度的民主，因为他们消灭了当地恶霸并且使农民有了“在大会中代表自己发言”的权利。

一名赞成这一观点的学生对杨人楩教授——他曾强调过自由知识分子和共产党之间的疏离感——提出批评。这名学生写道：的确，中产阶级自由主义者难以接受共产党的暴力方式，他们极其重视个人的自由发展。自由主义者也有强烈的社会良知和社会正义感，他们痛恨中国社会中固有的不平等。自由主义者重视自由，共产党强调平等，

① 施复亮：《论“共产主义的威胁”》，《时代批评》，1947年10月，第16页。

这种社会正义感至少可以暂时缓解他们之间的矛盾。特别应考虑到，共产党本身的成员大部分都来自中产阶级，因此他们实际上愿意接受自由主义者的善意批评。

这名学生继续说道，自由主义者知道，无论他们在文化上有多大的影响力，他们都必须做出妥协，他们的悲剧在于他们的软弱性。他们无法推翻旧社会是因为他们过于注重个人自由，忽视了大多数人的利益。他们没有在人民中间扎根，他们不明白土地改革和农民的觉醒是摧毁旧中国社会根深蒂固的特权利益的必要条件。他声称，为了打击共同的敌人，自由主义者应该加入共产党。在主要任务完成之后，自由主义者和共产党将有足够的时间解决他们之间的矛盾。①

杰克·贝尔登认为，可以肯定，最终只有一小部分人赞同共产党的计划。② 内战期间知识分子的政治争论反映了他们对自由主义的坚持。由于知识分子在政治上的软弱，他们的主张一直没有得到应有的重视。知识分子意识到他们不仅无法影响国民党的行为，而且必须接受共产党的计划，这让他们承受了极大的压力。他们的政治评论因此充满了愤怒和失望。知识分子还痛苦地意识到，即将取代国民党的新政权很可能和国民党一样，在关于自由理念的某些基本原则上拒绝妥协，坚持与他们相对的立场，这使他们更难于做出抉择。

事实上，中国共产党在军事上的胜利使自由主义者不再需要面对这种两难处境了。在此之前，他们必须在国民党和共产党之间进行选择，前者在政治上的几乎所有表现都是极度无能的，而后者的政治原则和自由知识界最为重视的某些理念正好相反。如果说自由主义者对国民党还保有最后一点忠诚的话，那是因为他们还怀有一丝微弱的希望，即他们为之奋斗的自由民主社会或许终有一天能得以实现。如果他们投向表现更为良好的共产党，毫无疑问必须放弃这一希望。但当

① 李孝友：《读〈关于中共往何处去〉兼论自由主义者的道路》，《观察》，1948年1月3日，第7—9页。李是国立中央大学的一名学生。

② 杰克·贝尔登：《中国震撼世界》，第398页。

国民党在军事上遭遇惨败后，这种两难处境变成了另一种选择，要么立刻和永久地流亡，要么接受中国共产党领导的新政府以及它的新民主主义社会。

即使是在新民主主义社会时期，也不是每个人都愿意接受共产党。大部分中国自由知识分子接受了共产党，但也有些人做出了另外的选择，其中包括胡适。他对国民党的批评从来没有达到他的许多同事那样激烈的程度。尽管如此，在内战时期，尤其是学生运动期间，他从自由主义的立场出发客观地评论了许多问题。据说，在他 1949 年 1 月飞离被共产党军队包围的北平后，胡适对国民党政府的外交部副部长叶公超说，他对国民党已经无话可说了。“像我这样的自由人士仍然选择你们的唯一原因是”，他告诉叶，“在你们的政权中，我们至少拥有沉默的自由。”[①]

大部分自由主义者显然没有将这种沉默的自由看得如此重要。[②]或许他们并不认为自己需要这种自由。例如，在与人类学家罗伯特·雷德菲尔德的一次谈话中，费孝通表示，他觉得自己可以在共产党政府的管理下有效地工作，虽然他是一名“坚定的反对派”。同许多最杰出的自由知识分子一样，费在某些问题上的看法遭到了共产党的批评。尽管如此，他仍然在 1948 年底表示希望为中国的工业和农业发展贡献自己的力量，同时提出，在需要的时候，知识分子应该对中共进行批评。[③]

然而，无论这些知识分子有怎样的看法，他们绝不应被视作政治投机者——1949 年之后，许多人恰恰是这样看待他们的。自由知识分子确实是革命事业中的后来者，但他们一直致力于中国的自由改

① 引自上海《新闻天地》（与国民党有联系的杂志），第 68 期，1949 年 4 月 28 日。
② 巴金的一个朋友提出了同样的观点，但并没有得到小说家本人的赞同。虽然巴金的无政府主义理念并不受共产党的欢迎，但 1949 年后，他仍然留在了中国。见奥尔加·朗：《巴金和他的著作》，第 217 页。
③ 见罗伯特·雷德菲尔德（Robert Redfield）为费孝通的《中国士绅：城乡关系论集》所作的前言，第 2—3 页。

革，直到共产党的最终胜利之前，他们都在努力地追求这一目标。只是在国民党军事上的失败成为定局之后，知识分子对共产党的态度才由保留和反对变为有限度的接受。

尽管自由主义者勉强接受了共产党的统治，但他们对新政权没有表示过任何明确的支持，他们也不愿意做任何根本或长久的妥协。他们承诺支持共产党的新民主主义计划和此后的社会主义经济，但他们肯定不赞成一党或一个阶级的专政。正如中国共产党从不隐瞒它关于中国社会的长期目标一样，自由知识分子也从不掩饰他们对这一目标的反对。

因此，中国共产党对中国知识分子的担心以及后者对共产党的疑虑，同样有着充分的理由。共产党曾告诫党员，在对待知识分子时，要避免使用冒险政策，应该团结他们，争取他们。这一训令清楚地反映了共产党和知识分子之间的紧张状态。共产党和知识分子在 1949 年结成联盟，这一联盟在一定程度上掩盖了他们之间的分歧，但无法从根本上消除分歧。正是这种根深蒂固、无法消除的分歧导致了此后共产党和知识分子长期的紧张关系。

第七章 CHAPTER 07

恢复土地改革

毫无疑问，争取自由主义知识分子的支持是中国共产党1945年至1946年最重要的目标之一。中国共产党的战略重心在内战期间发生了第二次重大转变——即从农村回到城市，是否能得到知识界的支持因此变得更加重要了。然而，在争取知识分子之前，共产党必须巩固和扩大它在抗日战争期间取得的农村根据地。为了完成这一任务，共产党放弃了抗日战争期间较为温和的减租减息政策，开始重新在农村推行土地改革。

我们已经看到，自由知识分子对国民党政府的批评之一是它在农村的失败。他们在作品中描述了农村的经济是如何糟糕，甚至无法维持农民的生活，更不用说支付政府和政府军队的开销了。或许出于他们意识形态方面的倾向，知识分子批评最严厉的是政府本身的腐败、政府对农村的冷漠态度以及战争给已经十分贫困的农民带来的更大的负担。自由知识分子一般都支持“耕者有其田”原则，但在内战期间，地主和农民的关系问题并没有引起他们同等程度的关注。

值得注意的是，在20世纪20年代以后，“农村问题”——中国落后的农业水平和农民的极端贫困——从来没有成为学者和政治官员调查和讨论的对象。他们对农村问题的看法和处理意见可以分为两种。一部分人坚持认为，总体而言，城乡关系和农村社会经济体系在本质上是具有剥削性的。另一部分人主要关注农业生产的技术问题。总的来说，左翼人士持前一种观点，右翼人士持后一种观点。自由主义者则是分别对这两种观点的一部分表示赞成，可以说介于两者之间。[①]

1946年10月在上海举行的第八届中国农业协会年会上，这两种观点被同时提了出来。中国农业协会是一个无党派团体，成员大约有4000人，它的宗旨是促进中国的农业发展、民主和国家现代化建设。但这次会议上，尤为值得注意的一点是，参加会议的各党派代表都详细阐释了它们有关土地问题的政策。

来自社会部、上海市社会局、国民党中央总部以及国民党上海市党部的代表阐述了政府的农村政策。国民党上海市党部代表的发言显示出十足的愚昧无知，他们扭曲了政府最开明的政策。一位绅士情绪激动地坚称，中国的农村没有任何冲突。他声称，和习惯待在家里、甚至不知道邻居姓名的城市居民不同，乡下的人情味要重得多。即使是地主和农民，也相互之间保持着友好的关系。而且，城市知识分子从来不能肯定，他们关于农村情况的分析是不是正确的。这位绅士主张教育农民，使他们对自己有一个正确认识。国民党的主要观点是，只要改进农业生产技术，就能解决中国的农村问题。国民党代表特别提到共产党，谴责后者采取暴力解决农村问题以及出于政治目的操作农村问题的做法。[②]

这些发言与其说代表了国民党的官方政策，不如说反映了人们对国民党政策实施状况的普遍态度。在国共两党第一次分裂之前的1926年，25%的减租政策被明确写入了国民党党纲。共产党在抗战

① 马若蒙：《中国的农民经济：河北和山东的农业发展（1890—1949年）》，第13—24页。他对这两种看法进行了总结。如果读者想了解20世纪30年代中国自由作家和左翼作家关于土地问题的看法，可参阅《农业中国：选自中国作家的原始资料》。

② 上海《经济周报》，第3卷第16期，1946年10月17日。

时期的减租政策就是以此为蓝本的。国民党最初的方案将主要农作物的最高地租限定为收成的50%。25%的减租是在50%最高地租的基础上进行的。也就是说，在减租之后，主要农作物的最高地租将不超过收成的37.5%，非主要农作物将不缴纳地租。尽管这些条款被写入了1930年的全国《土地法》里，但它们从来没有得到广泛的实施。

1937年，政府对《土地法》进行了修订，目的是进一步削减地租，并且如同孙中山最初主张的那样，将土地所有权逐步转移到农民手中。根据1937年的土地法修正案，地租不得超过土地价值的8%。但这一次的修正案同样没有得到认真实施，日本人的入侵成了最直接的借口。日本投降后，在1946年1月的政治协商会议上，减租减息和“耕者有其田”的目标被正式写入国家重建大纲。不仅如此，同一年制定的新土地法和宪法当中也有同样的规定。

同一时期，中美农业技术合作团也提出了一项建议，要求对当前的地租条款进行改革。[①]即使在美国人的督促下，国民党政府的地租改革从来没有超越实验阶段，直到局面已经无法挽回，国民党从大陆撤到台湾以后，它才开始真正实施这一改革。

与此相对应的是，在中国农业协会会议上，共产党代表华岗声称，农业改革是工业化的先决条件，改变生产关系是农业改革的关键。提高生产力和农业技术首先必须改变一小部分不从事生产的人拥有大部分土地和控制广大农民的“封建的生产体系”。中国农民之所以贫困，技术之所以落后，是因为他们的收益都以高额地租、利率、政府限价以及不合理税赋的形式落到了地主、放债者、商人、官员的口袋里。

华岗随后在会议上列举了共产党为实现农村改革在解放区已经实施或正在实施的实际方法。在抗日战争时期，为了建立联合国民党的抗日统一战线，共产党放弃了土地改革，采取了较为温和的政策和方

① 《美国的外交关系》(1946年，远东中国卷)，第1284—1286页。

法，它们包括：减租25%、征收单一的累进税、提供低息农业贷款、鼓励富农从事生产劳动、开荒增产、增加棉花种植面积、通过组织劳务交换和劳务小组协调劳动力的使用、促进农村文化和教育活动。

华岗继续介绍，抗日战争结束后，解放区用更为进步的政策取代了减租政策，即完全废除地租并将土地所有权转交给实际耕种土地的农民。完成土地所有权转移的具体途径是，共产党没收满族人在中国最后一个王朝（清代）占据的土地；没收日本人和汉奸在抗日战争期间强占的土地；没收所有被强行或非法占有的土地及为逃避税收未登记的“黑地”，然后将这些土地分配给农民。地主被要求对农民进行赔偿，因为他们是各种封建剥削的受害者。那些由于无力支付借款而失去所有权的土地被归还给原主。不仅如此，一些地主自愿将土地所有权转让给佃户，延安当局正在考虑对地主进行赔偿的方案。①

毫无疑问，共产党的确正在进行他们的代表所描述的土地改革。当时聚集在华北和东北国民党控制城市里的大量失去土地和财产的地主家庭印证了这位代表的发言。

没有什么能比这个例子更清楚地显示国共两党在农村政策以及具体做法上的区别了。的确，国民党代表对共产党最尖锐的批评是后者利用农村问题为自己谋取政治优势。但那些真正了解共产党在农村做法的人毫无疑问也了解这种做法的政治意义，无论他们本人持怎样的政治立场。在知识界的观察者看来，土地改革使共产党能够“在农村扎根，并发展壮大”。他们指出，正是因为土地改革，共产党才能有效地完成下面三个重要任务：征粮、征兵、保卫根据地。

不幸的是，当时的观察者没有仔细分析和描述这一重大变化完成的具体过程。因此，他们给此后学习历史的学生留下了许多只能通过推理和猜想回答的问题。其中有三个最关键的问题，其他许多问题都可以从这几个问题中导出：

① 见第270页注②。

1. 抗日战争时期，共产党在华北的大部分地区建立自己的根据地，并立刻开始了土地改革，当地绝大多数的农民已经取得了自己耕种的土地的所有权。那么，自由知识分子断言共产党是因为他们的土地改革政策，才得以发展壮大，他们这样说究竟是什么意思呢？共产党自己也反复说——无论在公开场合还是相对私密的党内文件——只有通过土地改革，他们才能充分动员农民，在与国民党的斗争时取得他们的支持，他们这样说又是什么意思呢？下面一段文字又有怎样的意义呢：

> 过去100年的经验表明，中国人民的民主解放运动之所以会失败，因为它只是极少数人的事。只有在实现“耕者有其田”，真正解放占中国人口80%的农民之后，自由解放运动才能有更坚实的基础，经受住严峻的挑战。在抗战期间，解放区的农民三次要求实行“耕者有其田”。抗战胜利后，他们第四次提出了土地要求。现在，中共中央委员会同意农民的这一合理要求，同时确保地主也能过上较为体面的生活。“耕者有其田”的实行极大地加强了人民解放军的力量。……蒋介石接受了美国的大量援助，如果中国共产党不同意农民的这一要求，中国人民争取独立、和平和民主的运动有可能再次遭遇1927年那样的失败。[①]

2. 到1948年春天，战争开始朝着对共产党有利的方向发展。从这时起，共产党认真地考虑了它将在南方实施这一政策，与华北相比，南方的租佃制更为普遍。如果土地改革真的像共产党宣称的那么重要，为什么他们在新解放的地区突然中止执行这一政策？

3. 最后，毛泽东自己指出，是日本的侵略激起中国人民的反抗，教

① 延安新华社，1946年9月14日（供参考）。

会了他们怎样革命。[①] 但在抗日战争时期，共产党的土地政策是最为温和的。毛的这一早期声明和“只有土地改革才能在反对国民党的革命战争中为共产党赢得人民群众最大的支持”的说法之间有怎样——如果有的话——的联系呢？具体来说，如果土地租佃不是华北的主要问题，那么在抗战时期，减租政策在动员农民上又起到了怎样的作用呢？

本章随后的部分将对这三个问题进行解答。通过这几个问题及其解答，我们或许能更清楚地了解共产党为什么能获得农民的支持。

中共胜利的社会经济根源

20 世纪上半叶中国的土地所有权的一般模式是许多人都了解的。除了少数例外，土地租佃的情况在中国东北和南方较为普遍，在华北则较少。我们很难取得准确的统计数据。因此，在大部分情况下，我们只能将现存资料当作真实情况的一个近似值。人们自然会想到，这样的资料或许反映了数据搜集者的政治偏见。尽管的确可能存在这样的问题，但不同资料中有关土地租佃的数字是基本一致的。引用最广泛的是国民党政府实业部国家农业调查局公布的数据。该数据显示，在 20 世纪 30 年代，大约 30% 的中国农村家庭是租种他人土地的佃农，24% 的家庭拥有一部分自己耕种的土地，46% 的家庭是完全的土地所有者。因此，70%的中国农民或多或少拥有一些土地，但超过50%的中国农民耕种的土地是租佃性质的——或者是全部，或者是一部分。[②]

---

① 毛泽东与埃德加·斯诺的谈话，见《与毛泽东的对话》，《生活周刊》，1971 年 4 月 30 日，第 47 页。

② 许多学者已经在自己的著作中使用了国家农业调查局的统计。例如费维恺（Albert Feuervwerker）：《1912—1949 年的中国经济》，第 34 页；德怀特·帕金斯（Dwight Perkins）：《中国的农业发展（1368—1968 年）》，第 91 页；沈祖海（T.H.Shen）：《中国的农业资源》，第 96 页。章有义编：《中国近代农业史资料》，北京，1957 年，第三卷，第 728—730 页。

华北的土地所有权

但国家的这些平均统计数据掩盖了广泛的地区性差异。例如，西南地区的四川省，估计有 56%的农民家庭是佃农。但在北部地区的河北和山东，佃农的比例是全国最低的，平均只有 12%左右。在 1931 年至 1936 年这 6 年间，华东和华北的几个省的土地所有权情况见表 1。[①] 1937 年至 1948 年，共产党在这几个省实行了减租和土地改革。

表 1 1931—1936 年土地所有权状况

（全部农民家庭的百分比）（%）

省 份	佃 农	土地所有者	半自耕农
察哈尔	35	38	27
绥 远	26	56	18
宁 夏	27	63	11
甘 肃	22	59	19
山 西	23	55	22
陕 西	17	62	21
河 北	12	68	20
山 东	12	71	17
河 南	22	57	22
江 苏	33	41	26

相比之下，根据国民党政府国家经济委员会下辖的全国土地委员会公布的统计数据，河北和山东这两个重要省份的土地所有者的比例要稍高一点。出租自己全部或大部分土地的土地所有者大约占农民总人数的 3%。超过 70%的农民既是土地所有者，本身也耕种土地。这一统计显示，约有 10%的农民拥有一部分自己耕种的土地。雇农在

① 取自章有义编辑的《中国近代农业史资料》，第 728—730 页。该调查覆盖了 22 个省的 1120 个县，但不包括东北。

河北和山东的比例分别是4%和2%。[①]

上述两套数据和政府的农业实验站、日本人、卜凯（J. L. Buck）[②]、西德尼·甘博[③]，甚至共产党所做的统计大致相同。但不同统计资料的分类和定义不完全相同，这给我们进行数据比较带来了困难。不过我们可以采用一些村庄的具体调查。

在共产党控制的山东、河北地区，当地农村干部同样进行了土地所有权的调查，但他们的报告即使不是完全误导，至少也是十分可疑的。他们一般会调查几个“样板”村庄，然后将调查结果发放到党员和干部中间。共产党认为，宣传土地所有权关系是开展土地改革运动的必要准备。然而，当地所有的调查都表明，在被调查村庄中，半自耕农或完全的佃农只是农民中的少数群体。即使是半自耕农和完全的佃农加在一起，仍然只有全部农民的一小部分。但在展示这些调查结果之前，我们有必要先弄清共产党划分农村阶层的标准。

内战时期的共产党的文件显示，当地干部在划分农民成分时犯了许多错误，他们使用的分类标准往往会和现实情况产生冲突，让他们感到困扰。因此，一名干部总结道，在工作中必须允许一定的误差范围。尽管按照各地情况，推出了一些经过调整的临时性标准，但与自1933年起使用的分类和标准相比，新的标准并没有根本区别。反复的说明和解释实际强化了新旧标准的一致性。在这种情况下，我们可以认为，农民一般是按照下面的标准进行分类的：

1. 地主 地主的家庭成员一般不劳动，或只是偶尔劳动，他们主要靠剥削其他农民获得收益。地租是地主剥削他人的主要手段，虽然

① 见马若蒙的《中国的农民经济》，附录A，表A—6，第303页。

② 同上。

③ 甘博发现：在河北的定县，有超过92%的农民家庭拥有土地；30%的农民租种土地，只有4.8%的农民是完全的佃农。见《定县：华北的一个农村社会》，第209—211页。

它也可以是投资工商业、放贷等其他形式。

2. 富农 富农的家庭成员需要参加劳动，但富农家庭的一部分甚至是一大部分收入来自对他人的剥削。富农可能出租自己的一部分土地，或投资工商业、放贷，但他们主要的剥削形式是雇佣长工。也有这样的可能，富农耕种的一部分土地是租赁性质的。富农甚至可以是完全的佃农，但这样的富农只是“少数”。

3. 中农 中农家庭可能拥有自己耕种土地的所有权，也可能不拥有。但一般而言，中农既不剥削别人，也不受别人剥削。中农家庭的生计完全依靠或至少主要依靠拥有土地或必要的生产资料的家庭成员的劳动。

4. 贫农 贫农家庭只有很少或根本没有土地，以及很少或完全没有农业工具。一般而言，贫农家庭总是处于被剥削状态，因为他们必须通过租种土地、借钱，以及当雇工来维持生计。

（注：贫农的这种划分标准在一般情况下——但不是一定——覆盖了非共产党调查者所界定的所有佃农。）

5. 雇工 包括雇农，他们的生活完全或至少主要依靠向别人出卖自己的劳动力。

在上述所有分类中，劳动一词不仅仅指农业生产活动，还包括重要（主要）的辅助工作和手工工作，例如砍柴、运货、纺纱以及行医等等。但它不包括不重要（非主要）或附带的工作，例如除草、照料牲口、种菜等等。以手工劳动作为主要收入来源的家庭并不能被严格地视作农民家庭，他们本身构成了一个问题。实际上，这种家庭在不同情况下可以被划分为富农、中农、贫农，这要依据具体的情况而定。有时他们干脆被归为不同的类别。按照官方的标准，完全依靠或主要依靠自己的劳动，以极微薄的收入维持生活的人都可以被视为贫民。这些人包括雇工、个体生产者、小贩，以及个体店主。①

共产党发布了许多详细解释分类标准的地区性指令和命令，以帮助当地干部和调查者确定家庭劳动的性质；区分大、中、小和坏地主；将中农进一步划分为上、中、下三个阶层；并告知他们，并不是所有从事手工业生产的家庭就一定是穷人。② 我们无法确定，当地干部在统计数据时究竟使用了何种具体标准，但毫无疑问，他们不会偏离上述总体标准。山东 5 个村庄的调查就是按这一总体标准执行的。调查结果被附在 1945 年 9 月山东省群众工作会议报告后面。这份报告的作者是中共山东省政府主席黎玉——省政府成立于 1945 年 8 月 13 日。③

一份最为详细的研究对农村家庭和非农村家庭进行了区分，莒南县 12 个村庄对农民成分进行了统计（见表 2，A 组村庄）。对这些村庄的调查发现，473 个农村家庭，或总共 2491 个家庭中的 19%，是贫农（贫农通常包括完全的佃农）。租赁土地的家庭只有 232 户，因此在被调查的村子里，最多只有四分之一的贫农，或者 9%的农户是完全的佃农。或许还有其他完全佃农性质的家庭，即便如此，他们应该是富农或中农。④

---

① 取自发布于 1933 年的两个文件的官方修订版本：《怎样分析阶级》和《关于土地斗争中一些问题的决定》。1947 年 12 月，这两个文件作为“参考文件”被重新发给了各地党委，然后于 1948 年 5 月 24 日被中共中央作为“正式文件”发给各地党委。见香港《群众》，1948 年 6 月 17 日，第 2—9 页。1933 年的原始文件翻译可参见萧作梁教授的《中国的土地革命（1930—1934 年）：文件研究》。

② 取自山东胶东地区的一份文件《关于清查阶级出身问题》。

③ 共产党用山东省政府取代了战时山东省管理局，省政府包括抗战期间创立的 5 个分区。这 5 个分区分别是：胶东分区、渤海分区、鲁中分区、鲁南分区、滨海分区。

④ 黎玉的《群众路线与山东群众运动》（以下简称为“黎玉的《报告》”或“黎玉：《报告》”），有关租赁关系的表格，见第 86—88 页。一个明显的问题是，这份调查显示 261 个家庭租出了 3.3 万亩土地，而 473 户佃农家庭只租种了 1.1 万亩土地。报告并没有解释这一明显的矛盾。如果调查结果无误，可以断定极大一部分土地被租给了被调查的 12 个村庄以外的农户，或租给了调查表中没有列出的机构或个人。黎玉是在 1945 年 9 月的第二次群众工作代表会议上提出这份报告的。

在滨海地区另一组 12 个村庄（见表 2，B 组村庄）中，2265 户农户共有 30028 亩土地。其中，251 个家庭将大约 3000 亩土地租给 540 个佃农家庭。超过一半的农户被划分为贫农。但租赁土地的家庭只有 326 户，在这一组被调查的村子里，完全的佃农和全部农民的比例大约为 14%。①

对滨海地区临沭县的第三组 12 个小村庄（见表 2，C 组村庄）的调查发现，总共 1909 个家庭拥有 38461 亩土地。其中，197 个家庭将 5300 亩土地租给 627 个佃农家庭。在佃农家庭中，446 户被划分为贫农。在这一组被调查的村子里，佃农大约占贫农总人数的一半。佃农和全部农民的比例达到了相对较高的 23%。②

表 2 山东的土地所有权状况

分类	家庭	拥有土地数（亩）	户均土地数（亩）	出租户	出租总数	租地户	租地数
A 组村庄 1937 年							
地主	169	34404	204	162	32238		
富农	173	6084	35	18	329	44	3425
中农	717	11158	16	24	312	167	5564
贫农	931	5555	6	25	164	232	2162
雇农	157	176	1	1	4	16	112
手工艺人	124	333	3	2	28	8	40

① 见第 278 页注④。

② 黎玉的《群众路线与山东群众运动》，有关租赁关系的表格，见第 86—88 页。第四次调查仅包括胶东半岛的 3 个小村庄。这个村庄共有 500 个农民家庭，其中有 185 户是贫农家庭。有 91 户贫农家庭，即全部农户的 18%，完全靠租种土地维生。租种了一部分土地的家庭为 159 户。第五次调查的范围更小，仅仅为沾化县的 327 户农民。调查数据显然是不完整并经过了修改，因为结果显示所有 74 户中农和 226 户贫农家庭没有任何土地。

续表

分类	家庭	拥有土地数（亩）	户均土地数（亩）	出租户	出租总数	租地户	租地数
A 组村庄 1937 年							
自由职业	9	51	6	1	13		
游民	48	85	2	5	34	1	3
外出户		153		13	147		
总计	2491	58387		261	33332	473	11333
B 组村庄							
地主	67	3838	57	50	1595	3	23
富农	178	6671	37	56	527	6	85
中农	708	11756	17	77	534	197	892
贫农	1245	7424	6	65	335	326	1709
其他	67	339	5	3	50	8	21
总计	2265	30028		251	3041	540	2730
C 组村庄 1937 年							
地主	66	6677	101	58	4015	1	16
富农	108	4708	44	40	428	7	121
中农	775	17267	22	72	729	146	1103
贫农	898	9548	11	24	158	446	3662
雇农	57	248	4	2	11	25	155
其他	5	13	3	1	1	2	12
总计	1909	38461		197	5342	627	5069

数据来源：参见第 326 页注③。

尽管调查过程中可能存在偏见和错误，结果仍然显示，佃农只是所有农民中的一小部分。调查结果与官方统计的山东省平均农民结构是一致的，这一结果巩固了这样一种观点，即土地租佃并不是农村群众关心的主要问题。然而，具体调查也显示，被调查的村庄中的确存在较大比例的贫农家庭，同时存在较大的贫富差距。

“贫农”

贫农这一类别有效地掩盖了实际上的租赁关系。这种划分方法明显源自于俄国农村。在俄国，租赁土地本身并不能反映农民的真实生活状况，不仅如此，在更多的情况下，租赁土地意味着富足，而不是贫乏。[①]中国和俄国的情况有所不同。但如果中农和贫农租赁土地的情况真如上述几个调查例子中显示的那样，在任何情况下都只对一小部分农民产生影响，那么是否租赁土地也不能必然反映——至少不能作为充分的依据——中国农民的生活状况。无论对俄国共产党还是对中国共产党而言，将一部分农民划为贫农都是有利可图的。强调财富的分配不均能让人们更加深刻地了解农村的社会经济状况和问题，并在头脑中浮现出一幅与此相关的现实图景。通过这种划分，共产党清楚地表明了，他们认为自己能从哪一部分农民那里获得最坚定的支持。

例如，在山东、河北，至少有50%的农村家庭拥有10—50亩土地。另外40%的家庭拥有10亩或更少的土地。[②]尽管各村的情况有所不同，但在这两个省的大部分地区，如果以最低限度计算，维持一个5口人的农村家庭平均只需要10亩土地。[③]因此，如果河北和山东所有农村家庭中的40%拥有的土地等于或不到10亩，那意味着，至少40%的农民单靠自己的土地无法维生，必须通过其他方式增加收入。

---

① 列宁：《农民生活中的新经济发展》（1893年），《列宁选集》，第一卷，莫斯科：外文出版社，1960年，第13—73页。

② 马若蒙：《中国的农民经济》，附录A，表A—5，第302页。

③ 马若蒙：《中国的农民经济》，附录A，表A—1，第299页。马若蒙发现在可获得数据的9个县里，只有其中的一个村庄，估计足够养活全家需要10亩地。其他9个村庄若要养活全家估计要25亩到75亩不等。在这些村庄里，平均每户拥有农田的面积从5.5亩到28亩不等。6个村庄的平均每户拥有土地面积小于10亩。

很自然，为了生计，他们会经常负债。国家土地委员会的统计数据显示，将近40%的河北农村家庭，以及25%的山东农村家庭的年收入低于基本的生活开支。同一份资料显示，在1936年，43%的河北农村家庭和28%的山东农村家庭要靠借债生活。①

如果这些非共产党来源的（有关农村人口数量、维持一个农村家庭所需的土地、负债情况）统计数字和估计基本准确的话，那么我们可以确定，这两个省相当一部分农村家庭无法仅靠自己的土地生存，他们必须租赁土地、做雇工或从事副业生产才能维持生计。这一部分人相当于共产党分类表中的贫农。在上述三组调查的第一组中，有37%的农村家庭属于贫农。如果加上雇农家庭，这一比例上升到了43.6%。在另两组调查中，贫农家庭的比例分别是54.9%和47%（如果加上雇农为50%）。

对晋察冀边区的北岳区9个县25个村庄的调查也得出了类似的结果。虽然这一调查是1941年完成的，但彭真仍在1944年11月将调查结果写进了他的工作报告中，因为这段时间里，农村的社会经济状况几乎没有什么变化。在1944年底之前，农村一直没有改变的迹象。② 这次调查的对象有4177个农村家庭（18401人），调查结果如表3所示。③

① 马若蒙：《中国的农民经济》，第242页。

② 彭真的报告作为党内文件传阅。另一份发表于同年代的报告，强调了抗日战争土地政策的成就，宣称1937—1942年，在同一地区，作为一个样本群的35个村庄发生了变化。在这些年里，地主家庭占农民家庭总数的比率从2.4%下降到1.9%，他们占有的土地从总数的16%下降到10%。富农从占家庭总数5%和占土地总数的22%上升到7.8%和19.5%。中农所占家庭从35.4%上升到44.3%，所占土地从41.6%上升到49%。贫农和雇农人口从47.5%下降到40.9%，他们占据的土地从19%上升到20%。《晋察冀边区实施土地政策的经验》，1945年1月15日，来自力耕编写的《解放区的土地政策与实施》（以后引用时称作《土地政策》），第49页。

③ 彭真：《晋察冀边区党的工作和具体政策报告》，载于《土地政策重要文件汇编》（以下简称《重要文件》），第98—101页。9个县是：涞源县、阜平县、曲阳县、易县、定县、平山县、灵寿县（都在河北省），盂县、灵丘县（都在山西省）。

表3 晋察冀北岳地区土地和牲畜所有权状况

	占人口比例	拥有土地比例	人均土地数量	拥有家畜比例
地　主	3.11	9.00	7.62	2.80
富　农	7.42	17.48	6.22	15.60
中　农	50.12	50.94	2.68	58.00
贫　农	35.32	20.58	1.54	22.00
雇　农	1.65	0.99	1.40	0.46
长　工	1.04	0.31	0.78	0.46
其他成分	1.26	0.79	?	0.33

彭真承认，这些数字似乎并不能反映地主和富农在农村中的支配地位。但他指出，有些指标说明了农村经济状况的不平等。例如，地主和富农拥有大部分肥沃的土地和最好的牲畜。更重要的是，只有他们才有剩余的粮食和资金，因此他们能够控制粮食市场和村里的经济。彭真还指出，在河北省中部7个县进行的另一次调查发现，46.8%的农民是贫农，38.6%是中农，6.3%是富农。

我们还可以引用另外两个例子。韩丁对山西东部潞城县的一个村进行了考察，解放以前村里的构成如下：贫农的比例为46.8%，雇农为6%，中农为40%。这个村约有250个农户，其中只有1户是完全的佃农。[1]对（河南北部）涉县的一个村的调查发现，土地改革之前，该村979个家庭中，600个家庭要么是中农，要么是刚刚成为中农，300个家庭被划归为贫农。共产党解放这一地区几年之后，1946年，这个村开始进行土地改革。这个村开展了至少两次减租运动和其他斗争，因此有许多农民变成了中农。[2]

① 韩丁：《翻身：中国一个村庄的革命纪实》，第209页。
② 《罗晶同志来信》，载于《晋冀鲁豫原曲自觉团结运动的经验》（以下简称《团结运动的经验》），第18—20页。

东北

1945 年之后，共产党同样在东北进行了土地改革，但与其他地区相比，我们能够找到的有关东北的统计资料要少得多。一份来源不详的 1927 年统计数据显示，在东北所有 2549699 个农民家庭中，28.6%为佃农，27.6%为半佃农，43.9%为地主或地主兼自耕农。[①] 1931 年 9 月之后，东北处于日本的控制之下。日本人估计，大约 30%的中国农民是佃农，20%为半自耕农。一份日本资料这样描述他们的生活状况，“大部分满洲佃农仅能依靠他们从地主那里租来的一小块耕地勉强维持生活”，半自耕农的生活几乎同样糟糕。[②]

这些统计数据不包括流动工人和其他雇工——一般认为，他们在东北农村人口中所占的比例要比华北高得多。1936 年，日本扶持的伪满洲国“政府”进行了一次调查，发现被调查的 30 个村子里，雇农家庭的比例平均为 20%。这样一来，雇农比例加上日本人估计的佃农比例大约是 50%。而“满洲国”进行的另一次调查发现，无地的家庭约为 48%，这两个结果正好是吻合的。[③] 或许这些统计不能完全让人满意，但我们可以基本确定，差不多一半的东北农民是贫农。

---

① H. G. 伍德海德编：《1928 年中国年鉴》，天津出版社，1928 年，第 1011—1012 页。

② 《日本—满洲国年鉴》，1939 年，第 788 页。

③ 章有义编《中国近代农业史资料》第 551 页引用了调查雇农的结果。从东北的南部、中部和北部——大致对应原先的三个省：奉天（现在的辽宁）、吉林和黑龙江——各选取了一些村庄。三个地区的雇农率分别为 13.5%、17.9% 和 34.4%。无地家庭的调查源自同样的资料（第 552 页）。该调查选取了三个地区 36 个不同县的 37 个村庄。无地家庭分别占 32.5%、48.9% 和 63.2%。但是，有一点需要注意。在 20 世纪的初叶，东北存在许多未开发地区，这意味着东北的土地登记不如中国其他地方精确。在 20 世纪 30 年代初，没有登记的土地也许事实上超过了登记的土地。见 F. C. 琼斯《1931 年以来的满洲》，第 169—170 页。东北和中国其他地区的差异在“彻底的土地革命：1946—1947 年”一节中会提到。

影响

这些数据显示，中国共产党的主要争取对象不仅仅是佃农，还包括更大的贫农和雇农的群体。他们在农村人口中占据着很大的比例。他们有这样的共同点：受剥削最严重；缺乏基本生产资料；要靠租赁土地、出卖劳动力、借贷维生。事实上，人们普遍认为，在所有农民中，他们的生活水平是最低的。他们也是中国共产党在农村统治的基础。仅仅取消地租并不能使共产党在华北农村获得足够的“群众”支持，因为对北方农民来说，地租并不是一个那么重要的问题。大部分农民耕种的都是自己的土地。

不仅如此，数据还显示，虽然在东北，贫农和雇农可能占农村人口的绝大多数，但在华北的农村，情况并非如此。在华北的任何一个地区，贫农和雇农即使加在一起仍然可能少于在当地占绝对多数的中农；或者是，贫雇农的数量与中农接近，但他们都只占当地农村人口的少数。如果东北的情况在共产党描述的土地改革中具有代表性，华北则并非如此。此外，据保守估计，在 1945 年，东北一共有 1670 万公顷（约 41.3 万英亩）的未开垦的可耕地，包括日本移民撤走后空出的土地。[①] 而华北没有如此丰富的未开发资源。我们主要的问题是要弄清共产党在华北农村政策的性质和意义。因为共产党一直声称，在内战期间，是土地改革政策让他们能够广泛动员农民，而这一理论在华北遭受了严峻的考验。

需要指出的是，共产党土地改革的关键口号“耕者有其田”是一个既清楚又模糊的概念。一般认为“耕者有其田”主要指废除土地租赁关系。的确，土地租赁被废除了。但土地租赁只是华北农村许多问题中的一个。在取消地租的同时，共产党还致力于改变农村经济生活的另一个基本事实，即财富的不平均。其结果是，1947 年 10 月，共

① 孙公度（Kungtu C. Sun）：《20 世纪前半叶满洲经济的发展》，第 55 页。

产党公布了《中国土地法大纲》（简称《土地法大纲》）。它不仅要求废除所有土地租赁关系，还要求平分农村所有的土地和财产。

在内战时期，土地改革在最基本的层面上代表了一种简单政治平衡。“我党必须给东北人民以看得见的物质利益”，毛泽东写道，“群众才会拥护我们，反对国民党的进攻。否则，群众分不清国民党和共产党的优劣。”[①]

然而，土地改革政治上的重要性不仅仅限于它能在经济上吸引穷人，同样重要的是，它具有一种破坏的力量。土地改革不仅消灭了地主和富农经济上的优势，还有效地摧毁了作为他们统治基础和手段的政治权力结构。共产党随后建立起了属于自己并得到贫农积极支持的政治权威。

尽管自由知识分子也主张“耕者有其田”，但共产党的实际做法比知识分子头脑中的概念具有更广泛的意义。共产党之所以直接使用这一最简单的口号，因为它不仅具有广泛的吸引力，还包含广泛的含义。在任何情况下，共产党都可以说，他们仍然在执行孙中山三民主义中的第三个原则——“民生主义”，只不过采用的方式和孙当年预想的稍有不同而已。“耕者有其田”只是孙全部土地政策中的一部分，孙自己的说法是“平均地权”。[②] 无论孙自己对“平均地权”有怎样的理解，如果形容共产党的土地政策，这个不那么流行的口号显然更加贴切。

① 毛泽东：《建立巩固的东北根据地》（1945 年 12 月 28 日），《毛泽东选集》第四卷，第 82—83 页（第 1180 页）。

② 孙中山：《三民主义》（弗兰克 · W. 普莱斯译），上海：商务印书馆，1929 年，第 456 页。也可参见史扶邻（Harold Schiffrim）的《孙中山的早期土地政策》，载于《东亚研究杂志》，第 16 卷第 4 期（1957 年 8 月），第 549—564 页。不管孙中山的构想受到多少西方影响，“耕者有其田”和平均地权的概念，早就存在于中国古人对土地革命的想法中，这种思想至少可以追溯到王莽时期（公元 9—23 年）。参见王国定《古代土地平均分配体系》，载于孙任以都（E-tu Zen Sun）和约翰 · 德范克（John De Francis）合编的《中国社会历史：选集翻译》（华盛顿：美国学者协会理事会，1956），第 157—184 页。

土地改革：抗日战争的经验

1946年5月4日，中共中央发布了《关于清算减租和土地问题的指示》(以下简称《五四指示》)。这是共产党即将改变其抗战期间的减租减息政策的第一个官方信号。作为党的新土地政策的指导文件，《五四指示》后来被广泛引用，但在当时，它仍然是一份只能在党内传阅的文件。《五四指示》的内容并不特别激进，同时缺乏系统的描述。新土地政策的目标是摧毁现有的土地所有权制度，并将土地所有权转移到耕种土地的农民手中。随后，在实施《五四指示》的地区进行了各种形式的土地改革运动，在某些地区，这一运动甚至是以较为激烈的方式进行的。

1947年10月10日，中共中央颁布了《土地法大纲》，结束了土地改革中这一具有实验性的阶段。《土地法大纲》提出了系统的土地改革计划，目的是消除地主阶级以及平均土地所有权。为了完成这些目标，《土地法大纲》制订了一系列没收和再分配土地的原则和具体程序。

1948年5月25日，党中央指示，开展土地改革的地区必须满足以下条件：在军事上完全巩固；大多数农民要求重新分配土地；有足够的干部引导群众，而不是盲目跟从“群众自发的行动”。在1947年夏季之后解放的地区，即“新解放区”，这些条件并不总是能得到满足。条件得不到满足的地区将暂时不开展土地改革，而实行较为温和的减租减息政策。

事实上，共产党在1946年重新进行土地改革并不是一件多么令人吃惊的事。1940年，毛泽东已经将土地改革政策视作新民主主义过渡时期的一部分。毛泽东当时这样写道：

> 这个共和国将采取某种必要的方法，没收地主的土地，分配给无地和少地的农民，实行中山先生“耕者有其田”的口号，扫

除农村中的封建关系，把土地变为农民的私产。[①]

然而，距离毛泽东在1945年4月党的七大上的发言仅仅一年，就发生了这一转变，毕竟是许多人意想不到的。毛泽东曾在大会上指出，抗日战争结束之后，党将继续执行减租减息政策：

> 抗日期间，中国共产党让了一大步，将“耕者有其田”的政策，改为减租减息的政策。这个让步是正确的，推动了国民党参加抗日，又使解放区的地主减少其对于我们发动农民抗日的阻力。这个政策，如果没有特殊阻碍，我们准备在战后继续实行下去，首先在全国范围内实现减租减息，然后采取适当方法，有步骤地达到“耕者有其田”。[②]

同年10月，周恩来在重庆公开重申了这一立场。周声称，共产党的土地政策的主要目标仍然是减租减息，耕者有其田和土地国有化将留待未来完成。[③]

许多观察者认为，共产党突然改变土地政策唯一合理的解释是内战本身。1945年10月，中国共产党和中央政府开始进行谈判；1946年5月，战争已经迫在眉睫了。这年夏天，国民政府对解放区发动了一次大规模进攻。共产党从未正式承认，是战争促使他们改变了土地政策。但在1946年，共产党公开宣称，只有通过土地改革，才能动员农民，取得农民广泛的支持。这之间的因果关系似乎十分清楚。

然而，一些敏锐的观察家指出，在1946年5月之前一段时间，共产党的土地政策已经开始“左”倾了。毛泽东1945年11月初起草

① 毛泽东：《新民主主义论》，《毛泽东选集》第二卷，第353页（第678页）。

② 毛泽东：《论联合政府》，《毛泽东选集》第三卷，第298页（第1076页）；以及《重要文件》，第8页。

③ 重庆《新华日报》，1945年10月20日。

的一份党内指示反映了共产党不愿对外承认的、土地改革过程中出现的过激性。

> 减租必须是群众斗争的结果，不能是政府恩赐的。这是减租成败的关键。减租斗争中发生过火现象是难免的，只要真正是广大群众的自觉斗争，可以在过火现象发生后，再去改正。只有在那时，才能说服群众，使他们懂得让地主能够活下去，不去帮助国民党，对于农民和全体人民是有利的。目前我党方针，仍然是减租而不是没收土地。①

实际上，在共产党控制的地区，已经开始以“清算”的名义“没收”土地了。减租已经成为土改过程各种挟私报复行为的一种较为委婉的说法了。《五四指示》只是明确和规范化了日本投降之前共产党就一直在执行的一项政策。就这个方面而言，《五四指示》既指出了未来的发展方向，同时也是共产党过去几年在解放区的实际做法——尽管是以减租的名义进行——的延续。

《五四指示》②

《五四指示》的开篇指出，在山西、河北、山东、华中各解放区，已经有广大的群众运动，在反奸、清算、减租、减息斗争中，直接没收地主的土地交给农民。有些地方甚至实现了“平分土地”，所有的

① 毛泽东：《减租和生产是保卫解放区的两件大事》，《毛泽东选集》第四卷，第72页（第1173页）。

② 《中共中央关于清算减租及土地问题的指示》，选自《重要文件》，第1—7页。该指示不对外公开。1950年台湾出版的“内政部”调查处编《奸匪现状汇编：土改》（第40—50页）重印了这一指示。台湾版和此处总结的不同之处主要在形式而不是内容。除了一些小差异，措辞是相同的。但是条款的先后顺序被打乱了，有些条款的内容被重排。

人都得到了三亩土地。因为一些人，包括某些党员，开始对群众运动产生怀疑，在这种情况下，党决定确定土地改革的政策路线。各地党委被要求——在条件允许的情况下——在年底之前推进土地改革。《五四指示》声称，各地党委必须明确认识解决解放区的土地问题是党目前最基本的历史任务。指导运动的主要原则如下：

1. 坚决拥护群众在反奸、清算、减租、减息等斗争中，从地主手中获得土地，实现耕者有其田。

2. 吸收中农参加运动，并使其获得利益，不可侵犯中农土地，凡中农土地被侵犯者，应设法退还或赔偿。

3. 一般不变动富农的土地，如在清算退租的土地改革时期，由于广大群众的要求，不能不有所侵犯时，亦不要打击得太重。应使富农和地主有所区别。如果打击富农太重，即将影响中农发生动摇，并将影响解放区的生产。

4. 凡我之政权不巩固，容易受到摧残的边沿地区，一般不要发动群众起来要求土地，就是减租减息亦应谨慎办理，不能和中心区一样，以免造成红白对立及受到危害。但在情况许可地区，又当别论。

5. 如果我们不能遵守上述各项原则给运动以正确的指导，就会使农村群众发生分裂，就会使贫农、雇农和我们党陷于孤立，就会增强豪绅、地主和城市反动派极大的力量。因此，各地必须召开干部会议，讨论中央指示，向一切党的干部印发并解释中央指示，根据当地具体情况，确定实施中央指示的计划，调动大批干部，加以短期训练，派到新区去进行这一工作。同时向党外人士作必要与适当的解释，指出这是90%以上人民群众（农村中雇农、贫农、中农、手工业者及其他贫民）的正当要求，同时合乎孙中山的主张与政协的决议。

6. 对于中小地主的生活应给以相当照顾，对待中小地主的态度应与对待大地主豪绅恶霸的态度有所区别，应多采取调解仲裁方式解决他们与农民的纠纷。

7. 集中注意力向汉奸、豪绅、恶霸作坚决的斗争。没收他们的土地，但仍应给他们留下维持生活所必需的土地。

8. 除罪大恶极的汉奸分子的工厂、商店应当没收外，凡富农及地主所设的商店、工厂，不要侵犯，应予以保全，以免影响工商业的发展。不可将农村中解决土地问题、反对封建阶级的方法，同样用来反对工商业资产阶级，我们对待封建地主阶级与对待工商业资产阶级是有原则区别的。有些地方将农村中清算封建地主的办法，错误地运用到城市中来清算工商业主，应立即停止。

9. 罪大恶极的汉奸分子及人民公敌，当地广大人民群众要求将其处死，应赞成群众要求，经过法庭审判，正式判处死刑。除此以外，一般的应施行宽大政策，不要杀人或死人，也不要多捉人，以免引起群众恐慌，给反动派以进攻的借口。

10. 对一切可以教育的知识分子、开明绅士、城市中的自由资产阶级分子、赞成我们的民主纲领的其他党外人士、逃亡地主及其他人等采取宽容和解的态度。

11. 即使一些地主和逃亡分子回家的目的在于扰乱解放区，亦以让其回家置于群众监督之下更为有利。如此，可以减少城市中反对群众的力量。

12. 解决土地问题的方式，群众已创造了多种多样。例如：

（甲）没收分配大汉奸的土地。

（乙）减租之后，地主自愿出售土地，佃农可以优先权买得此类土地。

（丙）由于在减租后保障了农民的佃权，地主可仍自愿给农民七成或八成土地，求得抽回二成或三成土地自耕。

（丁）在清算租息、清算霸占、清算负担及其他无理剥削中，地主出卖土地给农民来清偿负欠。农民用以上各种方式取得土地，且大多数取得地主书写的土地契约，这样就基本上解决了农村土地问题，而和 30 年代内战时期在解决土地问题时所采用的方式大不相同。使用上述种种方式来解决土地问题，使农民站在合法和有理地位，各地可以根据不同对象，分别采用。

13. 在运动中所获得的果实，必须公平合理地分配给贫苦的烈士遗属、抗日战士、抗日干部及其家属和无地及少地的农民，在农民已经公平合理得到土地之后，应巩固其所有权，发扬其生产热忱，以便提高解放区生产。在运动中及土地问题解决后，应注意巩固与发展农会和民兵，发展党的组织，培养提拔干部，改造区乡政权，并教育群众为保卫已得的土地和民主政权而斗争。

14.1942 年中央确定土地政策，几年来正确地发动了广大群众运动，支援了抗日战争。减租政策还没有完全废止。但由于清算减租运动的发展和深入，实际上不能不依照目前广大群众的要求发生重要的改变，虽然不是全部改变。

15. 党内对于土地问题所发生的右的与“左”的偏向，各地应根据本指示，以充分的热情与善意进行教育，加以纠正。

土地改革的背景和经验

《五四指示》之所以与共产党之前的土地政策没有根本的区别，主要有两个原因。首先，《五四指示》是由抗战时期的减租政策发展而来的。减租政策迫使许多地主不得不出售土地或“主动”上缴土地。而一旦地主违反减租政策，他们将遭到“清算”。其次，从一开始，这种出售、上缴，以及被“清算”就是和减租政策紧密相关的。不仅如此，除减租政策之外，共产党还采用了其他许多方法将财产从“有产者”转移到“无产者”手中。事实上，减租政策和 1946 年公布的土地改革政策仅仅有程度上的区别，而没有本质的不同。

刘少奇在抗日战争期间对党的土地政策具体方针的阐述也反映了这种相似性。刘少奇在 1937 年所做的报告与《五四指示》在精神上是如此一致，以至于晋察冀边区在 1946 年重印了这份报告，将它和《五四指示》一起发给所有党员。考虑到保持抗日民族统一战线的必要性，刘赞同停止采用暴力没收地主财产的决定。但他写到，不应因此而放弃将财产从地主转移到农民手中的努力。他建议颁布一些特别的法律和条令实现这一目标。这么做能使农民更积极地抗日。地主可能不喜欢这种做法，但为了国家利益，他们也会愿意做出牺牲的。

刘少奇提出了 10 条建议。除了减租减息之外，这些建议还包括：（1）没收汉奸的土地，将它们分给无地或少地的农民；（2）将逃亡地主的土地分给农民耕种，并免收地租；（3）将地方公共土地分给农民；（4）保证佃农获得他们耕种土地的永久租赁权；（5）惩治各地剥削农民的流氓和恶霸，由农民直接选举村一级行政机构，组织自己的自卫武装；（6）废除不合理的利率。[①]

正如下面将提到的，这六项建议中的大部分在 1945 年之前都以这样或那样的方式落实了。但在抗战时期，没有一项建议被正式写进人们最熟悉的有关农民土地政策的声明《关于抗日根据地土地政策的决定》（以下简称《决定》）中去，这一声明是在 1942 年由中央政治局通过的。[②] 在 1941—1942 年日本人的“扫荡”中，共产党的根据地遭受了重大损失。相比于刘少奇的建议，《决定》的内容更加温和，这反映了共产党当时的困难局面，及其领导层希望尽量减少阶级摩擦的意愿。《决定》甚至没有提到逐步将地主的土地移交给农民的意图。为了避免信贷收缩，1937 年以后贷款的利率可根据当地条件自由确定。《决定》也没有提及惩罚剥削农民的当地恶霸。

尽管相对而言较为温和，《决定》似乎更强调“过于宽大”的右倾错误，而不是“左”倾的过激行为。《决定》指出，自 1937 年党的减租减息政策颁布以来，“许多根据地”尚未“广泛、认真或彻底地”推行这一政策。在一些根据地，这一政策只是一个宣传口号。当地政府颁布了法令，却不去执行它们，因此减租仅仅是名义上进行了。

---

① 刘少奇：《抗日游击战争中各种基本政策问题》，（1937 年 10 月 16 日），来自《重要文件》，第 27 页；也可参见《刘少奇选集》上卷，第 41 页。

② 《中央关于抗日根据地土地政策的决定》，来自《重要文件》，第 29—37 页。

“左”倾错误只是在“某些地区发生”。

然而，两年之后，毛泽东谈到，1941 年至 1942 年，党内出现了“一种极‘左’的倾向”。毛说到，由于日本人对根据地的疯狂“扫荡”，以及国民党对统一战线的破坏，一些同志做出了过激的反应。“因而过分地打击地主”。[①]

晋察冀边区[②]

毛泽东所列举的或许并不是发生“过火行为”的唯一原因。实际上，在 1941 年之前，“过火行为”就已经存在了，虽然可能直到 1941 年，共产党才意识到这一问题。例如，1941 年 2 月，为了巩固统一战线，晋察冀边区的一名共产党官员刘澜涛告诫当地干部，目前还不是彻底解决土地问题的时候。他要求他们：尊重地主的土地和财产所有权；暂时停止追还过去 30 年中农民由于拖欠借款而失去的土地；不要没收逃亡地主的土地。这名官员就寺庙和坟地的问题提出警告。他指出，一些地方对寺庙的控诉运动是错误的，强行破坏墓地和砍伐墓地周围的树木也引起了群众极大的不满。[③]

依据抗日统一战线的土地政策，所有这些做法都属于过激行为。在晋察冀边区，这样的行为显然在 1941 年 2 月之前就存在了。但刘同志也指出，许多地区的地主采取各种手段逃避减租政策，甚至对要求减租的佃农进行报复。一旦发生这种情况，刘宣称，农民应该进行反击并“合理合法地开展斗争”。

彭真 1944 年关于边区党委的工作报告让更多的人注意到了这些

---

① 毛泽东：《学习和时局》（1944 年 4 月 12 日），《毛泽东选集》第三卷，第 169 页（第 943 页）。

② 晋察冀边区成立于 1937 年 11 月。边区政府成立于 1938 年 1 月（詹姆斯·哈里森：《走向权力的长征：1921—1972 年的中国共产党史》，第 299 页）。

③ 《刘澜涛同志在中共晋察冀边区北岳区党委二月扩干会上的报告》，选自《重要文件》，第 56—61 页。

问题。和所有人一样，彭认为抗日战争既是一场民族战争，也是一场农民战争。在他看来，共产党必须改善农民的政治、文化，特别是物质生活，只有这样，农民才有参加抗战的动力和愿望。与此同时，农民生活状况的任何改善都会遭到地主的反对。毫无疑问，改革将引发激烈的冲突。缓解这一矛盾十分必要，因为抗日战争需要地主和农民的合作。

彭真回顾了边区地主和农民关系的历史。当共产党刚开始实施减租减息时，地主是反对这一政策的。这一时期，干部大多有“左”的倾向，“基本群众”的情况似乎刚好相反。第二个阶段从 1937 年 7 月日本入侵华北开始，历时两年左右。在这一阶段，共产党在农村的力量得到了迅速增长，并相应地加大了对反动派的斗争力度。农民被动员起来，声势浩大地反对那些“坏”地主。在一些地区，农民拒绝交纳地租和利息。许多地方滥用了土地征收政策，农民直接取消债务，没收地主土地，而且没有任何补偿。

随着农村斗争的加剧，地主采取了新的反抗形式。他们把自己的女儿嫁给佃农和贫农，使用各种手段收买和分化贫雇农。与此同时，为了对抗农民，地主开始勾结日本人，他们常常袭击、抓捕农民干部。

彭真指出，这种斗争是地主和农民关系发展的必经阶段。如果“过激行为”能得到纠正，土地改革的深入推进——即使稍微有些超前——将有助于地主理解这一政策，并不再反对它。延安的党中央在卢沟桥事变的第三个周年纪念日发布了一条指令，要求各地立刻纠正此前的错误做法。一个月之后，共产党又颁布了一条边区指令。事实上，共产党在 1942 年 1 月对统一战线土地政策的总结是对 1940 年指令中原则的再次强调。这些原则包括：地主和债权人应减租减息，农民和借债人应交租交息，所有人都享有自由签订和终止合同的权力。①

① 彭真：第 43—55 页，见第 282 页注③。

事实上，彭真描述了一项在边区尚未广泛执行的政策。截至1943年10月，“彻底”实行减租政策的只有下面一些地区：北岳中心地区的几个县、冀中第七和第九分区的大部分地区、第六和第八分区的一小部分地区。北岳和河北中部的其他地方仅仅“基本”执行减租政策。在北平北边的平北地区，减租政策仍然处于第一阶段。而在此前的一年里，北岳和河北东部根据地的1000多个村庄甚至没有推行减租政策。还有一些实行减租政策的地区在战争的进程中被敌人占领，这一政策也随之被废除了。

然而，在晋察冀边区，“彻底”实行减租政策的标准比官方的减租标准“丰富”得多。“彻底”实行减租政策意味着削减25%的地租、废除所有的经济剥削、充分动员群众、巩固群众的既得利益、依靠“基本群众”获得政治权力、发展当地民兵武装。“基本”执行减租政策同样意味着削减25%的地租和消除经济剥削，但这两个目标都没有完全实现。在某些村子以及对某些农民而言，地租只是名义上减少了，农民仍然会偷偷把减少的那部分地租交给地主。如果农民没有被充分发动，他们很容易失去得到的利益。

我们可以在1943年10月中旬边区的一份指令中看到对上述问题的详细阐述。[①] 中国共产党中央10月1日发布的一份指令中对抗日战争的“十大纲领”进行了最后总结，10月中旬的指令与10月1日的指令基本是一致的。减租减息只是这“十大纲领”中的一项，10月中旬的指令特别要求在秋收之后执行“双减政策”。[②]

---

① 《中共中央晋察冀分区关于彻底实行减租政策的指示》，1943年10月18日，来自《重要文件》，第83—88页。

② 《中央政治部局关于减租生产拥政爱民及宣传十大纲领的指示》，1943年10月1日，见《重要文件》，第78—81页。该指示来自《毛泽东选集》第三卷，第131—135页（第910—913页）。而《毛泽东选集》中的文章省略了列举十大纲领的第四部分。这里引用的版本中，十大纲领是：与敌斗争，精兵简政，一元化领导，拥政爱民，发展生产，整顿党风，调查干部，开展时事教育，政府中实行“三三制”，减租减息。这些纲领的大多数在马克·塞尔登的《革命中国的延安道路》中有描述。

党中央发出指令后，边区政府要求各地干部立刻、彻底、广泛地实施减租政策。此外，各地区的指令还列出了在刚解放或从敌人手中夺回的地区执行或重新执行减租政策的三项必要条件。这三项条件是:（1）清除伪政权以及改造村一级的政治结构;（2）抗日武装力量必须具备在根据地周围开展军事活动的能力;（3）建立或恢复村一级的党组织、农民协会，以及其他群众组织。指令要求在所有具备条件的地区执行减租政策，条件不具备的地区应尽快创造条件。在敌我斗争仍然激烈的地区，所有的工作应服从对敌斗争的需要，主要的任务是保持统一战线。

边区 1943 年 10 月的指令颁布之后，各地的减租运动如火如荼地发展起来，其中不乏过激行为。这些行为在 1944 年引起彭真对“左倾主义”的担心。彭在 1944 年 11 月的一份报告中指出，当一个地区基本得到巩固、农民被充分发动并且敢于反抗地主之后，往往容易出现“过左”倾向。然而，过激行为本身是危险的，可能对根据地的长远生存造成威胁。对于那些鼓励农民采取过激行动的地方干部，彭总结了他们的六种倾向:

1. 许多干部对地主是否会反对日本人抱有严重怀疑。

2. 许多干部不能区别对待不同的地主。一旦发生了反共产党的活动或者某些地主产生了动摇，他们就觉得所有的地主都是叛徒，主张将他们全部消灭。

3. 许多干部认为统一战线关于土地政策中的一些温和规定是错误的，他们执意侵犯这些规定所保障的地主权利。他们鼓励农民违反土地租赁协议和借贷合同，拒交地租，取消欠债，收回因无法偿还借贷而失去的土地。在地主和农民就永久土地租赁权和支付地租和利息的汇率（地租和利息仍是战前的水平，但现在必须以战时通胀的边区货币支付）发生纠纷时，干部总是站在农民一边。

4. 一些地方党组织干脆拒绝接受统一战线的土地政策，继续执行以前的没收地主土地将它们分配给农民的土地政策。

5. 许多干部有一种同等对待地主和富农的倾向。在执行土地政策的过程中给予两者同等的打击。

6. 许多干部只注重重新分配土地，即改善农民生活和改变地主和农民的关系，而忽视了生产。

从以上对晋察冀边区土地政策发展的描述中可以看出，土地改革运动的几个基本组成部分都与较为温和的减租政策——无论是在这一政策的“彻底”阶段，还是“过激”阶段——相关。也就是说，只有在减租政策得到积极实施的地方，才存在这种关联性。然而，就整个根据地而言，共产党在抗战时期的大部分时间更加担心过于“宽大”的右倾错误，而不是彭真所警告的“过火”的“左”倾行为。因此，我们的描述大致可以让读者了解中国共产党在抗日战争中究竟积累了怎样的经验和教训。其他根据地的数据将让我们更清楚地认识这一点。

晋冀鲁豫边区[①]

同样，在这个边区，党的文件中将“消灭剥削”列为减租减息之外的另一个专门目标。此外，边区政府特别说明了他们认为还存在其他哪些剥削，同时也指出，在那些地租和利息虽然过高、但农民并没有因此而强烈不满的地区，暂时不要处理其他的剥削。边区政府还提到了他们在因地制宜地运用中央土地政策、试图取得最广泛的群众支持的过程中所遇到的困难。

事实上，晋冀鲁豫边区并没有立刻实施减租减息政策。1942 年至 1944 年，河南以及周边地区的严重干旱和饥荒让减租政策的推广变得更加复杂和困难了。[②] 边区政府一边对灾民进行救济，一边推行基

① 边区政府成立于 1941 年 7 月（哈里森：《走向权力的长征》，第 301 页）。

② 对河南国统区饥荒的目击记见白修德和贾安娜合著的《中国暴风雨》，第 166—178 页。

本的土改措施。冀鲁豫分区党委在1943年6月发布了一条关于减息的指令。旱灾过后，许多农民被迫以更高的利息借贷。该指令规定，前一年冬季和当年春季的利息可于秋收之后偿还，利息不得超过贷款总额的30%——在受敌人威胁较大的地区，这一比例可放宽到50%。如果这一指令得到切实执行，将极大缓解农民的经济负担，据称这一时期贷款的利息普遍超过了100%。①

与此同时，横跨京汉铁路的太行分区发起了救灾和春耕运动，并努力控制粮食价格。在武安县的一个村子，边区政府通过搜查和没收地主和富农囤积的粮食来缓解饥荒。没收的粮食被免费发放给穷人。②

也是在这段时间，这一地区首次废除了农民过去的债务。尽管对有钱人进行了这样公开的打击，但在所有方面，取得的成果依然是有限的。罗晶是当地一名基层干部，他描述了武安县南部的涉县土地运动的发展历程。罗同志以元楚村（音）为例，他承认在1942年之前，共产党在这个村的工作开展得极为不够。群众完全没有被发动起来，没有乡绅和地主的同意，什么事情都办不成。边区政府于1942年发起了大规模"清算旧债"的群众运动，在1943年发起了饥荒救助和反汉奸运动，这两项运动促进了1944年和1945年减租减息政策的实施。即使这样，对农民的动员仍然不够"平均、深入或广泛"。③

发动群众斗争

正如罗同志所指出的，在党中央1943年10月1日发布了有关土地政策的指令之后，这一地区积极实施减租减息政策，更有效地"发动了群众"。共产党总结出的抗日战争十大纲领是它应对日本人的"清乡"运动的重要策略之一。正如前文提到的，日本人在1941年至

① 冀鲁豫区党委：《减息清债工作指示》，1943年6月8日，见《群运指示汇编》（以下简称《指示汇编》），第5页。

② 柯鲁克夫妇：《十里店：中国一个村庄中的革命》，第56—59页。

③ 《罗晶同志来信》，见第283页注②。

1942年采取了臭名昭著的“杀光、烧光、抢光”的焦土政策，“三光”政策加速了十大纲领的推出。[①] 由于“清乡”运动，解放区内可纳税的人口减到不足5000万，仅仅相当于运动前的一半，八路军的数量减少到30多万。[②] 共产党通过1942年至1944年的整风运动强化了内部组织，[③] 并根据战争发展的趋势提出了抗日战争十大纲领。1943年之后，日本人的攻势开始减弱，共产党利用整风运动和十大纲领的成果迅速扩大了影响力。

冀鲁豫分区党委在1943年11月发布的一份指令中警告道，不要盲目地认为我党已经切实改善了农民的生活，以此“欺骗自己和别人”。党中央10月1日发布的指令要求各地党委用一个月时间调查和评估农民的生活状况，特别是日本人曾经占领的地区和没有完全解放的地区的农民的生活状况。各地党委必须考虑以下几个问题：是否已经彻底实施减租减息政策？是否提高了雇工的工资？是否开展了反腐败和查“黑地”的斗争？最贫困的农民是否享受到了斗争取得的成果？是否实施了党的累进税制？[④]

在第二年春天的调查完成之后，冀鲁豫分区发起了一场旨在解决减租政策实施过程中的形式主义的运动——党中央10月1日的指令也提到过这一问题。为了更好地说明土地政策，毛泽东1927年的《湖南农民运动考察报告》被重新印发。在运动刚刚开始的一次发

① 詹隼：《农民民族主义和共产党政权》，第55—56页。

② 毛泽东：《毛泽东选集》第三卷，第167—168页（第943页）。

③ 中共1942—1944年整风运动目的在于“马克思主义的中国化”和中国共产党的“布尔什维克化”。它的目的在于教导党员将马克思主义应用于中国问题，以及把斯大林主义的组织和纪律方法灌输给一个从1937年的四万党员扩大到1942年的几十万党员的政党。很多新党员主要是因为共产党是抗日运动的领导者而加入它的队伍，倒不是因为它是中国革命的先驱。关于整风运动，见鲍德·考普顿（Boyd Compton）著《毛泽东的中国：1942—1944年的整风文件汇编》。

④ 《区党委关于深入检查群众工作的指示》，1943年11月16日，见《指示汇编》，第8—9页。

言中，冀鲁豫分区的负责人黄敬质问道："为什么群众对我们这样冷淡？"据报道，即使在分区最稳固的地区，农民普遍表现得犹豫和消极，干部被孤立起来，生产也没有明显的提高。

黄敬说，农民之所以不敢起来斗争，是因为干部害怕伤害地主，担心农民做得过头。一些地方党委并没有动员农民与地主斗争，只是简单地宣布减租，随后就将工作重心转移到生产上面。而黄认为，只有在农民的生活状况得到切实改善之后，才能把生产作为主要的工作任务。一般而言，地主垄断了农村的剩余物资，这样的改善必然会损害他们的利益。在此过程中，地主一定会坚决反抗，并试图夺回农民通过党的土地政策获得的利益。为了确保农民得到利益，必须提高他们的政治觉悟和生活水平。必须将他们发动起来，与地主进行坚决的斗争。黄指出，我们必须改变态度，不要害怕群众犯错误，也不要限制他们的行动。①

事实上，如火如荼的土地改革运动主要是为了削弱地主和富农在农村政治和经济上的优势地位，减租减息只是实现这一目的的手段之一。例如，第十二分区的干部发现，清查未注册的"黑地"、反腐败和反恶霸能更有效地实现这一目的。②

似乎很难对恶霸做一个明确的定义。一般来说，恶霸是拥有一定权力并常常依仗这种权力欺压他人的本地人。在中国农村，这种权力最直接的来源是较为明显的政治和经济上的优势地位。因此，恶霸可能是单纯的地主，也可能是帮会成员，还可能是与地主和其他有钱人关系密切的官员。恶霸因为自己在政治和经济上的优势而无视法律和社会习俗。他或许会毫无必要地使用暴力手段实现自己的目的。恶霸的劣行可能因地而异，一般包括谋杀、殴打、强奸、敲诈勒索、非法夺取他人财产等。任何阶层都可能成为恶霸的受害者。所有人都痛恨

① 黄敬：《关于发动群众及目前中心工作问题的发言》，1944 年 4 月 25 日，见《指示汇编》，第 20—26 页。

② 《分局给第十二地委的指示信》，1945 年 1 月 18 日，见《指示汇编》，第 30 页。

他们的恶行。

实际上，打击这些恶霸，特别是“恶霸地主”，成了激发农民对整个地主阶级仇恨的一种手段。在没有地主的村庄，干部往往将清算恶霸运动作为切入点，获取农民的支持。因此，边区政府告诫第十二分区党委，不能强行要求群众支持减租政策，群众工作应采取灵活的方式。干部们应调查当地情况，并首先满足农民最迫切的要求。

然而，当群众被发动起来后，在反腐败、反恶霸、清查“黑地”的过程中，中农发挥了重要作用，并迅速取得了主导地位。共产党警告自己的干部，在土地革命的这一阶段，不要忽视贫雇农的经济利益，要解决他们的实际困难，增强他们的政治觉悟，在他们中间培养领导者。一旦“民主斗争”结束，干部应该立刻转向“提高民生的斗争”，即减租和增加工资。只有通过这些措施，才能充分发动和有效地组织“基本群众”，使他们在村里确立领导地位，并巩固自己的优势力量。

此外，当地干部普遍采取了“清算”的斗争方式。从1943年至土地改革结束，清算方式，或者说清算过去的剥削，成为共产党土地政策的一种重要手段。需要清算的地主对农民的“欠债”包括：地主和其他有钱人从农民手中夺走的抵押土地、农民的劳役、地主有意逃避减租，等等。根据农民的要求和指控，这些过去的剥削将被确定并折换成现金、粮食或其他财产。当被指控者无法支付欠债时——经常会发生这种情况，为了清偿债务，他不得不出售自己的一部分土地。卖地的收入将交给被剥削（提出控诉）的一方。随着斗争的发展，对这些财产——通常被称作斗争成果——的分配越来越直接、公平、合理。

尤其在统一战线的土地政策名义上仍然有效时，“清算”方法十分重要，因为它使共产党不必直接没收地主土地——没收土地是与统一战线的土地政策相违背的。更重要的是，在“清算”的过程中，农民必须公开说出自己的要求，这让农民直接参与到斗争中间，并通过展示各种形式的剥削，让他们回忆起过去遭受的所有不公。1945年前后，晋冀鲁豫边区和其他地区的“清算”斗争几乎包括了农民所有的诉求和不满。最后，清算旧账还是将财富从相对富有的人手中转移到相对贫穷的人手中的有效手段。后者不需要等到下一个收获季节或下一次贷款就能得到实际的利益。它们也不一定是佃农或债务人。清算旧账不是对未来收益的许诺，它能给予穷人实实在在的现实利益。

第十二分区的党员干部被告知，在反腐败和反恶霸的过程中，要清算和解决“旧账”，以平息群众的怨气。在清查“黑地”，减租和增加工资的过程中，并不会清算“旧账”。在一些县，只清查抗日政府成立之后的“旧账”。此外，对“黑地”所有者的罚款一般为隐瞒土地税款的1—5倍。

第十二分区的中心地区此前几乎没有减息工作的经验。在所有地主中，只有恶霸地主要归还抗战之前多收的那一部分利息。其他情况下，清查的只是抗战之后的高利贷。村委会会根据债权人和债务人的阶级成分和家庭状况采取不同的方式清算“旧账”。[①]

实际上，至少在1943年初，一些地区就开始利用清查“黑地”挑动农民对地主的不满了。1943年2月，分区党委下令，不论贫富，所有人都要主动上报并搜查未登记的土地。一般而言，贫农和中农即使拒绝上报他们的未登记财产，也不会遭到惩罚。但他们必须依据自己的经济状况，补缴全部或部分隐瞒的土地的税款。富农、中农和小地主必须补缴全部隐瞒的土地税款。

拒绝上报土地状况的大地主不仅要补缴全部土地税款，还要支付罚款。

边区政府特别鼓励在农民尚不具有明确阶级意识的村庄使用最后一种办法。在农民具备较强阶级意识的村庄，群众一般会主动上报土地状况，应该少罚款，尽量减少阶级矛盾。在农民未被发动起来的地

① 《分局给第十二地委的指示信》，1945年1月18日，见《指示汇编》，第30—32页。

区，应孤立最反动的地主，动员农民调查反动地主的土地，确保农民获得切实利益。“罚金的高低和隐瞒土地税款是否全额补缴应由群众运动的发展阶段和村里的具体阶级政策决定。”[①]

过激行为和中农

晋冀鲁豫边区的“左”倾错误与彭真描述的晋察冀边区的“左”倾行为极为相似。这些错误发生的时间是减租运动热烈开展的1944年，地点在减租政策执行得最彻底的地区。在（河南）滑县和（山东）范县，可以明显看到这样一些倾向：（1）一些干部盲目地信任群众，以至于放弃了领导权，拒绝执行党的政策和政府的指令。（2）在一些没有地主的村子，中农成为打击对象。这种错误在范县“最为严重和最危险”，是对“党的阶级政策的严重违反”。在这样的村子里，由于中农被斗争以及在经济上遭到打击，他们变得十分恐惧和缺乏安全感，对生产采取完全消极的态度。他们甚至希望国民党军队回到农村。不仅如此，对中农的打击还挫伤了贫农改善生活条件的愿望。（3）在其他地区，许多干部未能区别富裕地主和不太富裕的地主、守法地主和恶霸地主、开明绅士和反动分子，甚至不能区别地主和富农。他们不加选择地打击所有人。一些好地主不光是经济上遭到削弱，甚至被夺走所有财产，以至于无法维生。（4）在1944年，解放区和党在解放区的力量得到了极大地扩大和增强。一些同志开始认为，正式恢复激进土地政策的时机已经成熟了。有必要提醒他们，这种认识是错误的，党的土地政策仍是在政治和经济上削弱地主阶级，而不是消灭他们。[②]

但根据随后的事态发展来看，其中一些错误倾向，特别是第三点

① 冀鲁豫区党委:《清查黑地指示》，1943年2月25日，见《指示汇编》，第1—2页。

② 《分局关于执行大胆放手中的偏向的指示》，1945年2月8日，见《指示汇编》，第32页。

和第四点的发生并不是毫无理由的。不仅如此，党的指示对彻底执行和过激实施土地政策的区别十分模糊，似乎是鼓励产生这样的结果。在关于中农的问题上，这一点尤其明显。例如，1944 年底的一份地区党委的指令，鼓励干部采取积极行动，而这将不可避免地削弱中农。这份指示还暗示，减租政策可以有新的目标。

该指令认为，在没有地主或富农的地方，中农控制着整个村子。中农是现阶段民主革命的基本力量。但他们也有自己的"弱点"。在反对地主的斗争中，他们没有贫雇农那样坚决。在中农控制的村庄里，常常会有恶霸和腐败的官员，这些人通常本身就是中农。应该用政治斗争的方式处理中农的"封建剥削"。事实上，如果大部分农民的确痛恨这些人并且要求斗争他们，当地干部不应给群众"泼冷水"，或因为担心疏远中农而禁止群众采取行动。应该避免对中农进行经济斗争，或在经济上削弱他们，但可以要求他们为过去的政治剥削做出适当的经济补偿。

实际上，中农仅靠微薄的盈余维生，这一指令的潜在矛盾是十分明显的。而且，由于强调中农本身的"弱点"，以及让贫农获得实际的利益，滥用或违反最后一条规定的情况十分常见。该指令指出，在没有地主的村子，干部最初关注的是农业生产。当他们发现贫农没有任何生产资料后，就将目光转向了拥有生产资料的中农。[①]

由于指令中想要达到的目标相互冲突，很难指望问题能够自动解决。1945 年 5 月，党的另一份通讯指出："最近……对中农的惩罚已经引起了他们的恐慌，并造成了社会秩序的不稳定。现在最严重的问题是，中农的恐惧甚至'传染'到贫雇农身上，发展生产和巩固我们的工作变得尤为困难。"[②]

① 《分局关于对中农政策的指示》，1944 年 12 月 28 日，见《指示汇编》，第 28—29 页。

② 分局民运部：《群运通报：第二号》，1945 年 5 月 7 日，见《指示汇编》，第 37 页。

山东根据地

1937年底，日本人入侵山东之后，共产党立刻在当地展开了游击战争。早在1939年，乡一级的行政和政治机构就在由共产党以及当地盟友控制的几个相对稳固的地区组建起来。不久，在这些虽然孤立，但不断扩大的根据地周围建立了县、几个县以及区一级的机构。共产党逐渐掌握了山东省抗日运动的主导权，并创立了上面提到的5个军事行政区。[①] 共产党山东分局召开了多次全省代表工作会议（同时也是山东省的临时性协商会议和战时行政委员会，第一次会议于1940年举行），会议达成了若干全省范围的政治协调。然而，在1945年之前，各地方“政治权力组织”一直没有组成一个统一的省政府，这表明在抗日战争的大部分时期，共产党在山东的军事和政治基础并不十分稳固。

1939年，日本人第一次停止了在山东省内的攻势作战，开始“清扫后方”。“清扫”的目的是巩固已占领地区、夺取战略要点和交通线、占领二级城市和大的村庄、基本清除游击队的抵抗。这一阶段，亲国民党的游击队在与共产党争夺抗日运动的主导权，甚至有时会配合日本人的“扫荡”行动，打击共产党军队。尽管遭受了最初的损失，在1939—1940年的“扫荡”之后，共产党部队仍然能够扩大根据地。但从1941年冬天起，日本人加大了“扫荡”的力度，并采取野蛮的“三光”政策。到1943年底，日伪军已经从亲共产党的部队手中夺取了鲁中区根据地的400个重要据点。

根据一份战时工作小结，在1943年，共产党鲁中区根据地这一处地方就遭受了9次大规模“扫荡”以及数次小规模的攻击。在1943年，根据地有137天，或者说全年三分之一的时间，都在进行军事斗争，这极大影响了其他方面的工作。在这段时期，一些政治组织设法

① 见第278页注③。

“保持其存在”，生存了下来，但更多的组织被摧毁了。然而，1943年是日本人军事活动的顶点，共产党军队很快就弥补了他们的损失。从1943年7月起，山东中部地区的共产党军队开始反击。到1945年年中，共产党军队收复了所有丢失地区，鲁中区行署控制的范围已经超过了它1942年成立时控制的地区。①

减租

在这种恶劣的情况下，在抗日战争的大部分时期，减租减息在山东根据地仅仅是一个宣传口号。一些地区在1940—1941年曾试图推行这一政策，但收效甚微。在1942年春天，召开了一次全省战时工作会议，讨论减租政策在各地的实施。随后出现了和其他地方几乎完全一样的情况。这一年，条件允许的根据地纷纷开始实行减租政策。山东土地运动的第二个重要特点是雇农工资的增加。在1944—1945年之前，除少数根据地之外的大部分地区都没有实行减息政策。

一般来说，村一级的干部完全要靠自己摸索工作方法。派驻的工作队会对减租政策的执行进行必要的指导，但他们的工作只是临时的。一旦工作队转移到其他村子，并没有受到严重损害的地主和其他有钱人会马上抵制减租。农民之前获得的利益会立刻“烟消云散”。尽管如此，一些共产党官员仍然声称，他们对减租运动取得的表面成果感到满意。

和其他地区党组织一样，山东分局对党中央1943年10月1日的指示做出了回应。山东分局发布了一条指令，要求各地进行深入调查，彻底实施减租政策。分局还召开了一次群众会议，分析了地方干部为什么没有正确掌握山东群众运动的工作原则。1944年6月至7

① 《鲁中区抗日民主政权建设七年来的基本成绩及今后基本任务》，第1—17页。在日本投降后，鲁中区包括26个县，跨泰、鲁、沂、蒙山区。解放区包括350万人口，在争夺区和游击区还有100万人口。沦陷区面积缩小，包括了住在1600个村庄里的略超过100万人口。

月，许多地方要求召开当地干部工作会议。这是山东分局第一次尝试在基层干部中纠正右倾做法。

尽管如此，只有几个县（其中包括莒南县和沂南县）实际执行了10月的减租指令。在共产党控制的大部分地区，减租工作要么根本没有展开，要么是敷衍了事。部分原因是当地干部还担负其他许多任务：3月和4月的征兵工作、“拥政爱民运动”、生产运动、整风运动、加强地方防御、保护夏粮，以及提前准备日本人的下一次“扫荡”。1944年中，山东分局下达指示，减租减息和土地调查将是7月至10月的工作重点。只是在此之后，减租运动才发展为一场“较为广泛的群众运动”。根据1945年9月的一份报告，山东解放区共有23417个村庄，其中17%进行了有关减租情况的深入调查，36%的村庄尚未实行减租减息，在剩下的47%的村庄，减租政策“尚未彻底”实行。[①]

存在的问题

干部承担繁重的任务并不是山东减租运动开展缓慢的唯一原因。无论调查多么不完善，它仍然揭示出山东干部中间存在三个基本问题。第一个，也是最重要的问题，被称为“特殊论”。山东干部并不把减租减息视作一项重要的革命任务，因为这项政策既不能发动大多数农民，也没有削弱农村的“封建势力”。原因是山东的土地所有权并不集中，利息也不高。山东农村经济的性质比较特殊，它的主要成分是小地主和小商人。一些村庄根本不存在土地租赁关系。几乎没有或很少有地主和佃农、债务人与债权人之间的对立。相反，一些干部发现“群众最迫切的要求”是减轻赋税。另一些干部认为打击腐败和当地恶霸是当地最重要的问题。这些干部对农民状况的判断和城市自由知识分子基本一致。党的领导注意到了这种相似性，他们对地方干部的“小资产阶级”倾向进行了严厉批评。

① 黎玉：《群众路线与山东群众运动》，第42页和第56页。

第二个问题主要发生在有地主的地区。这里的一些干部，即使他们意识到减租政策的重要性，仍然担心这一政策的实施会使地主不再支持抗日事业。另一些干部干脆认为减租政策是错误的，他们的理由是，减租不符合新民主主义经济的原则，因为它“鼓动了阶级斗争”。不仅如此，减租不过是“收买穷人的一种手段”。

第三个问题依然是山东干部的认识上的偏差，这种错误认识可能有其他的思想根源，尤其具体地表现在他们执行减租政策的具体方式上。我们在其他地方经常可以看到类似的右倾行为，它们是：形式主义、官僚主义，以及机械教条地执行减租政策。作为一个整体的党组织仍然没有把握住群众运动，教育和组织农民，发动农民起来斗争的原则。

封建势力会不择手段地维护既有权利，因此群众斗争是十分必要的。在 1944—1945 年，由于担心遭受日益激烈的群众斗争的打击，超过 2000 名沿海地区的地主和富农从海上逃离了山东。其他一些人投靠了日本人，或者加入了国民党的秘密组织和武装。但逃走的毕竟只是一小部分人，更多人留了下来。留下来的人采取了以下一些办法对抗土改运动：

1. 利用农民的恐惧心理，告诉他们国民党马上会回来。

2. 收回此前正式售出或上交的土地。

3. 威胁或有时收回佃农租赁的土地。在这种或其他威胁下，农民常常同意暗地里支付以前的利息。调查员发现，在据称减租政策已经彻底实行的 10 个村子里，只有 40%的佃农家庭的地租实际减少了。在莒南县大店镇附近地区，调查员发现，那些支付较少地租的主要是富农，穷一些的农民支付的仍然是以前的地租。

4. 利用某些干部缺乏经验制造矛盾，并抹黑新的群众组织。例如，指责干部利用妇女扫盲培训班“搞破鞋”——结交生活不检点的妇女——从而破坏群众活动。

5. 打入民兵组织，并制造混乱。

6. 通过让一个儿子参军取得军属特权。

7. 告诉军队家属部队供应不足，煽动他们攻击干部。

8. 利用农民对宗族的忠诚破坏阶级斗争。

9. 联合土改运动中所有受过打击的成员，包括中农和被斗争的贫农。

10. 贿赂干部和新上任的村干部。行贿受贿在中国十分普遍，已经成为一种痼疾。在共产党早期基层行政机构中，腐败一直是一个严重问题。调查显示，在大店镇附近地区，地主成功地贿赂了 2 名村长、3 名农民协会会长、3 名妇女协会会长、2 名互助小组组长，以及 2 名其他村一级机构的干部。

由于这种抵抗，在山东和其他地方，共产党特别强调下面一点也就可以理解了：必须通过“群众斗争”实现减租减息。如果农民感到不满，我们将很难发动他们。我们必须组织和教育农民，使他们意识到抵抗国民党的反攻符合他们的利益，否则胜利只是暂时的。只有当农民学会主动运用他们新的权力为自己的利益而斗争后，传统的精英权力才可能被打破。共产党的领导层极为重视对农民的发动。

山东省政府主席黎玉指出，“许多同志”对减租减息抱一种错误的态度，非无产阶级倾向是这种错误态度的根源。这些同志并没有真正理解党的群众路线，他们从未站在贫苦农民的角度思考自己的工作。或许除了官方立场之外，对这些同志中的大部分人而言，革命仅仅意味着和日本人打仗。他们的“独立性”也是源于这种思想。结果，他们忘记了下级必须服从上级、全党必须服从中央的组织原则。他们甚至懒得讨论、研究、宣传党中央和山东分局的指示。[①]

解决方法：干部

为了纠正上述错误，山东省政府采取了 1942—1944 年延安整风

① 干部和地主的这些问题在黎玉的《报告》中有讨论，第 7—11、52—53 页；以及《土地总结报告（草案）》（以下简称《草案》），第 1—6 页。

运动使用的学习和改造方法。实际上，山东是一个最好的例子，清楚地显示了整风运动究竟要解决哪些问题。山东所有地方党组织都被号召学习延安整风的经验。共产党再次强调自己的革命属性。这种强调是十分必要的，因为此时共产党吸收了越来越多的党外人士，其中有些人还担任了重要的领导职位，随着时间的推移，党的长期目标很可能被其他主张“稀释”甚至取代。但仅仅通过抽象的方式，或者通过小组学习会议，自我批评，净化阶级，强调组织纪律，以及举办“发动农民群众运动的方法”讲座，这些简单方法还不足以说明党的革命属性。党的革命属性和党所宣传的革命原则必须经受实践的考验。“实践”意味着将党的革命目标转变为现实。1944 年至 1945 年，减租就是这些革命目标之一。

此时，共产党遇到了一个难题，他们必须使减租政策适应山东农村的社会经济条件。共产党一边敦促当地干部改变自己的态度和倾向，一边寻找解决问题的具体方法。最迫切的任务是找到除减租减息之外，其他可以获取农民支持的议题。

解决方案：问题

面对山东的困难局面，共产党采取了两项措施。首先，共产党对山东的土地租佃性质和债务关系进行了调查，所有与支付租金和利息有关的行为都被定义为土地租佃。其次，共产党承认，山东的大部分农民都拥有土地，将减租减息政策改为减少和消灭农村地区政治和经济上“最不合理的剥削”。

调查干部在山东滨海、中部、南部地区发现了一些与土地租赁有关的“额外负担”，这些负担包括：在某些情况下，农民依照惯例要给地主送礼；佃农或他的妻子每年要为地主提供一定天数的无偿劳动。另一种形式的无偿劳动被称作“代种地”，即为地主耕种土地而不收取报酬。佃农除了耕种自己租赁的土地，通常还要无偿为地主耕种几亩土地。在胶东地区，还存在农民在租赁土地之前先交纳一部分地租的情况。

干部按照借款的性质、数额大小以及时间将利率分成许多种不同的类别。他们发现，短期现金贷款利率一般为每月3%—5%。其他类型的贷款剥削性更强，这些贷款不但利息较高，而且借贷者通常是在春播到秋收这段时间入不敷出、生活艰难的贫农。这些贫农一般只会借一小笔钱，借款的时间也很短。借贷双方根据习俗和各自要求确定具体条款。有种涉及粮食的借贷规定，如果在春天借粮（此时粮价最高），秋天还粮（此时粮价最低），每借1斗粮食要还2—3斗。春天借粮的通常是最穷的农民。此外，春天借贷的现金也可以以粮食或其他农产品的形式在秋天归还，但后者的价值通常按市场价格的1/2或1/3计算。另一种季节性的贷款规定，借贷的现金或粮食可以通过劳动来偿还，劳动价值按照当时短期雇工工资水平的一半计算。

共产党的调查员发现，土地所有权的转移为土改运动提供了切入点。土地所有权的转移有两种：合法和非法的。关于后一种情况，干部发现，在一些“落后的山区”，当地掌权者不择手段地从农民手中夺取土地。在日本人占领的地区，伪政府官员利用自己的权力霸占土地。据称，归还这部分土地满足了农民的“迫切需求”，并成为反对恶霸和汉奸的斗争中的一个重要主题。

另一种土地所有权转移与借贷有关，但它不同于典型的抵押借贷协议。根据一份这样的协议——也可以视作出售部分土地所有权的地契，在限定的时间内，土地的卖方可以以当初出售土地的价格赎回土地。这一价格通常是市场价值的2/3。如果他到期无法付款，除非买方同意延长赎回期限，买方将正式拥有这块土地的所有权。另一种协议被称作“抵当”，类似于抵押出售，实际是一种商业交易。一旦买方支付了土地实际价格一半的现金，就能立刻取得土地的所有权和耕种权。但卖方可以在两到三年内以相同的金额赎回土地。如果卖方到期无法付款，将永远失去土地所有权，虽然他还可以就赎回部分土地所有权和买方协商。大部分农民都希望保留自己的土地，他们宁愿相信自己会时来运转。因此在经济状况窘迫时，他们通常会选择上述的抵押出售，或直接签署抵押借贷协议。

最后一种土地所有权转移方式介于合法和非法之间，这种方式最近才出现，在农民中引发了许多不满。由于地主害怕共产党和它的计划，并且为了规避土地改革——无论是真实还是预期的——才想出了这种方式。为了避开累进税，地主纷纷出售自己的土地。但战争即将结束时，税率又降低了。这时，从前的土地所有者通常会强行从新所有者那里买回土地。为了规避减租，地主还会强迫租种他们土地的佃农签订虚假的售地协议。作为补偿，佃农要继续向地主支付地租，不仅如此，佃农还要为自己“新得到的土地”缴纳土地税或公粮。①

尽管共产党发现、分析、宣传、并改善或消除了上述引起农民不满的问题，但它仍然承认，在山东，地主和农民的对立关系只是少数情况，并不具有代表性。共产党并没有完全放弃自己的“特色理论”，而是试图结合实际情况来考虑它。“一般来说”，山东的土地所有权并不集中。但在有租赁关系的村庄，租地的家庭一般为总户数的1/5到1/4。据进一步估计，山东5个行政区的村庄不同程度上存在着土地租赁关系，比例从30%至90%不等。这一比例在渤海地区最低，那里的地主很少。莒南县的情况则相反，该县有513个自然村，其中430个村有土地租赁关系。到1945年，该县已经成为山东省土地政策实施最彻底的地区之一。无论如何，山东省有“为数不少”的佃农。地主与佃农之间的对立关系的确可以作为发动山东农民的一个议题。

黎玉主席解释道，“问题并不在于佃农家庭的数量”。“封建控制”不仅仅是指土地所有权的集中，也是指总体上的政治和经济剥削。这

① 《草案》，第14—35页；黎玉：《报告》，第39页；《斗争总结》，第2—5页。

两种剥削在任何一个村子里都可能显得毫不相干，但事实上，它们是紧密地联系在一个系统中的。一些干部认为，反腐败和反对当地恶霸最能发动农民，所以他们机械地将这些问题与减租分开处理。这种错误认识源于农民的一种自然倾向，即只回击那些直接虐待、欺骗、威胁他们的人。在土改过程中，人们常会被各种其他目标所吸引，以至于忽略了主要任务。黎玉警告道，例如，打击小偷和生活作风有问题的妇女相对来说并不重要——除非农民能被容易地动员起来。一般来说，只有农民提出这样的要求，他们才会成为打击对象。

惩治腐败的官员和当地恶霸无疑重要得多。他们和地主一起构成了“封建势力”的主体，并且和地主一样是斗争的主要对象。在莒南县，有些恶霸并不是地主，而是富农，甚至是中农。但在当地的权力结构中，他们与地主有共同的利益并会联合起来保护这种利益。因此，减租减息是从经济上挑战他们的权力，反腐败和反恶霸的斗争则是从政治上打击他们，两者的目标实际上是一致的。

共产党发现自己的土地理论无法解释山东农村的实际情况，并一度为此感到困惑，但他们马上根据干部在工作中的直接经验对土地政策进行了务实的调整。需要指出的是，在所有地区，共产党的目标都是相同的。共产党最终的目标，即革命的第二个任务，是扩大生产和逐步实现集体化。而在此之前，必须削弱现有的经济体系，颠覆当前的政治权力结构。共产党认为，只有发动农民参加革命，才能完成革命的主要任务。而只有让农民看到革命能给他们带来直接的好处，他们才会参加革命。“空话”和抽象的理论对农民没有任何意义。黎玉仿佛预见到了毛泽东的关于看得见的物质利益的发言，他宣称，“一旦群众的生活得到改善，他们的觉悟和参加革命的意愿也会随之提高”。他同时强调，有“许多种革命工作”，以及许多种让农民获得物质利益的方法。他鼓励干部使用所有这些方法，并提醒他们，党的土地政策是农村群众动员工作的理论基础。黎玉的讲话背后的意思是：

“减租减息是其他所有工作的中心。”①

解决方案：过程

黎玉还认为，根本而言，首先要让群众获得切实的利益。整顿党支部、建立农村政治结构、发展群众组织，所有这些工作对发动农民都是非常重要的。但他强调，让农民获得物质利益是这个过程中必须首先完成的工作，也是最重要的一步。

事实上，黎的说法多少有些夸张。接下来，黎谈到了发动农民的具体步骤。第一步是教育干部，尤其是新干部，让他们了解党的政策和群众运动方法的精神和含义。第二步，将他们派遣到各个村子开展工作，对农民的生活条件进行调查，特别是调查那些最贫穷和受压迫最深的农民。初步调查之后，干部开始教育和组织村民。这种教育为创建农民协会、雇工协会、妇女会、儿童团，以及其他组织奠定了基础。干部会告诉农民，他们所遭受的苦难都是阶级压迫和剥削的结果。

第三步，当农民对“阶级压迫”有了一定了解后，干部将在他们中间发展新的积极分子。积极分子一般是受压迫最深、警惕性最高、最能团结其他村民的人。第四步，一旦基层村组织、领导能力、群众觉悟这些条件具备后，就可以开始斗争了。干部会尽量清楚地告知农民，开展斗争的原因、他们将从中获得的好处以及斗争的界限。那些对待农民最严厉和最不公正的个人会被揭发出来，并接受公开指控。斗争有非暴力和暴力两种形式（文斗和武斗）。前一种斗争包括批评、声讨及控诉会。但当农民报复那些曾经伤害、压迫或杀死过他们亲人的人时，斗争可能会进入一个更加暴力的阶段。在这一阶段，被控诉的对象可能会被戴上高帽子游街示众、被殴打，以及遭受类似的虐待。此时，减租减息和清算工作才算真正完成。

---

① 黎玉：《报告》，第44—48、61页；《草案》，第3页。

最后，必须巩固斗争的成果。具体做法包括："按照大多数人的愿望"分配斗争成果；讨论和纠正错误；将斗争中表现最突出的积极分子吸收入党；整顿党支部；建立领导机构；成立民兵组织和其他群众组织；警惕地主的反击；改革村政府；最后是发展生产。①

在土地所有权并不集中的地区，共产党对这一程序进行了卓有成效的改进。新的斗争方法是让多个村子的村民一起参加批斗大会。在审判特别富有的地主或名声很坏的恶霸时，最多可能有来自 100 个村庄的数千名群众聚集在一起，参加控诉和清算大会。②

无论自由知识分子是否了解共产党农村工作的细节，但正如他们指出的，土地改革是共产党"在农村扎根"的关键。到 1945 年，开展斗争已经成为共产党农村工作的基石和中心，即发动农民摧毁农村现有的经济和政治制度，创造新的制度。

结果

根据记录，在 1944—1945 年，莒南县开展了 1782 次斗争活动，最终消除了"发动群众的大部分障碍"。斗争的主要目标是地方恶霸和腐败，其次是减租减息。在莱东县，地方恶霸和腐败同样是斗争的主要对象。表 4 列出了莒南县、莱东县，以及整个山东解放区的斗争对象及次数。③

① 黎玉：《报告》，第 12、57—59 页。

② 同上，第 12 页。柯鲁克夫妇所著《十里店：中国一个村庄中的革命》，第 110—113 页同样描述了河南武安县的一次类似的会议。

③ 数据的来源是：黎玉：《报告》，第 12、47 页；《莱东县政府：1946 年上半年民政工作总结》，1946 年。莱东县是抗日战争时期在鲁中地区泰山分区新成立的一个县城。1946 年，这个县有 44838 户，241435 人，住在 430 个村庄里。这里呈现的数据来自 357 个这样的村庄。但是黎玉自己承认，数据采集非常困难，他的报告中提供的数据仅能代表"大致情况"。莒南县的数字可能是最准确的，因为这是当时党的土地政策实行得最彻底的地方。

表 4　山东的斗争对象

山东解放区（1945 年）		莒南县（1945 年）		莱东县（1946 年上半年）	
斗争目标	斗争实例	斗争目标	斗争实例	斗争对象	斗争实例
当地恶霸	5201	当地恶霸	589	腐败	187
减租	4672	腐败	433	当地恶霸	180
提高工资	3369	“破坏活动”*	184	清算	154
腐败	3186	减租减息	180	减租	109
“黑地”	518	“黑地”	139	特务	80
间谍	215	迷信	127	“破鞋”	27
通敌	192	特务	39	减息	6
其他（“破鞋”、土匪、小偷等等）	1954	欺压农民	10	其他	142
		其他	81		
总计	19307	总计	1782	总计	885

来源：见第 371 页注③。

* 此处的“破坏活动”泛指所有企图破坏和抹黑共产党控制的农村组织的行为。

在莱东县，斗争的“成果”统计如下：2763986 元现金（币种不详），209999 斤粮食，10066 亩土地，1667 亩山地，306 头骡子，206 头猪以及包括附属建筑在内的 1656 间房屋。

不幸的是，有关这些财产如何再分配的资料很少。有批评认为，有些斗争开展得较为草率，而且受益者主要是军属家庭。后一点在黎玉的一次讲话中得到了印证，他特别强调了 1944 年的斗争对 1945 年的征兵运动产生的直接影响。黎玉介绍了渤海地区广饶县的经验来证明自己的观点。①

黎玉指出，广饶县的北部地区曾经“非常落后”。1944 年，当地政府和党委加大了征兵的力度，但他们无法完成县里的配额。大部分参军的人最后又回来了。在这一年年底，党和当地政府发动群众减租

① 黎玉：《报告》，第 15、60—61、84—85 页。

减息、反腐败和打击恶霸。在随后的一次征兵活动中——尽管只在该县的几个地区进行——共有 3145 人主动参军。正因为如此，黎玉才会得出结论："只要群众的生活状况得到改善，他们愿意积极参加革命活动。"1944 年，山东全省只有 1.1 万人参军。但在 1945 年农历新年的征兵活动中，据称有 4 万人主动参军，民兵的规模超过了 50 万人。

共产党通过土地斗争运动发展出了规模庞大的各类党组织。到 1945 年，已有大约 400 万人加入了日益扩大的军事和非军事组织的系统中。参加各类组织的人数占到了山东老解放区总人口 26%左右。

过激行为

和其他地区一样，在山东，减租政策的彻底实行和滥用之间的界限十分模糊。黎玉的发言让人感到，和他鼓励的激进主义一样，这种模糊是有意造成的。他曾表示，在开展斗争的特定阶段，过激行为是必要的。

1944—1945 年山东斗争运动主要涉及的人数约有 1.3 万人。针对如此多问题的运动势必要打破阶级的界限。很多中农被划入"斗争对象"。这些人的阶级背景如下：[①]

	山东省	莒南县
地　主	3589	418
富　农	5028	595
中　农	3379	534
贫　农	859	213
其　他	519	

黎试图找出引起忧虑的原因，最后发现这在一定程度上要归咎于

① 黎玉：《报告》，第 12 页。

该运动混乱的阶级结构。他指出对富农和中农的打击“在某些方面”是错误的，更不要说对贫农的打击。当过土匪、流浪汉和地主的狗腿子的中农和贫农不只是被批评，而是被惩办和罚款，这给他们和他们的家庭造成了经济困难。中农和贫农都是基础群众中的一部分，所以应该以劝说的方式让他们承认过错，而不应该让他们成为斗争对象，“除非群众要求”——只有在这时，把他们作为斗争对象才“不完全是错误的”。[①]

同样黎对在山东发生的很多过激事件态度摇摆。这样的过激事件有很多，包括：不加区别的打击和任意的惩罚；雇工工资提高得过多，从而严重削弱了雇人干活的富农；有男性参军的地主和富农家庭经常得不到应得的优惠待遇。在一些边区和游击区，过激行为还造成了直接有害的后果：很多人被逼与日本人或其他反动势力勾结。而这，还不是全部。

根据黎的说法，1944—1945 年减租减息调查在“削弱封建主义”的口号下，迅速发展成为彻底消灭经济剥削的一场运动。它在清算账目的过程中发生，斗争果实被用来“根除贫穷”，或更准确地说，重新分配财富。到 1945 年，清算的功能已经很明显。偿款数和欠款数不一定有什么关系。清算账目与其说是发生在过去的剥削中的债务偿还，不如说是直接没收和重新分配财富的一种替代形式。

在胶东区有的地方，算盘直接递给农民，他们可以按自己的意愿清算账目。在其他地方，曾经打过一记耳光的惩罚被定在 100 元。因为提升雇工工资是山东的一项重要改革，随着调查运动加紧进行，清算过去的无偿劳动成了相应的惩罚。“七年八翻”的办法被很多村庄使用。照字面意思，这意味着一个农民能够为过去 7 年之内未拿到或少拿的收入要求赔偿；这个数字将再乘以 8——“8”是日军侵略的年数。等到这个数值再折算为通胀后的 1945 年的货币，数目就更大了。

① 黎玉：《报告》，第 49 页。

在鲁南的苍山县，有人为少算的 20 元工钱要求 8000 元的赔偿。在另一个事例中，本来 4 元的工资欠账清算时成了 1000 元。虽然退租的主要目的是惩罚那些试图逃避减租的地主，佃农还是被鼓励用同样的方式清算账目。[①]

在各案例中，运动都太出格了。但是这成了“无法避免的现象”，因为广大群众已经被发动起来，斗争已经尖锐化了。黎在分析这个现象时区分了来自干部的过激和来自群众自己的过激。后者不仅仅是被容许的，而且是必要的，前者则是需要避免的。“假如这个举动自觉自愿地来自大众而不是来自少数人”，他写道，“中央的命令是，‘这类的大众左倾不但不是有害的，反而不失有益的一面，因为通过这种方式可以达到削弱封建势力的目的。’”[②] 在引用了毛泽东 1927 年《湖南农民运动考察报告》中关于过激的章节后，黎继续他的言论，他的言论还是一样地激进。[③] 他公然反对任何担心激愤的民情会危及法律和秩序的人：

> 如果群众缺少这种觉悟，他们怎么能翻身？他们怎么能推翻几千年的封建系统？大众将把任何想要停止或改变他们革命运动的人视为斗争对象。如果你害怕大众的左，尝试着包容它。不敢发动他们，或者向他们的活动泼冷水，这些都是右倾机会主义。[④]

---

① 黎玉：《报告》，第 13—14、31—32 页。

② 黎玉：《报告》，第 33 页。黎没有引用他用来做参考的中央指示。他在 9 月做出的陈述与上面引用的 1945 年 11 月党内指示的语气相似，在这个指示里，毛写道：“只要它真是广大群众的自觉斗争，发生的任何过火行为以后都可以纠正。”

③ 这句引用的话非常有名，说的是革命和请客吃饭间的区别。毛泽东的《湖南报告》的选段当时被广泛重印，这一段无一例外地都予以了保留。在相同的一段中，毛还写道：“质言之，每个农村都必须造成一个短时期的恐怖现象，非如此不能镇压农村反革命派的活动，决不能打倒神权。矫枉必须过正，不过正不能矫枉。”来自《重要文献》，第 19 页。

④ 黎玉：《报告》，第 33 页。

至于干部中的“左”，则不能被允许，因为这会使得他们脱离群众。黎用“群众运动定律”来解释这个问题。在开始的准备期，干部倾向于被右的思想束缚。但是，干部有的时候被“左”倾冲昏了头脑，过分轻易地发动攻击。在这一定阶段，群众还没有被充分发动起来，地主可以恐吓农民，反对减租，破坏农民协会。只有在组织基本上成立以后，干部培训好了，活跃分子被发掘出来了，农民听从了宣传，才是运动的第二阶段或者斗争阶段。

在斗争阶段，“左”是不可避免的。干部将“帮助群众打倒地主，粉碎地主阶级在农村的反动统治，建立群众的上层政权”。地主对此肯定会负隅顽抗，必须斗争至反动阶级意识到除了接受现实别无选择。当斗争进入了第三阶段，团结成为这一阶段的指导方针。黎声称“不可能与地主和平相处”，团结必须从斗争中得来。如果团结来得太容易，群众将不能站起来，局势会沦为彻底的失败。

黎仅有的另一次谈到“谨慎”是在斗争阶段，不加区别地打击一大片或与“大多数敌人”做斗争是不明智的，因为这将制造过多的不稳定因素。如果“少数，甚至最坏人中的少数”在所有地区都受到打击，这个举动的影响力已经足够根除该地的反动势力了。至于其他时候，教育和群众压倒性的力量将足以应付反对力量。[①]

为了佐证他关于左的作用的论述，黎玉指出了莒南县涝坡地区工资清算运动取得的成绩。清算斗争遍及了整个地区，当新的“团结”达成时，776 户家庭（63 户地主，407 户富农，304 户中农和 2 户贫农）的财富减少了 537267 元，4197 亩田地，122701 斤粮食和 7 头拉重物的牲畜。这些斗争果实被作为补偿分配到 2182 户家庭中去（506 中农，1489 贫农和 187 名长工）。[②]

黎还谈到莒南全县同样取得的不俗成绩。在账目清算运动顺其自

① 黎玉：《报告》，第 33—37 页。
② 同上，第 13—14 页。

然地发展之后，很多村庄中几乎没有地主了，至少6000名农民分到了一些土地。到1945年，“左”的过激是土地政策的一个刻意为之的特点，这已经没什么疑问了。农民被鼓励起来，实现一个具体的目的：将“减租调查”运动转化成土改。这样的发展是在《五四指示》中正式确定下来的。1946年5月的土地改革所表现出来的，恰恰是上面描述的多形式的斗争运动。它的主要目的不仅仅是要实现“耕者有其田”，还是要在政治上和经济上摧毁现有农村精英阶层以及动员农民创造一个新的农村实力集团。

总结：抗日战争的教训

虽然我们对这个时期的了解由于文献的缺少依旧有不少盲区，上面概述的事件对本章导论提出的三个问题中的最后一个给出了一个答案，并为其他两个问题的回答奠定了基础。第三个问题涉及抗日战争中取得的革命经验的性质以及那个时期减租在动员农民过程中扮演的角色。答案从试图解开党“温和的”统一战线与土地政策浮现的矛盾开始。

最重要的事实是：甚至到了1943—1944年，执行这项政策的地区仍远少于党愿意公开承认的数量。在政策实行的地区，往往有可能只是在名义上实施。这部分解释了1942—1945年，党最为关心的问题是右倾错误——执行政策时漏掉了一些地区。[①]“左”的过激只在该政策被大力执行的地区出现。

在中国共产党使用的执行政策的方式——群众运动中，温和路线通常是矫正“左”的过激的首选。同样，对“右的错误”的关注表明了共产党认为有必要往更激进的方向调整。从1942年起，开始以群众运动的方式施行党的土地政策。之前阐述的在抗日战争中统一战线

① 《解放日报》（延安党报）在1945年2月9日至4月4日着重强调了这样的问题。

的发展似乎解释了这对矛盾：1942 年温和的减租政策伴随着对“右的错误”的关注。这对矛盾不能仅仅这样解释：党想要推行一种柔和的土地政策，以配合抗日统一战线的要求。

假如真如彭真所说，“左”的激进出现在 1937—1939 年推行减租的晋察冀边区，那么这些地区也一定出现在 1942 年党的决议同样提到的少数地区中。在这些地区，减租的实验显示了忠于意识形态的干部和利己主义的农民在条件许可的情况下可以走出多远。在实验过程中，同时显示了减租政策对抗日统一战线的潜在危险，以及在华北进行土地革命的潜力。

考虑到这个潜力，正如彭真又指出的那样，1940—1942 年温和的减租路线的确代表了向后退的纠正的一步。它成为对已经犯下的过激行为的矫正以及对土改区域扩大后抬头的激进倾向的抑制。

然而，1942 年对减租的关键决议同样呼吁对剥削农民、“不知悔改的汉奸”进行经济上的清算。更进一步，1942 年决议将减少一切地主的剥削和减租减息列为两个分开的目标。另外，如果延安政治局在命令“彻底”执行 1942 年减租政策时，与晋察冀领导想要表达的是同一个意思，那么打击其他形式的剥削是被“温和的”统一战线的土地政策所批准和鼓励的。

所以，该政策被有意制订出来并由官方推行之，似乎是为了让“彻底”和“过激行为”两者之间的实际差别变小。1944 年以后的政策更多采取了激进主义的做法，这也支持了以上结论。那时候差别几乎已不复存在。从黎玉和毛泽东各自在 1945 年 9 月和 11 月发表的声明中就可以看出这种差别从“小”到“无”的发展，这两个声明明确批准发生在“广大群众自觉斗争”中出现的过激。这就允许对右的错误的关注能够在发展群众运动中扮演恰当的角色。党中央，当然还有地区部门，不仅仅促进了减租的更广泛实行，而且也促进了在军事和政治条件允许的地区对减租政策的性质更激进地加以解读。因此党的统一战线土地政策在实践中包含的远不止简单的减租减息。

在这种情况下，不能想当然地以为“基本群众”一语的不同解释是由当时的地区差异造成的。党中央的声明无一例外地将中农包含在基本群众中，而当地文件有的时候却没有。但是党中央发展群众运动的指示是必须要执行的，这意味着在一些地区，在这一阶段或那一阶段，中农必须成为打击的对象。这是因为单纯的租佃不是一个群众问题，而群众问题常常不能光靠打击地主和富农来解决。中农的利益于是继续被侵犯，直到平均地权在华北广大地区基本被实行。至 1948 年初，才开始一致地努力纠正这个特别的“左”倾过激行为，虽然至少三年前它已经被地区的党领导视作一个问题。

最后，同样不可能基于如此稀缺的同时代文献得出结论以及在这里分析：刘少奇此时与党的领导人步调不一致。他的“左”的提议在 1937 年，而党中央直到 1940 年才制订明确的、温和的土地政策。还有，党的土地政策在实践中的发展似乎与刘的建议甚为相符：在必要的时候公开支持统一战线，而如果有可能用其他方法而不必通过直接没收就能把富人的财富给穷人，则打破统一战线。

右的错误——机械地颁布党的减租政策而不彻底贯彻落实，至少有部分原因就像黎玉和彭真说的，是因为一开始要全力对付日本人，而且为了对付日本人，各阶层的人们被拉到反抗运动中来。但是右的错误同样反映了现有的生存问题。1942 年政策声明指出减租在直接被敌人威胁的地区应该减缓力度。它规定：“在游击区域或接近敌人大本营的地方，减租……应该减少 20%、15% 或 10%，根据总体目标来决定。总体目标为：增加农民与日本人做斗争的热情，团结不同的阶级来进行抗日战争。”

所有的减租指示都含有相似的警告规定。1943 年晋察冀指示只是其中最明显的。该指示直接宣布，当敌人进犯时，对其进行联合战斗高于一切其他事务。敌人的攻势很猛。在土地政策能够在任何区域被有效执行之前，必须在军事上驱逐敌人，打破敌人的政治控制，建立起一个新权力结构的核心。

制订于1943年的党的“十大纲领”，第一条是与敌人做斗争，最后一条是减租减息，而中间八条中的六条涉及政治和管理工作。[①] 这不是偶然的。就共产党根据地的全面发展而言，第一条是首要的，中间八条是必要的，最后一条取决于所有的前面九条。它们代表了共产党吸取的关于怎样在中国农村进行革命战争的教训的总和。整个区域只有满足了特定的军事和政治的先决条件后，土地政策和它所引起的阶级斗争才能在村子里变成“所有其他工作之母”。抗日运动动员了人民，在1943年以后日本的攻势开始减弱的时候，共产党为大规模地实现这些先决条件提供了必要的领导。

然而关于单独的减租减息，该政策很显然在共产党抗日根据地的最初发展中扮演着次要的角色，因为当时它还没有被广泛地执行。但是激烈地没收土地是统一战线土地政策所要避免的，这就要求共产党寻求新的办法将富人的财富转移到穷人手中。在那些租佃问题并不突出、贫穷和财富分配不平等却很普遍的地区，这是一个重要的事件。

作为研究结果，到1945年，共产党的农村土地政策已经增加了不少内容，特别是加入了一系列通过清算旧账的策略为华北的“基层群众”带来好处的措施。除了分配战斗果实这一物质上的激励，共产党还为全体农民最深恶痛绝的问题提供了解决方法。这个问题是：乡村政治权力和社会地位的腐败和滥用。在解决这些问题以及其他所有关于土地所有权和使用权、劳力无偿占用、债务等问题的过程中，共产党找到了打破农村经济和政治体系、动员农民建立新体系的方法。严格说来，目标不是地主阶级而是统治阶级。共产党已经发现了“通过阶级斗争动员群众”的公式，甚至在地主不是村民关心的迫切问题的地区也同样适用。

土改计划是共产党在内战时期关键的革命活动。土改在华北的开展，以及在执行的过程中获得的经验，都是中国共产党在抗日战争期

① 见第296页注②。

间取得的最宝贵的革命经验。或许《五四指示》从未公开发表的一个原因是它如此准确地反映了这些经验。《五四指示》将重点放在叛徒、土豪、劣绅的罪恶和清算运动上，一个原可能包含成功的公式。但就其实用性而言，《五四指示》对一个在理论上一以贯之的解决中国土地问题的方案的发展并无多少贡献，与早期和晚期涉及阶级斗争以及重分财产的主张都形成了鲜明的对比。[①]

激进的土改：1946—1947 年

共产党统一战线土地政策的极端化可以追溯到 1943 年 10 月 1 日党中央关于减租的指示以及上面引用过的“十大纲领”。在 1944 年到 1947 年，“减租”发展成了平均农村地权的群众运动，被 1947 年《土地法大纲》所明确规定下来。在最初的没收财产中所使用的最重要的方法是多样化的斗争以及清算账目运动，这在前面已经描述过。就像《五四指示》所指出的，在 1946 年，至少还使用了其他四种分配财产的方式。它们是：（1）直接没收，主要应用于日本人和汉奸的财产，也应用于“黑地”和在土地抵押中失去的土地；（2）将地主的耕地出售给佃农和其他人；（3）献地运动；（4）平均重分村里的土地和财产。

一位评论者在 1946 年 9 月写道：共产党正在试验用不同方法将土地返还给耕者，为制订一部总的土地法做前期准备。[②] 叶剑英将军在 1947 年 2 月对记者说了同样的话。他解释党中央将派遣调查员到边区，将他们不同的经验纳入一部统一的土改政策中去。[③]

这样的过渡时期必定会发生党内争论。不幸的是，关于这些争论

---

① 关于早先的想法，见萧作梁的《中国的土地革命》。1947 年《土地法大纲》将在下面讨论。

② 力耕：《解放区走向“耕者有其田”》，1946 年 9 月 10 日，编入力耕编写的《土地政策》，第 18 页。

③ 上海《大公报》，1947 年 2 月 13 日。

的记录语焉不详。卖地和献地很明显是抗日战争期间的遗留，随后的推行只局限于官方发起的边区的实验。重新平均分配和直接没收财产，除了对日本人可以这样做以外，很少出现脱离群众斗争和清账运动而被实施的。在1946—1947年推行土改运动的典型顺序是：先搞清算账目斗争，接下来是越来越趋向平均主义地重新分配斗争果实。这一过程达到顶峰是彻底没收地主的土地、房屋和所有浮财，以及基本平分村里所有的土地和生产资料。[①]

直接没收

这个方法在东北特别重要。在东北，直接没收成为共产党刚开始试行土改的主要特色。根据一份党在1946年4月17日的指示，立即没收日伪占有的一切财产和土地，以及一切开拓地和满拓地，分给无地或者少地的农民。[②]

安娜·路易斯·斯特朗曾报道，林彪指定1.2万名来自军队的干部作为土改干部，带领农民没收这样的土地。由于东北的人口密度比中国其他地区要稀少的多，对拥有75亩以下土地的地主一开始不采取行动。拥有75亩以上土地的地主则往往被自动定义为某种程度的汉奸。[③]

该办法是由东北土地集中和土地占有的特殊性质决定的。在满人最初控制东北允许汉人居住时，数目相对较少的个体能够利用这一新机遇进行土地投资。一份1927年的研究发现，在东北北部的11个不

---

① 这个过程在柯鲁克夫妇的《一个中国村庄的革命》和韩丁的《翻身》中有描述。两本书提供了亲眼所见的，对晋冀鲁豫边区村庄里土地改革的描述。

② 《中共中央东北局关于处理日伪土地的指示》，1946年4月17日，见力耕编《土地政策》，第64页。

③ 安娜·路易斯·斯特朗：《明日中国》，第90—91页。

同的县，单个地主的土地从1000亩到20万亩不等。[①] 为了保护他们的土地，很多地主或者积极与日本人联合起来，或者默许他们的侵略。那些不那么顺从的地主经常发现他们的土地被没收或被命令以低价出售。被没收的土地被称为开拓地和满拓地。这些土地中的一些给了日本殖民者，一些让朝鲜人耕作，一些租给中国的佃农。这就是为什么东北的土地集中在日本人和他们的傀儡手上的原因。

另外一个使得东北与中国其他地区不同的、土地使用上的特点是傍亲制或依附制。当早期中国移民者发现他们的土地太多，没有足够的人力来耕种时，这一体系发展起来。依附于地主的人既不是佃农也不是雇工，他们为地主家庭整年工作，与他们住在一起，并得到一定比例的收成，这就是大家所知的内傍亲。外傍亲是一个依附于地主的人积累了一些钱来购买工具，拥有独立的房子，或许还有自己的牛，地主或富农给他一块地。依附于地主的人于是凭自己的能力也成了地主。他不需要为自己的土地付租金，但是必须为他本来的地主免费工作一段时间，天数从每年60天到200天不等。以这种方式得到土地的人有的时候成为二地主，因为他们经常将自己土地的一部分出租，也有自己的佃农。[②]

关于傍亲制的流行程度，各种资料说法不一，但是在共产党试图将减租计划应用在东北之初，遇到的困难或许有部分是它造成的。所以直接没收和重新分配也许操作起来更容易，虽然甚至连这个方法似乎也没有得到全心全意的赞成。

1946年7月，嫩江省临时人民代表大会在齐齐哈尔召开，关于土改问题展开了“生动的讨论”。共产党员只占了代表中的四分之一，与会人士代表了当地的各阶级。一些代表虽然在原则上同意党宣布的

① 该研究标题为《北满的殖民地问题及其未来发展》，由满铁株式会社经济部的一名员工撰写。《中共在东北解决土地问题的方针与办法》引用了这篇文章，编入力耕编《土地政策》，第62—63页。

② 力耕：《土地政策》，第63—64页。

“耕者有其田”的目标，但他们觉得没收来的日伪土地应该归市当局所有，出租给愿意耕种的人。其他代表，包括农民代表，拥护党的政策：将没收来的土地无偿分给穷苦和没有土地的人。后一种意见最终占了上风。[①] 次月，经“热烈的讨论”后，后一种意见被东北民主临时政府采纳，成为全东北官方土地纲领的一部分。[②]

出售土地

在抗日战争期间及结束后短时间内，共产党鼓励地主将土地卖给佃农。在这一阶段，出售土地是自愿的，虽然减租压力依然存在，并有上文提及的假买假卖之嫌。这一特别的工作在 1946 年 12 月陕甘宁边区颁布的《政府征购地主土地条例草案》中发展到了顶点。叶剑英特别提到新的在陕甘宁地区的强制购买方案“只是试验性质”。它从来没有越过这个阶段。但是在某种意义上，试验表明了党在各地土地政策的方针。强制性的购买针对的是作为一个阶级的地主，不像之前官方规定的那样，有好与坏的区别。

根据法规草案，地主的每个家庭成员被允许保留该地区的中农每个家庭成员平均拥有的土地数的 1.5 倍土地。在抗日战争中表现杰出的地主被允许保留中农平均拥有土地数的 2 倍土地。富农的土地不作强制性出售。乡政府与乡农会以及地主一起定下出售价格，不超过待出售地块两年的平均收成价格，不低于一年收成价格。

政府这样购买的土地将被出售给少地或无地的人们，价格为收购价格的一半，农民允许用十年付清土地款。假如一个农民太穷而付不起钱，县政府将向边区政府请求免除付款。贫农购买的土地数量加上他已经拥有的所有土地不得超过当地中农平均拥有的土地数。贫农

---

① 新华社延安电讯，1946 年 7 月 23 日和 26 日。

② 《东北各省市民主政府共同施政纲领》，载于新华日报社编《东北问题》，第 159 页；以及新华社延安电讯，1946 年 8 月 20 日。

和长工，以及有亲属在军队中的贫穷家庭，拥有购买土地的优先选择权。[①]

1946年12月24日，新华社宣布在延安100英里以北的绥德县贺家川通过政府购买的方式首先成功实行了土改。政府购买土地重新卖给穷苦家庭开始于11月25日，9天内完成。村里61户少地或无地的家庭用8000磅粮食购买了超过200亩的土地，由边区银行进行经济上的资助。[②]

1948年，在共产党正式采用一个更激进的土地方案后，两个同情共产党的评论者评论道：没有有效的方法来执行强制购买，因为涉及土地的数量非常大。在一个遭受战事压力的时期，这会给边区政府的"金融管理"带来严重的问题。因为该计划不适用于小地主和富农，他们将不会被消灭，事实上也许他们的数目还增加了。另外，当地货币市场会被扰乱。由于农村地区发展工业的可能性较小，地主显然不会像当初希望的那样将新获得的财富投资于工业。最后一点，以分期付款的方式将土地出售给穷人和无地的人只能加重他们的负债。[③]

地区党内文件批评了1947年出售和献出地主土地的做法，理由是它们侵犯了通过阶级斗争动员农民的原则，让地主控制了村庄。[④]为什么出售和献田活动时至今日才开展还没有完全搞清楚，事实上，在很多地区，剥夺地主所有权已经进展得很好了。也许这些实验与军事形势有关，是短期内与地主形成统一战线，以打击来反扑的政府军队（下面将有描述）。

---

① 《陕甘宁边区政府征购地主土地条例草案》，载于力耕编《土地政策》，第57—60页。

② 新华社延安电讯，1946年12月24日；新华社北平电讯，1946年12月26日。

③ 史枚：《论现阶段的中国土地改革》，载于沈志远等人编的《中国土地问题与土地改革》，第26页；见许涤新：《中共土地政策指示的发展》，出处同上，第19页。

④ （1）《华东局关于山东土改复查的新指示》，1947年7月7日，《工作通讯》24，第2页；（2）《贯彻关于"耕者有其田"几个具体问题的指示》，见《1947年上半年来区党委关于土改运动的重要文件》，第14页。

献田运动

在抗日战争期间，共产党要求地主献出多出来的土地分配给穷人或者他们的佃农。在战争过后，这样的献田运动似乎开始于1946年夏的苏皖边区。在那个时候，该区域是国民党军事上主力攻打的目标。边区参议会、政府和党的成员中在当地拥有土地的——他们中间有周恩来——带头捐献了他们的土地。运动随后传播到晋察冀、陕甘宁、晋鲁豫边区以及东北。①

经常有人表达这样的愿望——至少新华社英语部是如此设想的，希望献田运动能给土改工作以重要的助推力。然而没有迹象表明该项目对土改有所裨益。献田运动似乎主要被用来没收国民党、军人和边区政府官员的多余土地。可以佐证这个结论的，是来自于捐献了土地和其他财产的重要人物的花名册。② 另外冀鲁豫党委会在1947年初指示：土地改革干部不要在上述人员家庭以外采取献田这一方法。原因是：献田运动减少了斗争，因而就无法在政治上打倒地主并在政治上和思想上解放农民。③

重新平均分配

在苏北的一些解放区，日军投降后立即开始对汉奸清算账目，随后扩大到包括土豪和劣绅。在该地区，《五四指示》标志着一个转变，这一转变不是从减租减息转变为清算账目，而是从清算账目转变为或多或少地平分财产。根据每户家庭的人口在平等的基础上分配土地。

① 新华社，1946年7月26日；新华社，1946年7月26日。鲁风：《钢铁的队伍：苏北解放区实录之一》，第255页。

② 可参见新华社延安电讯，1946年12月11日；李敦白为法新社写的新闻报道，1946年12月5日；新华社延安电讯，1946年12月24日。

③ 见第330页注④的（2）。

所有依靠土地为生的人，包括前地主，都有权利得到相等的一份。每人收到的数目随地区不同而各有差别，取决于可耕种土地数量和人口密度。在某个地区，每人分配到土地的平均数为 2.5 亩。[①]

苏北不是在 1946 年基本实现平均分配的唯一地区。在“填平补齐”的口号下，平均分配在很多地区都有发展。接着实行的办法是 20 世纪 30 年代制定的“抽多补少，抽肥补瘦”。这些工作在开始时力求平均划一，结果却并不平均，或许是因为执行力度的不同。1946 年一个普遍的做法是留给地主比平均份额稍多一点的土地，条件是他和他的家庭自己耕种。

在晋冀鲁豫边区豫北的武安县，1946 年提出均分口号的时候，中农的财产被用来弥补贫农的不足，因为地主和富农的财产已经基本上没收光了。在晋东南部的一个村庄，在均分土地后，原来 7 户地主家庭只剩下 1 户。村里贫农家庭平均每人 5.5 亩地，中农每人 6.2 亩地，富农 6.9 亩。唯一的一户地主家庭平均 9 亩地。[②] 在该边区的另一个县，贫农获得平均每人 4.5 亩地。地主家庭被允许保有每人 11 亩地，要求是他们自己耕种。[③]

这些均分工作依照不同的解释进行着，那时候还没有一个统一的标准。这种不统一一直延续到 1948 年初《土地法大纲》的修订版本出台。对早在 20 世纪 30 年代初就在江西试验过平均分配的中国共产党领导者来说，平均分配很明显来源于意识形态信念。然而在 1946—1947 年，它的发展似乎除了意识形态以外，还出于战略上的考虑——这两者互相加强。之所以开展平均分配，是因为决策层感到了动员华北无地少地农民打击国民党的需要。该动员工作的直接背景是国民党在晋察冀、晋冀鲁豫、陕甘宁以及华东（山东和江苏）的

① 郑岳春，见第 241 页注④；鲁风:《钢铁的队伍苏北解放区实录之一》，第 255 页。

② 柯鲁克夫妇:《十里店：中国一个村庄的革命》，第 127 页；韩丁:《翻身》，第 209 页。

③ 新华社延安电讯，1946 年 10 月 20 日。

攻势。当国民党军队在 1946 年下半年和 1947 年初深入共产党根据地时，共产党迫切需要更多的新兵、更多的民兵、更多愿意加入到战争中来的老百姓。

评估和复查

促进平均化的理由是：即使在已经实施土改的地方，贫穷依旧存在，贫农和雇农的生活依旧没有得到改善。在有的地方，地主和富农家庭的生活水平依旧比贫农高，在最初的重新分配斗争果实的过程中，军人家庭受到偏袒，他们过得也比贫农好。这些基本状况正是 1946—1947 年“复查”和“填平”运动想要矫正的。

注意到华北平原已经无地可分，冀鲁豫分区党委员会在 1946 年末命令所有政治和军队单位放弃分配给他们用来生产的土地。抗日战争时期，为了响应党发起的“自力更生”运动，曾经把叛徒和逃亡地主的土地和公共土地分给军队和文职部门耕作。[①] 但是将这些土地重新分配给穷人实质上只能在很小程度上解决他们的问题。

在 1947 年 1 月的一次党委工作会议上，以及随后一系列的指示中，潘复生同志及分区党委会分析了形势。[②] 首先，土地没有彻底分配给农民，地主也没有彻底被打倒。一些地区依然对地主“相对客气”，允许他们保留他们的宅院，保有良田以及藏匿值钱的东西。与此相同，每次农民起来斗争，一些中农的利益总是受到损害。最后，一些干部很难完全贯彻党中央关于把土改和军事工作协调统一起来的指示。自从“爱国自卫战争”开始以来，一度“群众普遍士气低落”。

---

① 区党委:《关于机关部队生产土地归农的指示》，见《1947 年上半年来区党委关于土改运动的重要文件》，第 1—3 页。

② 以下讨论主要依据三份史料:《潘复生同志的总结发言》，1947 年 1 月 17 日冀鲁豫地区党委人民运动工作会议；见第 330 页注④的（2）;《区党委关于深入土地改革群众运动的指示》，1947 年 3 月 12 日。均编入《1947 年上半年来区党委关于土改运动的重要文件》，分别在第 4—7、8—16、22—25 页。

这是因为干部一心扑在战争上，疏忽了土改。由于农民的生活没有得到改善，他们对征兵工作和支持前线的工作也不会报以多大的热情。

像往常那样，该问题是由主观原因和客观原因综合造成的，即：在那个时期，存在着对贫困和战争等现实问题“投入精力不够和认识不足”的问题。党怪罪最多的是自己：由于党同时面对土改、游击战，对后方服务工作缺乏信心，因此在国民党攻势的直接压力下，注重了战争工作。

另外，党员内部对土改也存在着一些错误的想法。同志们似乎不懂得“耕者有其田”意味着解决无地少地农民的问题和肃清封建势力，即依次在经济上和政治上彻底消灭地主阶级。很多干部不恨地主，有些甚至同情他们，说这个或那个地主并不坏，用暴力拿走他们的土地和粮食是错误的。这样的干部还不懂得：地主根据定义来看就是坏的，他们拥有的财产代表着他们对农民的剥削。这样的干部似乎也没有注意到很多农民依旧没有土地。最后，一些同志依然说土地所有并不集中，乡下没有阶级斗争，至少没有严重的剥削。他们称这是不停打击中农的原因，除此以外没有其他办法来满足穷人的要求。

为了解决这些问题，冀鲁豫分区党委作了如下指示：（1）没有实行土改的地方必须马上实行，与军队征兵运动和战争支持工作一起实行；（2）在游击区，同样的指示也适用，在“一手拿枪，一手分田”的口号下实行；（3）在土改已经实行的区域，应当对已经开展的工作进行复查，并根据“填平补齐”进行纠偏。应彻底解决土地问题，“连一个人、一亩地都不漏下”。

关于特定的具体问题，地主的房子将分给穷人，而不是像有的地区那样将其拆毁。关于商业和工业，分区党委像党中央的《五四指示》那样，将资本家在城市的企业和地主所有在乡下的企业区分开。前者根据党关于城市工商业的政策对待。而地主在乡下的企业，被认为是“地主封建经济”的一部分，因而被分给最穷苦的农民，分配的依据是被用来重新分配土地和浮财的“填平补齐”原则。但是不应当强迫那些不愿意持有股份或者不愿意参与这些企业合作管理的人。[①]干部不应对富农发起经济清算，但是如果群众要求，可以进行。应该允许旧富农保有他们自己耕作的土地；不得对新富农实行没收政策。“总体来说”，不得损害富农的工商业利益。

另一方面，中农问题依旧像往常一样棘手。各种指示所表达的基本路线总结起来可以用另一句口号表示：“中间不动两头动”。这意味着将中农的财产放着不动，将地主、旧富农、贫农和农场工人的土地均分。

但矛盾的是，“指示”禁止当地干部侵犯中农的财产，同时又使得他们很难不这么做。所以作为一条一般规则，中农的财产将保持不动。假如从他们那里拿走了什么，在复查和填平运动中他们将得到某种形式的补偿。作为一项旨在安抚中农，得到他们支持的新举措，潘复生建议将在斗争中没收来的粮食、现金和其他浮财分给他们，而将土地和别的生产资料平均分给穷人。最后，大村庄被要求试着调整分配，以便匀给小村庄的贫农一些土地——在小村庄里占多数的是富农和中农，而不是地主。

然而，这个总路线也有例外。中农中的汉奸和恶霸可以被清算。同样地，如果农民想要这么做，党的干部可以领导平分那些犯有腐败和欺压等罪行者的财产，虽然在这种时候，强调的是政治而不是经济的清算。最重要的，在土地所有权不集中的小村庄，可以从中农那里取走“一些土地”。必须允许这样做，因为干部同样收到命令，要求他们通过将土地、粮食、农具、牲畜和建筑物分配给贫农以“确保消除贫农”。很清楚，基本问题往往不是租佃而是财富不足——或者，换句话说，穷人太多。

① 这两个特殊问题是分区党委两个进一步指示的主题：《在土改中停止拆房实行房子回家的指示》，1947 年 5 月 1 日；以及《对处理地主经营之工商业的指示》，1947 年 5 月 22 日，编入《1947 年上半年来区党委关于土改运动的重要文件》，第 28—30 页。

1947年7月，中共华东局提出了对“中间不动两头平”的口号更字面上的解释，这就是山东土改指示。[1] 这个指示也声称农民还是没有得到足够的土地，而地主和富农被允许保有相对较多的土地。这一区域的党的领导对他们管辖权内出现的问题负了全责。华东局追溯错误的“富农路线”的源头，却发现问题出在1946年9月1日它自己的指示上。华东局批评该指示与党中央关于土改的基本路线“完全背道而驰”。基本路线的目标不仅仅是实现“耕者有其田”，而是“让无田或少田的人得到足够的土地，同时使得自己亲自耕作、自给自足的中农的土地不被侵犯”。

1946年9月华东局的指示也许与1947年7月的中央路线不一致，但是它看上去与1946年夏的路线差别不大。据说“九月指示”规定中小地主可拥有的人均土地是中农家庭人均土地的1.5倍；军人和干部的地主家庭可以保有的土地是中农人均土地的2倍；清算富农的封建剥削时则使用仲裁的方法。“九月指示”还鼓励献田运动和政府购买地主多余的土地等和平的方法。所有这些办法在1947年7月都被批评为是错误的。

但这些方式中的每一种似乎都源自《五四指示》。以下内容《五四指示》中都有：中央赞同地主出售和献出土地，规定在解决农民和中小地主间的问题使用仲裁和双方一致同意的方式，并且除非不得已，不要动富农的土地，即使到了非动不可的时候，他们也不应被“太严厉”地对待。

不管“富农路线”最早的源头在哪里，华东局在7月对其进行了彻底的修改，要求没收一切形式的地主所有的生产资料，留给地主的土地不得超过任何村庄贫农和雇农拥有土地的平均数。恶霸、反动地主和被群众仇恨的人，一点东西都不得留下，但是如果村农会同意，允许他们的眷属保留一定数目的土地。富农多余的土地、牲畜和工具

---

① 见第330页注④的（1）。

将被没收。中农的土地和财产“完全不能动”，如果动了他们的土地，将给予必要的补偿。如果村里没有足够的公有或没收的土地对他们进行补偿，那么用其他形式补偿中农。

假如在最近的清算斗争中，一些佃农已经获得了比其他人多的土地，应当劝说他们放弃多余的土地或至少将它换成其他财富形式。不应该允许干部、军人和战争死难者家庭保留多于其他农民的土地。从地主和富农那里拿走的土地应该首先按家庭成员的人口数分配给贫农和雇农。在没有采用这些标准的地区，应该纠正分配财产的方式，使得1946年犯下的各式各样的投降主义和冒险主义的错误得以矫正。

最后，该指示将土改中群众参与的原则制度化了，要求政府和党组织听从村农会。在村一级，由农会、农会中的贫农小组和土改工作组共同负责进行土地改革。另外，他们还参与当地党支部、政治权力机构和民兵队伍的改革，这对于彻底和正确实行土地政策是很有必要的。

刘少奇在此时是中央委员会土改部的负责人，他显然赞成对投降主义和冒险主义的警告以及群众直接参与对干部的批评。渤海区（山东）党委书记景晓林引用了刘的警告：“对中农采取了不负责任的态度，损害了他们的利益，使他们害怕，开始动摇。各地方务必关心中农的态度，注意他们这一方的任何动摇，并务必采取紧密联合中农的政策。只要中农与贫农保持一致，就不会发生严重的冒险主义……”①

景同志还提到了刘少奇写给薄一波的一封信（后者是晋冀鲁豫边区的中央局副书记），指示应该允许大众批评和揭露攫取斗争果实的干部。另外，这封信，与华东局对渤海区乃至山东省全省发出的关于对待地主的指示相比，两者拥护的路线是一致的。在土改和土改后的调查中，所有地主的土地应该被拿来在贫农和雇农中重新平均分配。只有在地主向农民屈服后，后者才会给予他们以前的主子一点财产，

① 《景晓林同志在区党委扩大会上的总结》，见《工作通讯》第24期，第15页。

且不超过农民自身拥有的平均数。[①]

《土地法大纲》

这些指示中明确的均分财产的倾向在1947年10月10日颁布的《土地法大纲》中达到顶峰。就像毛泽东所说，新法律重申了《五四指示》所提出的政策，但是对《五四指示》中的“某些不彻底性作了明确的改正”。[②]

《土地法大纲》剥夺了所有地主、祠堂、庙宇、寺院、学校、机关及团体的土地所有权。《土地法大纲》同样取消了土改前农村的一切债约。《土地法大纲》第六条也许是最重要的，清楚地说明了平均分配土地的目标：

> 除本法第九条乙项所规定者外，乡村中一切地主的土地及公地，由乡村农会接收，连同乡村中其他一切土地，按乡村全部人口，不分男女老幼，统一平均分配，在土地数量上抽多补少，质量上抽肥补瘦，使全乡村人民均获得同等的土地，并归各人所有……
>
> 只有汉奸及内战战犯不予分配土地，虽然他们的家属在无罪和愿意自己耕种的情况下可以分到土地。地主及地主家庭分到的土地与村中其他农民一样。除了土地以外的财产，地主的牲畜、农具、房屋、粮食等等都要没收，富农的多余财产也要没收。所有这些物品都要平均分配给农民和其他缺乏这些物品的穷人。地主和富农也分到相等的一份。一切被没收的物品，连同土地一

① 《景晓林同志在区党委扩大会上的总结》，见《工作通讯》第24期，第16页。
② 毛泽东：《目前的形势和我们的任务》（1947年12月25日），《毛泽东选集》第四卷，第164页（第1250页）。

起，分到谁手中就归谁所有。[①]

村里每个人能获得相同的一份财产——该规定中包含了温和和激进因素。说到前者，该规定被宣传为一种保护措施，用来防止“左”倾的错误。这些“左”倾的错误据说曾经破坏了党早先在20世纪30年代的土改工作。当时，没有留给地主生存的物资，而分给富农的是最贫瘠的土地。但是考虑到华北土地的稀少和中农数量的庞大，如果按照规定，村里的每个人都分得相同数目的土地，那么中农的财产势必受到侵犯。党对中农的处理办法，不管是理论上还是实践上，都包含着矛盾，这已经成为一种特点。它们最终被解决，实际上是要求将中农包括在均分过程中。然而这一解决方法与“中间不动两头动”的原则矛盾了。后者出现在1947年10月以前的区党委指示中。

作为阶级斗争的内战：战略需要还是“左”倾过激行为？

暴力也许吓住了地主和自由派人士；亲国民党的作家在怯生生的论证中，提出中国的农业系统其实并不是“封建的”。也许通常他们是正确的。有人辩论道，将土地分成小块分给个体的农民没有意义，他们也许说得更在理。这些批评者主张：考虑到中国的人口密度和农业的落后，应该把集中化和现代化作为农村的当务之急。[②]然而，这些辩论忽略了一个基本事实：20世纪40年代的土改本身并不是终极目标，而是共产党领导的土地革命的第一阶段。如共产党自己所说，土改还是这样一个政策：在共产党以斗争夺取政权的过程中，他们寄希

① 《中国土地法大纲》，载于沈志远等人的《中国土地问题与土地改革》，第73—75页；韩丁：《翻身》，附录A。

② 共产党对来自右的、左的和中的攻击很敏感，并且尽力回应它们。参见沈志远的《土地改革与发展生产力》，收录于沈志远等人编的《中国土地问题与土地改革》，第7—11页。

望于它来解决当务之急。为了探讨共产党是否真能如愿以偿以及他们的目的如何达到，我们必须回到本章导论中提出的主要问题。

1946 年 10 月，毛泽东总结了第三次国内革命战争前三个月的经验（共产党将国民党在 7 月开始的进攻作为计算日期的起点）。在评价土改在共产党的防御战略中所扮演的角色时，毛写道：

> 三个月经验证明：凡坚定和迅速地执行了中央五月四日的指示，深入和彻底地解决了土地问题的地方，农民即和我党我军站在一道反对蒋军进攻。凡对《五四指示》执行得不坚决，或布置太晚，或机械地分为几个阶段，或借口战争忙而忽视土地改革的地方，农民即站在观望地位。各地必须在今后几个月内，不论战争如何忙，坚决地领导农民群众解决土地问题，并在土地改革基础上布置明年的大规模的生产工作。①

不幸的是，毛没有详细描述他所提到的土改过程。该过程似乎不像他在陈述中所说的那样简单和直接，但是手头现有的资料不允许我们对土改的政治军事上的重要性进行确切的分析。在这里我们只能评价有关土改的主张，区党领导让干部相信土改的正确性时使用的论证，以及 1946—1947 年在两个不同区域实行土改的结果。

主张

从延安传出的新华社电讯用具体的政治和军事用语描述了土改运动。主题自始至终是一致的：穷人和无地者聚集在共产党身边，试图为保护新分配到的财产与进犯的国民党军队做斗争。一则来自冀南邯

① 毛泽东：《三个月总结》（1946 年 10 月 1 日），《毛泽东选集》，第四卷，第 116 页（第 1205—1210 页）。

郸的报道称，在土改后，10 万农民加入了晋冀鲁豫边区的八路军。自 1946 年秋，国民党政府开始攻打该区域以来，土地被分配给了大约 1000 万农民，占该区域农民总数的 1/3。报道评论道，土改将农民聚集在了一起，他们试图为保卫他们的家园和土地打退国民党的进攻。①

另一则报告称，在土改与战争联系起来的地区，获得的胜利是最大的。在山东沂源县，共产党一开始在雇用农民帮助军事运输上遇到了一些困难。在土改后，大量的农民自告奋勇地参与到这样的工作中来，他们中有些人甚至想要退还收到的工资。② 高密镇附近的一个小村庄坐落在山东省胶济铁路沿线，与蒋军的距离近到能听得见他们的枪声，土改就在这样的情况下完成了。当国民党军队进攻高密的时候，村里的一名地主威胁说要报复拿走他土地的农民。为了回应这个挑衅，农民又一次召集会议，进一步清算账目，将土地和粮食分给他们中最穷的 32 个。村民然后集中起来尽心尽力地保卫地方，将小孩和老人送到附近安全的地方，在通往村子的路口安排了志愿守卫者巡逻。③

鲁中的农民同时实行土改和发动对国民党入侵军队的游击战。在鲁北的渤海区，几千年轻人自愿服兵役。胶东区在重新分配土地后，自卫军队据说在战斗力上翻了一番。④

土改之后，2 万名农民加入了苏北地方军队。在苏北，据报道每个村里都有志愿者作战。⑤ 在晋察冀边区，虽然该区域的重要城市张家口在 1946 年 10 月失守，预计土改还是加强了当地的防卫力量。⑥ 在西部的热河省，土地改革就在国民党军队行进进犯的路线上实施。几千名农民随后加入军队，又有几千名加入当地志愿军保卫他们新得

① 延安新华社，1946 年 10 月 20 日。
② 延安新华社，1946 年 12 月 16 日。
③ 延安新华社，1946 年 11 月 23 日。
④ 北平新华社，《新闻稿编》，1946 年 11 月 26 日。
⑤ 延安新华社，1946 年 9 月 22 日。
⑥ 见上注④。

到的土地。[①] 一份来自延安的报道概述了保卫陕甘宁边区所做的准备工作——1947 年 3 月延安被政府军攻克，称军队征兵和军事训练将和彻底的土改同时进行。[②]

记者李敦白从头到尾描述了发生在陕甘宁最西边的、一个叫蒙巴（音）的村子里的故事。在该村庄，超过 160 户佃农家庭与一名恶霸地主开展过清算斗争。地主的大部分土地被分给了他的佃农，地主则逃到了国民党管辖区的边境，扬言将打回来重新讨回失去的财产。“当我们打回蒙巴的时候，我们要宰了这些佃农，我还要开一家人肉馆子。”据说他是这么放话的。八路军和当地自卫部队的志愿报名者突然增多了。在共产党军队赶去保卫边境时，一位之前做了 15 年佃农的农民为军队组织起了一支担架队，而另一个农民建立起了一个食品站。[③]

论证和指示

党的文件和延安电台大致说的是一回事，但有两个例外。文件更为复杂地表达土改和农民积极参与战争的关系。还有，文件中经常使用“必须”和“应该”的字眼，使人很难确定哪里是指令的结束，哪里是成果汇报的开始。

任务

中国共产党所开展的作战方式家喻户晓。1945 年之后，共产党依旧依靠群众形成广泛的联络网，以支持他们的军事行动，虽然这种形式的游击战在 1945—1949 年所起的作用已经远不如抗日战争期间

① 延安新华社，1947 年 1 月 13 日和 17 日。

② 延安新华社，1946 年 11 月 9 日。

③ 新华社，由李敦白发回法新社的电讯，1946 年 12 月 5 日。

重要了。实际上所有关于土改和农民参与“自卫反击作战”之间的关系的报道都来自被进犯的政府军队威胁的地区。在这样的地区，农民参与指的是动员起民众、保证战争所需的粮食和人力的供给。这样的动员有以下几点：

1. 每个县组织几千人，理想状态是将每2万到2.5万人编成一支民兵部队。民兵扮演着直接支援前线常规部队的角色；负责站岗放哨，转移敌人的注意力；对敌人后方的扰乱；驻守新占领的地区，包围被敌军占领的小块领域；协助战区的老百姓运输军用物资，运送伤员，押送战俘；毁坏或建设地方设施。民兵还负责保护当地党和政府机构；看守罪犯；镇压当地反革命活动；揭露敌军特务和保证通信线路畅通。

2. 当地自卫队的主要任务是保证将粮食、弹药和其他军事物资运送到前线；将缴获的军用物资和伤员转移到后方。在战区，以村和区为单位成立自卫队，由县政府负责总的协调和指挥。在每个村庄，自卫队负责每户人力、畜力和物质实力的调查，以及在此基础上组织军事运输队、担架队、骡队、马车队、船队及其他。所有身体健壮的16岁到55岁的男性必须参加这样的常规军所需的运输工作。

3. 除了别的工作以外，妇联负责维持哨岗系统，盘查在村间来往的人。妇女应该做的还有协助急救和护理，发展手工和其他支援作战的生产以及在征兵期间鼓励年轻人踊跃报名。

4. 熟练工人负责邮路、电话系统以及公路的维护。

5. 文工团负责前线和后方的宣传工作，目的是增进人民对战争的理解，从而使他们支持战争工作。

6. 青联动员自己的成员从事后方服务工作和参军。

7. 除了土改，村农会还要保证征兵运动的胜利完成，以及及时播种和收割以使得收成最大化。

8. 最后，战区所有居民需要遵守前线军队和当地政治干部下达的下列命令：维修防御工事，推平障碍墙、战壕和碉堡，救助伤员，自愿报告敌方特务的行动，及诸如此类的行为。[①]

延安电台用直接的语言描述了土改和农民执行这些战时工作之间的关系。电台把物质上的动机和害怕遭到报复作为农民政治觉悟提升和他们后来支持共产党作战的主要解释。但是，不管毛有关穷人由于获得物质利益的回报作为"支持"共产党的说法有多么正确，它不一定能推出穷人将自然而然地给共产党所需要的各种军事支持。其中因果的关系并非那么直接，结果也不是轻易可以取得的。

尽管延安电台所持的观点与以上的结论相反，从党内报告和指示中包含着证明该结论的四个基本理由：（1）农民有根深蒂固的思想，不愿意离开土地和家庭参加战争，并由于以下原因变得更为复杂和顽固；（2）国民党1946—1947年对解放区进攻，造成当地巨大的损失；（3）干部缺少决心；（4）害怕国民党会回来，以及担心那些曾被批斗的地主将伺机报复。

当地的顽抗：干部与农民

宋任穷，晋冀鲁豫边区军队指挥官和政治部副主任，在1947年报告中提道：土改后有一大批解放的农民加入了军队，极其显著地提高了军队的阶级意识。但他也表达了对军队干部依旧存在的"地主和富农思想"的担忧。这使得他们在群众中不可能保持高度的阶级意识。他们中的很多人已经离开农业生产很多年了。

说到"地主和富农思想"的时候，宋特指的是一个由抗日战争遗留下来的问题。大多数军事干部在那个时期入伍，很多人入伍的主要动机是赶走侵略者保卫家园，或至少对家里有所裨益。很多这样的干

① 该战时支前任务的概述基于山东政府和军区在日本投降后发布的三篇的公告：《山东省人民自卫队战时勤务动员办法》，1945年8月17日；《战时人民紧急动员纲要》以及《民兵县大队工作纲要》，1945年8月18日。都收录在《山东省政府及山东军区公布之各种条例纲要办法汇编》中，第18—26、40—42页。

部是地主或富农出身。他们从来没有想过破坏封建制度，更不要说将他们自己的土地交给农民。干部们还对地主在抗日战争时帮助他们，提供信息，卖给他们急需的商品，藏匿和照顾伤员以及诸如此类的行为记忆犹新。就这样，老的干部心中并没有真正的阶级仇恨。相反，很多人甚至同情地主，试图保护他们。宋称 1945 年在冀南，这已经成为成功发动群众斗争的一大障碍了。①

对地主的同情不是唯一的问题。冀鲁豫的党领导人潘复生称，土改为群众真心响应征兵运动打下了基础。他的说法似乎被一则报道证实：1947 年 4 月，鲁豫边境沿线 12 个县的 5 万名左右的年轻人自愿参军。此举发生在土改和 1946 年同一地区的征兵运动之间。后者没能发展成为“大规模群众运动”。② 但是潘同志同样指出当干部们听到征兵时，这个消息“让他们很头疼”。农民听到这个消息，马上“把他们的年轻人送去走亲戚”。干部的头疼有几个理由：③

首先，干部反对让土改成为一种补偿手段，也就是党似乎用土地换取人们参军的笨方法。前面已经提到，黎玉主席已经发现在山东这是一个问题，那里的一些干部反对 1945 年清算斗争，将它看成是收买穷人的手段。据潘复生说，一些同志认为在重新分配财产后立即发起征兵运动，“让参军成为土改的目的”，这样的做法是错误的。干部“经常不理解”对国民党政府的战争是农民对抗封建势力的武装斗争，如果蒋介石和美帝成了胜利者，农民将不能保有他们的土地。潘同志的讲述没能清楚地使人明白：到底是我们的干部没能真正领会改善农民生活的斗争和与国民党作战之间的联系，还是在更抽象的意义上，

---

① 《宋任穷同志六月十五日在中央局党校关于政治工作的报告》，第 1—2 页。

② 徐运北：《参军运动简报》，载于《1947 年上半年来区党委关于土改运动的重要文件》，第 69—74 页。

③ 同上，第 69—70 页。亦参见同一出处的潘复生的两篇文章：《潘复生同志在阳谷干部大会上关于掀起保田参军运动的发言》，1947 年 4 月 11 日，第 55 页；《根据阳谷农民大会中的体验对于群众性参军运动的几点具体意见》，1947 年 4 月 25 日，第 63—64 页。

执行政策的困难让干部们对执行这一政策的总体正确性产生了疑问。后者似乎更有可能，因为潘提到了他对干部两难处境的清楚认识：农民开始不愿意斗地主，因为害怕国民党会杀回来，干部必须说动他们；然后马上要求农民击退进犯的国民党军队，以保卫他们新得到的土地。其次，与这一问题相关的，干部还抱怨群众的阶级觉悟不是很高，他们既不需要土地也不想拿起武器保卫它。再次，有的干部抱怨土改后的征兵比之前更难了。农民想要待在家里，享受斗争的果实，特别是因为这成果中还包括一小块土地的时候。[①] 最后，不管出于什么原因，在干部无法动员人们踊跃地自愿参军的地方，各种“老式”的方法——包括贿赂和强迫——都派上了用场，以确保能够招到规定数目的新兵。这种情况发生得较晚，发生在 1946 年。举个例子，在鲁豫边境沿线上面提到的各县中就发生了这样的情况。1947 年初，当又一轮征兵运动开始后，干部担心他们又不得不依靠同样的不得人心的手段了。

冀鲁豫党委致力于解决这些问题，希望在征兵政策的缺陷对战争产生负面影响之前加以纠正。“保田参军”运动不应该被认为是党加诸群众身上的一个负担。为了让农民过上好日子，参军与土改一样，都是必须的。干部必须将村里对封建势力的斗争当成是全国范围内对蒋介石势力斗争的一部分。干部们得出农民不需要土地的结论是错误的。土地对于他们是关乎生死的大事。只是他们害怕蒋的部队杀回来，害怕受到报复。干部必须克服这些疑问，让农民懂得，只有愿意为土地而战，才能保卫他们的土地。

潘同志还反复强调了在征兵运动中走群众路线的重要性。因为要发展一场真正的群众运动，无论用强迫的手段还是依靠少数活跃分子的热情都是不够的。我们需要有几千名新兵，但是他们必须是真正的志愿者，不是那些一有机会就开小差的不情愿的牺牲品。振奋群众精

① 这个特殊的问题在周立波关于东北土改的小说《暴风骤雨》中特别提到。

神的第一步应该是召开一次县干部会议和一次随后的村党支部的会议，以确保干部理解这些原则。在这些会议之后，可以向县或区的群众领导人大会上明确征兵任务，当这些农民中的活跃分子回到村庄时可以向村群众大会解释征兵运动的重要意义，并承认过去犯下的逼迫和强制的错误，鼓励群众问问题，耐心地回答他们的问题。

同时，还应展开一场大规模的宣传运动，打消农民的疑虑，说服他们参军是一件光荣的事，破除“好男不当兵”的传统偏见。所有的村机构应该为征兵活动服务。农会要讨论谁应该志愿报名，妇女会将讨论怎样送走丈夫和儿子。小学教师要写文章和办黑板报，教孩子们唱参军歌曲。

在绝大多数村民的认识充分地发展起来之后，就可以发起“革命竞赛”用先进村庄的榜样去影响落后的村庄，在村庄里树立模范家庭和模范农村志愿者，让别人效仿。在这一阶段，如果有必要，共产党员要自己带头参军。最后，全村人都要赞颂志愿者，并为他们安排光荣的欢送仪式。干部收到指令，认真对待农民的贪生怕死和不愿抛家舍业的问题。村和区干部要为应征者的家庭承担起照顾军属的责任。他们将提供书面保证：在应征者离开后有人会帮他耕种土地。他们还接到命令，令他们确保有很多人参军的先进村在农忙时也不会面临缺少人手的困难。

然而，在土改还没有彻底实行的村子，特别是在响应征兵运动上落后的村庄，当活跃分子从区开会返回村里以后，应该把土改作为中心任务。这样征兵运动就可以与分土地分财产同步进行了。

地方上的不服从：有权有势者

1947 年 3 月，潘复生在一份报告中具体论述了将土改作为中心任务这一主题，其中详细地指出了党员在该地区质量和数量都不理想。当时，共产党员在当地总人口中占 1.5%，而目标比例是 3%。很多村庄没有党支部。而在有党支部的村庄，区干部到村庄后常常在着手工作的时候忽视了党支部的存在。

就像黎玉在山东提出的那样，潘强调了党建工作和征兵工作必须围绕着首要任务土改进行。他反复提到基本公式：分完土地、财产和粮食，农民有吃的穿的，他们的觉悟因此提高了。只有实行土改后，其他任务才能顺利完成。潘还提到这与抗日战争开始时的“平均主义”完全不同。那时候，每支军队各行其是，互不沟通，也不协调和区分主要任务和次要任务。每个人都觉得他们自己的工作才是最重要的。除非党学会把通过阶级斗争发动群众当成核心任务，否则它将寸步难行。[①]

或许因为这个问题大家都明白，潘明显略去了一个环节，没有说明下列工作的因果关系：重新分配土地，提高农民的觉悟，农民要求武装保护他们的土地与村庄党建工作的关联性。他只是附带提到土地重新分配的一个“更重要”的结果，那就是：农民一下子成了村里政治上的主人。他继续写道：我们必须控制地主和特务，防止他们破坏征兵运动。

另一位作者更直白。徐运北将征兵运动称为“土改运动的延续”，他强调在土改彻底实行的地区会有更多农民自愿参军。这不仅仅是因为地主的财产已经分给了农民，而且因为最坏的地主已经被处决或监禁了。经历了暴力和非暴力的斗争后，斗争对象不再能控制村庄，党可以夺取领导权。在这里，地主和敌方特务的谣言和破坏活动都得到有效控制，共产党的政策可以抵达群众。这里农民更能懂得参加军队保护田地的重要性。[②]

虽然党的声明强调要提供物质利益，它却不是土改的唯一任务，同样重要的还有运动所引发的破坏性力量。“土改的目的是消灭封建

① 《潘复生同志在地委组织部长联席会上的总结发言》，1947 年 3 月 8 日，见《1947 年上半年来区党委关于土改运动的重要文件》，第 35—51 页。

② 徐运北，第 72—74 页（见第 345 页注②）。

的村地主”，另一位作者称，“在这样的破坏中，需要消灭他们的封建统治。如果我们只在政治上打击他们而不分土地，我们完全不能完成土改的任务。经验证明了只有分掉地主的土地和粮食，他变成中农……他才不可能恢复自己以往在村中的态度。”①

农民并不会自动地要求配备武器保卫新分到的土地。主要的动机并非只是害怕地主报复，正如当时西德尼·里顿内格和其他观察者认为的那样。确实，恐惧远不能让农民横下心战斗，或许反而让他们受到惊吓。文献资料中常有农民害怕“变天”——即国民党杀回来——的叙述，用来佐证这是执行土改的初始障碍。另一方面，克服这些恐惧最可靠的办法，是向农民展示党具有震慑地主恶霸的力量，即使不能消灭他们。在目睹了新秩序有能力消除可能引起报复的直接根源之后，农民就可以一定程度上把自己的命运与新秩序连在一起了。

后果：国民党在1946—1947年的攻势

1946—1947年进犯的国民党军队占领了一些地区，在那些失陷地区，农民害怕的和干部担心的一切变成了现实。而这些地区，就是延安广播电台所报道的，通过重新分配土地动员农民最卓有成效的地区。

在抗日战争时期，就像前面所提到的，中央和地方的党的指示总是要求在直接受敌人威胁的地区减小减租政策的力度，将阶级摩擦最小化。在前面“平分土地”这一节已经讲到，长时间的这种做法很大程度上成了干部担忧的原因，他们担心是否能同时开展土改、游击战和后方服务工作。然而，在1946—1947年，军事相对安全的状态（它是发动阶级斗争的必要条件）被放弃了。这一变化反映了两个

① 李振阳：《嘉（祥）济（宁）边游击区土改的几点体会》，见《工作通讯》，第32期（《游击战争专号》增刊，第15页）。

时期在本质上的差异。在抗日战争期间，减租斗争成为不断扩大根据地、巩固党的力量的一种手段。在1946年，几乎所有这样的地区成为政府主力军攻击的目标。在一个又一个地区被进犯的国民党军队攻克后，与阶级斗争密切相关的军事安全状态突然间不存在了。

在很多这样的地区，与统治阶级的斗争已经被发动起来。在一些地区，它已经至少进行了两年。重新与阶级敌人组成统一战线对抗进犯的敌人——这一选择对共产党来说已经不复存在。一般情况下，几乎不能指望地主和斗争对象与共产党并肩作战，甚至连在斗争中保持中立都是奢望。共产党已经在内部创造了他们自己的敌人，所以随着内战的发展，他们没有什么选择，只能随着内战的发展而一举消除它的影响。这就是为什么土改运动在1946—1947年迅速深化以及毛泽东命令不管战事有多繁忙，党的干部必须坚决彻底地解决土地问题的原因所在。

但是共产党领导没有区分开已经实行土改地区军事安全的丧失和未实行土改地区军事安全的丧失。在这两种情况下，土改的代价都很大，造成了社会混乱：互相报复和平民伤亡。考虑到战争局势发生了转变和国民党1946年攻势出人意料地凶猛，土改在前一个地区造成的后果是不可避免的。这里还没有提到"一手拿枪，一手分地"口号下进行土改的不安全地区。

下面的内容指的是两种情况下的土改。一则陈述主要来自非共产党员的上海记者对苏北局势的报道。还有一则主要基于冀鲁豫地区的党内报道，以及在1947年初访问该地区的杰克·贝尔登的见闻。首先让我们看看江苏的故事。

苏北

到1946年初，该地区有29个县完全在共产党手中。中央政府投入了约15万人的兵力将共产党赶出苏北。攻势开始于1946年7月，从长江向北，从津浦铁路向东推进。政府军向东移动，渗透到了将共区一分为二的大运河沿线的县镇。到第二年春天，他们已经夺回了苏北所有的县镇。虽然政府占领了运河沿岸的主要城镇，但是共产党游击队员在继续扰乱政府在大运河和铁路之间的交通系统，而且运河的大片领域依旧在共产党手中。

一位作者提到，共产党在苏北的地位在1946—1947年和在抗日战争期间有一些差别。第一，国民党军队不比日本和汉奸的兵力强大，而共产党军队，无论是常规军还是地方军，比起抗日战争时期，在组织、训练、经验上都增强了不少。第二，日本人由于兵力更胜一筹，不但能够占领大的中心城市，也能占领环绕着它们的区域和小的城镇。相比之下，政府军在农村无法自由地从一个点移到另一点。第三，共产党需要相当时间发展实力，发动对日本的反击。但是在国民党进攻开始的一年内，新四军就开始收复失地了。构成共产党新的力量基础的，据说得益于人们政治觉悟的提高。这应归功于多年的政治训练，彻底粉碎了保甲系统，在村里确立了经选举产生的政权，还得归功于土改。①

然而，政府的胜利使得所有的县的行政部门有可能在国民党的控制下重建，当地的国民党管理和行政人员有可能重新回到原来的旧的管辖区，一些之前逃离的地主和商人可能返回并重新恢复原来的方式生活。政府重新回到苏北的行动在1947年春达到最高峰，持续了大约一年。在那段时间，可以说因为忽视了南京发布的指导他们在光复区行动的命令和法令，当地官员和他们的地主盟友中了共产党的圈套。

在1947年初，一个上海记者的视察团花了九天游览了南通、海门、如皋和东台，返回的时候写了严峻的报告。离镇子只有一两里开外的路就不安全，共产党已经开始发动大规模的战斗。他们能够迅速

① 鲁风：《钢铁的队伍》，第269—270页。

移动，避开敌人的主力要归功于他们政治活动的成功。假如“政治活动”被认为是共产党随机应变的源头，它也被认为是国民党无能的关键原因。《大公报》聚焦于土地问题，称它引起了农村地区的很深的裂痕。在共产党统治的地方，分了地，斗了富人，甚至一些中产阶级的日子也被弄得不好过。但是在中央政府统治的地方，在它最近收复的地方根本没有土地政策，很多人也不满意。文章得出结论：在与共产党的斗争中，似乎政府的唯一目的是重新取得统治权，对其他都不闻不问。[①]

一份国民党监管的报纸说得更直接。《申报》称：由于各个层面的“不健康”，苏北当地国民党行政机器无法顺利运转。县和村行政机构掌握在坏人手里，人们的生活很悲惨。他们要交各种各样沉重的税收，劣绅和其他地痞利用形势勒索和压迫他们。[②]这些正在苏北发生的情形，是当地官员伙同返回的地主进行的有组织的勒索和报复。

政府官员实施的工作中，最招致恶名的当属“自首和悔过”的政策。在工会、农会、商会、妇女会等等共产党设立的组织中，表现活跃或担任职位的人被逮捕，并被勒令悔过。在这段时间，乡里七八十个这样的“投降分子”被关起来是常事，而足有两三百人被关进区监狱。在监狱里，他们被要求写认罪书和悔过书，出示一串保证人，上缴武器。因为很多人没有武器可以上缴，获得自由的代价往往是一两黄金。假如没有金子，这个人可能被判死刑，就看主管的官员高兴与否了。假如金子奉上，通常会落到官员的口袋，而不是像宣称的那样，用来武装自卫军。

报复事件屡见不鲜。一天晚上，在泰兴县的一个村庄里，官员们处决了 12 名自首者。在黎明时分，村长传唤家属到场，出示他们的遗体，称共产党对死亡负责。然而在另一个事件中，如皋县周家村超

① 上海《大公报》，1947 年 4 月 16 日。
② 上海《申报》，1947 年 4 月 11 日。

过 100 名投降者试图越狱，并夺走地区局的武器。他们随后杀死了大约 70 人，包括当地官员以及地主的家人。

另外，重回乡村的地主组织了“地方管理促进会”和“收租会”。假这些组织之威，地主在武装护卫的跟随下，挨家挨户地与他们原来的佃农“清算账目”。抱着以牙还牙的心态，地主试图将他们在共产党手里被剥夺的利益抢回来。假如农民选择逃跑而不是与他的老雇主见面结清账目，等他回来的时候很有可能发现家里已被洗劫一空。在当地官员的帮助下，地主又开始收租了。有时收租有武装护卫。这就是“收租会”。虽然 1947 年秋庄稼歉收，在中央政府控制的区域，租金和土地税加起来形成了沉重的税负，据报道一些佃农都无法养活自己和他们的家人。[①]

南京中央政府颁布了“绥靖区”土改条例，期望让农民脱离共产党。但是农民只是凭过往经验行事，他们中的大多数人甚至都不知道有这样的条例存在。[②]

在共产党方面，据说一开始他们严惩了那些愿意向重返故地的国民党官员自首的民众。后来，共产党采取了宽容的态度，鼓励民众“自首但不悔过，并再次加入新四军”。

冀鲁豫地区

党从该地区发出的报道提供了局内人的看法。该地区与苏北的形势相似，尽管不完全相同。这样的形势是由于国民党北进穿过陇海铁路进入晋冀鲁豫边区造成的。在一篇五个月（从 1946 年 9 月到 1947 年 1 月）的总结中，区党委透露，在国民党进攻之初共产党在冀鲁豫分区控制了 35 个县城，现在已有 24 个被国民党夺走。在 64

① 乡少：《苏北实地实察录》，《观察》，1948 年 1 月 3 日，第 15—16 页。
② 郑岳春，见第 241 页注④。

个安全的县的部分地区，49 个被敌人占领或部分地占领。1947 年 1 月，共产党军队重新控制了 14 个县城和 22 个县。他们还声称歼灭、击伤、俘虏了 8000 名敌人。但是国民党势力很快重新夺回大部分的区域。①

当地党组织充满了悲观情绪。有很多人由此认为：共产党在分区内的根据地实际已经被彻底摧毁。11 月，党委竭力振作大家已经普遍低落的士气，他们称常规军和民兵部队并没有损失，而敌方在边区损失了 8 个旅。由于将 80%—90% 的国民党军队都投入了前线作战，因此蒋介石已经没有补充的来源。“只要我们保持昂扬的精神，继续摧毁进犯我们领地的蒋军”，党委宣布，“那么我们不但能止住敌人的攻势，还能从防御转向反攻，并收复我们所有的失地。”②

士气低落从表面看有三个原因。第一，政府广获战果。第二，敌人的战术出人意料。党委写道，一开始它以为政府的军队不会穿过陇海线的北部，但是他们偏偏这样做了。开始预测能够通过一两场战斗打败敌人，但是局势却不是这样发展的。共产党军队撤退——事实上原来撤退计划是暂时行为。但是几个月以后，敌人依旧占领着这片土地。因为这样，党委在 11 月写道，我们必须修改我们的计划，现在必须为长期游击战作准备。这导致了第三个问题。在发展游击战的过程中，最让干部们担心的是抗日战争和反对蒋介石的战争的区别。后者是一场阶级战争，所有的地主和斗争对象联合起来成了敌人，为蒋提供了“广泛的社会基础”。③

共产党遵循在强敌进犯时撤退的原则。随着大部队撤退的还有大多数民兵队伍、党的干部和他们的家人。比如，1946 年 8 月在第三

① 区党委：《冀鲁豫五个月来游击战争的总结与目前任务》，1947 年 2 月 2 日，见《工作通讯》，第 32 期，第 37 页。

② 区党委：《关于开展敌后游击战与准备游击战的指示》，1946 年 11 月 20 日，见《工作通讯》，第 32 期，第 49 页。

③ 区党委：《关于开展敌后游击战与准备游击战的指示》，1946 年 11 月 20 日，见《工作通讯》，第 32 期，第 50 页。

分区和第四分区失守前，七八千人从这里撤离。这一生存策略对共产党最初取得胜利是至关重要的，但是用这种方式保存他们的主要兵力的代价是沉重的。

物质利益、报复和依靠力量退却

在理想的情况下，作为游击战术之一的撤退包括疏散当地人口以及军事和政治机构，目的是保存人们的生命和粮食储备。但是在1946年，国民政府出人意料地挺进该区域，广大乡村还没有准备好就常要突然转入游击战状态。结果是，干部和防卫队逃走了，手无寸铁的农民付出了生命的代价，而1/3秋收的粮食成了敌人的战利品。

跟随国民党军队重回该区域的是还乡团，它是一支由地主和其他决心在农村恢复昔日地位的人带领的武装小队。像在江苏一样，他们开始自己清算账目，夺回分给农民的土地和粮食。同样地，土改活跃分子被杀，妇女被强暴，村机构被捣毁。国民党扶植的当地政府很快建立起来。

杰克·贝尔登报道：截止到1947年初，在被国民党军队占领的安阳县的423个村子里，共有400名男人、女人和孩子被杀死。这些农民是被残酷杀害的，惨烈程度堪比当年处决恶霸地主。在这个地区，活埋是普遍的惩罚形式，贝尔登听到很多农民被用这种方式杀死的传闻。在一个村庄，某农民曾经作为带头人之一斗一个地主，并拿回因为还不起债而失去的四亩土地，他在国民党军队返回的时候逃走了。作为报复，地主枪杀了他的妻子、兄弟和婴儿，把他的儿子、叔叔、外甥和已出嫁的女儿活埋。贝尔登个人能调查到的最令人发指的报复案例发生在只有28户人家的小村庄里。当一名被没收的地主率领15个武装随从回到村庄时，24户家庭中每一户都有人被他杀害。据潘复生同志所说，第三分区9个县有几千农民被用这种方式杀害。事实上，那个区域有将近1万人被打回来的国民党军队杀掉，工作了八九年才创立的根据地，在几个月内就被扫平了。[①]

没有干部的领导，没有武装部队的保护，农民没任何选择，只能屈服。不管他们多想报复，他们没有办法来满足这一渴求。他们最害怕的“变天”发生了，而且根据党的报告所说，结果是他们对共产党不再存有热情了。在收复区，农民痛骂返回的共产党军队当初抛弃了他们。农民还愿意与个别干部偷偷交谈，诉说他们的冤情和他们想要报复的愿望。但是在党放弃了责任后，它失去了领导地位和“耳目”。农民不愿意恢复农会或组成新的民兵队，甚至不愿参加公开会议，他们对共产党的持久性不抱希望。

“事实证明”，党委在1946年11月得出结论，“撤退的方法是错误的，我们不能再依靠它了”。地区党委于是决心重新进入失守的地方，即使不依赖军队主力也将持续开展游击战争，继续与农民“生死与共”。分区和县党委接到命令组建武工队和游击队。新的指示是：“县里的不得离开县，区里的不得离开区，也不准从任何地方撤退。”[②]当杰克·贝尔登在1947年春走访安阳县时，他发现当地民兵刚开始发动游击战。他没有报道游击战在其他地区的发展。

阶级斗争的激化

1946年11月，正值共产党撤退的高峰，为了克服对地主力量的惧怕，党曾称阶级敌人还没有团结起来。事实上只有少数地主加入了还乡团，大多数人不相信蒋介石的军队能够抵抗得住共产党，不希望冒着被驱逐和被杀死的风险回来。所有这样的人可以使之中立，或劝导他们“与我们共同奋斗”。[③]同样，在这一时期，重新采取分配财富

---

① 杰克·贝尔登:《中国震撼世界》，第224、260—261页;《冀鲁豫五个月来……》，第42页（参见第353页注②）;《潘复生同志在地委……》，第38页（见第348页注①）。

② 《关于开展……》，第48—52页（见354页注②）。

③ 同上，第50页。

的方法——和平的售地和献地——如同我们曾经看到的那样：在很多受到国民党军队威胁的边区依然被官方鼓励着。

然而，到了1月，地区党领导已经偏离了这一立场。地区性反击正在展开，针对这一过程中收复的一些地区，党委下达了以下指示：将要进行报复，把清算和彻底的土改作为关键工作。党委还指出了第二分区的反面教训：当地党委将精力集中在收复地区的救济和重建上，并提倡与阶级敌人组成统一战线。但是农民还是受饥挨饿，意志消沉。他们需要那些被拿走的土地和粮食，需要对他们的损失做出补偿。据说他们怀疑反蒋统一战线的想法，也不愿意参与共产党发起的村组织的此类活动。“群众对我们失去了希望，因为我们没有给他们想要的，群众不想要的我们反而偏给。”党这样声称的，并给出了改正方法概要：

1. 支持农民报复的需要。把杀害并伤害过他们的人抓起来，假如农民要求将这种人杀掉，那么就杀掉一些。

2. 为村里死去的干部、活跃分子、农会成员和农民举办追悼仪式，解释说明他们“在爱国自卫战中光荣牺牲”，应该为他们报仇。

3. 动员农民拿回他们的土地和粮食。

4. 因为旧村组织已被敌人颠覆，而且群众依旧有许多疑问，所以不要试图立即恢复农会、妇联等组织。它们可以在报复、清算和土改斗争中重新建立。

指示总结道：农民很自然会害怕蒋的军队。但是他们最害怕的是村里的阶级敌人——“地主、恶霸、特务和坏蛋”。假如可以打击和镇压掉这些人，农民又能起来反抗了；只有在此基础上，才能在重新收复的村庄尝试建立反蒋统一战线。[①]

接下去在任何情况下（包括游击战中），都要抛弃统一战线的理

① 《区党委关于收复区工作指示》，1947年1月20日，见《1947年上半年来区党委关于土改运动的重要文件》，第19—21页。

论。至1947年5月，区党领导已经这么做了。游击战不再是武装兵力对抗武装兵力。在村庄里，这是农民和他们的敌人间的斗争。一开始，分区党委解释道，我们在这一点上没搞清楚，但是过去九个月让我们明白，“基本上不可能想出一个办法，让他们通过统一战线和平共存”。党谴责国民党政府在村中挑起争端，通过直接支持当地的封建势力将其变成了一场阶级斗争。村庄即使没有被进犯的国民党军队占领，也落入了还乡的地主和官员手中——他们迅速着手恢复旧的反动秩序。[①]

这是上面提到的党的土改路线发生变化的背景——从1946年中显然的“不够彻底”到1947年10月《土地法大纲》彻底的平均主义。

阶级斗争和游击战

在军事不安全区域，将阶级斗争降到最小的基础不复存在了。党做出反应，命令同时开展游击战和土改。新的论据是——事实上它更像是宣告一种信念——如果游击战为土改服务，那么土改也将为游击队服务。之前，能够持续开展游击战，或在更好的情况下，不打游击战也可以安定农村，是发动阶级斗争的条件，而突然之间，阶级斗争成了持续开展游击战的条件。党现在指示：当组织游击行动时，彻底贯彻土改。我们的目标是压制地主和唤起群众。当农民起来反抗地主的时候，要教会农民怎样挖战壕，埋粮食，排布地雷，发展情报网络，从家里疏散人口。只要我们敢于使用我们的武装力量推翻地主，农民就会敢于分土地并保卫它。

在这些地区，很清楚地，首要目标是控制地主，这是重新建立和巩固村根据地的最重要的条件。在关于游击战的会议（1947年5月）中提醒道，一个村的军事根据地指的是这样的条件：“农民在共产党

① 张尔：《九个月游击战争总结与今后任务》，见《工作通讯》，第32期，第10页。这是一篇由卢凤祥（音）编辑的张尔在冀鲁豫区党委游击战会议上的讲话概要，1947年5月30—31日。

的领导下能够起来反抗，控制住地主”，巩固意味着“农民能够在各种情况下控制住地主”。在政府采取攻势这段时间积累的经验证明了，只有在农村根据地得到巩固的地方，才能持续发展游击战。党宣布：我们必须彻底压制作为个体的和作为整体的地主以及他们的走狗。我们必须从经济上、政治上和组织上消灭他们。只有那时，我们才能消灭他们的反抗力量，保证他们不能、也不敢东山再起。党的资料表明：对地主最严厉的措施发生在这个时候，也就不足为怪了。

将游击战和土地改革联系在一起的指示被过分地从字面上执行了，以至于哪怕在游击队完全是打了就跑的地方，党的领导也倡导土地的重新分配。1947 年初，山东西南部就包含着很多这样的地区。政府军队两次攻占了该区域，共产党的主力两次撤退。地主和其他人回到镇子和村庄，在农民和干部中散播“害怕、怀疑和疑惑”。“土改能在这样的地方开展起来吗？”李振阳（音）询问道，他指的是济宁周围的乡村，当时完全在敌人的后方，有重兵把守。回答是响亮的“可以”，即使土改在一天之内由之前没有分地经验的武工队在这种情况下也必须完成。①

采用的办法并不斯文：在相对安全的游击区，这一过程是每杀一个地主、关押和放走两名地主。恢复自由的地主必须提供保证和写悔改书。② 在不那么安全的地区，甚至这点斯文都没有了。济宁县的安居区就是这样的地区。

安居的阶级斗争和游击战争

安居区位于济宁市的西南，包含 74 个村庄，6 万人口。有几百名政府军守卫在地区的三个核心据点里。到 1947 年初，当济宁第二次被政府军攻克时，安居区只有“四五个”干部，协助他们的是 3 个县干部和 9 个县级的积极分子。安居缺少任何的防御军队，必须依靠边

① 李振阳，增刊，第 13 页（见第 349 页注①）。

② 《鲁西游击战中的土改运动》，见《工作通讯》，第 32 期（增刊），第 9 页。

区一支20人的武工队。后来组成了以10名从县公安局调来的人员作为核心的济宁县自己的武工队，配合前者作战。

在济宁第二次落入敌手的三个月之后，党的报告提到安居区仍在开展游击战；敌人的乡政权受到了打击；地方自卫队已经建成，保甲系统被破坏；并再次开始征税。在该地区74个村子里，有12个重新开始分配土地。

根据党的叙述，干部和武工队成员开始工作时，采取了召开提高觉悟的会议、报告好消息、互相激励、相信我方必胜的形式。小组讨论会在党内外举行，由干部带头表态。他们调查了问题，还为开展组织、情报、宣传和军队工作拟定了计划。主要的目的是切断敌人在村子里粮食和人力的供应。为了实现这一目的，武工队首先打击保甲系统和敌人的村公所，这是最快也是最有效的震慑乡长和保长的办法。一名乡长被暗杀了。当其他乡长开始形成当地的自卫团时，工作队放出消息："谁参加敌人的组织我们就杀掉谁，并还要让他自己的家人亲自动手。"为了支持这样的威胁，队员绑架了另一名乡长的儿子和儿媳。这名乡长已经招募了一支八个人的队伍。在绑架的第二天，他捎来话说，他将解散这支队伍。

土改采用了同样直接的方式。党的工作队进入一个村庄时，只是命令地主交出财产。为了让他们迅速服从命令，很多人遭到了攻击。工作队有的时候要一点花招，在村庄分完地的几天后换上政府军的服装，用这种方式检验地主。任何中计的人马上被杀死，据报道这能有效地震慑敌人。

但是如果政府军无法阻止武工队进入一个村庄，武工队也阻止不了国民党的巡逻队此后进入这一村庄。济宁工作队的报告总结道，我们的问题是我们工作开展得太快了，我们没有巩固我们的地区，我们的工作不是"群众性质"的。[①]

① 样沛：《济宁武工队》，见《工作通讯》，第32期（增刊），第18—23页。

然而到了1947年5月，共产党的总策略开始结出果实。敌人的进犯告一段落，它的弱点开始变得明显。政府军现在在广大地区的兵力过于分散，他们常常疲于奔命。区党委指出，虽然共产党军队缺乏火力强大的重型武器，但敌人不像日本人那样，能够分散兵力占据小据点。

相反地，现在共产党的主力停止撤退，发起了一些小的反攻。全国范围内，共产党宣称消灭了敌人90个旅，当这个数字达到100后，军事力量对比将有利于共产党方面。因为敌人在河南增加了兵力，估计该地将面临更多的困难。但是在山东，共产党开始掌握主动，在东北他们已经掌握了主动，这是发展全国范围反击战的前奏。①

总结：土改在政治和军事上的重要性

在抗日战争期间，在被敌人直接威胁的地区，共产党对减租和阶级摩擦低调处理。1946—1947年，在军事相对安全的状态下（它是发动阶级斗争的必要条件）被舍弃。这一变化反映了两个时期的差异。在抗日战争期间，减租斗争成为在不断壮大的根据地巩固党的力量的一种方法。在1946年，几乎所有这些地区成了政府主力的进攻目标。当一个又一个地区落入进犯的国民党军队和还乡团手中时，与阶级斗争紧密相关的军事安全状态突然之间消失了。淡化土改，转而与阶级敌人形成统一战线对抗进犯的国民党军队是不可能了。共产党在内部创造了他们自己的敌人，没有别的选择，只有试图随着内战的发展完全消除负面影响。这就是为什么1946—1947年的土改运动如此激进，为什么毛在1946年10月命令当地干部，不管战事怎样繁忙，都要“解决土地问题”。

然而，在辽阔的战场上，在必不可少的军事安全不复存在的情况

① 张尔，第19页（见第358页注①）。

下，共产党的领导显然犯了一个错误：他们没有区别看待在已经实行土改的地区军事安全的丧失和未实行土改的地区军事安全的丧失这样两种情况。根据一名当时住在晋冀鲁豫边区的信息提供者说（这个人在今天已是党的干部），试图在游击区实行土改的政策是错误的，后来的批评者也是这么说。主要原因是在得不到共产党军队适当保护的村庄里，它激起了报复行为，付出了沉重的生命代价。

其次是减少了农业的产出。就像党的领导在此时强调的那样，战争不仅是人和武器的较量，也是财富的较量。在游击区，地主和农民互相畏惧，对未来抱不确定心理，所以他们将土地搁荒不耕种。当地党的领导称这是一个巨大的危险和直接关乎军事胜利的关键问题，他们在 1947 年春担心游击区未加耕种的土地数量有所增长。[①]

再者，这些代价明显要超过比较而言的收益。如果共产党的反击失败，军事形势发展成为真正持久的游击战的话，这一论断毫无疑问会改变，就像土改政策本身的不同特点也会发生变化一样。在安阳县，土改在国民党返回之前已经实施，到 1947 年春，游击队形式的斗争已经开展起来，在苏北也是一样。根据贝尔登的说法，游击战能在安阳县开展起来，主要是因为农民有心保卫土改成果。假如这样的话，当地农民部队能随后接受常规军队军人的训练和领导，就像抗日战争时期那样，相似的游击战应该能在国民党军队的后方围绕阶级斗争发展起来。

然而，1946—1947 年，共产党的主要目标是保存他们的常规部队和党组织不受损失，以便能在全国进行反击，歼灭国民党军队。因此，安阳县和安居区在 1947 年早期没什么共产党军队，而共产党在斗争运动中产生的敌人帮助中央政府重新建立了它自己的政权结构。还乡团采取的报复像任何清算会议一样激起了农民的阶级觉悟。但是讽刺的是，这些激起农民阶级觉悟的军事和政治条件，却也在一些地区使得农民的情绪低落，无所作为——假如冀鲁豫党委的报告能够作

① 张尔，第 23 页（见第 358 页注①）。

为佐证的话。只有当一些干部开始返回当地，最小的基层游击队重新建立起来的时候，农民提高的阶级觉悟才能被很好地利用起来。

甚至在那时，武工队和民兵部队的地位还是如此不稳固，以至于接下来的一步——震慑当地当权者——只能依靠恐怖主义，以威胁、绑架和暗杀的形式实现。这些事情本来可以不让没有武器的农民来做（一些地方也的确没有让他们参与其中），因为由他们动手的代价太沉重了。但是在国民党后方的村庄发动土改——武工队无法在这些村庄长时间停留，保护农民不被返乡的国民党巡逻队伤害，这导致了对土改受益者的报复（当时没有人把农民组织起来保护他们自己）。如很多上面引用的新华社的新闻报道所说，在国民党军队直接进犯的地区开展土改也是同样的情形。

如果不是国民党在 1946—1947 年突然进攻共产党在华北和华东的主要根据地，在抗日战争时期获取的这方面的经验或许不会被抛弃。毛泽东和党中央在 1948 年 5 月承认，成功实行土改的最基本的条件是能够保护它不被敌人破坏。此时，毛发出指示，默认在安全不足的条件下试图进行土改是错误的，这一评判标准与在抗日战争时期发展起来的标准几乎相同。① 这回答了本章导论中提出的第二个问题，即为什么共产党在打算向南移动时要暂停实行土改。这些目的地与北方相比，租佃关系更为普遍。为了动员农民支持共产党，土改是必要的，但是只有在前提条件确立后，土改带来的这一潜质——动员农民，才能在特定的区域成为现实。

党在 1948 年的指示中重申这些条件：（1）该地区在军事上必须

① 《中共中央关于 1948 年土地改革工作和整党工作的指示》（1948 年 5 月 25 日），见解放社编辑的《论新解放区土地政策》，第 9 页；参见毛泽东：《毛泽东选集》，第四卷，第 254—255 页［第 1328—1333 页，原文：第一，当地一切敌人武装力量已经全部消灭，环境已经安定，而非动荡不定的游击区域。第二，当地基本群众（雇农、贫农、中农）的绝对大多数已经有了分配土地的要求，而不只是少数人有此要求。第三，党的工作干部在数量和质量上，确能掌握当地改革工作，而非听任群众的自发活动］。

是安全的，敌人武装部队被彻底消灭，不存在必须再回到游击战状态之可能性；（2）必须是基本群众的大部分要求重分土地；（3）土改干部必须数量充足，经过训练，能够领导工作，而不能让群众自己进行土改。指示明确提到了不安全的区域和新的解放区，那里很多时候不满足这三个条件。指示还强调了在与敌人控制的领域接壤的地区，第一条前提还没有确立，不应该尝试进行土改。

河南当地报纸的一篇社论解释了确立这些前提的重要性：

> 我们有没有在华中的新解放区，完成准备工作？显然，我们做得还不够好。在我们一些新解放区中，大部分农民在思想上和组织上还没有做好准备。总的来讲，农民的政治觉悟尚未提高，革命信念尚不牢固。虽然他们穷，却不明白自己为何贫穷；他们虽然需要土地，却没有坚定地理解土地为何应分到自己手中；他们满腔热情地拥护人民解放军，却尚未下决心要长期站在解放军一边；他们真的痛恨国民党的统治和蒋匪的压迫，但对推翻蒋的统治，消灭他的基本部队尚抱有许多疑虑。在组织上，这一地区尚未建立真正的贫雇农和中农的农会，尚未大量招募群众干部。[①]

然而，土改在游击区和新解放区的实行是一个相对特殊的问题。当得出结论“在不满足三个前提条件的地方进行土改造成的基本都是负面结果”时，不应该误解对其他地区土改工作的评价也是如此。

首先，有必要指出什么是无法通过分地来实现的。从短期来看（我们这里只关心短期），分地造成的农产量增长绝不会在重要因素之列。1934年，毛在提到共产党初次尝试较大规模重分土地时写道：土改经常会造成农产量的暂时减少。一个加诸该评论上的注释解释了

① 《停止新区土改实行减租减息》，《豫西日报》，1948年8月24日，见《论新解放区土地政策》，第12—13页。1946年，共产党军队被改名为人民解放军。

农产量之所以在很多时候减少，主要是因为需要一两年的时间解决土地所有权问题和最终确立新的经济秩序。在不确定的过渡时期，农民“无法专注于生产”。① 考虑到伴随1944年到1948年土改的混乱和不确定，不可能因为农业增产而使共产党战时的财政问题得到缓解。②

然而毛写道，在1946年到1948年，党“从解放区动员了大约一百六十万左右分得了土地的农民参加人民解放军”。③ 就像我们已经见到的，从1945年到1947年，军队征兵运动与重分土地和财产同时进行。所以得出这个结论，重新分配土地和财产对征兵运动的成功开展功不可没，是再自然不过的。然而党内批评暗示该过程可能不像新华社描述的那样简单。

为了保卫家里的土地，穷苦的年轻农民纷纷参军。这样的楷模形象被四处传播，用来打动和鼓舞人们。虽然如此，光是这个形象还无法让农民打消心中的疑虑，从而离开刚分到的土地去参军。我们能在这里展示的数据还不允许我们得出结论：出于对新秩序的信奉，或者出于对地主报复的恐惧，农民自动响应了共产党的战斗号令。证据所显示的则恰恰相反，对报复的恐惧甚至是在农民接受土地前必须要克服的最初的阻碍，当地干部对分地后马上要求他们加入军队感到不舒服。所以土改的重要性必须从不同的方面来解释。

重新分配财产提供了有形的物质利益，以此作为交换，共产党寻求并且无疑得到了“支持”。但是土改斗争还使得共产党建立起一种制度，将这一新生的阶级觉悟转化成打一场战争所需要的特定方面的支

---

① 毛泽东：《我们的经济政策》（1934年1月23日），参见《毛泽东选集》第一卷，第142、145页（第135页，原文：主要地是由于在分配土地期间，地权还没有确定，新的经济秩序还没有走上轨道，以致农民的生产情绪还有些波动）。

② 这一时期的生产数字事实上不存在。然而，生产运动和组织互帮组抵消了解放区的经济损失。见胡素珊在加州大学伯克利分校政治学系的博士论文《中国内战的政治（1945—1949）》中有概述，第361—370页。

③ 毛泽东：《中共中央关于九月会议的通知》（1948年10月10日），参见《毛泽东选集》，第四卷，第271页（第1344页）。

持。从这个意义说来，土地革命的重头戏是推翻现有的农村“精英”阶层。这个阶层是否真的是封建的，甚至它在某一村庄是否由地主组成，都不是问题所在。重要的是，带有很多目标的斗争运动破坏了统治阶级在政治和经济上的统治，这是创立新的村庄权力机构的必经之路。

新秩序建立后，作为“所有其他工作之母”的土改才算真正完成。参加多样化的控诉运动最积极的农民加入了共产党军队，组成了新的村领导班子。人们得到土地和财产后，纷纷加入农会和其他村组织。这个由农民自己组成的体制结构才是共产党可以依赖的：它可以负责征收粮食税，组织军事运输队，在征兵期间对不愿报名的农民施加社会压力。

现在让我们回答在本章导论中提出的主要问题，作为土改的结果，这些都是党在农村扎的“根”。只要条件允许，这些“根”真的能够保证粮食和人力的可靠供给，支持共产党与国民党做斗争。

进两步，退一步：巩固和矫正

安娜·路易斯·斯特朗在1946年11月访问了晋冀鲁豫边区。她得知边区官员（很多是大学毕业生）没有薪水，住的是简陋的农房，只有一日两餐，每年只有两套棉布夏服和三年一件冬天的棉服。一天傍晚，在与边区政府几位最高层官员共进晚餐时，她说到她的美国朋友倾向于原谅国民党官员招致恶名的腐败，因为他们的薪水如此之低，所以他们不得不依靠贪腐以保证收支平衡。大家都笑了，有人回答道：“这不是他们贪赃枉法的原因，国民党官员必须贪污受贿，因为如果有谁努力工作又不窃取人民的钱财，蒋介石会把他当作共产党抓起来！”①

① 斯特朗：《明日中国》，第79页；新华社延安分社，1946年11月10日，由斯特朗发表的通讯。在她访问边区的时候，大约有600人领导着边区的政府、军队和群众组织。当边区首府邯郸在1946年秋被国民党军队占领后，这600人转移到了农村，在附近的三个村庄里指挥工作。

这个玩笑没有说清共产党官员传说中的廉洁背后的努力。这种努力的一个例子是1947—1948年的党的整风运动。它的其中一个目标是抑制当时正在执行土地政策的基层党员和工作干部中的腐败。与国民党反复宣称要改革和自新不同，整风运动不仅仅是为了挽救面子。该运动开始于1947年，当时占主导地位的仍是反对土改运动中的右倾错误。这段时间正像前面所说，是平分财富最彻底的时候。在《土地法大纲》颁布后不久，遵照“群众运动法则”，工作重心转移为对“左”倾思想的纠正上来。党的整风运动在这一时期继续进行，与巩固土改和纠正过激的运动同时实行。在同一时期，在人民解放军内部也开展了一场意识形态上的教育运动。①

右倾问题

在“平分土地”这一节已经提到，党的领导已经在提倡整风运动，用它来纠正1947年上半年的某些右倾问题。9月的全国土地会议详细讨论了土改到目前为止取得的成绩和遇到的困难。为了与之前的评价保持一致，会议将困难归咎于渗透入党内，特别是渗入地方党组织的“地主、富农和坏蛋”。他们的错误包括贪赃枉法、招权纳贿、任人唯亲、傲慢、营私舞弊、窃取公共资源。因此，阶级队伍不纯和工作方式不恰当成为阻碍土改彻底实行的两个主要问题。除了通过《土地法大纲》，土地会议还采纳了一项决议，号召在全党开展整党运动，从而将部分解放区已经开始实行的行动路线推广到全国。

① 想要了解同一时间在党内知识分子中开展的整风运动的讨论，见梅勒·戈德曼：《共产主义中国的文学异见》第四章。对人民解放军的意识形态教育运动开始于1947年冬到1948年，作为“在所有解放区如火如荼地进行的土改和整党在军队中的反映”，旨在加强纪律，提高战斗力以及官兵的政治觉悟。另一个目的是将几十万被俘后转投共产党的原国民党的部队整合到人民解放军中来。在军队内提高民主的努力有：给士兵代表参与日用物资管理的权力；官兵之间召开例会，相互教育；给予士兵批评干部错误和缺点的权力。

在全国土地会议之后，各地区也召开会议讨论《土地法大纲》和整党。在这段时间，解放区党的各级会议成为传播指示、收集有关当地情况的信息、训练当地党员和干部的主要途径。在晋冀鲁豫边区，1700 人齐聚太行山的冶陶，共度了 85 天。边区土地会议的内容包括检查、调查每个与会者的阶级成分、思想和行为。一些党员因为违反了党的土改政策受到了惩罚，其中至少有两人因此被开除了党籍。[①]

会议结束后，与会者返回原处，召开县土地会议，全体县一级的专职政工干部参加。在山西的潞城县，土地会议在 1948 年 2 月召开，延续了一整个月。每个与会干部被要求交代他的阶级成分并对过去工作做自我批评。这里，一些人同样因为他们的缺点被惩以警告或停职，还有一些被开除出党。然而大多数人在参加完会议后打算回去实行村党支部的净化工作以及彻底平均重分土地。这些被重新教育的县级干部被编入了工作队，遣往县里的几个具有代表性的村庄开始调查和改革工作。[②]

在 1947 年 11 月底和 12 月，晋察冀边区报纸的一系列社论显示该边区也发生了同样的事件。在 10 月中旬，差不多 1000 名地区领导干部齐聚一堂，在一个月的时间内学习《土地法大纲》和全国土地会议决议。与其他地区一样，晋察冀边区代表所表达的主要忧虑是:《土地法大纲》和全国土地会议决议没有被彻底实行，因此很多穷人依旧没能摆脱封建的枷锁。

在会议之后，干部和党员的错误被广而告之，一起公布的还有改正它们的方法。为了去除党的队伍中的地主、富农和其他坏分子，在现有党员的调查结束之前，停止新党员的注册。所有地主或富农家庭出身的干部，他们的工作都经过仔细检查，看他们是否阻碍了土改，特别是当他们自己的家庭和朋友被斗的时候。

---

① 美国驻北平领事馆所收陕北电台消息，1948 年 1 月 17 日。

② 韩丁:《翻身》，第 263—264 页。

1947年的一项重要创举是，像前面提到的那样，允许村里的群众参与整党。村里所有党员的名字被公之于众。曾经犯下错误的干部和党员被要求公开承认错误，并接受聚集在一起的村民的批评。那些侵吞本应分配给穷人的没收财产的干部和党员被勒令将财产还给人民。如发现犯有更严重的罪行，干部将被撤职并予以相应惩罚。一篇社论更是宣布：村民应该自己选举村干部；贫农团和农会应该调查村党员并建议将不合格者开除党籍。[①]

北岳区党委召开土地会议时，邀请非党员的贫雇农参加。同样地，当阜平县党委召开土地会议的时候，它从村庄找来了贫农和雇农代表来参加会议。在两个会议中，一开始到会的农民都迟疑着不发言，但是后来能够畅所欲言。据说有的干部，当他们的错误和弱点被公之于众的时候，不禁痛哭流涕。当边区中央局召开了地方党委会议时，据说彭真同志自己在做报告前也咨询了非党员的农民代表的意见。

这一由刘少奇提倡的联系党外群众以纠正党内问题的方法显然被认为是成功的，因为在1957年整党以及又一个十年之后再次使用了这一方法，在后面这场运动中，刘少奇自己还成了主要的斗争目标。然而，在1947年，这一方法并没有受到晋察冀边区党员毫无保留的热情拥护。他们质疑，本身既非党员甚至也非干部的人们怎么可以参加整党会议。但是，边区报纸告诫道，我们党的原则清楚地规定要与人民保持密切的关系，而不能脱离他们。因此，当我们平分土地和整党的时候，为什么雇农和贫农就不能参加党的会议呢？报纸继续说道，当农民讨论《土地法大纲》的时候，他们的谈话全部是关于村里事务的，你们党员也许会觉得他们离题了，事实上，这对你们是一个教训。他们正在告诉你们在以后执行《土地法大纲》的时候派得上用

① 《晋察冀日报》社论，1947年11月27日，见晋察冀日报社编：《全体农民起来平分土地》，第7页。

场的东西。如果听取了当地群众的意见，你们可以知道哪一条款适应农村的情况。[①]

在晋察冀的各个村中，土地会议、土改会议和整党在理想状态下分为三步：（1）村党支部全体会议；（2）村里所有贫农和雇农的全体会议；（3）整个村庄的全体大会。建议的步骤如下：

党的干部工作队来到村庄后，将举行村支部全体会议，向当地党员简要介绍了平分土地和纯洁党的队伍的新政策。村党支部接到指示，要确保自此以后贫农团和农会做出的决定得到推行。同样建议支部，对于农民打心里反对的党员，解除他们在村里的职务。村里所有不在贫农团手中的武器都要上缴，在调查彻底结束前不允许重新发放。

党支部会议后，工作队干部将召开村子里所有真正贫农和雇农的全体会议。原村干部和党员不得参加这次会议，在会议上，工作队干部将解释新《土地法大纲》的要点和实行办法。按照形势要求重组或新建立的贫农团和农会成为村里的主导力量。

最后，召开所有村民全体大会，向每个人解释《土地法大纲》和边区政府的公告。特别强调了新原则：村里所有重要事项在采取行动前，必须经贫农团和农会讨论并批准。必须确保村里的所有人了解：必须遵守这些组织的决定。

事态总的发展当然不像上面的概述所显示的那么顺利。很多地方因为实现了“有计划有准备地动员群众”而受到表扬。但是在很多其他地方，情况正好相反。到12月底左右，据报道有的村庄在一天时间内完成了三个会议。在一个县，一名干部单枪匹马只用了几天时间，组织了六七个村庄的贫农团和新农会。在另一个县，党组织自己宣布这是恰当的程序。很多不同村庄发回的报告显示土改和整党正是

① 《晋察冀日报》社论，1947年12月2日，见晋察冀日报社编：《全体农民起来平分土地》，第10页。

用这样的方式来推进的。最后在一些地方，据说“坏人”组织了假贫农团（包含了除真正的贫农、雇农和下中农以外的分子）和包含了中农的农会（这些中农依旧从剥削关系中获利）。[①]

边区报纸警告，每个人必须意识到这些问题：由于出现了假的贫农团，所有贫农团必须被严格检查；有的必须被解散，还有一些必须重新组织，剔除最坏的成员。所有问题的关键是领导人，对这些问题负主要责任的是当地党的领导。据说存在三种类型的领导人，任何一类都可能使运动无法进行。对土改十分热心的好同志是第一类。由于规划和准备不足，甚至有点莽撞，他们的工作完成得不好。这一类领导基本上不擅长动员群众、井井有条地管理农会和准确划分阶级。第二类同志是个人主义者，关心的主要是地位和名声。这类人对农民下强制命令，对上级作假汇报，牺牲别人的利益自肥。第三类领导是地主—富农型，他们唯一的目标是夺取权力，破坏土改。[②]

“左”倾问题

出乎意料地，晋察冀边区报纸又举出了一个新问题，而且还把它摆在第一位。整党运动开始时，人们认为主要问题是右倾：阶级不纯和诸如命令主义和官僚主义之类的工作方式错误。社论对没有计划、空有热情的批评是土改和整党运动最早出现大转变的迹象之一。这一大转变变得一目了然是在 1948 年 1 月，官方路线突然转变，“左”的错误成了关注的中心。以前的右倾继续被打击，但是焦点集中在一组不同的问题上，包括——用毛的话说——“部分地但是相当多地侵犯了中农，破坏了某些私人工商业，以及某些地方越出了镇压反革命的某些政策界限”。[③]

---

① 《晋察冀日报》社论，1947 年 12 月 10 日和 26 日，见晋察冀日报社编：《全体农民起来平分土地》，第 22—23、29 页。

② 《晋察冀日报》社论，1947 年 12 月 21 日和 26 日，出处同上，第 28—31 页。

③ 《中共中央关于九月会议的通知》，第 270—271 页（见第 365 页注③）。

在《土地法大纲》公布后的三个月之内，最极端的条款之一，即重新平均分配村里的土地和财产，考虑到中农因而减缓了力度。如果在村子里中农不同意平均分配土地，允许他们保留比贫农平均所得多一些的土地。[①]

为什么在这一时间减缓力度的原因尚不清楚。要么由于他们自己的意识形态倾向，要么由于缺少准备，党的领导在1947年秋也许还未能完全认识到一些问题，是它们促成1948年1月的大转变。但是这些问题在1947年整年都在发展。不像有的作家所说的，这些问题完全是由1947年《土地法大纲》一颁布即引发的过激行为造成的，这些行为甚至都不构成主要原因，因为《土地法大纲》——像《五四指示》一样——只是将实践中推行了一段时间的方针写进条文。另外，至少其中一个问题——对中农利益的侵犯——区党领导在三年前就已经承认了。

由于缺少可证实1948年1月发生的党内辩论的信息，分析转变时只能把它当成是由所有发生在1946—1947年的问题引起的，那时候土改运动是最彻底的。1月份，党领导似乎依旧在摸索全面解决他们在农村所有困难的方法。在为正在进行的土改运动拟定总路线的时候，党中央似乎处在黎玉1945年提到的阶段。黎玉当时警告山东干部关键是要正确地判断一个阶段结束，另一个阶段开始的时间点。不应该试图太早达成统一，但是在斗争变得适得其反之前要及时刹车。在1947年冬到1948年，群众运动的开展给人摇摆不定的印象，这种不确定被以下事件加强：两条主要政策路线最后同时出现于中央委员会1948年2月22日指示中。通过区分已经成功实行了和尚未实行这些工作的地区，指示提供了系统的方式，用来指导土改和整党工作的

① 根据任弼时的报告《土地改革中的几个问题》，1948年1月12日，见《土地改革中的几个问题和三个典型经验》（以后均称《三个典型》），第17—18页。1948年2月22日指示中，这次政策上的调整被固定下来（以下将讨论），写入下一个法律版本。见中共中央委员会《中国土地法大纲》。

转变。

最先明确表明党的土改路线发生转变的，是1月12日任弼时在西北野战军党委会议上作的长篇讲话。在1947年12月25日，毛在中央委员会会议上作的报告曾经含蓄地提到了这些内容。毛曾经评论有必要听取中农的意见，如果他们表示反对均分土地，要做出让步。他还警告，在确定阶级成分的时候，必须要注意不要把中农归类成富农。[①]但是这一主题之前在党的官方文件中，甚至在《五四指示》中就已表达过。在他的报告中，毛重申了党所关心的问题，即满足贫农的要求依旧是土改最基础的任务。他还指出虽然各地已实行了全国土地会议的决定，但在基层，工作方法问题和党的阶级成分不纯问题依旧没有解决。

但是，这次的中央委员会会议从一些细节上讨论了土改和整党运动。在这一讨论的基础上，毛在三周之后，也就是1948年1月18日，起草了一份党内指示，为刚有眉目的土地政策制定指导路线。他谈到了从对右倾的关注猛然转到对"左"倾的关注，强调两者都在党内存在，必须根据具体情况来决定对付它们的政策。在土改中，主要在群众没有被充分发动的地区，右倾问题现在被看成是一个危险。

然而在接下来概括将采用的新路线的关键特征时，他主要关注的，显然是"左"的错误。在评论口号"贫雇农打江山坐江山"时，毛说这是错误的，坐江山的应该是雇农、贫农、中农和其他劳动人民。他接下去用一条具体的政策解释了这一点。制定这条政策的目的是避免急躁和冒险主义倾向，特别在和中农打交道的时候。一旦发现中农被错误划为富农并被当作富农对待时，必须改正他们的阶级成分，在可能的情况下退还财产。富中农的财产不经主人同意不得没收，中农不得被排除在农会和农民委员会之外。

① 毛泽东：《目前形势和我们的任务》，《毛泽东选集》第四卷，第165页（第1251—1252页）。

关于对中小企业家和商人的政策，毛声称在之前减租减息时期采取的鼓励地主富农转入工商业的政策是正确的，今后依应继续。同样，土改最重要的目的是分配地主的土地、粮食、牲畜和农具以及富农的多余财产。不要花费不必要的努力搜查其他被这些人埋起来或藏起来的财物。

毛在最后说明了两点。虽然这两点恰好符合新的反“左”倾路线，但可能是之前纠正工作方式时遗留下来的政策。第一，明确地要求停止采取不必要的暴力。“必须坚持少杀，严禁乱杀。”他写道，指出如不这样做，党将会脱离人民。他进一步坚持，犯了罪行的嫌疑犯将像《土地法大纲》规定的那样在人民法庭受审。只有得到当地县级或分区一级所组织的委员会的批准才能判死刑。第二，毛强调仍有必要与犯下错误的干部和党员，以及工人农民中的“坏分子”做斗争。必须让所有人都清楚，群众有权批评干部和党员，将他们从岗位上撤下来，以及建议将他们开除出党。[①]

任弼时 1 月 12 日的讲话实质上是对毛 1 月 18 日指示中几个要点的详细阐述。任指出了在什么样的困难和顾虑促使下，党才采取了新姿态，努力“紧密联系中农”。他指出，当我们和日本人打仗的时候，中农对我们的工作有很大的贡献，就像在我们对蒋介石的斗争中一样。“我们的人民解放军现在 30% 到 40% 是中农。假如我们破坏了中农的好日子，这会让我们输掉战争。”他还指出，在土地已经平均地、彻底地分掉的老解放区，大部分人民现在成为中农。因此合作化工作和经济的发展将依靠新的和老的中农，他们的生产经验以及他们拥有的农具使他们成为农村宝贵的资源。但是中农不但没有获得这样的待遇，整个解放区的证据都显示，他们的利益受到了侵害，结果是他们开始与党疏远。任谴责这种倾向“非常危险”，是一种“极端左倾冒

① 毛泽东：《关于目前党的政策中的几个重要问题》，《毛泽东选集》第四卷，第 182—186 页（第 1271—1272 页）。

险主义”的表现。

在很多地方，中农被错误地划为富农和地主，他们的土地和财产被没收，一些人甚至被殴打。他引用了蔡家崖的例子。这是一个位于山西兴县（在晋绥边区）的村子。551户家庭中有50户被错误定为富农和地主。这50户中大多数是中农，一些是贫农。

第二，贫农不但成为土改运动的领导支柱，而且经常大包大揽村里的每件事。前者是正确和恰当的，后者则不。中农没有一个被选为农民代表大会的代表，也不允许参加任何重要的决策，这些决策涉及：划分阶级成分、分配没收财产、对公共建设工程或征粮等职责的分派。

第三，公共建设工程或征粮的重担很大一部分压在中农的肩上。中农很自然对要负担村里最沉重的苦差愤愤不平。任弼时强调因为土改的目标现在已基本完成，假如不想让这些成果在混乱、敌意和对共产党支持锐减中破产——更不要说极端情况下农民还可能叛党直接投靠敌营，就必须纠正过激行为。

任详细探讨了将要应用于今后的标准。他详述了两份1933年关于阶级分析的文件的要点，并做了一定的修改。这两份文件被党重新发行，作研究之用。[①] 中央委员会新的决定显示了党对中农让步的诚意。它允许将25%的收入由剥削而来的人归为中农。在1933年，这个数字仅仅被定在15%。另外的一些训诫和解决办法包括目前阶级成分的变化、中农在农民代表大会中的地位和公平分摊税负的必要性。

任还解释了保护工商业的必要性，甚至以剥削生产者和消费者为生的地主和富农拥有的工商业也要保护。不能再重犯过去犯过的错误了。举个例子，在山西北部神木区高家堡就犯过这样的错误。当共产党军队占领了这个村庄的时候，甚至小商人的财产也被没收，结果买卖系统崩溃，人们只能溜到田里偷偷地买卖所需的东西。任警告说，当政府的贸易公司还没有广泛建立起来，供销合作社还没有很好地开

① 见第278页注①。

办起来的时候，这样的政策是自杀性的。

最后，像毛一样，任指责不加区别的殴打、杀害和将施虐作为一种惩罚方式的做法。这些都曾经在土改运动的过程中被广泛报道。但是，任进一步指出了扩大暴力活动范围的问题，批评干部对群众及其阶级敌人动粗。既然群众将参加到调查和批评当地干部和党员中来，挨过打和吃过其他苦头的农民有可能采用暴力作为报复的手段。他警告，在调查会议开始前，我们必须对干部和群众讲清楚双方在将来再也不得使用暴力并进行报复。①

新的综合

在2月下半月，中央委员会在1948年2月22日《关于在老区和半老区进行土地改革工作与整党工作的指示》中，正式调解了两条政治路线的分歧。② 该指示和任的讲话后来被作为两份关于土改和整党工作的基本文件在党内传播，同样得到传播的还有修改过的1933年关于阶级分析的条款和三篇概括土改和整党典型经验的文章。③ 在一篇短文中，毛亲自指示要将三个个案研究向每个村的工作干部传达。他写道，这些案例比来自党中央的所有指示和命令更宝贵，能够帮助那些缺少经验的人掌握恰当的工作方法。④

---

① 任弼时，第10—31页（见第372页注①）。

② 《中共中央关于在老区与半老区实行土地改革工作与整党工作的指示》，见《三个典型》一文，第1—8页。在该中央指示之前，晋冀鲁豫边区党委发表过相似的政策声明，1948年2月6日，见刘少奇等：《土改整党典型经验》，第32—33页。

③ 想要这些档案的其他版本，见刘少奇等人的《土改整党典型经验》，也可参见《土地改革与整党》。

④ 毛泽东：《序言》，1948年3月12日，载于《三个典型》一文，第32—33页。毛的评论指的是这三个个案研究，但是他的序言是特别为谭政文《山西崞县是怎样进行土地改革的》写的，最早由新华社陕北分社在1948年3月18—21日发表并重印，第34—50页。

土改的巩固

《关于在老区和半老区土地改革工作和整党工作的指示》正式放宽了《土地法大纲》第六条规定的绝对平均地重新分配土地的原则。另外，指示消除了围绕着转变而产生的一些困惑——转变是指首先从关注穷人的需要转为重点抚慰中农。这是通过把土改已基本完成的地区和未完成的地区区分开实现的。在土改未完成的地区，着重关注的依旧是穷人的需要。

实现了这个基本区分后，党就能够用更系统的方式阐述土改和整党工作将来所采取的路线了。指示概述了存在于老区和半老区的三种典型情况。

第一种和第二种情况

在第一种情况中，已相对彻底地执行了土改。中农和新中农为多数，占到村人口的50%—80%。贫农（包括那些没有充分享受到土改果实的人和降到贫农身份的地主和富农）占到村人口的10%—40%。在这些区域，可以被认为土地已经平均划分了。解决剩下的问题，要采取比重新调查和重分土地缓和得多的方式。假如认为有必要从新富农或富裕的农民那里取一些土地分给穷人，必须经主人同意。

在第二种典型情况中，已经执行了清算斗争和《五四指示》。农民已经被动员和组织起来，但是土地还没有彻底进行分配。这可能有各种原因，比如不称职的领导，党内的阶级不纯，官僚主义或是战火逼近。在这些地区，贫农是多数，占到村人口的50%—70%。老的地主和富农依旧存在，平均而言他们保留了比中农更多的财产。然而，除非大部分村民要求，将不会再搞一次土地重新分配。但是土地和财产将尽可能平等地做出分配。指示承认，没有放手大干的原因是地主和富农手里没有足够的土地能够满足穷人的需要，而官方不提倡从中农那里拿走土地，除非中农的土地是村里贫农平均土地的两倍。假如是这样，只能拿走不超过 1/4 的中农土地，还必须经过他自己同意。

在组织方面，贫农团重要性的降低标志了安抚中农的努力。这一情况在上面描述的新中农成为主导阶级的第一类地区，尤其显著。在这样的地方，贫农团不会立即被废除，而是逐渐转变为代表更广大人群的农会中的贫农小组。

个案研究

为了解决这两种典型情况下所特有的问题，中央委员倡导学习山西绥德县黄家川的经验，将它作为供其他地区效仿的榜样。这个村庄有 75 户人家，333 人。在 1948 年初，已经基本上令人满意地完成了土改。从数量上来看，土地问题已经在实质上获得解决。村里已经没有无地的家庭了。但是 41 户中农家庭和 31 户贫农家庭之间还是有不平等。所以这个村庄在《土地法大纲》公布之后对土改情况进行了重新调查，其核心是解决中农和贫农持有的土地数量上和质量上相对较小的差异。这个过程用了 21 天。前 9 天用来重新调查和注册土地情况，由一组二三十个村民来做这件事。他们每天出门来到田里，跟随他们的有 5 个对当地土地问题经验丰富的农民仲裁者，特别关注了土地的质量、肥力、离村子的距离等问题。

在这些初始的调查之后，有 7 天的时间来重新分配土地，把那些拥有多余土地者的土地送给最缺地的人。从 3 户已经沦为贫农的旧地主家庭又拿走了 17 垧土地（根据该地区的标准，一垧等于差不多三亩）。但是甚至再加上公有和合作管理的土地后，还是不够。此时，中农对整个运动的热情降低了许多。当这些变化得明显的时候，工作队干部挨家挨户鼓励中农将他们的忧虑说出来。干部试图平复中农的恐惧，采用的方法是向他们解释不会违背他们的意愿强迫他们放弃土地，因为党的政策是团结他们和帮助贫农。随后欢迎那些有多余土地的人自愿放弃土地。

在这种社会压力下，17户中农家庭上缴了几垧土地，但是一些有多余土地的家庭依旧不为所动。工作队干部在心中牢记毛的不使用暴力的命令，组织了讨论会。讨论会延续了差不多三天。每个人都批评了黄维治和黄宪曾的自私，两人都是持有一些多余土地的中农，都拒绝交出任何土地。另外一个中农，黄明亮，同意让出一些土地，但之后后悔了，农会让他拿回了地。接着他家的另一位成员让出了土地，他又一次地将土地收回。最后，村里积累了55垧地。这些土地的大多数重新分配给了28名贫农和8名中农家庭，作为对他们已有土地的补充。又用了5天的时间来进行官方的重新调查和最后的调整。最后，宣告土改彻底地、令人满意地完成了。①

第三种情况

第三种情况中，土改工作要么完成得很糟糕，要么，在一些重新夺回来的边区，土改根本没有进行。在这些地区，在安全许可的情况下，土改将被彻底实行。所有地主和富农的多余财产将被没收。只有中农的土地在超出农民平均土地的数量低于1/10的时候，中农才被允许保有多余土地。但是，不经他的同意则不得拿走他的土地。假如村里没有足够的土地，大家庭每人占有的土地可以少于分配给小家庭每人的数量。广大贫民将获得土地，但是“决不能犯绝对平均划分土地这一错误”。②

整党

对基层整党这一重要问题，《关于老区半老区土地改革工作和整

① 《黄家川是怎样调整土地改革的》，新华社，1948年2月28日，见《三个典型》，第57—60页。

② 在这第三种村庄，土地没有恰当地分配。毛赞同将山西崞县的经验作为模范。这个县出现的问题是：在30个左右行政村错划了成分：43户富农家庭被错误定为地主；106户中农家庭被错误地定为富农；31户中农家庭被错误定为地主；51户其他家庭被错误地定为“破落”地主。见第376页注④。

党工作的指示》推荐普遍采用晋察冀边区平山县采用的方法。该地区把巩固土改和整党结合起来，包括农民自己对党员和他们的工作进行公开批评。毛泽东在推荐三个研究个案时，将刘少奇作为平山县整党经验研究的作者。[①]

整党是必要的，因为村里依旧有一些党员利用他们职权侵害农民利益，从而使土改的成果付诸东流。但是，基层整党不但要在村里实行，也要在镇子、工厂、学校、军队和其他机构中实行。要想采用既定的方针并获得成功，唯一前提是强有力的上层领导和在每个支部有一些好的骨干党员。在不具备后者条件的情况下，上层党领导将解散支部，直接动员群众，依靠贫农团、贫农小组和农会来实行土地改革，批评当地党员和最终重组当地支部。

在1947年底，平山县差不多成功实施了土改，但是像通常一样，这个县也不是毫无问题的，期间出了很多乱子。在一些村庄，农民自发起来反抗，与坏干部和党员做斗争。干部被袭击和殴打。同样，派往村庄的工作队干部的行径经常只能火上浇油。他们中有人一意孤行，把土改和整党割裂开，有些人的处理方式阻碍了当地问题的解决，有时甚至只能将农民反对的人调到其他村了事。

然而，在1947年9月关于土改和整党的决议出台之后，接着就是严肃的实施工作，尤其是在老区的各个县。一开始，在村党支部开始调查党员的阶级背景和工作方式时，这一切都关上门进行。但是马上有了不同的方式，当地党支部把他们的会议首先对非党员的贫农，然后对中农开放。经常有二三十个党员和七八十个非党员的农民参加调查会。用这样的方法，每个当地党员的工作方法经过了村民的严格审查。

刘少奇写道，过去基层党组织的保密使得单个党员能够令作为整

① 刘少奇：《平山整党和发动群众相结合的范例》。最初为新华社1948年2月27日从晋察冀边区发出的无署名报道，见《三个典型》，第54—55页。

体的党脱离当地人民。将党向公众开放，允许他们来批评真是一件严肃的事，但是这样的民主整党运动拥有无可比拟的好处。首先，如果党足够尊重非党员农民，听取他们的委屈和意见，他们将更加尊重党。另外，公开调查会议的批评精神提供了一个有效的替代品，替代了很多农民希望加诸某些党员的报复，这些党员曾经不公平地对待过他们。还有，党一旦表示为了解决事关重大的问题，愿意严肃对待党员，农民将受到鼓励，从而把所有对党的怀疑和盘托出。这将给党更多的机会了解农民的态度并做出合适的回应。

刘总结道，用这种方法，当地党员将学习接受批评，在规定时间内改正他们的错误，更深层次地教育和发动群众。更重要的是，寻找干部和党员的错误和弱点将不是群众单方面的事了。

关于过激行为的影响

韩丁为我们提供了又一则关于土改和整党过程的个案研究。他在山西潞城县的观察说明了，即使之前党中央已经为所有典型的问题拟定了理论上的解决办法，在实际执行过程中仍然是困难重重。党中央2月22日指示归纳的三类不同的土改情况，潞城县所在的晋冀鲁豫边区早在2月初已经扼要叙述了，并显然成为当月召开的潞城县土地会议的指南。[①]

韩丁所观察的张庄被归类到第三类村庄，那里土改还没有彻底实行。干部当时采取的是他们认为恰当的贫农路线，并着手消灭右倾的错误。一开始的工作是：去除令党内阶级不纯的分子；惩罚滥用职权的干部和党员；重新调查和重新分配土地和财富，越平均越好。但是不久之后这一切突然转而成为对“左”倾冒险主义的攻击。

这一转变开始于4月，在同一个月，边区党委发表了《关于改正

① 关于《晋冀鲁豫边区指示》，见第376页注②。

左倾冒险主义的指示》。[①] 指示命令：（1）改正对中农的过激行为，退还他们的财产；（2）“将一切扫地出门”的做法即没收坏地主的所有个人财产——应该被看成是一个暂时的教育手段，应该允许这类人保有足够的赖以维生的财产；（3）取消对人民民主权力所做的过度限制；（4）只有人民法庭才有判决死刑的权力，执行死刑的办法是枪毙，所有其他形式的肉刑和体罚从此以后禁止实施；（5）所有的工商业，包括地主和富农在城市和农村拥有的工商业，将受到保护，不被清算、没收和分配。

在潞城县，工作队干部不得不对突然的转变负起很大一部分的责任，因为他们在两个月前低估了土改的进度。在 4 月的县土地会议上，村工作队被批评过分强调满足贫农的所有要求，忽略了中农的利益，在他们与基层党员打交道时把他们当作阶级敌人对待。在每户家庭根据党的标准重新划分成分后，将所有从中农那里非法没收来的财产赔偿给他们。[②]

在潞城县和整个边区，转变同步发生，一齐转向打击“左”倾冒险主义，这说明“左”倾的主要责任事实上不是来自工作队干部。以下事实加强了这一结论：转变在边区发生的日期相对较晚，比毛泽东将“左”倾过激作为关注中心要晚三个多月。有的人也许会争论在晋冀鲁豫边区落实党中央的政策，执行它的路线本来就需要这么长时间。然而，一个更合理的解释似乎是，边区官员在推进工作时力求与当地情况和发展群众运动辩证地保持一致。并且该过程清楚地记载在党中央 2 月 22 日关于土改情况三个不同类型的指示中。在第三个类型中，土改没有被彻底执行的地区，党中央依然批准对村里土地进行基本平分。

毛在 1927 年《湖南农民运动考察报告》中，写了“矫枉必须过

① 《晋冀鲁豫中央局矫正左倾冒险主义的指示》，1948 年 4 月 23 日，见陈伯达等编：《关于工商业的政策》，第 42—45 页。

② 韩丁：《翻身》，第 243—415 页。

正”。这是人们能找到的对“群众运动法则”的最简洁的表述。[①] 这一法则贯穿了20世纪40年代群众斗争和土改运动的始终。彭真、黎玉和最后中央委员会本身，都指出右倾是运动开始阶段最大的障碍，在实现新层面的统一和放宽政策之前，必须利用“左”倾的路线来克服右倾思想。

对党领导来说，最严重的问题既不是过右也不是过左，而是无法正确地判断一个阶段已经过去另一个阶段应该开始的那个关键点。黎玉在1945年警告山东干部：发展群众运动的关键点是正确判断在特定地区，这两种倾向与具体情况的关系。假如过早实行和平的重新和解，那就无法彻底克服当地的抵触，农民因此就不能独立，形势将归于失败。1945年在山东，过激的作用是将减租运动转化成了真正的群众对“封建势力”的攻击。就像在同一时间，毛在提及关于发展减租中的极端主义时写的那样，任何在这个阶段犯下的过激都可以在以后被更正。

《土地法大纲》第一版所规定的试图均分乡村财产的决议也许在绝对意义上是错误的，但是它同样是土改运动“左”倾阶段的一部分；而且，该阶段不但没有受到批驳，反而在2月22日中央委员会指示中被重新肯定。它确定，在情况允许的情况下，在土改没有实行、农民没有被发动起来的地区，土地应该被彻底地——假如不是绝对地——被平分。指示提到了在这样的地区，中农可以被允许拥有比贫农稍多一些的土地，也提到了中农多余的土地未经许可不得强取，但是指示不像1947年中华东局所说的那样，完全不准动中农的土地。依然是只有在已经彻底实行土改、土地分给村里贫农的地区，才开展最严肃的工作：安抚中农和将他们重新吸收到村行政结构中来。

因此对中农犯下的“过激”似乎是当群众运动与中国乡村的社会经济现实相互作用时，前者的内在冲动造成的不可避免的后果。它的

① 见第320页注③。

作用是打击培养了村里特权阶级的经济不平等和确保把物质利益分配给华北的贫农。

总　结

现在可以总结在本章导论中提出的三个问题的答案了。关于共产党在抗日战争时期温和的土地政策和从中吸取的革命教训的性质：减租减息显然在根据地开始形成时所起的作用很小。直到 1942 年，减租才开始在群众范围内实行；而且直到根据地获得了基本的军事和政治安全后，才成功地实行。

由于没有选择，中国共产党的主力在日军侵华初期被局限在华北。考虑到抗日统一战线的好处，中国共产党抛弃了激烈的没收土地和重新分配的政策。共产党曾用这种办法动员农民，获得他们的支持，以及破坏现存农村权力结构。减租减息的统一战线土地政策使共产党面临一个两难处境：要么他们找到新的方法使得财富从有钱人那里转移到穷人手中；要么他们无限期地放弃他们作为革命政党的身份。对共产党来说，第一个选择极其巧妙，因为它既使得他们保存了政党的性质，又提升了他们在华北的成功机会。在华北，租佃无论如何都不是主导问题。

作为寻找新的财富转移方式的结果，到 1945 年，共产党的农村土地政策得到了拓展，将一套新要点包含其中。这些新要点通过清算旧账目的策略，能够给华北的基本群众提供利益。除了分配战斗成果的物质激励外，共产党还解决了所有农民的心头之患：在农村中，有政治权力和社会地位的人大搞腐败和专权。通过促使这些问题的处理，以及所有其他关于土地所有和使用、无偿雇工和债务的问题解决，中国共产党发现了“通过阶级斗争动员群众”的方式，甚至在地主不是村里群众关心的问题的地区也适用。这个方式是共产党从抗日战争中学到的第一个革命经验。

第二个经验与该方式的应用过程有关。中国共产党不但发现了破坏农村经济、政治权力系统的方法，还发现了如何动员农民、在他们的支持下建立一个新的系统的诀窍。他们掌握了如何把对统治阶级的斗争变成中心工作，即“所有其他工作之母”。就像潘复生说的那样，在抗日战争开始的时候，所有单位各行其是，主要工作和次要工作之间没有协调和区别。之前取得的成果微乎其微，直到党学会了将通过阶级斗争作为动员群众的中心工作。在山东，黎玉将斗争运动描述成所有其他乡村工作——包括党建和征兵工作——的出发点。

从抗日战争岁月中学到的第三个重要经验是成功发起斗争运动所必需的条件。在党的土地政策在任何地区彻底实行之前，军事上必须赶走敌人、破坏他的政治统治，是建立新权力结构的核心。所有党的指示，不管是中央还是地方，都强调在受敌人直接威胁的地区将阶级摩擦最小化的重要性。只有在整个地区满足一定军事和政治前提后，土地政策和它发动的农村斗争才能成为农村工作的焦点。抗战动员了人力。1943 年后，日军开始力有不逮，中国共产党为在华北大规模创造这些前提提供了所必需的领导。

在接下来的内战期间，土改计划是共产党革命工作的关键。该计划在华北的发展以及从它的执行方式和所需条件中获得的经验，必定是共产党在抗日战争期间学到的最重要的革命经验之一。党 1946 年的《五四指示》中将这些经验明确起来，表示官方将从减租转换到了土改。事实上，《五四指示》所标志的，不是土改的开始，而是在实践中发展起来的、贯穿整个抗日战争的多样化斗争运动的最高峰。

土改成功实现的最基本的条件是保护它不受敌人破坏的军事能力。1946—1947 年国民党军队出其不意地进犯共产党根据地，以上结论得到检验。这样的进犯使得抗日战争时期制定的发动村内阶级斗争的前提条件不复存在。共产党军队不再能自由采取行动，中央政府开始在农村重新建立它自己的政权结构，并得到共产党在斗争运动期间创造的敌人的帮助。

党中央1948年5月25日的指示承认了想要在这种情况下实行土改的危险。该指示重新确立的前提条件，与抗日战争时期所采取的本质上是相同的。甚至当共产党准备向南移动的时候也是这么做的。在这些南方地区，租佃比华北更普遍。除非涉及的地区军事上是安全的，除非大部分农民要求土地重新分配，除非有足够的干部领导工作，否则不实行土改。这些条件在1947年夏以后解放的地区即新解放区还不是普遍具备的。这些区域接到命令暂时放弃土改。

下面回答上面提出的三个问题中的第二个——中国共产党停止在这些地区实行土改是因为土改成功实行的前提条件还没有建立起来。

然而在实行土改条件具备的地方，土改动员和组织了“基本群众”，把他们吸收进中国共产党领导的新农村政权结构中成为可能。标准的解释是当农民的生活得到改善，他们的觉悟也提高了，他们愿意行动起来。当然共产党寻求，也毫无疑问地得到了“支持”——作为重新分配财产所提供的实物利益的回报。但是这一过程远不像所说的这么简单。党内批评显示由斗争运动和重分财产激发出的新的阶级觉悟不像1946—1947年所声称的那样，能够直接产生对国民党作战所需要的特定类型的支持。

就这一点而言，颠覆现有农村“精英”阶层是土地革命首要的目标。在任何特定的村庄，政权是否由地主支配不是问题所在。关键的因素是土改破坏了当地当权者对政治和经济的控制基础，这是创造新秩序的必要一步。新秩序的建立是土改作为“所有其他工作之母”的第二重要的组成部分，并像一位作家所说，这使得党的政策能够深入群众。参加多种多样的控诉运动最活跃的农民，有的入伍成为共产党的新兵，有的进入村里新的领导班子。分到土地和财产的农民加入了农会和其他村机构。就是这个由农民自己组成的体制结构，共产党可以依靠它，由它负责组织军事运输队，以及对不愿意应征入伍的人施加社会压力。这就是当自由派评论家提到作为土改的结果，党在农村扎下根时，想要表达的意思。

一开始，斗争运动不考虑阶级界限。这是当共产党想要寻找转移财富和动员华北农民的新方法时，斗争对象众多造成的不可避免的结果。在1945年之前，运动的这一特征在分配斗争果实中也很明显，虽然大体强调将富人的财产给穷人。在1945年之后，阶级界限的划分更清晰了，党在这一方面更努力了，即：特别要让贫农和雇农分到财产。这一努力的结果是第一版的《土地法大纲》。《土地法大纲》规定了平分村里的财产，这显示了中国共产党对“耕者有其田”的解释远远超出了消除地主—佃农关系。由于财富之少和中农数目之多，如果要绝对平分财富的话，就必须侵犯新中农和老中农的利益。党对待中农的一大特征——相互矛盾之处，似乎最终被这样解决：含蓄地要求在平分土地和财产的过程中，将他们包括进去。

1948年初，当考虑到中农利益而抛弃了绝对的平均主义政策后，有一点开始变得很明显，那就是：中农问题依旧没有得到解决。试图将贫农作为一个阶级消灭，在1947年很明显是一个太过超前的目标。但是在群众运动的背景下，它是如此重要以至于不能完全地抛弃掉——虽然这样有疏远中农的危险。因此对中农态度的摇摆不定继续着，甚至在制定党的内战土地政策最终决策时也不能免。最严肃的工作——安抚中农，只有在土改已经完全实行的地区，才会付诸实施。

第八章 CHAPTER 08

回到城市

1949年3月，毛泽东发表了历史性的讲话："从现在起，开始了由城市到乡村并由城市领导乡村的时期。党的工作重心由乡村转移到了城市。"[①] 1927年，共产党被迫放弃了将无产阶级作为主要支持力量的根本政策。在此后的20年里，共产党将大部分时间用于增强自己在农村的力量。到1948年，军事上的迅速成功让共产党突然掌握了大量城镇。共产党必须重新担负起领导中国无产阶级的责任，然而此时它还没有完全做好这种准备。

当时，城市人口占中国总人口的比例不超过20%。尽管如此，这20%的人口几乎掌握了维持一个全国政权和建设社会主义经济所需的所有智力、技术和行政资源。此外，城市仍然是国民党的主要力量来源。共产党人的敌人嘲笑他们是"乡下土包子"。外国观察者坚持认为，甚至到1948年底，共产党都不会试图夺取大的沿海城市，因为共产党的领

① 毛泽东：《在中国共产党第七届中央委员会第二次全体会议上的报告》（1949年3月5日），《毛泽东选集》第四卷，第363页（第1427页）。

袖足够明智，知道他们无法应对城市问题。①

即使毛泽东本人严重怀疑共产党管理城市的能力，他也没有把这种疑惑告诉任何人。但他确实在 1949 年 3 月发出严厉警告：如果党不能学会如何管理城市并赢得对城市敌人的斗争，将无法巩固政权并最终失败。因此，中国共产党开始以推行土地革命时同样的决心和毅力进行自身的“城市化”改造。事实上，自 1945 年之后，他们一直在进行这方面的准备。

根据共产党自己的估算，到 1948 年中，他们已经控制了 586 座“城市”。在这里，“城市”这个词是指包括县级城镇在内的所有人口聚集点。② 共产党控制的大部分较大的城市位于东北，其中包括 7 个省会（括号中的日期是它们被共产党占领的时间）：哈尔滨（1946 年 4 月 28 日）、北安、呼伦、齐齐哈尔（1946 年）、佳木斯（1945 年 11 月）、丹东（1947 年 6 月 10 日）、四平街（1948 年 3 月 13 日）、牡丹江（1946 年）、吉林（1948 年 3 月 9 日）、辽阳（1948 年 2 月）、营口（1948 年 2 月，随后丢失，但于年底之前重新夺回）。到 1948 年年中共产党控制的其他城市包括河北的石家庄（1947 年 11 月）和河南的洛阳（1948 年 4 月 7 日）。

① 据一位美国外交官说，他的上海同事普遍抱有这样的看法。持类似观点的有哥伦比亚大学的教授裴斐（Nathaniel Peffer）、经济学家陈翰笙、美国驻华大使司徒雷登以及美国驻北平总领事（他引用的是来自共产党方面的传言）。见美国国务院编：《美国的外交关系》（1947 年，远东中国卷），第 46—47、161、220 页。

② 《解放区两年发展统计》，载于新华社编《人民解放战争两周年总结和第三年的任务》，第 49—50 页。想要总览 1946 年 7 月到 1947 年底这段时间内攻取和丢失的城市，见《1948 年手册》甲卷，第 33—35 页。

哈尔滨是这些城市中最大的一座，拥有76万人口。① 苏联军队撤走后，哈尔滨被共产党接管。1946年至1949年，哈尔滨为共产党提供了处理城市问题最主要的经验。然而，共产党在城市问题上遇到的第一个现实挑战并不是哈尔滨，而是北平西北部的张家口——当时隶属察哈尔省，由晋察冀边区管辖。

共产党控制了张家口大约一年多时间——1945年8月底到1946年初。据估计，当时张家口拥有15万至20万人口。张家口并不是唯一一座共产党在日本投降后占领的中等城市。威海卫和佳木斯也给共产党带来了同样的管理困难。可能是因为张家口的位置更靠近中国中部，共产党试图将它发展为自己的第二个战时中心。我们并不十分清楚共产党在张家口取得了怎样的城市管理经验，但仍可以找到一些有关共产党1945—1946年城市政策的可信的资料。

张家口的实验

1946年1月以后，北平军事调解处执行部时常会派遣一些记者乘机前往张家口监督国共双方是否执行了停战协议。在接受采访时，共产党的领导强调他们缺乏管理城市的经验。他们经常谈到，张家口的经验将帮助他们确定农村干部是否能在城里有效地开展工作。②

---

① 除了大城市，很难找到20世纪40年代的人口统计。以下是1948年中中国共产党占据的绝大部分大城市的人口数据（包括1946年失守的威海卫）。原始资料来自：（1）《东方年鉴》，1942年，第508页；（2）《中国手册》，1950年，页码已标出。

安东(1)	315242	牡丹江(1)	179217
佳木斯(1)	128667	石家庄(2), 46	217327
哈尔滨(1)	661984	四平街(1)	68418
哈尔滨(2), 17	760000	齐齐哈尔(1)	133495
呼伦(1)	39877	威海卫(2), 60	222247
吉林(1)	173624	营口(1)	180871
辽阳(1)	100165		

② 上海《大公报》，1946年3月7日。

毫无疑问，共产党控制城市发生的变化给所有第一次到访的人留下了深刻的印象。街道上没有乞丐了。人力车夫也大大减少了——和妓女一样，共产党政府鼓励他们寻找新的职业。警察的警棍被没收了，并且被禁止恐吓和殴打包括人力车夫在内的底层劳动者。这些城市给人一种井井有条、管理良好的印象。街道得到定期清扫，在夜晚有良好的照明。建筑物和由市政府拥有和管理的公共汽车得到了很好的维护。

首次来访的人还对共产党打击汉奸的高效率印象深刻。中央政府试图重新占领日本控制的地区，但收效甚微。共产党尽量避免国民党曾经犯过的错误。进入张家口后，共产党立刻逮捕了 300 名汉奸——他们过去曾积极地配合日本人管理这座城市。包括前市长和秘密警察头子在内的 12 名汉奸被处以死刑。其他人在获释之前必须参加为期 3 个月的培训课程。[①]

然而，许多干部的表现并不那么令人满意。到 1946 年 3 月，共产党在张家口的军事和文职人员已经达到了 20 万。[②] 晋察冀边区的报纸担心骄傲自满的情绪会影响一些干部的工作。许多干部似乎不明白，新的革命秩序必须以人民的利益为基础。他们也没有认识到和平时期城市重建工作的重要性。该报警告道："每一个革命战士和工作人员都必须坚持他在战争时期表现出的高度纪律性，他必须遵守和服从和平时期城市里的秩序和纪律。"[③]

将工作重心从农村游击战争转移到更平淡但更复杂的城市重建工作显然是一件十分困难的事情，但张家口的城市管理工作进行得十分顺利和迅速。部分原因可能是张家口的城市管理机构能被很好地纳入到晋察冀边区已有的行政结构中。共产党接管张家口之后，立刻组建

① 《繁荣、和平：张家口在共产党占领后》，见《中国周报》，1946 年 3 月 30 日，第 102 页；新华社延安电，1946 年 6 月 16 日。

② 《中国周报》，1946 年 3 月 30 日，第 102 页。引自张家口行政委员会主任宋劭文。

③ 张家口《晋察冀日报》，1946 年 1 月 14 日。

了一个由宋劭文领导的市民管理委员会。宋劭文毕业于北京大学历史系，是一个无党派的知识分子。同样在张家口刚刚解放不久，晋察冀边区的各个组织的代表就开始筹备在城市中建立相应的分支机构。这些组织包括边区总工会、共青团、学生协会、教师工会，以及农民协会。

在10月中旬，晋察冀边区政府和国民参政会——一个政府政策的民间咨询机构，国民党地区也有名字相同的组织——决定在察哈尔省和热河省建立正式的政府。这两个省政府完全由共产党控制。另一项决定是，这两个省的人民代表会议应在10月底召开，会议将讨论城市的重建政策，并正式宣布省政府的成立。[①] 不久之后，张家口就通过普选选出了该市参加察哈尔省人民代表会议的代表。

大约与此同时，张家口还进行了街道组织负责人的选举——该市所有的区都成立了街道组织。进行这些选举的一部分目的是消除不受欢迎的保甲制度。[②] 据称，工会在这种“竞选运动”中发挥了重要作用。12月公布的一份数据显示，112名工人被选为该市6个区——该市共有9个区——的街道组织的负责人。[③] 在随后的4月，又举行了该市国民参政会委员的选举，参政会定于年底召开。晋察冀边区政治局的一名委员指出，大约有80%的市民参加了这次选举，最终选出了90名参政会委员和30名候补委员。[④]

对市民日常生活造成更直接影响的是共产党对工商业和劳动者的态度。由于20年来，共产党的政策主要针对的是农村和农民问题，

① 《天津导报》（亲共报纸），1945年11月8日。

② 保甲系统是一种中国传统的地方组织和控制制度。国民党重新启用了这种制度，而日本人发展了这一制度。在日本统治下，十户家庭组成一个“排”，十个排组成一个“甲”，十个甲组成一个“保”。见弗兰茨·舒曼：《共产党中国的意识形态和组织结构》，第369页。

③ 肖明：《张家口全市工人首届代表大会的报告》，见《张家口全市工人首届代表大会》，第11页。肖是张家口总工会筹备委员会主任。

④ 新华社北平电，1946年4月30日。

因此没有人能够预测它的城市会怎样做。在农村，中国共产党重申支持私人土地所有制的原则，但反对现行的土地所有制制度。地主拥有的商业和工业企业被正式确认为农村封建经济的一部分。这些企业必须“收归国有，合作经营”。这只是党的农村政策得到正确执行地区的情况。在有些地区，甚至小商贩的货物也被没收并发给农民了。共产党的中央和地方文件告诫不要对城市资本进行类似的“清算”。但报告和随后的指令显示，这一期间，在一些当地官员的认可下，这种“清算”行为仍时有发生。[①]

除此之外唯一的线索是共产党有关新民主主义国家经济的若干描述，我们从中有可能猜到共产党将会在张家口采取怎样的政策。正如我们之前提到的，新民主主义经济是共产党设计的国民党一党专政结束后一段时期中国社会整体规划的一部分。一般而言，新民主主义经济的基础包括国营经济、私人资本主义经济，以及合作经济，但不包括垄断资本主义经济。大的工商企业将被收归国有，并由国家经营。[②]总之，共产党1945年的城市经济政策包括：消灭官僚资本（由国民党官僚控制的大型垄断企业）；抑制通胀；帮助私营企业（具体方式有贷款、提供原材料、协助产品的销售）；改善工人的生活水平。[③]共产党在内战期间就曾提出并广泛宣传类似的口号：“发展生产，繁荣经济，公私兼顾，劳资两利。”但真正的问题是，这样一个似乎对

① 第七章曾探讨过这个话题，1946年5月4日土改指示在第八条中对城乡情况进行了区分（见第289页注②）。冀鲁豫党委指示号召对地主在乡下所有的工商业企业进行清算和合作管理（见第333页注②和第335页注①）。任弼时（见第376页注①）指出了瓜分农村商业资产的自杀性后果。柯鲁克夫妇在《十里店：一个中国村庄的革命》的第112—113页提到县镇中对地主所有工商业财产的没收。柯鲁克夫妇（《十里店》，第138—143页）和韩丁（《翻身》，第154—155页）还提到了土改后在村一级合作管理企业。关于城市清算的更多内容列在后面。

② 毛泽东：《新民主主义论》（1940年1月），参见《毛泽东选集》，第二卷，第353页（第678—679页）。

③ 毛泽东：《论联合政府》（1945年4月24日），参见《毛泽东选集》，第三卷，第287页（第1080—1082页）。

所有人都有利的政策如何能在被农村动乱包围的城市中得到有效地实施。

劳工

1946 年中的一份报告显示，在上海的许多工厂发生的罢工和怠工现象并没有在张家口出现。[①] 共产党占据张家口之后，立刻采取了一系列综合措施，例如增加工资、改善工作条件、强调劳动纪律、组织大规模的工会活动。如果这份报告是可信的，共产党的工作无疑起到了成效。

工会组织

和日占区的大多数城市一样，张家口的许多工厂和车间都有共产党的地下党员和干部。日本投降后，为了厂房及机器，这些干部立刻将工人组织成护厂小组。据说，张家口的第一个工会是在 8 月 23 日，也就是共产党军队完全占领该市 5 天之前成立的。

张家口工人临时代表大会于 1946 年 9 月中旬召开，之后，共产党开始在各大工厂积极组织工人进行活动。到 12 月中旬，召开了第一届张家口全体工人代表大会，正式建立了总工会，共有 13933 名工人加入了 80 个商业工会（成员为 6325 人）和 81 个工厂工会（成员为 7608 人）。[②] 新成立的总工会规定，任何拥有 15 名或 15 名以上从事体力劳动或从事技术工作的雇员的企业都能够成立工会。具体来说，它们包括普通工人、技术工人或熟练工人、商店店员、学徒，以及工

① 延安新华社，1946 年 6 月 16 日。
② 肖明，第 10 页（见第 393 页注③）。

厂的低级职员或低级管理人员。[①]

除了对工人进行组织之外，共产党还发起了“斗争运动”，这一运动有些类似于当时农村正在进行的“清算”运动。根据总工会筹备委员会负责人肖明的说法，工人进行“斗争”的愿望非常强烈，常常等不及委员会派来干部就自己行动了。据记录，在9月和10月间，共进行了131次针对不同对象的斗争。最主要的斗争对象是那些据称压迫过工人以及曾和日本人合作的人。被划归为这一类人的工厂主和商人成为最明显的攻击目标，和地主一样，他们也被要求进行赔偿。除了27例“清算斗争”和24例“指控斗争”之外，其他的劳资纠纷包括：要求涨薪的斗争为56起、要求降低房租的斗争10起、要求其他福利的斗争5起。肖明声称，“斗争运动”提高了工人的觉悟，促进了工人运动的发展，使得工会的组织工作更易于开展。据报道，在张家口的工人中，共产党发展出了大约500名积极分子。[②]

自发的工人斗争运动并没有持续多久，新的工会很快开始对所有的斗争运动进行指导和管理。在那些建立了工会的工厂或企业中，工人们会选出一个工会委员会，代表全体工人和管理层进行集体劳资谈判。工人们被鼓励在小组讨论会和总工会会议上就工资、工作条件、福利待遇等事项自由表达意见和要求。严禁管理层像过去那样，用殴打、辱骂及其他恐吓手段阻碍会议的进行。

工资和福利

甚至在工会成立之前，共产党就已经开始采取行动改善工人的生活。新政府颁布的第一条法令规定，所有工人的工资都必须增加一倍。尽管这一规定引发了通货膨胀，共产党仍然在一个月后要求工资

① 《张家口市总工会组织章程》第二部分第3条，载于《张家口全市工人首届代表大会》，第12页。个别的工厂和企业的工会根据地区组成区工会。

② 肖明，第10页（见第393页注③）。

再次上涨25%—30%。到10月，许多工厂都成立了工会，开始积极讨论工人的工资待遇。日本人采用的复杂的工资等级制度被取消了。1945年10月26日，边区行政委员会公布了新的一般工资标准。

工人每月的工资被折换成固定数量的小米，但以现金的形式支付。随着食品、煤炭、布料这些生活必需品价格的上涨，工人每月工资也会相应地向上调整。根据新的标准：（1）年轻人、妇女，以及学徒的月工资为100斤到200斤小米；（2）普通工人为200斤到280斤小米；（3）经验丰富的工人为250斤到330斤小米；（4）技术工人为300斤到450斤小米。

重工业和轻工业工人的工资也有所区别。一般情况下，轻工业的普通工人（例如香烟制造工、榨油工、邮政工人、清洁工、旗号员）的月工资为200斤至250斤小米，有经验的工人月工资为250斤至300斤小米。重工业的熟练工工资水平是最高的，大约为每月450斤小米。[①]

到10月底，通货膨胀的压力已经十分明显了。工资不得不在11月重新上调。但生活成本仍在不断上升，到了12月，工人们再次要求增加工资。于是，轻工业的基本工资水平上调了10%，重工业的基本工资水平上调了15%。一份报告显示，通货膨胀十分严重，以至于到1946年3月，张家口的小米价格上涨到每斤28元至65元边币。[②]尽管如此，基本工资水平似乎在1946年初稳定了下来。从1945年4月到1946年初共产党撤出张家口，除去通货膨胀因素，张家口公有制工业企业工人的平均收入实际没有发生多大变化。普通工人的月工资大约为300斤小米，收入最高的熟练工人的工资可以达到500斤小米。工厂经理的收入为每月900斤小米。在政府军攻占张家口之前不久，安娜·路易斯·斯特朗曾到访过这个城市，她坚持认为张家

① 《关于张家口宣化公营工厂工人工资的标准》，载于晋察冀片区行政委员会编：《晋察冀法令汇编》，第129—130页。

② 上海《大公报》，1946年3月7日。

口工人的工资水平是她当时去过的所有中国城市中最高的。[①]

然而，按照边区行政委员会的说法，10月份公布的基本工资标准仅是一般性的指导原则。实际的工资水平需要根据具体企业的具体条件确定。事实上，根据这一原则，张家口的公有制企业和一些私人企业采取了三种不同的工资计算方法。其中两种是计件工资制度，这种方法主要是通过物质奖励提高产量。第三种方式则是根据工人的技术水平确定工资。

一些工厂采用了累进计件工资制，按照每个工人的具体产量确定工资。如果工人在一定时间内完成规定的标准工作量，将得到基本工资。如果超出标准工作量，将按照递增的计件单价计算工资。还有一些工厂采取奖金或奖励制度，工资与若干个工人的共同工作量挂钩。一个小组的工人只有在一定时间内共同完成规定的产量，他们才能得到基本工资。如果他们共同完成的工作超过了规定的标准，将按累计递增的原则增加该小组中每个工人的工资。一些混合型（既有个体生产，又有集体生产）企业采取分红工资制度。在扣除成本、损耗和折旧费之后，企业收益会按照某个固定的比例在企业主和工人之间分配。工人得到的那部分收益会根据每个工人的技术水平在他们中间进行第二次分配。[②]

在所有情况下，标准的工作量、工资水平、奖金以及分红都必须由劳资双方共同决定。如果工人和工会认为标准工作量不合理，可以对其进行评估或再评估。工人们毫不犹豫地利用这一新的协商权力。例如，有一家小肥皂厂已经较大幅度地上调了工资，但一些工人仍然要求继续增加工资。这家工厂属于公私合营的联合企业，雇用了36名工人。据说他们的收入已经达到了日据时期收入的数倍。工会委员会检查了公司的账簿，最后得出结论，如果支付工人所要求的更高的

① 晋察冀边区总工会工人报社编：《晋察冀边区工人五一纪念画册》；安娜·路易斯·斯特朗：《明日中国》，第65—66页。

② 延安新华社，1946年8月28日。

工资，企业很有可能会破产。委员会在总工会会议上解释了这一点，并说服工人放弃了继续增加工资的要求。[①]

我们很难确定，在张家口的所有工人中，有多少人的工资水平达到了政府为公有制企业制定的工资标准。例如，在 1946 年 6 月，一家私营茶叶公司工人的工资只有每月 120 斤至 160 斤小米。[②] 根据第一届工人代表大会上通过的决议，私营企业的工资上调幅度应根据该企业的具体情况确定。应该适当地增加工资，同时也要允许企业主获利。让经营者获利符合工人本身以及整体社会经济的利益。

工人代表大会还承认，很难对诸如木工、瓦工这样一些工作设立全城统一的工资标准，并建议城市的各个区设立各自的标准，自行解决这一问题。同样，张家口的各商业企业间也存在极大的差别，为所有的店员和其他职员设立固定的工资标准也几乎是不可能的，但可以出台一个旨在提高他们生活水平的一般性原则。此外，有人指责工会干部没有给予商业工人足够的重视。[③]

为了改善工人阶级的生活水平，共产党除了要求企业增加工资，还采取了其他一些措施。例如，共产党鼓励工会建立消费者合作社，工人可以在合作社买到燃料和衣服这样的生活必需品。许多这样的合作社成立起来了，它们向工人提供低价商品，缓解了市场波动和通货膨胀给工人带来的压力。在冬季，公有制企业中的工人还能得到一笔专门的燃煤津贴。为了最大限度地减少食品开支，工人被鼓励组建由自己管理的就餐小组，厨师的工资由企业支付。

共产党规定，雇主应承担生病或因工受伤的工人的医疗费用，不得在恢复期间停发工人工资。患其他疾病的工人也应该在休养期间领取工资，并在市级医院接受治疗。第一届工人代表大会通过了一项决

① 斯特朗：《明日中国》，第 67 页。

② 延安新华社，1946 年 6 月 9 日。

③ 《张家口全市工人首届代表大会议案》，来自《张家口全市工人首届代表大会》，第 15、19 页。

议，要求政府建立一批能为工人提供基本医疗服务的诊所。[①] 到这一年的9月，全市已经有4家公立医院、一些私人医院，以及13个诊所能为穷人提供免费的医疗服务。[②]

新政府还试图解决此时几乎所有中国城市都无法避免的失业问题。新政府规定，除非经过厂管理委员会（如果这样一个委员会的确存在的话）[③] 的讨论并得到厂工会的同意，否则雇主不得解雇工人。1945年10月5日，张家口总工会筹备委员会为失业工人建造了一幢宿舍。在投入使用的头两个月里，这幢宿舍接待了将近1000人。与此同时，市政府就业局试图帮助他们找到新的工作。不久，甚至连北平和天津的失业工人都大老远跑到张家口寻求帮助。[④] 到第二年的6月30日，据说就业局已经帮助大约1700人重新找到了工作。

苦力、瓦工、木匠这些工种往往是到了冬季就没活儿可干了。在政府的鼓励下，大约8000名这样的工人自己组织了合作社。其中12个合作社帮助工人转行从事纺织、煤炭运输、面粉等行业。市政府还向工人提供贷款，发放救济。但是，由于所有这些努力都无法彻底解决张家口严重的失业问题，政府尽可能动员非本地失业人员离开城市。大约3500名失业者在领取政府发放的旅费后，返回了家乡。[⑤]

到1945年12月，政府开始设法限制工人的要求，并且这一趋势越来越明显了。例如，16个工会在第一届工人代表大会上提出提案，要求雇主为员工提供工作服。而政府10月发布的有关标准工资的指令已特别说明了，雇主并没有这种义务。会议重申了政府的立场，最后做出决议，鉴于战时的困难条件，只有邮局、铁路、电力、电话等

① 《张家口全市工人首届代表大会》，第19页。
② 延安新华社，1946年9月3日。
③ 总工会提倡行政和工会干部在所有公营工厂内组织管理委员会，在这些工厂中工人数多于管理人员数。在私营企业，需要召开会议，使工人熟悉生产和管理状况。见第399页注①。
④ 肖明，第10页（见第393页注③）。
⑤ 延安新华社，1946年6月7日、6月9日。

少数行业的工人才有权要求雇主提供工作服。要知道，当时解放区的布料尤其短缺。

房屋在当时也十分紧缺。面对工人提出的住房要求，大会只是建议雇主尽可能为员工提供集体宿舍。总的来说，由于战争，政府无法有效地满足工人的住房需求。大会还做出决议，鉴于战时的艰难，工人将无法像往常一样，在年终拿到双份的工资和年终奖金。

劳动条件和纪律

新政府规定，原则上成年人一天工作 8 小时，年轻人工作 7 小时。但在与战争直接相关的物资的生产上，允许工人“自愿地”延长工作时间。例子有许多。这座城市刚刚解放，铁路工人就开始日夜赶修严重受损的平绥铁路。同样地，纺织工人和服装工人接到一项紧急任务，他们同意每天工作 10 小时，赶制几千套军服。1946 年 1 月，位于张家口附近怀化镇的新华钢铁厂为了增加产量，也开展了“应急生产运动”。在 12 月，边区印刷厂工人的工作时间从每天 8 小时延长到 11 小时，产量增加了一倍以上。[①]

除了采用计件工资制对工人进行物质上的激励，政府还通过树立劳动模范和采取劳动竞赛的方法鼓励工人提高产品的产量和质量。和农村的劳动英雄一样，在劳动竞赛中获胜、创下最高生产纪录的工人会得到政府报纸最热烈的宣传，并被树立为典范。

在工会的帮助下，几乎所有工厂都成立了学习班，政府鼓励工人每天到学习班上课。在学习班里，工人们主要进行政治学习，虽然也有计划开设扫盲和技术课程。到 1945 年 12 月，大约有 50 家张家口企业开设了工人学习班，工人们通常每天学习一小时，时间一般设在

① 肖明，第 10—11 页（见第 393 页注③）；见《晋察冀边区工人五一纪念画册》（见第 398 页注①）。

每天早上上班前或下午下班后。由于上课要占用工作之外的时间，因此工人表现得并不像这一计划的设计者想象的那样积极。工会代表试图解决这一问题，他们在 12 月的工人大会上指出，“由于寒冷的天气”，一些工人对这样的学习兴趣不大。大会则要求工人们理解参加学习班的重要性，但承诺不使用削减工资的办法强迫工人参加学习。

最终，政府制订了新的劳动纪律。这些纪律包括：按时上班、工作积极、认真负责、爱护设备。不能遵守这些纪律的人将受到批评和处罚。受到这种处罚的还包括一些养成“顺手牵羊”习惯的烟草公司职员。首先会召开小组会议，然后召开部分员工会议，被指控犯错的工人将在会上接受批评并当众检讨。最后召开全体员工会议，这次会议将决定给予犯错者怎样的惩罚。①

工商业

然而，仅仅是计件工资制、树立典型和劳动纪律，并不能确保增加产量。1946 年 1 月，边区党委发布了《关于 1946 年大生产运动的指令》。扩大农业生产，特别是粮食和棉花的生产，是这一指令的首要目标。工业和商业生产则是第二个目标。就工业而言，主要的目标是提高棉纺品和毛纺品的生产量。在河北中部和东部的高阳和宝坻，纺织业得到了政府大力扶持，这两个城市逐渐成为这一地区的纺织中心。该指令还要求恢复和发展轻工业，特别是那些与日用品和矿业设备相关的产业。任何愿意投资或开办企业的私人企业家，政府都表示欢迎。同样受到欢迎的还有愿意工作的所有科学家、工程师和技术人员。在商业方面，主要的目标是发展贸易和恢复边区的市场。在所有的目标中，特别提到的有张家口的骡子市场，安国（祁州）的中药草

① 延安新华社，1946 年 6 月 16 日。

市场，以及辛集的毛皮贸易。[①]

就边区政府本身而言，对农业的重视超过工业，对轻工业的重视超过重工业。政府最迫切的目标是，生产至少要达到这样的水平：维持人们的基本生活以及维持战争的进行。这些一般性原则决定了张家口的工业生产计划。这一年 1 月，边区工矿业管理局召集各企业的经理和董事，举行会议，再次强调了这些原则。

张家口“生产大纲”主要包括三点。首要的一点，那些在过去四个月里仍在运营的企业，应进一步扩大生产，停工的企业应立刻恢复生产。抗战期间，许多工厂遭到了破坏，或被迫停工，在这些工厂中，轻工企业是第一批恢复生产的。到 1946 年 1 月，几乎所有轻工企业都开始重新生产，但重工企业，仍有许多处于停产状态。

张家口工业生产计划的第二项，是要求大规模发展该地区的矿业生产。其中包括煤、铅和其他金属。政府最强调的是煤矿的生产。最后，农具以及纺织业需要的轻工设备，成为张家口工业企业生产的主要产品。[②]

边区工矿业管理局的负责人承认，对张家口工业企业而言，实现这些目标是十分困难的，因为它们缺少称职的管理人员。该官员指出，目前的问题是产量严重不足，并指责工厂经理没有进行必要的调查和研究。他警告道，对待工作，我们应该更加认真，并应当建立适当的管理制度以及按时完成生产任务。[③]

很明显，劳工政策中的某些条例是专为提高产量制定的。除此之外，政府还采取了其他一些具体措施刺激工业生产，它们包括：（1）政府向公私企业贷款；（2）广泛采取税收优惠；（3）向企业提供原材料并帮助销售。由于这些措施，边区整体工业促进计划有了一

---

① 张家口《晋察冀日报》，1946 年 1 月 26 日，（《中国新闻评论》，北平—天津，2 月 9 日）。

② 同上，1946 年 1 月 10 日。

③ 张家口《晋察冀日报》，1946 年 1 月 10 日。

个牢固的基础。1946年8月，边区政府开始推行它们。无论是公有、私有，或是公私合营，所有生产棉纱、毛纱、平板玻璃、钢铁、农具、机械设备、工业原料，或发电的企业，都能享受最优惠待遇。这些优待包括：（1）根据投资金额，免除企业2年到5年内所有商业税和收入所得税；（2）边区银行将向流动资金短缺的企业提供贷款；（3）帮助企业解决原材料和制成品运输上的困难；（4）成立了边区贸易公司、合作社以及其他政府机构，帮助企业采购原材料，销售制成品；（5）对于人力不可抗拒原因造成的损失，政府将进行救济，给予补偿。

政府规定，还有一类企业，在1—4年内，可以免交商业税和收入所得税，并享受上述所有优惠，但在发生灾祸时，政府对它们不负有赈济责任。这些企业包括棉纺厂、毛纺厂、面粉厂、印刷厂、日用品厂。

最后是第三类企业，同样可以在1—4年内免交商业税和收入所得税。不仅如此，在经营困难时，政府还会供给原材料，帮它们销售产品。这一类企业包括化妆品、玩具以及其他非必需品的生产商。酒和香烟是为数不多的不享受免税的行业。[①]

有关张家口公有企业和私营企业比例的资料不多。进入城市后，政府接管的企业似乎涵盖了各个行业，不仅包括公用事业、交通、重工业、矿业，还包括许多轻工业。资料来源没有说明，这是否表示，政府有意超越新民主主义经济纲领，扩大张家口的国营经济，或者这只是接收敌人资产的必然结果。但十分明显，边区政府急需外部资金。1946年3月，边区政府宣布，将23个工矿企业的所有权转移到私人手上。这些企业大部分位于张家口和宣化，包括香烟、火柴、纸张、纺织品、皮革制品、酒以及机械设备生产商。这23家企业原本由新华工业公司经营。在3个月内，新华工业公司将自己拥有的全部

① 张家口《晋察冀日报》，1946年8月5日；延安新华社，1946年8月11日。

股份卖给了商人和企业家，无论他们是来自国统区还是解放区。[①]

据估计，到这一年年底，市政府已经发放了大约相当于 2 亿元法币（CNC）的低息贷款给民营企业。[②] 此外，当地的 6 家私人银行也恢复了营业，每家都有大约 1 亿元法币的资金。到 1946 年夏天，这些银行共吸收存款 436590594 元，并向工商企业发放了 207676000 元低息贷款。[③]

根据许多来访者的描述，张家口的经济十分繁荣，造成这一点的一个重要原因是，共产党恢复了被日本人破坏的旧的贸易模式。接管张家口后不久，共产党就取消了边区内所有的贸易限制以及从边区出口食品的禁令。在传统上，张家口一直是这一地区一个主要的货物贸易中心，交易的货物主要有皮毛、粮食以及察哈尔北部和南部的牲畜。到 1946 年秋天，张家口皮毛经销商已经从 50 人增加到大约 150 人。在日本人占领期间，许多经销商被迫破产，现在在政府的贷款帮助下，他们终于能恢复生意了。此外，大约有 30 家专办内蒙古货物的运输公司也恢复了运营。张家口市政府还积极协助其他新运输公司购买骆驼和卡车。

1946 年春天，张家口重开了食品市场。在这里，察哈尔北部的粮食可以与河北中部的布料进行交易。据报道，国民党控制下的北平和天津的商人也赶到这儿购买粮食。[④] 在整个边区，乡县集市、庙会、普通市场都重新开放了，这不仅使张家口和解放区内其他地区的商品流通了起来，就连解放区和国统区之间，也是如此。往来于各处市场的行路商人，发挥了重要作用。他们像纽带一样，将两边市场连接起来，尽管中央政府发布了严格的贸易禁令。[⑤]

① 延安新华社，1946 年 5 月 11 日；延安新华社，1946 年 6 月 6 日。
② 延安新华社，1946 年 9 月 3 日。
③ 延安新华社，1946 年 7 月 22 日。
④ 延安新华社，1946 年 6 月 9 日和 7 月 30 日。
⑤ 北平《解放日报》，1946 年 5 月 7 日；张家口《晋察冀日报》，1946 年 1 月 9 日。

通货膨胀

由于缺乏资料，评估共产党解决通货膨胀问题时的表现，是件不容易的事。当地官员声称，虽然政府许诺，但并没有增印钞票，而是通过借贷渡过难关。即便如此，由于边区无法完全打破国民党政府的经济封锁，对张家口而言，完全不受国民党城市日益严重的通胀的影响，是极为困难的。除了这些外部压力，共产党最初制定的工资政策，对他们也是不利的。因此，实际的情况是，正如我们在前面提到过的，在共产党进驻张家口的头6个月里，作为边币基础的小米的价格上涨了一倍多。

尽管如此，共产党采取了许多针对性措施，以减轻通胀造成的压力以及张家口市民由此遭受的损失。在第一轮工资增长之后，政府似乎试图将工资维持在一个稳定的水平上。在张家口，边区贸易公司和政府食品公司对一些基本商品的价格进行了控制。此外，成立了大约100个生产者和消费者合作社，工人和其他人可以向这些合作社寻求帮助，减轻通货膨胀带来的伤害。在国民党控制的城市，猖獗的投机活动使通胀更加恶化，合作社有效地遏止了这种行为。[①] 恢复工业、贸易和运输的做法同样有助于抑制通胀的发生。

因此，在张家口，共产党虽然无法彻底消除通胀，但似乎能将它控制在可管控的范围内。做到这一点，共产党的基本经济政策或许比其他任何因素起的作用都更大。这一政策既立足于农村的非货币经济，也源自于共产党相对保守、强调节俭和自给自足的经济理论。

社会改革

在解决城市社会问题方面，最让人感到惊奇的是共产党对妓女、

① 延安新华社，1946年9月3日。

吸毒成瘾者、小偷以及其他“封建残余”的改造。在改造过程中，共产党将强迫和说服的手段结合起来。事实上，这种方式与早期延安使用的对付不愿劳动的农村落后分子的方法几乎是相同的。[①] 改造的目的是，使改造对象自己认识到，改变他们的生活方式，无论对他们自己，还是对整个社会，都是有益的。

一开头，政府并没有直接禁止卖淫，而是发起了一次宣传运动。政府宣布，所有的妓女，只要她们愿意，都可以自由离开妓院。然而，许多妓女并不“珍惜”这一机会。只是在“长达数月耐心的工作”之后，政府才纠正了她们“长期扭曲的错误思想”。城市的妓女每周都要接受卫生检查，“耐心的工作”就是在检查期间进行的。所有卫生院都会专门设立一个谈天室，共产党会派出女干部，在谈天室和接受检查的妓女谈话，谈话可能单独进行，也可能召集成小组进行。干部会告诉她们，市政府会尽量协助她们返家，并帮她们寻找新的工作。与此同时，由于政府施加的社会压力，顾客们不敢上门，妓院的生意日益艰难。日本投降时，张家口有妓女 562 人，到 1946 年秋天，当中的 463 人要么回了家，要么嫁了人，要么从事了其他职业。[②]

对于吸毒问题，共产党采取了大致相同的方法。边区计划让所有原本种植罂粟的农民改种粮食，禁烟运动也是这一计划的一部分。根据 1940 年至 1945 年的一份报告，在察哈尔和晋北，大约有 13% 的人口，相当于 30 万人，在吸食鸦片。晋察冀边区的许多城镇都设立了禁烟中心。各类组织，包括青年团、妇女协会、当地报纸，都纷

① 该项目的改造对象一般被称为“流氓”，这个词用来指代帮派匪徒、小偷、吸毒者等等。1937 年，延安约有 500 个这样的流氓。到了 1945 年，农村地区的大多数流氓据说改造完毕，已在从事生产性工作——城市的流氓改造完毕要等到下一年。村庄里还有一类人被称为“二流子”，指的是游手好闲者和无所事事传播闲言碎语的人，他们中最恶劣的还会小偷小摸。对待这个群体的办法没有那么严厉，主要依靠蔑视、嘲笑、斗争和道德规劝等社会压力。见力耕：《解放区的生产运动》，第 20—24 页。

② 延安新华社，1946 年 9 月 3 日和 24 日。

纷进行宣传，向吸食者说明鸦片的危害。吸食者会被劝说，或者强迫进入禁烟中心，在那里，他们会被组织成许多小规模的“互助小组”。在理想的情况下，这些互助小组由已经成功戒烟的人担任领导。共产党声称，这些禁烟中心成效显著，许多吸食者都成功地戒掉了烟瘾。第二个阶段是康复期，此后，政府会鼓励已经戒烟的人继续耕种土地或从事其他生产性劳动。到 1946 年夏天，张家口政府宣布，反鸦片运动取得了成功。在共产党控制的察哈尔及山西地区，这一运动帮助 1/3 的吸食者戒除了烟瘾，并恢复了正常生活。[①]

这一时期，边区许多小的城镇，包括张家口，开始进行监狱改革。张家口监狱管理人员声称，50 名小偷已经洗心革面，他们出狱之后，找到了“体面”的工作。共产党从城市撤退时，另一批小偷正在接受改造。在宣化，政府宣称，对 150 名犯人的改造收效良好，不到刑期结束，就可以释放他们了。其中，许多犯人是鸦片吸食者。据称，他们出狱时已经戒除烟瘾了。对于普通犯人，改革包括：给他们以人道主义对待、对监狱工厂的额外劳动发放津贴、进行政治教育、在小组讨论会中自我批评。这些犯人出狱后，政府同样会为他们提供就业帮助。

楚元才（音）或许是张家口改造最成功的犯人，人们管他叫“小山东”。5 月，他被任命为市监狱的看守。7 岁时，楚就成了孤儿，他先是乞讨，后来开始偷盗。到 14 岁上，楚的经历已经十分丰富了，他抽过大烟，在大连蹲过号子。日据期间，楚流浪到了张家口，并在这里待了下来。接管城市后不久，共产党就开始整顿秩序，大搜大查，楚和另一些混子一起被捕了。新政府给他判了一年刑期。

对于政治，楚并不感兴趣，关于“新民主主义”，他也几乎一无所知。但有人告诉他，可以给他一个重新开始的机会，对这种善待，楚的回应是积极的。他告诉记者，最让他印象深刻的是，犯人可以在

① 延安新华社，1946 年 7 月 19 日。

自己中间选出模范工人，并给他们机会参加会议，发表演讲，最后和城里其他劳动模范一起，当着公众的面，站在台上，接受奖励。他决心让自己也成为一名模范工人。最终，他如愿以偿，被狱友选作工作小组的组长。1946 年的春天，在刑满之前几个月，楚被释放了。楚请求政府帮自己找份工作，很快，他就被任命为一名监狱看守。他成功改造的事迹被当作典范广泛宣传，以鼓励其他犯人效仿。楚的故事似乎表明，即使是最落后的人，新政权也能他们重获新生。①

中国共产党城市政策的起源（1945—1946 年）

关于共产党在张家口的管理工作，我们的描述或许是极不完整的，但仍然可以看出，在指导思想上，共产党的城市政策具有浓厚的农村倾向。共产党给张家口经济设定的目标是，让它成为更大的晋察冀边区生产运动的一部分，而这一生产运动强调农业和轻工业要超过重工业。其目的是，在中央政府对解放区的经济封锁以及战时环境下，实现基本程度的自给自足。

然而，这里要指出的是，将张家口发展成一个工业和商业中心，为时尚早。共产党显然对中央军队 1946 年的攻势估计不足。对于张家口，共产党是用心经营的。在那些被认为不能长期固守的城镇，共产党通常只是搜集战争物资，不会着力发展当地的商业和工业。在这些地区，共产党一般会拆掉所有的机械设备，将它们运到更加安全的地区，加强那里的经济和生产。我们在第六章提到过这样的例子，在东北农村，共产党军队运走了当地诊所的设备，当然，他们没有侵犯农民的私人财产。

当共产党占据了越来越多的城镇后，运走当地设备最终造成了极为不良的影响。但这种习惯养成于长年的游击战争，难以在一夜之间

① 延安新华社，1946 年 8 月 6 日和 9 月 12 日。

改变。共产党越来越有能力保持自己的胜利，因此，他们开始注意，在占领城市的同时，要对工商企业进行保护。所有文职和军事人员都被告知，一旦进城，就要放弃他们的“游击思想”。[①]随着战局的发展，在所有的地方，共产党开始实行在张家口采取的城市政策，保护私人财产、促进贸易和生产。

后来，共产党自己也提到了他们在张家口的过分自信。[②]这一言论的直接来源尚不清楚。共产党承认，把张家口发展成第二个战时中心的决定，就当时而言，在战略上是不成熟的。另一个错误是，新的市政府似乎总想照顾所有人的利益。随后的变化表明，主要的问题或许包括：税收激励计划、公共部门的扩张、相对高的工资水平、采用8小时工作制。在1946年，包括张家口在内的许多地区都采取了这些措施。

所有边区政府都采取了有利于促进贸易和工业生产的税收办法。然而，共产党并没有实施人们预想中的未来共产主义的税收政策。根据晋察冀边区1946年推出的税收法规，能免除所有税收的企业只包括：提供某种原材料的公有企业、生产农具和打印机的企业、非营利性质的慈善事业。共产党采取渐进的税收方式，数额从企业纯利润的2.5%到最高33%。共产党的分级所得税只对最穷的人免税，他们的收入大约为民众总收入的10%至30%。[③]

正如前文提到的，1946年春天，张家口首次对公私企业的所有权进行了调整。解放区的其他地区也进行了类似的调整。5月，晋察冀边区政府宣布，将华北最大的两个煤矿——峰峰煤矿和焦作煤矿的所有权转移到私人手上。在同一时期，河北南部和河南北部的其他6个

① 见第九章。

② 安娜·路易斯·斯特朗：《中国人征服中国》，第142页。

③ 北平《解放日报》，1946年5月15日；延安新华社，1946年11月10日，斯特朗的新闻报道。

煤矿、山西东南部的太行工具厂，也被交到私人手中。[①]

6月，热河政府发布了旨在促进公私矿业发展的临时条例，热河省以富含金、银、煤等矿藏著称。条例规定，日据期间被日本人强占的私人矿产，必须归还原主。租给日本人的私人矿产，在租约到期后，也要交还原主。另外，所有日伪人员拥有或经营的矿产将收归政府管理。同时，热河政府还鼓励私营企业家租赁和经营矿产。[②]

事实上，所有边区政府都公开鼓励商人和企业家投资各行各业，并给予他们贷款和其他支持。例如，1946年5月，一家私有银行——瑞华（音）银行，在邯郸市大张旗鼓地开业了。另一个广泛宣传的事例是王英古（音）。据称，在他两次反抗甘肃的国民党当局后，他的两家化工厂都给没收了。最终，在1945年秋天，他逃到河北南部，并在此处开办了新工厂。晋冀鲁豫边区政府给他办理了低息贷款，并把由各乡各镇“收集”到的零件设备免费送给了他。

1946年“五一”劳动节，延安的《解放日报》发表了一篇社论。文中可以明显看出，共产党想要减轻私人资本的疑虑。内容如下：

> 私人资本是重建解放区的一股必不可少的力量。在国内外垄断资本的沉重压迫下，中国民族工业的成长面临着巨大的困难。为了战胜这些困难，达到发展生产繁荣经济的目的，劳资双方的互相谅解和协力合作是非常必要的。这样的合作不仅对国家有益，对双方也都是有益。工会一方面要说服资本家改善工人的待遇以提高劳动热情……另一方面，工会也要说服工人，不向资本家提过高的要求。并做到节约原料、加强纪律、加强和改善组织

---

① 延安新华社，1946年5月27日和6月7日。后来，据工会干部刘宁义报道，峰峰和焦作矿区从国营转制为公私合营。见刘宁义：《解放区工业政策》，载于陈伯达等人《关于工商业的政策》，第30页。

② 延安新华社，1946年6月26日。

管理以降低成本，提高产品质量，增加整个工厂的利润。[①]

正如这篇社论所指出，在吸引私人资本和促进经济发展上，工人的合作起到了不可替代的关键作用。据延安广播电台报道，在华北和华中解放区，超过80万经工会组织的工人参加了“五一”劳动节大会，表示支持加快经济重建。他们承诺与资本家合作，增加产量，提高质量，降低成本，让企业主能赚取一定利润。朱德在延安的一次工会代表会议上说，我们的任务是和资本家同心协力发展生产，只有这样，工人的生活水平才可能得到改善，资本家也才能赢利。[②]

1946年“五一”劳动节共产党提出的这些主张清楚地指明了1947年末共产党劳工政策的方向。为增加产量，1947年的劳工政策包括：延长每天的工作时间，完成规定的生产任务；进行劳动竞赛和紧急生产运动；提高与生产直接挂钩的物质奖励；对工人某些要求进行限制；公开强调劳动纪律。所有这些规定的雏形，在共产党占据张家口时期就已经出现了。

重返城市：1947—1949年

1947年至1949年，中国共产党城市政策在逐渐发展，逐渐变化，主要表现在三个方面。首先，在几个相关联的问题上，共产党的态度渐趋保守。这一时期，人们开始纠正极左过激行为，与此同时，土改过程中也出现了反“左”倾的要求，这在前一章中已经提到。第二个变化和人们对“左”倾冒险主义的担心有关，特别在东北，许多人对学习苏联的经验表现出明显的兴趣。最后，城市管理本身成为这一时期共产党关注的主要问题。对共产党而言，它的重要程度绝不亚

① 延安新华社，1946年4月30日。
② 延安新华社，1946年5月3日。

于战争、土地改革、整风、农村生产运动。

新华社在 1948 年 7 月 30 日发表了一篇社论，总结了内战两年来党取得的成就，并且承认，党已经把城市作为了新的工作重心。社论指出，战争进入到第二年，人民军队夺取了几个重要城市，并且从防御转入进攻，这从根本上改变了解放区的军事、政治和经济形势。在新的一年里，落实党的新解放区政策，特别是新的城市政策，是排在军事作战之后第二重要的任务。

共产党城市政策主要内容包括：消灭和解散敌方武装；逮捕所有城市解放后继续顽抗的敌人；没收官僚资本；建立公有制。逮捕和没收的对象应严格限制，不能扩大化。此外，所有的私人财产、资本家（无论他的企业规模有多大）、文化、教育、宗教组织以及外国人，都将得到保护。

对于城市的私有财产，共产党采取了与在半封建的农村不同的做法，也就是说，他们并没有没收这些财产，然后重新分给穷人。“城市的社会改革，在任务和方法上，与农村的土地改革是完全不同的”，该社论评论道，“目前，我们在城市的主要敌人是国民党反动政权和真正的官僚资本家。至于民族资产阶级，我们的任务并不是对他们进行革命，而是团结和改造他们。”①

7 月 30 日的社论强调了保护城市工商业、避免不必要的骚动以及团结民族资产阶级，这可以看作是上一年秋天已经出现的反极“左”路线的进一步发展。

工人：反极左运动

1948 年 2 月 7 日，新华社发表了另一篇社论，谈到了劳工战线的变化，并分析了这种变化的性质。从 1947 年底开始，反极“左”

① 新华社编：《人民解放战争两周年总结和第三年的任务》，第 3、9—10 页。

运动进行的越来越热烈，社论对工人的行为进行了辩解：

必须指出的是在目前的状况下，中国共产党内仍然有不少党员、干部、工会工作者，甚至是一些担当高级职位的领导干部还是不能弄懂党的工业政策和工会运动路线，他们只见树木，不见森林。他们只知道片面的、狭隘的和近视的所谓“工人的利益”，而不能再稍微看得远一点。他们忘记了在1931—1934年采用的“左”倾冒险主义的工业政策和工人运动路线是怎样危害给工人阶级和革命政府的。他们对过去十一年中国共产党的正确的工业政策和工人运动路线没做任何调查研究。他们顽固地反对党的路线，许多地方领导机关很少时间甚至没有正式讨论和宣传过党中央的路线，使从事劳工运动工作的同志们完全不了解党中央的方针路线。他们处于一种麻痹的状态之中。这种情况不能再继续下去。所有党的地方领导机关必须认真讨论中央的路线、工业政策和工人运动路线，并下决心改正“左”倾冒险主义的思想、政策和工作方法。①

几周之后，毛泽东在一份党内指示中再次强调了这一路线：

将发展生产、繁荣经济、公私兼顾、劳资两利的正确方针同片面的、狭隘的、实际上破坏工商业的、损害人民革命事业的所谓拥护工人福利的救济方针严格地加以区别。②

共产党的总体目标一直没有改变。自1937年之后，他们一直在

① 《坚持职工运动的正确路线反对“左”倾冒险主义》，载于东北书店编：《职工运动文献》，第一卷，第20页。这篇社论纪念了1923年2月7日京汉铁路罢工二十周年——该罢工被吴佩孚镇压。

② 毛泽东：《关于工商业政策》（1948年2月27日），参见《毛泽东选集》第四卷，第203页（第1285页）。

推动劳资双方的合作，希望双方受益。1946 年“五一”劳动节的发言重申了这些目标：工会必须说服资本家改善工人待遇，并说服工人不要对资本家提出过高要求。尽管如此，对于总体路线的具体内容，却有着不同的选择和解读。这一路线与农村的土地改革有些相似，既让贫农得到土地，又不侵害中农的利益，在很多情况下，这是很难办到的。同样，劳工政策在具体实施时，在很多情况下难以保证劳资双方同时获利。在张家口，共产党试图满足劳资双方的要求，在其他一些地区，共产党主要关注工人的要求。但到了 1948 年，共产党的工作重心转向了促进生产和工业发展上。

两个问题

此外，共产党认为当时的工人运动存在两个问题。一是过分关注工人的要求，而忽视了他们的职责。二是没有重视工人内部的斗争和不和。

关于第一个问题，陈伯达写到，在老解放区，企业本身的状况往往得不到重视。为了增长工资和改善工人的工作条件，生产成本有时被推到如此高的水平，以至于产品滞销，生产规模也无法进一步扩大。一些企业无法养活自己，另一些公有企业为了继续运行，不得不依靠政府大量的财政支持。① 在哈尔滨，“左”倾政策尤其对民营企业造成了沉重打击。②

据冀中区总工会的负责人陈宝玉（音）反映，至少从 1945 年开始，他管辖的地区也出现了相同的问题。这一年 10 月，冀中区工人职工代表会议通过了新的劳工保障法，新法令设立了过高的工资、劳动保险和福利标准。陈指出，对于工人所有能想到的要求，该法令都

① 陈伯达：《发展工业的劳动政策与税收政策》，1948 年 5 月 1 日，载于解放社编《目前形势和我们的任务》，第 99 页。

② 《第二届哈尔滨市职工代表大会宣告》，1948 年 5 月 13 日，载于东北书店编《职工运动参考资料》，第 10 页。

试图满足，包括雇主向工人提供服装。1946年3月和9月，晋察冀边区冀中地区的职工会议同样重申必须关注工人的利益。据称，在此期间，工会干部将全部重心放在改善工人生活水平上，甚至不惜牺牲生产效率和纪律。①

陈宝玉还描述了工人运动中这种“错误斗争模式”引发的后果。在许多地方，非工人阶级出身的工会干部被武断地撤了职。熟练工人和学徒、工艺大师和普通工人之间的关系，被定义为剥削关系的一种。熟练工人和非体力劳动的工人被视作“工人贵族”，并且不允许他们参加工会。陈指出，问题在于，工人运动的许多领导和一般干部不懂得城市劳工运动的特殊之处。他们只是将农村阶级斗争的办法直接搬到工厂里。他们在工人阶级中划分成分，制造对立。

在东北，这一问题十分普遍，并造成严重后果，以至于共产党东北局专门发布指令，对此进行批评。该指令指出，许多地方过于重视体力劳动者，而对其他劳动者不加区分地进行打击。这种做法在工人中间造成了对立，使他们在工作中难于配合，最终影响了生产。②

这同一个问题引起的另一种错误做法是，将工人的工资与他们的政治表现，而不是工作能力和工作经验挂钩。这种做法被批评为是一种庸俗的、片面的“平均主义、群众观点”的表现。1948年5月，召开了华中解放区工商业会议，会议指出，这是华中公有企业工资评定制度中最大的一个错误。③

临时解决方法：劳工改革实验

早在1947年10月，哈尔滨市总工会就开始从个别工厂入手，纠

① 《冀中区首次工业会议：检讨职工运动的左倾冒险主义》（1948年4月28日），载于陈伯达等人的《工商业》，第46页。

② 《中共东北局关于国营职业中职员问题的决定》，1948年8月1日，载于华北新华书店编《关于城市政策的几个文献》，第32页。

③ 《华北解放区工商业会议》，见《新工商政策》，第106页。

正这些问题。[①] 新华社2月7日发表的一篇社论（我们在前文中提到过），标志着这一纠正运动推广到了整个边区。社论不仅对干部，也对工人提出了明确批评。社论指出，为了自己的长远利益，工人应该忍受一定程度的剥削，因为这能帮助企业发展生产，并支持战争的需要。工人应该懂得，无论在公有企业还是私人企业，保证生产都是他们的责任，就像农民的责任是给政府上缴大量公粮一样。作为最先进的阶级，工人应该自愿为革命做出牺牲，如果有必要，每天工作10小时。在现阶段，工人不应提出过高的工资要求，因为这是与“发展生产、繁荣经济、劳资两利”的基本路线相冲突的。

1948年春天和夏天，共产党采取了一系列与上述警告相一致的具体措施。将近夏天结束的时候，绝大部分措施（或执行这些措施时获得的经验）被写进了第六届全国工人大会的决议中。和其他重要政策一样，这些措施也是首先在几个重要企业试点进行的。在决议通过后的第一个月，东北，特别是哈尔滨，是开展实验的重要中心。劳工改革运动包括：累进计件工资制（基本工资水平相对较低，但会根据通货膨胀进行相应调整）；延长的工作时间；适度的福利待遇；生产竞争和劳动竞赛运动。

计件工资制

毫无疑问，对于共产党而言，最困难，或许也是最不成功的实验是试图采用计件工资制和奖励工资制。正如我们之前提到的，共产党在张家口采取了计件工资制和奖励工资制，同时设立了基本的工资标准。企业根据工人的具体技能和经验确定不同的基本工资水平。如果工人或工人小组超额完成任务，将按超额完成的件数增发工资或奖金。

---

① 王康（音）:《改正过高红利以后的哈尔滨市新东油坊》，载于东北书店编《参考资料》，第33—34页。

依照这种工资支付制度，工人的收入主要取决于他的能力、经验以及努力。这一制度具有浓厚的苏联特色。尽管如此，中国共产党并不像苏联那样大面积采用计件工资制。[①]但1942年，解放区遭受了严重的经济困难，毛泽东建议推广这一工资支付制度，认为这种方法可以有效提高工人的生产积极性和产量。[②]我们不太清楚这一建议当时产生的效果，但六年以后，出于同样的理由，东北的许多工厂的确采取了这种工资支付方式。

1948年的许多报道和社论指出，这种工资制度的价值在于，它有效地将工资增长与生产力增长联系了起来。有了这种制度，工人会主动提高产量，遵守纪律，而无须管理人员强制约束。甚至最“落后”的工人也能明白其中的道理，“多劳多得”。

在日本人和国民党的压迫下，工人们养成了马马虎虎、敷衍了事的习惯。为克服这种懒散作风，激励制度是十分必要的。从雇主那里偷点废旧材料，花上半个小时上厕所，对工人来说是司空见惯的。陈伯达指出，在这样的工作环境中，过高的增加工资既不能提高工人的政治觉悟，也无助于工人厉行节约和增加产量。无条件地增加工资只会导致无原则的经济主义，让工人以为，他们该享有这些特殊权益，而无须付出什么。另一方面，如果工资被定在很低的水平，对工人来说，他们同样没有意愿降低成本，提高产量。如果工资完全平均，熟练工人和普通工人拿相同工资，前者将失去生产热情。在这种情况下，唯一的解决办法便是以累进计件工资制为基础的工资政策。[③]

哈尔滨的第二届职工代表大会对这一工资政策进行了大力宣传，

---

① 1956年，42%的中国产业工人是按件计酬的，这个比率后来有所下降。1953年，77%的苏联工业工人是按件计酬的。见奥德丽·唐尼桑：《中国的经济制度》，第206—207页；阿布拉·柏格森：《苏联的计划经济》（纽黑文：耶鲁大学出版社，1964年），第110页。

② 见毛泽东《经济问题与财政问题》，1949年香港版，第115页。毛在1942年写下这篇文字。

③ 陈伯达，第96—101页（第415页注①）。

并通过了《关于执行战时工资标准的临时方法》的决议。该决议要求采用累进计件工资制和以累进工资水平为基础的奖励制度。决议还要求，以实物价值计算工人工资，以抵消通胀对工人的影响。[①]

许多当地干部和党员反对计件工资制。他们最大的疑虑是，在一个即使目前还不是，但至少在朝着社会主义发展的社会，实行这样的工资制度是否合适。正如过高的工资水平会让工人们发展出一种“经济观点”，干部们担心这种工资制度会产生类似的效果。他们还担心，实得工资的差异会造成工人内部的冲突和矛盾。此外，计件工资制的可操作性也受到了质疑。许多人怀疑这种工资制度是否能够实行，因为对个体劳动者产量进行统计的只有少数工厂。

干部们态度冷淡的另一个原因是他们普遍缺乏技术知识。对他们来说，这种工资制度是复杂和陌生的。在哈尔滨的一些工厂，由于缺乏经验和足够的统计资料，工会干部和管理人员无法确定正确的生产标准。结果，生产标准常常被设定在不适当的水平上，要么过高，要么过低。[②]

针对这些疑虑和相关问题，哈尔滨两家主要报纸——《哈尔滨日报》和《东北日报》，于 1948 年上半年发表了一系列文章和社论，详细介绍了一些成功采用计件工资制的工厂的经验。确保成功的一个关键要素是，计件工资制的使用必须采取逐厂处理的原则。各个地方的工资标准和工作时间会有所不同。这些标准只能根据各个企业的具体情况确定。然而，这些文章介绍的经验过于复杂，似乎是加深，而不是减轻了干部的疑虑。

例如，一家造船厂从 1946 年 11 月开始采用新的奖励制度。到

① 此次会议召开时间是 1948 年 5 月 1 日—3 日，有 397 名工人代表参加。它通过了一部战时劳动法草案，一部哈尔滨总工会章程以及关于福利与工人教育的决议。当时全市有 549 家分会，共有会员 6.8 万人。

② 《推广计件工资制与超额奖励制》，载于《哈尔滨日报》，收入东北书店编《参考资料》，第 17—20 页。

1948年春天，所有生产一线的工人，都按照这一制度计算工资。为实行新的工资制度，需要组建以下部门：生产标准部、统计部、生产相关事项部。这些部门都由劳动事务总部管理。船厂的每个分部（木工、金属铸造、电气等部门）都设有一个小组，这些小组和生产标准部门直接联系，负责调查和确定生产标准。

首先，劳动事务总部把生产项目的总体计划和设计发给船厂的每个分部。然后由分部对计划进行分拆，分配给下属的车间。车间负责人和技术人员一起，对完成分配任务所需的时间、技术、原材料等，进行具体预估。预估的结果上交给生产标准部门及其下属的调查、评估和最终验收小组。在生产资料发放到各车间，生产开始之前，管理人员必须让工人了解他们每月，甚至每小时的生产任务以及生产标准。同时，在生产过程的各个阶段，都允许工人表达自己的意见。

最后，这种工资制度还需要一个多层的检查制度：（1）在最基层的工作小组和车间里，工人们自己进行相互检查；（2）船厂派遣专家对某个部门进行检查；（3）劳动事务总部派遣专家进行检查；（4）订单方或出资方派人检查。①

劳动竞赛

劳动竞赛有多种叫法，例如“劳动竞争运动”“模范工人运动”“大生产运动”，它们的共同特点是通过常规和物质奖励促使工人提高劳动生产率。同样，劳动竞赛的方法也是来自于苏联。但对于中国共产党，它并不是一个新概念。内战之前，共产党就曾使用这种办法促进农业生产。

然而，在工厂里，这些运动通常是和计件工资制联系在一起的，若要顺利进行，还需要一个同样复杂的管理结构。事实上，正是因为

① （1）刘云光、朱黎明：《一个造船厂的计件工资制》，载于《哈尔滨日报》，收入东北书店编《参考资料》，第20—23页；（2）刘云光、朱黎明：《一个机械厂的按件累进工资制》，载于《哈尔滨日报》，出处同上，第24—30页。

采取了计件工资制和劳动竞赛，才有越来越多企业实行计划性生产。而工厂的计划性生产恰恰是迈向计划经济的第一步。一篇报道详细介绍了安东市一家纺织厂开展的大生产运动，并指出，这一运动的主要目的是让工人和管理人员了解怎样制订和完成生产计划。[①]

对于这一时期共产党劳工改革的其他内容，工人们并不热心。一家机器制造厂在1947年9月开展了模范工人运动，只有10%的工人愿意参加。在大多数人那里，要么不感兴趣，要么拿它开玩笑。但到了10月底，工人的热情开始高涨，最终大约70%的工人报名参加。产量在逐渐增加，生产计划时常能超额完成，这就为工厂采用计件工资制创造了条件。这个工厂规定，所有超额完成生产任务和目标（数量、质量、生产时间、节约等方面）的工人，都将按累进计件的方式给他们增加工资。工人超额完成的越多，工资的增量也越多。具体来说，如果超过生产计划5%，工资将在原有基础上增加10%。如果超过生产计划70%或更多，工资将增加100%。[②]

基本工资：工资水平

为了确定基本工资水平，中国共产党借鉴了苏联的做法，根据工人的技能和经验，将工资分为七级。在东北，政府将普通体力劳动者工资分为七级，一级的报酬为每小时11.5元，最高的七级为每小时36.5元。技术人员和职员被划分为十五级，一级工人每月工资3500元，十五级工人每月17000元。

工人和他们做的工作同样给分为七级。例如，在刚刚提到的造船厂，经过计算，对于浇铸车间的一个给定人数的小组，铸好一只给定重量的铁锚，标准工作时间总计为480个工时。该小组工人的工资水平被定为三级，即每小时16.70元。如该小组工人能在标准时间之前

① 《安东纺织厂生产立功运动的几个问题》，载于《东北日报》，收入东北书店编《参考资料》，第51—55页。

② 见第420页注①的（2）。

完成任务，或在工作中提出改进方法，厂里会给他们增加工资。[①]

群众路线：工人参与

如同中国共产党的许多其他政策一样，我们很难猜测共产党劳工改革运动及其实施手段的真实意图。一位作家指出，在任何一个工厂中，制定工资标准绝不仅仅是决定工人及其工作的级别和水平。对工人而言，这一过程本身是“一种群众运动”，能把他们发动起来，并让他们形成一种相互批评的精神。[②]毫无疑问，这正是工资改革及其具体实行措施的一个主要目的。

理想状况下，在落实新的工资制度之前，会进行细致的准备工作。这意味着向工人解释新工资制度的基本原则，并听取他们的意见，以确定工人在多大程度上反对这一制度。一般来说，对干部的要求是，在向工人解释新工资制度的具体细节之前，消除他们最主要的疑虑。一旦一家工厂确定了工资标准，工会将把它们交给普通工人核议。以往的经验证明，如果在大型群众大会上讨论这一问题，必定无法得出统一结论。因此，工人应分成小组谈论，这能让他们自由地提出批评和建议。

对于自己有何等技能和经验，又该被划为哪个级别和水平，工人们有权表达自己的意见。然后，对每个工人的自我评价，小组成员将进行合议，决定是否通过。在评议过程中，小组长首先挑选的，往往是表现中等的工人。这样，其他人是更好或更糟，就会一目了然，错误也会减到最小。小组评估的结果将移交给工会复核。由最高层级的工资评估委员会给出最后意见。事实上，这一程序能有效消除工人的

① 刘云光、朱黎明，第24—25页［见第420页注①的（2）］；第22页［见第420页注①的（1）］。

② 郭林春：《关于工资的民主评价》，载于《哈尔滨日报》，收入东北书店编《参考资料》，第38页。

疑虑，并最大限度地调动工人的主体性。[①]

福利和纪律

政府承认，工人，特别是普通体力劳动者的工资偏低，达不到政府之前提出的目标，即保证两个人的基本生活。1948 年春天，物价持续上涨。政府不得不制订粮食配给计划，向工厂提供粮食，工人可以以大大低于市场的价格购买分配给厂里的粮食。以上面提到的机器制造工厂为例，体力工人每月可购买 16 公斤限价粮，非体力工人为 12 公斤。除了这一基本配额之外，每个工人还能为没有工作的亲属购买 9 公斤限价粮，主要是超过 50 岁的父母和不满 16 岁的孩子。

但显然，工人并不情愿实得工资被大幅削减。以一家大豆加工厂为例，工会干部不得不通过小组讨论给工人施加压力，警告他们，一旦工厂倒闭，他们将立刻失业。最终，工人不仅同意降低工资——减少的部分由政府提供便宜的食物和燃料补偿，放弃年终奖，还答应改善工作习惯。为了确保这一协议的实行，工人们自己组建了生产监督委员会。此外，工人还成立了许多小组，开展劳动竞赛和保持劳动纪律。到 1948 年夏天，和上一年秋天相比，该企业的生产成本大幅下降，产量却增长了 30%。因此，企业主进行了必要的维修，新增了机器设备，并且多招了 50 名工人。在这家工厂，只是当所有这些变化都完成之后，才引入计件工资制和奖励制度。[②]

同样的办法被用来解决吉林 8 家小型私营钢铁企业出现的问题。这些小企业主要制造锄头、镰刀、斧头等农具。在这个例子中，这些企业所在的地方政府首先向劳资双方解释了政府的商业和劳工政策，然后分别与双方进行谈判，进行调解。工人最终同意，过高的工资要求是不合理的。管理方代表则表示，工人应得到略高于公有企业的薪

---

① 郭林春：《关于工资的民主评价》，载于《哈尔滨日报》，收入东北书店编《参考资料》，第 36—38 页。

② 王康，第 33—36 页（见第 417 页注①）。

酬，因为公有企业的工人能享受包括工厂宿舍在内的许多额外福利。因此，最终的协议结果是，工人的工资应高于公有钢铁企业工人的水平，但高出的部分不得超过公有钢铁企业工资的10%。每月的额定工作时间被定为25天，而不是通常的26天。协议的其他内容包括：工人的工资应以发薪日当天的粮食价格计算；超额完成任务的奖励制度；在生产淡季解雇工人以及旺季增加工资的协定。①

哈尔滨一家有轨电车制造企业则面临着另外的问题。在这家工厂里，有经验和没有经验的工人几乎拿相同的工资。一些学徒的收入甚至超过了熟练技工。在5月的工人代表大会之后，该厂立刻组织工人进行小组讨论，评估工厂的情况，研究改革是否可行。工人们直接表示，他们反对改革。经过长时间的讨论、评估和研究，大多数工人终于同意，体力工人和熟练技术人员拿同样多的工资是不合理的。学徒和熟练技工的收入也应该有所区别。在确定工资级别时，主要的依据应是工作技能和生产效率，而不是政治观点。②

但同时，劳工改革也直接导致了另一个问题。一些私营企业主开始利用运动中的反“左”倾政策，不惜牺牲工人的利益，为自己捞取好处。因此，有必要提醒当地干部，在改革过程中，要同时注意对“左”倾和右倾两个方面的错误做法进行斗争。对于前者，要求干部们“劝说、引导，或者命令”资本家和企业家尊重解放区的法律和政策。在哈尔滨，对私营的兴源被服厂，共产党就采取了这样的措施。

兴源被服厂一开始只是一家自给自足的小工厂，后来逐渐发展为哈尔滨最大的服装生产商之一。几乎所有工人都参加了劳动竞赛，不仅如此，政府还向企业提供资助和低价公粮。利润增加了，但企业主不仅没有与工人分享增加的收益，反而降低了伙食标准。就此，工人

① 苏宁（音）：《吉林船营区铁厂的工资问题是怎样解决的》，载于《东北日报》，收入东北书店编《参考资料》，第30—33页。

② 王志一、黄启云（音）：《电车厂定工资的问题》，载于《东北日报》，收入东北书店编《参考资料》，第38—40页。

们多次提出抗议。对于工人的要求，厂主只是口头应诺，却从未真正兑现。一些工人放弃了努力。但在工会的领导下，剩下的工人组织起来，开始拆除工厂的设备，包括一些废弃设备。工人的目的是自己进行生产。到了这时，企业主不得不做出让步，同意作价 365 万元，把工厂卖给全体工人。最终，工人从政府那儿贷款 250 万元，自己集资一部分，买下了工厂。①

全国第六次劳动大会

在全国第六次劳动大会上，过去几个月的劳工改革经验得到了总结和规范，并被写进了大会决议，以便在整个解放区进行推广。会议在哈尔滨举行，从 1948 年 8 月 1 日开到当月 22 日，共有来自解放区和国统区的 504 名代表参加了会议。最初，只打算在春季和夏季召开“边区全体职工代表大会”，由各地基层职工代表在当地进行规模较小的会议。但在召开之前，会议的名字突然给更改了，会议的任务也大大扩展了。这么做是为了继承中国工人运动的传统，扩大工人运动的影响——在 20 世纪 20 年代，前五次工人大会召开时，中国的工人运动曾达到高潮。②

大会不仅通过了一系列决议，明确了国统区和解放区工人运动的不同任务，还宣布重建中华全国总工会。1922 年，在中国共产党的组织下，中华全国总工会第一次成立。1948 年，中华全国第六次劳动大会为全国总工会制定了一整套新的章程，并选出了工会新执行委

① 《正确执行劳资两利方针》，1948 年 9 月 21 日，收入华北书店编《关于城市政策的几个文献》，第 25—26 页；陈伯达，第 99 页（见第 415 页注①）；《合营兴源被服厂》，载于《东北日报》，收入东北书店编《参考资料》，第 40—42 页。

② 《1949 年手册》甲卷，第 26 页。在劳大开幕讲话中，李立三强调了这一传统的重要性，并追溯了前五次劳大和中国劳工运动的历史。见华北总工会筹备委员会编《第六次全国劳大决议》，第 1—6 页。

员会的委员。[①]

就针对解放区的决议而言，它的对象既包括管理人员，也包括工人。关于前者的政策，我们将在下一节讨论。对于工人，大会采取的政策与 1948 年 2 月党关于土地改革的决定十分相似。工人政策似乎是“左”倾主义和试图克服这一倾向的折中和妥协的结果。大会承认，决议中的许多办法是临时性质的，许多具体问题仍然无法解决。但大会的召开，的确标志着共产党领导的工人运动，发展到了新的高度。大会对 1945 年至 1947 年工人运动的早期经验以及“过分自信导致的错误”，进行了充分评估。新的工人政策更加注重生产，它的主要目的是尽快赢得全面和最后的军事胜利。

决议[②]

贯穿大会所有决议的，是这样一个核心主题：为了战争和革命的最终胜利，无论是资方还是工人，都应做出必要的牺牲。在工作时间上，决议主张工人每天工作 8 到 10 小时，特殊情况下，甚至可以延长到 12 个小时。全国总工会在 9 月发布了一份补充文件，对决议进行了进一步解释，“这些特殊情况”包括无法立刻将工作时间减少到 10 小时的小企业以及必须 24 小时连续生产、但无法立即实行三班制的企业。委员会承认，不同企业存在不同的具体情况，因此无法制定统一的规程。委员会还指出，解放区的休息日过多，应将每年的工作日调到 300 天或以上。[③]

① 《中华全国总工会章程》，来自东北书店编《职工文献》，第三卷，第 32—37 页。《中华全国总工会执行委员会执行委员名单》，出处同上，第 45—50 页。选出 53 名常务委员和 20 位候补委员组成执行委员会。同见美国驻北平领事馆译新华电台电讯，1948 年 9 月 5 日。

② 《关于中国职工运动当前任务的决议案》，由第六次中华全国劳动大会通过，来自东北书店编《职工文献》，第三卷，第 6—21 页。同见毛泽东等人的《新民主主义工商政策》，第 69—86 页。

③ 《关于职工运动当前任务决议案中的问题的说明》，1948 年 9 月，载于东北书店编《职工文献》，第三卷，第 23—24 页。

关于工资，大会决议规定，一名工人的工资应该足够维持两个人的基本生活。绝对的最低工资必须满足一个人在食、衣、住以及生活必需品方面的基本要求。工资的计算方式最好能够激发工人的劳动热情，理想的工资制度是以计件和时间标准为基础的分级工资制。

然而，更多采用的仍然是分级工资制，而不是计件工资制，这反映出实施计件工资制是有难度的。早先，计件工资制被看作一种最好的工资计算方式，到这时，人们的态度已经发生了变化，大会决议规定，只有在能促进生产的地方，才应该采取计件工资制。在缺乏经验或生产流程不适于这一制度的地方，则应避免使用。张家口的一位工人领袖曾经批评日本人使用的复杂的工资分级制度在铁路工人中间制造了矛盾。现在全国总工会执行委员会显然改变了看法，他们认为这一制度“值得研究”。①

在工资的评定上，大会批评了平均主义原则。大会指出，一些错误做法必须纠正，包括：给不同的企业设立相同的工资标准；给学徒和有经验的工人、体力工人和非体力工人发同等的薪水。一些地方根据家庭背景、政治表现、家属数量这类标准决定工人的工资水平，大会对此也提出了批评。对于技术人员和管理人员，应依据他们的能力、教育和以往的经验确定他们的工资；手艺人和工匠将根据他们的技术能力和经验确定工资；体力劳动者将根据劳动过程本身以及工人的资历确定工资。决议要求解放区各个地方政府对同类行业制定一个指导性的工资标准，各个企业将依据这一标准，并结合工人的具体表现，确定他们的工资。

在新解放区，公有企业所有工人的基本工资水平保持不变，只有

---

① 出自东北书店编《职工文献》，第三卷，第26—27页，以及肖明（见第393页注③）。执行委员会建议，拥有各类职工的大企业研究平汉铁路老的累进工资制。该制度将普通工人分成28个级别；熟练工分为三个等级，每个等级分成几个级别；管理和医疗员工分为四个等级和若干级别；技术工人分为五个等级和若干级别。

生活成本上涨时，才有可能增加工资。手工业工人、店员、农业工人的工资也和解放前一样。这一规定显示，自 1945 年以来，共产党的劳工政策已经发生了变化——在 1945 年，共产党接管张家口后，立刻将所有工人的基本工资提高了一倍多。

大会承认，只要战争还在继续，通货膨胀就无法避免。在这种情况下，为了赶上不断上涨的生活成本，工资也得不断上调，而这一点实际是做不到的。共产党在张家口曾做过尝试，但没能成功。尽管如此，仍有必要采取措施，将通货膨胀给工人生活造成的影响降到最低。第一，在价格波动严重的地区，即使是不同级别和工资水平的工人，领取的生活补贴也应是大致相同的。第二，工资可以以一部分现金、一部分实物的形式发放，但必须按照食物和燃料这类基本商品的当前价格计算。此外，公有企业应继续以低于市场的价格向职工提供生活必需品。接下来，这种做法可能还会推广到私营企业中。

大会决议保证，无论男工女工或是儿童，都能实现同工同酬。妇女有 45 天的带薪产假，在生产之后的头 3 个月里，有 15 天假期，此后还可以休息 30 天。必须保证学徒的温饱。但他们不参与工资审议。只要有利于生产和技术进步，应保留年终奖、礼物和其他传统福利。

大会承认，由于战争，解放区政府无法保证每一个工人的就业和社会保障。因此，雇主必须为员工的健康和安全负责，尽管产业工人大量集中的城市正在着手建立劳动保险制度。全国总工会执行委员会指出，大会无法就工人保险和附加福利等问题达成一致。执行委员会自己提出了 3 种不同的临时方案。但实际上，几个月之后，政府采取了不同的劳动保险方案。与此同时，政府还承担起帮助失业者的责任。

大会特别要求公有企业开展劳动竞赛以及劳动模范运动，以降低成本，提高产品的数量和质量。

1948 年 8 月之后，第六届劳动大会上制定的劳工政策得到了进一步发展。条件允许的地方都开办了合作社商店，为工人和政府职员提供生活必需品。1949年初，沈阳就开办了这样的消费者合作社。城市的每个区都有合作社的分部，目的是向该市包括中小学教师在内的超过1.5万名市政员工提供生活必需品。[①]在5月，开始筹备建立为该市纺织工人和服装工人服务的合作社。合作社的货物由当地的国营商店提供，这些国营商店是在头一年11月沈阳解放之后建立的。与此同时，该市的大约5万名产业工人的工资一半以现金支付，一半以商品券支付。这些商品券只能在专为工人开办的消费合作社和国营商店中使用。[②]

苏联模式

根据报道，解放区各地区开展了越来越多的“支前”生产活动、劳动模范活动、评优活动以及其他此类的活动。1949年3月中旬，东北总工会发布了一道指令，要求所有生产恢复到正常水平的企业展开生产竞赛。获奖团体和个人将在“五一”劳动节的劳模大会上受到表彰，并获得荣誉称号和奖金。[③]

在这一时期，受到最广泛关注（赞扬）的一项劳工政策是东北建立的劳动保险体系。可以说，重新分配土地对农民有多么重要，劳动保险对工人就有多么重要。[④]该计划规定，雇主必须每月缴纳一笔相当工人总工资3%的费用，作为工人的保险费。这一劳动保险计划首先在公有部门7个主要的行业推行，它们包括：铁路、矿山、纺织、电力、邮政电报、军火以及军需供应。一旦工人死亡、受伤、生病、年老或者生育，将能得到相应的福利的补偿。私营企业保险基金的盈余可用于改善医疗和儿童保育设施。该计划还包括成立一个由东北总

① 美国驻北平领事馆译新华电台电讯，1949年3月30日。
② 美国驻北平领事馆译新华电台电讯，1949年5月31日和6月3日。
③ 美国驻北平领事馆译新华电台电讯，1949年3月26日；沈阳新华电台，1949年6月6日、8日、20日。
④ 《东北日报》，1948年12月31日社论，载于东北书店编的《职工文献》，第四卷，第41页。

工会管理和使用的一般保险基金，这笔款项将用于修建和维护为工人、残疾人、孤儿服务的疗养院以及其他需要帮助的人提供服务的疗养院。[①]

中国共产党制定了一整套原则，指导工会干部的宣传工作。大会指出，尽管新的保险计划无法解决所有工人的困难，但在战争时期，政府已尽其所能做到最好了。不仅如此，会议还表示，一旦全国解放，工人保险计划将立刻得到改善，共产党最终的目标是建立和苏联一样的、覆盖全体工人的保险制度。苏联的工人保险制度被赞誉为世界上最先进的制度，能解决工人阶级所有的实际困难。[②]

就这些计划而言，无论它们设计得如何精细，初衷有多么良好，最终成功的关键还在于它们实施的效果。这一时期，共产党面临的最严峻的问题或许是，他们缺少训练有素、经验丰富的干部，而在新解放的城市里，这些经验和训练是十分必要的。[③]针对土地改革运动中暴露出来的干部能力不足问题，共产党1947—1948年开展了整风运动。但就他们要完成的任务而言，干部的能力并没有得到显著提高。另一方面，在城市中，一些经验不足、往往是农民出身的干部，面临着复杂得多的问题。他们也无法立即解决这些问题。[④]

到1948年底，从华北调派干部到东北的计划被放弃了。相反，共产党准备将东北干部派往南方，因为那里有大批新解放的城市，急

① 《东北公营企业战时暂行劳动保险条例》，1948年12月27日，来自《职工文献》，第四卷，第3—12页；《东北公营企业战时暂行劳动保险条例施行细则》，1949年2月28日，出处同上，第13—33页。又见美国驻北平领事馆译新华电台电讯，1949年2月12日、21日和3月18日、27日、31日。

② 《东北公营企业战时暂行劳动保险条例的总宣传原则》，1949年1月1日，来自《职工文献》，第四卷，第39页；《东北日报》，1948年12月31日，出处同上，第42页。附在基本劳动保险档案中并随之一起流通的，是一份附录，概括了苏联的30年社会保险历史。该附录载于1947年11月的苏联杂志《工会》，翻译后收录于《职工文献》，第四卷，第46—54页。

③ 《东北日报》，1948年11月9日社论，载于东北书店编《新的任务与新的力量》，第1页。

④ 见下文第448页注②和第449页注①、②、③。

需干部接管。为了解决这一问题，招募干部和组织培训成了这一时期新的工作重点。东北局发布了一条指令，要求除少数情况以外，所有县、区都必须任用新选拔的干部。该指令还规定，所有省、市、县党组织必须大力发展党校、培训班和其他专门学校，为革命培养出更多的新干部。[①]

关于工人问题，1949年2月20日，东北局和东北行政委员会联合发布了一条指示。指示指出，这一时期所有城市地区工会和党组织的主要任务是，发展工人的阶级意识，并培训大量的工人干部。指令要求在各地建立工人业余学校、技术培训班、休闲俱乐部、工人图书馆、工人政治学校。到同年6月，据说仅在哈尔滨一个城市，就有2130名工人参加了这类活动。[②]在这方面，共产党在东北的领导同样将苏联模式视为榜样——或许是因为他们自己的经验十分有限。

一些俄文资料显示，苏联工会工作的经验被翻译成了中文参考材料。中国共产党把它们作为教材，培训新的工人干部。哈尔滨的中苏友好协会曾编制过一部这样的材料，介绍苏联工会干部的工作方式：苏联工会是怎样帮助工人提高文化素质以及生活质量的，劳动竞赛运动在帮助完成生产计划和发展苏联经济中起到的重要作用。[③]另一本小册子描绘了苏联工会和中欧“新民主”国家工会的作用和取得的重要成就。在这些“新民主”国家中，工会不仅帮助提高了工人的福利水平，还有力地促进了社会主义制度的建立。由此，中国的干部了解到在匈牙利、罗马尼亚、捷克斯洛伐克，参加劳动竞赛的工人数量正在不断增加；工人的工作和生活条件正在不断改善；社会保险制度已经建立完善；工人能享受免费的医疗服务，他们的孩子在托儿所得到妥善照顾，而这一切美好的变化同样将在中国

① 见第430页注③。
② 美国驻北平领事馆译新华电台电讯，1949年6月6日。
③ 哈尔滨中苏友好协会编：《职工参考文献》，第124页。

发生。[①]

商业、工业和管理层

如果工人对共产党的劳工政策有所疑虑的话，那么毫无疑问，商人和企业家的疑虑要多得多。他们的担心源于共产主义对私营企业的普遍反感以及中国共产党此前的某些具体言行。第一，事实证明，共产党的统治是不利于解放区的某些生意的开展的——共产党禁止了许多非必需消费品的贸易。我们在前文中提到过，这一禁令引起了热河、山东境内以及周围许多城镇商人的不满，尽管共产党试图“特别客气”地对待这些地区的商业人士。[②]

第二，我们还提到过，1946—1947年，在农村地区，地主开办的工商企业被视作封建经济的一部分。结果，他们的企业被没收，变成了合作社，或交由政府管理。第三，中国共产党并不禁止，或者至少没有禁止它的基层干部“清算”地主所有的城市企业。与此相似，共产党最初也没有禁止城市工人向雇主提出过分的要求，就像它不阻止、甚至鼓励长工向雇佣他们的地主和富农索要更高的工资一样。必须指出，党的指令已对农村封建经济和资本主义城镇企业做了明确区分，并表明要支持后者。而这些行为是在这一指令制定之后发生的。[③]

如果对于某些地方发生的对中农的过激行为，我们还可以用有助于促进群众土地改革运动来解释的话，那么我们几乎找不到相关资料说明，为什么共产党的城市企业政策和实际做法之间会如此不一致。或许这种不一致源自于共产党政治和经济目标之间的矛盾，而在当时，对于共产党而言，政治目标是第一位的，因此激进做法被当成一种权宜之策。又或许这种不一致不是有意为之，而是一些当地干部由

① 《新民主主义国家的职工会》。
② 见第六章。
③ 见第394页注①。

于自身的原因，错误地执行了政策。由于严重缺乏具有城市工作经验的干部，第二种情况是极有可能的。我们将在第九章描述劳工改革中激进主义的具体表现，读者将会看到，第一种情况确实存在。

然而，不管出于什么原因，已经公布的政策和实际做法之间的不一致只会加深资本家的疑虑。正如一位自由主义的香港编辑指出的，根本原因还在于共产党对商人和企业家的看法：

> 商人和企业家同样是中国人民的一分子，他们既有公民的权利，也有公民的义务。但现在，一些政治理论家想把商人和企业家置于人民的对立面。就像有人说，他欢迎工商业与人民合作……这仿佛在暗示，商人和企业家和人民不是同一类人。这种观念遭到了商界的普遍不满。[①]

由于十分清楚这种不满，从1947年底开始，中国共产党采取了一些措施，试图缓解商业界的对立情绪。在军事上取得决定性的胜利之后，共产党将城市政策的核心确定为保护工商业以及与私营企业合作。

反“左”倾运动：与私营企业合作

共产党争取工商业最有创意的一个做法是，1948年农历新年，共产党向天津的许多企业寄发了贺年卡。贺卡上写道：“我们祝您健康长寿、生意兴隆。如果这个新年我们夺取了城市，请不要慌张。我们将迅速恢复城市秩序，并且支持所有工商企业。”[②] 农民游击队居然敢夸口做出这样的承诺，这把许多人，特别是外国人，给逗乐了。

这一年春天和夏天的指示和会议决议再次明确并强调了党的城市政策。这些指示或决议的中心思想与两份重要的声明是一致的。这两

① 《时代批评》，1948年12月15日，第1页。
② 斯特朗：《中国人征服中国》，第259—260页。

份声明分别摘录毛泽东1947年12月25日发表的《目前形势和我们的任务》以及任弼时1948年1月12日的谈话《土地改革中的几个问题》。毛泽东强调，“过度的劳动条件，过高的所设税率，在土地改革中侵犯工商业者”和其他类型的极左政策不允许像1931—1934年那样再度出现，他把“工商业者”定义为“一切独立的小工商业者和一切小的和中的资本主义成份”。[①]

任弼时对侵犯工商业的批评似乎更加严厉。我们在第七章提到过，他认为没收小的农村商人甚至都是一种自杀性错误。和党内一般的观点不同，任弼时反对区分对待城市和农村企业、资本主义和封建主义企业，他还提出，不应没收地主和富农的企业或生意。虽然他没有明说，但他暗示，不仅应在农村实行这一禁令，城市也应采用。[②]我们仍不清楚，任弼时的讲话发表后，共产党是否真的开始保护和鼓励地主在农村开办的工商企业。但至少在一个边区，原来的过激政策似乎得到了纠正。[③]但在2月27日的一份党内指示中，毛泽东重申了城市和农村的区别（更早的指令中已提出过类似的要求）：“应当预先防止将农村斗争地主富农、消灭封建势力的办法错误地应用于城市……”[④]毛泽东并没有明确指出，农村的工商企业是否可以为地主私人所有。

相比之下，共产党的城市资本主义工商业政策是十分清楚和明确的：城市工商企业将得到保护；工人必须顾全整体经济生产，暂时放弃眼前的利益。在土地改革运动期间，有些县曾没收过守法地主在城里的工商业企业。这种做法严重违反了党的城市工商政策，决不允许再次发生。允许没收的只是地主在农村的土地。在城镇里，允许没收

① 参见《毛泽东选集》第四卷，第168页（第1255页）；以及毛泽东等人：《新民主主义工商政策》，第5页。

② 见毛泽东等人《新民主主义工商政策》，第7—9页。

③ 1948年4月，中共晋冀鲁豫局发布了反对“左倾”冒险主义的指示，规定所有工商业——包括地主和富农在城乡所有的工商业——将受到保护，免受清算、没收和分配。见韩丁：《翻身》，第404—405页。

④ 《关于工商业政策》，参见《毛泽东选集》，第四卷，第203页（第1285页）。

财产的对象只限于真正的战争罪犯、反革命分子、官僚资本家。因此，农民或其他未经授权的人员无权查封工厂和商店，这是市政府的专属权力。所有被没收的工商企业都将由政府合作经营，或者由政府出售。政府将尽量保证这些企业继续正常运营，而不是拆除或破坏它们。[①]

对那些因为“不理解”党的工商政策，而逃往国民党控制地区的工商企业主和管理人员，条例也做出了规定。逃亡者的财产将得到保护，政府将任命新的人员经营管理他们的店铺和工厂，企业将继续生产、经营。解放区政府大力对外宣传，他们欢迎所有愿意回来的商人和企业家，并许诺全力保护他们的生命和财产安全。[②]

1948 年中，召开了华北解放区[③]工商业大会，会议解决了许多工商业的具体问题。会议通过的最重要的决议包括以下一些：有关公有和民营企业的相对地位的决议；有关金融政策的决议；有关劳资关系的决议。[④]关于第一个问题，会议强调，国家应控制重工业、军火、机械制造以及重要产业的生产资料。对于商业企业，大会的态度多少有些模糊。大会只是指出，公有商业企业的任务是满足战争的需要，稳定基本商品的价格，满足消费者和生产商的需求。不仅如此，为了实现这一目的，会议还要求成立一个统一的公共采购和供应系统，以确保所有生产商（无论是公家还是私人的）获得所需的材料和设备。

大会通过了累进的工商业税制，税金从企业净利润的 5%到 25%

① 可参见陈伯达等人编的《工商业：1949 年手册》甲卷，第 65—66 页；还可参见第九章中讨论的各种军事命令。

② 美国驻北平领事馆译新华电台电讯，1948 年 4 月 21 日。

③ 1948 年春，晋察冀和晋冀鲁豫边区合并，形成了华北解放区。几个月后，正式成立了统一的华北人民政府。

④ 1948 年 5 月 17 日—6 月 27 日召开会议，有 320 人参加了会议，包括工会代表、公营企业管理人员、合作制企业代表以及 36 名私企代表。这里概括列出的一些关键问题是参看了下列文献后的结论：《新工商政策》，第 31—32、105—112 页；毛泽东等人《新民主主义工商政策》，第 55—62 页；《工商业：1949 年手册》甲，第 66—68 页；以及美国驻北平领事馆译新华电台电讯，1948 年 8 月 11 日、15 日、17 日。

不等。在1946年的张家口，至少在一个短暂的时期，政府几乎免除了所有工业企业的税金。新的决议规定，所有赢利的工商企业，无论是公有还是私人的，都将缴纳不超过企业25%净利润的税款。只有农村手工业、合作社、某些国营企业、对工业和商业发展至关重要的某些企业、因为战争遭受了重大损失的企业，才能享受免税优惠。一般来说，工业税比商业税低。此外，还出台了鼓励某些重点行业的税收激励政策，这也使得一些工业企业从中获益。

所有人都必须提供一定的军事劳动服务，但政府允许商人和企业家缴纳一笔军事援助费，替代实际的劳动服务。这些劳动服务包括：在前线抬担架、帮助军队运输物资，等等。对于国家，人人都必须从经济和军事上帮助政府，有关于此的基本原则是在1948年9月，召开了华北解放区经济会议，会上重申了人们在经济和军事上对政府的义务，并确定了相关基本原则。①

在劳资关系上，工商业大会通过的政策较为温和，与稍后的全国第六届劳动大会的相关决议基本是一致的。

中国共产党常常引用东北城市工商企业发展的统计数据，以证明他们工商政策的有效性和合理性。的确，共产党自己引用的数据显示，哈尔滨、牡丹江、安东（丹东）以及这一地区其他城市的工商企业，实现了令人瞩目的发展。②但是，当共产党于1948年3月占领吉林后，他们的工商政策却经受了最严峻的一次考验。当时，吉林市的人口约为20万，并拥有包括若干重工业和纺织业在内的相当发达的

① 1948年9月3日—19日召开会议。会议召集人为戎子和与吴波，他们分别是华北人民政府财政部正副部长。差不多有80人参加会议，这些人包括了行政局和财政部的负责人以及华北税务局的局长。通过的决议是关于酒和烟草税，粮食采购，军事劳务系统，累进农业税的修改以及征收工商税的。本次会议还拟定了1949年华北解放区的预算草案。见《华北解放区财政会议讨论农工商业税则》，来自《新工商政策》，第33—34页；以及美国驻北平领事馆译新华电台电讯，1948年10月14日。

② 《工商业：1949年手册》，第68—69页。

工业部门。该市总共有3632家工厂、车间以及商业企业。出于种种原因，在共产党进入吉林时，所有工厂、企业都停止生产和经营了。

中央军刚撤走，周围村庄的农民就涌入城市，抓捕逃亡到城里的地主，对工厂主和店主进行“清算”，拆除机器，洗劫商店。在党的工商业政策得以有效实施之前，混乱和骚动持续了许多天。

在市政干部会议上发布了禁止抢劫的命令，重申了他们应该执行的政策。秩序恢复之后，共产党将工商界人士召集起来，举行了十多次会议。会议解释了党的城市工商业政策，并邀请当地资本家发表自己的意见。据说，这些集会对减轻资本家的恐惧“十分有效”。但与此同时，由于工人要求增加工资，劳资双方不断产生新的冲突。

事实上，工人普遍认为，是摘取胜利果实的时候了，而且他们也是这样做的。很明显，工厂主不敢对他们怎样。在一家鞋厂，工人甚至拆掉一些机器设备，随后将它们搬走。最后，政府不得不派出行政人员和工会干部，召集工人开会，向他们解释党的政策。在许多劳资纠纷中，市政府既是仲裁员，也是调解员。

此外，政府制定了专门的贷款计划，帮助工商企业恢复运营。但贷款主要供给钢铁厂、铁路、纺织、服装、制鞋这类优先考虑的企业，后三种都与军需供应有关。新的市政府还帮助企业获得必要的生产原料，包括焦煤、棉花和木材。据报道，到4月底，吉林92%的工商企业开始重新生产和经营。[①]

当然，这样的措施还不足以减轻工商界人士的恐惧。共产党不得不继续对他们进行安抚，具有代表性的是经济学家许涤新的一段话：

> 在内地和香港，我们工商业的同胞对解放区的城市社会改革都还存在一些疑虑。这些疑虑可分为三点。第一，他们担心解放

① 《吉林恢复和发展私营工商业的几个问题》，载于《东北日报》，收入东北书店编《参考资料》，第44—48页。

军把农村土地改革引入城市，用在工商企业身上；第二，他们担心解放以后，工人们会压迫企业主；第三，他们担心一旦新民主主义政府建立，它对私营企业不利。

许重申了党对这几点疑虑所做的解释。关于第三个问题，保护私营企业是否只是共产党一种临时的姿态，许承认这种担心是广泛存在的，同时尽最大的努力对此进行了解释。许在文中指出，中国面积辽阔、人口众多、经济落后，因此需要在最短的时间内发展生产和经济。如果我们放弃新民主主义革命的一般政策，剥夺民营资本生存的权力，就必将失败。①

李立三在一年后写道，我们的确应该坚持和宣扬共产主义，但我们的经济发展水平是如此之低，必须经过长时间的努力才能实现共产主义。就这一点而言，李继续写道，我们的情况与“十月革命”时的俄罗斯或东欧国家不同。中国不可能像这些国家一样直接迈入社会主义，或者像俄国那样直接进行社会主义革命。②

试图打消人们对共产党疑虑的还有香港的《华商报》，该报在第一时间发布了解放区有关进出口贸易的规定。它们是《山东解放区的进出口贸易管理暂行办法》和有关关税的一系列规章。香港的商人有兴趣和共产党控制的地区建立贸易联系，但他们不清楚该怎样做以及最终能否获利。解放区的第一份贸易规定还不足以打消他们的疑虑。最终，在1949年初，《华商报》回答了香港商人最关心的一些问题。

该报记者解释道，在取得完全的胜利之前，共产党外贸政策的基本目标都将是发展农业和工业，因为它们对维持战争至关重要。因此，就外贸管理而言，共产党鼓励进口必需商品，限制进口奢侈品和

① 许涤新：《论城市的社会改革》，1948年8月9日，选自他的《中国经济的道路》，第307—309页。

② 李立三：《关于发展生产劳资两利政策的几点说明》，载刘少奇编：《新民主主义城市政策》，第13页。

解放区本身能生产的产品。事实上，这些原则和此前一些边区制定的与国统区往来的“进出口”贸易规则是大致相同的。公有贸易机构控制了五种重要商品的进出口：大米、棉花、油、猪鬃以及黄金。所有其他商品的贸易被交给私营企业。①

然而，不管是哪种贸易，首要的原则是，必需严格保持进出口的平衡。可以说，中国共产党在这方面极为小心，极为谨慎，尽量避免国统区出现的贸易逆差。由于担心贸易逆差，再加上缺乏外贸经验，共产党规定，外国商品和材料的进口商必需出口同等价值的商品和材料。这一规定相当于一种实物交换体制，是如此不便，很快就被取消了。但共产党仍然坚持保持进出口平衡的原则。

的确，中国共产党在贸易和金融领域经验不足，同时急于表示对商业界的支持，但这种经验的不足和热切的支持还没有达到使他们放弃自己经济利益的程度。在长期的经济封锁中，共产党发展出了一种自给自足的经济策略，他们通常用这种自足的观点考虑问题。共产党对经济的理解常常表现得过于简单和狭隘，这或许能够解释为什么它始终无法彻底消除私营企业的疑虑。1948 年 12 月，《时代批评》的一篇文章或许能准确地反映当时商界人士的心态和感觉：“我希望，对于资本家来说，新政权不会像蒋经国政权那样糟糕。但大部分中国商人……担心未来会变得更糟。”②

工业管理：公有企业的挑战

工业管理是另一个共产党极为缺乏经验的领域，他们自己承认这一点，并急于解决这个问题。由于共产党希望以公有制形式发展某些重要的工业，这种经验的缺乏就显得更加严重。因此，华中解放区工商会议就有了一个新的任务，起草一份公有制工厂财政纪律的草案。

① 华商报资料室编：《解放区贸易须知》，第 36—43 页。山东和华北解放区早先的外贸规定亦载于《新工商政策》，第 36—83 页。

② 《现代批评》，1948 年 12 月 15 日，第 1 页。

薄一波在会议上发表的关于工业管理的讲话表明，这一时期，党内就这一问题还存在激烈的争论。薄一波的发言与列宁的观点十分相似[①]，他宣称："我们的经济工作者应该学习管理，不仅如此，他们还必须向资本家学习科学和合理的管理方法；在当前的阶段，尽快学习管理经验是我们面临的一项最重要任务。"[②]

1948年夏天，最让党的领导不安的问题是许多机构的"无政府和散漫的状态"以及由此导致的人力、物力、财力上的大量浪费。第二个严重的问题是不合理的组织和工作作风。

浪费的现象比比皆是。例如，一家煤矿公司新开了一口矿井，但开矿之前他们并没有请采矿工程师进行初步调查。只是在矿井挖好、投资了30万元之后，才发现此处的矿脉太细，完全没有开采的价值。同样，在晋冀鲁豫边区，军队在没有征求建筑工程师意见的情况下挖了几个防空洞。结果，这些防空洞全都崩塌了，白白浪费大约40万元至50万元。

有关不合理的组织和工作作风的事例不胜枚举。工厂被塞进了太多非生产人员；政治表现、家庭背景以及资历，而不是技术能力，成为选拔和提升工厂干部的标准；没有人计算生产成本，或者关注企业是否赢利；时常，政府的主要工作不是发展生产，而是为工人提供援助和救济。

华中解放区工商业大会通过了决议，意图十分明确，就是要纠正这些错误。决议规定，只有经过详细的调查、研究、有资格的技术人员的设计，并得到高层的批准之后，新的工业项目才允许上马。此

① 列宁在特别提到"泰罗制"的时候写道："社会主义能不能建设起来，恰恰取决于我们能否成功地把苏维埃政权和苏维埃行政体制与最新的资本主义的成就结合起来。"见列宁：《苏维埃政府当前的任务》，1918年4月，载于《列宁选集》（莫斯科：进步出版社，1965年）第27卷，第259页。"泰罗制"由弗瑞德里克·泰罗发展起来，在20世纪初赢得了国际知名度。泰罗系统最广为人知的是在工作机构中用科学的方法实现高效生产——而基本上不考虑机构中人的因素。

② 引用自《新工商政策》，第109页。

外，决议还要求所有工业企业提高管理水平和生产效率。①

两个月后召开的全国第六届劳动大会确立了类似的企业管理的目标。大会要求，每个企业都要为整个生产过程——从购买原材料到销售制成品——制定一个详细的计划。大会的要求还包括：为人事管理制定具体的标准；生产检查制度要落实到所有工厂中，以保证生产标准以及合适的工作条件；采取严格的个人责任制，每个工人都要为分配给自己的工作任务承担个人责任。②

个人责任制是苏联企业管理的一个重要特征，但对中国工人来说，它还是一种新的制度。在中国，集体责任制更加普遍。1948 年，新的责任制首次应用在东北铁路的管理上。自苏联军队于 1946 年撤出东北后，东北铁路（或中国长春铁路）是允许苏联"存在"的少数机构之一。③

这种个人责任制首先在牡丹江市的铁路职工中间进行了试行。根据试行经验，东北铁路部门党委会发布了一条决议，规定在此后的工作中，东北所有铁路工程技术人员都要承担个人责任。此前，技术人员被分成不同的小组，轮换工作——这和苏联的做法不同，没有任何人为特定的火车头负责。轮换制被取消了，取而代之的是新责任制。新制度规定，两到三人的工作小组专门负责一个车头，一旦出现问题，小组成员负有直接责任。④

先将薄一波的评论放在一边，这时党内仍在激烈讨论，究竟应学习苏联，还是学习西方发达资本主义国家的企业管理经验。东北铁路

① 引用自《新工商政策》，第 107—109 页。

② 见第 426 页注②。

③ 苏联的驻扎是依据 1945 年 8 月《中苏友好同盟条约》和一系列补充协定。《长春铁路协定》让中国"东满"和"南满"的铁路为中苏共同所有，规定苏联人担当合营系统（也被称为"中长路"）的经理。见罗伯特·C. 诺斯：《莫斯科和中国共产党人》，第 219—220 页。

④ 欲了解关于 20 世纪 50 年代初中国曾采用过责任制而又最终否定之的讨论，见舒曼：《意识形态和组织结构》，第 242—253 页。

部门党委会建议，可以参考资本主义国家的铁路管理经验，分析其优缺点。但党委会最终的结论是，新中国应以苏联模式为主，因为苏联已经对资本主义国家的管理经验进行了充分评估，并吸收了其中所有有价值的内容。[①]

无论采取什么模式，提高管理水平和生产效率都是一项重大工程，需要几个月乃至几年时间集中力量才能完成。哈尔滨的管理者承认他们面临的困难。1948 年夏天，《东北日报》评论道，科学的企业管理对我们还是一件新鲜事。该报指出，铁路管理已取得了很大进展，但该市的工业部门在评估成本、分配资源、坚持商品标准方面，还有许多需要解决的问题。工业企业的研究、调查、规划水平仍然处于发展的最初阶段。[②] 同年 11 月，同一家报纸的另一篇社论指出，在 8 月的全国第六届劳动大会之后，许多东北企业已经开始着手改善管理水平。但至今为止，还没有一家企业真正、彻底地实现了这一目标。[③]

这篇社论还指出，直到现在，东北的国营工厂对民主管理都未给予足够的重视。根据全国第六届劳动大会的决议，每个工厂都要成立由工厂负责人、高级技术人员、工厂和工会其他负责人、普通工会成员代表组成的管理委员会。管理委员会的主席由工厂负责人担任。委

① 《新民主国营企业应学习苏联的经验》，来自华北总工会筹备委员会编《第六次全国劳大决议》，第 58—60 页。1946 年后苏联对东北的介入性质和程度需要进一步研究。就像 1946—1947 年安娜·路易斯·斯特朗在共产党统治区域游历了一番后所强调的那样，总体意见认为两个共产党派之间没有官方联系，苏联共产党也没有为中国共产党提供军事支持。但是两党之间依然存在某种联系，从下面几点就能看出来：在东北铁路管理层中出现了苏联人员，哈尔滨有中苏友好协会这一专门的机构，中国共产党在开始学习苏联劳动管理经验时发表了一些由俄文翻译成中文的文章。1948 年，中国长春铁路还成立了哈尔滨工学院，这是一所致力于培养工程技术人员的高等学府。学校提供下列领域的学位：建筑工程、交通、电机工程、土木工程和经济学。见美国驻北平领事馆译新华电台电讯，1948 年 8 月 16 日。

② 载于东北书店编《参考资料》，第 49—50 页。

③ 载于东北书店编《职工文献》，第 3 卷，第 3 页。

员会的任务是讨论工厂的重要管理问题，并最终做出决定。如果委员会发现，政府公共管理部门的指令不正确、不合理，委员会主席有权将委员会的决定上报给政府，并请求更改指令。

决议还规定，超过 500 人的大工厂要成立由不同工种的工人和学徒代表组成的工厂代表委员会。代表委员会隶属于工厂管理委员会，它的功能是宣传管理委员会的决定，总结经验，听取工人的建议和批评。但在 1948 年，企业民主和科学管理，仍然是未来的目标，而不是已经取得的成就。

从农村到城市：1949 年的中国共产党

以上便是共产党在召开第七届中央委员会第二次会议时拥有的全部城市工作经验了。正是这次会议宣布，党的工作重心将由农村转移到城市。到 1949 年 3 月，中国共产党已经有了将近四年直接管理城市的经验，主要是张家口、哈尔滨以及东北少数几个中型城市。

值得一提的是，在此期间，中国共产党对城市问题进行了认真思考，克服了新掌权的左翼政党常常会有的众多理想主义冲动。刚解放张家口时，共产党为热情和冲动所左右，试图解决所有的中国城市问题，不仅对工人，也对管理者做了慷慨承诺。但后来，他们发现这些承诺是无法实现的。为应对通货膨胀增加工资的做法，只是在 1945 年刚接管张家口时实行过，到 1948 年中，就停止实施了。同样废止的做法还包括：不断增加工资，以抵消生活成本的上涨；通过向工人提供最优厚的福利来解决他们的实际困难。共产党在张家口采取的其他“过分自信”的工业政策包括八小时工作制原则、扩大公共部门、对于公私企业的慷慨的税收鼓励制度。

但共产党控制张家口的一年里，也采取了以下政策：劳动竞赛运动；利用计件工资制和物质奖励制度提高个体劳动者的产量；为完成预定的工作任务，增加工作时间；限制工人的某些要求；强调劳动纪律；鼓励私人投资。

对于中国共产党将在1947年至1948年采取的城市工商政策，后面这些措施给了人们足够的提示。在1947年下半年，随着反“左”倾冒险主义运动的开展，共产党的城市政策开始逐渐成形。这时，共产党关注的重点已由工商业、工人明显地转移到为支持战争而尽量扩大生产和经济重建上来了。新政策强调与私人资本的合作以及提高公有企业的管理水平。正式舍弃了根据工人的需求和政治表现确定工资的做法，采取了以技能、经验、工作表现为评判标准的分级工资制。共产党并没有放弃解决工人阶级所有实际困难的目标，但是将它推迟了。共产党近期的目标是保证工人的基本生活，并尽量减轻通胀对工人生活的影响。同时，共产党许诺今后将大幅提高工人福利，让他们满意。为此，1949年，东北首先试行了工人劳动保险制度。

虽然城市反“左”倾运动和农村反“左”倾运动的时间和形式几乎是相同的，但它们的作用是完全不同的。在农村，反“左”倾运动标志着真正群众运动的结束，这场群众运动摧毁了农村原有的政治和经济精英阶层，并且平均了土地所有权。在城市里，情况则有所不同。1948年的城市反“左”倾运动标志着共产党的城市工商政策有了新的方向。当时，城市政策并不是土地改革运动的延伸和扩展，而是一个重大的、性质上完全不同的问题。在城市开展反“左”倾运动，至少是为了暂时维持资本家的地位，使他们免受日益激烈的工人运动的影响。工人们反对这种反“左”倾政策。最明显的例子是，中国的主要城市解放后，工人的激进行为通常会持续几个月。这一点我们将在第九章详细描述。

1949年中，李立三承认，一些工人仍然对劳资两利的原则存有疑虑。党优先发展生产，而将改善工人的生活放到第二位，这让他们感到疑惑。不仅如此，他们干脆直接质问道，为什么共产党不像在农村把地主的土地分给农民那样，把资本家的财产也分给工人。其次，既然资本家依靠剥削工人赚取利润，一些工人提出质疑，扩大生产只会让资本家剥削得更多，那么为什么他们要加班加点，提高产量。

对于第一个问题，李立三答道，将地主的土地分给农民，并且同时提高农业产出，这二者是并不矛盾，可同时实现的。但一旦采取某些地方已经采取的做法，将工厂、商店以及其中的设备和货物分给工人，结果就大不一样了。生产和商业活动将会完全停止，工人也将失业。没收并分配城市的财产无论对生产还是对工人都没有好处。

对于工人的第二个问题，李立三指出，过去工人的确经受着三重剥削，即帝国主义和官僚资本主义、私营企业以及中国工业本身的落后。现在，帝国主义和官僚资本家被打败了。政府已经出台了法律，对私营企业的剥削进行了限制，保护了工人的利益。私营企业的剥削最终将被全部消除。目前唯一存在的问题是极端落后的经济。国有资本仍然过于弱小，它单靠自己的力量无法承担起发展生产的全部重担。因此，不仅有必要利用私人资本，还要尽可能鼓励它向生产领域投资。在这种情况下，应允许私人资本赚取一定的利润，与此同时，整个社会和工人阶级都将从中受益。[①]

在城市开展的反“左”倾运动意味着，共产党变更了发展的优先次序。1945—1946 年，张家口的经济和生产目标仍然反映出共产党强烈的农村色彩。这一目标不过是更大的边区生产计划的一部分，对农业的重视甚于工业，对轻工业的强调甚于重工业。到 1949 年，共产党重新定义了自己的目标，制定了经济发展的新战略，这一次，他们强调发展重工业，而不是轻工业和农业。

根据马克思列宁主义的理论，无产阶级革命必须首先占领主要中心城市，由此夺取国家政治权力。此后，革命力量才进入农村，领导和组织农民，建立工农联盟。但在中国特殊的社会历史环境中，“马克思列宁主义最好的学生”——毛泽东，创造了农村包围城市的新的

① 李立三，第 9—12 页（见第 442 页注②）。

革命战略。这一战略是中国革命取得胜利的关键，因为城市的敌人实力十分强大，而革命武装又十分弱小。如果中国共产党机械地以城市为第一目标，他们将无法蓄积足够的力量打败敌人。

那么，在长期的农村工作后，为什么要转向城市，以城市来领导农村呢，一些批评家对共产党工作的突然转向提出了质疑。共产党对这一问题的回答是：首先，因为革命力量现在已足够强大，具备了从敌人手中夺取城市地区的能力。其次，中国共产党主要的目标是建立一个现代化的工业国家，敌人控制的城市地区恰恰代表了中国经济最先进的部分。①

党在农村的根据地或许是取得胜利的必要条件，但如果没有城市，革命的胜利将始终是不完整的。农村可以用来包围城市，但辩证地看，也可以通过城市影响农村，并利用城市巩固革命的胜利。1949年3月25日，毛泽东进入北平，它的意义不仅仅在于共产党占领了国家首都，而且象征着党重新成为一个以城市为基础的政党。经历20多年之后，中国共产党终于再次成为城市无产阶级的领导者。

这一新的转变或许会给一些读者带来困扰，因此，这里有必要对城市的领导功能进行稍微详细的描述。城市向农村提供了科学的革命精神；城市的领导是工人阶级的领导，而不是全体市民的领导；只有拥有强烈阶级意识、集体主义观念、科学的远见、组织严密、纪律严明的工人才能领导农民，帮助他们克服自身的落后和保守；工业会引导农业朝着机械化生产和科学管理的方向发展，为现代化、集体化以及社会主义的发展提供必要的技术和物质基础。但城乡之间的新关系并不包括“发展农村手工业和使农村城市化”以及“在城市中修建花园和让城市田园化”这种“诱人但无用”的目标。②

出于所有这些原因，工业建设成为党的城市工作的核心任务。毛

---

① 杨贵昌：《城乡关系问题》，第16—18页。

② 同上，第13、37—38页。

泽东在七届二中全会上指出，今后，城市工作的重心将是恢复和发展生产，主要发展工业生产，同时也兼顾公有企业生产、私营企业生产以及手工业生产。城市工作所有其他任务，例如政治权利的建设、党的组织工作、工会组织、群众组织、治安、文化、教育以及宣传，都要围绕工业生产这个核心任务进行。最后，毛泽东号召全体党员尽最大努力学习工业生产、商业以及银行业的技术和管理方法。①

由于确立了新的城市工作方向以及本身的经验不足，中国共产党开始越来越多地把苏联经验作为指导，尽管他们承认，在经济发展水平和革命策略上，中苏之间是存在很大区别的。这一时期，共产党借鉴的苏联经验包括：进行科学管理和规划、工业管理中采用责任制、计算劳动报酬的方法、工人保险制度、劳动竞赛运动、工会工作以及以重工业为主的经济投资战略。

1948 年底，根据新的城市政策，东北一个老解放区的负责人提出了 1949 年的具体工作任务。首先，工业建设要求制定一个整体经济计划，该计划的重点是立刻恢复重工业生产，特别是钢铁、机械制造和电力行业。它还要求发展相关的铁路运输、农业生产、金融和贸易。为了制定和实施这一计划，要求所有党员加深对行政协调、部分服从整体、落后服从先进等概念的理解。

其次，共产党研究了苏联过去 30 年的经验，大力宣传经济建设计划，向干部和群众解释新的经济任务，对错误思想和疑虑进行批评。党员们必须记住，工人运动、青年工作、群众组织等工作都必须

---

① 参见《毛泽东选集》第四卷，364—365 页（第 1424—1439 页，原文：今后，城市工作的中心任务将是恢复和发展生产，主要发展工业生产，同时也兼顾公有企业生产、私营企业生产以及手工业的工作生产。城市中其他的工作，例如党的组织工作，政治机关的建设，工会的工作，其他各种民众团体的工作，文化、教育方面的工作，肃反工作，——通讯社报纸广播电台的工作，都要围绕工业生产这个核心任务进行。最后，毛泽东号召全体党员尽最大努力学习工业生产、商业以及银行业的技术和管理方法）。美国驻北平领事馆译新华电台电讯，1949 年 3 月 24 日；刘少奇编：《新民主主义革命城市政策》，第 3—4 页。

为经济建设这一中心任务服务。

再次，党必须给予工人更多的关注，确保他们拿到较为合理的工资，并尽量减少通货膨胀对他们的影响。但工人运动绝不能干扰经济建设和生产计划的实施。大批干部被派遣到工人中间，进行工会和党的组织工作，协助工厂管理人员和工人代表委员会，提高管理的效率和民主化水平。

最后，该负责人要求，在农村，地方党机构必须成立供销合作社。他指出，在城市引导农村的总体框架下，这些合作社是连接城市国有经济和农村小生产者的最理想的经济结构。它们的功能是，向农村地区提供布、盐、油、燃料等生活必需品，同时购买农民的农产品。[①]

然而，最大的问题仍然是缺乏有城市工作经验、能够有效实施党的城市政策的干部。1948 年夏天，全国第六届劳动大会决议对一些干部“无纪律”和“不理性”的做法提出了批评，而导致这一状况的根本原因是缺乏合格的干部。官方声明谴责了干部的农村游击队思维和他们在城市里照搬农村的工作作风的做法。根据前文的描述，在东北，无论在领导还是思想层面，共产党都成功地将工作重心从农村转移到了城市。但这一转变并不彻底，而且就其效果而言，也并不那么令人满意。另一位作家评论道：

> 现在我们正从农村转向城市，最大困难是一些长期在农村工作的人身上存在的落后、保守和农业社会主义思想。他们满脑袋是农民意识，不能懂得城市能在革命事业中担负的伟大领导作用……这些人大多数还习惯于手工业的生产方式，凭他们狭隘的游击经验，他们不能系统地掌握城市工作方法。[②]

由于工作和生活环境的反差，进入城市后，一些干部开始腐化。

① 《如何贯彻东北全党的转变？》，第 4—9 页。

② 杨贵昌，第 35—36 页（见第 446 页注①）。

但最主要的问题仍然是干部们缺少现代化城市，特别是工业部门的管理知识。干部和党员不具备系统规划和工作的能力。他们不理解城市是一个集中和统一的整体。他们的工作方式仍然和农村一样，分散、不协调、零散。

在这些不足得到弥补之前，许多工厂的生产已经受到严重影响。例如，由于暂时缺乏棉纱，沈阳北关区一名干部下令关闭一家纺织厂。工厂被用来制作豆腐和停放人力车。在战争时期的农村，这种随机应变的处置方式或许是十分必要的，但对于城市产业的长远发展，这种做法却是不利的。

另一个例子是张进新（音），张同志负责管理沈阳市一家年产量数千吨的铸铜厂。张对于技术知识几乎一无所知，他停止了对冶炼炉的日常检查和维修，声称它们不会出现任何问题。结果，两台主要的冶炼炉发生了故障，导致了全厂停工。张在没有进行任何调查的情况下向工业部门上交了一份简单的报告。[①]

在共产党占领西安后，由于担心手工业工人失业，负责工业工作的干部有意不让某些机械工厂恢复生产和运营。在一些地方，干部不允许妇女进入工厂工作，而是将大量棉花分发给她们，让她们在家里使用手工操作的纱锭工作。结果，许多纺织厂由于缺乏棉花无法满负荷生产。在东北，工会领导甚至发布了关于如何收费的专门指令。因为许多来自农村的干部似乎并不了解收费的重要性，他们甚至不会开发票和记账。[②]

哈尔滨、吉林以及安东的干部同样受到了批评，他们没有系统地运用自己的政治权力。无论是组织工作，还是教育工作，他们都停留在街道的水平上。[③]最初，解放区城市的行政结构分为三层：市、区、

① 《如何贯彻东北全党的转变？》，第2—4页。

② 东北职工总会：《关于工会费的决议》，1949年1月9日，来自华北总工会筹备委员会编《第六次全国劳大决议》，第55—57页。工会成员将拿出每月总收入的1%作为工会费。

③ 《如何贯彻东北全党的转变？》，第2页。

街道。1949 年 6 月 22 日，天津市对这种城市管理方法提出批评，并正式废除了这一系统。新华社的社论也指出，这种行政结构是试图将农村的县、区、村三级政治结构照搬到城市中来。在农村地区，经济和人口的分布是分散的，不像城市那样集中。因此，区和街道政府无法有效地管理城市的工厂、银行、学校和其他机构。这种政治权力的分散造成了许多城市的“无政府状态”，致使市政府无法有效贯彻党的城市政策。因此，社论认为，城市政府应拥有完全的决策权，具体政策应由市政府各个部门直接实施。①

在天津，召开了一次由市、区、街道干部参加的会议，这次会议取消了区和街道一级的政治机构。市政府秘书对与会干部的缺乏纪律提出了批评。他指出，区和街道的政治工作过于冗繁。这些机构取消之后，原来由它们处理的所有教育、宣传、文化、组织、公众卫生、治安、户口登记、工商业和合作社的管理，都集中交由市政府下属的各局管理。②

在党正式宣布，党的工作重心由乡村转移到城市之后，立刻出现了第二个问题。这一声明使党在农村的许多领导和干部——尤其是后者，他们中的许多人都是从北方城市来到农村的知识青年③——明显有了这样一种感觉，即他们已经无须再做任何农村工作了。突然之间，所有人都希望到城镇去，并且留在那里。有时，大批干部集中到一个甚至没有多少工业、毫不重要的小镇子，而周围的村庄还有许多土匪、残余地主势力在制造麻烦。

当林彪的部队到达华中时，这一问题变得愈发明显了，终于引起了共产党的重视。共产党提醒各地的负责人，只有彻底完成农村的改

① 《把我们在城市中的组织形式和工作方式适应城市的特点》，1949 年 6 月 22 日，见刘少奇编《新民主主义城市政策》，第 47—48 页。

② 新华社：《天津市人民政府宣布变更区街组织形式》，1949 年 6 月 22 日，出处同上，第 49—50 页。每个区设区办公室，办公室有七八个成员，负责协助贯彻市政府的决定和报告当地情况。市公安局的各区分局和它们管辖的 272 个派出所负责维持公共治安和进行户口登记。

③ 见第九章。

革之后，城市才能“领导”农村。林彪在《华中局今后工作方针的报告》中指出，在东北和华北，土地改革已经顺利完成，农村地区普遍成立了人民政府，这为共产党从农村转移到城市创造了必要条件。在这些任务尚未完成的其他地方，当地政府决不能忽视农村工作。林彪认为，当前在华中的工作重心仍然是农村。“党的所有组织、宣传、教育和政府工作必须围绕这个重心”，林写道，“党的目标并不是留在城市，而是坚定地以农村为中心。”①

尽管缺乏城市管理和工业发展方面的经验，到 1949 年，中国共产党人已经成功地解决了一些最基本的城市问题。和南京政府不同，中国共产党发展出了一种合理、有效、部分借鉴苏联经验的工人政策。该政策主要依靠社会风气、树立典型和物质奖励来提高工人的劳动生产率。共产党制定了一系列具体条款，以保证工人的基本生活水平，但并不赞同工人提出的可能严重影响生产和经济增长的要求。共产党试图利用民营企业家的经验和资本，他们希望通过这种工人政策消除民营企业家的疑虑。这一努力始终没有完全成功过。但在 1950 年初，高岗自豪地宣称，在东北的第一年，共产党取得的成就是巨大的。

根据高岗的说法，政府为所有公有企业制定了生产计划。所有重要行业都超额完成了规定的生产计划，尽管这些行业的平均产量只相当于 1943 年（当时还是日占时期）的 1/3 左右。这些行业包括钢铁、铜、煤炭、电力、机械制造。同时完成的还有铁路运输计划。没有完成生产计划的行业包括农业、棉纺、织布、造纸这类轻工业。

私营企业同样得到了恢复。高岗声称，从 1949 年 6 月至 12 月，沈阳私营企业的数量增加了 23%，受雇于私营企业的工人增加了 18%。1948 年，在东北，共产党控制地区的物价上涨了 8 倍，但在 1949 年，上涨的幅度仅为 80%。由于物价的稳定，劳动保险制度以及工人医疗福利制度的建立，工人的实际收入增加了。农民的负担也

① 转引自杨贵昌，第 20—22 页（见第 446 页注①）。

大大地减轻了。1948 年，农业总产量的 23%上交给了政府，到 1949 年，这一比例下降到了 20%。

高岗这样总结了这些成果的重要意义：

> 过去的一年已经证明了我们党不仅善于发动群众进行土改和革命战争……也能够领导人民去建立一个新中国，管理好经济建设工作。这项工作还只是刚刚开始，但它已经成为现实，并且有了一个良好的开端。现代化和经济建设对于我们来说是一件全新的、困难的事情。在过去一年里，我们党的工作中心已经从战争和土地改革转到了经济建设上来，我们党已经培养并派遣了数千名干部直接参加经济建设工作。这些干部已经取得了管理经济和城市的书本知识，现在，他们正在实践中学习。他们现在处于认识新事物的第一个阶段，他们正开始能够做他们过去所不能做的事情。我们过去学会了土改和打仗，现在，用同样的方式，也可以学习并学会经济建设这项新工作。①

中国共产党 1949 年城市政策的许多内容，后来（特别是中苏关系破裂之后）要么被取消，要么经历了修改。但共产党城市政策最根本的概念“城市领导农村”，直到 20 世纪 60 年代都没有发生变化。在“文化大革命”中，重视城市发展而忽视农村，成了刘少奇众多罪名中的一项。“文化大革命”之后，中国出现了一股反“城市暴政”的思潮，许多中国人对西方和苏联的工业化和城市化特点表示厌恶。一位官员甚至对外国游客说“我们正试图将农村城市化，让城市田园化”。② 这恰恰是一个共产党人在 1949 年认为“诱人但无用”的概念。

① 高岗：《站在东北经济建设的最前面》，第 6 页。这是高岗在第一届东北党代会上所做的报告。

② 引自迈克尔·弗洛里克：《北京大学访问记：文化大革命是怎么回事》，《时代周刊》，1971 年 10 月 24 日，第 122 页。

第九章 CHAPTER 09

一个新的开始：共产党从国民党手中接收城市

本书的研究以第二次世界大战尘埃落定，国民党从日本人那里接管中国城市作为开始，因此以评价共产党从国民党处接收同样的城市的研究作为结束也属情理之中了。不管中国市民是多么怨声载道，城市是可以给予政府支持的最后的堡垒。它们不是通过内部大众起义落入共产党之手，而是被攻进城来的共产党军队占领。农村士兵让市民第一次看到了中国共产党的庐山真面目。关于共产党，在过去二十年里，各不相同的说法流传着。

迎接他们的态度是否会像国民党回归时一样，迅速变成不满，取决于这些农民士兵和紧随他们之后进入城市的、经验不多的行政干部的表现。共产党在短短一年间控制了中国大陆的所有主要城市中心后，最需要的就是城市居民的支持。而这个群体难免会做出比较。如果他们产生了敌对心理，对共产党构成的直接危险远大于四年前的国民党政权，那时候，国民党初来乍到，作为人们认可的中国合法政府受到了欢迎。

1945—1946 年，引起公众最激烈批评的问题是：政府不情愿惩罚汉奸；文武职人员的贪赃枉法和纪律松弛；未能在突然来临的接收时期实行有效的经济和金融措施；从腹地回归的人员普遍对他们留在日占区的同胞采取居高临下的态度。

到了 1949 年，共产党不但充分意识到中国城市的战略重要性以及它所代表的理论挑战，而且对那里等待他们的主要陷阱心知肚明。以上提到的诸方面，除了第一点（公众没有类似的惩办战败国民党政权成员的要求）以外，共产党都积极地——假如不总是完全成功地——避免国民党政府在 1945 年犯下的错误。然而，就像他们所做的所有其他事情一样，这个成就得来并不轻松。

法律和秩序

1948 年上半年共产党接管东北的城市和城镇，这一过程显示了曾经让国民党声名受损的缺点，共产党的干部和士兵也未能幸免。根据共产党自己的叙述，他们的军队也有相当的夺取财产行为，特别是在接管四平、吉林和鞍山的时候。而且，很多跟随部队的人员——属于医疗、卫生、后勤和通讯部门的人员，接管了工商业财产，拆除了工厂设备，运走了机器和原材料，损坏了很多设备。在一些地方，接管人员甚至卸下铁路轨道，把铁轨当成废铁，把枕木当成柴火。[①]

所有这些所作所为，或多或少地与由来已久的游击做法相一致，即：在不能永久占领的地区，把物资以“有计划有组织的方式”从那里运出来，这一做法本来适用于“军用”物品和“敌人财产”。这一习惯在 1948 年得到延续意味着，由中央或地方政府拥有或管理的城市国营企业和国民党官僚资本家控制的主要产业，作为“敌人财产”受到最严重的破坏。以下两类个人拥有的工商企业也成了目标，即：积极支持国民党政府的个人；或与国民党有关的，比如为军队提供临

① 《保护国家的财产》，载于《东北日报》，收入华北新华书店编：《关于城市政策的几个文献》，第 27—29 页。

时住所照顾伤员或诸如此类的个人。[①]

很多在战斗结束后迁入的民用机构，它们只关心自己部门的利益，在这一过程中扰乱了商业和价格。城市穷人趁着战斗进行偷窃和抢劫。农民进入城市，夺取村里地主在城市的土地。接收部队并不保卫财产，而是允许人们为所欲为。[②] 1948 年上半年，所有被共产党军队所占领的东北城市，除了“少数几个”，都传出消息，报道了这样的违反官方政策的事件。[③]

根据官方评价，作战部队的纪律很差。他们，他们的支持部门以及后方的文职人员，都没有受到充分地约束，让他们遵守党的保护城市的政策。文武职人员依旧将占领城市看成是暂时性的事务。他们依然不明白新的局势出现了，赋予城市新的作用和重要性。1948 年 6 月 10 日，中共东北局发表指示，意图就是改变这种状态。在第二年，进入中国城市和城镇的每支部队，司令员都要颁布公告，公告中均包含了相似的指示。

军事纪律

中共东北局命令将权力集中于领导者。在那个春天接收吉林和其他城市时，权力是不集中的，所以攻打任何城市的最高军队统帅从今以后将对占领的初始阶段，包括对所有党政部门和地方干部的行为，直接负责。一个城市实行军管的时间由军事统帅根据情况决定。当秩序确立起来后，军事统帅有责任把军管会转化成市政府或市委。

---

① 《关于保护新收复城市的指示》，由中共东北局于 1948 年 6 月 1 日发布，收入华北新华书店编：《关于城市政策的几个文献》，第 2 页。

② 见第八章提到的吉林的情况，见第 437 页注①。

③ 营口可能是这些例外中的一个。一位观察家对共产党在 2 月末的接管不吝赞扬。他特别提到军队的纪律：他们总是拒绝几乎最小的礼物。明朗（音）：《记共军统治下的营口》，《时代批评》，1948 年 8 月 15 日。营口随后被政府军收复，但是在年底之前又被共产党占领。

在攻打任何城市之前，战斗军队、后勤部门和所有文武干部要接受训导，内容是关于占领期党的政策和纪律。军队只有没收武器、弹药和其他军事物件的权力。没收物品马上要全部委托给一位官员管理，并上报最高统帅；士兵个人禁止私藏这些物资。特别禁止军队没收其他财产，不管是公有的还是私有的，并命令他们阻止其他任何人这样做。后勤和服务部门同样“绝对禁止”接收任何财产。

作战部队接到授权，可以将以下人员作为罪犯抓起来：持武器的敌军，其他持武器和抵抗的人员，军事间谍和主要战犯。所有其他守法的公务员，包括当地警察，允许他们留在岗位上，且命令他们照常执行公务。在战斗后，所有部队，除了必要的维持秩序的，都要撤到城外。党、政府和其他机构接到命令，不许其成员买卖财产或从事任何形式的商业活动。农民不准单独进入城市或城镇占有财产或逮捕嫌疑犯。[①]

这些命令构成了党在内战剩下时间占领政策的本质内容。在接收每座城市前，攻进城市的共产党军队公布了这些命令，电台也广播了同样内容，之后，它们出现在墙报和报纸上。在接管济南前，陈毅将军发表的七点临时法重申了该政策。在共产党军队占领该城市的那天，即 1948 年 9 月 25 日，济南军管会宣布的规定中也重申了该政策。[②] 在天津和北平投降之前，林彪发表八点临时法。[③] 最后，共产党军队前进到南部和西北部时，毛泽东和朱德在 1949 年 4 月 25 日宣布的人民解放军总司令部约法八章中，亦重申了该政策。[④]

另外，修改了军队著名的《三大纪律八项注意》，用来指导农民士兵进入中国主要城市时的行为。1949 年 4 月 26 日第三野战军司令

① 见第 455 页注①。
② 《关于城市政策的几个文献》，第 6—9 页。
③ 同上，第 45—46 页。
④ 刘少奇编：《新民主主义城市政策》，第 39—41 页。

部和政治部颁布了修改后的规定和要点：[①]

三大纪律

1. 遵守军管会和人民政府颁布的一切法律、命令和规定。
2. 遵守城市政策，保护市政府。
3. 保持革命战士的节约传统。

十项注意

1. 不经允许不得开枪。
2. 不占民房和店铺，不扰乱剧院等娱乐场所。
3. 没有任务不外出，外出之前要请假。
4. 不在街上乱驾马车乱骑马。
5. 不在街上吃东西，不在街上手拉手走，不挤进人群。
6. 买卖公平。
7. 保持营房整洁，不随地大小便。
8. 不许算命、赌博和嫖妓。
9. 不许贪污腐化。
10. 不在墙上乱涂乱画。

假如在 1945 年实行了相似的规定，国民党政府将会避免很多由接收引起的批评。恰恰相反，国民党回到上海，然后来到北平、天津，再入东北，从来都不曾改正接收人员犯下的哪怕是最招致恶评的劣行。他们在东北各城市的行为更是无法无天。相比之下，共产党，一开始似乎也犯下了与 1945 年的国民党同样的错误，但是都在造成严重损失之前纠正了过来。所以当共产党军队从相对不为人知的东北出现在众所瞩目的天津、北平、南京和上海时，这些城市见证了前所未有的中国士兵奇观，他们连过路人出于好意递上的一支烟都会

① 美国驻北平领事馆译新华电台电讯，1949 年 4 月 26 日。

谢绝。

一位决定离开济南的、不那么同情共产党的中学教师承认，在接管城市之时和之后，纪律维持得很好。公众可以向长官举报一切违纪行为，两名士兵被处决。在作战部队主力从城里撤出的时候，发生了一些平民打劫的事件，但是秩序很快恢复了。①

在北平，另一位不同情共产党的观察者同样评论了接管人员的良好表现。他写道，大多数政工干部举止“谦虚朴实”。武装军队的纪律如此严明，从不恃武力夺取物品，借物必还。结果是，人们对他们既不恨也不怕。②

在上海，甚至反共的外国人都被感动了。那里，像别处一样，士兵拒绝接受作为礼物的食物和其他物件。后勤人员用背驮的方式将器材运进城而不征用民用车辆。保守的美国报纸《大美晚报》称，进城的人民解放军的行为“堪称典范”。编辑伦德尔·古德，注意到他们努力地将撤退国民党人员征用过又丢弃的车辆归还给失主。他写道，这些努力让他想起四年前的情形：归来的国民党官员争夺日本汽车供自己所用。③

另一个勾起过往回忆的事件里，一辆人民解放军的车撞死了一名同济大学学生。日期是6月3日，仅仅在解放上海的一星期后。就像上面所说，这样的事件，特别是涉及美国军事车辆的，激起了相当的公众不满。新的行政部门迫切地想避免有损形象的比较，于是司机被处以死刑。该判决后来为了回应公众对司机的同情而轻判。这名司机

① 《中国建设》，1948年12月5日，引用于德克·博迪：《北京日记》，第87页。据安娜·路易斯·斯特朗所说，顺利接收济南的一个原因是充分的准备。在发起总攻击的三个月前，该市未来的管理者就聚集在附近的一个城镇研究党的城市政策和组建市政府。在这一过程中，形成了各部门，制定了章程，任命了人员，讨论了工作，那些未在该城市居住过的人学习了城市的布局。见安娜·路易斯·斯特朗：《中国人征服中国》，第248—249页。

② 上海《新闻报》，1949年4月4日。

③ 引自林恩·兰德曼（Lynn Landman）和阿摩司（Amos）合著的《红色中国概况》，第108—109页。

最近刚从国民党军队来到人民解放军。但是该案例成为城市所有军队集中学习的对象。所有司机被重新分类，更严格的标准出台了。重型车辆除了有绝对需要禁止进城，所有军队车辆被命令行驶速度不超过每小时 15 英里。①

另一个事件也标志着，在上海，旧的秩序从那个夏天起就一去不复返了，那就是向警察部门灌输纪律。根据党的政策，没有因为严重反革命活动获罪的官员和警员，如果希望留在原部门，将被获准。但对旧政权遗留下来的习惯必须有所改变。在 8 月，几个派出所和公安局的成员碰头来处理个案，有的时候还有居民点的居民参加。比如，对江湾派出所的两个警察进行了惩罚。在 8 月 5 日的地区会议上，他们承认接收了三辆无证自行车车主们的贿赂，因此受到处分。更严重的是陈鹏飞和李国华的违纪行为。在 8 月 18 日的卢湾派出所的警官和警员会议上，前者承认养情妇和保护妓女，后者承认他曾在执勤时“调戏妇女”。陈被移交法庭审理，李被撤职，两人都被要求在群众会议上当众道歉。②

考虑到这些事件，在上海的美国人对共产党接收人员行为的最初反应是“很有好感”。③ 从整体看，中国公众的反应也大同小异。

护厂运动

虽然中国的城市没有发动起义、向共产党投降的内应，共产党的地下干部却能组织起人们，特别是工人和学生，拥护接收。当下的目标是保护工业、通讯、公用设施和学术机构在接收期免于混乱。

危险来自多个方面。除了刚刚引用的事例，它们还包括撤退国

① 上海《解放日报》，1949 年 6 月 6 日。
② 上海《解放日报》，1949 年 8 月 22 日。
③ 兰德曼、阿摩司：《红色中国概况》，第 109 页，引用了美国驻上海总领事约翰·卡波特的话。

民党的破坏和工人自己的趁火打劫。后者倾向于这么看待他们的行为：共产党取得了胜利，他们理所当然要从战利品中分杯羹。在沈阳、鞍山、抚顺和本溪，“交出机器和原材料运动”于1949年1月和2月，在矿工和产业工人当中发起。沈阳第一机器厂的工人经劝说上缴了1000多件他们“藏起来”的机器和设备。抚顺煤矿开采管理局和沈阳化工厂的雇员同样参与了该运动。鞍山工人在三个星期内上缴了21万件物品，其中包括镇里发电机的零部件。工人的“捐赠”据说将重新恢复电力供应的时间至少缩短了一个月。①

努力保卫中国城市的经济基础设施似乎已经成为共产党接收政策的一个普遍特征。1945年，张家口组织了护厂队。即使在发生剧烈动荡的吉林，据报道至少有两家企业的工人日夜站岗保护工厂的设施和储备物资。② 当共产党军队向南迁移的时候，这项运动的准备工作似乎变得更系统了。这或许说明共产党在未解放的天津、北平、上海地下组织更为广泛；还说明当共产党的胜算变得很大时，民众出于从众效应转而支持它。

在天津，华北最大的造纸厂——华一造纸厂1000名员工中的300名与人民解放军并肩工作，保护工厂。战斗在附近蔓延，工人留在造纸厂中保卫机器、仓库和供水系统。中央机器厂天津分厂和华北钢铁厂，两者都与国民党政府的国家资源委员会有密切关系，这些工厂的工人组织起小组，夜以继日地站岗看护工厂设施。天津汽车维修厂和天津大多数公用事业的工人也同这样做。这据说是共产党军队进城后，电力、电话、电车、水和邮政能够马上恢复的一个原因。③

上海于1949年5月解放。在此之前差不多一年，已经开始拟定护厂运动的计划了。在1948年8月第六次全中国劳动大会上，一名代表（他是上海地下工作者）发誓在解放后，该城市所有的工厂和仓

① 美国驻北平领事馆译新华电台电讯，1949年2月20日和24日。

② 美国驻北平领事馆译新华电台电讯，1948年4月21日。

③ 美国驻北平领事馆译新华电台电讯，1949年1月24日、25日、30日和2月2日。

库将完整地移交给人民，公用事业将尽快恢复。[1] 在淮海战役（1948年11月5日到1949年1月10日）之后，认真的准备开始了。

在1月末，共产党开始为接收国家资源委员会在上海的28个附属部门进行准备工作。解放区国家资源委员会主席叶渚沛通过广播向他的前同事发出指示，建议他们待在他们的岗位上，并向他们保证解放后他们的位置和薪水不变。他还警告毁坏委员会的设施是不可容忍的，并对接收时期的计划做了大致概括。一份上海报纸在2月初报道当地资源委员会所辖的机构和公司原原本本地遵循了叶的指示。雇员已经大量储备了粮食，准备了员工的名单，清理了仓库（这样雇员就可以将他们的所有物寄存在那里妥善保管），并组织了护厂队。[2]

4月，法国电车电灯自来水公司基层党组织传阅着署名楚群新的一封信，他是公司的一名劳动者领袖，已逃到了解放区。信件的复本分发到每个雇员手上，要求他们在共产党占领城市的时候保卫公司的设施。基层党组织还在5月25日——人民解放军大规模进入上海的日子，组织了一支护厂队，负责公司内外的警备工作。[3]

同样地，为城内工业区提供用电的上海电力公司基层党组织组织了纠察队和紧急维修组。纠察队员劝说一支国民党军队的小分队不要将枪架在电力公司建筑物的楼顶上，据理力争地说子弹直接击中建筑物将导致起火，以至于临近地区都会被火焰吞没。等到人民解放军来到的时候，纠察队改名为人民保安队，接受在公司驻扎的国民党部队的投降。工人们昼夜留在岗位上，在新安全警卫员的监视下保证发电机和设备运转。因为这样的努力，供电毫无中断，电力公司也没有蒙受任何损失。6月2日国民党飞机轰炸其设施那是后话。[4]

---

① 美国驻北平领事馆译新华电台电讯，1948年8月15日。

② 上海《立报》，1949年2月3日。叶渚沛曾经是国家资源委员会重庆炼铜厂厂长。在日本投降后不久，他取道伦敦和莫斯科来到解放区。

③ 见第四章，第133页注③。

④ 见第四章，第115页注①。

上海海关党支部在2月中旬开始为解放做准备。高低层职员成立了委员会，开展了职员总注册运动，还囤积了大量救济物资。在港口和海关警察中，动员了120人组成一支武装纠察队。30名港口警察在党员的直接领导下赶在人民解放军进入上海之前攻破了海关军火库，得到了583挺步枪和弹药以及其他武器。①

码头工人组织了一个装卸工地下联合工会，组成他们自己的纠察队，进行消极怠工，采用拖延策略，藏匿货物，总体上尽他们所能阻止国民党逃走。在上海最大的造船企业江南造船厂，据说几百名工人挫败了一次企图将设备转移到台湾的努力。首先，他们宣称自己是生产工人，不是运输工人，拒绝将机器拆卸、装箱和装船。国民党士兵被叫来做这些工作，但是做不好，工人们被迫接手。他们随后采取了不同的拖延策略，慢条斯理地工作，将机器最贵重的部分藏起一些，将有缺陷的和非核心的设备装箱。一些工程师同样也参与了此事，为成功地偷梁换柱保全设备贡献了力量。最后，少于1万吨的大多数残次不全的机器和设备海运到了台湾。然而撤退的国民党几天之后采取了报复行为，它的轰炸机命中了造船厂很多次，造成惨重的损失。②

1949年1月到5月，共产党青年团在交通大学设法招募了400名学生。在那里，相似的准备撤离的命令遭到很多教授和学生激烈反对。他们组成了一个委员会，通过了一条决议，宣布“学校绝对不能搬”。课程继续进行，学生整个春节都在校园里，以防止部队占领学校。解放前夕，老师和学生组成了一支纠察队，防止搬走图书馆、实验设备和其他可移动物件。学生还尽可能地收集关于国民党在大学附近防御工事的信息，向人民解放军的先遣队报告。③

其他据报道组织了相似准备的公司包括联勤（音）汽车厂、上海

① 见第四章，第131页注②。
② 上海总工会秘书处编：《解放后上海工运资料》，第4—6页。
③ 华东人民出版社编：《在斗争里壮大》，第86—100页；章回编：《上海近百年革命史话》，第211—213页。

化工、英联造船厂、日亚钢厂、通用机器制造总公司、中国农具公司上海分厂、上海电机公司、上海公交公司、闸北水电公司和上海邮政局。很多工人的纠察队在解放后不久变为人民保安队。他们负责维护工业区的治安，并且在一些情况下，负责解除国民党部队在这些区域的武装。①

根据后来的说法，在上海解放前，6万人被组织起来成立了纠察队；其结果是，城市的工厂和公用事业没有受到严重的破坏和损失。②这些说法难辨真伪。工商业的确受到了干扰。但是像我们将在下面见到的那样，这似乎不是由于在接收初期对工厂的机械破坏造成的。另外，保护运动的关键目标之一——保全最基本的公用设施——成功实现了。共产党对他们能够在1949年新夺取的城市地区迅速恢复电、水、电话、邮政和公共交通感到自豪。

经济和金融

共产党准备工作的又一方面是囤积粮食和其他必要食品。这些商品在战斗结束后就尽可能快地运到城市，以帮助稳定价格，养活人口和提供救济。这些粮食还用来作为实物薪酬支付给招募来的帮助军队清理战争废墟的平民。有些城市顺利地将大量的粮食和基本食物运进城里，完成了任务。这些城市包括石家庄、营口、济南、长春、北京、天津和上海。③

---

① 章回编：《上海近百年革命史话》，第212—222页；《解放后上海》，第1—15页。

② 《解放后上海》，第1页。

③ 美国驻北平领事馆译新华电台电讯：石家庄——1947年11月26日；济南——1948年10月14日、15日、16日、21日和11月19日；长春——1948年10月20日、22日、25日；北平——1949年2月3日、4日、11日；天津——1949年2月8日。也可见明朗，第23页（见上注②）；斯特朗：《中国人征服中国》，第249、255页；兰德曼、阿摩司：《红色中国概况》，第60页。

防止通货膨胀的措施

国民党遗留给共产党的最严重的城市问题当然是通货膨胀。为了成功稳定价格，食物的充足供给和工厂的不受损害作为前提条件当然非常重要，但仅仅如此还不够。

商业上的第一个命令是将1948年8月国民党币制改革以后的金圆券，兑换为人民币。1945年，还都的国民党政府用了几个月才收回了原沦陷区的所有伪币。1949年，北平于1月22日和平解放。但是直到1月31日人民解放军大规模进城前，仍由原有人员维持治安和管理。到了2月3日，新货币的汇率公布。货币转换于2月23日完成，从那天起禁止金圆券在北京流通。汇率定在10元金圆券对1元人民币。工人、教师、学生和穷人被允许以优惠的比率：3元金圆券对1元人民币兑换货币，这一特许权在共产党到达上海的时候被免除，因为它为投机创造了机会。在1月15日被共产党占领的天津，货币转换在2月的第一个星期完成。在上海，在城市被解放的两周内，货币转换完成，国民党货币被禁用。①

然而公众对新货币的信心并不比过去对旧货币多。金、银、外汇市场继续交易旺盛。价格和工资经常用银圆而不是用新的人民币计算。投机行为也相应活跃起来，实际上在人民币刚出现的几天内就因为投机贬值了。在上海，6月的第一个星期，一个银圆的价格从人民币660元上升到1800元，每两黄金的价格从人民币3.9万元上升到11万元。商品价格随着金银价格的上涨而攀升。②

根据上海的中国人民银行经理所说，那里零售价格在一星期内的增长率等于解放区前一整年的增长率。③重新组建的上海商会天天宣称

① 美国驻北平领事馆译新华电台电讯，1949年1月26日和2月19日；博迪：《北京日记》，第53页。

② 上海《解放日报》，1949年6月11日。

③ 上海《解放日报》，1949年6月10日。

一些“无形的罪恶”还深深植根于人们的头脑中，包括：对储蓄缺乏热情、习惯于看重商品不看重货币、投入时间精力搞投机和谋取暴利、对生产不感兴趣。[①]

在一个较短的时期内，北京、天津、南京和上海的军管会主要依靠劝诫的方式解决问题，却不成功，于是它们禁止金银和外汇的流通、交易和用作计算价格的标准。虽然市面上的交易禁止了，还是允许人们持有金银和外汇，定期存于人民银行的账户中。这些金、银和外汇按照当天官方汇率以人民币的形式见票即付。

一位官员指出公众一定认为对共产党的规定和法令，就像对国民党的一样，不必太当真。在北平，禁令在2月28日宣布。3月2日，军管会开始逮捕兑换货币的人。这些人忽略了——据一家无线电广播谨慎的说法——军管会的“建议”。到了3月4日，116名货币交易者被逮捕。他们中的大多数在作了登记并答应不再交易银圆后很快被释放了。[②]

在上海，货币置换过程比北方城市实行得还要快，于是令人民币成为唯一交易媒介的工作在开展时比北方多了几分戏剧化。在6月10日的早上，人民解放军军队在股票交易大楼周围围上了警戒线，这是大家所熟知的城市内投机金银的中心。他们逮捕了2113人。在教育后，1863人在24小时被释放。剩下的，被认为罪行更严重的250人被羁押。在这些人里，有几个是上海最臭名昭著的投机者。[③]

同一时间，新政权还开始动员群众支持拒银运动，要求工人、国营企业、政府机关和学校拒绝接受和使用银圆。6月9日，上海学联召开了群众大会，动员学生支持拒银运动。来自100所大学和中学的6400名学生与会。几百名学生宣传队很快来到街上教育商人和钱贩

① 上海《商报》，1949年6月15日。

② 美国驻北平领事馆译新华电台电讯，1949年3月2日和7日。

③ 上海《大公报》，1949年6月12日和13日。

子，并对每个过路人宣传新的金融规定。[①]

软硬兼施后，共产党通过平价——也就是商品储蓄单位刺激经济，从而丰富了打击投机的手段。它被设计出来，目的是保护储蓄不受最坏情况下通货膨胀的影响，这样就消除了投资金银的主要动机。在新的系统下，以人民币形式存入的储蓄被转换成商品单位的储蓄，每一单位代表以下商品市价的总额：一品脱米，一英尺布，一斤煤，一盎司食用油。当取出存款时，款项按取款时这些商品现行价格加上利息支付。[②]最后，所有政府银行的贷款同样以商品单位的形式计算，所有公职人员和很多其他人的工资也按该形式计算。

另外一个鼓励储蓄并吸收购买力的方法是政府债券的出售。推销活动开始于东北，后来向南移。公众前不久目睹了国民党的债券贬值为不值钱的废纸，所以可以理解他们不敢贸然支持这一项目。每个城市都成立了认购委员会，一场声势浩大的推销活动开始了，主要针对工商界。与国民党政府最后一次的债券发行不同，这次新政权第一次发行债券最后被认购一空。[③]

每个城市在接收后的几个月内，商人和实业家，特别是前者，还成为沉重的累进税的主要对象。法令写得很清楚，让人没有空子可钻。很多人抗议，但是共产党很坚决。他们宣称在过去，农民承受着战争主要的开支，现在城市也必须做出贡献。然而，农村还是继续贡献着它那一份，税率在新解放区定在收成的13%，老解放区定在20%。

最后，为了阻止商人的囤积居奇和价格操纵——这些曾经在国民

① 上海《解放日报》，1949年6月10日和14日。

② 商品储蓄单位于2月下旬在天津应用，于4月1日在北平应用。在北平，商品储蓄单位依照面粉、玉米粉和棉布的市场价格来定。美国驻北平领事馆译新华电台电讯，陕北，1949年3月6日；新华电台电讯，北平，1949年4月10日；上海《商报》，1949年6月10日；博迪：《北京日记》，第149页。

③ 美国驻北平领事馆译新华电台电讯，1949年4月10日；兰德曼、阿摩司：《红色中国概况》，第58—59页。

党经济中给城市消费者增加了困苦——新政权试图确保政府控制的生产区稳定供应必需商品。除了对一些必需品的定量供应之外，新的市政府还囤积基础必需品，如大米、小米、盐、油和煤。当价格显示强烈波动的时候，将它们投放市场以稳定价格。① 这是通过市贸易公司来完成的，而市贸易公司是政府大区贸易机构网络的一部分。它们还从事常规的零售以及负责向消费者合作社提供货品。

例如，在 2 月的最后一个星期，华北贸易公司开始在北平出售粮食、煤和布，价格稍低于市价。贸易公司开起了它自己的门市部，还委托一些私营商人以固定的价格出售国家供给的商品。允许商人继续以市价出售他们自己的商品。② 然而事实证明，私人代理系统并不让人满意，因此国家贸易公司越来越依靠消费者合作社，将它作为政府供应商品的专营店。虽然这些合作社的质量总是被报纸诟病，它们的数量却在迅速增长着。它们的组织方式像老解放区一样，面向个别工厂、作坊、政府机关等的雇员，对外人或普通大众不开放。③

因此一解放，共产党就在经济、金融和货币政策领域内做了，或至少尝试去做一些事情。国民党在接收沦陷区时因为忽略没做而遭到批评的事不外乎这些。到了 1949 年，共产党保卫城市经济基础设施的努力似乎达到了想要的结果。基本的设施，包括交通和通讯，在战斗结束之后都尽可能快地恢复了。货币置换过程做得干脆利索，新的当权者立即开始对造成通货膨胀压力的几个源头进行控制。转换成新货币之后，所有在形式上构成竞争的兑换都被禁止了。通过逮捕主

---

① 上海《大公报》，1949 年 6 月 8 日、13 日和 14 日；美国驻北平领事馆译新华电台电讯，北平，1949 年 4 月 2 日。

② 美国驻北平领事馆译新华电台电讯，陕北，1949 年 3 月 15 日；新华电台电讯，北平，1949 年 4 月 10 日。

③ 4 月的第一个星期，北平的 30 家大公司开办了它们自己的消费者合作社，具有 6.83 万名会员。一个月之后，据报道称有 71 家这样的合作社。根据天津的一次合作社组织运动公布的数据，到 4 月底该市拥有 224 家合作社，会员 35.6 万人（整个城市的人口少于 200 万）。见美国驻北平领事馆译新华电台电讯，1949 年 4 月 8 日；博迪：《北京日记》，第 179 页。

犯、定下相当现实的汇率以及为公众提供一种替代的投资方式，买卖金银和外汇的黑市得到控制。另外，共产党开始收税，对一些必需商品开始了定量供应，并采取措施使得必需商品稳定地流入城市，以控制的价格出售。

经济马上对这些努力做出反应，但是反应不明显，并且不均衡。在共产党统治的前几个月，物价继续上涨，但比国民党统治的最后几个月的增长率要小。[①] 在天津，1949 年 1 月 25 日到 8 月 23 日之间，批发价格的平均周增长率在 11.38%，而工人生活花费的平均周增长率在 9.51%。国民党在天津统治的最后月份，1948 年 8 月 24 日到 1949 年 1 月 11 日，相应的数据分别为 26.03% 到 31.2%。[②] 然而在解放后的一个月内，上海的食物价格猛涨，天津的情况也是一样。据记载，上海的米价增长了 6 倍，一个商品储蓄单位的价格从 100 元人民币上升到 7 月 19 日的 894 元人民币，在 8 月 1 日上涨到 967 元人民币。[③]

---

① 国民党控制下最后 18 个月的通货膨胀有一个衡量尺度，即中国货币对 1 美元的汇率：

1948 年 1 月	17.9 万元法币
1948 年 8 月	1200 万元法币
1948 年 8 月	4 元金圆券
1949 年 5 月	2300 元金圆券

见张嘉璈的《通货膨胀的恶性循环：中国的经验（1939—1950 年）》，第 314、317、319 页。

② 博迪：《北京日记》，第 27 页（“附录：天津的价格波动”）。这些数字来源于天津南开大学经济研究所的数据；也可见《天津工人生活费指数》（天津：南开大学经济研究所，1950 年）。布迪教授住在北平，认为如果可以得到北京的可比数值，很有可能结果相差不多。总体来说不断攀升的物价造成了严重的冲击，虽然有的时候涨势会暂停一段时间，就像 2 月最后一个星期在天津发生的那样。在解放后第一个月，食品价格猛涨之后，天津军管会向市场输送了大量的粮食，以低于市场的价格向民众出售。面粉暂时从 1400 人民币跌到 1100 元每袋。玉米粉从 12 元人民币跌到 9.50 元每斤（美国驻北平领事馆译新华电台电讯，1949 年 3 月 2 日和 9 日）。

③ 上海《大公报》，1949 年 8 月 12 日。

劳工的持续骚动

虽然官方强调工商业的复兴，发生的扰乱却常常抵消掉那些能有效减轻通货膨胀压力的努力。天津当局宣称到了 1949 年 2 月中，约有 90% 的城市的企业重新开门。[①] 但是接下来的报道显示它们很难继续开下去。

下面是除了生产成本的继续上升外的又一现状，生产成本的上升也加剧了以下状况——在共产党管理下激增的劳资纠纷为工商业抛出了一个很大的问题。这些纠纷与 1945 年发生在张家口，后来发生在东北各城市的纠纷形式相同。新的当权者，要么因为不愿意，要么因为无能为力采取其他做法，任凭工人的骚动持续了几个月。在此期间，工人要求提高工资、发放生活津贴、增加遣散费和更好的待遇。这就是在 1949 年春天被占领的城市的情况，一整年前，党的领导第一次将相同的劳工骚动斥为“左”倾错误。

在共产党进城后不久，华北总工会筹备委员会天津办公室开办了一个工人咨询办公室。到 2 月初，办公室回复了 2000 多条问询，很多都是关于工资报酬以及劳资双方发生纠纷时资方的权利问题。[②] 给出什么样的回答没有公开。但是这些和其他相关类型的劳资纠纷在接下来两个月有所增加。3 月的某星期，新华社称 6 家私有的天津工厂在接受工人的要求改善了工作条件后，生产力得到了提升。[③] 恰恰在同一个星期，一家当地报纸报道由于劳资纠纷和劳动力成本的增长，关闭企业的数量在增加。[④] 该报道由中国人民银行经济顾问千家驹执笔。他

① 美国驻北平领事馆译新华电台电讯，1949 年 3 月 2 日。

② 美国驻北平领事馆译新华电台电讯，1949 年 2 月 28 日。

③ 美国驻北平领事馆译新华电台电讯，1949 年 3 月 8 日。

④ 天津《进步日报》，1949 年 3 月 13 日，引自李侃如的《毛刘对抗？：1946—1949 年的工商业政策》，《中国周刊》第 47 期（1971 年 7 月—9 月），第 511 页。《进步日报》是《大公报》天津版在重组以后的名字。所有报纸在 1949 年后都进行了重组。

后来写道，一些天津的企业家依靠逐渐变卖他们的工业资产以满足工人对于涨薪的要求。[1]

在北平，劳工争端的问题如此突出，城市的10个区级政府召集来自很多不同企业的劳工和管理人员代表（包括面粉厂、铁厂、火柴厂、理发店以及三轮车与黄包车公司）开了一系列会议。政府代表宣布工资纠纷必须根据“劳资兼顾”的原则来解决。领导们还重申了党的保护工商业的政策，提醒在座各位该政策不包括清算斗争。[2]

根据上海市新市长陈毅将军之后的一则报告，仅上海一地在7月份就出现了2000多起劳资纠纷。[3]工人把之前在国民党统治下的四年中劳工骚动时的策略都使了出来。他们参加罢工、消极怠工、静坐示威，还有各种对雇主的骚扰。《大美晚报》的伦德尔·古德被他的几个雇员锁在办公室里，直到他答应满足他们的工资要求才被放出来。从此他对共产党的管理不再抱有热情。不管雇主是外国人还是中国人，上海的工人都要求提升工资、贷款、端午节奖金和增加遣散费。上海的新政权很少对其进行干涉，虽然北平和天津已经采用了新的兼顾劳资双方利益的政策。

像在第四章中提到的，大城市（特别是在上海）劳工骚动，是贯穿内战时期大多数时候经济生活的一个普遍特征。我们虽然不是完全清楚这是否是共产党的一个动机，但他们也许有意识地不在解放每个主要城市之后立即对劳工的要求严加约束，以免疏远连国民党都要试图抚慰的劳工。共产党自己在关于国统区劳工运动的主要政策声明中以及通过他们在国统区的地下组织，都曾鼓励工人提出要求。这些要求与工人现在提出的要求没什么区别。在没有充分的准备和解释的情况下，马上宣布工人必须停止争取利益很不合时宜，因为大家都认为

① 上海《新闻日报》，1949年8月4日。
② 美国驻北平领事馆译新华电台电讯，1949年3月11日。
③ 陈毅：《在上海市第二届各界代表会议开幕式上的发言》，1949年12月5日。载于12月14日上海所有报纸。

解放理所应当带来这些利益。革命的口号很明确地鼓励劳动者有这样的反应。

这一情况当然同样与共产党管制劳动者要求的能力有关。张家口的经验和在东北反“左”倾运动都说明了，要想成功完成这个任务必须满足至少三个条件：（1）有能力提供基本的经济安全，保证供应低价的必需商品；（2）由愿意并能够解释和实行党的政策的积极分子担任干部；（3）共产党领导的工会组织在劳工主力中的壮大。由于大部分城市在接收前后的经济混乱，当时严重缺少干部，挑选新干部时缺少甄别，对所有新来者的训练不充分，因此想要在1949年人民解放军进城后立即让所有地区都充分满足前面提到的条件是不可能的。

这突显了在农村和在城市的反“左”倾运动的基本差别。一方面，在农村，党中央有意将土改运动推向过激以摧毁上层集团统治者和平均地权，直到达成了目标才会实行反“左”倾运动，这就代表真正的群众运动成功完成了。另一方面，在城市，党显然没有太多选择，只能容忍解放后短时期内工人的过激行为。由于在中国主要城市劳工运动相对发达，而共产党来到大城市后还未准备好，无法马上实行它的保护资本家生产不被城市无产阶级的要求所破坏的政策。

信任危机和其他问题

由于一些原因，上海在接收时期的经济混乱比别的地方要严重。早在1949年2月，《大公报》报道：大部分机器制造厂关门；由于缺少小麦，只有10%的城市面粉厂在运营；因为工资、电费和其他制造成本的上升，棉厂、纸厂和各种日常必需品的制造商在亏本销售它们的商品。[①]

到了5月，共产党军队抵达的时候，上海的工商业实际上处于停

① 上海《大公报》，1949年2月23日。

滞状态。与他们在天津的同事不同，上海的新领导班子不能在解放后的一个月内宣称90%的城市企业恢复运行。6月21日，《大公报》报道，上海有半数以上的工厂和商店依旧关门停业。剩下的虽处于营业状态，但大多数开工率有限。机器制造处于崩溃的边缘，纺织业的制造费用比出售价格还高。顾客很少。猛涨的食品价格又造成广泛的劳工骚动。

像千家驹说的那样，上海实业家遇到的困难在很多方面与解放后天津的实业家经历的困难相似。在两个案例中，基本问题是原材料的短缺，攀升的劳工费用和市场营销的困难。天津的状况没有那么严重，因为周边的农村已经先于城市得到了解放，土改已经实施，新货币已经替换了旧货币。所以在占领天津后，与邻近农村地区的沟通渠道很快重新建立起来，而这在上海是不可能的。[①]

上海经济困境在那个夏天如此严重的另一个原因是开始于6月份的破坏性空袭。国民党军队造成了一些破坏并取得了一些成效。上个月在他们匆忙撤退的时候来不及进行这种破坏。同样在6月，国民党军队开始对城市进行有效的海上封锁。7月，上海遭遇历史上最严重的一次台风。在此期间的雨水泛滥造成了相当大的经济损失。另外，长江、黄河和华南的很多河流发大水，淹没了广大的内陆地区，更进一步助长了上海的灾难。

然而不是所有的错误都在“客观环境”上。很多问题确切地说来自新经济和金融措施本身，而且并不局限于上海甚至华东地区。共产党大方承认他们在城市管理的很多方面正在学习和实验。但是他们的实验造成时进时停的印象，没能加强公众对共产党接班能力的信心。比如，华北实行了所得税，但很快又取消了。人民币兑换金圆券使用了两种不同的汇率——一种对大众，另一种则对工人、学生和穷人，但没过多少时间就不得不取消。在共产党来到北平后不久，采用了用

① 见第470页注①。

小米支付工资的做法，但是这也被很快证明不实际，不久即废止。工人必须到商人那里去把工资换得现金，于是这些商人开始操纵小米的价格——这本来是应该预料到的。

国家贸易公司在试图使用私人代理商时遇到了迫在眉睫的困难，但是作为替代的消费者合作社有严重的问题存在。一些征税新规定由于不合理而取消了，虽然这样做只是出于对商人抱怨的特别回应。同样地，要求进口商出口同样价值的货物，这实际上意味着用物物交换来进行外贸。这被认为不可行，不得不被放弃。

像这样的经历，加上持续的通货膨胀、劳动力不安定以及对国民党经济处置失当的记忆，显然已经足够破坏公众对新货币以及新政权能力的信心了。对于新建立在商品单位保值基础上的储蓄系统，人们并没有趋之若鹜。[①] 政府的胜利债券经过反复“劝说”才被认购。上海市市长陈毅，后来在 1949 年夏天表达了大众的感受，他承认：“一部分公众中流行着悲观情绪，他们认为物价不可能稳定，而且由于海上封锁和海上通道被切断，他们认为贸易和工业没有未来。”[②]

六大任务运动

对这暗淡无光的前景，共产党的反应是可以想见的。他们发动了一个运动。在华东，它开始于官方在 8 月初召开的第一次上海人民代表会议，会上“集中讨论”了上海面临的问题。刘少奇在 4 月 18 日和 5 月 7 日之间访问天津标志着天津进入了同样的阶段。[③] 千家驹到达上海后谈到了刘少奇天津之行的重要意义。千在接受一个上海记者的

---

① 上海《大公报》，1949 年 6 月 14 日。

② 见第 470 页注③。

③ 李侃如，第 512—517 页（见第 469 页注④）。刘少奇在这段时期的两次讲话在“文化大革命”时被发表，见他的《五个材料》。因为当时的版本难以取得，红卫兵出版的版本无法考证其真实性。

采访中声称，刘少奇在天津逗留期间，清楚说明了党的“劳资互利”政策。从此以后，私有业主的态度发生了“彻底的改变”，他们抛开了无动于衷和悲观情绪，换上了更积极的锐意进取的精神面貌。①

在上海，随着“六大任务”计划的公布，运动已初具规模。该计划由中共上海市委呈递给第一届各界代表会议，650 名代表一致通过。六个任务是：

1. 积极支持解放福建和台湾的人民解放军。

2. 疏散人口。目标是把战争期间拥进上海的难民遣返原籍，以缓解失业问题。该计划还要求将一些工厂转入内陆地区，离燃料和原材料的来源地近一些。海上封锁切断了这些物资的供给。

3. 重新调整上海工业的生产目标，使之适应经济最迫切的需要和缺少外国原材料的现状；保护劳资双方的利益；通过组织得当的工会团结劳动力。

4. 动员大量的党员、干部、工人和学生在上海郊区进行台风后的救灾活动，抢修海堤，并进行土改——特别在人民解放军南行时快速跳过的苏南的农村。

5. 发展上海与内陆地区的沟通，鼓励城乡间日用物资和商品的流动。

6. 提倡节俭，减少财政支出。所有党、政、军、民各单位精简机构，裁减人员，抵制浪费。②

劳工和生产

虽然在大纲正文中没有出现，六大任务运动要解决的其中一个关键问题是劳工动乱。③ 上海军管会相应地在 8 月 19 日颁布了两套规定，试图根除阻碍工商业发展的劳工问题。一套规定关于停产以及工人的

---

① 见第 470 页注①。

② 上海《解放日报》，1949 年 7 月 27 日、8 月 7 日。

③ 上海《大公报》，1949 年 8 月 8 日。

雇佣和辞退问题。管理人员可以向市政府请愿，获得允许停止生产（原来这是被禁止的），根据生产要求雇佣和辞退职员，也可以开除能力差和不满意的工人和职员。而管理者应承担的责任有：要尽可能快地恢复生产；不能因为工人加入工会或政治活动开除工人；向解雇职员支付不少于一个月工资，但不多于三个月工资的遣散费。

第二套规定处理的是在私企中解决劳资纠纷的程序。假如涉事双方无法达成协议，任一方可以要求市劳动局调停。当这样的调停正在进行中时，管理人员不得关闭企业或减少给职员的薪水或待遇。同样地，工人不得罢工、消极怠工以及做出一切违反劳动纪律的行为。如果调停失败了，劳动局可以成立仲裁委员会，将劳资双方的代表包括在内。最后，如果仲裁也失败了，劳资纠纷可以呈递人民法院，其决定应被履行。[①]

资方被告知不要担心劳资纠纷，现在是他们回去为个人利益和国家福祉工作的时候。工人被劝告目前接受资方“合理的剥削”，因为经济条件不允许任何工资和收益上的大幅改善。

新规定以及规模不断扩大的工会机构，的确最后使上海劳工阵线得到平息。随着党在工人之中开展了组织和教育工作，让劳资双方自愿达成协议也变得更容易了，就像在大通纺织印染厂那样。该厂工资多于最低基本工资的职员同意接受减薪，帮助公司渡过难关。[②] 到了9月中旬，很多职员和工人据说“自动”要求减薪，以帮助他们的工厂继续生产。[③] 三个月之后，市领导已能宣布自8月以来，劳资纠纷的数目“持续减少”。感到地位更稳固的工人开始带头与管理者合作，发展生产。[④]

---

① 上海《大公报》，1949年8月19日。

② 上海《大公报》，1949年8月9日。

③ 上海《解放日报》，1949年9月11日。

④ 副市长潘汉年1949年12月5日在上海第二届各界代表大会上的报告，见《解放日报》，12月15日。

9月份淞沪警备司令部向它麾下的所有部队发出一份指示，由此产生了介绍党的政策的最新颖的方法之一。指示要求这些部队发动一场运动，促进军队和工人的相互教育。根据一则报道称，7月，人民解放军第三野战军驻军曾经被指派到一些工厂执勤。驻扎在工厂的军队和工人之间产生了相当的摩擦。军队无法理解工人怎么会被称为受剥削者，他们显然比社会上很多人都穿得好，生活费高。工人一边，他们发现农民士兵土里土气的，也很难跟他们对话，因为他们中的大多数说的是上海人不熟知的方言。

与9月指示一致的，召开了军队—工人的联欢会和讨论会，在这些场合，士兵讲战争故事而工人述说国民党的压迫。军队干部视察工厂，以获得对现代生产方法更清楚的了解和增加对工人的尊敬。士兵帮助工人办班，很多上海工厂都有这样的课堂。士兵还帮助组织巡逻队，教工人队员如何开枪，执行警卫任务。最后，警备司令部的政治部组织了11支工作队，给他们分配的任务是协助已有的工会组织和教育工人。据报道，到了年末，这些队伍已帮助发展了11900名新的工会成员，招募了4462人入巡逻队，吸收了831名年轻工人加入了共产主义青年团。[①]

就这样，上海当局为解决他们的主要困难提供了基础。然后，他们将注意力转向了生产本身。就像已经说过的，目标是减少当地企业对外国原材料的依赖，提供大多数人口买得起的必需商品。一些高质量的商品将被保留下来用于出口，来换取急需的原材料和机器。上海电力公司全部改用煤，因为燃油的来路被海上封锁切断了。到了1949年秋，通过开采内陆的矿藏和重新恢复交通，新的当局已经能够提供足够的煤来满足上海的需要了。

对于占据上海工业产出一半以上的纺织产业来说，最大的困难是棉花的获取。如果要马上恢复生产，共产党别无选择，只有暂时依赖

① 上海《解放日报》，1950年1月31日。

外国进口。在1949年，大量的进口棉花从美国运来，并在天津和香港转运。[①]同时，政府尽可能购入国产棉花，通过恢复的铁路运输运往上海。[②]

难民、乞丐和小偷

在接收时期所宣布的目标：将工厂转移到内陆地区，似乎并没有得到严肃地执行。分散难民人口也并不成功。8月5日，中共华东局发表了《关于把上海的难民遣返原籍参加生产的指示》。虽然这一指示是专为上海发表的，但也号召苏南及浙江的所有城市和人口稠密区遵照指示精神，拟定相似的计划来疏散多出来的人口。

至于上海，它要承担起动员难民回乡并安排运输的任务。同时，山东、苏北和皖北的当地领导要负责接收回乡者，为他们安排住处和工作。这些区域的各县政府和农会将派代表来上海，协助动员运动。动员运动将包括宣传和教育工作，减轻地主和富农的紧张情绪。这些人之前因为害怕土改逃离了农村。党现在的态度是“不计前嫌”，欢迎所有人回来。对于一切拒绝离开城市的人，将削减或彻底取消救济津贴。[③]

上海军管会立即建立了一个中转中心，用来解决离去难民和途经上海回乡的民众的食物和交通问题。[④]根据当时的报道，有10万名地主和富农难民留在城里，还有17万“无业游民”。这两类人是被安排最先离开的。另外，计划还准备令约65万“贫民”返回原籍。[⑤]

然而，由上海难民救济协会的6个工作站所做的调查显示，9月中期，还有454147名难民在上海。该调查还发现，从9月初起，难

① 兰德曼、阿摩司：《红色中国概况》，第61—67页。

② 见第470页注①。

③ 上海《解放日报》，1949年8月5日。

④ 上海《新闻日报》，1949年8月18日。

⑤ 上海《新闻日报》，1949年8月8日和13日；也可见副市长潘汉年的报告，见第475页注④。

民以平均每天 100 人的增长率进入城市，有的还是二次进城。造成新的进城潮的原因是苏北、皖北和鲁中的一些地方发洪水和因此造成的歉收。这也许是上海领导人为了回乡运动寻求当地帮助却很难成功的一个主要原因。[①]

副市长潘汉年后来宣布，在 9 月到 11 月间，只有 7000 名难民离开了城市，而同一时期却有 15 万名新难民涌进城里。[②] 到了 12 月中旬，难民回乡运动已是一个公认的失败之举。市政府关注的只是让难民生存下去，有时候甚至连这都难以实现。《大公报》发表社论，很痛心地发现依然有难民死在街头，这在解放前上海冬天的早晨曾经是常常发生的。回忆起老解放区的口号“不让一个人冻死或饿死”，报纸宣称上海的市民应该自己对救济计划的成功负责，不能万事都靠政府。政府当时正在城市各处建立一些救济中心，[③] 还成立了华东生产和救济委员会，试图处理更加基础的问题。这个委员会的作用是动员一切物力，支持发展农村自己的灌溉、生产和救济计划。

冬季救济和难民遣返计划的另一个方面，就像 12 月初上海市第二届各界代表会议的决议中概括的那样，是对乞丐、扒手和小偷的改造。依照这些决议，公安局开始于 12 月 12 日晚，在上海的街头逮捕这样的人。几天之内，超过 5000 人（包括其家属）被收押，随后被送到保育所、妇女培训中心和残疾人培训中心。他们中被认为可以工作的 3700 人立即被编入改造和培训计划，这个计划与第八章中提到的张家口推行的计划本质上相似。

一开始，被关押的人有骚动，因为有传言说他们将被送去东北强制劳动以及去打台湾战争。当主管官员解释东北重建需要的是专家和技术人员，而不是一无所长的人和流浪汉，而且人民解放军有能力解放台湾，用不着他们帮忙之后，秩序才恢复。该计划的制定者期望将

① 上海《大公报》，1949 年 9 月 19 日。
② 见第 475 页注④。
③ 上海《大公报》，1949 年 12 月 16 日。

上海的乞丐和扒手改造成诚实的工人，就像东北和华北已经实现的那样。[①]

缩减行政开支

六个任务中另一个很快遇到困难的是压缩公共开支。在8月中，华东局发表了《所有政府机关和部队中的重建与经济方案》的五点计划。这一计划适用于三个城市：南京、上海和杭州以及华东区的其他省份和地区。该方案要求：所有政府和军事部门压缩财政支出；清点从国民党政府接收来的所有物资和资金；要求国营企业自给自足；提倡“生产性劳动”。

压缩财政支出通过以下方法实现：节约使用汽油、水和电；反对各种形式的自我放纵——一些初到城市的农村干部染上了这样的恶习；减少一些职员的工资；将所有公务员的大米配额减少2—4盎司，事实上是取消了过长江之前不久批准的食物配额的增加。

为了让国营企业如邮政、电报和铁路自给自足，要求经理编制和公开收支明细账目，以便让公众对涨价做好准备；动员工人参与节约物资和增加效率的竞赛运动；构建一个系统，使得一个部门的利润能够用来弥补另一个部门的损失；学会不依赖国库或银行的津贴和贷款经营。

然而最重要的节约措施是裁减冗员。在南京、杭州和上海，取消了所有从国民党政府接收过来的不必要的部门和办公室。所有不必要的人员，如果他们具备特殊的技能，就把他们转移到别的地方，假如不具备技能就发放一个月的遣散费将他们解雇。“完全没用”，通过朋友和亲属的关系才获得位置的，解雇时没有遣散费。共产党军事和政府部门的一些进了城的干部被派往农村，填补紧急的人员空缺。在

① 上海《大公报》，1949年12月16日和24日；上海《解放日报》，1950年1月5日。

各省和农村地区，党、政、军、民各部门接到指示，要求取消或合并任何多余的办公室和部门，辞退或转置所有老弱、病残和不必要的人员。[①]

解雇的人员数目没有公布。但是在9月10日，一名上海市委的成员称，在一些行政部门和公有企业，裁员运动在实行中“没有顾及政府制定的原则”。结果，很多前公职人员现在发现自己沦为了解雇人员。于是他宣布了一组新的规定，明确要求找不到其他工作的解雇的人员复职。如果找不到他们能做的工作，比如接近退休年龄的老人就属于这一情况，要保证他们有维持生存的收入。[②]新的规定实行了，解雇的职员又复职了。至少在上海，新政府对他们所接收的国民党官僚机构的精减就这样结束了。市政府只能宣称，重新召回解聘职员的行动显示了它的责任感和对他们福祉的关心。[③]

印钞机的重新开动

开始有报道显示，八九月间，价格螺旋上涨趋于平缓。[④]9月11日，人民银行发行了面值为500元和1000元的新钞，之前最高面额为100元。根据上海的一位副市长曾山的说法，新钞发行的主要原因是新货币流通区域的快速扩张。但是还有其他原因。秋天的收成很快就要上市了，因为通货膨胀，流通货币的数量不足以对它们进行支付。政府需要大量的资本来购买原材料如棉花和其他商品，以供给城市市场，用来重建交通设施的急需投资也是一笔不小的开支。最后一个原因是，政府不得不取消关于精减人员的命令，所以无法按计划减

---

① 上海《解放日报》，1949年8月17日。

② 上海《新闻日报》，1949年9月12日。

③ 上海《大公报》，1949年12月16日；副市长潘汉年报告，见第475页注④。

④ 上海《大公报》，1949年8月12日；上海《解放日报》，11月17日。

少这方面的开支。[①]

到了10月份，价格恢复了上扬的曲线，新钞的发行，像在国民党时期经常发生的那样，使公众进一步丧失了对政府稳定货币能力的信心。新的上扬趋势不只出现在上海，举国皆然，并在整个10月和11月得到延续。在上海，华东财经委员会的一位发言人宣称新一波的动荡虽然来势较强，但只是暂时的。他将这归于货币发行量的增加和使其成为必然的外部条件：其中一个条件是当时正在进行的为了完成全国解放的延长战线的军事战役。他还提及原材料、电力和器材的短缺，上海的工业无法补足这些缺口。另外，在华东，周边新解放地区的农民对新货币依旧有戒心。结果是，新货币在那些地区稍微流通一下又回到了城市，增加了闲置资本的积累。在城市，黑市又死灰复燃，更恶化了局面。[②]

上海市第二届各界代表会议在12月5日召开，试图重树公众信心。陈毅在开幕致辞中是这样说的：

> 遗憾的是，有些人不但没有区别7月与10月价格的上涨之间的差别，而且没有区别人民政府与前国民党反动政府的差别，也不愿区别我们胜利之后必然会有的暂时困难与国民党在灭亡前夕所面临的无法解决的困难。

会上发言者回顾了新政权自8月第一次会议以来取得的成绩，指出8月和9月政府的反通货膨胀的努力成效显著，物价上涨得到控制。发言者强调发生在7月和发生在10月、11月的价格上涨是不同的。一系列新的问题取代了首先出现的问题，而新的问题会像首先出现的问题那样被克服。7月，国民党封锁刚开始，政府还没有想出一

① 选自副市长曾山9月12日在2000名模范工人大会上的演讲。该会议由上海总工会筹备委员会召开，讨论新货币的发行。上海《解放日报》，1949年9月13日。

② 上海《解放日报》，1949年11月17日。

套计划来避免它最有害的后果。与内陆的沟通还没有完全恢复，必需商品的储备很少，工商业依旧处在崩溃的边缘。但是这些问题都基本得到了解决。如果人民与政府合作来克服它们，加大货币发行量所反映的新问题将只是暂时的。解放区的扩张很快就要完成了，随着新革命秩序的确立，税收和资金来源都会增加。生产企业已收到了追加的投资。交通的持续发展将保证城乡地区物资和商品的交换，中苏贸易的发展也将有利于工业的发展和物资的取得。

简而言之，新政府完全掌控了局势，没有理由忧虑和悲观。或者，像毛泽东在12月2日中央人民政府委员会会议上解释的那样："我们有经济困难，我们要告诉人民这些困难在哪里，我们不应该向人民隐藏我们的困难，但我们必须同时向人民保证我们知道如何克服困难。因为我们能够克服自己的困难，我们就有希望。"[①]

胜利者和其他人：最广泛的联盟

1945—1946年，返回的国民党一方面宽容了许多有名的汉奸的过去，另一方面采取了将之前沦陷区的人口视为汉奸和傀儡的做法。这些政策打击最重的是知识阶层。而从大后方返回的官员和其他人采取的高高在上的态度更伤害了大片原沦陷区同胞的感情。

即使国民党领袖考虑到该行动的政治代价，他们大概也不会理睬由这一行动引起的不满，认为无足轻重。共产党不敢如此态度傲慢，而是尽力有意识地避免这样的情况出现。由于意识到他们在城市中的地位不够稳定，共产党领袖再次努力，将城市中拥护他的力量结成了最广泛的联盟。这样做的结果是取得了解放后最初时期最为成功的政治成就。

① 被陈毅市长在就职演说中引用，见第470页注③。

士兵和官僚

根据人民解放军总部的宣布，所有被怀疑犯下战争罪的国民党军官和政府官员均被逮捕，彻底调查和根据法律严肃处罚。战争罪包括：谋杀和用暴力夺取或毁坏人民的财产；杀死或伤害战俘；销毁武器和弹药；毁坏通信设施、档案、电报、文件等等；毁坏粮食；破坏公共设施、工厂设备、银行、文化遗迹和所有公有财产。[①]

除了犯下这些罪行的人以外，所有人——只要自己愿意，都被欢迎加入新政权的公共服务系统中来。共产党规定所有这些人需要接受政治再教育，就像返回的国民党在 1945—1946 年对学生和老师所做的那样。然而，参加并完成了改造课程的人，共产党不再把污点加诸他们身上。国民党投降的部队被整编进人民解放军中，就像内战中那样。战俘可以选择回家或加入共产党军队。官员在接受一段时间的改造和训练后，一般也能得到这种选择权。到 1948 年 10 月，差不多有 80 万国民党军队的士兵以这种方式加入人民解放军。[②]

1949 年 1 月，傅作义不战而降把北平拱手让给共产党。在这之后，和议的条款极其宽大，并广泛传播，希望引起其他人的效仿。不过，共产党把政治干部派到所有前国民党军队中，以确保重编是真正的政治上的革旧鼎新，而不仅仅是换一下旗帜和军队标志这么简单。干部负责向官员和普通军人教授人民解放军的政治制度；在官员和部队之间建立一套新型的指挥关系；在官兵中形成与人民关系的新意识。

选择回到原籍而不是在人民解放军中当兵的官员，允许他们回乡。他们可以得到三个月的军饷、回家的路费以及在解放区内一路免费的食宿。还会颁发给每个回乡者一份档案，承认他参与和平解放北

① 《惩处战争罪犯命令》，见华北新华书店编《关于城市》，第 10—11 页。

② 毛泽东，1948 年 10 月 10 日，参见《毛泽东选集》第四卷，第 271 页（第 1344 页）。

平的“可贵效劳”。甚至这些人也得到了保证，如果他们改变了主意，将来想加入人民解放军，将受到欢迎。①

相同的政策也适用于文职人员，虽然改变他们的工作方式被认为是一个很大的挑战。1949 年 3 月，华北政府主席董必武将这作为战争结束恢复生产的三个主要任务之一。②因此每个人都被要求参与到政治改造项目中来。在上海，从 6 月 13 日起，该项目在国民党市政人员中开展起来。课程一般持续一个月。学员参加的讲座概括说明了党的主要原则和政策。然后将他们分成小组讨论和辩论。到了 12 月，5 万上海的公务员结束了训练课程。③

这一时期的重点考虑是个人的专门知识及技能，而不是政治倾向。在各个地方，党特别欢迎的就是技术过硬的人。典型的就是 1948 年 8 月 1 日中共东北局的一则指示，论及了从国民党接收的国营企业其职员待遇的问题。只要技术人员忠于职守，哪怕他们“意识形态上不同意共产主义”也可留用。相同的原则也适用于所有高层管理人员，那些在过去真的压迫过工人的人员除外。考虑到很多国营企业的职员和工人为了保住工作，被迫加入国民党或三青团，指示强调不能仅仅因为加入了这些组织而歧视他们。④

学生和知识分子

共产党处理最成功的就是与学生团体的关系。结果是，共产党能够从学生团体这一能量和热情的主要源头中汲取改革所需的东西。这

① 美国驻北平领事馆译新华电台电讯，1949 年 2 月 20 和 3 月 1 日。

② 美国驻北平领事馆译新华电台电讯，1949 年 3 月 6 日。

③ 上海《大公报》，1949 年 6 月 11 日和 20 日；潘汉年副市长的报告，见第 475 页注④。

④ 美国驻北平领事馆译新华电台电讯，1948 年 8 月 17 日。然而，指示全文确实声明，虽然将给予国民党和三青团员工作，他们“在短期内”不得委以重要职责。见第八章，第 416 页注②；同见《新工商政策》，第 179 页。

一团体在整个内战时期都留在国民党控制的城市，如果有机会选择的话，它们可能不会选择让共产党治理中国。这些学生不完全符合党的胃口，这可以从解放初期的各项任务完成后，党不断努力地想管教他们看出来。但即使在那时，新政权也试图避免摆出在道德上和意识形态上居高临下的姿态。更重要的是，它欢迎他们的效力，分配给他们相对体面和重要的位置，比如负责执行政策的干部岗位。

这不是说党在对待年轻或不年轻的知识分子的时候没有犯过"错误"。像前面所说的，共产党自己承认，对乡村的教师和城市的技术人员，他们曾经犯下过错误。但是打击党在对待知识分子时的"左"倾冒险主义曾经是1948年反"左"倾运动的组成部分。到了人民解放军开始占领中国最大的那些城市的时候（这里集中了最活跃的知识分子人口），任何残留的冒险主义倾向都被清除了。

这一温和政策的理论依据在第六章中已经概述过了。1948年10月的一篇新华社社论解释了更急切的实际考虑。它指出，军事胜利创造了新的需要，需要大量政治上进步、有能力的人员来填补常规干部的空缺。因此党曾决定广泛建立短期学校和培训班。这些课堂将吸收年轻知识分子，在必要的政治训练后，将他们派到最需要他们的岗位上。然而，可以预计到，这样短期的学校无法满足政府和国营企业的需要。党于是号召现有的常规中学，让他们尝试为这些新任务培养大量学生。①

第一阶段：加入革命

在北平城郊的燕京大学，学校950名学生中的500名响应第一次号召，参与城市的解放。在北平和平解放前几个星期，大学临近区域已经被共产党军队占领了，学生把这段时间花在准备他们新的任务

① 《恢复和发展中等教育的重大政治任务》，1948年10月14日，载于《知识分子与教育问题》，第18页。

上。来自清华、燕京、北师大和北大的2300名左右的学生一开始被动员起来做这项工作。他们组成宣传队以及文艺队，向中学生解释年轻的知识分子在新社会的任务，还上演文艺演出，让工厂工人一饱眼福。在街头巷尾，大学生宣传队与人民解放军宣传队合作，对路过行人解说新政权的纲领和政策。①

3月1日到6日，第四次中华全国学生代表大会在北京召开，会议提醒与会代表——他们的同学为革命所执行的具体任务，这些任务他们也可以做。在抗日战争期间，几千名学生离开学校成为干部的中坚力量。在延安，中学生和教师组织起医疗队，跟随军队走了几千英里的路。在华东解放区，学生被予以运输食品的责任，在苏北，他们组成了武装教育旅。在哈尔滨、齐齐哈尔和佳木斯，学生为人民解放军组织了输血队；在很多东北的工业区，学生进入工厂，组织工人，为他们开办夜校。②

为革命服务的机会似乎数不胜数，北平的学生给出了相应的回应。他们中的几千名参加了在北平地区新成立的四个干部培训中心的入学考试。在四所培训中心中，华北大学（原延安时期的抗日大学），有着最严格的入学要求。它通过考试在被推荐的大学和中学毕业生中选取合格者，参加五到六个月的培训课程。华北军事政治大学对六个月训练课程的入学要求也同样非常严格。只有18—28岁，至少受过初中教育的人才有资格参加入学考试。这一机构由人民解放军来管理，它的目标是培养出广大领域，如政治、经济和文化方面的干部。华北人民革命大学同样通过考试选拔学员，但是接受各层次教育程度包括小学毕业生的申请者。③

① 美国驻北平领事馆译新华电台电讯，1949年2月13日。赖朴吾、齐兰畦夫妇：《亲历中国革命》，第38—54页。

② 《解放区学运报告纪要》，载于《中国学生大团结》，第17—18页。这篇报告由李秀贞在中华全国学生第十四届代表大会上做出。

③ 美国驻北平领事馆译新华电台电讯，1949年2月27日；上海《新闻报》，1949年4月4日。

最后几乎只要申请就能被录取，培训期为六周，由人民解放军南下服务团讲授培训课程。反响是如此激烈，在2月26日到3月2日这五天内，2500名学生、技术员，甚至一些大学教授都报名参加服务团考试。[①]到了3月中旬，有3000人通过了考试，他们大多是当地大学和中学学生。3月12日，解放军平津前线部队政委罗荣桓和政治部副主任陶铸，在庄严的入学典礼上为第一批受训学生作了讲话。这批学生大多来自北平主要大学。[②]一个月以后，另一个在中山公园召开的开学仪式上，司令员林彪发表讲话，欢迎2600名申请成功者加入服务团。[③]南下服务团还在天津设立了一个训练营，显然和北平的一样成功，招入了许多志愿者。[④]

三所大学开始在2月中旬招收学生，差不多有3万名当地学生、政府公职人员、店员和没有工作的年轻人参加了入学考试。将近一半的人被录取了。第一期课程大致如下：华北大学，5500人；华北军政大学，1700人；华北人民革命大学，8300人。成功申请者中，大约有60%为学生。[⑤]华北人民革命大学在天津还开设了分支机构。华北职工干部学校也在天津成立，计划在4月1日注册，录取约2000名学生。[⑥]

考虑到北平所有的大学生此时只有2万人，所以这些数字还是很大的。到了3月中旬，北平主要的学院和大学正式开学。但是一位观察者说，除了工程学和自然科学学院可能不受影响外，其他院系都不可能正常开课，因为许多学生参加了干部培训计划，或在北平从事组

① 美国驻北平领事馆译新华电台电讯，1949年3月9日。
② 美国驻北平领事馆译新华电台电讯，1949年3月14日。
③ 美国驻北平领事馆译新华电台电讯，1949年4月10日。
④ 美国驻北平领事馆译新华电台电讯，1949年3月18日、21日。
⑤ 美国驻北平领事馆译新华电台电讯，1949年3月18日。
⑥ 美国驻北平领事馆译新华电台电讯，1949年3月27日。

织或宣传活动。[①]

在共产党军队向南行军的同时，干部招募活动也跟着他们一起迁移。在上海—南京地区，该活动在6月中旬由官方发起。当时，华东军政大学已经成立了两个培训中心，一个在南京，另一个在苏州，并开始为计划中7月开课的第一期课程招收学生。[②]

在上海，学联召集了1000名学生代表，他们中的很多是学生自治会的成员，来自上海的大学、学院和中学。这次会议于6月16日召开，号召代表在下个星期开始动员他们的同学为新的人民政府服务。上海学联主席张渝民宣布了要达成的指标：人民解放军南下服务团需要6000—8000名学生；华东军政大学5000名；600名将成为贸易劳工会干部；400名将成为人民政府外事处干部；100名负责上海的文化工作。他建议招募在年满18岁的人中间进行。他还建议工科、医科、农科和理科的学生继续留在学校，以便完成学业，未来为国家服务。[③]

第二天，服务团团长、中共中央委员张鼎丞对上海年轻知识分子的劝导拉开了上海服务团招募运动的序幕。他敦促他们加入人民解放军的"南下远征"，将革命带到全国。根据张所说，服务团的任务首先是通过宣传和教育工作动员群众支持军队，其次是参与军事活动结束后的接收工作。[④]在几天内，超过1000名学生志愿加入服务军，包括来自复旦大学的400名学生和来自暨南大学的200名学生。[⑤]

上海服务团的志愿者，就像北平和天津的志愿者一样，只接受了

① 上海《新闻报》，1949年4月4日。德克·博迪（《北京日记》，第130页）报道，当3月初复课时，2483名清华学生中只有1804位来上课。他认为大多数没来上课的学生跟着人民解放方军南下了。北平大学生的总人数，可见第三章，第066页注①。

② 上海《解放日报》，1949年6月13日。

③ 上海《解放日报》，1949年6月17日。

④ 上海《大公报》，1949年6月19日。

⑤ 上海《大公报》，1949年6月20日。

最基础的训练。在五到六个星期内，主要学习新民主主义青年团的章程、中共关于与国民党和谈的八点宣言、人民解放军在城市中的纪律和注意事项、毛泽东的《目前形势和我们的任务》。之后，学员被派往南方，配合推进的解放军部队。[①] 9月，服务团的超过2500名年轻知识分子从上海到达了福州。一些人被送到其他城镇工作，但大多数仍留在福州，分到福建省政府下属的金融、经济、教育、文化和公安各机构，也有的分到青年团和当地人民革命大学。[②]

一支农村服务队也建立了起来。大约1万名干部、军人和“知识分子的年轻成员”被解放军部队和当地政府组织起来，参加了在省委领导下的浙江农村服务队。这支服务队于8月初成立，他们将开展社会改革，组织贫农和雇农进行土改，总体上消灭农村的反革命势力。同时成立的还有苏南农业服务队，训练中心在无锡和苏州。[③]

这些匆忙之间训练出来的知识分子干部，他们中的大多数人，据一些党员和老干部所知，对党的原则缺乏“坚定的意识形态上的信仰”，因此受到这些党员和老干部的公开怀疑。党试图再将两种训练项目区别开，一种为普通知识分子而设，另一种则针对干部。[④] 对于后者，干部工作会议、培训计划和整风运动在方法上都是相似的，已经在其他地方详细描述过了。[⑤] 为普通知识分子开设的初级教育计划免除了干部必须经历的激烈批评和自我反省。政治课程以讲座和讨论为主，涉及时事、中国革命的基本问题和共产党政策。为期六个星期的南下服务团训练课程大体是这一类型的，虽然年轻成员在后来的工作中常常担任了干部的角色。

---

① 上海《解放日报》，1949年7月19日。
② 上海《解放日报》，1949年10月25日。
③ 上海《解放日报》和《大公报》，1949年8月16日。
④ 见第六章，第262页注①和注②。
⑤ 关于整风和工作会议，见韩丁：《翻身》，第319—416页。关于在华北大学的干部训练课程，见罗伯特·杰伊·利夫顿（Robert Jay Lifton）：《思想改造与极权主义心理》，第253—273页。

为了平息由此引起的不安，党的领导辩解道，加入服务团，与组织工人等其他任务一样，本身是一种政治训练的形式。一篇社论评论道："这样，思想意识上的缺点与行动上的摇摆就能得到医治。这一波澜壮阔的革命任务因而在改造知识分子中具有深远的意义。"①

当然，以上做法较另一种改造方案，即公开歧视他们为不稳定分子（这是很多人对他们的看法），要有效得多。专栏作家不会不就这点与国民党进行比较。在过去，他们强调，很多想在公共事业单位中谋职的人被迫加入国民党或青年团。而在1949年，共产党可以诚实地宣称：对于那些希望服务人民的大学和中学毕业生来说，这样的障碍是不存在的。最后，党因为寻找到了一个解决方案而受到好评，虽然这个解决方案是片面而暂时的，但毕竟解决了与学术界有很大关系的另一个问题。就像之前提到的，找不到工作是学生在内战时期最为担心的事情，而战争更恶化了这一情况。在那一时期，大学生中流行一种说法："毕业即失业。"所以下面的话显得尤为重要："今年，在我们的新解放区，情况完全不一样。新中国的各项工作，如政治、经济、军事和文化的建设正在发展，到处都需要人才。干部缺口很大，我们的毕业生有很多服务的机会。"②

第二阶段：重归学校

对那些不想积极参加革命事业的人，党号召市学联和新民主主义青年团为他们发起暑期学校政治学习计划。③对象主要是普通学生，而不是积极分子。根据一位作家的记载，过去在新解放区首先关注的是

① 上海《大公报》，1949年6月24日。

② 《毕业以后》，载于《中国青年》第9期，收入青年出版社编的《中国学生运动的当前任务》，第52页。在天津，估计有1000名找不到工作或无法继续学业的年轻人，向华北大学、华北军政大学、华北人民革命大学联合报名处天津办公室申请参加入学考试（美国驻北平领事馆译新华电台电讯，1949年2月22日）。

③ 《暑假快到了》，载于《中国青年》第9期；《关于暑期学习》，出处同上，第14期。两篇文章都收入《中国学生运动的当前任务》，第54—57页。

最积极的分子。所以这一对青年知识分子进行“群众”政治教育的初步尝试，被认为具有实验性质。[①]

在北平，约 1.2 万名学生加入进来。约 1 万人（其中大多是中学生）加入了青年暑期学校。另外 1900 名加入了大学和中学学生暑期学习班，差不多一半的参与者是普通大学和中学学生，而另一半是新民主主义青年团员。这一计划是青年团训练课程和群众训练课程的结合体。

据说学生的热情高涨。但是因为时间有限，加上他们中的很多人对革命只有最肤浅的了解，学习负担相对较轻。它对最重要的问题，比如辩证唯物主义、阶级斗争、历史发展、教育与政治事务的关系以及毛泽东的《论人民民主专政》，只提供了入门介绍。另外，很多著名的革命家，比如彭真、薄一波、艾思奇为学生作讲座。他们避免长篇的理论讨论，而采取了革命故事和战争故事这些更适合于大众的形式。戏剧、电影、体育和郊游丰富了北平暑期学校计划的内容，据课程结束时的说法，该计划非常成功。[②]

一夏天用心良苦的讲座和社会活动，当然只是开头。在 1949 年下半年和 1950 年初，先后写成了几十篇文章和小册子，用来帮助学联领导和青年团干部教育学生。学习资料总是以正面肯定开头，谈到知识分子对革命所起的重要作用以及党需要他们的才能和支持来建设新社会。知识分子的弱点主要是旧社会的遗留，是能够被克服的。为此，这些弱点被一一罗列并加以分析：害怕阶级斗争；缺少实践知识；向来认为体力劳动低人一等；抱有这样的看法和倾向——教育主要是获取财富的一条途径；个人主义和自由主义特性；不加约束的行为；无法在逆境中坚持；对党和它的工作的了解不足；作为一个社会团体缺少凝聚力。

① 许立群：《北京市暑期的青年思想教育工作》，见《中国学生运动的当前任务》，第 72 页。

② 同上，第 71—75 页。

这些普遍的弱点为新社会中的年轻知识分子带来了一些问题。比如，他们既忠于自己的地主或富农家庭，又希望与党一起工作，建设新中国，因而十分矛盾。一些人为他父母所遭受的待遇对党有怨恨，其他人由于阶级出身感到党猜忌他们。有的人同时感到怨恨和害怕。当政策不允许年轻人在本地工作时（在那里，他们的家庭背景会造成利益冲突），上述矛盾被激化了。东北规定暂时禁止知识分子干部在区级和村级任职，这引起了很大的不确定和不愉快。还有其他问题，比如因为经济困难或设施的不足只能辍学以及普遍的毕业后找不到工作的现象。当然它们都是旧社会遗留下来的问题；虽然新政权做了努力，但不可能在所有地方立刻解决这些问题。[①]

最后，学校自身内部还有一些值得关注的问题。一方面，一些教师过于保守，似乎认为政治革命一旦结束，他们可以像过去一样，以同样的方式重新教同样的学科。几千名教师和教授参加了暑期学习班，学习了新民主主义的基本要素。可是，有关教学方法、课本和学校课程表的改革还不能立即开展，这引起了更为进步的学生的不耐烦和不满意。

另一方面，同样是这些学生，他们中的很多人缺乏自律。从对这个特别问题的再三强调来看，它应该是1949年度第一学期的主要问题。学校的新领导发现他们与曾坐在相同位置上的国民党当权者一样，面临着近乎无政府主义的处境。这部分得归咎于共产党：他们在解放后立即发表声明，给予学生和老师“参加革命活动的权利和自由。”[②]然而，在解放前和解放时的那种“激情的学生运动”完成使命

① 可参见下列事例：（1）冯文彬：《与工农群众结合为工农群众服务》，这是一个作于1949年3月2日第十四届全中国学生代表大会上的报告，重印于《中国学生大团结》，第5—10页；（2）成仿吾：《关于知识与知识分子问题》，新华日报资料室编《论知识分子：学习丛书》，第6—10页；（3）薛暮桥：《知识分子改造问题》，出处同上，第18—22页；（4）陈毅：《关于知识分子参加解放区学习与工作问题》，出处同上，第28—32页。

② 上海《大公报》，1949年7月22日。

后，不能再允许它们无限制地继续下去。

一位批评者提到，在解放后最初几个月，学生积极地协助新政府的工作。他们走上街头宣传，参加干部学校，到新解放区工作。他们听取报告，召开讨论会，学习革命理论，实行思想改造。这次的学生运动与解放军最后的进军相配合，激发了全国的精神，帮助确立了新的革命秩序，加快了学生自身的发展。这是必要的和正确的。所有新解放的城市和城镇首先经历了这一激动和热情的阶段，并借此达到了许多目的。但是等到那个阶段过去，学生的主要任务是回到他们的学习中去。①

可是那个秋天，在几乎所有新解放的城市，都有学生拒绝按时上课，他们一本书都不翻，忽略了老师的存在。② 在北京一所中学，正常情况下课堂有 60 名学生，但是往往露面的只有十二三名。在另一所中学，学生故意在上课时间安排会议。有的学生只参加他们认为重要的课程，比如政治学习和数理化，他们的态度是：既然已经解放了，他们的教育他们自己说了算。③ 青年工作干部很少行动起来，遏制这样的无政府行为。相反地，学生干部（学校的青年团支部和党支部的成员、学生会骨干）经常忙于参加会议，以至于无暇学习。④

另一个极端是，一些学生试图通过仿效工厂工人的劳动竞赛发动学习竞赛运动来改革学习方法。教育当局试图劝阻这样的做法。他们指出生产和学习是两码事，不是说学得越多越快就是学得越好。⑤ 但是

---

① 蒋南翔：《论开展学校中的新民主主义学习》，见青年出版社编《中国学生运动的当前任务》，第 20 页。

② 《在学校开学前的几句话》，载于《中国青年》第 17 期，收入上海市学生联合会编《中国学生运动的当前任务》，第 1—2 页。

③ 《应纠正学习上散漫现象》，载于《中国青年》第 8 期，收入青年出版社编《中国学生运动的当前任务》，第 44—45 页。

④ 《开会不要太多》，载于《中国青年》第 8 期，收入青年出版社编《中国学生运动的当前任务》，第 46 页。

⑤ 《学习竞赛不宜提倡》，载于《中国青年》第 32 期，收入青年出版社编《中国学生运动的当前任务》，第 63—64 页。

等到第一学期快结束的时候，当局面临着另一个问题：学生反对考试的情绪高涨。在过去，共产党谴责国民党的教育系统将考试和分数作为学习的唯一目的，现在，这成了学生反对考试的部分原因。所以，在 1950 年 1 月，学校领导号召学生会和青年团开始一场“复习运动”。它的目的是让学生做好考试的准备，并解释考试在新民主主义教育体系下的重要性。[①]

总结

共产党在接收时期的“成就”中并不是完全不掺杂一点杂质的，而且“成就”也来之不易。正是因为有相似的时段可以进行比较，才凸显了这份“成就”——这一时期依旧让公众记忆犹新，也标志着城市人群对国民党的支持开始减退。

谈到纪律和秩序，共产党军政人员的行为都堪称表率——或者至少在他们从相对不为人知的东北走到公众视野中的时候是这样表现的。开始，共产党军队似乎犯下了与国民党相同的错误。然而与国民党不同，共产党领导人在这些错误造成太大损失之前就采取行动加以改正。甚至那些对共产党的事业没有特殊好感的人也对士兵和干部在 1949 年进入中国最大城市时的行为赞赏有加。这样的纪律，佐以护厂运动，似乎还保证了中国城市的经济基础设施不受接收时期各种各样的破坏。

从国民党遗留下来的经济问题是不那么容易解决了。在刚解放不久，共产党的确着手或想要去解决经济、金融和货币政策领域中国民党在接收日伪区时所忽视的问题，当初正是因为这样的忽视，国民党受到了各方的诟病。虽然共产党统治的第一年，通货膨胀率从来没有

① 《要不要考试》，载于《中国青年》第 31 期，收入青年出版社编《中国学生运动的当前任务》，第 48 页；上海《解放日报》，1950 年 1 月 4 日和 13 日。

达到国民党统治时的极高点，但稳定市场的努力直到几个月后才显露出明显的效果。共产党的接收，就像国民党在四年前一样，以经济混乱和货币不稳定为特点，这些足以破坏公众对新政权的信心。

在国民党的例子中，它的麻烦很大程度是由于它自己愚蠢的政策和行为以及内战时期持续的经济处理不当造成的。另一方面，中国共产党的困难很大程度是由于留给它的问题过于庞大，只有少部分是因为它自己的行为和缺少经验造成的。但是这些已经足够在工商业圈子里引发担忧和不确定了。同样引起这种情绪的还有共产党接收后的一个月内似乎在所有地方都爆发的劳动者骚乱。

然而，政府对必需商品的控制越来越有效，因而可以实现强迫性的节衣缩食，帮助城市度过 1949—1950 年之交萧条的冬天。就这样，新政权能够将通货膨胀对人民生活的有害影响最小化。到了春天，已有迹象表明：通货膨胀将会终止。在共产党获得统治权的第一年，货币缓慢而明确地趋于稳定，生产也恢复了，这些都显著地表明了共产党对处理中国的经济问题有一套秘诀，并且能够执行这套秘诀。

政治上，接收时期最成功的工作就是把城市中各种拥护力量组织成一个最广泛的联盟。这一工作还延伸至以下人群，他们是：国民党军队官兵，国民党文职机构成员和知识阶层。用这种方法，共产党在政权交替时期从一个与他们格格不入的人群中——他们向着国民党直到它垮台——获得了正面支持。共产党没有谴责他们是机会分子，而是欢迎他们的合作，一起维持国家的日常行政工作，恢复经济以及扩充乘胜进军的人民解放军队伍。

在学生团体中——他们至少在言语上反对过国民党——共产党能够利用好这一能量和激情之源进行改革。共产党暂时忽略了他们不信奉共产主义的“弱点”，给予他们相对体面和重要的位置，比如成为负责执行党的政策的干部。共产党就这样获得了几千名紧缺的活跃分子，补充了它的常备干部队伍。同时，新招的职员接受了在职训练，因而了解了新秩序的目标和历史，该训练对他们来说就像任何政治再教育课程一样有效。

1945 年，国民党官方认定知识阶层的一大部分人与日本人的关系不明不白，因而疏远了这些人。还有，国民党领袖一心扑在打击共产党上，其他一概不理会。他们在与知识阶层打交道时，采取了非此即彼的绝对态度，结果丢掉了残存的一点支持。相比之下，共产党通过避免立即要求知识分子完全信奉自己那一套来善加利用属于自己的那份好感。结果，在他们的努力下，知识分子积极参与进来，而若放在从前，他们中的大多数是不会选择为这份事业效力的。

第十章 CHAPTER 10

内战的政治

关于国民党失去支持，民心转向拥护中国共产党，我们能够得出什么结论？就政策和实际表现而言，结局是不是一场共产党的胜利？抑或更准确地说，就像当时经常被认为的，是一场国民党的惨败？共产党执政是真正的民心所向？还是他们只是国民党错误和日本暴行的偶然受益者？

1948 年快过完了，中国社会鲜有一个部门是没有经历过国民党统治的负面影响的。民众的不满以以下形式公开表达出来：劳资纠纷，农民起义，抢米风潮，台湾叛乱，学生示威和知识界不绝于耳的批评。中国人民要求社会正义；消灭腐败；经济安全，不那么专制的政府；改变政府形式，不再由国民党一党专政；结束国民党政府对农村的忽略和压榨。每个人，包括国民党自己的成员，似乎知道哪里出错了；但是人们要求变革的呼声没有在任何实质方面影响政府的举动。

城　市

在城市，广大民众对国民党政府的幻灭开始于 1945—1946 年，正是它回到沦陷区的这一时期。在第二次世界大战结束后，“无能”“腐败”已经成为大后方的标准缩略语，用来概括国民党统治的弱点。在1945年8月以后，在华东、华北、东北的沦陷区城市，几乎所有人的亲身体验都在诠释着这两个词语。由于这个政府八年来一直代表着民族不屈的意志，如今目睹了它的无能和腐败，这些地区民众的幻灭感或许会更强一些。对回归的国民党的欢迎在几周之内就冷却了下来。

为接收而设立的行政机构混乱不堪，没有能力履行相应的任务。由于缺少恰当的制度约束，在机构中做事的人无法出淤泥而不染。当接收官员——文官也好，武官也好——争先恐后地为自己攫取日伪所有或占领的财产时，腐败真的达到了前所未有的程度。另外，接收政策有的被错误理解，有的执行不当。光复区的工业生产暂停以及内地的不景气造成工人失业，又没有足够的救济金来让他们渡过几个月的失业难关。在战时维持着大后方生产的内地实业家，由于预期中的政府补偿没有到位，被逼到了破产的边缘。在苏浙地区，将伪币转换成法币的官方汇率令伪币贬值，实业家和商人受到了伤害。学生和老师被政府的教育复兴政策所触怒，该政策将他们降为汉奸的地位——而很多曾经与汪精卫傀儡政权打得火热的人却能够通过收买接收大员得到尊重。

尽管如此，接收期间，人们并没有产生要挑战国民党统治权的念头。他们不要求换政府，只要求对当权政府进行改革。对国民党来说，很不幸的是，在接收期间激起如此广泛批评的问题，大多数从来都没有得到令人满意的解决。日本刚一投降，暂时的混乱和弊政本无可厚非，但是经年累月没有起色就不应该了，城市居民渐渐开始对国民党统治不满。

经济上的持续管理不当，其后果甚至更严重。政府的通货膨胀政策只是它在经济上所犯错误中最戏剧化的一个例子。对印钞的依赖也许有一个最危险的后果，即政府误以为可以相对不费力地解决它的财政问题。确实，这种方法让大后方挨过了抗日战争。但是事实最终证明，这一解决方法比节约和自力更生这些似乎一开始做起来更困难的方法要更危险。物价上涨压力一旦开始就很难停止，除非政府能坚决而广泛地改变奢侈的生活方式。新形势下需要的是节约和自力更生，但对于这些艰苦的方法，过去没有任何经验，因此政府领袖仍选择用抗日战争时的筹资方法来为攻打共产党的战争筹资。结果是除了应对城市经济恶化，国民党政权既没有意愿也没有能力做任何其他的事。

更具体地说，通货膨胀为劳工提供了一个现成的契机。在第二次世界大战结束时，这些劳工突然摆脱了八年日本统治和此前的十年国民党控制的束缚。在物价飞涨的背景下，政府无法重新确立战前对劳动力的控制。在日本投降后的前六个月，劳工毫不理会官方规定的解决劳动者和管理方争端的程序，且并不因此受到惩罚。结果，政府没有别的选择，只能默认劳工的要求：工资自动根据生活成本的上涨而做出调整。

这一决定不仅加速了工资—物价的互相催涨，还损害了国民党与工商业长期的同盟关系。政府事实上被迫用企业主的不满为代价，换得劳工阵线的断断续续的平静。企业主认为对劳工的让步是生产成本激增的一个原因。虽然高昂的工资支出仅仅是问题的一部分，但政府无法让它的指责者信服。原因是：问题的其他部分不是由通货膨胀本身造成的，就是由一些不当举措造成的（政府试图用这些措施将通货膨胀的后果降至最低），而政府几乎对这所有的一切负有责任。工商界的不满在 1948 年 8 月改革时达到顶峰，上海商会和上海工业会开始公开谴责政府的政策。

同时，工商界和老百姓一度用更实在的方式表达了他们缺少的信心。当政府发行债券时，商界和金融界拒绝做出积极回应。公众表现出一种可以理解的倾向，即：另找地方投资自己的储蓄，而不把它存入银行。在 1947 年和 1948 年实行紧急改革方案时期，商人不再向商品价格受到管制的城市供货。企业主忙于囤积和投机，因为这比正常的商业和生产活动更有利可图，但却使经济更难走出“衰退—失业”

的低谷。政府对经济的处理失当普遍侵蚀了大众对它执政能力的信心。政府大多数降低通货膨胀压力的举措都不起作用，这造成了大众失去信心，而大众失去信心又反过来加剧了政府的政策失灵。政府无法劝说（也不愿强制）人们遵守改革的措施，尽管这些措施被认为是与共产党做斗争的必要组成部分。

公众信心的丧失是普遍性的，不像有人有时候以为的那样，仅限于城市拿薪水的中产阶级。经常有人认为国民党政权为通货膨胀付出的代价至少有：失去了这些中等收入群体的“支持”。这一群体主要包括教授和教师、中下级军官和政府公务员，在第二次世界大战结束后，成为新的被压迫阶级，在内战时期一直保持这个状态。他们承受了价格猛涨和货币贬值的大部分压力。但是直到国民党战败为止，这些群体事实上一直没有抛弃它，而在此后要再继续支持国民党，只有陪它无限期地流亡了。

学术界的贫穷化当然成为学生反战运动的一大主题。教授们给1947年反饥饿反内战示威加了一把火，其中就要求增加基本工资和随着生活费用的上升自动调整工资。政府靠印钞来资助战争引起的经济贫困，为那些谴责内战的人提供了一个重要的理由，而且显然是知识阶层对政府支持减少的一个原因。通货膨胀造成经济混乱，从而直接导致了劳工运动。与此不同，知识分子对内战的反对建立在对以下两者更复杂的评估的基础上，即：国民党统治的本质以及为了保留国民党政权，整个国家要承担的牺牲。在这一评估中，知识分子自己的贫困只是其中一个考虑因素。他们反对内战是因为他们经过推理得出结论：如果构成国民党政权的还是原班人马，为了保留它，需要付出的代价太高昂了。

这一推理的基础是一个获得普遍认同的想法（该想法一直到1948年中才动摇），即：因为作战的任何一方都没有能力击败另一方，内战将有可能无限期地持续下去。至于战争的代价，可以分两部分计算：一部分是彻底扰乱城市经济的通货膨胀，另一部分是农村地区的进一步贫穷。印钞也许是政府财政收入的主要来源，但是政府同样依靠地租，依靠以低于市场价格强制购粮，依靠以暂借的形式征收粮食。这些税负，加上地方杂税，征兵中的徇私枉法，纪律败坏、军饷过低的军队在农村造成的侵扰，都造成了农民难以承受的负担。最后，政府越来越军事化以及政治上与公众的逐渐疏离，都被作为战争的直接结果加以谴责。尽管有这么多原因，政府依然坚持把仗打下去，而不实行任何改革让战争变得让人更容易接受一些，这恰好证实了人们对它的谴责：国民党不是为了“民享”而存在的；相反，它为了追逐自私的个体目标不惜牺牲国家的整体利益；而基本上它连这个目标都无法有效达成。在大部分批评者的心目中，国民党本来能够自救，他们事实上恳求它这样做。不管工商界被政府失当的经济举措害得多惨，很有可能他们害怕换了共产党也许会更糟糕。尽管在反战运动的过程中，政府和学生团体发展到了公开对峙，大部分学生，甚至到了 1948 年底，依旧愿意让国民党加入联合政府。对于老一辈知识分子来说，他们的目标陈述得很清楚了。他们的目的从来不是消灭国民党而只是改造它，虽然他们提出改革的前提条件是：包括了共产党的联合政府。直到 1948 年 4 月，储安平依然在恳求国民党改变工作方式，做一些对国家有意义的事。他和其他人这样做是因为他们衡量了两种情况下实现他们心向往之的自由民主社会的概率，不管这个概率在国民党执政情况下有多小，总比共产党执政下的概率要大。

知识分子不因为通货膨胀给他们的物质利益带来损失就抛弃国民党。但是因为一些原因，他们确实拒绝支持军事上打败中国共产党的目标。这个目标是国民党认为为了生存计必须放在第一位的。于是国民党发现陷入了自己造成的两难处境中。唯一保有仅存支持的方法是听取意见进行改革，并且与共产党取得和解。很多阶层事实上将改革作为与政府合作的条件，而政府要求他们无条件支持，自己却除了空谈飘在空中的原则，没有其他回报。因此，中央和地方政府的公告和法令，被工人、学生、教师、商人、实业家和金融家忽略，假如不是公开反对的话。通过这样做，社会各阶层，出于各自的原因，用各自的方式，对政府剿灭共产党的战争不予支持和合作。长年来，国民党在政治上一意孤行，经济上处理失当，并拒绝理会人们要求改革的呼声，现在是它付出代价的时候了。

另外，大众对国民党统治的心灰意冷也是这么多人在 1949 年决定留在大陆的原因之一。为这样一个有负民众托付的政党流亡，这样的牺牲太大了。选择留下来的人中包括大多数中国经过最好学术训练的知识分子、几乎所有的学生、很多商人和实业家、众多的公务员、几十万国民党军队的士兵。然而，他们对中国共产党的评价对他们的决定也起了作用。

很多在 1949 年留在大陆的人显然也有他们的“怀疑，害怕和担心”。在知识界和工商界内部就是这样的。在学生调查中，大多数人偏向成立一个联合政府，较之国民党一党专政，青睐共产党独享政权的人更少。年长的知识分子直到认为通往自由化改革的路不复存在后，才转而有保留地支持共产党。尽管这些自由派知识分子理智地做出接受共产党的决定，并没有迹象显示他们旗帜鲜明地拥护新政权，或者他们愿意做出的妥协是根本的或永久的。他们接受了共产党在新民主主义政策中提出的大多数目标，但是显然没有接受共产党一党统治和无产阶级专政的最终目标。

但是，知识分子对共产党的保留只是部分的。这样的保留更多的是针对共产党统治的形式，而对于现行中国共产党的方案和政策内容，以称赞者居多。自由主义知识分子对共产党的这种双重态度反映了共产党在处理某些问题上的成功。正是这些相同的问题，使得人们对国民党政府的信心大减。

首先，共产党良好的诚信记录在 1949 年为他们争取到了不少好感。国民党有一个习惯，“说一套做一套”，颁布改革方法但是从来不实施。而相形之下，共产党有言必行的名声，使得他们的政策得到实施，错误得以改正。共产党说他们的最终目标是在中国实现共产主义。没有人怀疑这是他们的目标。但是共产党还说实现这个目标要花费很多年，同时他们计划建立一个新民主主义社会，在这里每个人——资产阶级知识分子、民族资本家以及工人和拥有土地的农民——都有一个位置，都被需要。既然共产党这么说了，知识分子和资本家就倾向于相信。

其次，在执政清廉、政治能力和解决战争所带来的经济问题的能力上，到 1949 年末为止，共产党的记录可圈可点。虽然共产党在管理城市和工业上缺少经验，但还是成功地克服了一些中国最基本的城市问题。1949 年 3 月，当毛泽东来到北平时，共产党管理城市的直接经验还仅限于张家口、哈尔滨和一些其他东北的中等城市，时间也不足四年，然而他们很好地运用了这些经验。在此期间，中国共产党在考虑城市问题时多次克服了理想主义冲动，这是新当权的左翼政党普遍会有的毛病。

从一开始，在张家口和其他地区的共产党热情高涨，想要根据新民主主义原则解决所有中国城市问题，他们对劳动者和管理方都做出承诺，但是很快发现兑现不了。1947 年末，随着反对“左”倾冒险主义的运动到来，正式提出了对理想主义冲动的批驳。在这一时间，党对工商业、工人和知识分子的态度明显发生转变，将此改为实现生产的最大化，团结一切可以团结的人以实现全面胜利。新路线强调与私人资本的合作，国营企业的合理化管理以及把知识分子争取过来的必要性——而不考虑他们的意识形态与共产主义相左。根据需要或政治标准给劳动者发放报酬的行为被官方取消，取代以根据技术、资历和努力有差别地发放工资。解决工人阶级物质困难的目标没有被抛弃而是延期了，当下仅限于基本保障和将通货膨胀对工人生活水准的影响降到最小。同时，为国营企业工人开设的实验性的劳动保险计划也体现了“明天会更好”的承诺。这一计划在 1949 年初在东北实行。

1948 年的反“左”倾运动为 1949 年成功接收城市打下了基础。与四年前国民党的表现相比——当时它从日本人那里接收了很多城市，这些城市恰恰就是共产党后来从它那里接收的城市——胜利的共产党军队的表现值得注意。共产党的人员，包括军队人员和文职人员，在1949年抵达中国最大城市的中心时，表现都堪作模范。在这些城市中，出现了史无前例的景象：不受利诱的官兵主动地保护公有和私有的财产；工商业企业得到保护，秋毫无犯，在条件允许的地方，生产照常进行。

政治上，接收城市最大的成就是建立了城市各拥护力量组成的广泛的联盟。国民党军队的官兵、文职官员和知识阶层都被包括在内。用这样的办法，共产党在过渡时期从这些直到最后还站在国民党一边的群体那里得到了所需的支持。共产党没有将他们斥为机会分子，而是欢迎他们加入进来，维持国家日常的行政管理，恢复经济，扩充乘胜追击的人民解放军的队伍。这一做法最明显地体现在党对待新解放城市的学生的态度上。党暂时忽略他们对共产主义的反感，将他们安排在相对体面和重要的位置上，让他们作为干部负责政策的实行。

然而，即使在这个层面，共产党也是有得有失。在1949年后不久，他们尝试做了国民党在接收沦陷区时因为忽略没做而受到诟病的所有事情，涉及经济、金融和货币政策。但是，虽然共产党统治的第一年通货膨胀率没有达到国民党统治下的极值，但是稳定经济的措施直到几个月后才显示出明显的效果。这很大程度因为留给新政权的问题无比棘手，但是也与它自己的行为和缺少经验有关。因此这一时期的标志是城市里经济的混乱和货币的不稳定。这些问题部分地损害了公众对新政权的信心。

农　村

不可避免地，而不是出于选择，共产党将它的工作中心放在农村；也正是在农村，他们在政治上取得了对国民党的决定性胜利。谈到城市经济的混乱时，蒋介石总是强调，中国的经济以农业为基础，因而在根本上具有稳定性和惯性。[①] 稳定性和惯性的概念高度概括了国民党与农村的关系。中央政府在农村的种种作为和不作为，主要是为了维持那里的现状。一直到国民党无计可施，逃亡台湾为止，这种姿态都没有改变过。

在 1946—1947 年被国民党军队重新夺回的原共产党边区，这一姿态的破产表现得尤为明显。国民党自然的盟友是失去产业的地主和其他“斗争对象”，他们决心重新恢复从前的生活方式。当地官员与回乡的地主结成同盟，开始了系统的勒索和报复，颇具特色的活动有：“自愿投降和悔过”计划以及还乡团、“管理促进会”和收租委员会的各种活动。共产党军队、民兵队和党组织的大部分人员在国民党军队扑上来之前逃之夭夭，手无寸铁的农民付出了生命的代价。在地主和其他人兴师问罪的过程中，几千名农民被杀死。

南京的中央政府在绥靖区颁布了改革办法，但是除了利益貌似被这套办法限制的人，在农村没有可倚重的人将它付诸实行。农民如果不是走投无路，总是倾向于维持现状，农村的这一惯性真的是国民党力量的源泉；但是农村现状中包含的不公同样也让共产党有了发动革命的由头。

在对日作战时共产党找到了获胜的秘诀。为了抗日统一战线，共产党放弃了激烈的没收土地的政策，他们不得不寻找新的方法将财富从富人那里转移给穷人。这一转变在华北特别明显，在那里，租佃不是主导问题，大多数农民耕作的田地是自己的。作为不懈努力的结果，共产党的农村土地政策在 1945 年又增加了内容，通过“清理旧账”的策略，包含了一整套能够给华北的“基本群众”带来实惠的方法。除了通过清算旧账斗争重新分配财产，为农民带来物质激励外，共产党还为广大农民最深恶痛绝的现象——农村中有权势者的腐败和

① 根据司徒雷登大使的说法。见美国国务院编：《美国的外交关系》（1947 年，远东中国卷），第 76 页。

专横——提供了一个解决方法。

共产党从这些问题以及所有其他与土地所有权和使用权、无偿劳动和债务相关的问题入手，找到了“通过阶级斗争发动群众”的秘诀，甚至在地主并不成为一个问题的地区也是如此。在这一过程中，中国共产党不但找到了破坏农村经济和政治权力系统的方法，还发现了如何动员农民的支持建设一个新系统的途径。

共产党学到的第二课是如何使与统治阶级的斗争成为“所有其他工作之母”。在抗日战争初期，主要和次要工作没有配合也没有区分。之前党的工作毫无建树，直到它作为一个整体学会了将“通过阶级斗争动员群众”作为一切其他农村工作（比如党建和征兵）的起点，工作才渐有起色。

从抗日战争时期学到的极其重要的第三课与成功发动阶级斗争所需要的条件有关。在党的土地政策在任何地区彻底实行之前，必须在军事上赶跑敌人，破坏他的政治控制，建立新的权力结构的核心。所有的党的指示都强调在被敌人紧迫威胁的地区，将阶级摩擦最小化的重要性。只有整个地区满足了军事和政治前提条件后，土地政策和它引起的村内斗争才能成为农村工作的中心。抗日战争动员了人力，中国共产党则提供了必要的领导，以便在 1943 年后日军的攻势开始减弱的时候，华北能够大规模创造这些前提条件。

在接下来的内战中，共产党人进行的最主要的革命工作就是土地改革。土改在华北的发展与从土改的工作方式和条件中获得的经验，是共产党从抗日战争中学到的最重要的经验。这些经验被 1946 年 5 月 4 日党的指示正式固定下来，标志着官方从减租到土改的转变。《五四指示》中概括的土改正好就是抗日战争时期从实践中发展而来的多样化的斗争运动。

土改和实行土改的前提条件之间是相辅相成的关系。土改是动员农民参加反蒋斗争的一个重要手段，武装斗争则是为了保障土改的顺利进行。[①] 成功实行土改的最基本的条件是具有足够的军事能力，能够保护土改的成果不受敌人破坏，这条经验在 1946—1947 年国民党军队出其不意地进犯解放区之后得到证明。那次进犯使得发动村内阶级斗争的所有前提条件不复存在——根据抗日战争时期的经验可以得出这样的结论。共产党军队不再能自由执行任务。中央政府在农村地区重新建立了它自己的政权机构，斗争运动中共产党树立的敌人给予中央政府支持。

1948 年 5 月，党中央再次提出了前提条件（它在实质上与抗日战争时期规定的前提条件是一样的），承认了在这样的环境下实行土改的危险性。除非该地区在军事上安全，除非大部分农民要求分地，除非有现成的足够多的干部领导工作，否则不实行土改。这些条件在 1947 年夏天以后解放的“新解放区”总体来说还是欠缺的。所以命令这些地区暂时放弃土改，采取更温和的政策，比如减租减息。

然而在条件许可的地方，土改能够动员和组织“基本群众”，形成中国共产党领导的农村新政权。标准的解释是，通过重新分配土地和其他财产改善了农民的生活，他们的觉悟随之提升，愿意行动起来支持共产党反对国民党的武装斗争。重新分配财产和改革当地行政机构提供了有形和无形利益，于是农民用支持共产党作为回报。就这样，寻求“支持”的共产党如愿以偿。但是实际过程绝非这么简明了然，因果关系也远没有这么直接。农民想要留在家里，耕种新分到的土地。传统上对参军的偏见不是这么容易就能克服的。党内批评显示，由斗争运动和重新分配财产引发的新生阶级觉悟并不像声称的那样，直接带来与国民党作战所需要的特定方面的支持。

从这个意义上说，土地革命的主要作用是推翻现有的农村上层集团，无论是不是由地主组成。土改摧毁了统治阶级政治和经济上的控

① 默涵:《人民解放军与土地改革》，香港《群众》，第 42 期，1947 年 11 月 13 日，第 18 页。

制权，是创造新秩序不可或缺的一步。建设新秩序成为所有其他工作的起点——土改的第二个关键组成部分。参加多种多样的诉苦运动最踊跃的农民加入了中国共产党的部队或成为新的村领导。得到土地和财产的人加入了农会和其他村组织。于是，共产党可以依靠这一农民自己担纲的公共组织，由它负责收取粮食税、组织军事运输队和对不愿参军者施加社会压力。

开始，斗争运动不论阶级，这是它包括多个对象不可避免的结果。直到 1945 年，运动的这一特征在分配斗争果实中依旧明显，虽然大方向是存在的，即：取富人的财富给穷人。在 1945 年之后，随着越来越多的地区将财产直接分给贫农和雇农——他们最起码属于华北村庄中举足轻重的少数，如果不是绝对的多数的话——阶级界限清晰了许多。这一做法被正式用文字确定下来是在 1947 年 10 月《土地法大纲》第一版，它要求均分村里的土地和财产。鉴于华北财富匮乏，中农数量巨大（包括老中农和新中农），如果要按照条文绝对平分财产的话，必须侵犯他们的利益。党对待中农的政策矛盾的特征——最后通过含蓄地要求把他们划进拉平的行列，似乎得到了解决。

到 1948 年初，这个问题没有解决已经变得很明显了，鉴于中农依然在共产党的军队中占到 30%—40% 的人数，绝对平等被抛弃。在 1947 年，将贫农作为一个阶级消除，这个目标太超前了。但是在群众运动的背景下，它依旧是一个极重要的目标，重要到哪怕会造成中农的疏离，也不能够完全地抛弃。在党的内战土地政策的最终构想中，最严肃的工作——安抚中农，只适用于土改已经彻底实行的地区。

不管包含什么矛盾，这些是中国共产党通过土改扎入农村的“根”。当 1946—1947 年，国民党军队侵入共产党根据地的时候，他们能做的一切，是试图拔掉这些“根”，重新建立老一套的政权系统。自由派批评家意识到共产党的力量源头和国民党无法同日而语，于是越来越强烈地感到国民党无力回天。

因此在政治上，共产党不折不扣地胜利了，就像国民党不折不扣地失败了一样。在城市，共产党和国民党的胜负不那么悬殊，因为知识分子和资本家存有疑虑，认为共产党在某些方面恐怕还不如国民党。在农村，土改中动员和组织起来的基本群众的力量使农村统治阶级的离心运动显得微不足道。令国民党政府拙于应对、从而失去公众信任的一系列问题，共产党却拥有良好的记录，两者解决问题的能力立见高下。共产党并非恰好在对的时间来到了对的地方，从国民党的崩溃中获利。1949 年，并不是所有民众都支持在中国大陆建立共产党一党专政。但是共产党的成绩可圈可点，为大众转而拥护它所领导的新政府提供了基础。

中国共产党取得了斗争的胜利，原因是多方面的，如：日本的侵略、斯大林式机构的力量、社会经济条件、国民党的无能、共产党得到的以及国民党失去的外国援助——要找出最关键的一个原因，似乎有些类似于盲人摸象。很多像这样的外因，拼凑成共产党身处的政治环境。说到内因，则不能不提共产党的灵活与耐心，一步一步地，一个指示一个指示地，将其夺取政权的斗争调整到与环境相适应。这是历尽曲折学来的能力，经过了试验、错误，付出了巨大的代价。

不管日本侵略对共产主义运动在中国的胜利起了多大的作用，日本人在 1937 年留给共产党和国民党相同的机会。在机会面前，共产党是有充分准备的。1927 年，在它的城市基地被摧毁后，共产党转而集中发展游击战和农民革命，已有十个年头。这让它把握住了日本人提供的机会，用这个机会来建立农村根据地，并在第二次世界大战末开始作为国内最有活力的政治力量出现在公众面前。

日本人的侵略也给了国民党政府同样的机遇，然而与共产党形成对比的是，它没做什么事情来利用这一机遇。政府也许赢得了承认——国际国内都认为它是“自由中国”的不二代表，但是到 1945 年为止，它在壮大国内政治力量和争取大众支持方面鲜有建树。国民党政府的确支持了沦陷区的游击战和地下工作，但是从来没有把他们发展成广泛的抵制运动。不像共产党，国民党没有在日军的后方建立根据地，因此从根据地获得军事和政治支持也就无从谈起。撤退到重庆的这些年没有对党政进行有效的建设，却纵容了国民党政治体系内弊端的发展，这造成国民党在第二次世界大战结束后接收中国城市的不佳表现。国民党无法应对日本侵略带来的挑战至此已经昭然若揭。有人会争辩，日本侵略阻止了蒋介石的军队在1936—1937年给予失败的共产党军队致命一击，使得共产党的胜利成为可能。这么说等于承认了国民党在以后几年中无法在一个更平等的基础上与共产党竞争。

因为共产党的领导人是共产主义者，真正信奉革命理想，所以在抗日战争期间，虽然官方奉行的是统一战线土地政策，他们还在继续寻找把财富从富人处转移到穷人手中的新方法。华北社会经济的现实没有让他们因为气馁而停止探索，而是让他们在实践中扩大了剥削的定义，把一些对当地农民有意义的问题也包括了进来。

1927年第一次被国民党打败后，共产党成功转型，成了一个立足农村的团体；1934年在江西遭受第二次失败后，他们在华北发动了一场土地革命。中共领导人做出这些决定决不仅仅因为他们是共产主义者。许多国家的共产党都不能快速地适应环境，这方面的例子真的不少。中共的敏于应变可以在1942—1944年的整风运动中找到线索。

1937年日本开始全面入侵中国时，中共党员的人数只有区区4万。到1942年，党发起整风运动时，党员已上升到几十万。他们来自不同的阶层，由于不同的原因入了党。他们的任务是在分散于各偏远地区的敌后根据地中，把抗日斗争发展成统一的革命运动。整风的目的是要灌输有关思想行为的准则，使他们在缺乏常规的行政协调和行政控制的情况下完成这一任务。为此，党员入校学习。纠正两类错误的必要性成了整风紧紧围绕的两大主题。第一类错误存在于党内，第二类错误存在于党与中国社会的关系之中。关于第一类错误，整风运动试图加强党内纪律和个人对集体、全党对中央的服从。

但是，毛泽东主要关注的，似乎是第二类错误。1942 年 2 月，他作了两次讲话，为整风运动拉开了序幕。而这两次讲话的重点，恰恰是纠正第二类错误的必要性。在讲话中，他强调了变通马列主义以适应中国环境，并把这条原则应用到党的各级工作中去的重要性。他批评了机械地学习马克思、恩格斯、列宁和斯大林的著作，却不能将他们的观点和方法分析运用到当前中国问题中去的学风。他还批评了将马列主义当成现成的灵丹妙药的教条主义。在他看来，马列主义是一个理论工具，只有在实地考察了中国社会各阶级的实际生活状况后，它的有效性才能被证实。他还批评了党内的一种倾向，即：将自己与外面的世界割裂开。在没有与党外群众结成紧密联盟的情况下，党的革命目标“绝对不可能”完成。最后，他批评了口语和书面语中的党八股，要求上至司令员下至党的宣传员学会用人民懂得的语言写文章、做演说。①

着重关注夺权斗争的当前环境，是共产党取得所有成就的核心要素。马克思、列宁和斯大林提供了分析工具和组织模型，但是，如果不是共产党人小心翼翼地把它们应用到思想和行动的每一级——上至中央委员会制定的政策，下至村庄工作的细节——就不会有后来 40 年代出台的，适应当地条件、满足当地需要的全面计划。用这样的办法，共产党将自己的利益与中国绝大部分人口的利益紧密联系起来，从而获得了群众的拥护。坚实的群众基础满足了它对粮食和人力的需要，使它与国民党做斗争时有充分的供给。

---

① 毛泽东：《整顿党的作风》和《反对党八股》，由鲍德·考普顿翻译，见他的《毛的中国：1942—1944 年中共的整风文件汇编》，第 9—53 页。

征引文献说明

《大公报》（1902—1948）

《大公报》名义上是独立的，但它与国民党“政学系”之间的关系却是众所周知的。共产党人接管上海前四五个月，国民党对这座城市的统治已开始瓦解。这时，出现了很多小册子和相当“左倾”的号外。由于报纸大多在上海已被查封，或内容锐减，美国领事馆的译员已无事可做，于是他们在《中国报刊回顾》中翻译了上述出版物的内容。尽管这些出版物总体倾向于批评，但它们对《大公报》的看法似乎是基本准确的。下文对《大公报》历史的概述源自对这些出版物和文后所列各种书报的比较和综合。

1902 年，满族人英敛之创建《大公报》，在北平、天津两地发行，是一家受人尊敬的报纸。早些年，该报因抨击清政府的腐败而声名鹊起。辛亥革命后，英敛之将该报出售给王郅隆。段祺瑞是皖系首脑，是 1912—1926 年北京北洋军阀的主要人物，他是当时《大公报》的主要支持者。据说，孙中山也资助过《大公报》，因为该报不时为其呐喊，如同它为与段祺瑞联盟的各个军阀呐喊一样。但此时《大公报》并不革命，它反映的基本是其主要支持者的立场。胡霖（胡政之）是该报 1916—1925 年的总编辑，也是《国闻周报》的创建者和出版人。显然《国闻周报》也由段祺瑞支持，并和《大公报》往来密切。

“政学系”与该报关系的最初起因就是该派系与段祺瑞的关系。

“政学系”的一个源头是欧事研究会，这个团体大概 1915 年在美国成立，创始人是黄兴将军和一群国民党党员，他们是在黄兴和孙中山就对日政策和《二十一条》上产生分歧后离开中国的，当该会成员回到华南时，他们把自己的组织改名为“政学会”，积极投身孙中山广东政府的政治活动和在广东举行的国会会议。根据钱端升的说法，当时热衷于和北洋政府重修旧好的“政学会”会员多次让国会会议中止，正是他们的举动让孙中山开始蔑视他以前的追随者和党派政治，甚至议会政治本身。

不管怎样，“政学系”愿意和北方的军阀合作，特别是和段祺瑞及皖系联合。这一联合使该派系成为国民党内的一个极右派。但随着段祺瑞在 20 年代垮台，“政学系”也暂时偃旗息鼓。1912—1920 年，该派系的一个领导人吴鼎昌在北京各军阀政府里担任过重要的经济和财政方面的职务。此时，显然由于段祺瑞倒台的原因，他也离开了政界，成为盐业银行的董事长，并在 1923 年成为华北四家主要银行组成的四行联合准备库主任。这四家银行是盐业银行、金城银行、大陆银行和中南银行。

吴鼎昌认为，发行报纸可以重振“政学系”雄风。他从金城银行的创建者、总经理兼董事长周作民手里得到资本，组成一个新公司，买下段祺瑞支持的《大公报》和国闻报业。

重组后的《大公报》于 1926 年 9 月 1 日在天津出版发行，该报很快在经济和新闻上获得成功。早在 1932 年，它就取得了几倍于最初投资的利润。该报被称为“北四行”的文化企业，周作民是其中举足轻重的财政家，吴鼎昌是社长，前总编辑胡霖成了经理，而社论作者张季鸾（张炽章）成为总编辑。40 年代《大公报》闻名遐迩的主笔王芸生，1926 年时尚为天津某小报的记者，他在和张季鸾就社评而进行的一系列争论中给张留下了深刻的印象，得到张的青睐。后者提携这个年轻人为《大公报》工作。30 年代后期，王芸生在他的恩师退休后接任总编辑。

张季鸾任《大公报》总编辑期间，该报声名远扬，成为国内发表新闻和社评最可靠的一个论坛。但这并不意味着该报宣称的“不党”——该报名称表明“公正”——是无可怀疑的。《大公报》重组后不久便开始批评蒋介石。但随着蒋成功结束北伐并且（据说）成功说动张季鸾，这一切就逐渐改变了。

1931年日本侵略满洲后，该报支持蒋介石关于中国尚未做好对日开战准备的立场，因而遭到主张立即反击日本的人的憎恨。直到蒋介石停止了“剿共”战役并最终在1937年对日作战之后，《大公报》才改变立场，成为坚定的主战派，并和国民党政府一起迁到重庆。1941年，《大公报》得到了国际认可，获得密苏里大学新闻学院的嘉奖，表彰其对新闻事业的贡献。

抗战期间，该报被认为不仅支持抗日而且拥戴委员长本人，后者部分出于总编辑和蒋介石之间的私谊。但不管怎么说，《大公报》的社评方针好像反映了银行家、商人、“政学系”政客这三者的利益。因而，虽然该报在总体上持自由派立场，并不时批评中国时局，但它不批评蒋介石。同时在揭露有关腐败等丑闻时，它从不点名批评卷入丑闻的“政学系”要员。

到了40年代，在国民党内部互相竞争的三个主要派系中，“政学系”是最倾向自由主义但最不具影响力的一个。另两派是“黄埔系”和陈立夫、陈果夫兄弟的“CC系”。“CC系”的力量在于控制了国民党的组织部。“政学系”成员因没多少机会控制党中央的组织权，便忙于在各省政府中寻找立足之地，并从事金融和商务活动。由于他们中的多数在美国或日本接受教育，理解有效管理的价值，因而外国观察家认为，他们无论在能力还是经验上都比其他两个更传统更保守的派系优越。“政学系”因此被视为比其两个对手更务实，“对西方的民主精神更宽容”。但它在经济观点上还是保守的，这反映了其成员在商业上广泛的利益。

到40年代后期，《大公报》的政策制定机构是以胡霖为总经理的总管理处，曹谷冰和金诚夫是其副手；王芸生是总编，孔昭恺与张琴南是其副手。但制定社评政策的责任则众望所归地落在了王芸生头上。该报董事会由主要股东组成，他们是金城银行总经理周作民，总统府秘书长吴鼎昌、吴蕴初，金城银行上海分行经理徐国懋，金城银行襄理和胡霖的女婿王毅灵，以及胡霖、王芸生、费彝民、曹谷冰、金诚夫和李子宽等该报职员。

据说自王芸生负责《大公报》社评部之后，其比前任从该报的政治和经济支持者手中获得了更大的独立性。据说王芸生比其在董事会中的多数同仁更具“学究”气，不肯向政治利益妥协。但在内战期间，该报还是为政府在某些问题上的立场摇唇鼓舌，结果招致日益反对蒋介石政府的自由派团体的愤恨。

1947 年，该报编辑部成员之间的分歧已十分明显。当王芸生外出，副总经理曹谷冰在临时负责社评部期间，撰写了好几篇右倾社评，在学生运动问题上与政府走的是同一条路。该报的三个地方版的编辑方针也不一致。例如，天津版公开支持 1947 年学生抗议活动（参见本书第三章），而香港版（“二战”结束后直到 1948 年才恢复发行）比其他两个版都要“左倾”。

国民政府与该报主要人员之间的分歧在 1948 年下半年已无可挽回。王芸生不理睬中央政府的警告，并继续对总统之子蒋经国在上海指导的紧急状态经济改革计划的攻击。此后不久，王离开上海，12 月来到香港，并于 1 月份动身前往共产党地区。吴鼎昌于 1948 年末辞了《大公报》董事长与总统府秘书长一职，费彝民是今日《大公报》硕果仅存的香港版的出版者，也是 1949 年《大公报》正式划归共产党管理后的主要人员。

参阅书目

冯明定（音）:《〈大公报〉变迁》,《当代新闻系列》（手册），上海，第 1 卷，1948 年 12 月 4 日。

《前线日报》，上海，1948 年 12 月 28 日。

《启示月报》（自由派——左派），上海，第 1 卷，1949 年 1 月 1 日。

《每周新闻》（与国民党分子有联系），上海，第 3 期，1949 年 1 月 7 日。

钟家期（音）:《〈大公报〉研究》,《全方位》（独立），上海，第 5 期，1949 年 1 月 30 日。

《国民党内的派别之争》,《新希望周刊》（与国民党军方有联系），上海，第 6 卷，1949 年 3 月 21 日。

储安平:《论文汇·新民·联合三报被封及大公报在这次学潮中所表示的态度》,《观察》，1947 年 3 月 31 日，第 5—7 页。

王水:《北方学运的源源本本》,《观察》，1947 年 6 月 21 日，第 20 页。

钱端升:《中国的政府与政治》，第 72、85—86、129—131 页。

哈里森·福尔曼:《变化中的中国》，第 291 页。

本文对《大公报》报史中几个重点人物的阐述与霍华德·波曼编《中华民国人物词典》中的传记性记叙尤其是有关张季鸾和吴鼎昌的不一样。

有关《观察》订阅者的数据

《观察》的发行纪录可从编辑们每一期的报告中看出来。下文有关《观察》订阅者的数据源于每期刊物里的调查问卷，都是从上述报告中摘选下来的。但没有关于整个发行量的数据。据报道，订阅数在总发行量的 15%—20% 之间摆动。

《观察》订阅者的职业分布

	卷 1	卷 2	卷 3	卷 4
总订阅数	2709	4973	6732	16086
职业	百分比			
学生	23	19	23.4	26
公务员	22	21	16.9	13
工商、银行界	22	25	22.3	17
军队	6	3	4.6	4
其他（包括律师、医生、教师等）	4	3	—	—
未答复者	23	29	32.8	40

《观察》订阅者地域分类表（百分比）

	卷 1	卷 2	卷 3	卷 4
华中	18	18	18.8	18
华北	10.5	10	8.3	6
西北	10	13	13.6	7
华南	5.5	81	3.4	13
东北	可忽略			
四川	17	12.5	12	11
江浙	12	12	12.3	14
云贵	6	5	4.2	3
上海	8.5	7.5	7.9	12
南京	7.5	6	5.5	9
平津	5	6	—	6

这些数据选自《观察》下列各期：卷 1，第 24 期，1947 年 2 月 8 日，3—9 页；卷 2，第 1 期，1947 年 3 月 1 日，第 27 页；卷 2，第 24 期，1947 年 8 月 9 日，第 3—8 页；卷 3，第 24 期，1948 年 2 月 7 日，第 3—8 页；卷 4，第 1 期，1948 年 2 月 28 日，23 页；卷 4，第 23—24 期，1948 年 8 月 7 日，3—8 页。

对增订书目的说明

如果在未来的日子里，1945—1949年中国内战不再引起学者新的兴趣，原因不在于缺少研究资料。对这一时期的研究，就像很多其他时期一样，受益于1976年毛泽东逝世后开始的新“后革命”时代，因为正是从那时起，中国出版了大量关于20世纪40年代晚期的原始和二手资料。部分为了对它的大陆对手不断公布新资料做出回应，部分因为从20世纪70年代中期开始本土兴起的独立潮流，台湾地区成了另一个为进行历史研究的学者提供大量新档案的基地。

这些已出版的关于1945—1949年的史料，哪怕未出版的馆藏档案（包括填补空白的1949年前和1949年后史料，已经成为研究现代中国的新基础）仍然无法直接获得。（它们中的大部分尚待发掘）足够让学者在未来的日子里有事情做了，北京的政策带来了这样的变化：1988年《档案法》规定开放国家档案供公众使用。该法律规定以30年为界限，意味着只有年份在30年以上的档案，才能得到向公众开放的授权。这使得所有20世纪40年代的馆藏绰绰有余地被划在可查阅档案内。一想到年轻的一代，被太多新解禁的好东西所引诱，不理会他们的开路前驱是怎样花上几年搜遍全世界才搜集到珍贵的一鳞半爪，有些人或许会很容易陷入老前辈的痛惜之中。

附在后面、经过修订的文献目录列出了新的和老的原始资料。收入新老原始资料清单的两部分文献英语书目都经过了扩充和更新，不但包括了描写内战时期的作品，还包括了关于中国1949年前革命史和中国共产主义运动起源的作品（它们是我从现在可以获得的、同题材的文献中选出来的）。中文资料分成两部分，原来的书目后面接“选编补充”一部分。一份全面的、关于1945—1949年中文资料的书目本身很容易达到一本书的篇幅。因此这里出示的单子仅仅介绍其中最具代表性的作品，包括原始和二手资料。约在1980年，书目的罗列极其简明扼要——那时候“有选择的”可以解释为事实上使用或引用的作品，甚至有的历史学家更简化——与现在的做法相比，他们的书目显得简明扼要。

然而，为了全方位了解这一新机会，必须从档案自身入手。最近发表的由叶娃（Ye Wa）和周锡瑞编写的指南说明了引用方法（除了另外说明，本注释提到的所有著作的引用信息在所附的参考目录中都有给出）。他们列举了截至1990年，包括中央、省、地方和企业级别的3522个各类档案馆。更重要的是，给出了它们中的597个国内各级档案室的基本信息（不包括企业和其他单独工作单位的档案室）。这一指南包含有关馆藏性质和范围的数据以及其他对潜在使用者来说必需的信息。可以与叶娃和周锡瑞的著作相提并论的是两本中文出版物：由国家档案局编写、中英文双语的《中国档案馆名录》（1990），以及1997年更新的《中国档案馆简明指南》。

大多数列出的档案馆包含了一些1945—1949年的材料。上面三个名录只提供了相关馆藏的基本信息。幸运的是，单个省和市的档案馆也开始有具备索引、长度如书的指南了。20世纪90年代初期，叶娃和周锡瑞找到了为四川、上海、重庆档案馆和南京第二历史档案馆所编写的指南，把它们的梗概收入自己的书中。其中南京第二历史档案馆是国民政府在整个民国时期（1912—1949）档案和记录的主要保存的地方。这以后，为辽宁、黑龙江、福建和广州档案馆编写的指南也相继出版，我把它们编进了下面的参考书目。档案的使用者当然可以求助于大档案馆通常具有的特殊的目录册和索引。比如上海市档案馆就出版了已选择性开放的文件的清单，只象征性地向购买者收取少数费用。从1987年以来，上海每年都按期出版档案目录，其中1989年和1990年有短暂的间断。大多数卷宗来自20世纪40年代和50年代，但是有些来自19世纪。最近（特别是1997年）的清单包含了很多晚至1966年的材料。

然而翻检档案需要得到批准，而且宣布存档30年的档案可以开放是一回事，真的开放又是另一回事。有经验的研究者熟知：对档案使用者（外国学者也好，中国学者也好）开出的条件经常是不同的。这些条件有时是可以协商的，但也要根据时间、地点、题目来决定，开绿灯的权力最终在当地档案馆领导手中。总的原则对他们的决定也有一定的指导作用，尤其在涉及20世纪40年代晚期档案的时候。这些原则因此说明了笼统而具体的原因：为什么这一时期相对来说依旧研究得不够透彻。

所以说当前的学术兴趣在社会历史和经济领域的研究者是幸运的，不管研究课题在1949年前还是在1949年后，这类档案获取都更容易了，因此对这些领域的学术兴趣可能变得更加浓厚。相比之下，1945年到1949年占主导的是全面的战争及政治上的角力。档案管理者对待中国在军事和政治上的史料慎之又慎，因而要获取这两类资料最不容易。在这方面，当地领导效仿北京的做法。在北京，两个最重要的国家和军事档案馆依旧对外国学者关闭，事实上是对除了经授权的中国人员之外的所有人关闭。它们是中央档案馆和中国人民解放军档案馆，这两个档案馆包含了1949年前和1949年后中国共产党、中央政府和军事方面的馆藏。

结果是，研究者要么根据能在南京第二历史档案馆找到的、相对不那么敏感的材料拟定选题——这里依旧不轻易给出文档的阅览权；要么在省和地方的档案馆展开工作，继续测试官方的容忍底线。除了国家级别的档案馆是特例，1949年以前和以后关于政府和“革命史”的资料（与共产党有关的），都是放在同一间档案室里的。共产党领导的军警或公安档案（1949年前和1949年后）的存放就相对零散，各级别档案馆显然都不允许开放这类资料。

然而在等待档案馆批准的同时，学者可以忙着阅读堆积如山的纪实文集、官员自传、战斗历史和其他出版物，它们是政治和军事的第一手资料进入公众领域的主要渠道，能使研究者获得敏感和更普通一些的资料，以弥补无法深入馆藏的不足。从积极的方面看，这些出版物构成了一个丰富的、新的资料库，对它的挖掘和阐释需要数年的时间。消极的方面与官方指派的编辑们的侧重和解释有关。他们的加工不可避免地让这些资料“不成为第一手资料”。比如，因为上面的禁令，一些人物的严肃传记（而非攻击性的）至今是空白：这些人物在1949年前的历史中地位重要，后来失宠，至今是罪人。最明显的，林彪就是这样的人物；其他的还有陈伯达和康生。他们的传记没有在官方修订的传记名录中占据一席之地，表示汇编者对史料是有取舍的，这依旧是研究者需要克服的一大障碍。

作为一本珍贵的、新面世的研究指南，《中国档案文献辞典》很好地体现了这些文献学惯例和分工。这本536页的辞典事实上是一个附有注释的、经过了取舍的书目，书目中记载的图书都是第一手资料，主要是关于清朝和1949年前民国的史料。民国时期的资料分为两部分：一部分列出了有关国民党政府的原始材料和相关材料；另一部分列出了“中国共产党革命档案资料”。这一划分代表了档案和文献管理的标准做法。照这样的分类方法，国家级别的国共档案分别存入南京第二历史档案馆和北京的中央国家/军事馆藏。关于20世纪40年代晚期国民党政权的资料，从辞典给出的条目看，主要集中于经济、总体公共管理、省政府公报、国大决议和政协会议资料。条目列出的大多是资料的原始状态。对很多条目都加了注释，这些注释特别有用，因为表明了相应的资料目前存放在哪个档案室里。相形之下，几乎所有的1945—1949年时期的革命历史资料最近都出版了，之前出版过的资料也于最近重印。对这类资料，同样注明了档案馆，但是仅仅作为赞助单位而不是存放地出现。

下面列举的对中文资料的“有选择性更新”只包含了这些新出版

物中很小的、希望是具有代表性的一部分。它们有的是著述，有的是同样重要的、出现在很多新（1978年以后）档案馆刊物和定期出版物中的资料。当代（1978年后）的日报、时事杂志和学报有时会刊登有关内战时期的文章，它们中的一些很值得关注。然而，最有用的是专业期刊。下面新的期刊目录选取了国家级和省级的主要或核心刊物中的一些。大多数列出的期刊以及他们的主办单位，可以在《中国档案资料词典》的注释或参考书目列出的三种期刊指南中找到。《中共党史文摘年刊》更进一步提供了对这些新的专业期刊内容的介绍，非常有用。《年刊》由中共中央党史研究室编写，从1982年到1990年每年都有新刊问世，每本刊物厚度如书。引用的文章根据年代排序，1945—1949年内战在每本年刊中都占有一定篇幅。

然而，期刊在内容上和持续时间上各不相同，它们会创刊、停办，或合并改名。有些过了几年就消失了，还有的从20世纪80年代早期就连续发行，中间没有太大的停顿。同样也是由中央党史研究室主办的《中共党史资料》就属于后一种情况。该出版物从1982年起平均每年发行四刊，甚至在解除了发行上的限制（原来仅限“内部”流通），获准公开出售时也是如此。从内部到公开的转变体现了大的趋势，所以下面列出的新资料未按不同的流通状态进行划分。

在更新的书目中，另一大新增的类别是文史汇编物，由中国人民政治协商会议和它在全国的当地委员会主持编写。内战参与者、观察者和叛逃者的回忆录和传记构成了这些资料的很大一部分。这些资料的索引在1992年出版，共有5册，名称为《全国各级政协文史资料篇目索引》。依靠这些资料可能会出现一些问题，但是那些已经开始使用它们的人提醒了我们：它们是有价值的（傅佛果，1988a；班国瑞，1992；高家龙，1996）。回忆录文学还迫切地提醒我们，在学术研究的世界里，“真人”采访可能具有更大的价值。因为现在大多数学者采用的是官方编辑的纪实性资料，其中免不了包含一些在传主去世后经过了润色的传记和回忆录。在事件发生后很久进行的采访同样可能是有问题的，但它有它的优点，即不同的受访者能提供不同的视角，权衡利弊后，这样的努力还是值得的。然而时间在匆匆流逝，对1949年前这段时期的研究的紧迫性在于，必须趁亲临事件的人还活着，抓紧进行采访和录下口述历史（Seybolt，1989）。

依然，附在下面的有选择的更新没有列出目前能得到的全部资料（截至1999年），包括全部的旧报纸、杂志和政府公报以及新汇编的地方志和工作单位的历史，比如大学、学校和主要企业的历史。约瑟夫·伊克是主要依靠新资料对内战时期进行研究的第一人，研究成果写入了《中国的城市革命》一书中。他的书目展示了一个很好的横截面，对北京和天津有特别的提及。

关于这段共同的历史，中国内战双方各自掌管着一部分资料。获准查阅中国的档案，对于研究者，甚至对非中国籍的研究者，已经不是全新的体验了。当国民党1949年撤退到台湾的时候，他们带走了很大一部分中国1949年前的档案记录，包括中央政府、国民党军队和国民党的档案记录。长期以来，外国学者对这些资料享有受限制的查阅权。在后毛泽东时代前，它们，连同斯坦福大学的胡佛图书馆，成为研究1949年前共产党和国民党历史的基本资料库。

一位台湾学者谨慎地概括了这些资料的利用情况，他写道："第一阶段从1949年到1973年，长达24年之久，这段时间内'中华民国'政府不鼓励对民国时期的历史研究"（张玉法，1992年，第177页）。与之形成对比的，在第二阶段（第一阶段结束后至今），研究和出版物急剧增长，虽然数量上逊于中国大陆，但两地的大致情况是一样的。最近，易劳逸和其他人按时间顺序很好地记录了台湾在这方面的成果。下面更新的书目收录了台湾新出版资料的一小部分。

至于档案馆馆藏，叶娃和周锡瑞专门用一章的篇幅列出了台湾的主要档案馆。这些档案馆包括"中央研究院"近代史研究所的外国事务和经济档案馆。叶娃和周锡瑞把这两个档案馆出版的资料精选了一部分，放到他们的参考书目中。"国史馆"是1949年前政府档案的主要存放地。但是对内战政治研究最重要的蒋介石的“总统档案”和国民党档案，现在存放在一起，由中国国民党中央委员会党史委员会（或简称“党史会”）管理。委员会的前身是国民党历史档案编辑委员会（20世纪30年代至70年代初）（马斯特与李云汉，1971；秦孝仪，1983；张玉法，1992）。同样重要的是“司法部”调查局档案馆和“国防部”情报局图书馆。

叶娃和周锡瑞提到的获取资料的常规程序或许不适用于非中国籍研究者。但是随着政治上全面放宽限制，敏感人物和事件的数目继续减少。这一趋势与中国作为一个国家，其自身敏感性的下降是一致的。不幸的是，1945—1949年内战依旧是国民党当权者最难直面的话题之一。台湾最近出版的卷帙浩繁的档案和历史著作中，这段时期是最少被触及的。比如，国民党历史委员会的新丛书《中华民国重要史料初编》（完整信息详见补充书目）迄今已出了26卷，其中只有最后4卷是关于1945年以后的。这4卷同样不涉及内战本身，只是关于日本投降后初期的准备工作或发生的事件，包括：对沦陷区的接收、苏联占领中国东北、与共产党未果的和平谈判和美国的调停努力。这一新丛书取代了老的但是还在出的《革命文献》（见更新的书目）。《革命文献》开始于1953年，到1989年已经出了117卷，覆盖了一些有所选择的主题，但这些主题中并不包括1945—1949年内战。“国史馆”编写的、还未出完的大型丛书《中华民国史实纪要（初稿），1894—1974》（见更新的书目），在开始时将1945—1949年这一大段时间跳过不表。“丢失”的分册时不时会补上，但是截止到1992年，虽然该系列作为一个整体已经进入了20世纪70年代，对1945—1949年的记录依旧不是很完整。“国防部”历史编辑局最近已经出版了很多册的抗日战争历史，却没有相似的内战战斗方面的资料出版。

说到我没有取道的方向，日本资料怎么说都不能代表中国内战研究的最前沿。但如果对时间的划分不那么严格，内战时期的很多事件其实可以追根溯源到1945年前，而这些成因几乎逃不过日本的记载，长久以来很多学者证明了这点。他们中离现在最近的是台湾的军事历史学家，他们出版了多册关于1937—1945年抗日战争时期的著作。这一工作肯定能成为继续研究20世纪40年代晚期军事问题的学者的研究基础。对1945—1949年时期也具有重要性，但不是最重要的，是“遗留”的日本问题，比如遣散军队，那些因为各种原因“留下来”的日本兵，在山西参与反共的日本军队，有争议的海南投资计划，等等。

事实上，有一个新的、待发掘的研究领域，但是在相反的地理方向。几年来，当我在研究中遇到一些问题却找不到答案时，一个遗憾时隐时现，那就是我很久之前的决定：放弃“中苏研究”，而去研究更直接地体现了政治“重要性”的事件。随着俄罗斯和东欧逐渐开放苏联的档案，我在年轻时犯下的机会主义错误，其代价才显露无遗（Westad，1992；Kramer，1993）。学者在中国查阅档案时，遇到的种种困难和不利条件，在俄国也不能免除。但是像在中国一样，新出版的俄文史料和档案显示了原来的限制正逐渐放松，使得1949年前和之后的研究具备了前所未有的可能性。有的学者利用这些新出版的俄文资料进行研究，已经有了初步成果。在1996年1月香港举行的“冷战在亚洲”国际学术讨论会上，展示了这些成果中的一部分。该会议由香港大学历史系和华盛顿特区的伍德罗·威尔逊学者国际中心联合主办。

列举曾经得到的帮助永远是一件愉快的事，在写作这本书的过程中，一些人向我伸出了援手，他们或是提出了建议或是提供了出版物的信息。我特别要感谢吴艳梅（Amy Yeen-mei Wu），南希·赫斯特（Nancy Hearst），劳一飞（Lav Yee-fui），艾迪·尤（Eddy U），皮埃尔·兰德里（Pierre Landry），史蒂夫·麦克金那（Steve Mackinnon），查玛·约翰逊（Chalmers Johnson）和约翰·P. 伯恩斯（John P. Borns）。像往常一样，我欠熊景明和香港中文大学服务中心的其他人员一份沉甸甸的人情。虽然服务中心侧重搜集1949年后的资料，但是和香港中文大学的主图书馆和香港大学的冯平山图书馆一样，它的馆藏也包含了很多珍贵的1949年以前的资料。

参考书目：指南、工具书和文献述评

Benton, Gregor. "Memoirs and How to Use Them," *Mountain Fires: The Red Army's Three-Year War in South China, 1934–1938*. Berkeley: University of California Press, 1992.

班国瑞：《回忆录及其应用》，载《漫山战火：1934—1938年中国红军在南方的战争》

CCP Research Newsletter, nos. 1–10/11 (fall 1988-spring/fall 1992).

《中共研究通讯》，1—10期、11期，1988年秋—1992年春、1992年秋

Chan, Ming K. *Historiography of the Chinese Labor Movement, 1895–1949: A Critical Survey and Bibliography*. Stanford, Calif.: Hoover Institution Press, Bibliographical Series, no. 60, Stanford University, 1981.

陈明銶：《中国劳工运动史研究（1895—1949）》

Chang, Julian. "Society and Government in China: A Twenty-Year Index of Soviet Sinology," *CCP Research Newsletter*, no. 3 (summer 1989), pp. 27–35.

张伯赓：《中国的社会与政府：苏联汉学20年文献索引》，《中共研究通讯》第3期，1989年夏

Chang Yu-fa. "Republican China Historical Research in Taiwan." *Republican China*, vol. 18, no. I (November 1992), pp. 177–205.

张玉法：《台湾中华民国史学研究》，第18卷，第1期，1992年11月

Ch'in Hsiao-yi. "An Introduction to the Historical Commission of the Kuomintang." *Chinese Republican Studies Newsletter*, vol. 8, no. 2 (February 1983). pp. 16–22.

秦孝仪：《国民党党史委员会介绍》，《中华民国研究通讯》，第 8 卷，第 2 期，1983 年 2 月

Cochran, Sherman. "A Guide to Memoirs in Chinese Periodical Literature: A Review of a New Bibliography," *Republican China*, vol. 21, no. 2 (April 1996). pp. 91– 93.

高家龙：《中文期刊文献中的回忆录指南：新文献评论》，《中华民国》，第 21 卷，第 2 期，1996 年 4 月

Cold War international History Project Bulletin, Woodrow Wilson International Center for Scholars, Washington, D. C., 1991.

《冷战国际关系史项目公报》

Donovan, Peter, Carl E. Dorris, and Lawrence R. Sullivan. *Chinese Communist Materials at the Bureau of Investigation Archives, Taiwan*. Ann Arbor: University of Michigan, Michigan Papers in Chinese Studies, no. 24, 1976.

彼得·多诺万、卡尔·E. 多里斯、劳伦斯·R. 沙利文：《台湾调查局收集的中共材料》

Eastman, Lloyd. "The Burgeoning but Fragile State of Republican Studies in Taiwan," *Chinese Republican Studies Newsletter*, vol. 4, no. 1 (October 1978), pp. 7–14.

易劳逸：《发展却薄弱的台湾民国研究》，载《中华民国研究通讯》，第 4 卷，第 1 期，1978 年 10 月

——. "Republican Studies in Taiwan, 1981," *Chinese Republican Studies Newsletter*, vol. 7, no. 2 (February 1982). pp. 16–19.

易劳逸：《台湾民国研究，1981》，载《中华民国研究通讯》，第 7 卷，第 2 期，1982 年 2 月

Far Eastern Affairs，Moscow（a bimonthly journal of social science and political analysis，published by the Russian Academy of Sciences Institute of Far Eastern Studies），esp. the periodic "archive" section.

《远东问题》(双月刊)，莫斯科

Feuerwerker，Albert. and S. Cheng. *Chinese Communist Studies of Modern Chinese History*. Cambridge：East Asian Research Center，Harvard University，1961.

费维恺、S. 陈：《中共的中国近代史研究》

Fogel，Joshua A. "Mendacity and Veracity in the Recent Chinese Communist Memoir Literature." *CCP Research Newsletter*，no. 1（fall 1988a），pp. 31–34.

傅佛果：《近期中共回忆文献中的谎言与真实》,《中共研究通讯》，第 1 卷，1988 年秋 A 卷

——. "*Review of The Cambridge History of China*，vol. 13." *Journal of Asian Studies*（May 1988b）.

傅佛果：《剑桥中国史（卷 13）评论》，载《亚洲研究》杂志，1988 年五月 B 卷

——. ed. and trans. *Recent Japanese Studies of Modern Chinese History*. Armonk，N. Y.：M. E. Sharpe，1984.

傅佛果编译：《近期日本中国近代史研究》

Fujiansheng dang'anguan zhinan［Guide to Fujian Provincial Archives］. Beijing：Zhongguo dang'an chubanshe，1997.

《福建省档案馆指南》，北京：中国档案出版社，1997

Guangzhoushi dang'anguan zhinan［Guide to Guangzhou City Archives］. Beijing：Zhongguo dang'an chubanshe，1997.

《广州市档案馆指南》，北京：中国档案出版社，1997

Guojia dang'anju，ed. *Zhongguo dang'anguan minglu*［Directory of Chinese National Archives］. Beijing：Dang'an chubanshe，1990.

《中国档案馆名录》，北京：档案出版社，1990

Han Weizhi，Xu Xinping，and Lin Dehui，eds. *Shanghaishi dang'anguan jianming zhinan* [A brief guide to the Shanghai Municipal Archives]. Beijing：Dang'an chubanshe，1991.

韩伟之、徐新平、林德辉：《上海市档案馆简明指南》，北京：档案出版社，1991

Hearst，Nancy，and Tony Saich. "Newly Available Sources on CCP History from the People's Republic of China，" in *New Perspectives on State Socialism in China*，edited by Timothy Cheek and Tony Saich，pp. 323–338. Armonk，N. Y.：M. E. Sharpe，1997.

赫斯特·南希、托尼·塞奇：《来自中华人民共和国最新有效的中共党史资料》，载齐慕实、托尼·塞奇编《中国国家社会主义的新视野》

Heilongjiangsheng dang'anguan zhinan [Guide to the Heilongjiang Provincial Archives]. Beijing：Zhongguo dang'an chubanshe，1994.

《黑龙江省档案馆指南》，北京：中国档案出版社，1994

Hsueh，Chun-tu. *The Chinese Communist Movement 1921–1937: An Annotated Bibliography of Selected Materials in the Chinese Collection of the Hoover Institution on War. Revolution and Peace*. Stanford，Calif.：The Hoover Insitution，Bibliographical Series，no. 8，1960.

薛君度：《中国共产主义运动（1921—1937）：关于胡佛研究所中文藏书中相关文献选编与注释》

——. *The Chinese Communist Movement 1937–1949：An Annotated Bibliography of Selected Materials in the Chinese Collection of the Hoover Institution*. Stanford，Calif.：The Hoover Institution，Bibliographical Series，no. 11，1962.

薛君度：《中国共产主义运动（1937—1949）：关于胡佛研究所中文藏书中相关文献选编与注释》

Hunt，Michael H.，and Odd Arne Westad. “The Chinese Communist Party and International Affairs：A Field Report on New Historical Sources and Old Research Problems.” *China Quarterly*，no. 122（June 1990），pp. 258–272.

韩德、文安立：《中共与国际事务：关于新史料与老问题的现场报道》，载《中国季刊》，第 122 卷，1990 年 6 月

Kaple，Deborah A. “The China Scholar in Moscow，” *CCP Research Newsletter*，no. 5（spring 1991），pp. 36–43.

黛博拉、A. 凯乐：《中国学者在莫斯科》，载《中共研究通讯》，第 5 卷，1990 年春

Kiely，Jan. “Third Force Periodicals in China，1928—1949：Introduction and Annotated Bibliography，” *Republican China*，vol. 21，no. 1（November 1995），pp. 129–168.

杨凯里：《中国期刊的第三势力（1928—1949）：导论与文献注释》，载《中华民国》，第 21 卷，第 1 期，1995 年 12 月

Kokubun，Ryosei. “The Current State of Contemporary Chinese Studies in Japan，” *China Quarterly*，no. 107（September 1986），pp. 505–518.

国分良成：《日本当代中国研究的现状》，载《中国季刊》，第 107 卷，1986 年 9 月

Kramer，Mark. “Archival Research in Moscow：Progress and Pitfalls，” *Cold War International History Project Bulletin*，Woodrow Wilson International Center for Scholars，Washington，D. C.，fall 1993，pp. 1，18–39.

马克·克雷默：《档案研究在莫斯科：进步与困难》，载《冷战国际关系史项目公告》，1993 年秋季

Liaoningsheng dang'anguan zhinan［Guide to the Liaoning Provincial Archives］. Beijing：Zhongguo dang'an chubanshe，1994.

《辽宁省档案馆指南》，北京：中国档案出版社，1994

Lu Dayue, ed. *Chongqingshi dang'anguan jianming zhinan* [A brief guide to the Chongqing Municipal Archives]. Chongqing: Keji chubanshe, 1990.

陆大钺编：《重庆市档案馆简明指南》，重庆：科学技术文献出版社重庆分社，1990

Mast, Herman, with Li Yun-han. "Changing Times at the Historical Archives Commission of the Kuomintang," *Journal of Asian Studies*, vol. 30, no. 2 (February 1971), pp. 413–418.

赫曼·马斯特、李云汉：《国民党历史档案委员会的转型》，载《亚洲研究杂志》，第30卷，第2期，1971年2月

Moss, William W. "Dang'an: Contemporary Chinese Archives," *China Quarterly*, no. 145 (March1996), pp. 112–129.

威廉·W. 莫斯：《当代中国档案》，《中国季刊》，第145卷，1996年3月

Quanguo geji zhengxie wenshi ziliao pianmu suoyin, 1960–1990 [Index list of historical literature from the Chinese People's Political Consultative Conference at various levels throughout the country, 1960–1990]. Beijing: Zhongguo wenshi chubanshe, 1992.5 vols: vol. 1, politics, military, foreign affairs; vol. 2, economics, culture; vol. 3, society, geography; vol. 4, personnel; vol. 5, personnel, misc.

《全国各级政协文史资料篇目索引（1960—1990）》，五卷本，北京：中国文史出版社，1992，第1卷：政治、军事、外交；第2卷：经济、文化；第3卷：社会、地理；第4卷：人事；第5卷：人事、综合

Republican China, 1983–April 1997; formerly (1975–1983) *Chinese Republican Studies Newsletter*; from November 1997, renamed *Twentieth-Century China*.

《中华民国》，1983—1997.4，之前名为《中华民国研究通讯》，1975—1983；1997年起更名为《二十世纪中国》

Rhoads，Edward J. M.，Edward Friedman，Ellis Joffe，and Ralph L. Powell. *The Chinese Red Army，1927–1963：An Annotated Bibliography*. Cambridge：Harvard University，East Asian Research Center，East Asia Monographs，no. 16，1964.

路康乐等：《中国红军（1927—1963）：文献与注释》

Rinden，Robert，and Roxane Witke. *The Red Flag Waves：A Guide to the Hung-ch'i p'iaop'iao Collection*. Berkeley：University of California，China Research Monographs，no. 3，1968.

罗伯特·林登、罗克珊·维特克：《红旗浪：〈红旗飘飘〉丛书指南》

Seybolt，Peter J. "The Second Sino-Japanese War，1937–1945：The Current Status of Research and Publication in the People's Republic of China，" *Republican China*，vol. 14，no. 2（April 1989），pp. 110–120.

彼得·谢博特：《第二次中日战争（1937—1945）：当前中国大陆的研究与出版》，《中华民国》，第14卷，第2期，1989年4月

Shanghaishi dang'anguan kaifang dang'an quanzong mulu［Catalog of open record groups in the Shanghai Municipal Archives］，nos. 1–10，1987–1997.

《上海市档案馆开放档案全种目录》，第1—10卷，1987—1997

Shi Xuancen and Zhao Mingzhong，chief eds. *Zhongguo di'er lishi dang'anguan jianming zhinan*［Brief guide to the Number Two Historical Archives of China］. Beijing：Dang'an chubanshe，1987.

施宣岑、赵铭忠：《中国第二历史档案馆简明指南》，北京：档案出版社，1987

Sichuansheng dang'anguan guancang dang'an gaishu［A general record of files held by the Sichuan Archives］. Chengdu：Sichuan shehui kexue yuan chubanshe，1988.

《四川省档案馆馆藏档案概述》，成都：四川社会科学院出版社，1988

"Soviet Studies: Chinese Communist Movement Bibliography," *CCP Research Newsletter*, no. 8 (spring 1991), pp. 47–57.

《苏联的研究：中国共产主义运动参考文献》，载《中共研究通讯》，第8卷，1991年春

"Soviet Studies: Chinese Communist Movement Bibliography," *CCP Research Newsletter*, no. 9 (fall 1991), pp. 28–30.

《苏联的研究：中国共产主义运动参考文献》，载《中共研究通讯》，第9卷，1991年秋

Stranahan, Patricia. *Molding the Medium: The Chinese Communist Party and the Liberation Daily*. Armonk, N.Y.: M. E. Sharpe, 1990.

帕特丽夏·斯特纳汉：《塑造媒体：中共与解放日报》

Thogersen, Stig, and Soren Clausen. "New Reflections in the Mirror: Local Chinese Gazetteers (*Difangzhi*) in the 1980s," *Australian Journal of Chinese Affairs*, no. 27 (January 1992), pp. 161–184.

曹诗弟、索仁·克劳森：《新的镜鉴：1980年代的地方志》，《澳大利亚中国事务杂志》，第27卷，1992年1月

Ting, Lee-hsia Hsu. *Government Control of the Press in Modern China, 1900–1949*. Cambridge: Harvard University, East Asia Research Center, 1974.

丁许丽霞：《现代中国政府对出版业的控制（1900—1949）》

Wasserstrom, Jeffrey N. "Bibliographic Essay," in *Student Protests in Twentieth-Century China: The View from Shanghai*. Stanford: Stanford University Press, 1991.

华志坚：《文献综述》，载《20世纪中国学生的抗议运动：从上海观察》

Westad, Odd Arne. "Materials on CCP History in Russian

Archives," *CCP Research Newsletter*, nos. 10/11 (spring/fall 1992), pp. 52–53.

文安立:《俄国档案中关于中共党史的材料》,载《中共研究通讯》,第10、11卷,1992年春、秋

Yamada, Tatsuo. "Recent Japanese Studies of Modern China's Political History," *Modern China*, vol. 6, no. 1 (January 1980), pp. 94–120.

山田辰雄:《日本关于近代中国政治史研究的近况》,载《现代中国》,第6卷,第1期,1980年1月

Ye Wa and Joseph W. Esherick. *Chinese Archives: An Introductory Guide*. Berkeley: University of California, China Research Monograph, no. 45, 1996.

叶娃、周锡瑞:《中国档案指南》

Yick, Joseph K. S. "Bibliography," in *Making Urban Revolution in China: The CCP–GMD Struggle for Beiping–Tianjin, 1945–1949*. Armonk, N. Y.: M. E. Sharpe, 1995.

约瑟芬·伊克:《参考书目》,载《中国的城市革命:国共争夺平津的斗争(1945—1949)》

Zhonggong zhongyang dangshi yanjiushi, Liao Gailong and Wang Hongmu, chief eds. *Zhonggong dangshi wenzhai niankan, 1982–1990* [Annual abstracts of Chinese Communist Party history, 1982–1990]. Beijing: Zhonggong dangshi ziliao chubanshe, 1982–1994, 9 vols.

中共中央党史研究室编,廖盖隆、王洪模主编:《中共党史文摘年刊》,第9卷,北京:中共党史资料出版社,1982—1990

Zhongguo dang'anguan jianming zhinan [Concise guide to China's archives]. Beijing: Zhongguo dang'an chubanshe, 1997.

《中国档案馆简明指南》,北京:中国档案出版社,1997

Zhongguo dang'an wenxian cidian [Dictionary of Chinese archival materials], Zhu Jinfu, chief ed., with Ni Daoshan, Cao Xishen, and Yu Yuzhu. Beijing: Zhongguo renshi chubanshe, 1994.

朱金甫主编：《中国档案文献辞典》，北京：中国人事出版社，1994

Zhongwen hexin qikan yaomu zonglan [A guide to the core journals of China]. Beijing: Beijing daxue chubanshe, 1992.

《中文核心期刊要目总览》，北京：北京大学出版社，1992

Zhongwen hexin qikan yaomu zonglan, di'erban [A guide to the core journals of China, second edition]. Beijing: Beijing daxue chubanshe, 1996.

《中文核心期刊要目总览》（第二版），北京：北京大学出版社，1996

"Zhongyang dang'anguan jianjie" [Introduction to the Central Archives], Beijing, October 1989. Trans. in *CCP Research Newsletter*, no. 8 (spring 1991), pp. 29–45.

《中央档案馆简介》，北京，1989 年 10 月；译文载《中共研究通讯》第 8 卷，1991 年春

Zuixin Zhongguo qikan quanlan [Most recent Chinese periodicals]. Beijing: Xiandai chubanshe, 1989.

《最新中国期刊全览》，北京：现代出版社，1989

参考文献

（一）报纸、期刊及电台广播

《解放日报》，延安，1945—1946 年

《群众》，上海，1946 年 3 月一 1947 年 3 月；香港，1947 年 4 月—1949 年 10 月

国外广播情报分局远东部：《每日报道》，1947 年 2 月—1949 年 12 月

《观察》，上海，1946 年 9 月—1948 年 12 月

《北平时事日报》，北平，1946—1948 年

《上海每周评论》，上海，1946—1948 年

《上海每周评论——每月报告》，上海，1946—1947 年

《时代批评》，香港，1947 年 6 月—1948 年 12 月

* 美国总领事馆（及美国新闻处），中国广东：《中国报刊回顾》，1946 年 4 月 1 日—1948 年 7 月 7 日

美国总领事馆（及美国战时情报处），中国重庆：《中国报刊回顾》，1945 年 1 月 3 日—1946 年 10 月 21 日

美国领事馆，中国昆明：《中国报刊回顾》，1945 年 9 月 14 日—1948 年 7 月 18 日

美国总领事馆，中国沈阳：《中国报刊回顾》，1947 年 6 月 6 日—1948 年 7 月 26 日

美国大使馆，中国南京：《中国报刊回顾》，1946 年 5 月 1 日—1948 年 8 月 6 日

美国领事馆（及美国新闻处），中国北平：《中国报刊回顾》，北平和天津，1946年1月2日—1948年7月27日
美国领事馆，中国北平，《共产党新华电台广播稿翻译》，1947年11月20日—1949年7月10日
美国总领事馆（及美国新闻处），中国上海，《中国报刊回顾》，1945年9月17日—1950年2月15—16日
美国总领事馆（及美国新闻处），中国天津，《天津中文报刊回顾》，1945年11月8日—1948年7月19日
美国新闻处，中国上海，《给你信息：延安广播》，1946年1月30日—1947年1月19日
（* 美国领事馆有关中国报刊的翻译件可在华盛顿国会图书馆的缩微胶卷上查阅）

（二）著作、小册子、文章（中文部分）

（凡标 * 号者均选自斯坦福大学胡佛图书馆缩微胶卷。）
阿喆：《中国现代学生运动简史》，香港：大生出版社，出版日期不详
《张家口全市工人首次代表大会》，张家口：张市工人首次代表大会，1945年12月25日
张恨水：《五子登科》，香港：南国出版社，1958年
章回编：《上海近百年革命史话》，上海：上海人民出版社，1962年
张兹闿：《胜利后接收的经验》，台北：传记文学出版社，1967年3月，第47—50页
章有义编：《中国近代农业史资料》，第一辑，北京：生活·读书·新知三联书店，1957年
陈雷编著：《向炮口要饭吃——全国学生反饥饿反内战运动纪实》，上海：中国学生联合会，1947年
陈伯达等：《关于工商业的政策》，香港：中国出版社，1948年5月

陈伯达等:《论群众路线》,香港:出版社不详,1949 年
陈少校:《金陵残照记》(全五册),香港:致诚出版社,1963—1972 年
晨报出版社编:《关于知识分子的改造》,香港:晨报出版社,1948 年 12 月
*《冀南行署第一次财联会报告与总结》,冀南行署,1946 年 1 月
《将革命进行到底》,冀东新华书店,1949 年
解放社编:《将革命进行到底》,上海:解放社,1949 年
* 解放社编:《论新解放区土地政策》,新华书店,1949 年
* 解放社编:《目前形势和我们的任务》,新华书店,1949 年
《知识分子与教育问题》,香港:新民主出版社,1949 年
晋察冀新华书店编:《土地改革与整党》,晋察冀新华书店,1948 年
晋察冀日报社编:《全体农民起来平分土地》,晋察冀新华书店,1948 年 1 月
晋察冀边区行政委员会:《晋察冀法令汇编》,1946 年
晋察冀边区总工会工人报社编:《晋察冀边区工人五一纪念画册》,张家口:晋察冀边区总工会工人报社,1946 年 4 月
* 晋冀鲁豫边区政府、冀鲁豫行署编:《简易合理负担执行办法》,晋察鲁豫边区,冀鲁豫第十行政督察专员公署,1945 年
晋冀鲁豫边区政府第一厅编:《减租减息疑问解答》,华北新华书店,无日期
*《晋冀鲁豫原曲村自觉团结运动的经验》,1947(?)
秦义弘(音):《中共土改与中国土地问题》,香港:自由出版社,1950 年 10 月
晋绥边区生产委员会编:《新解放区的群众生产》,晋绥边区生产委员会,1946 年 2 月
青年出版社编:《中国学生运动的当前任务》,北京:青年出版社,1950 年 2 月
《青年生活》,辽宁,1948 年 12 月

朱子家：《汪政权的开场与收场》（全五卷），香港：春秋杂志社，1959—1964 年
*《群运指示汇编》，中共冀鲁豫边区党委，1945 年 9 月
中华全国学生联合会编：《中国学生的光荣传统》，北京：中国青年出版社，1956 年
中共中央委员会：《中国土地法大纲》，华北新华书店，1949 年 2 月
中共人名录编纂委员会编：《中共人名录》，台北："中华民国"国际关系研究所，1967 年
《中国学生大团结》，香港：新民主出版社，1949 年 6 月
《中国共产党与土地革命》，香港：晨报社图书馆，日期不详
中国劳工运动史编纂委员会编，马少春主编：《中国劳工运动史》（全五卷），台北：中国劳工福利出版社，1959 年
方乐天：《东北问题》，上海：商务印书馆，1933 年
《匪情专题研究丛书：共匪土地政策及研究》，台湾：阳明山，1957 年 10 月
哈尔滨中苏友好协会编：《职工参考文献》，哈尔滨：哈尔滨中苏友好协会，1948 年
新华日报馆编：《东北问题》，新华日报馆，1946 年 12 月
新华日报资料室编：《论知识分子：学习丛书》，无锡：苏南新华书店，1949 年 12 月
新华社编：《人民解放战争两周年总结和第三年的任务》，香港：晨报社图书部，1948 年 8 月
《新工商政策》，香港：红棉出版社，1949 年 3 月
杨惠琳：《新民主主义国家的职工会》，知识书店，1949 年 8 月
许涤新：《中国经济的道路》，香港：新中国书局，1949 年
胡恩泽编：《回忆第三次国内革命战争时期的上海学生运动》，上海人民出版社，1958 年
胡华主编：《中国新民主主义革命史参考资料》，上海：商务印书馆，

1951年
胡麟:《一二·一的回忆》，香港：海魂，1949年
华北新华书店编:《关于城市政策的几个文献》，华北新华书店，1949年
华北学生运动小史编辑委员会编:《华北学生运动小史》，1948年
华北总工会筹备委员会编:《第六次全国劳大决议》，中原新华书店，1949年6月
华商报资料室编:《解放区贸易须知》，香港：华商报社，1949年3月
华东人民出版社编:《在斗争里壮大》，上海：华东人民出版社，1951年8月
华东人民出版社编:《东北建立宣传岗的经验》，上海：华东人民出版社，1951年
黄震遐编:《中共军人志》，香港：当代历史研究会，1968年
*《1947年上半年来区党委关于土改运动的重要文献》，冀鲁豫区党委，1947年6月
《1947年手册》，香港：华商报社，1947年1月
《1948年手册》，香港：华商报社，1948年1月
《1949年手册》，香港：华商报社，1949年1月
《1950年人民年鉴》，香港：大公书局，1950年1月
《如何贯彻东北全党的转变》，大连：东北书店，1949年6月
高岗:《站在东北经济建设的最前沿》，北京：新华时事丛刊社，1950年3月
柯蓝、赵自:《不死的王孝和》，北京：工人出版社，1955年
*《关于决定阶级成分出身问题》，胶东军区城市部组织部，1946年8月
《共匪土地政策重要文献总编》，出版地、出版社、出版日期不详
《工人手册》，香港：大公书局，1950年

《工人的新天地》，香港：工人文化社，1948 年 7 月
*《工作通讯》，第 24 期，中共渤海区党委，1947 年 7 月
*《工作通讯》，第 32 期，《游击战争专号》，冀鲁豫区党委民运部，1947 年 6 月
* 莱东县政府：《1946 年上半年民政工作总结》，未出版之报告，1946 年
李先良：《抗战回忆录》，青岛：乾坤出版社，1948 年
力耕：《解放区的生产运动》，香港：中国出版社，1947 年 7 月
力耕编：《解放区的土地政策与实施》，香港：中国出版社，1947 年 2 月
李天民：《中共与农民》，香港：友联出版社，1958 年
李杜、王立等主编：《东北的黑暗与光明》，上海历史资料供应社，日期不详
李闻二烈士纪念委员会编：《人民英烈》，李闻二烈士纪念委员会，1946 年
* 黎玉：《论群众路线与山东群众运动》，中共胶东区党委，1946 年 2 月
梁漱溟、周新民：《李闻案调查报告书》，南京：中国民主同盟总部，1946 年
刘长胜等编：《中国共产党与上海工人》，上海：劳动出版社，1951 年 8 月
刘少奇编：《新民主主义城市政策》，香港：新民主出版社，1949 年 8 月
刘少奇等：《土改整党典型经验》，香港：中国出版社，1948 年 4 月
刘少奇：《五个材料》，红卫兵出版物，1967 年
*《鲁中区抗日民主政权建设七年来的基本总结及今后基本任务》，鲁中行政公署，1945 年 7 月
鲁风：《钢铁的队伍：苏北解放区实录集一》，香港：扬子出版社，

1947 年
《论新解放区土地政策》，香港：新民主出版社，1949 年
毛泽东：《经济问题与财政问题》，1942 年，香港：新民主出版社，1949 年
毛泽东等：《新民主主义工商政策》，香港：新民主出版社，1949 年
“内政部”调查局：《奸匪现状汇编：土改》，台北：“内政部”调查局，1950 年
《把祖国推向独立自主解放》，上海：圣约翰大学，1948 年
上海市学生联合会编：《中国学生运动的当前任务》，上海：新华书店，1949 年
上海总工会秘书处编：《解放后上海工运资料》，上海：劳动出版社，1950 年
*《山东省政府暨山东军区公布之各种条例、纲要、办法汇编》，胶东区行政公署，1945 年
*《山东省胶东区整理土地等级呈报登记执行办法》，1946 年
*《山东省胶东区三十五年度征粮办法》，1946 年（？）
沈志远等：《中国土地问题与土地改革》，香港：新中出版社，1948 年 3 月
*《宋任穷同志 6 月 15 日在中央局党校关于政治工作的报告》，晋冀鲁豫军区城市部，1947 年 12 月
“司法行政部”调查局编：《共匪学运工作的剖示》，台北：“司法行政部”调查局，1961 年
《大革命以来上海工人阶级为争取统一团结而斗争中的某些情况》，上海：劳动出版社，1951 年 7 月
*《大店查减斗争总结》，中共山东分局，1944 年 10 月
唐人：《金陵春梦》（全四卷），香港：文宗出版社，1955 年
*《土地政策重要文献汇集》，中共晋察冀中央局宣传部，1946 年
《土地改革中的几个问题和三个典型经验》，齐齐哈尔：东北书店，

1948年4月
*《土地改革与整党》，晋察冀新华书店，1948年
*《土地总结报告（草案）》，1944年（？）
东北书店编：《职工运动参考资料》，哈尔滨：东北书店，1948年8月
东北书店编：《职工运动文献》，卷1，哈尔滨：东北书店，日期不详
东北书店编：《职工运动文献》，卷3、卷4，哈尔滨：东北书店，1949年
东北书店编：《新的任务与新的力量》，东北书店，1948年
统一出版社编：《日本投降后的中国共产党》，统一出版社，1947年12月
王健民：《中国共产党史稿》（全三编），台北：1965年
王浩：《中国之行的几点观感》，《七十年代》，香港，1973年1月，第54—59页
王念昆：《学生运动史要讲话》，上海：上杂出版社，1951年
《为纯洁党的组织而斗争》，香港：晨报社，1948年
杨叶编：《中国学生运动的故事》，南京：江苏人民出版社，1957年
杨奎章：《城乡关系问题》，香港：中原出版社，1949年
杨冰安编：《中国人民解放战争》，上海：新知识出版社，1955年3月
于再先生纪念委员会编：《一二·一民主运动纪念集》，上海：镇华出版社，1946年

（三）增补文献举要（中文部分）

1. 当代（1978年及后）：档案、历史期刊、系列出版物、出版机构

《安徽党史研究》，合肥：中共安徽省委党史工作委员会
《北京档案》，北京市档案馆

《北京档案史料》，北京市档案馆
《北京党史通讯》，中共北京市委党史研究室
《北京党史研究》，中共北京市委党史研究室
《大连党史资料通讯》，大连：中共大连市委党史资料征集暨地方党史编辑委员会
《党的文献》，北京：中共中央文献研究室、中央档案馆
《档案》，兰州：甘肃省档案局、甘肃省档案学会
《档案史料与研究》，哈尔滨：黑龙江档案馆
《档案与历史》（1990 年起更名为《上海档案工作》），上海：上海市档案馆
《当代中国史研究》，北京：当代中国研究所
《党史文汇》，太原：中共山西省委党史研究室
《党史研究与教学》，福州：中共福建省委党校、福建省中共党史学会
《党史研究资料》，北京：中国革命博物馆党史研究室
《党史资料通讯》，北京：中央党校
《党史纵横》，沈阳：中共辽宁省委党史研究室
《地方革命史研究》，武汉：中共湖北省委党史资料征集编研委员会、鄂豫边区革命史编辑委员会
《东北地方史研究》，沈阳：辽宁社会科学院历史研究所
《革命回忆录》，北京：人民出版社
《革命英烈》，西安：中共陕西省委党史资料征集研究委员会
《革命史资料》，上海：上海人民出版社
《贵州档案史料》，贵阳：贵州省档案馆
《河南党史研究》，郑州：中共河南省委党史工作委员会
《河南文史资料》，郑州：中国人民政治协商会议河南省委员会文史资料研究委员会
《湖北档案史料》，武汉：湖北省档案馆

《湖北文史资料》，武汉：中国人民政治协商会议湖北省委员会文史资料研究委员会
《湖南党史月刊》，原《湖南党史通讯》（1982—1987），长沙：中共湖南省委党史资料征集研究委员会
《江苏党史资料》，南京：江苏省档案馆、中共江苏省委党史工作委员会
《吉林文史资料》，长春：中国人民政治协商会议吉林省委员会文史资料研究委员会
《近代史研究》，北京：中国社会科学院近代史研究所
《近代史资料》，北京：中国社会科学院近代史研究所
《军事历史》，北京：军事科学院军事历史研究所
《军事史林》，北京：中国人民革命军事博物馆
《军事资料》，北京：中国人民解放军党史资料征集委员会
《抗日战争研究》，北京：中国社会科学院近代史研究所近代史研究杂志社
《辽宁党史通讯》，沈阳：中共辽宁省委党史资料征集委员会
《黑龙江党史》，哈尔滨：中共黑龙江省委党史工作委员会
《毛泽东思想研究》，成都：四川省社会科学院、中共四川省委党史工作委员会
《美国研究参考资料》，北京：中国社会科学院美国研究所
《民国春秋》，南京：江苏古籍出版社
《民国档案》，南京：中国第二历史档案馆
《民国研究》，南京：南京大学出版社
《内蒙古档案》，呼和浩特：内蒙古自治区档案局、内蒙古档案学会
《青年运动学刊》，南京：江苏省青少年研究所
《青运史研究》，北京：中央团校青运史研究室
《人物》，北京：人民出版社
《山东档案》，济南：山东省档案馆

《山东党史资料》，济南：中共山东省委党史资料征集研究委员会
《上海档案工作》，原《档案与历史》（1990 年前），上海：上海市档案馆
《上海党史资料通讯》，上海：中共上海市委党史资料征集委员会
《上海工运史料》，上海：上海工人运动史料委员会办公室
《上海文史资料选集》，上海：上海市政协文史资料工作委员会
《山西革命根据地》，太原：山西省档案局
《山西文史资料》，太原：中国人民政治协商会议山西省委员会文史资料研究委员会
《史学月刊》，开封：河南省历史学会、河南大学
《四川档案史料》，成都：四川省档案馆
《四川党史月刊》，成都：中共四川省委党史工作委员会
《天津历史资料》，天津：天津社会科学院历史研究所
《天津文史资料选集》，天津：中共人民政治协商会议天津市委员会文史资料研究委员会
《统一战线》，武汉：中共湖北省委统战部、湖北省统战理论研究会
《统战理论研究》，哈尔滨：中共黑龙江省委统战部
《文献和研究》，北京：中共中央文献研究室
《武汉文史资料》，武汉：中共人民政治协商会议武汉市委员会文史资料研究委员会
《云南档案史料》，昆明：云南省档案馆
《中共党史通讯》（1997 年起更名《百年潮》），北京：中国中共党史学会
《中共党史研究》，北京：中共中央党史研究室
《中共党史资料》，北京：中共中央党史研究室、中央档案馆
《中央档案馆丛刊》，北京：中央档案馆

2. 档案汇编、传记、编年、口述史、回忆录

北京市档案馆编：《北平和平解放前后》，北京：北京出版社，1989

——：《解放战争时期北平学生运动》，北京：光明日报出版社，1991
《北平反饥饿反内战大游行纪实》，载《北京档案史料》，第2期，1986
《北平和平解放改编国民党军队过程中发生的问题》，载《北京档案史料》，第4期，1988
《薄一波文选》，北京：人民出版社，1992
蔡德金：《朝秦暮楚的周佛海》，郑州：河南人民出版社，1992
蔡惠林、孙维吼编：《光荣的抉择：原国民党军起义将领回忆录》（上下卷），北京：国防大学出版社，1986—1987
长舜等编：《百万国民党军起义投诚纪实》（上下卷），北京：中国文史出版社，1991
曹宏、李莉：《第三野战军》，北京：国防大学出版社，1998
陈伯达：《人民公敌蒋介石》，北京：新华书局，1954
陈芳明编：《"二二八事件"学术论文集》，台北：前卫出版社，1989
陈济民主编：《民国官府》，香港：金陵书社出版公司，1992
陈廉：《决战的历程》，合肥：安徽人民出版社，1991
陈鸣钟等：《台湾光复和光复后五年省情》（上下卷），南京：南京出版社，1989
陈木杉：《"二二八"真相探讨》，台北：博远出版社，1990
陈绍畴：《刘少奇在白区》，北京：中共党史出版社，1992
陈绍畴等编：《白区斗争纪实》，北京师范学院出版社，1990
《陈毅同志关于入城纪律的报告》，载《档案与史料》，第2卷，1989
《陈毅传》：北京：当代中国出版社，1991
陈永发：《延安的阴影》，台北："中央研究院"，1990
《陈云文选（1926—1985）》（全三卷），北京：人民出版社，1984—

1986
陈至立编：《中国共产党建设史》，上海：上海人民出版社，1991
《重庆谈判资料》，成都：四川人民出版社，1982
重庆市政协文史资料委员会等编：《国民参政会纪实（1938—1948）》（上下卷），重庆：重庆出版社，1985
《从“二二八”到五〇年代白色恐怖》：台北：时报文化公司，1992
戴常乐、刘联华编：《第四野战军》，北京：国防大学出版社，1998
邓小平：《论香港问题》，香港：三联书店，1993
《邓小平文选》（1938—1992），3卷，北京：人民出版社，1983—1993
邓元忠：《三民主义力行社史》，台北：实践出版社，1984
《第三次国内革命战争大事月报》（1945年7月至1949年10月），修订版，北京：人民出版社，1983
《第三次国内革命战争概况》，修订版，北京：人民出版社，1983
《董必武选集》，北京：人民出版社，1985
董世桂、张彦之：《北平和谈纪实》，北京：文化艺术出版社，1987
董伟康等：《蒋经国在大陆》，北京：职工教育出版社，1988
丁晓春等：《东北解放战争大事记》，北京：中共党史资料出版社，1987
《东北人物大辞典》，沈阳：辽宁人民出版社，1992
窦爱芝：《中国民主党派史》，天津：南开大学出版社，1992
杜聿明等：《国共内战秘录：原国民党将领的回忆》，台北：巴比伦出版社，1991
冯文彬等：《中国共产党建设全书（1921—1991）》，9卷，太原：山西人民出版社，1991
干国勋等：《蓝衣社、复兴社、力行社》，台北：传记文学出版社，1984
《革命文献》，117卷，台北：原中国国民党中央委员会党史史料编

纂委员会，现党史委员会，1953—1989
共青团北京市委青年运动史研究室：《北京青年运动史》（1919—1949），北京：北京出版社，1989
共青团中央青运史研究室：《中国青年运动史》，北京：中国青年出版社，1984
共青团中央青运史研究室等：《解放战争时期学生运动论文集》，上海：同济大学出版社，1988
《关于辽沈战役的文献》，载《党的文献》，第5卷，1989
《关于农业合作化问题的文献》，载《党的文献》，第1卷，1989
郭清树主编：《中国人民解放军历史简编》，沈阳：辽宁大学出版社，1985
"国防部"史政局编：《戡乱战史丛书：淞沪保卫战》，台北："国防部"史政局，1961
"国民大会秘书处"编：《国民大会代表提案》，17卷，"国民大会秘书处"，各卷亦见《第一届国民大会第一次会议提案原文》
《国民党军倒戈内幕》（上下卷），北京：华艺出版社，1990
何东、陈明显：《北平和平解放始末》，北京：解放军出版社，1985
《贺龙传》，北京：当代中国出版社，1993
河北省档案馆编：《河北土地改革档案史料选编》，石家庄：河北人民出版社，1990
《黑龙江历史大事记（1945—1949）》，哈尔滨：黑龙江人民出版社，1985
《红旗飘飘》，北京：中国青年出版社，第1—16卷，1957—1961，第17—32卷，1979—1993
胡华：《中国革命史讲义》（上下卷），修订版，北京：中国人民大学出版社，1979
胡华主编：《中共党史人物传》（多卷本连续出版物），西安：陕西人民出版社，1980

胡乔木:《中国共产党的三十年》,北京:人民出版社,1951
胡之信编:《中国共产党统一战线史》,北京:华夏出版社,1988
华应申:《中国共产党烈士传》,北京:青年出版社,1951
《华北人民政府一年来各地工作报告汇编》,华北人民政府秘书厅,1949
《华东局关于江南新区工作三个重要指示》,载《档案与历史》第3期,1989
《淮海战役》,北京:中共党史资料出版社,1988
黄友岚:《中国人民解放战争史》,北京:档案出版社,1992
《划时代的会议:政治协商会议》,新时代印刷,1946
湖北省鄂豫边区革命史编辑部等编:《中原突围史》,北京:军事科学出版社,1996
蒋介石:《先总统蒋公思想言论总集》,40卷,台北:中国国民党中央委员会党史委员会,1984
蒋经国:《蒋总统经国先生言论著述汇编》,台北:黎明文化事业,12卷,1981—1982
江深等:《淮海之战》,北京:解放军出版社,1989
蒋曙晨:《傅作义传略》,北京:中国青年出版社,1990
江苏省档案馆、安徽省档案馆编:《渡江战役》,北京:档案出版社,1989
《建国初剿匪作战文电选摘》,载《党的文献》第6期,1990
《建国初期镇压反革命文电》,载《党的文献》第2期,1988
解力夫:《解放战争实录——两种命运的决战》(上下卷),石家庄:河北人民出版社,1990
《解放太原战地通讯专辑》,载《山西革命根据地》第2期,1989
《解放战争纪实》,北京:解放军出版社,1987
金冲及主编:《周恩来传》(1898—1949),北京:人民出版社,中央文献出版社,1989

军事科学院军事历史研究部：《中国人民解放军七十年》，北京：军事科学出版社，1997
《抗战后上海资金流向香港史料》，载《档案与历史》第4期，1988
《戡乱战史》，4卷，台北："国防部史政编译局"，1980—1981
孔昭恺：《旧大公报坐科记》，北京：中国文史出版社，1991
李炳南：《政治协商会议与国共谈判》，台北：永业出版社，1993
李华编：《政治协商会议文献》，中外出版社，1946
李剑白：《东北抗日救亡人物传》，北京：中国大百科出版社，1992
李少瑜主编：《中原突围纪实》，北京：解放军出版社，1992
李新主编：《中国新民主主义革命时期通史》，4卷，北京：人民出版社，1961—1962，1980—1981重印
李旭编：《政治协商会议之检讨》，南京：时代出版社，1946
李勇、张仲田：《解放战争时期统一战线大事记》，北京：中国经济出版社，1988
李宗仁口述、唐德刚撰写：《李宗仁回忆录》，香港：南粤出版社，1986；另有广西人民出版社两卷本，1980
《两个中国命运的决战》，北京：长城出版社，1987
廖盖隆：《全国解放战争简史》，上海：上海人民出版社，1984
廖盖隆等主编：《当代中国政治大事典》，长春：吉林文史出版社，1991
刘白羽：《时代的印象》，哈尔滨：光华书店，1948
《刘伯承传》，北京：当代中国出版社，1992
刘汉等编：《罗荣桓元帅》，北京：解放军出版社，1987
刘健清等：《中国国民党史》，南京：江苏古籍出版社，1992
刘继增等：《中国国民党名人录》，武汉：湖北人民出版社，1992
《刘少奇选集》（上下卷），北京：人民出版社，1981、1985
刘永路：《张学思将军》，北京：解放军出版社，1985
刘云久：《国民党统治区的民主运动》，哈尔滨：黑龙江人民出版社，

1986
卢修一：《日据时代台湾共产党史》，台北：前卫出版社，1990
《罗荣桓传》，北京：当代中国出版社，1991
罗荣桓传编写组编：《回忆罗荣桓》，北京：解放军出版社，1987
马洪武等主编：《中国革命史词典》，北京：档案出版社，1987
马识途：《在地下——白区地下党工作经验初步总结》，成都：四川大学出版社，1987
毛泽东：《毛泽东集》，10卷，香港：近代史料供应社，1975
毛泽东：《毛泽东思想万岁》，非正式出版，2卷，1967、1969
毛泽东：《毛泽东选集》，5卷，北京：人民出版社，1952—1977
孟宪章：《美国扶蒋侵华罪行史》，上海：中华书局，1951
闵燮：《中共群运与青运剖析》，台北：黎明文化事业公司，1980
《民国丛书》，100卷，第1辑，上海：上海书店，1989
《民国丛书》，100卷，第2辑，上海：上海书店，1990
《民国丛书》，100卷，第3辑，上海：上海书店，1991
穆欣：《南线巡回》，北京：人民出版社，1951
南京市档案馆编：《南京解放》，南京：江苏古籍出版社，1990
南京市军管会人民政府：《政策法令汇编》，西南服务团办公室，1949
《聂荣臻回忆录》，3卷，北京：解放军出版社，1984
牛军：《从赫尔利到马歇尔：美国调处国共矛盾始末》，福州：福建人民出版社，1988
《彭德怀传》，北京：当代中国出版社，1993
彭庆遐、刘维淑编：《中国民主党派历史人物》，北京：燕山出版社，1992
璞玉霍、徐爽迷：《党的白区斗争史话》，北京：中共党史出版社，1991
乔明甫、翟泰丰编：《中国共产党建设大辞典（1921—1991）》，成

都：四川人民出版社，1991
钱端升等：《民国政制史》，修订版，上海：商务印书馆，1946；重印：《民国丛书》第1辑，24卷；1989
乔希章：《阎锡山》，北京：华艺出版社，1992
邱钱牧等：《中国政党史》，太原：山西人民出版社，1991
全慰天：《从旧中国到新中国——第三次国内革命战争时期经济史略》，上海：新知识出版社，1957
《人民政协文献》（1949），经济快报社
《陕甘宁边区参议会文献汇集》，北京：科学出版社，1958
陕西省政府秘书处编：《陕政四年纪略（1944—1948）》，非正式出版，1948
《山东革命历史档案资料选编》，23卷，济南：山东人民出版社，1984—1987
山东省档案馆编：《山东土地改革专题档案史料》，载《山东党史资料》，第2—4期，1988，第1—3期，1989
山东省临沂地区档案馆编：《滨海地区土地改革史料选编》，临沂地区出版办公室，1990
《上海学生运动史》，上海人民出版社，1983
上海市档案馆编：《上海解放》，北京：档案出版社，1989
商业部商业政策研究室编：《建国前后商业工作实录》，北京：中国商业出版社，1988
山西省雁北地区档案局等：《人民负担调查档案汇编》，山西省浑源县印刷厂，1986
沈思：《深入批判林彪的“六个战术原则”》，北京：《红旗》第8期，1974
申晓云：《李宗仁的一生》，郑州：河南人民出版社，1992
沈西蒙：《南征北战》，上海：中华书局，1952
沈醉、文强：《戴笠其人》，北京：文史资料出版社，1980

施惠群:《中国学生运动史》(1945—1949),上海:上海人民出版社,1992
粟裕:《粟裕军事文集》,北京:解放军出版社,1989
《太行革命根据地史稿》,太原:山西人民出版社,1987
《太行革命根据地史料丛书》,9卷,太原:山西人民出版社,1987—1991
唐良雄:《戴笠传》,台北:传记文学出版社,1982
唐人(严庆澍):《十年内战》,香港:文宗出版社,1975
田明、徐建川主编:《工会大辞典》,北京:经济管理出版社,1989
王功安、毛磊编:《国共两党关系通史》,武汉:武汉出版社,1991
王建初等:《中国工人运动史》,沈阳:辽宁人民出版社,1987
王健英:《红军人物志》,北京:解放军出版社,1988
王清魁:《中国人民解放军战役集成》,北京:解放军出版社,1987
王首道:《王首道回忆录》,北京:解放军出版社,1987
王效挺、黄文一编:《战斗在北大的共产党人——1920.10—1949.2北大地下党概况》,北京:北京大学出版社,1991
王新生:《中国军阀史词典》,北京:国防大学出版社,1992
王中兴等:《第二野战军》,北京:国防大学出版社,1998
王传忠主编:《刘邓大军强渡黄河资料选》,济南:山东大学出版社,1987
王春江:《叶挺》,北京:中国青年出版社,1992
吴文蔚:《太原保卫战》,台湾:吴文蔚,1979
吴毅堂:《中国股票年鉴》,太平洋印刷公司,1947
武汉市档案馆编:《中共武汉市委文件选编(1949—1951)》,1989
西安市档案局等编:《西安解放档案史料选集》,西安:陕西人民出版社,1989
《现行法令汇编》,6卷,国民政府,1948
萧超然主编:《北京大学校史(1898—1949)》修订版,北京:北京

大学出版社，1988
萧超然等主编：《中共党史简明词典》，2卷，北京：解放军出版社，1986—1987
《星火燎原》，10卷，北京：人民文学出版社，1958—1963；重印于北京：解放军出版社，1977—1982
熊向晖等：《中共地下党现形记》，2卷，台北：传记文学出版社，1991
《徐向前传》，北京：当代中国出版社，1991
徐铸成：《杜月笙正传》，杭州：浙江人民出版社，1982
《学潮与战后中国政治（1945—1949）》，台北：东大图书，1994
彦奇：《中国各民主党派史人物传》，北京：华夏出版社，1991—1995
彦奇等：《中国国民党史纲》，哈尔滨：黑龙江人民出版社，1991
杨碧川：《日据时期台湾人反抗史》，台北：稻乡出版社，1988
杨国庆、白刃：《罗荣桓在东北解放战争中》，北京：解放军出版社，1986
杨国宇：《第二野战军纪实》，上海：上海文艺出版社，1988
杨国宇等编：《刘邓大军征战记》，3卷，昆明：云南人民出版社，1984
《杨亮功、何汉文关于台湾“二二八事变”调查报告》，载《民国档案》第4期，1988
姚夫主编：《解放战争纪实》，北京：解放军出版社，1987
姚龙井主编：《中国共产党统一战线史（新民主主义革命时期）》，太原：山西人民出版社，1991
《一个革命根据地的成长：抗日战争和解放战争时期的晋冀鲁豫边区概况》，北京：人民出版社，1958
《1947—1948年有关九龙城事件的中英交涉史料》，载《民国档案》第3期，1990

于刚：《中国各民主党派》，北京：中国文史出版社，1987
袁伦渠：《中国劳动经济史》，北京：北京经济学院出版社，1990
袁伟编：《中国人民解放军五大野战部队发展史略》，北京：解放军出版社，1987
袁占先、刘东元：《关东春晓——东北大剿匪》，北京：解放军出版社，1998
赵效民：《中国土地改革史（1921—1949）》，北京：人民出版社，1990
张秉均：《中国现代历次重要战役之研究：戡乱战役述评（东北战场、西北战场）》，台北："国防部史政局"，1986
张静如等：《中国共产党党史镜鉴》（5卷本），第2卷（1945—1949），北京：红旗出版社，1997
张篷舟：《近五十年中国与日本（1932—1982）》，成都：四川人民出版社，1985
张庆泰：《忆林枫》，沈阳：辽宁人民出版社，1987
张伟：《中国国民党史纲》，沈阳：辽宁大学出版社，1992
张闻天：《张闻天选集》，北京：人民出版社，1985
张镇邦等：《国共关系简史》，台北："国立"政治大学国际关系研究中心，1983
张正隆：《雪白血红：国共东北大决战历史真相》，香港：天地图书，1991
张注洪：《中国现代革命史史料学》，北京：中共党史资料出版社，1987
赵生晖：《中国共产党组织史纲要》，合肥：安徽人民出版社，1987
赵素芬：《周保中将军传》，北京：解放军出版社，1988
赵锡骅：《民盟史话（1941—1949）》，北京：中国社会科学出版社，1992
浙江省档案馆等编：《中共浙江省委文件选编》（5卷本），非正式出

版，1988—1991
郑德荣、朱阳主编：《中国革命史长编》（上下卷），长春：吉林人民出版社，1991
郑洞国等：《杜聿明将军》，北京：中国文史出版社，1986
郑洸等：《中国青年运动六十年（1919—1979）》，北京：中国青年出版社，1990
郑慧等主编：《中国共产党通志》，3卷，北京：中央文献出版社，1997
郑磊：《评〈东北解放战争时期的林彪〉》，《红旗》第4期，1974，第23—28页
政协西安市委员会文史资料委员会等：《西安文史资料第五辑：西安解放》，西安：陕西人民出版社，1989
《郑州战役资料选编》，郑州：河南人民出版社，1985
钟仁等编：《第一野战军》，北京：国防大学出版社，1998
中共北京市委党史研究室编：《北京党史研究文集》，北京：北京出版社，1989
中共北京市委党史研究室编：《反饥饿反内战运动资料选编》，北京：北京大学出版社，1992
中共代表团梅园新村纪念馆编：《国共谈判文献资料选集》（1945.8—1947.3），修订版，南京：江苏人民出版社，1980
中共大连市委党史资料征编委员会编：《大连地下党史料选编》，大连：大连党史资料丛书，1986
《中共党史事件人物录》，上海：上海人民出版社，1983
中共河北省委党史研究室编：《一切为了前线：平津战役支前资料汇编》，北京：中央党史出版社，1992
中共河南省委党史工作委员会等编：《没有枪声的战斗》，郑州：河南人民出版社，1990
中共山东省委党史资料征集研究委员会等编：《济南战役》，济南：

山东人民出版社，1988
中共山东省委党史资料征集研究委员会等编：《莱芜战役》，济南：山东人民出版社，1986
中共山东省委党史资料征集研究委员会等编：《鲁西南战役》，济南：山东人民出版社，1989
中共山东省委党史资料征集研究委员会等编：《孟良崮战役》，济南：山东人民出版社，1987
中共上海市委党史资料征集委员会：《解放战争时期的中共中央上海局》，上海：学林出版社，1989
中共中央党史研究室：《中国共产党历史》，北京：人民出版社，1991
中共中央党史资料征集委员会编：《淮海战役》（3卷本），北京：中共党史资料出版社，1988
中共中央党史资料征集委员会编：《辽沈战役》（2卷本），北京：中共党史资料出版社，1988
《中共中央关于挺近中原的战略方针的一组电报》，载《党的文献》第3期，1989
中共中央书记处：《六大以来：党内秘密文件》（上下卷），北京：人民出版社，1980、1981
中国第二历史档案馆编：《冯玉祥日记》（5卷本），南京：江苏古籍出版社，1992
中国第二历史档案馆编：《蒋介石年谱初稿》，北京：档案出版社，1992
中国第二历史档案馆编：《中华民国史档案资料汇编（1911—1949）》，共5辑90卷，南京：江苏人民出版社、江苏古籍出版社，1979—1994
《中国共产党历次重要会议》（上下卷），上海：上海人民出版社，1982

袁伟主编：《中国战典》（上下卷），北京：解放军出版社，1994
中国民主同盟中央文史资料委员会编：《中国民主同盟历史文献（1941—1949）》，北京：文史资料出版社，1983
《中国人民解放军第一野战军战史》，北京：解放军出版社，1995
中国人民解放军国防大学党史党建政工教研室：《中共党史教学参考资料》（多卷本，第18卷为1945—1949内战阶段），非正式出版，1979—1988
中国人民解放军历史资料丛书编审委员会：《辽沈战役》，北京：解放军出版社，1993
中国人民解放军历史资料丛书编审委员会：《平津战役》，北京：解放军出版社，1991
中国人民解放军历史资料丛书编审委员会：《新四军》，北京：解放军出版社，1991
《中国人民解放军通鉴（1927—1996）》，3卷，兰州：甘肃人民出版社，1993
《中国人民解放军战史》，北京：军事科学出版社，1987
中国人民解放军各总部编：《中国人民解放战争军事文集》，6卷，非正式出版，1951
中共人民政治协商会议北京市委员会文史资料研究委员会：《北平地下党斗争史料》，北京：北京出版社，1988
中国人民政治协商会议全国委员会文史资料研究委员：《傅作义生平》，北京：文史资料出版社，1985
中国人民政治协商会议全国委员会文史资料研究委员：《淮海战役亲历记：原国民党将领的回忆》，北京：文史资料出版社，1983
中国人民政治协商会议全国委员会文史资料研究委员：《辽沈战役：原国民党将领的回忆》，北京：中国文史出版社，1985
中国人民政治协商会议全国委员会文史资料研究委员：《平津战役：原国民党将领的回忆》，北京：中国文史出版社，1989

《中国人名大辞典》（3 卷本），上海：上海辞书出版社，1989—1992
中国社会科学院等编:《基本建设投资和建筑业卷》，北京：中国城市经济社会出版社，1989
中国社会科学院等编:《中华人民共和国经济档案资料选编（1949—1952）》，北京：中国城市经济社会出版社，1990
《中华民国经济发展史》（3 卷本），台北：近代中国出版社，1983
《中华民国名人传》（全 12 卷），台北：近代中国出版社，1984—1992
《中华民国史实纪要初稿（1894—1974）》（全 88 卷），台北："中华民国"史料研究中心，"国史馆"，1971—1992
《中华民国重要史料初编——对日抗战时期》（3 卷本），台北：中国国民党中央委员会党史委员会，1981;《中华民国重要史料初编》系列至 1981 年共出 26 卷
《中华人民共和国开国文献》，香港：新民主出版社，1949
中央档案馆:《解放战争时期土地改革文件选编》，北京：中共中央党校出版社，1981
中央档案馆:《中共中央文件选集》（18 卷本），北京：中共中央党校出版社，1989—1992
中央统战部等编:《中共中央解放战争时期统一战线文件汇编》，北京：档案出版社，1988
《周恩来统一战线文选》，北京：人民出版社，1984
《周恩来选集》（2 卷本），北京：人民出版社，1980—1984
周而复:《松花江上的风云》，香港：中国出版社，1947
《周佛海日记》（2 卷本），北京：中国社会科学出版社，1986
《朱德选集》，北京：人民出版社，1983
《最近财经改革纪要》，重庆：联合征信所印刷厂，1949

（四）书籍、小册子、文章：英文（增补）

Acheson, Dean. *Present at the Creation: My Years in the State Department*. New York: W. W. Norton, 1969.
迪恩·艾奇逊：《参与创造：我在国务院的岁月》
Agrarian China: Selected Source Materials from Chinese Authors. London: George Allen and Unwin, 1939.
《农业中国：中国作者文献选编》
Alitto, Guy S. *The Last Confucian: Liang Shu-ming and the Chinese Dilemma of Modernity*. Berkeley: University of California Press, 1979.
艾恺：《最后的儒家：梁漱溟与中国现代化的两难》
Amerasia Papers: A Clue to the Catastrophe of China. Prepared by the Committee on the Judiciary, United States Senate. Washington, D. C.: Government Printing Office, 1970.
《美亚文件：中国灾难的提示》，美国参议院司法委员会整理
The American Assembly. *The United States and Japan*. Englewood Cliffs, N. J.: Prentice Hall, 1966.
美国议会：《美国与日本》
Arendt, Hannah. *On Revolution*. New York: Viking, 1965.
汉娜·阿伦特：《论革命》
Armstrong, J. D. *Revolutionary Diplomacy: Chinese Foreign Policy and the United Front Doctrine*. Berkeley: University of California Press, 1977.
J. D. 阿姆斯特朗：《革命外交：中国外交政策与统一战线学说》
Averill, Stephen C. "More States of the Field, Part Two: The Communist-Led Revolutionary Movement," *Republican China*, vol. 18, no. 1 (November 1992), pp. 225-255.

韦思谛：《乡村的政权，第二部分：共产党领导的革命运动》，载《中华民国》，第 18 卷，第 1 期，1992 年 11 月
——. “The New Life in Action：The Nationalist Government in South Jiangxi，1934–1937，” *China Quarterly*，no. 88（December 1981），pp. 594–628.
韦思谛：《进行中的新生活：1934—1937 年的赣南民国政府》，载《中国季刊》，卷 88，1981 年 12 月
——. “Party，Society，and Local Elite in the Jiangxi Communist Movement，” *Journal of Asian Studies*，vol. 46，no. 2（May 1987），pp. 279–303.
韦思谛：《江西共产主义运动中的政党、社会与地方精英》，载《亚洲研究杂志》，卷 46，第 2 期，1987 年 5 月
Bachrack，Stanley D. *The Committee of One Million：“China Lobby”Politics，1953–1971*. New York：Columbia University Press，1976.
史丹利 · D. 巴克拉克：《百万人委员会：中国的游说政治（1953—1971）》
Bagby，Wesley M. *The Eagle–Dragon Alliance：America's Relations with China in World War II*. Newark，N. J.：Associated University Presses，1992.
卫斯理 · M. 巴各比：《鹰龙同盟：“二战”中的美中关系》
Band，Claire and William. *Two Years with the Chinese Communists*. New Haven：Yale University Press，1948.
克莱尔 · 班德、威廉姆 · 班德：《与中国共产党人一起度过的两年》
Barnett，A. Doak. *China on the Eve of Communist Takeover*. New York：Praeger，1963.
鲍大可：《共产党接管前夕的中国》
——. *China's Far West：Four Decades of Change*. Boulder：Westview，

1993.

鲍大可：《中国的西部边疆：四十年的变化》

Barrett, David D. *Dixie Mission: The United States Army Observer Group in Yenan, 1944*. Berkeley: University of California, China Research Monograph, no. 6, 1970.

包瑞德：《迪克西使团：1944 年美军观察组在延安》

Beal, John Robinson. *Marshall in China*. New York: Doubleday, 1970.

约翰·罗宾逊·比尔：《马歇尔在中国》

Bedeski, Robert E. *State-Building in Modern China: The Kuomintang in the Prewar Period*. Berkeley: University of California, China Research Monograph, no. 18, 1981.

白德基：《现代中国的国家建设：抗战前的国民党》

Belden, Jack. *China Shakes the World*. New York: Harper, 1949.

杰克·贝尔登：《中国震撼世界》

Beloff, Max. *Soviet Policy in the Far East, 1944-1951*. London: Oxford University Press, 1953.

马克斯·贝罗福：《苏联的远东政策，1944—1951》

Benton, Gregor. *China's Urban Revolutionaries: Explorations in the History of Chinese Trotskyism, 1921-1952*. Atlantic Highlands, N. J.: Humanities Press International, 1996.

班国瑞：《城市革命：中国托派历史的探究（1921—1952）》

——. *Mountain Fires: The Red Army's Three-Year War in South China, 1934-1938*. Berkeley: University of California Press, 1992.

班国瑞：《漫山战火：1934—1938 年红军在南方的三年战争》

Bergere, Marie-Claire. "Civil Society and Urban Change in Republican China," *China Quarterly*, no. 150 (June 1997), pp. 309-328.

白吉尔：《中华民国的民间社会与城市变迁》，载《中国季刊》，卷 150，1997 年 6 月

——. *The Golden Age of the Chinese Bourgeoisie, 1911–1937*. Translated by Janet Lloyd. New York：Cambridge University Press，1989.
白吉尔：《中国资产阶级的黄金时代（1911—1937）》
Bernal，Martin. *Chinese Socialism to 1907*. Ithaca，N. Y.：Cornell University Press，1976.
马丁·波纳尔：《1907 年以前中国的社会主义思潮》
Bernhardt，Kathryn. *Rents，Taxes，and Peasant Resistance：The Lower Yangzi Region，1840–1950*. Stanford：Stanford University Press，1992.
白凯：《租税与农民的反抗：1840—1950 年扬子江下游》
Bernstein，Thomas Paul. "Leadership and Mobilization in the Collectivization of Agriculture in China and Russia：A Comparison." Ph.D. dissertation，Department of Political Science，Columbia University，New York，1970.
白思鼎：《中国与俄国农业集体化中的领导与动员：一项比较》，博士论文
Bertram，James M. *Crisis in China：The Story of the Sian Mutiny*. London：Macmillan，1937.
詹姆斯·M. 伯特伦：《中国的危机：西安兵变真相》
——. *Unconquered：Journal of a Year's Adventures among the Fighting Peasants of North China*. New York：John Day，1939.
贝特兰：《不可征服：与战斗的华北农民共度一年的历险记》
Bianco，Lucien. *Origins of the Chinese Revolution，1915–1949*. Translated by Muriel Bell. Stanford：Stanford University Press，1971.
毕仰高：《中国革命的起源，1915—1949》
——. "Peasant Responses to CCP Mobilization Policies，1937–1945，" *New Perspectives on the Chinese Communist Revolution*. Ed. Tony Saich and Hans van de Ven，pp. 175–187. Armonk，N. Y.：M. E.

Sharpe，1998.
毕仰高：《农民对中共动员政策的回应，1937—1945》，载《中国共产主义革命的新视角》，塞奇、方德万编
Bisson，T. A. *Yenan in June 1937：Talks with the Communist Leaders*. Berkeley：University of California，China Research Monograph，no. 11，1973.
T. A. 毕松：《1937 年 6 月在延安：与中共领导人会谈》
Bodde，Derk. *Peking Diary：1948–1949，A Year of Revolution*. Greenwich，Conn.：Fawcett，1967.
博迪：《北京日记：革命的一年（1948—1949）》
Bondurant，Joan V. *Conquest of Violence：The Gandhian Philosophy of Conflict*. Berkeley：University of California Press，1965.
琼 · V. 邦杜兰特：《战胜暴力：冲突的甘地哲学》
Boorman，Howard L.，ed. *Biographical Dictionary of Republican China*. New York：Columbia University Press，1967–1979. 5 vols.
包华德编：《中华民国传记词典》，5 卷
Borg，Dorothy，and Waldo Heinrichs，eds. *Uncertain Years：Sino–American Relations，1947–1950*. New York：Columbia University Press，1980.
多萝西 · 博格、沃尔多 · 海因里希斯编：《不确定的年代：1947—1950 年的中美关系》
Borisov，Oleg，and B. T. Koloskov，eds. *Soviet Chinese Relations，1945–1970*. Bloomington：Indiana University Press，1975.
奥列格 · 鲍里索夫、B. T. 科洛索夫编：《苏中关系，1945—1970》
Boyle，John H. *China and Japan at War，1937–1945：The Politics of Collaboration*. Stanford：Stanford University Press，1972.
约翰 · 亨特 · 博伊尔：《中日战争时期的通敌内幕》
Brandt，Conrad. *Stalin's Failure in China，1924–1927*. Cambridge：

Harvard University Press，1958.
布兰特：《斯大林在中国的失败，1924—1927》
Brandt，Conrad，Benjamin Schwartz，and John K. Fairbank. *A Documentary History of Chinese Communism*. Cambridge：Harvard University Press，1952.
布兰特、史华慈、费正清：《中国共产主义文献史》
Braun，Otto. *A Comintern Agent in China，1932–1939*. Translated by Jeanne Moore. Stanford：Stanford University Press，1982.
李德：《第三共产国际在中国的代理人，1932—1939》
Brugger，William. *Democracy and Organization in the Chinese Industrial Enterprise，1948–1953*. Cambridge：Cambridge University Press，1976.
威廉·布鲁格：《中国工业企业中的民主和组织（1948—1953）》
Buck，David D. *Urban Change in China：Politics and Development in Tsinan，Shantung，1890–1949*. Madison：University of Wisconsin Press，1978.
鲍德威：《中国的城市变迁：天津、山东的政治与发展（1890—1949）》
Buck，John L. *Land Utilization in China*. Shanghai：Commercial Press，1937.
约翰·布克：《中国的土地利用》
Buhite，Russell D. *Patrick J. Hurley and American Relations in China*. Ithaca，N. Y.：Cornell University Press，1973.
拉塞尔·D. 布海特：《赫尔利与美国在中国的事务》
Bush，Richard Clarence. *The Politics of Cotton Textiles in Kuomintang China，1927–1937*. New York：Garland，1982.
理查德·克莱伦斯·布什：《1927—1937 年国民党政府的棉纺业政策》
Byron，John，and Robert Pack. *The Claws of the Dragon：Kang*

Sheng—The Evil Genius behind Mao. New York：Simon and Schuster，1992.

约翰·拜伦、罗伯特·帕克：《龙爪：康生——毛身后的邪恶天才》

Carlson，Evans Fordyce. *The Chinese Army：Its Organization and Military Efficiency*. New York：Institute of Pacific Relations，1940.

埃文斯·福代斯·卡尔逊：《中国军队的组织与效能》

——. *Twin Stars of China*. New York：Dodd，Mead，1940.

埃文斯·福代斯·卡尔逊：《中国的双星》

Chan，F. Gilbert，ed. *China at the Crossroads：Nationalists and Communists，1927–1949*. Boulder，Colo.：Westview，1980.

陈福霖编：《十字路口的中国：民族主义与共产主义，（1927—1949）》

Chang，Carsun. *The Third Force in China*. New York：Bookman，1952.

张君劢：《中国的第三势力》

Chang Chung-li. *The Chinese Gentry：Studies on Their Role in Nineteenth Century Chinese Society*. Seattle：University of Washington Press，1955.

张仲礼：《中国绅士：关于其在19世纪中国社会中作用的研究》

Chang，Gordon H. *Friends and Enemies：The United States，China，and the Soviet Union，1948–1972*. Stanford：Stanford University Press，1990.

张少书：《朋友还是敌人：美国、中国与苏联，1948—1972》

Chang Kia-ngau. *The Inflationary Spiral：The Experience in China，1939–1950*. Cambridge：Massachusetts Institute of Technology Press，1958.

张嘉璈：《通货膨胀的恶性循环：中国的经验（1939—1950）》

——. *Last Chance in Manchuria：The Diary of Chang Kia-ngau*. Edited by Donald G. Gillin and Ramon H. Myers. Translated by Dolores Zen. Stanford：Hoover Institution Press，1989.

张嘉璈:《满洲的最后时机：张嘉璈日记》

Chang，Maria Hsia. *The Chinese Blue Shirt Society: Fascism and Developmental Nationalism*. Berkeley：University of California，China Research Monograph，no. 30，1985.

张霞:《蓝衣社：中国法西斯与发展中的民族主义》

——. "Fascism and Modern China," *China Quarterly*, no. 79 (September 1979), pp. 553-567.

张霞:《法西斯与现代中国》，载《中国季刊》，卷 79，1979 年 9 月

Chao Kuo-chun. *Agrarian Policy of the Chinese Communist Party, 1921-1959*. Bombay：Asia Publishing House，1960.

赵国钧:《中国共产党的土地政策，1921—1959 年》

Chassin，Lionel Max. *The Communist Conquest of China: A History of the Civil War，1945-1949*. Translated by Timothy Osato and Louis Gelas. Cambridge：Harvard University Press，1965.

莱昂内尔·马克斯·查辛:《共产主义征服中国：1945—1949 年的内战史》

Cheek，Timothy，and Tony Saich，eds. *New Perspectives on State Socialism in China*. Armonk，N.Y.：M. E. Sharpe，1997.

齐慕实、托尼·塞奇编:《中国国家社会主义的新视野》

Ch'en Han-seng. "Agrarian Reform in China," *Far Eastern Survey*, February 25，1948，pp. 41-43.

陈翰笙:《中国的土地改革》，载《远东概览》，1948 年 2 月 25 日

Ch'en，Jerome. *The Highlanders of Central China: A History，1895-1937*. Armonk，N. Y.：M. E. Sharpe，1992.

陈志让:《华中高地居民的历史，1895—1937》

——. *Mao and the Chinese Revolution*. London：Oxford University Press，1965.

陈志让:《毛与中国革命》

Ch'en Li-fu. *The Storm Clouds Clear over China: The Memoir of Ch'en Li-fu, 1900-1993*. Edited by Sidney H. Chang and Ramon H. Myers. Stanford: Hoover Institution Press, 1994.

陈立夫：《拨云雾而见青天：陈立夫回忆录（1900—1993）》，张绪心等编

Chen, Percy. *China Called Me: My Life Inside the Chinese Revolution*. Boston: Little, Brown, 1979.

陈丕士：《中国在召唤我：我的中国革命生涯》

Ch'en Po-ta [Boda]. *Critique of "China's Destiny"*. Bombay: People's Publishing House, 1944.

陈伯达：《"中国之命运"之批判》

——. *A Study of Land Rent in Pre-liberation China*. Peking: Foreign Languages Press, 1966.

陈伯达：《近代中国地租概说》

Chen Yung-fa. *Making Revolution: The Communist Movement in Eastern and Central China, 1937-1945*. Berkeley: University of California Press, 1986.

陈永发：《制造革命：华东与华中地区的共产主义运动》

Chern, Kenneth C. *Dilemma in China: America's Policy Debate, 1945*. Hamden, Conn.: Anchor, 1980.

肯尼斯·C. 切恩：《美国在华的困境：1945 年美国对华政策的争论》

Chesneaux, Jean. *The Chinese Labor Movement, 1919-1927*. Translated by H. M. Wright. Stanford: Stanford University Press, 1968.

让·谢诺：《中国工人运动（1919—1927）》

——. *Peasant Revolts in China, 1840-1949*. Translated by C. A. Curwen. London: Thames and Hudson, 1973.

让·谢诺：《中国农民暴动（1840—1949）》

Chesneaux, Jean, Francoise Le Barbier, and Marie-Claire Bergere.

China from the 1911 Revolution to Liberation. Translated by Paul Auster，Lydia Davis，and Anne Destenay. Hassocks，England：Harvester，1977.

让·谢诺、弗朗索瓦·巴尔比耶、白吉尔：《中国：从辛亥革命到解放》

Ch'i Hsi-sheng. *Nationalist China at War：Military Defeats and Political Collapse，1937-1945*. Ann Arbor：University of Michigan Press，1982.

齐锡生：《战争中的民族主义中国：1937—1945年军事失败与政治崩溃》

——. *Warlord Politics in China*，1916-1928. Stanford：Stanford University Press，1976.

齐锡生：《1916—1928年中国的军阀政治》

Chi Wen-shun. "Liang Shu-ming and Chinese Communism，" *China Quarterly*，no. 41（January-March 1970），pp. 64-82.

纪文勋：《梁漱溟和中国共产主义》，载《中国季刊》，卷41，1970年2—3月

Chiang Chung-cheng [Chiang Kai-shek]. *Soviet Russia in China：A Summing-Up at Seventy*. New York：Farrar，Straus and Cudahy，1958. Rev. ed.

蒋中正（介石）：《苏俄在中国》

Chiang Kai-shek. *China's Destiny and Chinese Economic Theory*，with notes and commentary by Philip Jaffe. New York：Roy Publishers，1947.

蒋介石：《中国之命运及中国经济理论》，菲力浦·贾菲评注

Chiang Monlin. *Tides from the West*. New Haven：Yale University Press，1947.

蒋梦麟：《西潮》

Ch'ien Tuan-sheng. *The Government and Politics of China*. Cambridge：Harvard University Press，1950.

钱端升：《中国的政府与政治》

The China Handbook，*1937–1945*. Revised with 1946 supplement. Compiled by the Chinese Ministry of Information. New York：Macmillan，1947.

《中国手册（1937—1945年）》，1946年增补修订版

The China White Paper（originally issued as *U. S. Relations with China with Special Reference to the Period*，*1944–1949*）. Stanford：Stanford University Press，1967. 2 vols.

《中国白皮书》，2卷（最初发表时名为《美中关系：偏重于1944—1949年》）

The Chinese Communist Movement：A Report of the U. S. War Department，*July 1945*. Stanford：Stanford University Press，1968.

《中国共产主义运动：美国国防部1945年7月的报告》

Chiu Hungdah and Leng Shao-chuan，eds. *China：Seventy Years after the 1911 Hsin-hai Revolution*. Charlottesville：University Press of Virginia，1984.

丘宏达、冷少川编：《辛亥革命70年后的中国》

Chiu，S.M.，ed. *Chinese Communist Revolutionary Strategy*，*1945–1949*.Princeton，N. J.：Center for International Studies，1961.

S.M. 邱：《中国共产党的革命策略（1945—1949）》

Chou，Eric. *A Man Must Choose*. New York：Alfred A. Knopf，1963.

周榆瑞：《抉择与彷徨》

Chou Li-po. *The Hurricane*. Peking：Foreign Languages Press，1955.

周立波：《暴风骤雨》

Chou Shun-hsin. *The Chinese Inflation：1937–1949*. New York：Columbia University Press，1963.

周舜莘：《中国的通货膨胀（1937—1949）》

Civil War in China. Vol. 2，1945–1950. Special monograph，prepared at the field level；issued by Chief of Military History Office，Department of the Army，Republic of China.

《中国的内战，1945—1949》，2 卷

Clubb，O. Edmund. *Communism in China：As Reported from Hankow in 1932*. New York：Columbia University Press，1968.

柯乐博：《共产主义在中国：1932 年来自汉口的报道》

——. *Twentieth Century China*. New York：Columbia University Press，1964.

柯乐博：《二十世纪的中国》

Coble，Parks M.，Jr. *Facing Japan：Chinese Politics and Japanese Imperialism，1931–1937*. Cambridge：Harvard University Press，1991.

帕克斯·M. 小科布尔：《面对日本：中国政治与日本帝国主义（1931—1937）》

——. *The Shanghai Capitalists and the Nationalist Government，1927–1937*. Cambridge：Harvard University Press，1980.

小科布尔：《江浙财阀与国民政府（1927—1937）》

Cochran，Sherman. *Big Business in China：Sino–Foreign Rivalry in the Cigarette Industry，1890–1930*. Cambridge：Harvard University Press，1980.

高家龙：《中国的大公司：中外在烟草业的竞争（1890—1930）》

Cohen，Paul A. *Discovering History in China：American Historical Writing on the Recent Chinese Past*. New York：Columbia University Press，1984.

保罗·柯文：《在中国发现历史：中国中心观在美国的兴起》

Cohen，Warren I. *The Chinese Connection：Roger Greene，Thomas Lamont，George Sokolsky，and American–East Asian Relations*. New York：Columbia University Press，1978.

孔华润：《与中国联系：罗杰斯·格林、托马斯·拉蒙特、乔治·索克斯基与美国东亚关系》

——, ed. *New Frontiers in American–East Asian Relations: Essays Presented to Dorothy Borg*. New York: Columbia University Press, 1983.

孔华润编：《美国与东亚关系研究新前沿》（献给多萝西·博格的论文集）

Colling, John. *The Spirit of Yenan: A Wartime Chapter of Sino–American Friendship*. Hong Kong: API Press, 1991.

高林：《延安精神——战时中美友好篇章》

Compton, Boyd. *Mao's China: Party Reform Documents, 1942–1944*. Seattle: University of Washington Press, 1966.

博伊德·康普顿：《毛的中国：中共整风文件（1942—1944）》

Crook, Isabel and David. *Revolution in a Chinese Village: Ten Mile Inn*. London: Routledge and Kegal Paul, 1959.

伊莎贝尔·柯鲁克、戴维·柯鲁克：《十里店：中国一个村庄的革命》

Dai Qing. *Wang Shiwei and "Wild Lilies": Rectification and Purges in the Chinese Communist Party, 1942–1944*. Edited by David Apter and Timothy Cheek. Translated by Nancy Liu and Lawrence Sullivan. Armonk, N. Y.: M. E. Sharpe, 1994.

戴晴：《王实味与〈野百合花〉》

Dickson, Bruce J. "The Lessons of Defeat: The Reorganization of the Kuomintang on Taiwan, 1950–1952," *China Quarterly*, no. 133 (March 1993), pp. 56–84.

狄忠蒲：《失败的教训：台湾国民党的改组，1950—1952》，载《中国季刊》，卷 133，1993 年 3 月

Dirlik, Arif. *Anarchism in the Chinese Revolution*. Berkeley: University of California Press, 1991.

阿里夫·德里克：《中国革命中的无政府主义》

——. *The Origins of Chinese Communism*. Oxford：Oxford University Press，1989.
阿里夫·德里克：《中国共产主义的起源》
Dittmer，Lowell. *Sino-Soviet Normalization and Its International Implications*，*1945-1990*. Seattle：University of Washington Press，1992.
罗德明：《中苏关系正常化及其国际影响》
Donnithorne，Audrey. *China's Economic System*. London：George Allen and Unwin，1967.
奥德雷·唐尼索恩：《中国的经济制度》
Dorris，Carl E. "Peasant Mobilization in North China and the Origins of Yenan Communism，" *China Quarterly*，no. 68（December 1976），pp. 697-719.
卡尔·E. 多丽思：《华北农民动员与延安共产主义的起源》，载《中国季刊》，卷 68，1976 年 12 月
Dreyer，Edward. *China at War*，*1901-1949*. London：Longmans，1995.
戴德：《战争中的中国，1901—1949》
Du Pengcheng. *Defend Yanan*. Translated by Sidney Shapiro. Beijing：Foreign Languages Press，1983.
杜鹏程：《保卫延安》
Duara，Prasenjit. *Culture*，*Power and the State：Rural North China*，*1900-1942*. Stanford：Stanford University Press，1988.
杜赞奇：《文化、权力与国家：1900—1942 年的华北农村》
Dulles，Foster Rhea. *American Policy Toward Communist China*，*the Historical Record：1949-1969*. New York：Thomas Y. Crowell，1972.
福斯特·瑞·杜勒斯：《美国对共产党中国的政策：历史记录（1949—1969）》

Dupuy, Trevor Nevitt. *The Military History of the Chinese Civil War*. New York: Franklin Watts, 1969.
特雷沃·内维特·杜普伊：《中国内战军事史》
Eastman, Lloyd E. *The Abortive Revolution: China under Nationalist Rule, 1927–1937*. Cambridge: Harvard University Press, 1974.
易劳逸：《失败的革命：1927—1937 年民族主义统治下的中国》
——. "China's Democratic Parties and the Temptations of Political Power, 1946–1947," *Republican China*, vol. 17, no. 1 (November 1991), pp. 117–132.
易劳逸：《中国的民主党派与政治权力的诱惑，1946—1947》，载《中华民国》，卷 17，第 1 期，1991 年 11 月
——. "Fascism and Modern China: A Rejoinder," *China Quarterly*, no. 80 (December 1979), pp. 838–842.
易劳逸：《法西斯主义与现代中国：一个答辩》，载《中国季刊》，卷 80，1979 年 12 月
——. "New Insights into the Nature of the Nationalist Regime," *Republican China*, vol. 9, no. 2 (February 1984), pp. 8–18.
易劳逸：《对民族主义政体本质的新认识》，载《中华民国》，卷 9，第 2 期，1984 年 2 月
——. "The Rise and Fall of the 'Blue Shirts'," *Republican China*, vol. 13, no. 1 (November, 1987), pp. 25–48.
易劳逸：《蓝衣社的兴衰》，载《中华民国》，卷 13，第 1 期，1987 年 11 月
——. *Seeds of Destruction: Nationalist China in War and Revolution, 1937–1949*. Stanford: Stanford University Press, 1983.
易劳逸：《毁灭的种子：1937—1949 年战争和革命中的民族主义中国》
——. "Who Lost China? Chiang Kai-shek Testifies," *China Quarterly*, no. 88 (December 1981), pp. 658–668.

易劳逸：《谁丧失了中国？蒋介石的证言》，载《中国季刊》，卷 88，1981 年 12 月

Eastman，Lloyd E.，Jerome Ch’en，Suzanne Pepper，Lyman P. van Slyke. *The Nationalist Era in China，1927–1949*. Cambridge：Cambridge University Press，1991.

易劳逸、陈志让、胡素珊、范力沛：《中国的民族主义时代（1927—1949）》

Eckstein，Harry. *Division and Cohesion in Democracy*. Princeton，N. J.：Princeton University Press，1966.

哈利·艾克斯坦：《民主的划分与结合》

Epstein，Israel. *Notes on Labor Problems in Nationalist China*. New York：Institute of Pacific Relations，1949.

伊斯雷尔·爱泼斯坦：《中国劳工状况》

——. *The People’s War*. London：Victor Gollancz，1939.

爱泼斯坦：《人民战争》

——. *The Unfinished Revolution in China*. Boston：Little，Brown，1947.

爱泼斯坦：《未完成的中国革命》

Esherick，Joseph W. “Deconstructing the Construction of the Party-State：Gulin County in the Shaan-Gan-Ning Border Region，” *China Quarterly*，no. 140（December 1994），pp. 1052–1079.

周锡瑞：《党国的建构与重建：陕甘宁边区固林县》

Esherick，Joseph，and Mary Rankin，eds. *Chinese Local Elites and Patterns of Dominance*. Berkeley：University of California Press，1990.

周锡瑞、冉玫烁编：《中国地方精英与统治范式》

Evans，Paul M. *John Fairbank and the American Understanding of Modern China*. New York：Basil Blackwell，1988.

保罗·M. 埃文斯：《费正清与美国的现代中国研究》

Fairbank，John K. *The United States and China*. Cambridge：Harvard University Press，1979. 4th ed.

费正清：《美国与中国》

Fairbank，John K.，and Albert Feuerwerker，eds. *The Cambridge History of China：Vol. 13，Republican China，1912–1949*. Cambridge：Cambridge University Press，1986.

费正清、费维恺编：《剑桥中国史（卷 13）：中华民国（1912—1949）》

Fang Fu-an. *Chinese Labour：An Economic and Statistical Survey of the Labour Conditions and Labour Movements in China*. Shanghai：Kelly and Walsh，1931.

方福安：《中国劳工：中国劳工条件与劳工运动的经济统计调查》

Fei Hsiao-t'ung. *China's Gentry：Essays on Rural-Urban Relations*. Chicago：University of Chicago Press，1968.

费孝通：《中国士绅：城乡关系论集》

——. *Peasant Life in China：A Field Study of Country Life in the Yangtze Valley*. London：Routledge and Kegan Paul，1939.

费孝通：《江村经济》

Fei Hsiao-t'ung and Chang Chih-i. *Earthbound China：A Study of Rural Economy in Yun-nan*. London：Routledge and Kegan Paul，1948.

费孝通、张之毅：《乡土中国：对云南农村经济的研究》

Feis，Herbert. *The China Tangle*. New York：Atheneum，1965.

赫伯特·菲斯：《中国的纠葛》

Feuerwerker，Albert. *The Chinese Economy 1912–1949*. Ann Arbor：University of Michigan，Michigan Papers in Chinese Studies，no. 1，1968.

费维恺：《中国的经济（1912—1949）》

Fewsmith，Joseph. *Party，State，and Local Elites in Republican*

China: Merchant Organizations and Politics in Shanghai, 1890–1930. Honolulu: University of Hawaii Press, 1985.
傅士卓:《民国时期的政党、政府和地方精英：上海的商会组织与政治（1890—1930）》
Fishel, Wesley R. *The End of Extraterritoriality in China.* Berkeley: University of California Press, 1974.
卫斯理 · R. 费适尔:《在华治外法权的终结》
Fitzgerald, John. *Awakening China: Politics, Culture, and Class in the Nationalist Revolution.* Stanford: Stanford University Press, 1996.
费约翰:《唤醒中国：民族主义革命中的政治、文化与阶级》
Forman, Harrison. *Blunder in Asia.* New York: Didier, 1950.
哈里森 · 福尔曼:《在亚洲的错误》
——. *Changing China.* New York: Crown, 1948.
哈里森 · 福尔曼:《变化中的中国》
——. *Report from Red China.* New York: Henry Holt, 1945.
哈里森 · 福尔曼:《来自红色中国的报告》
Freyn, Hubert. *Prelude to War: The Chinese Student Rebellion of 1935–1936.* Shanghai: China Journal Publishing Company, 1939.
赫伯特 · 福莱恩:《战争的前奏：1935—1936 年中国学生抗议运动》
Fried, Morton H. *Fabric of Chinese Society: A Study of the Social Life of a Chinese County Seat.* New York: Octagon, 1974.
莫顿 · H. 弗里德:《中国社会的构造：县城关在社会生活中的作用研究》
Friedman, Edward. *Backward Toward Revolution: The Chinese Revolutionary Party.* Berkeley: University of California Press, 1974.
傅礼门:《后退到革命：中华革命党》
Friedman, Edward and Mark Selden. *America's Asia: Dissenting Essays on Asian–American Relations.* New York: Vintage, 1971.

傅礼门、马克·塞尔登：《美国的亚洲：亚美关系的批评文集》

Furuya, Keiji. *Chiang Kai-shek: His Life and Times*. Translated by Chang Chun-ming. New York: St. John's University Press, 1981.

古屋奎二：《蒋介石：他的生活与时代》

Galbiati, Fernando. *P'eng P'ai and the Hai-Lu-Feng Soviet*. Stanford: Stanford University Press, 1985.

费尔兰多·盖比亚提：《彭湃与海陆丰苏维埃》

Gallicchio, Marc S. *The Cold War Begins in Asia*. New York: Columbia University Press, 1988.

马克·S. 加利基奥：《冷战在亚洲的开始》

Gamble, Sidney D. *North China Villages: Social, Political, and Economic Activities Before 1933*. Berkeley: University of California Press, 1963.

西德尼·D. 甘博：《华北村庄：1933 年前的社会、政治和经济活动》

——. *Ting Hsien: A North China Rural Community*. New York: Institute of Pacific Relations, 1954.

西德尼·D. 甘博：《定县：一个华北农村社区》

Garver, John W. *Chinese-Soviet Relations, 1937-1945: The Diplomacy of Chinese Nationalism*. New York: Oxford University Press, 1988.

高龙江：《1937—1945 年的中苏关系：中国民族主义的外交》

Geisert, Bradley K. *Power and Society: The Kuomintang and Local Elites in Kiangsu Province, China, 1924-1937*. Ph. D. dissertation, University of Virginia, Charlottesville, 1979.

布雷德利·K. 盖斯白：《权力与社会：1924—1937 年江苏省国民党与地方精英》

George, Alexander L. *The Chinese Communist Army in Action: The Korean War and Its Aftermath*. New York: Columbia University Press,

1967.
亚历山大·L. 乔治：《行动中的中共军队：朝鲜战争及其后果》
Gillin，Donald G. “Problems of Centralization in Republican China：The Case of Ch’en Ch’eng and the Kuomintang，” *Journal of Asian Studies*，vol. 29，no. 4（August 1970），pp. 835-850.
唐纳德·基林：《民国的中央集权问题：以陈诚与国民党为例》，载《亚洲研究杂志》卷 29，第 4 期，1970 年 8 月
——. “Review Article：‘Peasant Nationalism’ in the History of Chinese Communism，” *Journal of Asian Studies*，vol. 23，no. 2（February 1964），pp. 269-289.
唐纳德·基林：《述评：中国共产主义历史中的“农民民族主义”》，载《亚洲研究杂志》，卷 23，1964 年 2 月
——. *Warlord：Yen Hsi-shan in Shansi Province，1911-1949*. Princeton，N. J.：Princeton University Press，1967.
唐纳德·基林：《山西军阀阎锡山（1911—1949 年）》
Gillin，Donald G.，and Charles Etter. “Staying on：Japanese Soldiers and Civilians in China，1945-1949，” *Journal of Asian Studies*，vol. 42，no. 3（May 1983），pp. 497-518.
唐纳德·基林、查理斯·艾特：《留守：日本士兵与平民在中国（1945—1949）》，载《亚洲研究杂志》，卷 42，1983 年 5 月
Gittings，John. *The Role of the Chinese Army*. New York：Oxford University Press，1967.
约翰·吉廷斯：《中国军队的角色》
Goldman，Merle. *Literary Dissent in Communist China*. Cambridge：Harvard University Press，1967.
梅勒·戈德曼：《共产主义中国的文学异见》
Goldstein，Steven M. “The Chinese Revolution and the Colonial Areas：The View from Yenan，1937-1941，” *China Quarterly*，no. 75

（September 1978），pp. 594–622.

戈迪温：《中国革命与殖民地：延安的视角（1937—1941）》，载《中国季刊》，卷75，1978年9月

Gray，Jack. *Rebellions and Revolutions：China from the 1800s to the 1980s*. Oxford：Oxford University Press，1990.

杰克·格雷：《造反与革命：1800—1990年代的中国》

——，ed. *Modern China's Search for a Political Form*. London：Oxford University Press，1969.

Greene，Ruth Altman. *Hsiang–Ya Journal*. Hamden，Conn.：Anchor，1977.

杰克·格雷编：《现代中国对政治形态的探寻》

Grieder，Jerome B. *Hu Shih and the Chinese Renaissance：Liberalism in the Chinese Revolution，1917–1939*. Cambridge：Harvard University Press，1970.

贾祖麟：《胡适与中国的文艺复兴：中国革命中的自由主义（1917—1939）》

Griffin，Patricia E. *The Chinese Communist Treatment of Counter–Revolutionaries，1924–1949*. Princeton，N. J.：Princeton University Press，1976.

帕特里夏·E. 格里芬：《中共如何处理反革命（1924—1949）》

Griffith，Samuel B.，II. *The Chinese People's Liberation Army*. New York：McGraw–Hill，1967.

萨缪尔·B. 格里菲斯：《中国人民解放军》

Griggs，Thurston. *Americans in China：Some Chinese Views*. Washington，D. C.：Foundation for Foreign Affairs，1948.

瑟斯顿·格里格斯：《在华美国人：中国人的一些看法》

Griswold，A. Whitney. *The Far Eastern Policy of the United States*. New Haven：Yale University Press，1962.

惠特尼·A. 克里斯沃尔特：《美国的远东政策》

Guillermaz，Jacques. *The Chinese Communist Party in Power，1949–1976.* Translated by Anne Destenay. Boulder，Colo.：Westview，1972.

纪亚玛：《获得政权的中共（1949—1976）》

Han Suyin. *Birdless Summer*. New York：G. P. Putnam and Sons，1968.

韩素音：《无鸟的夏天》

Harding，Harry，and Yuan Ming，eds. *Sino-American Relations，1945-1955：A Joint Reassessment of a Critical Decade*. Wilmington，Del.：Scholarly Resources，1989.

何汉理、袁明编：《中美关系（1945—1955）：对关键十年的联合重估》

Harrison，James Pinckney. *The Long March to Power：A History of the Chinese Communist Party，1921-1972.* New York：Praeger，1972.

詹姆斯·平尼克·哈里森：《通向政权的长征：1921—1972 年的中国共产党史》

Hartford，Kathleen. "Step by Step：Reform，Resistance，and Revolution in the Chin-Ch'a-Chi Border Region，1937-1945，" Ph. D. dissertation，Stanford University，Stanford，California，1980.

贺康玲：《循序渐进：1937—1945 年晋察冀边区的改革、抵抗与革命》

Hartford，Kathleen，and Steven M. Goldstein，eds. *Single Sparks：China's Rural Revolutions*. Armonk，N. Y.：M. E. Sharpe，1989.

贺康玲、戈迪温：《星星之火：中国的农村革命》

Head，William P. *America's China Sojourn：America's Foreign Policy and Its Effects on Sino-American Relations，1942-1948.* Lanham，Md.：University Press of America，1983.

威廉·P. 黑德：《美国在中国的短驻：美国外交政策及其对中美关系的影响（1942—1948）》

Hershatter，Gail. *The Workers of Tianjin，1900-1949*. Stanford：Stanford University Press，1986.

贺萧：《1900—1949 年天津的工人》

Hinton，Harold. *China's Turbulent Quest：An Analysis of China's Foreign Relations Since 1945*. New York：Macmillan，1970.

哈罗德·辛顿：《混乱的探寻：1945 年来中国外交关系的分析》

Hinton，William. *Fanshen：A Documentary of Revolution in a Chinese Village*. New York：Random House，1968.

韩丁：《翻身：中国一个村庄的革命纪实》

Ho Kan-chih. *A History of the Modern Chinese Reovlution*. Peking：Foreign Languages Press，1960.

何干之：《中国现代革命史》

Ho Ping-ti and Tsou Tang，eds. *China in Crisis：China's Heritage and the Communist Political System*. Chicago：University of Chicago Press，1968. 2 vols.

何炳棣、邹谠编：《危机中的中国：中国传统与共产主义政治体系》

Hofheinz，Roy. *The Broken Wave：The Chinese Communist Peasant Movement，1922-1928*. Cambridge：Harvard University Press，1977.

罗伊·霍夫海因茨：《破碎的浪潮：1922—1928 年中国农村共产主义运动》

Hooton，E. R. *The Greatest Tumult：The Chinese Civil War，1936-1949*. London：Brassey's，1991.

E. R. 胡顿：《最伟大的动荡：1936—1949 年的中国内战》

Howe，Christopher. *Wage Patterns and Wage Policy in Modern China，1919-1972*. Cambridge：Cambridge University Press，1973.

克里斯托弗·豪：《现代中国的工资形式和工资政策（1919—1972）》

Hsiao Kung-chuan. *Rural China：Imperial Control in the Nineteenth Century*. Seattle：University of Washington Press，1960.

萧公权：《中国乡村：19 世纪的帝国控制》

Hsiao Tso-liang. *The Land Revolution in China，1930-1934：A Study of*

Documents. Seattle：University of Washington Press，1969.
萧作梁：《1930—1934 年的中国土地革命：文献研究》
Hsiung，James C.，and Steven I. Levine，eds. *China's Bitter Victory: The War with Japan，1937–1945*. Armonk，N. Y.：M. E. Sharpe，1992.
熊玠、史蒂文编：《中国的惨胜：1937—1945 年抗日战争》
Hsu，Francis L. K. *Americans and Chinese: Passage to Differences*. Honolulu：University of Hawaii Press，1981. 3rd ed.
许烺光：《美国人与中国人的差异》
Hsu Long-hsuen and Chang Ming-kai. *History of the Sino-Japanese War（1937-1945）*. Translated by Wen Ha-hsiung. Taipei：Chung Wu Publishing，1971.
许郎轩、张明凯：《中日战争史（1937—1945）》
Hsueh Chun-tu，ed. *Dimensions of Chinese Foreign Policy*. New York：Praeger，1977.
薛君度编：《中国外交政策的范围》
——. *Revolutionary Leaders of Modern China*. New York：Oxford University Press，1971.
薛君度：《现代中国的革命领袖》
Hu Kuo-tai. "The Struggle Between the Kuomintang and the Chinese Communist Party on Campus During the War of Resistance, 1937-1945," *China Quarterly*，no. 118（June 1989），pp. 300-323.
胡国台：《1937—1945 年抗战期间国共在校园之间的斗争》
Hu Sheng. *Imperialism and Chinese Politics*. Peking：Foreign Languages Press，1955.
胡绳：《帝国主义与中国政治》
Huang，Philip C. C. *The Peasant Economy and Social Change in North China*. Stanford：Stanford University Press，1985.
黄宗智：《华北的小农经济与社会变迁》

——. *The Peasant Family and Rural Development in the Yangzi Delta, 1350–1988*. Stanford：Stanford University Press，1990.
黄宗智：《长江三角洲的小农家庭与乡村发展》
Huebner，Jon W. "Chinese Anti-Americanism，1946–1948，" *Australian Journal of Chinese Affairs*，no. 17（1987），pp. 115–126.
乔恩·W. 胡布纳：《中国的反美主义（1948—1949）》，载《澳大利亚中国事务杂志》，卷 17，1987
Hughes，T. J.，and D. E. T. Luard. *The Economic Developent of Communist China，1949–1960*. London：Oxford University Press，1961.
T. J. 休斯、D. E. T. 劳德：《1949—1960 年共产党中国的经济发展》
Hunt，Michael H. *The Genesis of Chinese Communist Foreign Policy*. New York：Columbia University Press，1996.
韩德：《中共外交政策的起源》
Hutchings，Graham. "A Province at War：Guangxi During the Sino-Japanese Conflict，1937–1945，" *China Quarterly*，no. 108（December 1986），pp. 652–679.
格雷汉姆·哈金斯：《战争中的省份：广西在 1937—1945 年的中日冲突中》，载《中国季刊》，卷 108，1986 年 12 月
Ilchman，Warren F.，and Norman Thomas Uphoff. *The Political Economy of Change*. Berkeley：University of California Press，1969.
沃伦·F. 伊尔奇曼和诺曼·托马斯·乌普霍夫：《变化中的政治经济》
Iriye，Akira. *China and Japan in the Global Setting：Power，Culture，Economics*. Cambridge：Harvard University Press，1993.
入江昭：《全球背景下的中国与日本：权力、文化、经济》
——，ed. *The Chinese and the Japanese：Essays in Political and Cultural Interactions*. Princeton，N. J.：Princeton University Press，1980.
入江昭编：《中国与日本：政治与文化交流文集》

Isaacs, Harold Robert. *The Tragedy of the Chinese Revolution.* Stanford: Stanford University Press, 1962.

伊罗生:《中国革命的悲剧》

——ed. *New Cycle in Asia: Selected Documents on Major International Developments in the Far East, 1943-1947.* New York: Macmillan, 1947.

伊罗生编:《新亚洲圈:1943—1947 年远东重要国际发展文献选》

Israel, John. *Lianda: A Chinese University in War and Revolution.* Stanford: Stanford University Press, 1998.

易社强:《战争与革命中的西南联大》

——. *Student Nationalism in China: 1927-1937.* Stanford: Stanford University Press, 1966.

易社强:《中国学生的民族主义(1927—1937)》

Israel, John, and Donald W. Klein. *Rebels and Bureaucrats: China's December 9ers*. Berkeley: University of California Press, 1976.

易社强、唐纳德·W. 克莱恩:《反叛与官僚:中国的"一二·九"运动》

Ito, Takeo. *Life Along the South Manchurian Railway: The Memoirs of Ito Takeo.* Translated by Joshua Fogel. Armonk, N. Y.: M. E. Sharpe, 1988.

伊藤武雄:《生于满铁:伊藤武雄回忆录》

The Japan-Manchoukuo Year Book, 1940. Tokyo: no pub., 1940.

《日本满洲国年鉴(1940)》

Jeans, Roger B. *Democracy and Socialism in Republican China: The Politcs of Zhang Junmai (Carsun Chang), 1906-1941*. Lanham, Md.: Rowman and Littlefield, 1997.

金若杰:《民国的民主与社会主义:1906—1941 年张君劢的政治》

——, ed. *Roads Not Taken: The Struggle of Opposition Parties in Twentieth-Century China*. Boulder, Colo.: Westview, 1992.

金若杰：《无路可走：20世纪中国反对党的奋斗》

Jespersen，Christopher. *American Images of China*，1931–1949. Stanford：Stanford University Press，1996.

克里斯托弗·杰斯普森：《美国的中国形象（1931—1949）》

Johnson，Chalmers A. "An Intellectual Weed in the Socialist Garden：The Case of Ch'ien Tuan-sheng," *China Quarterly*, no. 6（April–June 1961），pp. 29–52.

詹隼：《知识分子是社会主义花园里的一株小草：以钱端升为例》，《中国季刊》，第6期，1961年6—7月

——. *Autopsy on People's War.* Berkeley：University of California Press，1973.

詹隼：《人民战争分析》

——. *Peasant Nationalism and Communist Power：The Emergence of Revolutionary China，1937–1945.* Stanford：Stanford University Press，1962.

詹隼：《农民民族主义和共产党政权：中国革命的开始（1937—1945）》

——. "Peasant Nationalism Revisited：The Biography of a Book," *China Quarterly*，no. 72（December 1977），pp. 766–785.

詹隼：《回顾农民民族主义：一本著作的传记》，载《中国季刊》，卷72，1977年12月

Johnston Committee. "The Report Prepared by the Johnston Committee and Submitted to the U. S. Secretary of the Army Kenneth Royal，May 19，1948—Text of the 'Summary of the Report,'" *Contemporary Japan：A Review of East Asiatic Affairs*，no. 17（April–June，1948），pp. 211–214.

约翰斯顿委员会："约翰斯顿委员会准备并提交美国陆军部长肯尼思·罗伊尔的报告，1948年5月19日——'报告摘要文本'"，载

《当代日本：东亚事务评论》，第 17 期，1948 年 4—6 月
Jones，F. C. *Manchuria since 1931*. London：Royal Institute of International Affairs，1949.
F. C. 琼斯：《1931 年之后的满洲》
Jordan，Donald A. *The Northern Expedition：China's National Revolution of 1926–1928*. Honolulu：University of Hawaii Press，1976.
唐纳德 · A. 乔丹：《北伐：1926—1928 年中国的民族革命》
Kahn，E. J.，Jr. *The China Hands：America's Foreign Service Officers and What Befell Them*. New York：Viking，1975.
E. J. 小卡恩：《中国通：美国驻外军官及其遭遇》
Kalyagin，Aleksandr Ya. *A'long Alien Roads*. Translated by Steven I. Levine. New York：Occasionat Papers of the East Asian Institute，Columbia University Press，1983.
史蒂文 · I. 莱文译介：《漫漫长路》
Kapp，Robert A. *Szechwan and the Chinese Republic：Provincial Militarism and Central Power*，*1911–1938*. New Haven：Yale University Press，1973.
罗伯特 · A. 柯白：《四川军阀与国民政府（1911—1938）》
Kataoka，Tetsuya. "Communist Power in a War of National Liberation：The Case of China，" *World Politics*，April 1972，pp. 410–427.
片冈铁哉 :《民族解放战争中的共产党政权：以中国为个案》，载《世界政治》，1972 年 4 月
——. *Resistance and Revolution in China：The Communists and the Second United Front*. Berkeley：University of California Press，1974.
片冈铁哉：《中国的抗战与革命：共产党与第二次统一战线》
Kerr，George H. *Formosa Betrayed*. London：Eyre and Spottiswoode，1966.

葛超智：《被出卖的台湾》

——. *Formosa: Licensed Revolution and the Home Rule Movement, 1895–1945*. Honolulu：University Press of Hawaii，1974.

葛超智：《台湾：被允许的革命与地方自治运动（1895—1945）》

Kessler，Lawrence D. *The Jiangyin Mission Station: An American Missionary Community in China，1895–1951*. Chapel Hill：University of North Carolina Press，1996.

劳伦斯·D. 科斯勒：《江阴传教站：一个美国在华传教社区（1895—1951）》

Kidd，David. *Peking Story: The Last Days of Old China*. New York：Griffin Paperback，1988.

大卫·基德：《北京故事：旧中国最后的日子》

Kim，Ilpyong J. *The Politics of Chinese Communism: Kiangsi under the Soviets*. Berkeley：University of California Press，1973.

金平日：《中国共产主义政治：苏维埃统治下的江西》

King，Frank H. H. *A Concise Economic History of Modern China*. New York：Praeger，1968.

弗兰克·H. H. 金：《现代中国经济简史》

Kirby，E. Stuart. *Russian Studies of China: Progress and Problems of Soviet Sinology*. London：Macmillan，1975.

斯图亚特·E. 科尔比：《俄国人的中国研究：苏联汉学的进步与困难》

Kirby，William C. *Germany and Republican China*. Stanford：Stanford University Press，1984.

柯伟林：《德国与中华民国》

——. "More States of the Field," *Republican China*，vol. 18，no. 1（November 1992），pp. 206–224.

柯伟林：《农村的割据政权》，载《中华民国》，卷 18，第 1 期，1992 年 11 月

Klein，Donald W.，and Anne B. Clark. *Biographic Dictionary of Chinese Communism，1921-1965*. Cambridge：Harvard University Press，1971.

唐纳德·W. 克莱恩、安妮·B. 克拉克：《中国共产主义传记词典（1921—1965）》

Klein，Sidney. *The Pattern of Land Tenure Reform in East Asia after World War II*. New York：Bookman，1958.

西德尼·克莱恩：《“二战”后东亚土地使用期改革的模式》

Koen，Ross Y. *The China Lobby in American Politics*. New York：Harper and Row，1974.

罗斯·Y. 科恩：《美国政治中的中国游说活动》

Kuhn，Philip A. *Rebellion and Its Enemies in Late Imperial China：Militarization and the Social Structure，1796-1864*. Cambridge：Harvard University Press，1970.

孔飞力：《中华帝国晚期的叛乱及其敌人：1796—1864年的军事化与社会结构》

Kuo，Warren. *Analytical History of the Chinese Communist Party*. Taipei：Institute of International Relations，1968-1971. 4 vols.

郭华伦：《中国共产党史论》，4卷

Lai Tse-han，Ramon H. Myers，and Wei Wou. *A Tragic Beginning：The Taiwan Uprising of February 28，1947*. Stanford：Stanford University Press，1991.

赖泽涵、马若孟、魏萼：《悲剧性的开始：台湾“二二八事变”》

Landman，Lynn and Amos. *Profile of Red China*. New York：Simon and Schuster，1951.

林恩·兰德曼、阿摩司：《红色中国概况》

Lang，Olga. *Pa Chin and His Writings*. Cambridge：Harvard University Press，1967.

奥尔加·朗：《巴金及其作品》

Lapwood，Ralph and Nancy. *Through the Chinese Revolution*. London：Spalding and Levy，1954.

赖朴吾、齐兰畦：《亲历中国革命》

Lary，Diana. *Region and Nation：The Kwangsi Clique in Chinese Politics，1925–1937*. London：Cambridge University Press，1974.

戴安娜·拉里：《中国政坛上的桂系（1925—1937）》

——. *Warlord Soldiers：Chinese Common Soldiers，1911–1937*. Cambridge：Cambridge University Press，1985.

戴安娜·拉里：《军阀的战士：中国普通士兵（1911—1937）》

Lattimore，Eleanor H. *Labor Unions in the Far East*. New York：American Council，Institute of Pacific Relations，1945.

埃利诺·拉铁摩尔：《远东的工会》

Lattimore，Owen. *China Memoirs：Chiang Kai-shek and the War Against Japan*. Tokyo：University of Tokyo Press，1991.

欧文·拉铁摩尔：《中国记忆：蒋介石与抗日战争》

——. *Manchuria，Cradle of Conflict*. New York：Macmillan，1932.

欧文·拉铁摩尔：《满洲：冲突的摇篮》

Ledovsky，Andrei. *The USSR，the USA，and the People's Revolution in China*. Moscow：Progress Publishers，1982.

安德雷·李多夫斯基：《苏联、美国与中国人民革命》

Lee Chong-sik. *Revolutionary Struggle in Manchuria：Chinese Communism and Soviet Interest，1922–1945*. Berkeley：University of California Press，1983.

李仲西：《满洲的革命斗争：中国共产主义与苏联利益（1922—1945）》

Lee，Frank C. "Land Redistribution in Communist China，" *Pacific Affairs*，no. 21（March 1948），pp. 20–32.

弗兰克·C. 李：《共产党中国的土地再分配》，载《太平洋事务》，卷21，1948年3月

Lee，Lai To. *Trade Unions in China，1949 to the Present.* Singapore：Singapore University Press，1986.

李来多（音）：《1949年至今的中国工会》

Levich，Eugene William. *The Kwangsi Way in Kuomintang China，1931–1939.* Armonk，N. Y.：M. E. Sharpe，1993.

尤金·威廉·列维奇：《民国的广西模式（1931—1939）》

Levine，Steven I. *Anvil of Victory：The Communist Revolution in Manchuria，1945–1948.* New York：Columbia University Press，1987.

史蒂文·莱文：《胜利的铁砧：1945—1948年共产党在满洲的革命》

Lewis，John Wilson，ed. *Peasant Rebellion and Communist Revolution in Asia.* Stanford：Stanford University Press，1974.

约翰·威尔逊·刘易斯编：《亚洲的农民造反与共产党革命》

Li，Lincoln. *The Japanese Army in North China，1937–1941：Problems of Political and Economic Control.* London：Oxford University Press，1975.

林肯·李：《1937—1941年日军在华北：政治与经济的控制问题》

——. *Student Nationalism in China，1924–1949.* Albany：State University of New York Press，1994.

林肯·李：《中国学生的民族主义（1924—1949）》

Li Tsung-jen，with Te-kong Tong. *The Memoirs of Li Tsung-jen.* Boulder，Colo.：Westview，1979.

李宗仁口述、唐德刚撰写：《李宗仁回忆录》

Liang Chin-tung. *General Stilwell in China，1942–1944：The Full Story.* N. p.：St. John's University Press，1972.

梁敬錞：《史迪威将军在中国（1942—1944）》

Liang Hsi-huey. *The Sino-German Connection: Alexander von Falkenhausen Between China and Germany, 1900-1941*. Amsterdam: Van Gorcum, 1978.

梁锡辉:《中德关系：在中德之间的亚历山大·冯·法肯豪森（1900—1941）》

Liao Kai-lung [Gailong]. *From Yenan to Peking: The Chinese People's War of Liberation*. Peking: Foreign Languages Press, 1954.

廖盖隆:《从延安到北京：中国人民的解放战争》

Lieberthal, Kenneth. *Revolution and Tradition in Tientsin, 1949-1952*. Stanford: Stanford Uiversity Press, 1980.

李侃如:《1949—1952 年天津的革命与传统》

Lieu, D. K. *China's Economic Stabilization and Reconstruction*. New Brunswick, N. J.: Rutgers University Press, 1948.

刘大钧:《中国经济的稳定与重建》

Lifton, Robert Jay. *Thought Reform and the Psychology of Totalism*. New York: W. W. Norton, 1963.

罗伯特·杰伊·利夫顿:《思想改造与极权主义心理》

Lin Piao [Biao]. *Long Live the Victory of People's War!* Peking: Foreign Languages Press, 1965.

林彪:《人民战争胜利万岁》

——. *Selected Works of Lin Piao*. Edited by China Problems Research Center. Hong Kong: Chih Luen Press, 1970.

林彪:《林彪选集》

Lindsay, Michael. *China and the Cold War*. Melbourne: Melbourne University Press, 1955.

林迈可:《中国与冷战》

——. *The Unknown War: North China, 1937-1945*. London: Bergstrom and Boyle, 1975.

林迈可：《前所未闻的华北抗战，1937—1945》

Liu，F. F. *A Military History of Modern China*，*1924–1949.* Princeton，N. J.：Princeton University Press，1956.

刘馥：《1924—1949 年现代中国军事史》

Liu Shaoqi. *Collected Works of Liu Shao–ch'i*. Hong Kong：Union Research Institute，1968–1969.3 vols.

刘少奇：《刘少奇著作集》

——. *Selected Works of Liu Shaoqi*. Beijing：Foreign Languages Press，1984.

刘少奇：《刘少奇选集》

Loh，Pichon P. Y.，ed. *The Kuomintang Debacle of 1949：Conquest or Collapse?* Boston：D. C. Heath，1965.

陆品清编：《战胜还是垮台：1949 年国民党的崩溃》

Loh，Robert. *Businessmen in China*. Hong Kong：China Viewpoints，1960.

罗伯特·洛：《中国商人》

Loh，Robert，as told to Humphrey Evans. *Escape from Red China*. New York：Coward–McCann，1962.

罗伯特·洛口述，汉弗莱·埃文斯记录：《逃离红色中国》

Lowi，Theodore J. *The End of Liberalism：Ideology*，*Policy*，*and the Crisis of Public Authority*. New York：W. W. Norton，1969.

西奥多·J. 罗伊：《自由主义终结：意识形态、政策与公共权威的危机》

Lutz，Jessie Gregory. *China and the Christian Colleges*，*1850–1950.* Ithaca，N. Y.：Cornell University Press，1971.

鲁珍：《中国与教会大学（1850—1950）》

MacFarquhar，Roderick，Timothy Cheek，and Eugene Wu，eds. *The Secret Speeches of Chairman Mao*. Cambridge：Harvard University

Press，1989.
罗德里克·麦克法夸尔、齐慕实、吴元黎编：《毛主席的秘密讲话》
MacKinnon，Janice and Stephen. *Agnes Smedley：The Life and Times of an American Radical.* Berkeley：University of California Press，1988.
简尼丝·麦金农、史蒂文：《史沫莱特：一个激进美国人的生活与时代》
MacKinnon，Stephen，and Oris Friesen. *China Reporting：An Oral History of American Journalism in the 1930s and 1940s.* Berkeley：University of California Press，1987.
史蒂文·麦金农、欧丽思·弗雷森：《中国报告：1930—1940 年代美国记者的口述史》
Madsen，Richard. *China and the American Dream：A Moral Inquiry.* Berkeley：University of California Press，1995.
赵文词：《中国与美国梦：道德的探究》
Mann，Susan. *Local Merchants and the Chinese Bureaucracy，1750–1950.* Stanford：Stanford University Press，1987.
苏珊·曼：《地方商人与中国官僚（1750—1950）》
Mao Tse-tung [Zedong]. *Selected Works*. Peking：Foreign Languages Press，1961–1965. 4 vols.
《毛泽东选集》，4 卷
Mao Zedong. *Report from Xunwu*. Translated by Roger R. Thompson. Stanford：Stanford University Press，1990.
毛泽东：《寻乌调查》
Mao's Road to Power：Revolutionary Writings，1912–1949. Vol. 4，The Rise and Fall of the Chinese Soviet Republic，1931–1934. Edited by Stuart Schram，Nancy Hodes，and Stephen Averill. Armonk，N. Y.：M. E. Sharpe，1997.
《毛泽东通往权力之路：革命著作（1912—1949）》，卷 4：《中华苏维

埃共和国的兴衰（1931—1934）》

Marks, Robert B. *Rural Revolution in South China: Peasants and the Making of History in Haifeng County, 1570–1930*. Madison: University of Wisconsin Press, 1984.

马立博：《华南的农村革命：农民与海丰县历史的创造（1570—1930）》

Marshall, George C. *Marshall's Mission to China, December 1945–January 1947: The Report and Appended Documents*. Introduction by Lyman P. van Slyke. Arlington, Va.: University Publications of America, 1976.

乔治·C. 马歇尔：《马歇尔使华，1945 年 12 月—1947 年 1 月：报告与附加档案》

Martin, Brian G. *The Shanghai Green Gang: Politics and Organized Crime, 1919–1937*. Berkeley: University of California Press, 1996.

布莱恩·G. 马丁：《上海青帮：政治与有组织的犯罪（1919—1937）》

Martin, Edwin W. "The Chou Demarche," *Foreign Service Journal*, November 1981, pp. 13–16.

埃德温·W. 马丁：《周恩来的外交策略》，载《外交服务杂志》，1981 年 11 月

——. *Divided Counsel: The Anglo-American Response to Communist Victory in China*. Lexington: University Press of Kentucky, 1986.

埃德温·W. 马丁：《矛盾的决策：盎格鲁美国人对中共胜利的回应》

May, Gary. *China Scapegoat: The Diplomatic Ordeal of John Carter Vincent*. Washington, D. C.: New Republic Books, 1979.

格雷·梅：《中国替罪羊：范德宣的外交考验》

Mazur, Mary G. "Intellectual Activism in China During the 1940s: Wu Han in the United Front and the Democratic League," *China Quarterly*, no. 133 (March 1993), pp. 27–55.

玛丽·G. 马祖尔：《1940年代中国的激进主义知识分子：统一战线与民盟中的武汉》

McCormack，Gavan. *Chang Tso-lin in Northeast China，1911-1928：China，Japan，and the Manchurian Idea.* Stanford：Stanford University Press，1977.

加万·麦考马克：《张作霖在东北（1911—1928）：中日与满族主张》

McDonald，Angus W.，Jr. *The Urban Origins of Rural Revolution：Elites and the Masses in Hunan Province，China，1911-1927.* Berkeley：University of California Press，1978.

安格斯·W. 小麦克唐纳：《农村革命的城市起源：湖南省的精英与群众（1911—1927）》

McLane，Charles B. *Soviet Policy and the Chinese Communists，1931-1946.* New York：Columbia University Press，1958.

查理斯·B. 麦克兰：《苏维埃政策与中国共产党人（1931—1946）》

Meisner，Maurice. *Li Ta-chao and the Origins of Chinese Marxism.* Cambridge：Harvard University Press，1967.

莫里斯·迈斯纳：《李大钊与中国马克思主义的起源》

——. *Marxism，Maoism and Utopianism：Eight Essays.* Madison：University of Wisconsin Press，1982.

莫里斯：《马克思主义、毛主义与乌托邦主义：论文八篇》

Melby，John F. *The Mandate of Heaven.* Toronto：University of Toronto Press，1968.

约翰·F. 梅尔比：《天命：中国内战录（1945—1949）》

Mendel，Douglas. *The Politics of Formosan Nationalism.* Berkeley：University of California Press，1970.

道格拉斯·孟德尔：《台湾民族主义的政治》

Mi Zanchen. *The Life of General Yang Hucheng.* Translated by Wang Zhao. Hong Kong：Joint Publishing，1981.

米暂沉:《杨虎城将军的一生》
Miles, Milton E. *A Different Kind of War*. Garden City, N.Y: Doubleday, 1967.
梅乐斯:《另一种战争》
Millis, Walter, ed. *The Forrestal Diaries*. New York: Viking, 1951.
米利斯·沃尔特编:《福雷斯特尔日记》
Moorad, George. *Lost Peace in China*. New York: E. P. Dutton, 1949.
乔治·莫纳德:《中国失去和平》
Moore, Barrington, Jr. *Social Origins of Dictatorship and Democracy: Lord and Peasant in the Making of the Modern World*. London: Allen Lane, 1967.
小巴林顿·摩尔:《专制与民主的社会起源:创造现代世界中的地主与农民》
Myers, Ramon H. *The Chinese Peasant Economy: Agricultural Development in Hopei and Shantung, 1890–1949*. Cambridge: Harvard University Press, 1970.
马若蒙:《中国的农民经济:1890—1949年河北山东的农业发展》
Nagai, Yonosuke, and Iriye Akira, eds. *The Origins of the Cold War in Asia*. New York: Columbia University Press, 1977.
永井阳之助、入江昭编:《亚洲冷战的起源》
Nathan, Andrew J. "Some Trends in the Historiography of Republican China," *Republican China*, vol. 17, no. 1 (November 1991), pp. 117–131.
黎安友:《民国史编纂的一些动态》
Neils, Patricia, ed. *United States Attitudes and Policies Toward China: The Impact of American Missionaries*. Armonk, N. Y.: M. E. Sharpe, 1990.
帕特里夏·尼尔斯:《美国对华态度与政策:美国传教士的影响》

Newman，Robert P. *Owen Lattimore and the Loss of China*. Berkeley：University of California Press，1992.
罗伯特·P. 纽曼：《欧文·拉铁摩尔与失去中国》
Nie Rongzhen. *Inside the Red Star：The Memoirs of Marshal Nie Rongzhen*. Translated by Zhong Renyi. Beijing：New World Press，1988.
聂荣臻：《在红星里：聂荣臻元帅回忆录》
North，Robert C. *Kuomintang and Chinese Communist Elites*. Stanford：Stanford University Press，1952.
罗伯特·C. 诺斯：《国民党与中共精英》
——. *Moscow and the Chinese Communists*. Stanford：Stanford University Press，1963.
罗伯特·C. 诺斯：《莫斯科和中国共产党人》
Ojha，Ellen F. "Fluctuations in Chinese Communist Agrarian Policy，1946–1950，" Harvard Papers on China，December 1969，pp. 20–48.
艾伦·奥加：《1946—1950 年中共土地政策的变化》
The Orient Year Book，1942. Tokyo：The Asia Statistics Company，1942.
《东方年鉴（1942）》
Parsons，James Bunyan. *The Peasant Rebellions of the Late Ming Dynasty*. Tuscon：University of Arizona Press，1970.
詹姆斯·班杨·帕森斯：《晚明农民起义》
Paulson，David Mark. "War and Revolution in North China：The Shandong Base Area，1937–1945." Ph. D. dissertation，Stanford University，Stanford，California，1982.
戴维·马克·鲍尔森：《华北的战争与革命：1937—1945 年山东地区》
Payne，Robert. *China Awake*. New York：Dodd，Mead，1947.
罗伯特·佩恩：《觉醒的中国》

——. Chungking Diary. London：William Heinemann，1945.
罗伯特·佩恩：《重庆日记》
Peck，Graham. *Two Kinds of Time*. Boston：Houghton Mifflin，1950.
格雷汉姆·佩克：《两种时间观》
Peng Dehuai. *Memoirs of a Chinese Marshal–The Autobiographical Notes of Peng Dehuai，1898–1974*. Translated by Zheng Longpu. Beijing：Foreign Languages Press，1984.
彭德怀：《彭德怀元帅回忆录》
Peng Ming–min. *A Taste of Freedom：Memoirs of a Formosan Independence Leader*. New York：Holt，Rinehart and Winston，1972.
彭明敏：《自由的体验：一位台独领袖的回忆录》
Pepper，Suzanne. "Hong Kong Joins the National People's Congress：A First Test for One Country with Two Political Systems，" *Journal of Contemporary China*，March 1999.
胡素珊：《香港参加全国人民代表大会：对"一国两制"的首次考验》，载《当代中国杂志》，1999 年 3 月
——. "The KMT–CCP Conflict，1945–1949." In *The Cambridge History of China*，edited by John K. Fairbank and Albert Feuerwerker，vol. 13，pp. 723–788. Cambridge：Cambridge University Press，1986.
胡素珊：《1945—1949 年的国共冲突》，载《剑桥中国史》卷 13
Perkins，Dwight H. *Agricultural Development in China，1368–1968.* Cambridge：Harvard University Press，1970.
德怀特·佩金斯：《1936—1968 年中国农业的发展》
——. *Market Control and Planning in Communist China.* Cambridge：Harvard University Press，1966.
德怀特·佩金斯：《共产党中国对市场的控制与计划》
Perry，Elizabeth J. *Rebels and Revolutionaries in North China，1845–*

1945. Stanford：Stanford University Press，1980.
伊丽莎白·J. 佩里：《1845—1945 年华北的造反与革命》
——. *Shanghai on Strike：The Politics of Chinese Labor*. Stanford：Stanford University Press，1993.
伊丽莎白·J. 佩里：《上海罢工：中国劳工政治》
Popkin，Samuel L. *The Rational Peasant：The Political Economy of Rural Society in Vietnam*. Berkeley：University of California Press，1979.
萨缪尔·L. 珀普金：《理性的农民：越南农村社会的政治经济》
Powell，John B. *My Twenty-five Years in China*. New York：Macmillan，1945.
约翰·B. 鲍威尔：《我在中国二十五年》
Price，Jane L. *Cadres，Commanders，and Commissars：The Training of the Chinese Communist Leadership，1920-1945*. Boulder，Colo.：Westview，1976.
简·L. 普莱斯：《干部、指挥官与政委：中共领导人的培养》
——. "Chinese Communist Land Reform and Peasant Mobilization，1947-1948." Master's essay. Columbia University，New York，1970.
简·L. 普莱斯：《中共土地改革与农民动员（1947—1948）》，硕士论文
Pulleyblank，Edwin G. *The Background of the Rebellion of An Lu-shan*. New York：Oxford University Press，1955.
蒲立本：《安禄山造反的背景》
"Reappraising Republican China，" special issue，*China Quarterly*，no. 150（June 1997），*passim*.
见《重估中华民国》专辑，《中国季刊》卷 150，1997 年 6 月
Reardon-Anderson，James. *Yenan and the Great Powers：The Origins of Chinese Communist Foreign Policy，1944-1946*. New York：

Columbia University Press，1980.
杰姆斯·里尔顿－安德森：《延安与列强：中国共产党外交政策的起源（1944—1946）》
Rickett，Allyn and Adele. *Prisoners of Liberation*. New York：Anchor，1973.
李克、李又安：《解放的囚徒》
Ronning，Chester. *A Memoir of China in Revolution*. New York：Pantheon，1974.
切斯特·郎宁：《在革命中国的回忆录》
Rosinger，Lawrence K. *China's Wartime Politics，1937-1944*. Princeton，N. J.：Princeton University Press，1944.
劳伦斯·K. 罗辛格：《中国战时政治（1937—1944）》
Saich，Tony，with Benjamin Yang. *The Rise to Power of the Chinese Communist Party：Documents and Analysis*. Armonk，N. Y.：M. E. Sharpe，1996.
托尼·塞奇、杨炳章：《中共力量的崛起》
Saich，Tony，and Hans van de Ven，eds. *New Perspectives on the Chinese Communist Revolution*. Armonk，N. Y.：M. E. Sharpe，1995.
托尼·塞奇、方德万：《中国共产主义革命的新视角》
Salisbury，Harrison. *The Long March：The Untold Story*. New York：Harper and Row，1985.
哈里森·索尔兹伯里：《长征：前所未闻的故事》
Scalapino，Robert A.，ed. *The Communist Revolution in Asia：Tactics，Goals，and Achievements*. Englewood Cliffs，N. J.：Prentice-Hall，1965.
施伯乐：《亚洲共产主义革命：策略、目标与成就》
——. *Elites in the People's Republic of China*. Seattle：University of Washington Press，1972.

施伯乐：《中华人民共和国的精英》

Schaller，Michael. *The U. S. Crusade in China，1938–1945.* New York：Columbia University Press，1979.

迈可·沙勒：《美国十字军在中国（1938—1945）》

Schiffrin，Harold Z. *Sun Yat–sen and the Origins of the Chinese Revolution.* Berkeley：University of California Press，1968.

史扶邻：《孙中山与中国革命的起源》

Schram，Stuart. *Mao Tse–tung.* Harmondsworth，England：Penguin，1966.

斯图亚特·施拉姆：《毛泽东》

——. *The Thought of Mao Tse–tung.* Cambridge：Cambridge University Press，1989.

斯图亚特·施拉姆：《毛泽东思想》

Schran，Peter. *Guerrilla Economy：The Development of the Shensi–Kansu–Ninghsia Border Region，1937–1945.* Albany：State University of New York Press，1976.

席兰：《游击战经济：陕甘宁边区的发展（1937—1945）》

Schrecker，John E. *Imperialism and Chinese Nationalism：Germany in Shantung.* Cambridge：Harvard University Press，1971.

石约翰：《帝国主义与中国民族主义：德国在山东》

Schuman，Julian. *Assignment China.* New York：Whittier Books，1956.

舒子章：《我的任务——舒子章在中国工作纪实》

Schurmann，Franz. *Ideology and Organization in Communist China.* Berkeley：University of California Press，1968.

弗朗茨·舒曼：《共产主义中国的意识形态与组织》

Schwartz，Benjamin I. *Chinese Communism and the Rise of Mao.* Cambridge：Harvard University Press，1958.

本杰明·史华慈：《中国共产主义与毛的崛起》

Scott, James C. *The Moral Economy of the Peasant: Rebellion and Subsistence in Southeast Asia.* New Haven: Yale University Press, 1976.
詹姆斯·C. 斯科特:《道德经济：东南亚农民的造反与生存》
——. *Weapons of the Weak: Everyday Forms of Peasant Resistance.* New Haven: Yale University Press, 1985.
詹姆斯·C. 斯科特:《无力的武器：农民日常的抵抗方式》
Selden, Mark. *China in Revolution: The Yenan Way Revisited.* Armonk, N. Y. : M. E. Sharpe, 1995.
马克·塞尔登:《革命中的中国：延安道路》(修订版)
——. *The Yenan Way in Revolutionary China.* Cambridge: Harvard University Press, 1971.
马克·塞尔登:《革命中的中国：延安道路》
Selznick, Philip. *The Organizational Weapon: A Study of Bolshevik Strategy and Tactics.* Glencoe, Ⅲ.: The Free Press, 1960.
菲利普·赛尔兹尼克:《组织的武器：布尔什维克的战略与策略研究》
Service, John S. *The Amerasia Papers: Some Problems in the History of U. S. –China Relations.* Berkeley: University of California, China Research Monograph, no. 7, 1971.
谢伟思:《美亚文件：美中关系史中的若干问题》
——. *Lost Chance in China: The World War II Despatches of John S.Service.* Edited by Joseph Esherick. New York: Vintage, 1975.
谢伟思:《在中国失去机会：谢伟思在“二战”期间的电讯》
Seybolt, Peter J. “Terror and Conformity, Counter–Espionage Compaigns, Rectification, and Mass Movements, 1942–1943,” *Modern China*, vol. 12, no. 1 (1986), pp. 39–73.
彼得·西尔博特:《恐惧与从众：反特斗争、肃反与群众运动(1942—1943)》, 载《近代中国》, 卷 12

Seymour, James D. *China's Satellite Parties*. Armonk, N. Y.: M. E. Sharpe, 1987.

詹姆斯·D. 西摩尔：《中国的卫星党派》

Shanghai Evening Post and Mercury Correspondents. Through Four Provinces. Shanghai, 1937.

《上海大美晚报》通讯员：《穿越四省》

Shapiro, Sidney. *An American in China: Thirty Years in the People's Republic.* Peking: New World Press, 1979.

沙博理：《一个美国人在中国：在中华人民共和国三十年》

Shaw Yu-ming. *An American Missionary in China: John Leighton Stuart and Chinese-American Relations.* Cambridge: Harvard University Press, 1992.

邵玉铭：《一个美国传教士在中国：司徒雷登与中美关系》

Shen, T. H. *Agricultural Resources of China.* Ithaca, N. Y.: Cornell University Press, 1951.

沈宗瀚：《中国的农业资源》

——. *The Sino-American Joint Commission on Rural Reconstruction: Twenty Years of Cooperation for Agricultural Development.* Ithaca, N. Y.: Cornell University Press, 1970.

沈宗瀚：《中美农村建设联合委员会：农业发展合作二十年》

Shen Zui. *A KMT War Criminal in New China*. Translated by Liang Xintu and Sun Bing- he. Peking: Foreign Languages Press, 1986.

沈醉：《一个国民党战犯在新中国》

Sheridan, James E. *China in Disintegration: The Republican Era in Chinese History, 1912-1949.* New York: The Free Press, 1975.

薛立敦：《瓦解中的中国：中国历史中的共和时代》

——. *Chinese Warlord: The Career of Feng Yu-hsiang*. Stanford: Stanford University Press, 1966.

薛立敦:《中国军阀:冯玉祥的一生》

Shewmaker, Kenneth E. *Americans and Chinese Communists, 1927–1945: A Persuading Encounter.* Ithaca, N. Y.: Cornell University Press, 1971.

肯尼思·休梅克:《美国人与中国共产党人(1927—1945)》

Shieh, Milton J. T., ed. *The Kuomintang: Selected Historical Documents, 1894–1969.* New York: St. John's University Press, 1970.

米尔顿·J. T. 谢:《国民党历史文献选(1894—1969)》

Shum Kui–kwong. *The Chinese Communists' Road to Power: The Anti–Japanese United Front (1935–1945).* Hong Kong: Oxford University Press, 1988.

苏贵光:《中共通往权力的道路:抗日统一战线(1935—1945)》

Sih, Paul K. T., ed. *Nationalist China During the Sino–Japanese War, 1937–1945.* Hicksville, N. Y.: Exposition Press, 1977.

薛光前编:《1937—1945 年中日战争期间的中国民族主义》

——. *The Sino–Soviet Treaty of Friendship and Alliance of 1945: The Inside Story.* Hicksville, N. Y.: Exposition Press, 1977.

薛光前:《1945 年中苏友好同盟条约的内幕》

——. *The Strenuous Decade: China's Nation–Building Efforts, 1927–1937.* New York: St. John's University Press, 1970.

薛光前:《艰难建国的十年(1927—1937)》

Skocpol, Theda. *States and Social Revolutions: A Comparative Analysis of France, Russia and China.* Cambridge: Cambridge University Press, 1979.

西达·斯考切波:《国家与社会革命:对法国、俄国和中国的比较分析》

Smedley, Agnes. *Battle Hymn of China.* New York: Alfred A. Knopf,

1943.
艾格尼丝·史沫特莱：《中国的战歌》
——. *China Fights Back*. New York：Vanguard，1938.
史沫特莱：《中国在反击》
——. *The Great Road：The Life and Times of Chu Teh*. London：John Calder，1958.
史沫特莱：《伟大的道路：朱德的生平与时代》
Snow，Edgar. "A Conversation with Mao Tse-tung，" *Life Magazine*，April 30，1971.
埃德加·斯诺：《与毛泽东的对话》，载《生活周刊》，1971 年 4 月 30 日
——. *The Long Revolution*. New York：Vintage，1973.
埃德加·斯诺：《漫长的革命》
——. *The Other Side of the River：Red China Today*. New York：Random House，1962.
埃德加·斯诺：《大河彼岸：今日的红色中国》
——. *Red Star over China*. New York：Modern Library，1938.
埃德加·斯诺：《红星照耀中国》
So Wai-chor. *The Kuomintang Left in the National Revolution，1924-1931：The Leftist Alternative in Republican China*. Hong Kong：Oxford University Press，1991.
苏维初：《国民革命中的国民党左派（1924—1931）》
Spence，Jonathan. *The China Helpers：Western Advisers in China，1620-1960*. London：Bodley Head，1969.
史景迁：《中国的帮助者：西方顾问在中国（1620—1960）》
Stein，Gunther. *The Challenge of Red China*. London：Pilot Press，1945.
岗瑟·斯坦因：《红色中国的挑战》

Stilwell，Joseph W. *The Stilwell Papers.* Edited by Theodore White. New York：Sloane，1948.
约瑟夫·W. 史迪威：《史迪威报告》
Stranahan，Patricia. *Molding the Medium：The Chinese Communist Party and the Liberation Daily*. Armonk，N. Y.：M. E. Sharpe，1990.
帕特里夏·斯特纳罕：《塑造媒体：中共与解放日报》
——. *Underground：The Shanghai Communist Party and the Politics of Survival*，*1927–1937.* Lanham：Rowman and Littlefield，1998.
帕特里夏·斯特纳罕：《地下：上海共产党与生存政策（1927—1937）》
Strauss，Julia C. "The Evolution of Republican Government，" *China Quarterly*，no. 150（June 1997），pp. 329–351.
茱莉雅·C. 施特劳斯：《民国政府的演变》，载《中国季刊》，卷 150，1997 年 6 月
Strong，Anna Louise. *The Chinese Conquer China*. New York：Doubleday，1949.
安娜·路易斯·斯特朗：《中国人征服中国》
——. *Tomorrow's China*. New York：Committee for a Democratic Far Eastern Policy，1948.
安娜·路易斯·斯特朗：《明天的中国》
Stuart，John Leighton. *50 Years in China：The Memoirs of John Leighton Stuart.* New York：Random House，1954.
司徒雷登：《在华五十年：司徒雷登回忆录》
Stueck，William. *The Wedemeyer Mission.* Athens，Ga.：University of Georgia Press，1984.
威廉·斯图克：《魏德迈使华》
Sun，Kungtu C. *The Economic Development of Manchuria in the First Half of the Twentieth Century.* Cambridge：Harvard University，East

Asian Monographs，1969.
孙公度（音）:《20世纪上半叶满洲的经济发展》
Swarup，Shanti. *A Study of the Chinese Communist Movement*，*1927–1934*. Oxford：Clarendon，1966.
桑迪·施瓦拉普:《中国共产主义运动研究（1927—1934）》
Tai Hsuan-chih. *The Red Spears*，*1916–1949*. Translated by Ronald Suleski. Ann Arbor：University of Michigan，Monographs in Chinese Studies，no. 54，1985.
戴玄之:《红枪会（1916—1949）》
Tanaka，Kyoko. "Mao and Liu in the 1947 Land Reform：Allies or Disputants?" *China Quarterly*，no. 75（September 1978），pp. 566–593.
田中恭子:《1947年土地改革中的毛和刘：同盟还是争执？》，载《中国季刊》，卷75，1979年9月
Tawney，R. H. *Land and Labour in China*. Boston：Beacon，1966.
R. H. 托尼:《中国的土地与劳工》
Taylor，George E. *The Struggle for North China*. New York：Institute of Pacific Relations，1940.
戴德华:《为华北而战》
Teiwes，Frederick C. *Politics and Purges in China*. Armonk，N. Y.：M. E. Sharpe，1993，2nd ed.
弗雷德里克·泰维斯:《中国的政治清洗》
——. with Warren Sun. *The Formation of the Maoist Leadership*，*from the Return of Wang Ming to the Seventh Party Congress*. London：Contemporary China Institute，School of Oriental and African Studies，Research Notes and Studies，no. 10，1994.
泰维斯与孙万国:《毛泽东领袖地位的形成：从王明回国到党的七大》
Thaxton，Ralph A.，Jr. *Salt of the Earth*：*The Political Origins of*

Peasant Protest and Communist Revolution in China. Berkeley: Univeristy of California Press，1997.

拉尔夫·A. 小萨克斯顿：《大地的盐：中国农民抗议与共产革命的政治起源》

Thomas，S. Bernard. *Labor and the Chinese Revolution: Class Strategies and Contradictions of Chinese Communism，1928–1948.* Ann Arbor: University of Michigan，Monographs in Chinese Studies，no. 49，1983.

伯纳德·S. 托马斯：《劳工与中国革命：阶级策略与中国共产主义的矛盾（1928—1948）》

Thomson，James C.，Jr. *While China Faced West: American Reformers in Nationalist China，1928–1937.* Cambridge：Harvard University Press，1969.

杰姆斯·C. 小托马斯：《当中国面对西方：美国宗教改革者在民族主义中国》

Tien Hung-mao. *Government and Politics in Kuomintang China，1927–1937.* Stanford：Stanford University Press，1972.

田弘茂：《1927—1937 年国民党中国的政府与政治》

Ting，Lee-hsia Hsu. *Government Control of the Press in Modern China，1900–1949.* Cambridge：Harvard University，East Asia Research Center，1974.

丁许丽霞：《1900—1949 年现代中国政府对出版业的控制》(又名《现代中国之出版自由》)

Ting Ling. *The Sun Shines over the Sangkan River.* Peking：Foreign Languages Press，1954.

丁玲：《太阳照在桑干河上》

The Tokyo War Crimes Trial: The Complete Transcripts of the Proceedings of the International Military Tribunal for the Far East. 20

vols. New York：Garland，1981.
《东京战犯审判：远东国际军事法庭庭审记录全编》，20卷
Tong，Hollington K.，ed. *China after Seven Years of War.* New York：Macmillan，1945.
董显光编：《七年战争之后的中国》
Topping，Seymour. *Journey between Two Chinas.* New York：Harper and Row，1972.
西摩·托平：《两个中国间的旅程》
Townsend，James R. *Political Participation in Communist China.* Berkeley：University of California Press，1967.
詹姆斯·R. 汤森：《共产中国的政治参与》
Trotsky，Leon. *Problems of the Chinese Revolution.* New York：Paragon，1966.
列昂·托洛茨基：《中国革命问题》
Tsou Tang. *America's Failure in China，1941–1950.* Chicago：University of Chicago Press，1963.
邹谠：《美国在中国的失败（1941—1950年）》
Tuchman，Barbara. *Stilwell and the American Experience in China，1911–1945.* New York：Macmillan，1970.
芭芭拉·塔奇曼：《史迪威与美国在中国的经验（1911—1945）》
Tucker，Nancy Bernkopf. *Patterns in the Dust：Chinese–American Relations and the Recognition Controversy，1949–1950.* New York：Columbia University Press，1983.
唐耐心：《盖棺论定：中美关系与承认问题》
United States Department of State. *Foreign Relations of the United States，the Far East，China，1945–1949.* Washington，D. C.：U. S. Government Printing Office，1969–1978. 9 vols.
美国国务院：《美国对外关系》，1945—1949，远东中国卷

van Aduard，E. J. Lewe. *Japan：from Surrender to Peace.* The Hague：Martinus Nijholt，1953.

范・阿杜阿德、E. J. 刘易：《日本：从投降到和平》

van de Ven，Hans J. *From Friend to Comrade：The Founding of the Chinese Communist Party，1920–1927.* Berkeley：University of California Press，1992.

方德万：《从朋友到同志：中国共产党的建立》

——. "The Military in the Republic，" *China Quarterly*，no. 150（June 1997），pp. 352–374.

方德万：《民国的军事》，载《中国季刊》，卷 150，1997 年 6 月

van Slyke，Lyman P. *Enemies and Friends：The United Front in Chinese Communist History.* Stanford：Stanford University Press，1967.

范力沛：《敌人与朋友：中国共产党历史上的统一战线》

Vincent，John Carter. *The Extraterritorial System in China：Final Phase.* Cambridge：Harvard University Press，1970.

范宣德：《中国治外法权系统的最后阶段》

Vladimirov，P. *The Vladimirov Diaries：Yenan，China，1942–1945.* New York：Doubleday，1975.

彼得・弗拉基米洛夫：《延安日记（1942—1945）》

Wakeman，Frederic，Jr. *Policing Shanghai，1927–1937.* Berkeley：University of California Press，1995.

魏斐德：《上海警察（1927—1937）》

——. "A Revisionist View of the Nanjing Decade：Confucian Fascism，" *China Quarterly*，no. 150（June 1997），pp. 395–432.

魏斐德：《南京十年的重估：儒家法西斯主义》，载《中国季刊》，卷 150，1997 年 6 月

Wales，Nym［Helen Foster Snow］. *The Chinese Labor Movement.* Freeport，N. Y.：Books for Libraries Press，1970.

尼姆·威尔斯（海伦·福斯特·斯诺）:《中国劳工运动》
——. *Notes on the Chinese Student Movement，1935–1936.* Stanford：Hoover Institution Press，1959.
尼姆·威尔斯:《1935—1936年中国学生运动的解说》
——. *Red Dust，Autobiographies of Chinese Communists.* Stanford：Stanford University Press，1952.
尼姆·威尔斯:《红尘：中国共产党人的自传》
Wang Ching–wei. *China's Problems and Their Solution.* Shanghai：China United Press，1934.
汪精卫:《中国问题及其解决方案》
Wang Ming. *Mao's Betrayal.* Moscow：Progress Publishers，1979.
王明:《毛泽东的背叛》
Wang，Y. C. *Chinese Intellectuals and the West，1872–1949.* Chapel Hill：University of North Carolina Press，1966.
汪一驹:《中国知识分子与西方（1872—1949）》
——. "Tu Yueh–sheng；A Tentative Political Biography，" *Journal of Asian Studies*，vol. 26，no. 3（May 1967），pp. 433–455.
汪一驹:《杜月笙政治生涯初稿》,《亚洲研究》26期
Wasserstrom，Jeffrey N. *Student Protests in Twentieth–Century China: The View from Shanghai.* Stanford：Stanford University Press，1991.
华志坚:《二十世纪中国学生的抗议运动：从上海观察》
Wasserstrom，Jeffrey N.，and Elizabeth J. Perry，eds. *Popular Protest and Political Culture in Modern China.* Boulder，Colo.：Westview，1994，2nd ed.
华志坚、裴宜理编:《现代中国的民众抗议与政治文化》
Watson，Andrew，ed. *Mao Zedong and the Political Economy of the Border Region：A Translation of Mao's Economic and Financial Problems.* Cambridge：Cambridge University Press，1980.

安德鲁·华生编：《毛泽东与边区的政治与经济问题》（系毛泽东著作《经济问题与财政问题》译文）

Wedemeyer，Albert C. *Wedemeyer Reports!* New York：Holt，1958.

艾尔伯特·C. 魏德迈：《魏德迈报告》

Wei，William. *Counter-Revolution in China：The Nationalists in Jiangxi during the Soviet Period.* Ann Arbor：University of Michigan Press，1985.

卫威廉：《中国的反革命：江西苏维埃政权时期的民族主义者》

West，Philip. *Yenching University and Sino-Western Relations，1916-1952.* Cambridge：Harvard University Press，1976.

菲利普·韦斯特：《燕京大学与中西关系，1916—1952》

Westad，Odd Arne. *Cold War and Revolution：Soviet-American Rivalry and the Origins of the Chinese Civil War，1944-1946.* New York：Columbia University Press，1993.

文安立：《冷战与革命：苏联美国对抗与中国内战的起源（1944—1946）》

White，Theodore H.，and Annalee Jacoby. *Thunder Out of China.* New York：William Sloane，1961.

白修德、贾安娜：《中国暴风雨》

Whiting，Allen S. *Soviet Policies in China，1917-1924.* Stanford：Stanford University Press，1953.

艾伦·S. 怀廷：《苏维埃政策在中国（1917—1924）》

Whitson，William，with Huang Chen-hsia. *The Chinese High Command：A History of Communist Military Politics，1927-1971.* New York：Praeger，1973.

威廉·威特森、黄震夏：《中国高层指挥：共产党军事政治史（1927—1971）》

Witke，Roxane. *Comrade Chiang Ch'ing.* Boston：Little，Brown，

1977.
罗克珊·维克特：《江青同志》
Wong, John. *Land Reform in the People's Republic of China: Institutional Transformation in Agriculture*. New York: Praeger, 1973.
约翰·黄：《中华人民共和国的土地改革：农业体制的改造》
Wong Young-tsu. "The Fate of Liberalism in Revolutionary China: Chu Anping and His Circle, 1946-1950," *Modern China*, vol. 19, no. 4 (1993), pp. 457-490.
汪荣祖：《革命中国自由主义的命运：储安平与他的同仁》
Wou, Odoric Y. K. *Militarism in Modern China: The Career of Wu P'ei-fu, 1916-1939*. Canberra: Australian National University Press, 1978.
吴应铣：《现代中国的军事主义：吴佩孚的生涯（1916—1939）》
——. *Mobilizing the Masses: Building Revolution in Henan*. Stanford: Stanford University Press, 1994.
吴应铣：《动员群众：河南的革命建设》
Wu Tien-wei. *The Sian Incident: A Pivotal Point in Modern Chinese History*. Ann Arbor: University of Michigan, Michigan Papers in Chinese Studies, no. 26, 1976.
吴天威：《西安事变：现代中国历史的关键点》
Wylie, Raymond F. *The Emergence of Maoism: Mao Tse-tung, Ch'en Po-ta, and the Search for Chinese Theory, 1935-1945*. Stanford: Stanford University Press, 1980.
雷蒙德·F. 怀利：《毛泽东思想的产生：毛泽东、陈伯达与中国理论的探求（1935—1945）》
Yang, Benjamin. *From Revolution to Politics: Chinese Communists on the Long March*. Boulder, Colo.: Westview, 1990.
杨炳章：《从革命到政治：长征中的中国共产党》
Yang, C. K. *A Chinese Village under Early Communist Transition*.

Cambridge：Massachusetts Institute of Technology Press，1959.
杨庆堃：《早期共产主义过渡时期中国的一个村庄》
Yang，Martin C. *A Chinese Village：Taitou，Shantung Province.* New York：Columbia University Press，1945.
杨懋春：《一个中国村庄：山东台头》
Yang Shang-kuei. *The Red Kiangsi-Kwangtung Border Region.* Peking：Foreign Languages Press，1961.
杨尚奎：《赣粤红色边区》
Yeh Wen-hsin. *The Alienated Academy：Culture and Politics in Republican China，1919-1937.* Cambridge：Harvard University Press，1990.
叶文心：《疏离的学院：1919—1937 年民国的文化与政治》
Yick，Joseph K. S. *Making Urban Revolution in China：The CCP-GMD Struggle for Beiping-Tianjin，1945-1949.* Armonk，N. Y.：M. E. Sharpe，1995.
约瑟芬·伊克：《中国的城市革命：国共争夺平津的斗争（1945—1949）》
Young，Arthur N. *China and the Helping Hand，1937-1945.* Cambridge：Harvard University Press，1963.
杨格：《中国与外援（1937—1945）》
——. *China's Wartime Finance and Inflation：1937-1945.* Cambridge：Harvard University Press，1965.
杨格：《中国的战时财政与通货膨胀（1937—1945）》
Yu，George T. *Party Politics in Republican China：The Kuomintang，1912-1924.* Berkeley：University of California Press，1966.
于子桥：《中华民国的政党政治：1912—1924 年的国民党》
Zheng Chaolin. *An Oppositionist for Life：Memoirs of the Chinese Revolutionary Zheng Chaolin.* Translated by Gregor Benton. Atlantic

Highlands，N. J.：Humanities Press，1997.
郑超麟：《郑超麟回忆录》
Zhou Enlai. *Selected Works of Zhou Enlai.* Beijing：Foreign Languages Press，1981.
周恩来：《周恩来选集》

出版后记

《中国的内战：1945—1949年的政治斗争》是美国学者胡素珊（Suzanne Pepper）的经典著作，英文版于1978年由美国加利福尼亚大学首次出版，后由美国Rowman & Littlefield出版社于1999年再版。中文版则由中国青年出版社于1997年首次引进出版（王海良、金燕等译，金光耀校），出版后一直受到国内相关领域的学者、研究者的广泛好评。本次中文再版是我社根据美国Rowman & Littlefield出版社1999年版，并委托启蒙编译所重新翻译而成。

如作者自己所言，本次再版并未对正文内容和观点进行增删和修正，只是在文后的参考文献部分增补了很多20世纪80年代以后海内外出版的相关著作。当然，作者在“再版前言”中对该书初版后30多年来美国学界关于“中国内战”的研究的兴起、潮落，以及该领域研究中心逐向中国本土转移的趋势，做了一番颇具个人感情色彩的描述；另外，作者在文后的文献注释里，也对大陆与台湾地区的档案开放、使用情况做了非常具体、详尽的描述，对相关领域的研究者应该具有一定的指导意义。

在编辑过程中，我们对书中涉及的人名、地名、官职名称及其他相关历史名词进行了详细查证，但由于资料缺乏或条件限制，仍有部分名称无法确证，只能采用音译的做法。另外，作者在本书中征引了《毛泽东选集》等大量中国共产党的历史文献，其中大部分引文的版本、页码与现行的文献不同，为了体现作者资料的真实来源及学术原貌，我们在编辑过程中一仍其旧，未作改动，望广大读者并研究者周知。

编者

2022 年 9 月